Kyora — Eine Poetik der Moderne

Sabine Kyora

Eine Poetik der Moderne

Zu den Strukturen modernen Erzählens

Königshausen & Neumann

Bibliografische Information Der Deutschen Bibliothek

Die Deutsche Bibliothek verzeichnet diese Publikation in der Deutschen
Nationalbibliografie; detaillierte bibliografische Daten sind im Internet
über <http://dnb.ddb.de> abrufbar.

© Verlag Königshausen & Neumann GmbH, Würzburg 2007
Gedruckt auf säurefreiem, alterungsbeständigem Papier
Umschlag: Hummel / Lang, Würzburg
Bindung: Buchbinderei Diehl+Co. GmbH, Wiesbaden
Printed in Germany
ISBN 978-3-8260-2401-6
www.koenigshausen-neumann.de
www.buchhandel.de
www.buchkatalog.de

Inhalt

Einleitung

Eine *Poetik der Moderne* zu schreiben, mag zunächst anmaßend erscheinen, und so ist es Aufgabe dieser Einleitung, die folgende Überlegungen einzuordnen und einzugrenzen, kurz die Möglichkeit, eine Poetik der Moderne schreiben zu können, plausibel zu machen. Zunächst einmal beschränkt sich die folgende Untersuchung auf die Analyse moderner Prosaformen, dabei geht es ihr vor allem um spezifisch moderne Formen des Erzählens. Diese Formen werden an zwei Punkten gebündelt analysiert: um 1910 und zwischen 1925 und 1940. Für den ersten Zeitpunkt wurden kurze Erzählungen und Novellen ausgewählt. Hier – so die Hypothese – lassen sich innovative Formen des Erzählens finden, die dann ab 1925 auch in nun entstehenden Romanen eine Rolle spielen.

Der Versuch, eine Poetik der Moderne zu entwerfen, bedeutet gleichzeitig, keine Geschichte der modernen Literatur zu schreiben.[1] Denn es geht nicht so sehr um eine kontinuierlich sich vollziehende Entwicklung als um die Frage, wie unter den Bedingungen des 20. Jahrhunderts zeitgemäßes Erzählen aussehen könnte. Zeitgemäßheit meint, dass die Literatur auf bestimmte Veränderungen des kulturellen Umfeldes reagiert, ja sogar reagieren sollte, wenn sie der Modernisierung kultureller Wahrnehmungs- und Ordnungsmuster gerecht werden will.

Dieser Modernisierungsprozess kann natürlich nicht in seiner ganzen Breite dargestellt und auf literarische Texte bezogen werden. Ich werde mich auf drei Koordinaten beschränken, die vor allem für erzählende Texte grundlegend sind: den Verlust teleologischer Geschichtsmodelle und von Kausalitätskonzepten, den Verlust einer Vorstellung von Subjektivität, die sie als autonom und gesteuert durch das Bewusstsein versteht, und die als problematisch empfundene Beziehung zwischen abstrakten sprachlichen Zeichen und konkreter Realität. Diese drei Faktoren haben insofern für Prosatexte eine große Bedeutung, als sie die Grundstrukturen des Erzählens bilden: Chronologische Zeitvorstellung und Kausalitätsbeziehungen sowie Geschichtskonzepte steuern die erzählerische Kohärenz, Subjektkonzepte die Figurendarstellung und die Vorstellung vom referentiellen Charakter der Sprache das literarisch entworfene Verhältnis zwischen Sprache und Realität. Ändern sich hier die Voraussetzungen, ändern sich auch die Strukturen des Erzählens.

Eine Poetik der Moderne versucht also grundlegende Strukturen modernen Erzählens zu (re)konstruieren. Sie bezieht dabei die Poetik der Autorinnen und Autoren ein und reflektiert den Zusammenhang von Texten, Autorenpoetik und der Reaktion auf die sich verändernden Strukturen kultureller Wahrnehmungsmuster. Gerade moderne Autorinnen und Autoren begleiten ihr Werk häufig mit poetologischen Essays, so dass sich hier wichtige Anregungen für eine Poetik modernen Erzählens finden lassen.

Zunächst wird es im ersten Kapitel um moderne Anfänge gehen: Beispielhaft werden drei Texte, die um 1910 entstanden sind, auf ihre Inszenierung des Anfangs hin untersucht. Anhand von Gottfried Benns Rönne-Novelle *Der Geburtstag*, Carl Einsteins kurzem Roman *Bebuquin* und Franz Kafkas Novelle *Die Verwandlung* wird die erzählerische Problematik des Beginnens entfaltet. Interessant sind dabei sowohl der Anfang der Texte selbst wie das Motiv des Anfangens, wie es in den Erzählungen verhandelt und

---

[1] S. für eine Geschichte der Moderne zuletzt: Helmuth Kiesel, Geschichte der literarischen Moderne. Sprache. Ästhetik. Dichtung im zwanzigsten Jahrhundert. München 2004.

poetologisch reflektiert wird. Zunächst geht es ganz buchstäblich um die Schwierigkeit, einen Text unter den Bedingungen der Moderne anfangen zu lassen. Wenn Zeit- und Subjektkonzept sowie die referentielle Funktion der Sprache keine sicheren Konstanten des Erzählens mehr sind, wie kann man dann überhaupt noch erzählen? Bei der Analyse der drei ausgewählten Texte wird jeweils eine der genannten Kategorien besonders beleuchtet: Bei Benn steht der Verlust von kausaler und chronologischer Ordnung im Vordergrund, bei Einstein die Krise der sprachlichen Referenz und bei Kafka die Problematik des Subjektkonzepts. Hierbei zeigt sich der intertextuelle, literaturgeschichtliche Hintergrund der jeweiligen Koordinate: Bei Benn wird der Verlust von Chronologie, Kausalitäts- und Geschichtsvorstellung durch die Lektüre der Schriften Nietzsches ausgelöst, gleichzeitig bezieht die Novelle *Der Geburtstag* Nietzsches Analysen in ihre erzählerische Inszenierung des Anfangs und des Anfangens ein. Ähnliches zeigt sich bei Kafkas Subjektkonzept, das intertextuell und strukturell auf die Romantik verweist, während die Verarbeitung der Sprachkrise im *Bebuquin* vom Symbolismus inspiriert ist. Auffällig ist besonders die Entwicklung einer bestimmten Verfahrensweise im Umgang mit den Kategorien und den literaturgeschichtlichen Vorgängern: Alle drei Texte benutzen einerseits bereits vorhandene Vorstellungen davon, was bezogen auf Geschichte, Subjekt oder Sprache ein Anfang sein könnte. Gleichzeitig unterminieren sie diese zitierten Konzepte im Prozess des Erzählens. Dieses spezifische Verhältnis zwischen Konzept und erzählerischer Struktur nenne ich ästhetische Figur.

In einem zweiten Schritt werden dann deutschsprachige Texte, die um 1910 entstanden sind, im Hinblick auf die zuvor entwickelten Kategorien und ihre literaturgeschichtlichen Dimensionen untersucht. Die Verarbeitung von Nietzsches Philosophie, der romantischen Subjektvorstellung und des symbolistischen Sprachkonzepts werden also insgesamt als grundlegend für modernes Erzählen angesehen. Neben die bereits genannten Texte treten nun Erzählungen und Novellen von Alfred Döblin, Georg Heym, Franz Jung, Thomas Mann, Robert Musil und August Stramm. Die von den Autoren im Bereich der Darstellung von Zeit, Kausalität und Geschichte, des Subjektkonzepts und der Sprachvorstellung entwickelten ästhetischen Figuren stehen dabei im Mittelpunkt der Untersuchung.

Im dritten Teil erweitert sich das Spektrum der Texte ein zweites Mal: Nun geht es nicht nur um Romane, also um komplexere und längere Formen des Erzählens, sondern auch um französische, englischsprachige und italienische Beispiele modernen Erzählens. Neben die Romane von Gottfried Benn, Alfred Döblin, Franz Kafka, Thomas Mann, Robert Musil und Walter Serner treten die von Louis Aragon, Djuna Barnes, André Breton, Louis-Ferdinand Céline, James Joyce, Marcel Proust, Virginia Woolf, Gertrude Stein und Italo Svevo. Die Hypothese bezogen auf diesen erweiterten Textkorpus ist die, dass die ästhetische Figur nun mit Kohärenzprinzipien vermittelt wird. Diese Kohärenzprinzipien sind jedoch von vornherein zitierte, werden also nicht als gültige inszeniert. Sie können aus dem literarischen Bereich stammen – z.B. als Gattungsvorgaben –, aber auch außerliterarischen Diskursformen, beispielsweise der Rechtssprechung, entlehnt werden. Das Verfahren, das in den Romanen zu beobachten ist, nimmt die um 1910 analysierten Strukturen modernen Erzählens wieder auf, indem es einerseits kohärente Konzepte benutzt, diese andererseits aber unterläuft. So entsteht eine fragile Balance zwischen Zusammenhang stiftenden und episodischen Elementen, die nicht nur die deutschsprachige Romanprosa der Moderne kennzeichnet.

Der Anfang der Moderne - Moderne Anfänge

„Das von Vorn Anfangen ist immer eine Täuschung"
Friedrich Nietzsche

Die Frage, wann die literarische Moderne begonnen hat, hat Gottfried Benn im Rückblick auf den Expressionismus ziemlich eindeutig beantwortet: nach Stefan Georges und Hugo von Hofmannsthals Werken und mit dem Beginn des Expressionismus.[2] Im Folgenden wird es aber nicht um die genaue Datierung gehen, sondern um die Frage, inwiefern der Beginn der klassischen Moderne durch einen Bruch mit der Tradition gekennzeichnet ist und inwiefern die Autoren und Texte versuchen, den Anfang einer neuen Epoche zu setzen. Deswegen ist es sinnvoll, den Anfang der Moderne als etwas zu beschreiben, das einer spezifischen Dialektik folgt, die unmittelbar auf die ästhetischen Verfahren zurückwirkt.

Auch in dieser Hinsicht ist Benn zunächst eindeutig: Er sieht den Beginn der Moderne als eine Revolution der poetischen Sprache. Für Benn bedeutet er also einen vollständigen Bruch mit der literarischen Tradition. Damit formuliert er die eine mögliche Perspektive auf den Beginn der Moderne. Dieser Beginn kann aber nicht nur als ein Bruch mit der Vergangenheit, sondern auch als ein Anfang interpretiert werden, der durch eine neuartige Kombination des Vorgefundenen entsteht. Gerade wenn die Ebene der sprachlichen Materialität moderner Texte betrachtet wird, ist es offensichtlich, dass sie nicht durch den vollständigen Bruch mit der literarischen Tradition charakterisiert sein kann. Auf der sprachlichen Ebene muss die Literatur der Moderne aus der Kombination vorhandener Elemente bestehen, eben weil sie keine neue Sprache erfunden hat. Der zeitgenössische Denker eines dialektischen Anfangs ist Nietzsche, der den Anfang als einen Bruch mit der Vergangenheit beschreibt, ihn aber auch als Kombination von bereits vorhandenen Elementen liest, die nur neu zusammengesetzt werden.

Nietzsche beschreibt in der zweiten unzeitgemäßen Betrachtung *Vom Nutzen und Nachtheil der Historie für das Leben* das Anfangen als eine Handlung gegen die übermächtige Geschichte, die Ansammlung von beliebigem Bildungsgut; der Anfang gehört für ihn in die Kategorie des „Unhistorischen", weil er das Vergessen der Geschichte voraussetzt. Nietzsche verknüpft diese Art des Anfangens gleichermaßen mit künstlerischen wie mit anderen produktiven Tätigkeiten, die seiner Ansicht nach auch das Vergessen der historischen und subjektiven Bedingtheit verlangen. Im künstlerischen Neuanfang sollte damit die Verbindung zur Tradition gekappt werden. Dabei sprengt Nietzsches Vorstellung des Anfangs auch auf der zeitlichen Ebene die Kontinuität.[3]

---

[2] Datierung und Definitionen bieten: Hans Ulrich Gumbrecht, Artikel „Moderne, Modernismus". In: Geschichtliche Grundbegriffe. Hrsg. v. O. Brunner, W. Conze, R. Koselleck. Stuttgart 1978, S. 93-131; Hans Robert Jauß, Literaturgeschichte als Provokation, Frankfurt/M. 1970; Zur sozialgeschichtlichen Beschreibung der Moderne: Jörg Schönert, Gesellschaftliche Modernisierung und Literatur der Moderne. In: Christian Wagenknecht (Hrsg.), Zur Terminologie der Literaturwissenschaft. Stuttgart 1989, S. 393-413; Modernism. 1890-1930. Ed. by M. Bradbury/J. McFarlane. 2. Aufl. London 1991.

[3] Gerhardt nennt dieses Zeitkonzept bei Nietzsche „heroische Präsenz", s. der Aufsatz: Leben und Geschichte. Menschliches Handeln und historischer Sinn in Nietzsches zweiter „Unzeitgemäßer Betrachtung". In: Ders., Pathos und Distanz. Studien zur Philosophie Friedrich Nietzsches. Stuttgart

Schon in seinem Konzept korrespondiert jedoch der Moment des Vergessens mit der produktiven Aneignung der Vergangenheit, die sie der Gegenwart, dem „Leben", unterwirft. Die Vergangenheit wird dann für das eigene Vorhaben fruchtbar gemacht. Sie hört auf, eine gleichgültige Masse von Gegenständen, ein historisches Museum zu sein, und verwandelt sich in ein nützliches Reservoir.

Nietzsches Reflexion des Anfangs bezieht zwar die Vorstellung künstlerischer Produktivität ein, berücksichtigt jedoch nicht die Gebundenheit des Kunstwerks an das Material, im Falle der Literatur also die Gebundenheit an die Sprache. Zwar reflektiert er die subjektive wie die geschichtliche Bedingtheit des Anfangs, die Spezifik der ästhetischen Moderne und ihrer Anfänge entsteht jedoch gerade durch die Reflexion des sprachlichen Materials als Ausgangspunkt ihrer Konstruktion. Denn die Sprache verknüpft die Literatur nicht nur mit der allgemeinen Möglichkeit der Sinngebung, sondern durch die in ihr angesammelte Geschichtlichkeit mit der Vergangenheit und dadurch mit der literarischen Tradition. Damit greift die Definition der Moderne, die versucht, sie durch die Kategorie des Neuen und des im Sinne Nietzsches unhistorischen Nullpunkts zu bestimmen, zu kurz. Noch Theodor W. Adorno versteht die Moderne vorwiegend als Negation der Tradition. Zwar hält er die Verarbeitung literarischer Versatzstücke und Verfahrensweisen, die aus der literarischen Tradition stammen, auch für ein Kennzeichen moderner Literatur, aus seiner Perspektive ist sie aber nur durch die Unterordnung unter die Negation jeder Tradition, die die Moderne charakterisiert, zu rechtfertigen.

> Selbst wo Moderne traditionelle Errungenschaften, als technische, festhält, werden sie aufgehoben von dem Schock, der kein Ererbtes unangefochten läßt. Wie die Kategorie des Neuen aus dem historischen Prozeß resultierte, der die spezifische Tradition zuerst und dann jegliche auflöste, so ist Moderne keine Aberration, die sich berichtigen ließe, indem man auf einen Boden zurückkehrt, der nicht mehr existiert und nicht mehr existieren soll; das ist, paradox, der Grund von Moderne und verleiht ihr normativen Charakter.[4]

Der Schock, wie Adorno ihn beschreibt, kann auf Nietzsches philosophisches Projekt als Denken des Beginns der Moderne bezogen werden. Er entsteht durch die plötzliche Erkenntnis, dass alle traditionellen Werte ihre Substanz eingebüßt haben, eröffnet der Ästhetik aber auch den Weg in die Selbständigkeit. Also ließe sich die Ebene, auf der „kein Ererbtes" unangefochten bleibt, der fehlende „Grund von Moderne", als die Ebene der philosophischen Kategorien lesen, deren Vorannahmen bis zu diesem Zeitpunkt auch die Literatur bestimmt haben. Vorstellungen von Zeit und Geschichte, vom Subjekt und von der Sprache, die in irgendeiner Form alle metaphysisch abgesichert waren, fallen damit in sich zusammen; eine Entwicklung, die natürlich auch dadurch verursacht wird, dass die Natur- und Sprachwissenschaften der Philosophie und der Religion das Terrain streitig machen. Wie Adorno es beschreibt, ist das der Hintergrund,

---

1988, S. 133-162, S. 145; bezogen auf Literatur: Karl Heinz Bohrer, Plötzlichkeit. Zum Augenblick des ästhetischen Scheins. Frankfurt/M. 1981, bes. S. 54 f.

[4] Adorno, Ästhetische Theorie. Frankfurt/M. 1970, S. 41 f. Deutlich ist an dieser Stelle auch der Rekurs auf die Normativität moderner Kunst, die Nietzsches Ersetzung der Moral durch die ästhetische Rechtfertigung des Daseins widerspricht. Anders als bei Nietzsche, bei dem dadurch die Kategorie des Besonderen die Metaphysik unterläuft, setzt Adornos Bestehen auf der Allgemeinheit der Norm gelegentlich das Besondere der Kunst außer Kraft.

vor dem die Tradition literarisch verarbeitet wird. Nur erscheint es wenig sinnvoll literarische Verfahrensweisen dem Schock der Modernität kategorial unterzuordnen. Ästhetische Verfahrensweisen sind eben nicht traditionslos. Schon die Autoren des Sturm und Drang haben sich auf Shakespeare berufen, um ihr Pochen auf Subjektivität und ihre Negation der Tradition zu rechtfertigen.[5] Die Literatur der Moderne benutzt dagegen die Berufung auf ihre Vorgänger als Unterminierung der Kategorien, auf die deren Inszenierung sich bezogen hat. Sie beruft sich also z.b. auf die Konzeption romantischer Subjektivität nicht um Subjektivität darzustellen, sondern um das Konzept von Subjektivität, etwa die Vorstellung einer geschlossenen Identität, zu unterlaufen. Diese Verfahrensweise kommt Nietzsches zweitem Modell, den Anfang zu denken, nahe. Nietzsche reflektiert nicht nur den Anfang als Bruch mit der Vergangenheit, der im Handeln und in kreativen Prozessen zum Ausdruck kommt, sondern auch den Anfang als Komposition. Mit der Entwicklung eines zusammengesetzten Anfangs formuliert er das Programm einer zukünftigen Moderne.

> [...] denn der Ursprung der historischen Bildung - und ihres innerlichen ganz und gar radicalen Widerspruches gegen den Geist einer ‚neuen Zeit‘, eines ‚modernen Bewusstseins‘ - dieser Ursprung *muss* selbst wieder historisch erkannt werden, die Historie *muss* das Problem der Historie selbst auflösen, das Wissen *muss* seinen Stachel gegen sich selbst kehren - dieses dreifache *Muss* ist der Imperativ des Geistes der ‚neuen Zeit‘, falls in ihr wirklich etwas Neues, Mächtiges, Lebensverheissendes und Ursprüngliches ist.[6]

Das Projekt der Moderne - der Geist der „neuen Zeit" - ist im Gegensatz zur modernen Realität, die Nietzsche als Verlust der Verbindlichkeit von Moral und Geschichte darstellt, gekennzeichnet durch die Erforschung der Genese, die zur Konstruktion von Werten führt. Mit dieser Strategie wird dem philosophischen Konzept des Ursprungs seine Legitimation entzogen und der Ursprung wird zum historischen Anfang.

Jedoch wird der Ursprung nicht negiert, sondern durch das Nachzeichnen seiner Genese und der ihm zugrunde liegenden philosophischen Konstruktion kritisiert. Weil er im Prozess der Rekonstruktion als historischer erkannt wird, erscheint er als nur noch relativer Anfang, der an zeitliche und räumliche Bedingungen gebunden ist. Der Ursprung verliert dadurch seine metaphysische Substanz und wird zum historischen Beginn.

> So lehrt uns die Historie, über die Feierlichkeiten des Ursprungs zu lachen [...] Der Ursprung liegt immer vor dem Fall, vor dem Körper, vor der Welt und vor der Zeit. Er liegt bei den Göttern und seine Erzählung ist immer eine Theogonie. Hingegen ist das historische Beginnen etwas Niedriges.[7]

Wenn der Ursprung, der auch in Foucaults Analyse ein Element der Metaphysik ist, historisch erforscht wird, zeigt sich, dass er keine überhistorische Geltung beanspruchen kann. Stattdessen werden seine Gebundenheit an den historischen Zufall und sein Cha-

---

[5] Zur „Traditionswahl" als ausschlaggebend für die Konstruktion einer Epochenschwelle: Dirk Kemper, Ästhetische Moderne als Makroepoche. In: Silvio Vietta/Dirk Kemper (Hrsg.), Ästhetische Moderne in Europa: Grundzüge und Problemzusammenhänge seit der Romantik. München 1998, S. 97-126.

[6] Nietzsche, Vom Nutzen und Nachtheil der Historie für das Leben, S. 306.

[7] Michel Foucault, Nietzsche, die Genealogie, die Historie. In: Ders., Von der Subversion des Wissens. Frankfurt/M. 1987, S. 69-90, S. 71.

rakter als sprachliche Setzung deutlich. Die historische Bedingtheit und die willkürliche Setzung relativieren auch den Wert, den der aus den Kategorien von Zeit, Welt und Körper enthobene Ursprung absichern sollte.[8] Der Prozess, der durch die historische Analyse des Ursprungs in Gang gesetzt wird, führt schon bei Nietzsche nicht zu einem Ende: Jedes Wissen muss erneut der Reflexion und der daraus möglicherweise resultierenden Auflösung ausgesetzt werden. Nicht nur der Ursprung, auch die sich ständig neu ablagernde Geschichte muss in dieser Rückwendung der Reflexion analysiert werden.

„Der Imperativ des Geistes der ‚neuen Zeit'" verlangt also nicht nur die einmalige Entlarvung des Ursprungs als historisch bedingten Anfang, sondern eine ständige Reflexion von anscheinend erreichten Ergebnissen. Da am Beispiel des Ursprungs klar geworden ist, dass etwas als überzeitlich Gültiges akzeptiert worden ist, das sich dann als historisch und bedingt entpuppt, schließt Nietzsche dadurch einerseits auf die Vorläufigkeit jedes philosophischen Begriffes und jedes Wissens. Andererseits ergibt sich aus dieser Vorläufigkeit die spezifische Bewegung der Reflexion: Sie wendet sich immer wieder gegen ihre eigenen Ergebnisse, reflektiert den anscheinend erreichten Standpunkt und relativiert ihn in der Reflexion. Sie arbeitet also ständig mit den ihr eigenen Mitteln gegen ihre eigenen Ergebnisse: So kehrt das Wissen seinen Stachel gegen sich selbst. Nietzsche entwirft damit ein Konzept philosophischen Wissens, das sich, wie die moderne Literatur in Adornos Beschreibung, ständig selbst negiert. Das Ergebnis der selbstreflexiven, negierenden Bewegung ist der stets wieder neu erreichte Anfang, deswegen entspricht die Reflexion in der Wirkung dem Vergessen. Diesen produktiven Effekt der Reflexion bezeichnet Nietzsche dann als „etwas Neues, Mächtiges, Lebensverheissendes und Ursprüngliches", als „Geist der ‚neuen Zeit'". Die selbstreflexive, negierende Bewegung der Reflexion ist für Nietzsche das grundlegende Kennzeichnen von Modernität.

Diese selbstreflexive, negierende Bewegung, wie Nietzsche sie entwirft, lässt sich - so meine Hypothese - mit dem mimetischen Verfahren moderner literarischer Texte vergleichen, das sich anhand von Nietzsches Rekonstruktion des Ursprungs genauer beschreiben lässt. Die mimetische Verfahrensweise kehrt - wie der Prozess philosophischer Erkenntnis - den „Stachel gegen sich selbst". Sie zeichnet die sprachlichen Traditionen und die Möglichkeit sprachlicher Bedeutung nach, ohne sie als gültig hinzunehmen. Wie Nietzsches Konzept der Reflexion ist das mimetische Verfahren durch die nicht zu beendende, selbstreflexive und negierende Bewegung gekennzeichnet. Nietzsches Entwurf bietet aber auch die Möglichkeit, den Anfang als Komposition zu verstehen. Die zu dieser Komposition gehörenden Elemente wären dann die selbstreflexive Verfahrensweise, die nur relative Gültigkeit des Anfangs und die Bedingungen, die ihn konstituieren. Durch die Kombination dieser Elemente entsteht „etwas Neues", ein moderner Anfang, der dem „Geist der ‚neuen Zeit'" entspricht.

Nietzsches Konstruktion des modernen Anfangs zeigt eine Verfahrensweise, die das Verhältnis des Reflektierenden zur Tradition und zu seinen eigenen Ergebnissen umformuliert. Um mit Julia Kristeva zu sprechen: Nietzsche führt den modernen, mimetischen Umgang mit dem Thetischen ein. Unter dem Begriff des Thetischen fasst Kristeva die kulturellen Kategorien zusammen, die als Sinn gebend verstanden werden und deren Konstruiertheit in der Moderne das erste Mal zu Bewusstsein kommt. Nietzsche interpretiert den Ursprung nur noch als eine dieser thetischen Kategorien, als eine

---

[8] Foucault, Nietzsche, die Genealogie, die Historie, S. 72 f.

der Sinnsetzungen, welche die philosophische Tradition hervorgebracht hat. In der Entlarvung des metaphysischen Ursprungs als bedingter Anfang wird der Beginn einer mimetischen Praxis deutlich, die den Ursprung nicht negiert, sondern ihn mimetisch nachzeichnet und seinen absoluten Geltungsanspruch so auflöst. Durch die Nachzeichnung verhindert das mimetische Verfahren, dass „thetische", also philosophisch gesetzte, Konstruktionen absolute Gültigkeit beanspruchen können und sich so als „theologische" etablieren.[9] Einerseits wird in Kristevas Argumentation deutlich, dass mimetische Verfahrensweisen und poetische Sprache denselben Strukturen folgen, wenn sie versuchen, Sinnsetzungen zu unterlaufen.[10] In dieser Konzeption sind theoretische Reflexion und ästhetische Inszenierung nicht mehr zu trennen. Wie es Adorno für die ästhetische Moderne beschreibt, wird jede Setzung, jede Tradition angegriffen, aber in der mimetischen Nachzeichnung nicht „abstrakt". Kristevas Neuformulierung des Mimesis-Begriffs eröffnet aber andererseits auch die Möglichkeit, ästhetisches Verfahren und Motiv, sprachliche und inhaltliche Formung gleichzeitig und parallel in eine Beziehung zueinander zu setzen. Dabei könnte das Motiv und die inhaltliche Formung als Gesetztes verstanden werden, das in der mimetischen, ästhetischen Verfahrensweise nachgezeichnet und relativiert wird. Das ästhetische Verfahren reflektiert dann sprachlich material das Motiv, dem es sich widmet. Es zeichnet dessen Genese nach und lässt in diesem Prozess den literarischen Text entstehen. Für die literarische Darstellung des Anfangs bedeutet die Relativierung seiner Setzung, dass die ihn bildenden Elemente offen gelegt werden. Seine Abhängigkeit von zeitlichen, sprachlichen und subjektiven Bedingungen müsste dann mitformuliert werden.

Im metaphysischen Ursprung bleibt die subjektive Bedingtheit von Anfängen ebenso ausgeschlossen wie ihre Bedingtheit durch Geschichte und Sprache. Für die kritische Praxis des Künstlers oder des Philosophen und Historikers, wie Nietzsche sich ihn vorstellt, ist der subjektive Standort jedoch von elementarer Bedeutung.

> Denn da wir nun einmal die Resultate früherer Geschlechter sind, sind wir auch die Resultate ihrer Verirrungen, Leidenschaften und Irrthümer, ja Verbrechen; es ist nicht möglich sich ganz von dieser Kette zu lösen. Wenn wir jene Verirrungen verurtheilen und uns ihrer für enthoben erachten, so ist die Thatsache nicht beseitigt, dass wir aus ihnen herstammen.[11]

Auch das Selbstverständnis des Subjekts wird durch sein Verhältnis zur Tradition tangiert. Es versucht sich von ihr zu lösen, ist aber gleichzeitig von ihr abhängig.

Durch das mimetische Verfahren, wie Kristeva es entwickelt, wird die generelle subjektive, geschichtliche und sprachliche Bedingtheit der Sinngebung offen gelegt.

---

[9] Julia Kristeva, Die Revolution der poetischen Sprache. Frankfurt/M. 1978, S. 68; Foucaults Akzentuierung der „Genealogie" und die Ablehnung der Suche nach dem Ursprung meint eine ähnliche Tendenz wie Kristevas Begriff der Mimesis: S. Foucault, Nietzsche, die Genealogie, die Historie, bes. S. 69-71.

[10] S. dazu ebenfalls Theodor W. Adorno, Ästhetische Theorie, S. 46: „In schroffem Gegensatz zur herkömmlichen kehrt die neue Kunst das einst versteckte Moment des Gemachten, Hergestellten selbst hervor […] Was aber der eigenen Komplexion nach nur als Entstehendes und Werdendes möglich ist, kann nicht ohne Lüge zugleich als Geschlossenes, ‚Fertiges' sich setzen." Auf die Philosophie würde Adorno diesen Befund jedoch sicher nicht ausdehnen.

[11] Nietzsche, Vom Nutzen und Nachtheil der Historie für das Leben, S. 270. Interessanterweise taucht diese Gefährdetheit des Künstlers, wenn er das Thetische unterläuft, bei Kristeva, allerdings in psychoanalytisches Vokabular gefasst wieder auf: S. Die Revolution der poetischen Sprache, S. 71-77.

Genau diese Bedingtheit legen die Texte der ästhetischen Moderne offen. Weil sich am Umgang mit den literarischen Anfängen ihre mimetische Verfahrensweise besonders gut zeigen lässt, werden die nächsten Abschnitte bezogen auf die Kategorien von Zeit, Sprache und Subjekt moderne Anfänge untersuchen. Unter den Bedingungen modernen Schreibens als Schreiben des Anfangs werden die Beziehungen von Ursprung und Geschichte anhand der frühen Prosa von Gottfried Benn, von Originalität und Sprache anhand von Carl Einsteins *Bebuquin*, sowie von der Herkunft des Subjekts und der Form seiner Subjektivität anhand von Kafkas Novelle *Die Verwandlung* ins Blickfeld rücken.

I. Moderne Anfänge: die Zeit

Nietzsches Konzept des Anfangs als Komposition ist ein entscheidendes Element bei der Konstruktion literarischer Anfänge in der Moderne. Sein Modell wird einerseits zur intertextuellen Folie - wie im Folgenden an der Prosa Gottfried Benns zu zeigen sein wird -, andererseits eröffnet es auch generell die Möglichkeit, moderne Anfänge ästhetisch neu zu inszenieren.[12]

> Wie hieß er mit Vornamen? Werff. Wie hieß er überhaupt? Werff Rönne. Was war er? Arzt in einem Hurenhaus. Was schlug die Uhr? Zwölf. Es war Mitternacht. Er wurde dreißig Jahre. In der Ferne rauschte ein Gewitter. In Maiwälder brach die Wolke auf. Nun ist es Zeit, sagte er sich, daß ich beginne. In der Ferne rauscht ein Gewitter, aber ich geschehe. In Maiwälder bricht die Wolke auf, aber *meine* Nacht.[13]

Der Punkt des Anfangs ist in Gottfried Benns Prosa genauso zwiespältig konstruiert wie in Nietzsches Abhandlung *Vom Nutzen und Nachtheil der Historie für das Leben*. Obwohl Benns Novelle *Der Geburtstag* bereits angefangen hat, taucht erst an der zitierten Stelle ein sprechendes Ich auf. Es führt dann das Präsens, die unmittelbare Gegenwart, ein, es wiederholt aber in der erlebten Rede Teile des Erzählerberichts, ist also durch die Vergangenheit des Textes determiniert. Dennoch bleibt durch den Wechsel ins Präsens die Steigerung der Intensität, Nietzsches „heroische Präsenz"[14], deutlich spürbar.

Rönne kann sich nur nachträglich die Welt aneignen und auch nur nachträglich den Beginn seiner subjektiven Existenz sprachlich fassen. Die zeitliche Struktur, die dieser Erfahrung zu Grunde liegt, ist schon am Titel des Textes ablesbar: *Der Geburtstag*. Zwar ist der Geburtstag der subjektive Anfang des Individuums, er ist aber seiner Erfahrung nicht zugänglich. Erst in der Wiederholung, in Rönnes Fall als dreißigster Geburtstag, kann er nachträglich als Beginn des Lebens verstanden werden. Das Subjekt ist mit seiner Reflexion immer später - sei es nur einen Moment oder dreißig Jahre - als das Geschehen, der Punkt des Anfangens. Also ist der „Anfang" des Subjekts für es selbst nur sekundär erfahrbar, weil er seinem Bewusstsein zunächst entzogen ist. Erst

---

[12] S. zu Nietzsches Einfluss auf die Moderne: Die Genealogie der Moderne 1. Nietzsches Erkenntniskritik und die Moderne.

[13] Gottfried Benn, Der Geburtstag. In: Ders., Prosa und Autobiographie in der Fassung der Erstdrucke. Hrsg. v. Bruno Hillebrand. Frankfurt/M. 1984, S. 41-51, S. 41 f.; der Band wird im Folgenden zitiert als PuA.

[14] Volker Gerhardt, Leben und Geschichte. Menschliches Handeln und historischer Sinn in Nietzsches zweiter „Unzeitgemäßer Betrachtung". In: Ders., Pathos und Distanz, S. 145.

nachdem er längst vergangen ist, kann ihn das Subjekt als Moment seiner Geschichte zur Kenntnis nehmen. In dieser Situation ist ihm der Tag seiner Geburt jedoch nicht unmittelbar gegeben, sondern nur in seiner Imagination vorstellbar. Diese Imagination versetzt Rönne in die Lage, - wie Nietzsche es für die Moderne verlangt - seinen eigenen Ursprung als historisch gegeben und als bedingten zu erkennen.

> Ich habe nördliches Blut, das will ich nie vergessen. Meine Väter fraßen alles, aus Trögen und Stall. Aber ich will mich, sprach er sich Mut zu, auch nur ergehen. Dann wollte er sich etwas Bildhaftes zurufen, aber es mißlang. Dies wieder fand er bedeutungsvoll und zukunftsträchtig: vielleicht sei schon die Metapher ein Fluchtversuch, eine Art Vision und ein Mangel an Treue.[15]

Die Reflexion des Subjekts relativiert seinen eigenen Anfang: Das Subjekt ist durch das Blut mit seinen Vätern verbunden, es steht also in einer genealogischen Kette, die weit zurückreicht. Aus dieser Kette, so Nietzsche, kann man sich nicht lösen, denn der jeweils Sprechende stellt ihr letztes Glied dar. So wie das Subjekt an seine Väter gebunden ist, so ist es aber auch an die Sprache gebunden, die im Zitat im „Bildhaften" und in der „Metapher" gegenwärtig ist. Wie die Väter findet das Subjekt die Sprache vor. Wenn die Metapher, die nicht gelingt, und das Bild, das nicht gefunden wird, „zukunftsträchtig" sind, dann deswegen, weil sie aus den tradierten literarischen Sprechweisen eben durch ihr Misslingen herausfallen. Die gelungene Metapher würde das Subjekt in die ästhetische Tradition einfügen. Hier scheint also der Bruch mit den tradierten literarischen Formen bereits eine Analogie zum subjektiven „Ich beginne" zu bilden, weil er den Beginn subjektiven Sprechen anzeigt. Gleichzeitig ist Rönne schon in dem Moment, in dem er „beginnt", durch die Wiederholung des Erzählerberichts mit der Sprache, die schon vor seinem subjektiven Beginn existiert hat, verknüpft. Im Gegensatz zur sprachlichen Bindung will Rönne seine „Väter" jedoch nicht vergessen, die Bindung an die Herkunft akzeptiert er. Das sprachliche Bild, das ihn als Subjekt mit der Sprache aller verknüpft, lehnt er dagegen ab. Wie bei Nietzsche ist der gesuchte und gewollte Anfang in Benns Novelle ein ästhetischer, ein Akt subjektiver Sinnsetzung. Der Wunsch nach subjektiver Sinngebung wird einerseits durch den Wechsel ins Präsens und das Auftauchen der 1. Person artikuliert, andererseits zeichnet der Text die Problematik, einen Anfang zu setzen, mimetisch nach.

„Allmählich war ein Arzt über neunundzwanzig Jahre geworden und sein Gesamteindruck war nicht darnach, Empfindungen besonderer Art zu erwecken."[16] Die Novelle beginnt beiläufig und unbestimmt: „ein Arzt". An die Stelle des akzentuierten „Ich beginne" tritt ein Satz, in der das Subjekt bis auf die - auch ungenaue - Altersangabe nicht charakterisiert wird, ebenso wenig steht es grammatisch an erster Stelle. Im Gegensatz auch zur zeitlichen Bestimmtheit eines Anfangspunktes erscheint die Zeit hier als fließendes Kontinuum. Der Anfang der Novelle ist also kein subjektiv imaginierter und zeitlich bedeutsamer, wie Rönne ihn im Fortgang dann artikuliert. Damit zeigen die beiden Anfänge der Novelle sehr genau die Problematik ästhetischer Sinnsetzung in der Moderne: Der Erzähler stellt allen vergangenen literarischen Anfängen einen Anfang gegenüber, der - weil er kaum Informationen für die folgende Geschichte liefert - eigentlich keiner ist und er inszeniert ein Subjekt, das seinen Anfang als subjektive Aneignung der Welt betrachtet, stellt diese Setzung des Anfangs aber nicht

---

[15] Benn, Der Geburtstag, S. 42.
[16] Ebd., S. 41.

an den Beginn der Novelle. Gleichzeitig wird durch die Erzählerformulierungen, die das sprechende Subjekt aufnimmt, die sprachliche Vermitteltheit auch dieses subjektiv gesetzten Anfangs deutlich. Ebenso wird die biologische Herkunft des Subjekts benutzt, um eine auch denkbare metaphysische Erhöhung des Anfangs als einer Art religiöser Schöpfungsszene zu unterlaufen. Die Herkunft ist „etwas Niedriges"[17] und führt nicht zurück zum reinen Ursprung, sondern zu „Trögen und Stall", zur Bedingtheit durch die tierische Körperlichkeit der Väter also.

In dieser Komposition kann der Anfang als ästhetische Figur gelesen werden, die durch das mimetische Verfahren produziert wird: Die Elemente der Komposition sind dabei die Negation eines bedeutsamen Anfangs und des Ursprung sowie der Versuch der subjektive Aneignung des Anfangs. Der Text zeichnet das Motiv „Anfangen" also mimetisch nach, indem er unterschiedliche Aspekte aufgreift, diese aber dadurch gleichermaßen relativiert. Dieses Verfahren zeigt sich nicht nur zu Beginn der Novelle, sondern auch in den Anfängen, die in ihrem weiteren Verlauf dargestellt werden.

Die Novelle zitiert auch das philosophische Modell des Ursprungs. Es wird erkennbar, als Rönne den Beginn der europäischen Kultur imaginiert.

> Da aus Gärten warf sich ihm der Krokus entgegen, die Kerze der Frühmett des Dichtermunds, und zwar gerade die gelbe Art, die Griechen und Römern der Inbegriff alles Lieblichen gewesen, was Wunder, daß sie ihn in das Reich der Himmlischen versetzten? In Teichen von Krokussäften badete der Gott. Ein Kranz von Blüten wehrte dem Rausch. Am Mittelmeer die Safranfelder: die dreiteilige Narbe; flache Pfannen; Roßhaarsiebe über Feuern, leicht und offen. Er trieb sich an: arabisches Za-fara, griechisches Kroké. Es stellte sich ein Korvinius, König der Ungarn, der es verstanden hatte, beim Speisen Safranflecke zu vermeiden. Mühelos nahte sich der Färbestoff, das Gewürze, die Blütenmatte und das Alpental.[18]

Scheinbar steigt hier aus Rönnes Erinnerung die archaische Vorwelt auf. Ausgehend vom gelben Krokus und seiner Möglichkeit, als Rauschmittel zu dienen, assoziiert Rönne einen Gott, der Züge von Dionysos trägt. Das moderne Subjekt imaginiert also die mythische Vorgeschichte. Das bedeutet keineswegs den Rückfall in den Mythos, auch nicht die Anerkennung eines Ursprungs der europäischen Kultur.[19] Denn Rönne treibt sich an, die Assoziationen in Gang zu halten, er spielt ein Spiel. Der Gott und die Eigenschaften des Krokus, die aus seiner Erinnerung auftauchen, gehören in eine Reihe von Ersetzungen, die vom Subjekt gesteuert werden. Die Vorstellung einer archaischen Frühzeit wird also bloß vom Subjekt imaginiert und nicht als Setzung eines Ursprungs verstanden, der die Gegenwart tatsächlich determiniert. Eine Abhängigkeit von der Vergangenheit ist also zumindest in dieser Hinsicht nicht vorhanden.

---

[17] S. die schon zitierte Foucaultsche Überlegung: Michel Foucault, Nietzsche, die Genealogie, die Historie, S. 71.

[18] Benn, Der Geburtstag, S. 42.

[19] Paul de Man, Literary History and Literary Modernity. In: Ders., Blindness and Insight. Minneapolis 1988, S. 142-165, S. 161, geht davon aus: „The more radical the rejection on anything that came before, the greater the dependence on the past." Dieselbe Behauptung stellt auch Hans Robert Jauß auf, der aus einer ganz anderen theoretischen Richtung argumentiert. Auch für ihn führt die „Verdrängung der Geschichte", wie sie moderne Texte kennzeichnen kann, in den Mythos: Hans Robert Jauß, Die Epochenschwelle von 1912: Guillaume Apollinaire: *Zone* und *Lundi Rue Christine*. Heidelberg 1986, S. 38 f.

Zudem entstammen die Elemente, aus denen Rönnes Erinnerungen bestehen, aus keiner archaischen Überlieferung, sondern führen direkt ins 19. Jahrhundert hinein. So sind die Informationen über den Krokus und seinen kulturgeschichtlichen Kontext wahrscheinlich dem zum Zeitpunkt der Entstehung von Benns Novelle weit verbreiteten Buch von Victor Hehn über Kulturpflanzen und Nutztiere entnommen.[20] Die Verbindung des Safrans mit dem Rausch und die Erwähnung von Bacchus, der als Gott mit dem safranfarbenen Gewand auftritt, bringen zudem Nietzsches Konzeption von Dionysos ins Spiel.[21] Elemente des Mythischen werden von Rönne also lediglich zitiert; ihre Verwendung wird jedoch durch die ästhetische Verfahrensweise der literarischen Moderne gesteuert.

Um Benns Schreibweise näher zu erläutern, ist es zunächst notwendig, das von ihm verwendete Material genauer zu betrachten. Benns Verarbeitung des Dionysischen nimmt vor allem Nietzsches Veränderung des Zeitbegriffs wieder auf. Der intensive Augenblick tritt an die Stelle einer kontinuierlichen Zeitvorstellung. Das Dionysische gehört dabei zu den anthropologischen Voraussetzungen für das Erleben von „heroischer Präsenz" und damit für die ästhetische Inszenierung von modernen Zeitvorstellungen.

Ähnlich wie Nietzsche sichtet Benn die Erkenntnisformen seiner Gegenwart. Nicht nur in seiner frühen Prosa und im „erkenntnistheoretischen Drama" *Der Vermessungsdirigent*, auch in einem ersten allgemeineren Essay, der bezeichnenderweise den Titel *Das moderne Ich* trägt, benennt Benn die Voraussetzungen moderner Literatur. Er übertragt Nietzsches Ablehnung der positivistischen Geschichtsschreibung auf die Naturwissenschaften des ausgehenden 19. Jahrhunderts und kritisiert besonders den Be-

---

[20] S. Victor Hehn, Kulturpflanzen und Hausthiere in ihrem Übergang aus Asien nach Griechenland und Italien sowie in das übrige Europa. Historisch-Linguistische Skizzen. Berlin 1870, 8. Aufl. 1911; *Der Safran* (S. 173-180): für Hehn als Quelle sprechen neben der Übereinstimmung in den Informationen (Bacchus als orientalischer Gott im safranfarbenen Gewand; die Vorliebe der Griechen und Römer für Safran als Duft, Färbemittel und Gewürz; Eos, die Morgenröte, als safranfarben; der Unterschied zwischen dem orientalischen Safran und dem nordeuropäischen Krokus; die etymologische Herleitung, Safran als arabisches und Krokus als griechisches Wort; seit der vierten Auflage war dem Artikel zudem eine Anmerkung des Herausgebers beigegeben, die auf die Rauschwirkung des Krokus hinwies) einzelne ähnliche Formulierungen: „ […] so ist es nicht zu verwundern, wenn Heliogabalus, der verkörperte Orient auf dem römischen Thron, in Teichen sich badete, deren Wasser durch Safran duftend gemacht war […]" (S. 178); „Von jener Zeit und aus Spanien stammen die Safranfelder am Mittelmeer" (S. 179).

[21] Obwohl in der Benn-Forschung immer wieder auf Nietzsche Bezug genommen wird, gibt es kaum genaue Analysen zu Benns Verarbeitung von Nietzsches Texten; Maximillian Rankl weist zwar in seinem Aufsatz „Rönne als Nihilist der Schwäche. Gottfried Benns frühe Prosa im Lichte der Philosophie Nietzsches" (In: E. Huber-Thoma/G. Adler (Hrsg.), Romantik und Moderne. Festschrift für Helmut Motekat. Frankfurt/M./Bern/New York 1986, S. 375-397) auf die Bedeutung der *Geburt der Tragödie* und die Kategorien des Dionysischen und Apollinischen, bleibt aber auch eine exaktere Darstellung schuldig; Bruno Hillebrand schreibt dagegen, dass es „für den Modus der frühen Auseinandersetzung" mit Nietzsche, er meint die Zeit vor 1930, „wenig Anhaltspunkte" gäbe: Gottfried Benn und Friedrich Nietzsche. In: Bruno Hillebrand (Hrsg.), Nietzsche und die deutsche Literatur. II. Forschungsergebnisse. München/Tübingen 1978, S. 185-210, S. 195; Theo Meyer bietet zumindest für die Gedichte Anhaltspunkte: Nietzsche und die Kunst. Tübingen/Basel 1993, S. 376-413; auch zur Rönne-Prosa in diesem Zusammenhang äußert sich knapp: Thomas Keith, „Die Welt als ästhetisches Phänomen". Gottfried Benns Nietzsche-Rezeption. In: Zeitschrift für Germanistik, Jg. 10/2000, Heft 1, S. 116 – 126.

griff der „Entwicklung". Seine Gegenposition stellt er anhand eines Buches von Semi Meyer, einem „unbekannten Arzt aus Leipzig" dar[22]:

> Dieses Buch legt die eigentliche Bresche in das naturwissenschaftliche Prinzip und setzt ein bei der Frage nach dem Entwicklungsbegriff. Denn hatte Bergson zwar eindringlicher als jeder Vorgänger die schöpferische Seite der Entwicklung gezeigt und in seinem Prinzip des ‚élan vital' der Schaffenskraft einen Namen gegeben und damit eine Art Urkraft eingeführt, die mit Notwendigkeit das Leben vorwärts treibt, so kam er doch bei aller Tiefe schließlich nur einer Gedankenfolge entgegen, die von der Griechenzeit her überall, wo von Entwicklung die Rede war, die Fragestellung verwirrt hatte. Es sollte eine Art Denknotwendigkeit sein, daß in der Ausgangsform einer Entwicklung alle Ergebnisse irgendwie schon erhalten sind. Meyer aber stellt die Entwicklung dar als das Prinzip, das nicht abläuft oder entfaltet, sondern auf den vorhandenen Grundlagen schöpferisch das Unberechenbare erbaut.[23]

Zunächst entspricht Benns Ablehnung der „Ausgangsform", die die Entwicklung determiniert, Nietzsches Kritik am metaphysischen Begriff des Ursprungs. Benns Interpretation von Bergsons „élan vital"[24] zeigt zudem deutlich den Einfluss von Nietzsches These, dass dem Leben gegenüber Formen von totem Wissen der Vorrang gebühre.

Entscheidend ist aber die neue Ebene, die Benn bei seiner Definition der Entwicklung einführt.[25] Eine Entwicklung, die „auf den vorhandenen Grundlagen schöpferisch das Unberechenbare erbaut", ist weder durch den Ursprung noch durch die Entfaltung in Richtung auf ein Ziel bestimmt. Statt einer horizontalen zeitlichen Bewegung führt sie eine vertikale Ebene ein. Sie kann bezogen auf die Zeit, verstanden als Kontinuum, als Schnitt gelesen werden, der die zeitliche Kontinuität durchbricht. Benn nennt diese Figur im Hinblick auf seine poetischen Texte den „Querschnitt durch kondensierte Katastrophen".[26] Auf den „Grundlagen", dem Ausgangspunkt, entsteht vom Künstler erschaffen das „Unberechenbare". Benns Programmatik erlaubt also keine Texte, die Entwicklungen darstellen, indem sie „Ausgangsformen" entfalten. Vielmehr verlangt er „Querschnitte" als vertikale und synchrone Formen, die die als horizontal und diachron vorgestellte Bewegung der Zeit durchbrechen sollen. Sie können nicht

---

[22] Gottfried Benn, Das moderne Ich (1920). In: Ders., Essays und Reden in der Fassung der Erstdrucke. Hrsg. v. Bruno Hillebrand. Frankfurt/M. 1989, S. 29-46, S. 38; der Band wird im Folgenden als EuR zitiert; bezogen auf: Semi Meyer, Probleme der Entwicklung des Geistes. Erster Band: Die Geistesformen. Leipzig 1913.

[23] Obwohl der Aufsatz *Das moderne Ich* nach der Rönne-Prosa entstanden ist, nimmt er auf eine Stelle aus *Die Insel* (s. PuA, S. 53-61, S. 58 u. S. 60) Bezug, entsprach also wohl schon zur Zeit der Niederschrift von *Der Geburtstag* Benns Denkvoraussetzungen.

[24] Henri Bergsons Hauptwerk war in der deutschen Übersetzung mit dem Titel „Schöpferische Entwicklung" 1912 erschienen. Benns Andeutung an dieser Stelle zeigt, dass es ihm hier auch um eine bestimmte Zeitvorstellung geht und nicht nur um die schöpferische Freiheit des Künstlers.

[25] s. dazu auch Dieter Wellershoff, Der Phänotyp dieser Stunde, Köln/Berlin 1958, S. 81, dessen Beschreibung das gemeinte Phänomen trifft, der jedoch die ästhetischen Folgerungen für Benns Texte nicht sieht: „Meyer lehnt noch rigoroser als Bergson jede Vorstellung von Kontinuität und Fortschritt ab. Entwicklung beginnt in jedem Augenblick neu und ist in jedem Augenblick zu Ende, sie hat kein Ziel, keine Richtung, sie kennt keine Vorstufen, sie bringt stets das Unberechenbare hervor. Das Buch... ruft die Anarchie aus."

[26] Ich finde ... (Ohne Titel, 1920). In: Szenen und Schriften in der Fassung der Erstdrucke. Hrsg. v. Bruno Hillebrand. Frankfurt/M. 1990, S. 153-154, S. 154; der Band wird im Folgenden als SuS zitiert.

aus irgendeiner zeitlichen oder logischen Entwicklung abgeleitet werden, sondern nur metaphorisch als „kondensierte Katastrophen" beschrieben werden, weil sie kontingente und sprachlich verdichtete Ereignisse inszenieren. In dieser Lesart gibt es im traditionellen Sinne keinen Anfang eines literarischen Textes mehr, weil der Beginn wenig über dessen Fortgang aussagt. Da zudem kontingente und sprachlich verdichtete Ereignisse – „kondensierte Katastrophen" - die zeitliche Kontinuität von Benns Novellen unterbrechen, funktioniert auch die sprachliche Sinngebung nur situativ: Sie hat keine Folgen für das nächste Element und stellt ebenfalls keinen durchgehenden Zusammenhang her. Im Gegensatz zu den bisher besprochenen, theoretischen Vorstellungen des Anfangs nähert sich Benn in seinem Essay jedoch einer Formulierung, die auch als auf die Sprache bezogen lesbar ist.

Nach Benn gehören zu den Eigenschaften des Unberechenbaren genauso die Abwesenheit von Intentionen wie der Versuch, es durch die künstlerische Schöpfung zu erreichen, denn es soll „erbaut" werden. Die Schaffung des Unberechenbaren ist aber ein paradoxes Unternehmen, weil es Unberechenbarkeit *herstellen* will. Dadurch konstruiert Benn einen Anfang, der auf einer anderen Ebene angesiedelt ist: In jedem Augenblick ist es möglich, entgegen der angenommenen Kontinuität von Zeit, Sprache und Subjekt etwas aus dieser Ordnung Herausspringendes zu entwerfen. Dieser plötzliche Moment ist nicht nur als unberechenbar, sondern auch als ein radikal Neues gedacht, weil er außerhalb der sprachlichen, zeitlichen und vom Subjekt erfahrenen Ordnung situiert ist. Er wird zwar künstlerisch produziert, soll als Produzierter nicht mehr erklärbar sein.

Darüber hinaus kann Benns Konstruktion des Unberechenbaren analog zu Nietzsches Konzept des zusammengesetzten Anfangs verstanden werden. Wie bereits beschrieben, zeichnet die Reflexion die Genese des metaphysischen Ursprungs nach und hat dieselbe Wirkung wie das Vergessen, weil sie das Konzept des Ursprungs in diesem Prozess auflöst. Demgegenüber präzisiert Benn Nietzsches mimetisches Verfahren, weil er es auf die konkrete ästhetische Konstruktion des Unberechenbaren bezieht. Er ersetzt die Reflexion, die bei Nietzsche dem Ursprung die Legitimation entzieht, durch die künstlerische Konstruktion.[27] Damit tritt also die Poetik an die Stelle des philosophischen Denkens. Gleichzeitig hat Benns Vorstellung des Anfangs - wie bereits beschrieben - eine deutlich vertikale Struktur. Das Bennsche Konzept des Anfangs rückt damit in die Nähe eines transzendenten Anfangs, der allerdings nur in der Kunst möglich ist. Dieser Anfang ist zwar durch Plötzlichkeit und Unberechenbarkeit gekennzeichnet, setzt sich also von der Definition des Ursprungs als „Ausgangsform" einer durch ihn vorgezeichneten Entwicklung ab. Gleichzeitig weist er jedoch durch seine Transzendenz wieder auf die Vorstellung einer Metaphysik der Kunst. Benns Poetik zeigt damit deutliche Parallelen zu der von Adorno dargestellten „modernen" Metaphysik der Kunst:

> Die Metaphysik von Kunst heute ordnet sich um die Frage, wie ein Geistiges, das gemacht, nach der Sprache der Philosophie ‚bloß gesetzt' ist, wahr sein könne. […] Der Wahrheitsgehalt kann kein Gemachtes sein. Alles Machen der Kunst ist eine einzige Anstrengung zu sagen, was nicht das Gemachte selbst wäre und was sie nicht weiß: eben das

---

[27] S. dazu auch: Moritz Baßler, Die Entdeckung der Textur. Unverständlichkeit in der Kurzprosa der emphatischen Moderne 1910-1916. Tübingen 1994, S. 152 f.

ist ihr Geist. [...] So stellt der Wahrheitsgehalt in der Kunst als ein Vieles, nicht als abstrakter Ordnungsbegriff der Kunstwerke sich dar.[28]

Moderne Kunst orientiert sich nach Adorno nicht an einer abstrakten Vorstellung von Wahrheit und versucht nicht, deren Transzendenz nur anschaulich darzustellen, sondern erhebt den Anspruch, in der konkreten Arbeit mit dem sprachlichen Material eine besondere, ästhetische Transzendenz zu erreichen. Sie ist dann vom konkreten Kunstwerk nicht zu trennen - jedes Kunstwerk hat nur seine eigene „Wahrheit" - und also auch nicht auf den Begriff zu bringen. Benns Konstruktion eines transzendenten Anfangs ist durch ein ähnliches Paradox gekennzeichnet wie Adornos „gemachte Wahrheit": Er weist als transzendenter auf das Konzept des metaphysischen Ursprungs hin, über das er gleichzeitig hinausgeht und hinter dem er trotzdem zurückbleiben muss. Er geht über es hinaus, weil er durch den Sprung auf eine neue Ebene, die der Unberechenbarkeit, gekennzeichnet ist, und bleibt hinter ihm zurück, weil er seine traditionell metaphysischen Kennzeichen negiert. Als Transzendenter ist er, wie der Ursprung außerhalb der Zeit angesiedelt, aber er ist ihr nicht enthoben, sondern durchbricht ihr Kontinuum. Die zeitliche Struktur von Anfängen wird damit sowohl komplexer als auch weniger pointiert. Sie wird komplexer, weil das Verhältnis von Kontinuität und Diskontinuität jeweils neu zur Debatte steht, und weniger pointiert, weil jeder Moment zum Anfang werden kann.

Innerhalb der Novellen Benns kann der transzendente Anfang also die Möglichkeit bieten, „das Unberechenbare" zu inszenieren. Die Folgen, die dieses Konzept des Anfangs für den literarischen Text hat, lassen sich am Verhältnis zwischen dem Beginn der Novelle *Der Geburtstag* und dem Beginn von Rönnes Sprechen zeigen. Der Anfang der Novelle ist kein transzendenter Anfang, während Rönnes Rede deswegen einen transzendenten Anfang setzt, weil sie das Kontinuum der Erzählerstimme und der bis dahin abgelaufenen Zeit durchbricht. Gleichzeitig ist dieser transzendente Anfang kein metaphysischer Ursprung, weil die Kontinuität des Vokabulars und die Bindung an die subjektive Herkunft erhalten bleiben. Er dominiert auch nicht die weitere Entwicklung der Novelle, sondern bleibt gebunden an die momentane Präsenz des subjektiven Bewusstseins. Innerhalb der Novelle ist zwar die Wiederholung des transzendenten Anfangs möglich, nicht jedoch eine Weiterentwicklung.

Es sind diese Wiederholungen des transzendenten Anfangs, welche das Geschehen der Novelle strukturieren:

> [...] manchmal eine Stunde, da bist Du; der Rest ist das Geschehen. Manchmal die beiden Fluten schlagen hoch zu einem Traum. Manchmal rauscht es: wenn du zerbrochen bist.[29]

Wenn man die vertikale Struktur von Benns transzendentem Anfang berücksichtigt, wird klar, wie die Positionen der einzelnen Elemente hier verteilt sind. Das „Dasein" des Subjekts gehört der Kategorie des Unberechenbaren an und hat das „Zerbrechen" seiner Grundlage, des principii individuationis, wie Nietzsches sagt,[30] als Voraussetzung. Auch in Hinsicht auf das Subjekt ist der Anfang als paradox konstruierter lesbar: Es „ist", wenn es „zerbrochen" ist. Es kann erst (neu) anfangen, wenn es seine I-

---

[28] Adorno, Ästhetische Theorie, S. 198.
[29] Benn, Der Geburtstag, S. 50.
[30] Friedrich Nietzsche, Die Geburt der Tragödie. In: KSA Bd. 1, S. 9-156, S. 28 f.

dentität hinter sich lässt, sich also für einen Moment – „eine Stunde" - transzendiert. „Nun ist es Zeit, sagte er sich, daß ich beginne." Beginnen kann Rönne nur auf der E-bene des Daseins, im Sprung auf die zweite Ebene, einen Sprung, den Benn als schöpferische Konstruktion beschreibt. Dieser Anfang ist also weder ein unwillkürliches Auseinanderbrechen des Subjekts noch ein Untergehen im Rausch.[31] Er ist der bewusste Akt eines imaginierenden Menschen, der sich sagen kann: „nun ist es Zeit […]".

Benns Verarbeitung des Dionysischen nähert es seiner Vorstellung von Traum und Rausch an. Es kann ebenfalls als „Sprung ins Unberechenbare" interpretiert werden. Die Konstruktion des Dionysischen wird, wie von Nietzsche für das moderne Denken gefordert, offen gelegt.

> Er trieb sich an: arabisches Za-fara, griechisches Kroké. […] Noch hingegeben der Befriedigung, so ausgiebig zu assoziieren, stieß er auf ein Glasschild mit der Aufschrift: Cigarette Maita, beleuchtet von einem Sonnenstrahl. Und nun vollzog sich über Maita - Malta - Strände - leuchtend - Fähre - Hafen - Muschelfressen - Verkommenheiten - der helle klingende Ton einer leisen Zersplitterung, und Rönne schwankte in einem Glück.[32]

In der Imagination des Subjekts zeigen sich hier die Elemente des Dionysischen. Die Funktionsweise der Imagination wird dann als Bedingung für das Auftauchen dieser Elemente kenntlich gemacht. Rönnes Assoziationen zeigen den Übergang von den „Grundlagen" zum „Unberechenbaren", von der „Cigarette Maita" zur „leisen Zersplitterung". Sie führen also zum Aufstieg innerhalb des vertikalen Konzepts des transzendenten Anfangs, folgen allerdings bestimmten Regeln: Entweder nehmen sie lautliche Verschiebungen vor (Maita - Malta) oder sie ersetzen nach semantischen Gesichtspunkten (Malta als Insel - Strände als pars pro toto). Die Regelhaftigkeit solcher Assoziationen ist durch die Psychoanalyse entdeckt worden, Rönnes Exerzitium orientiert sich an ihren Erkenntnissen.[33] Einerseits wird also die Funktionsweise der Imagination mimetisch nachgezeichnet, andererseits erscheint auch die Imagination nicht als Ursprung, der die Subjektivität bestimmt. Vielmehr wird die Imagination textimmanent als Spiel dargestellt – „Er trieb sich an … " - und ist bezogen auf ihren Ablauf als psychoanalytisch inspiriert lesbar. Das mimetische Verfahren führt also auch hier zum Unterlaufen einer Setzung, in diesem Fall der Vorstellung, dass die Imagination den Grund des Subjekts bildet.

Bezieht man diese Diagnose und das analysierte ästhetische Verfahren auf die Frage nach dem Anfang der Moderne, dann ist zunächst einmal auf Benns Antwort hinzuweisen. Er beschreibt das moderne Ich als

> Anfang und Ende, Echo und Rauchfang seiner selbst. Bewußtsein bis in alle Falten, Apriori experimentell evakuiert, Kosmos, Pfauenrad diskursiver Eskapaden, Gott durch

---

[31] Martin Preiß macht bereits zu Recht auf die Verknüpfung von Rausch und Konstruktion aufmerksam: „ … daß es diese Wirklichkeit nicht gäbe". Gottfried Benns Rönne-Novellen als Autonomieprogramm. St. Ingbert 1999, S. 277-279; zum Rausch bei Benn in Zusammenhang mit Nietzsche: Bruno Hillebrand, Ästhetik des Augenblicks. Der Dichter als Überwinder der Zeit - von Goethe bis heute. Göttingen 1999, S. 58-61; zum Rausch auch: Klaus Modick, Formenpräger der weißen Spur. Benns Konzeption des produktiven Rausches. In: Text + Kritik, Heft 44, 2. Aufl. 1985, S. 47-53.

[32] Benn, Der Geburtstag, S. 42 f.

[33] S. dazu Sabine Kyora, Freud, Lacan und Gottfried Benn. Einführende Überlegungen zu einer methodischen Annäherung. In: Jahrbuch für internationale Germanistik, JG. XXVII/1995, Heft 2, S. 142-174.

keine Nieswurz zu Geräusch lanciert;- Bewußtsein, fladenhaft, Affekte Zerebrismen; Bewußtsein bis zur Lichtscheu, Sexus inhärent; Bewußtsein, [...] krank von der Syntax myt-
hischem Du, letzter großer Buchstabe: [...] Erbe und Ende und Achämenide.[34]

Durch die erkenntnistheoretische Unhaltbarkeit der traditionellen Metaphysik - Apriori,
Kosmos, Gott - hat das Subjekt keinen Halt mehr in einer überindividuell gültigen
Ordnung. Sexualität und Gefühle, die die Bindung des Individuums an die Mitmen-
schen garantieren könnten, sind bereits „Zerebrismen", also im Bewusstsein des modernen Ich eingeschlossen. Die einzige Verknüpfung, die noch zur Außenwelt besteht,
ist die sprachliche Syntax, die in ihrer kommunikativen Funktion auf ein Du gerichtet
ist. Die Fähigkeit der Sprache, Kommunikation zu ermöglichen, ist also ähnlich zwiespältig zu sehen wie die Konstitution des Subjekts. Einerseits gehört die Sprache mit ihrer Funktion, die Verständigung zu gewährleisten, zu den Faktoren, die Berechenbarkeit
herstellen und die das Subjekt dadurch in der alltäglichen Vernünftigkeit festhalten.
Andererseits kann nur durch die Sprache - sichtbar an Rönnes Assoziationen - der
transzendente Anfang inszeniert werden. Wie das Subjekt, das nur „beginnen" kann,
wenn es aus den Kategorien der Ratio ausbricht, das aber gleichzeitig auch als Erbe der
rationalen, aufklärerischen Tradition des Denkens am Ende steht, ist die Sprache einerseits Erbin der literarischen und gesellschaftlichen Formen des 19. Jahrhunderts, andererseits eröffnet sie die Möglichkeit, aus ihnen auszubrechen.

Auch Rönne definiert sich als Ende der Entwicklung von Sprache und Subjekt:

> Weiterleitung tritt ein, ein Ausruf wird erfolgen, Bestände von Erzählungen über frühe
> Gänge werden gebildet: - Überall stehen die Verarbeitungsbehälter und was wird, ist
> längst geschehen. Wann gab es Umströmte? Ich muß alles denken, ich muß alles zusam-
> menfassen, nichts entgeht der logischen Verknüpfung. Anfang und Ende, aber ich ge-
> schehe. Ich lebe auf dieser Insel und denke Zimtwälder. In mir durchwächst sich Wirkli-
> ches und Traum [...] Die Konkurrenz zwischen den Associationen, das ist das letzte Ich
> - [...].[35]

„Bestände von Erzählungen" garantieren, weil sie bereits fertig formuliert und abgeschlossen vorliegen, die Logik der Verknüpfungen und die Richtigkeit der Zusammenhänge. Ihre Vorgeprägtheit dominiert noch die Geschichte des Subjekts, das nur
das längst Geschehene und in den Erzählungen Beschriebene wiederholen kann.

Hier begegnet uns im literarischen Text die Vorstellung von Entwicklung, die
Benn in seinem Essay abgelehnt hat. Liest man seine Argumentation gegen Ausgangsformen, die den weiteren Ablauf des Geschehens bestimmen, als poetologische Reflexion, dann kann man sie an dieser Stelle auf die Vorgaben beziehen, die in den „Be-
ständen von Erzählungen" niedergelegt sind. In traditionellen Erzählformen kann der
Anfang als eine der kritisierten „Ausgangsformen", die den Fortgang festlegen, verstanden werden: Hier werden die Koordinaten festgelegt, in denen sich das weitere Geschehen abspielt An die Stelle des Anfangs als „Ausgangsform" treten bei Benn - aber,
wie noch zu zeigen sein wird, nicht nur bei ihm - poetische Konstrukte, die durch ihre
Komposition die Einheitlichkeit des traditionellen Anfangs und durch Plötzlichkeit,
konstruierte Unberechenbarkeit und andere Techniken die Determiniertheit des Erzählens unterlaufen.

---

[34] Benn, Das moderne Ich, S. 44.
[35] Benn, Die Insel. In: PuA, S. 53-61, S. 57 f.

In Benns Text steht das Subjekt quer zur erzählerischen Kontinuität: Es unterbricht sie, wenn es „ich beginne" sagt. Diese Äußerung ist aber nicht nur inhaltlich zu verstehen, sondern auch als sprachliche Setzung. Genauso ist Rönnes Imagination nicht nur durch die aufgerufene Bildlichkeit präsent, sondern ebenso in der sprachlichen Materialität von syntaktischer Verschiebung und semantischer Verdichtung. Durch seine Abhängigkeit von der Sprache erscheint das Subjekt schließlich als reines Textelement, als „Konkurrenz zwischen den Assoziationen". Das „letzte Ich" entsteht durch die Differenz zwischen sprachlichen Operationen, im Zwischenraum, ohne Wesen, das über seine sprachliche Verfasstheit und damit auch Flüchtigkeit hinausginge. Damit gewinnt es allerdings auch einen neuen Raum: „Anfang und Ende, aber ich geschehe". Dieser Raum ist nicht gekennzeichnet durch die Setzung von Anfang und Ende, sondern durch die Bewegung. Sie erscheint ziellos und objektlos: Weder ist klar, was das subjektive Geschehen ist, noch wohin es führt. Wie „ich beginne", ist „ich geschehe" eine Aussage, die zwar sprachlich setzt, diese Setzung jedoch nicht inhaltlich einlöst, sondern in der sprachlichen Bewegung vorführt. Das Subjekt hat zwar kein Wesen mehr, insofern ist es am Ende; es gewinnt aber dadurch an sprachlicher Beweglichkeit, denn es kann sich in der Sprache bewusst neu erschaffen. Deswegen kann Rönne beginnen und so entsteht auch Benns modernes Ich.

> […] und plötzlich: aus Thrazien: Dionysos. […] Kein Zaudern, keine Frage: Über die Höhen geht der Nächtliche, die Fichte im Haar, der Stiergestaltige, der Belaubte: Ihm nach nun, und nun das Haupt geschwungen, und nun den Hanf gedünstet, und nun den ungemischten Trank-: nun ist schon Wein und Honig in den Strömen - nun: Rosen, syrisch - nun: gärend Korn - nun die Stunde der großen Nacht, des Rausches und der entwichenen Formen. Es ist eine Esse von Haschisch auf der Welt, […] es ist ein Schrei […] nach dem Übergang, nach den Epiphanien.[36]

Mit dieser Verknüpfung von Nacht, Rausch und „entwichenen Formen" ruft Benn die drei Elemente auf, die der Inszenierung des transzendenten Anfangs in Zeit-, Subjekt- und Kunstvorstellung entsprechen. Dabei zeigt seine Metaphorik noch einmal die Abhängigkeit von Nietzsches Konzept des Dionysischen für die Konstruktion des transzendenten Anfangs. Entscheidend ist aber die Produktion der „heroischen Präsenz", die Benns Formulierungen dominiert. Dem „nun" korrespondiert die Zuspitzung auf den Moment der Entgrenzung, von dem nicht mehr klar ist, ob er für das Subjekt Traum oder Tod bedeutet.

Bezieht man Benns Konzept auf Erzählabläufe, so wird deutlich, dass kontinuierliche, chronologisch verlaufende Geschichten damit nicht zu konstruieren sind. Durch die Inszenierung von Anfängen, denen keine Geschichte folgt, und Enden, die den Beginn von etwas Neuem markieren können, entsteht das Problem, dass diese Elemente in Prosa-Texten nicht zu einem kontinuierlichen Erzählfluss führen können, die Struktur der Texte also dann einerseits von intensiven, eher lyrischen Momenten und andererseits von traditionell erzählten Passagen bestimmt sein kann. Die Bindung an den transzendenten Anfang, wie Benn ihn imaginiert, lässt zudem weder eine kontinuierliche zeitliche Entwicklung noch eine logische zu. Der Sprung auf die transzendente Ebene bedeutet gleichzeitig einen Bruch innerhalb der kausalen Verknüpfung der Geschichte. Auch die im folgenden besprochenen Schriftsteller lehnen in ihren poetologischen Äußerungen immer wieder die Kausalität innerhalb traditioneller Erzählfor-

---

[36] Benn, Das moderne Ich, S. 45.

men ab und bevorzugen andere sprachliche Verknüpfungsformen.[37] Abgesehen von Nietzsches Philosophie erscheint in Benns Vision des Dionysos aber auch eine zweite bestimmende Tradition, die sich die Moderne zur Konstruktion des Anfangs zu Nutze macht. Das Auftauchen der Epiphanie weist auf ein Konzept, das aus dem Symbolismus stammt. Auch in Benns Text verdankt es sich wahrscheinlich D'Annunzios Roman *Il Fuoco*.[38]

II. Moderne Anfänge: die Sprache

Die Frage nach der Poetik der literarischen Moderne ist nicht nur im Hinblick auf die neue Formulierung der Zeit- und Geschichtsvorstellung, sondern ebenfalls hinsichtlich der Sprachvorstellung nachzugehen. Zunächst geht es im Folgenden vor allem um das Konzept von Bildlichkeit, das einen wichtigen Aspekt bei der Entwicklung von moderner literarischer Sprache darstellt. Dabei steht einerseits das eher technische Problem, mit welchen Verfahrensweisen das ästhetisch Neue geschaffen werden kann, im Vordergrund, andererseits muss auch die Imagination von sprachlicher Originalität betrachtet werden. Zwar liegt auch im Folgenden die schon beschriebene Änderung der Zeitvorstellung zugrunde: Der Anfang ist immer auch eine zeitliche Kategorie. Benns Formulierung des transzendenten Anfangs deutet jedoch schon in eine andere Richtung: In seiner Prosa legitimiert die Einzigartigkeit des sprechenden Subjekts die sprachlichen Assoziationen. Die Bildlichkeit des Textes wird also an den subjektiven, sich ständig ändernden Standort gebunden. Durch diese Verknüpfung kann der Unterschied zwischen übertragener und wörtlicher Bedeutung verloren gehen, eine Tendenz, die auch an anderen Texten, die um 1910 entstanden sind, zu beobachten ist und für die im Folgenden Carl Einsteins *Bebuquin* als Beispiel dienen soll.[39]

So fällt am Anfang des ersten Kapitels von Einsteins *Bebuquin* auf, dass bei der Darstellung der Szenerie metaphorische von wörtlich zu verstehenden Elementen nicht mehr zu unterscheiden sind:

> Die Scherben eines gläsernen, gelben Lampions klirrten auf die Stimme eines Frauen-zimmers: ,Wollen Sie den Geist Ihrer Mutter sehen?' Das haltlose Licht tropfte auf die zartmarkierte Glatze eines jungen Mannes, der ängstlich abbog, um allen Überlegungen über die Zusammensetzung seiner Person vorzubeugen.[40]

Metaphern werden nicht mehr als solche kenntlich gemacht, die wörtliche und die bildliche Bedeutung sind nicht mehr zu unterscheiden. Dieser Effekt entsteht vor allem

---

[37] Zur Fortführung dieses Bereichs s.a. Genealogie der Moderne, Kap. I.

[38] Benn bezeichnet D'Annunzio und besonders den Roman *Das Feuer* als wichtig für die Entwicklung der modernen Literatur (z.B.: In der Stunde der Dämmerung. Kasimir Edschmid zum 65. Geburtstag. In: SuS, S. 317 f., S. 317). Zu D'Annunzios Einfluss auch auf andere Schriftsteller der Moderne s. II. Genealogie 2. Symbolismus.

[39] Sowohl Moritz Baßler (Die Entdeckung der Textur, S. 80-82) wie Reto Sorg (Aus den „Gärten der Zeichen". Zu Carl Einsteins *Bebuquin*. München 1998, S. 265) sehen den Bebuquin als wichtigen Schwellentext der Moderne; vgl. auch Sabine Kyora, Carl Einsteins *Bebuquin*. In: Walter Fähnders (Hrsg.), Expressionistische Prosa. Bielefeld 2001, S. 79-91.

[40] Carl Einstein, Bebuquin. Hrsg. v. Erich Kleinschmidt. Stuttgart 1985, S. 3; ich benutze diese Ausgabe, weil die Werkausgabe sich nicht nach dem Typoskript, sondern nach dem Erstdruck in der „Aktion" richtet und die Varianten nicht angibt.

durch die Vermischung der Ebenen: Einerseits werden als „realistisch" verstehbare Partikel gewählt (die Scherben eines gläsernen, gelben Lampions, klirren, die Stimme eines Frauenzimmers), andererseits sprengt deren Zusammensetzung die realistische Vorstellung. Die Verknüpfung von Lampion und Stimme verstößt deswegen gegen diese Vorstellung, weil die Stimme kein sichtbarer Gegenstand ist. Gleichzeitig entsteht durch die Verknüpfung von Lampion und Stimme nichts, was dieser über die einzelnen Elemente hinaus bildliche Bedeutung verleiht.

Einstein hat sein Verständnis von Bildlichkeit selbst programmatisch formuliert:

> Vathek eröffnet die Reihe der Bücher, welche uns die Erkenntnis und Zucht der reinen Kunst spendeten, diese in das Gebiet der abgeschlossenen Imagination verwies, und ihr die Kraft eines in sich vollendeten Organismus verlieh. Damit wurde dem allegorischen Charakter der Literatur ein Ende gesetzt [...] Als wertvollste neuere OEvres dieser Klasse bezeichne ich: Mallarmé, Herodiade; Beardsley; Under the hill; Baudelaire; z.B. Harmonies. Diese Künstler erinnerten uns seit langer Zeit wieder der rhythmischen Anschauungskraft, der stilisierten Sinne, der Bildhaftigkeit des Kunstwerks und seiner konstruktiven Art.[41]

Einerseits wird die Wichtigkeit des Symbolismus für Einsteins Konzept hier deutlich, andererseits zeigt sich auch ein Problem, das gerade in Bezug auf den Anfang von Interesse ist. Nach Einstein haben die vom ihm aufgezählten Texte die gemeinsame Tendenz vorzuführen, „daß ein Werk unreal und dicht wie ein Kreis sein muß, die Bilder auseinander hervorgehen im gestuften Wechsel der symbolisierten Organe."[42] Ein Text, der „unreal und dicht wie ein Kreis" ist, kann eigentlich - wenn man im Bild bleibt - keinen Anfang haben. Auch die Vorstellung einer allein im Kunstwerk gegenwärtigen „abgeschlossenen Imagination" führt zu der Frage, wo diese denn ihren „Eingang" haben soll. Bezieht man dieses Konzept auf die Bildlichkeit am Anfang des *Bebuquin*, dann kann diese durchaus mit Einsteins Begrifflichkeit charakterisiert werden. Sie versucht, „unreal" zu sein, und kann deswegen „dicht wie ein Kreis" werden, weil sie keine Differenz zwischen wörtlicher und bildlicher Bedeutung aufkommen lässt - sie ist nicht „allegorisch", denn eine übertragene Bedeutung ist nicht erkennbar. Trotzdem arbeitet Einsteins Formulierung des Anfangs mit Bruchstücken, die für sich genommen durchaus als realistisch verstanden werden können. Es genügt die minimale Ersetzung eines konkreten Gegenstandes durch die nicht gegenständliche Stimme, damit der Satz nur noch als ästhetische Konstruktion erscheint.

Im Gegensatz zu dieser unspektakulären, aber folgenreichen Verfahrensweise steht der Anspruch der „reinen Kunst" und der „abgeschlossenen Imagination". Beide Begriffe vernachlässigen den Aspekt der ästhetischen Produktion, der nicht rein oder abgeschlossen vor sich gehen kann, weil er vom sprachlichen Material und dessen alltagssprachlicher oder traditionell dichterischer Bedeutung abhängig bleibt.

Dieser Gegensatz zwischen konkreter Arbeitsweise und programmatischer Kunstauffassung wird nicht nur an Einsteins Aufsätzen deutlich, sondern zeigt sich ebenfalls an der Figur des Bebuquin. Bebuquin fungiert als Sprachrohr für die Auffassung von der Reinheit der Kunst.

---

[41] Carl Einstein, Vathek. In: Ders., Werke Bd. 1. 1907-1918. Hrsg. v. H. Haarmann u. K. Siebenhaar. Berlin 1994, S. 41-45, S. 43.
[42] Ebd.

> Er wand sich in der leeren Stube: ‚Ich will nicht eine Kopie, keine Beeinflussung, ich will mich, aus meiner Seele muß etwas ganz Eigenes kommen, und wenn es Löcher in eine private Luft sind. Ich kann nicht mit den Dingen etwas anfangen, ein Ding verpflichtet zu allen Dingen […].‘[43]

Bebuquin will aus sich heraus, etwas Originelles schaffen. Weil er die Außenwelt ablehnt, bleibt er dafür auf seine Innerlichkeit angewiesen. Diese ist aber, wenn alle Beeinflussung und alle Dinge aus ihr ausgeschlossen sind, nur auf die Gefühle und die auf sich selbst bezogenen Reflexionen des Subjekts beschränkt.[44] Dadurch wird aus der Innerlichkeit ein reflexiver Zirkel, aus dem nichts Neues entsteht. Psychologisch betrachtet ist Bebuquin Narzist[45], literarisch eingeordnet vertritt er den radikalen Symbolismus, den Einstein in seinen Aufsätzen formuliert. Gleichzeitig führt Bebuquin die Aporien des Selbstbezugs vor: Er verhindert durch seinen Rückzug von der Außenwelt die originelle Schöpfung, die er gleichwohl als sein Ziel proklamiert.

> Seit Wochen starrte Bebuquin in einen Winkel seiner Stube, und er wollte den Winkel seiner Stube aus sich heraus beleben. Es graute ihm, auf die unverständlichen, niemals endenden Tatsachen angewiesen zu sein, die ihn verneinten. Aber sein erschöpfter Wille konnte nicht ein Stäubchen erzeugen […]. ‚Es muß möglich sein, genau wie man früher an einen Gott glauben konnte, der die Welt aus nichts erschuf […].‘[46]

Das Subjekt kann aus sich heraus keine Gegenwelt begründen, weil die Schöpfung aus dem Nichts, der absolute Anfang, ihm nicht möglich ist. Diese Vorstellung von Originalität ist nur als göttliche Schöpfung denkbar. In der Opposition zwischen der bestehenden Dingwelt und dem subjektiven Wunsch nach Neuschöpfung kann das Subjekt nur seine eigene Ohnmacht erfahren, die „Tatsachen" werden es weiter verneinen.

Einsteins Vathek-Aufsatz zeigt deutliche Parallelen zu symbolistischen Positionen, die Einstein ja auch als vorbildlich darstellt, während Bebuquins Problem mit dem Anfang schon als Kritik am Symbolismus lesbar ist.[47] Einerseits postuliert der Symbolismus die Autonomie des Werkes in einer Radikalität, die das Selbständigwerden der Ästhetik eindrucksvoll deutlich macht, andererseits baut auch er eine Polarität von Kunst und Welt auf, die den Übergang von einem zum anderen äußerst problematisch erscheinen lassen. Diese Polarität von Kunst und Welt kann einerseits inhaltlich zum Thema werden, andererseits die sprachlichen Verfahrensweisen bestimmen. Für die erste Tendenz steht Huysmans' *Gegen den Strich*[48], ein Roman, der auch intertextuell zu den Motiven des *Bebuquin* beiträgt. Des Esseintes unproduktiver Rückzug in eine künstliche, von ihm selbst arrangierte Welt ähnelt Bebuquins Verhalten ebenso wie die Ablehnung der Erotik; auch Teile von Huysmans' Szenerie tauchen im *Bebuquin* wieder auf: das

---

[43] Einstein, Bebuquin, S. 4.

[44] Vgl. Moritz Baßler, Die Entdeckung der Textur, S. 79-82.

[45] Böhm bezeichnet ihn ebenfalls als „Narzissus": Einstein, Bebuquin, S. 9.

[46] Ebd., S. 11.

[47] Zur Symbolismus-Rezeption bei Einstein: Heide Oehm, Die Kunsttheorie Carl Einsteins. München 1976; Wilfried Ihrig, Literarische Avantgarde und Dandysmus. Frankfurt/M. 1988, S. 35-76; Dirk Heißerer, Negative Dichtung. Zum Verfahren der literarischen Dekomposition bei Carl Einstein. München 1992, S. 66-110.

[48] Joris-Karl Huysmans, Gegen den Strich (1884; dt. Übers. 1897). Stuttgart 1992. Auf die Parallelität hat bereits Wilfried Ihrig hingewiesen: Literarische Avantgarde und Dandysmus, S. 48 u. S. 60.

verspiegelte Boudoir, die farbigen Schnäpse, Zirkusakrobatinnen mit ähnlichen Namen.[49]

Einsteins poetische Verfahrensweise ist aber nicht von Huysmans inspiriert, der seinen dekadenten Helden und dessen Beschäftigungen eher realistisch schildert, sondern von George und Mallarmé.[50] Beide Autoren entwickeln eine Bildlichkeit, die „dicht und unreal wie ein Kreis" ist. Besonders deutlich wird diese Tendenz in Georges Gedichtsammlung *Algabal*, die Einstein zunächst in seinen symbolistischen Kanon aufnehmen wollte, dann aber gestrichen hat.[51] Die Gedichte in *Algabal* beschwören ebenfalls die künstliche Schöpfung des einzelnen Individuums:

> Der schöpfung wo er nur gewcckt und verwaltet
> Erhabene neuheit ihn manchmal erfreut
> Wo ausser dem seinen kein wille schaltet
> Und wo er dem licht und dem wetter gebeut.[52]

Im Gegensatz zu Bebuquins Schwierigkeiten mit dem Anfang steht diese Strophe am Ende eines Gedichts, das die künstliche Schöpfung - das „Unterreich" - imaginiert. Der Schöpfungsakt des Subjekts glückt hier also, die Problematik der Originalität und des Neuen taucht bei George gar nicht auf. Innerhalb seiner Gedichte erscheinen jedoch Bilder, die einen ähnlichen Effekt wie der erste Satz des *Bebuquin* haben.

> Der saal des gelben gleisses und der sonne.
> Sie herrscht auf flacher kuppel unter sternen
> In blitzen schnellen aus dem feuerbronne
> topase untermengt mit bernstein-kernen.[53]

Auch hier ist nicht klar, ob es sich um die wörtlich zu nehmende Beschreibung von edlen Steinen oder um eine metaphorische Beschreibung der Sonnenstrahlen handelt. Gerade durch die Vermischung dieser beiden Ebenen entsteht die beabsichtigte Wirkung. Nach dieser Vermischung erfolgt eine Ersetzung des Konkreteren durch das Abstraktere:

---

[49] Boudoir: Bebuquin, S. 5, Gegen den Strich, S. 39; Schnäpse: Bebuquin, S. 20, Gegen den Strich, S. 75-77; Miß Euphemia: Bebuquin, S. 27 f., Miß Urania: Gegen den Strich, S. 131 ff.

[50] Es ist nicht genau zu ermitteln, welche Texte Einstein von Mallarmé über die von George übersetzte Szene aus *Herodiade* kannte, s. dazu als Zusammenfassung: Dirk Heißerer, Negative Dichtung, S. 98-101. Da auch der Text, den Einstein bei Mallarmé als vorbildlich ansieht, in der Übersetzung durch die Diktion Georges gekennzeichnet ist, beschränke ich mich im Folgenden auf den Bezug zu George. Zum ambivalenten Verhältnis s. Heißerer, Negative Dichtung, S. 108-110; Ihrig, Literarische Avantgarde und Dandysmus, S. 36 f. u. S. 43 f. und zuletzt resümierend Klaus H. Kiefer, Diskurswandel im Werk Carl Einstein. Ein Beitrag zur Theorie und Geschichte der europäischen Avantgarde. Tübingen 1994, S. 68-75.

[51] S. Dirk Heißerer, Negative Dialektik/Dichtung, S. 108 sowie Einsteins nicht veröffentlichter, wahrscheinlich um 1910 entstandener Text *George*, der George ausdrücklich als Beginn einer neuen Art von Dichtung würdigt: Carl Einstein, Werke Bd. 4. Texte aus dem Nachlaß I. Hrsg. v. Hermann Haarmann und Klaus Siebenhaar. Berlin 1992, S. 105-116.

[52] Stefan George, Algabal. In: Ders., Hymnen. Pilgerfahrten. Algabal. Düsseldorf/München 1966, S. 85-123, S. 91.

[53] George, Algabal, S. 93.

Und dreimal tausend schwere urnen spenden
Den geist von amber weihrauch und zitrone.[54]

Der letzte Vers setzt an die Stelle des zu erwartenden Geruchs das abstraktere „geist". Damit ist das ästhetische Verfahren von Einsteins erstem Satz fast erreicht. Zwar verwendet Einstein keine kostbaren Materialien für seine Bildlichkeit - er verknüpft Alltagsgegenstände und alltägliche Worte -, aber auch er ersetzt einen nach dem Verlauf des Satzes zu erwartenden konkreten Gegenstand durch eine nicht gegenständliche Vorstellung, durch die Stimme. Eine Radikalisierung zeigt sich allerdings bei der Einbettung der „wörtlichen" Metaphern in den Kontext. George baut zunächst eine vorstellbare Szenerie auf, bevor sich die wörtlich zu verstehende und die bildliche Ebene vermischen, Einstein reduziert dagegen sein Verfahren auf die sofortige Loslösung vom realistischen Hintergrund.

Während der Anfang von Einsteins Text durch die Vermischung von bildlicher und wörtlich zu verstehender Ebene durchaus als pointiert gesetzter verstanden werden kann, bleibt Bebuquin als Figur in den Aporien des Anfangs gefangen. Im Gegensatz zu Bebuquin lässt sich der etwas später auftretende Heinrich Lippenknabe als eine Figur verstehen, die diese Aporie überwindet.

> Um die Tische verbanden sich die Wiener Rohrstühle zu rhythmischen Guirlanden. Die Nase eines Trinkers konzentrierte die Kette jäh. Die Lichter hingen klumpenweise von der Decke und zerplatzen die Wände zu Fetzen. ‚So vernichtet eines den anderen', bemerkte hierzu der jugendliche Maler Heinrich Lippenknabe. ‚Ich bin darauf dressiert, überall die Negation aufzufinden [...].'[55]

Die bildliche Inszenierung ist vom ersten Kapitel des *Bebuquin* nicht zu unterscheiden. Auffällig ist die direkte Reaktion Lippenknabes auf das Widerspiel des Lichtes an der Wand. Wahrnehmung wird als Bezugspunkt für das Subjekt wieder zugelassen - es muss die „Tatsachen" nicht verneinen - auch wenn es „dressiert" ist, also dazu neigt, die Wahrnehmung nach bestimmten antrainierten Gesichtspunkten zu ordnen. Diese subjektive Bedingtheit ist aber nicht disqualifizierend. In der sprachlichen Artikulation des Subjekts tritt nun ein neuer Aspekt zur Bildlichkeit hinzu. Lippenknabe interpretiert etwas, das bildlich dargestellt und metaphorisch lesbar erscheint – „Die Lichter [...] zerplatzen die Wände zu Fetzen" -, als wörtlich zu nehmende Tatsache: „So vernichtet eines den anderen". Er greift also in die - vom Erzähler dargestellte - Bildlichkeit ein, entzieht ihr die übertragene Bedeutung und führt die „Negation" ein, weil er die metaphorische Darstellung in seiner Interpretation zu einer wörtlich verstandenen macht und damit die Funktion von Bildlichkeit „negiert". So wird der vorherige Satz des Erzählers im Nachhinein durch die Figur relativiert und bleibt interpretierbar, weil seine Aussage nicht in eine metaphorische Bedeutung überführt wird.

> Das Künstlerische beginnt mit dem Wort anders. Künstlerische Formen können sich dermaßen verfestigt haben, über Dinge hinausgewachsen sein, daß sie einen neuen Gegenstand erschaffen. [...] Aber wir sind in unser Gedächtnis eingeschlossen, auf Tautologien angewiesen - - ich sehe dabei von der Existenz des Wortes ‚Form' ab. Das We-

[54] Ebd.
[55] Einstein, Bebuquin, S. 13.

sentliche dieses Wortes ist, daß es mit Nichts alles enthält, aber zugleich mehr ist, als Begriff oder Symbol.[56]

Lippenknabe versucht hier, über die Entwicklung eines Formbegriffs eine neue Bestimmung künstlerischer Produktivität zu leisten. Zunächst einmal löst er die Kunst aus der Polarität von originärer Schöpfung und bloßer Wiederholung traditioneller Formen. Wenn Kunst nur „anders" sein muss als die Wirklichkeit oder als die bereits vorhandenen Kunstwerke, dann ist sie nicht zum Schöpfungsakt aus dem Nichts verpflichtet. Sie muss nicht absolut neu beginnen, sondern nur anders als bisher. Darüber hinaus kann sie über die „Form" ihre Eigenart, ihr Anderssein konstituieren. Diese Vorstellung der Form, wie sie Lippenknabe dann im Weiteren formuliert, nimmt nicht etwa die - für die Moderne nicht haltbare - Polarität von Inhalt und Form auf, sondern orientiert sich am konkreten Wort „Form", das als Abstraktum - es enthält nichts Konkretes - zwischen Begriff und Symbol eingeordnet wird. Es geht also nicht nur darum, den Begriff inhaltlich zu füllen, sondern in erster Linie um die sprachlichen Bedeutungsmöglichkeiten, die dem Wort zugeschrieben werden können.

> Auf der einen Seite geht es [das Wort Form, S. K.] über das Logische weit hinaus und läßt von der Erfahrung bedeutendere Merkmale zurück; sie besitzt Selbstbewegung, Ruhe und Bewegung sind zugleich in ihr eingeschlossen. Das Symbol gab die Vor- und Nachfolgen der Form, das Empirische und ein Fremdes; die Form aber verbarg sich ungesehen zwischen den beiden Gliedern. Die Form weist auch über die Kausalität hinaus, zugleich besitzt sie vorzüglichere Eigenschaften, als die Idee; sie ist mehr als ein Prozeß. Vor allem vermag sie sich mit jedem Organ und Ding zu verbinden; da ihre Verpflichtung an die Gegenstände eine denkbar lose ist, gebietet sie diesen ohne Vergewaltigung.[57]

In der Form sind also im Gegensatz zum Begriff Anteile von Anschaulichkeit zu finden, die sich vor allem aus der Verarbeitung von Bewegung herleiten und die der statisch verstandenen Logik überlegen sind. Das Symbol wiederum ist in der traditionellen Kunst gerade durch Anschaulichkeit gekennzeichnet, die auf eine verborgene Bedeutung hinweist. Das Anschauliche des Symbols wird anscheinend als empirisches Element verstanden, die übertragene Bedeutung wäre dann das „Fremde", das über das wahrgenommene Bild hinausgeht. Wenn die Form zwischen wahrgenommenem Bild und übertragener Bedeutung angesiedelt wird, dann ist sie wohl dadurch zu charakterisieren, dass in ihr die Trennung zwischen anschaulichem, konkretem Anteil und übertragener oder begrifflicher Sinngebung nicht mehr aufrechtzuerhalten ist. Damit wäre sie als Begriff der zu Beginn beschriebenen Verwendung der Bildlichkeit zuzuordnen. Sie könnte parallel zur Vermischung von Wörtlichkeit und Bildlichkeit gelesen werden.

Gleichzeitig ist die Form weder kausal organisiert, noch von einer Idee abhängig, die ihre Bewegung steuert. Ihre Bindung an die Gegenstände, die sie formt, ist eine, die den Gegenständen ihre Eigenarten lässt, sie sich also nicht unterwirft, sondern eine Art von Balance konstruiert.

> [...] Vielleicht gebiert die Form neue Gegenstände; sie ist von ihrem Ursprünglichen entfernter, als der Begriff, und eine Deduktion von ihr ist durchaus von einer begrifflichen

---

[56] Ebd., S. 15.
[57] Ebd.

unterschieden. Die Anschauung gewinnt in ihr eine Kraft, die vorher dem Begriff allein zugesprochen wurde.[58]

Die Rede Lippenknabes ist als Versuch lesbar, die Form für den Bereich der Kunst als eigenständige ästhetische Kategorie zu formulieren. Damit besteht die Gefahr, in die schon dargestellte Aporie zu verfallen, nämlich für eine neuartige Ästhetik Zuflucht bei einer Wesensbeschreibung von Kunst zu suchen. Einerseits ist das von Lippenknabe verwandte Vokabular ja auch ein traditionell philosophisches - zudem ist die Behauptung, dass die Kunst im Gegensatz zur Abstraktheit des Begriffs der Anschauung verpflichtet sei, nicht neu -, andererseits gewinnt dieser Satz in dem nun konstruierten Kontext eine neue Bedeutung: Die Form wird als neue Art der Produktivität verstanden, die sich zwischen Ruhe und Bewegung, zwischen Empirischem und übertragener Bedeutung abspielt. Sie ist also nicht Sinn setzend, sondern bewegt sich zwischen den Kategorien oder verwandelt sich mit den Gegenständen, wenn sie sich mit ihnen verbindet.

Diese Vorstellung der Form ist aber nicht positiv begrifflich zu fassen. Lippenknabe kann nur sagen, worüber sie hinausgeht und was sie nicht ist. Seine Rede führt dagegen vor, was er nicht auf den Punkt bringen kann. Die Konnotationen des Wortes Form ändern sich je nach momentaner Verknüpfung: Form vs. Bewegung, Form vs. Begriff, Form vs. Symbol, Form vs. Kausalität, Form und Idee, Form und Prozess, Form und Gegenstand, Form und Ursprung, Form und Anschauung. Damit ist der Beginn von Lippenknabes Argumentation – „Das Künstlerische beginnt mit dem Wort anders." - auf seine Rede selbst zu beziehen. Das Wort Form bedeutet tatsächlich etwas anderes als im konventionellen Verständnis, das „in unser Gedächtnis eingeschlossen" ist. Durch den Prozess der Argumentation nehmen die verwendeten Abstrakta die Bedeutung des jeweils von Lippenknabe hergestellten Kontextes an, ohne dass er explizit gegen bestimmte philosophische Definitionen von Kunst opponiert.[59]

Zwei weitere Aspekte sind noch zu berücksichtigen: das Verhältnis der Form zu „ihrem Ursprünglichen" und der Unterschied von Symbol und Form. Die Trennung von Form und Ursprung zeigt, dass die Form nicht durch den Ursprung determiniert ist. Gleichzeitig gewinnt die Form durch den Abstand vom Ursprung die Möglichkeit, neue Gegenstände zu „gebären". Diese Gegenstände müssten dann rein künstliche sein, und die Form wäre ihre „Mutter", also ihr Anfang. Die Form als Anfang ist aber kein Ursprung, weil Lippenknabe sie einem „Dazwischen" ansiedelt, sie ist etwas, das sich zwischen „Empirischem" und „Fremdem" verbirgt, also gar nicht eindeutig bestimmbar ist. Sie ist aber auch kein Symbol, weil das Symbol als eindeutig definiert verstanden wird. Die Ablehnung des Symbols richtet sich gegen die traditionelle Form der Bildlichkeit, die als an das Empirische gebunden und also als nicht nur der Kunst zugehörig interpretiert wird. Schon im Symbolismus ist dagegen die Beziehung zum Gegenstand, zum „Empirischen" gekappt, die „reine Kunst" bewegt sich in ihren Metaphern nur auf der Ebene der sprachlichen Bedeutung und lässt in ihrer radikalen Form keine außersprachlichen Referenzobjekte mehr erkennen.

---

[58] Ebd., S. 16.
[59] Schon Andreas Kramer macht auf das „Durchspielen der Konnotationen, die zum Formbegriff gehören", aufmerksam: Die „verfluchte Heredität loswerden": Studie zu Carl Einsteins Bebuquin. Münster 1990, S. 79.

Das symbolistische Verständnis von Bildlichkeit einerseits und die Bewegung des Wortes Form andererseits zeigen zwei Möglichkeiten des Anfangens. Im ersten Kapitel des *Bebuquin* wird der Weg von einer möglichen empirischen Wahrnehmung zur bildlichen Formulierung abgeschnitten, es erscheint nur ein „Resultat"[60] im Text, in dem Bildlichkeit und Wahrnehmung nicht mehr unterscheidbar sind. Durch die Abkehr von einer als realistisch verstandenen Wirklichkeitsdarstellung entsteht der Anfang des Textes, der als rein ästhetischer das alltägliche Wirklichkeitsverständnis ausschließt. Dieser bewusste Bruch trennt den literarischen Anfang nach Einsteins Verständnis auch von - nicht ästhetischer - Kausalität und Subjektivität. Die Einheit des Anfangs, der die geschlossene Einheit des symbolistischen Kunstwerks entspricht, entsteht durch Bilder, die im traditionellen Sinne keine sind, weil sie sich nicht mehr von einer anderen Ebene abheben.

Das Problem, das durch diese Setzung entsteht, ist die Frage, wie der Anfang mit dem Folgenden verbunden werden soll. Einerseits kann er als in sich geschlossener die weitere Entwicklung nicht vorzeichnen, keinen Anknüpfungspunkt bieten, andererseits darf er das auch gar nicht, will er nicht zum Ursprung werden. Er ist also im Gegensatz zum Anfang von Benns Novelle pointiert, aber nicht integrierbar, weil er keine Zusammenhänge herstellen kann. Deswegen muss der Erzähler zurück zur vorstellbaren Handlung: Ein junger Mann erscheint, „der ängstlich abbog". Parallel zu Georges Gedichten, in denen immer ein Kontext nötig ist, um Bildlichkeit und Wörtlichkeit vermischen zu können, wird hier die Geschlossenheit des Anfangs verlassen, um zu erzählen.

Das fünfte Kapitel des *Bebuqin*, der Anfang des später entstandenen zweiten Teils, findet für das Verhältnis von Anfang und Fortgang eine andere Lösung. Die Abstrakta, die zur Interpretation von ästhetischen Zusammenhängen dienen, werden differenziert und in ihrer einheitlichen Bedeutung aufgelöst. Es entsteht eine Textbewegung, die das Wort Form in immer anderen Bedeutungsnuancen auftaucht. So ist ein Ablauf des Textes möglich, der nicht durch die in sich geschlossene Bildlichkeit blockiert wird und deswegen nicht zum traditionelleren Erzählen zurückkehren muss, sondern die „abstrakte Ebene" halten kann.

> Die Lichter hingen klumpenweise von der Decke und zerplatzten die Wände zu Fetzen. ‚So vernichtet eines den anderen', bemerkte hierzu der jugendliche Maler Heinrich Lippenknabe. ‚Ich bin darauf dressiert, überall die Negation aufzufinden. […]'.[61]

Die Deutung Lippenknabes führt wieder eine Ebene der Bedeutungsgebung ein, die sich auf das zuvor erzählte Phänomen bezieht. Damit ist das Verhältnis von „Empirischem" und „Fremdem", das das Symbol definiert, wieder hergestellt. Allerdings befindet sich nun auch das „Empirische" innerhalb der ästhetischen Sinngebung, d.h. es wird erst vom Text geschaffen und verweist nicht auf etwas dem Text Vorgängiges. Es wird also zum Anfang eines Prozesses, der eben nicht „Resultate gibt", sondern die Bewegung der Sinngebung nachzeichnet. Wie am Beispiel der Form vorgeführt, entstehen so Neuformulierungen, die bezogen auf ihr Wortmaterial gar nicht neu sind, sondern erst durch die ästhetische Verfahrensweise eine neue Bedeutung gewinnen. Sie gewinnen sie jedoch nicht durch eine begriffliche Setzung, also als neue Definition, sondern in der ästhetischen Bewegung.

---

[60] Carl Einstein, Vathek, S. 44.
[61] Einstein, Bebuquin, S. 13.

III. Moderne Anfänge: das Subjekt

Schon bei der Frage nach der modernen Form des Ursprungs und der sprachlichen Originalität tauchte immer wieder das Problem der modernen Inszenierung von Subjektivität und ihrer Beziehung zum Anfang auf. Der Verknüpfung des Anfangs mit dem Subjekt soll der letzte Abschnitt dieses Kapitels gewidmet sein.

> Als Gregor Samsa eines Morgens aus unruhigen Träumen erwachte, fand er sich in seinem Bett zu einem ungeheuren Ungeziefer verwandelt. Er lag auf seinem panzerartig harten Rücken und sah, wenn er den Kopf ein wenig hob, seinen gewölbten, braunen, von bogenförmigen Versteifungen geteilten Bauch, auf dessen Höhe sich die Bettdecke, zum gänzlichen Niedergleiten bereit, kaum noch erhalten konnte. Seine vielen, im Vergleich zu seinem sonstigen Umfang kläglich dünnen Beine flimmerten ihm hilflos vor den Augen. ‚Was ist mit mir geschehen?‘ dachte er. Es war kein Traum.[62]

Der Anfang von Kafkas Novelle *Die Verwandlung* scheint auf den ersten Blick dem Modell des Schnitts zu folgen. Deutlicher als durch die Verwandlung in ein Insekt kann ein Individuum wohl nicht von seiner menschlichen Vergangenheit getrennt werden. Gleichzeitig hat dieses Insekt jedoch weiterhin ein menschliches Bewusstsein, das sich fragen kann, „was ist mit mir geschehen?". Allerdings relativiert die Kontinuität des Selbstbewusstseins den Einschnitt nicht nur, sondern macht ihn erst möglich. Vom Subjekt aus gesehen wäre das Insektsein kein Einschnitt, kein neuer Anfang, wenn es kein Bewusstsein dieses Anfanges mehr hätte. Wäre Gregor Samsa also vollständig zum Insekt geworden, dann gäbe es kein Erwachen. Der Beginn der Novelle zeigt den Anfang als eine Figur des Einschnitts. Dieser wird vom Subjekt als absoluter erlebt, während er tatsächlich nur ein relativer ist, eine Verwandlung und keine Auslöschung darstellt.[63]

Die Verwandlung in ein Tier bei gleichzeitig fortdauerndem Bewusstsein macht jedoch nicht die Modernität von Kafkas Novelle aus. Dieses Motiv ist bis zu Ovids *Metamorphosen* zurückzuverfolgen.[64] Die Tierverwandlungen, die dort stattfinden, zeigen bereits dieselbe Spaltung zwischen menschlichem Bewusstsein und der Körperlichkeit des Tieres. Als Beispiel sei hier Actaeons Verwandlung zitiert:

> Doch wie er gar noch Gesicht und Geweih im Wasser erblickte,
> Wollte er schreien: ‚Ich Armer!‘ - da hat er die Sprache verloren!
> Und er stöhnte - so klang seine jetzige Stimme; das fremde
> Antlitz benetzten ihm Tränen: es blieb nur das alte Bewußtsein.[65]

Bei Ovid könnte diese Stelle jedoch nicht den Anfang einer Geschichte bilden, weil die Verwandlung motiviert sein muss, sie ist die Folge eines Fehlers des jeweiligen Men-

---

[62] Franz Kafka, Die Verwandlung. In: Ders., Ein Landarzt und andere Drucke zu Lebzeiten. Nach der kritischen Ausgabe hrsg. v. Hans Gerd Koch. Frankfurt/M. 1994, S. 91-158, S. 91.

[63] Zum Anfang der *Verwandlung*, der in dieser Form das Konzept des Ursprungs dementiert, allerdings mit anderen Folgerungen: Joseph Vogl, Vierte Person. Kafkas Erzählstimme. In: Deutsche Vierteljahresschrift für Literaturwissenschaft und Geistesgeschichte, 68. Jg./1994, S. 745-756, S. 745-747.

[64] S. dazu: Friedmann Harzer, Erzählte Verwandlung. Eine Poetik epischer Metamorphosen (Ovid - Kafka - Ransmayr). Tübingen 2000.

[65] Ovid, Metamorphosen. Stuttgart 1988, 3. Buch, Vs. 200-203.

schen. Als Strafe der Götter wird er in ein Tier verwandelt. In Kafkas Novelle ist die Ursache von Gregors Verwandlung dagegen nicht zu ergründen.[66] Sein Insektsein erscheint ohne kausale Anschlussmöglichkeit im ersten Satz des Textes. Der Anfang von Kafkas Novelle ist also nicht nur ein Schnitt durch die Einheit des Subjekts, sondern außerdem ein Schnitt durch die Kette von Ursache und Wirkung. Er durchbricht bereits an dieser Stelle traditionelle Formen des Erzählens, in die auch die Darstellung des Subjekts eingebettet ist.[67]

Schon bei Ovid ist es nicht mehr ein überpersönliches Schicksal, das zur Vernichtung des Subjekts führt, sondern dessen individuelle Fehler. In den *Metamorphosen* beginnt die Psychologisierung von Erzählabläufen, an deren Ende Kafka steht, der genau diese Motivierung verweigert. „Haß gegenüber aktiver Selbstbeobachtung. Seelendeutungen, wie: Gestern war ich so, und zwar deshalb, heute bin ich so und deshalb. Es ist nicht wahr, nicht deshalb und nicht deshalb und darum auch nicht so und so."[68] Was Kafka hier als „Seelendeutung" ablehnt, ist gekennzeichnet durch ein Gerüst von Benennungen und deren kausaler Verknüpfung. Die Darstellung des eigenen „So"-seins und dessen Motivierung hält Kafka für ungeeignet, um Subjektivität darzustellen. Auch die Ursache der besonderen von Gregor Samsa verkörperten „Subjektivität" wird nicht benannt. Wie ist aber sein „So-sein" zu charakterisieren? Welche ästhetischen Verfahren benutzt Kafka, wenn er die Psychologisierung für keine angemessene Lösung hält?

> Gregors Blick richtete sich dann zum Fenster, und das trübe Wetter - man hörte Regentropfen auf das Fensterblech aufschlagen - machte ihn ganz melancholisch. ‚Wie wäre es, wenn ich noch ein wenig weiterschliefe und alle Narrheiten vergäße,' dachte er, aber das war gänzlich undurchführbar, denn er war gewöhnt, auf der rechten Seite zu schlafen, konnte sich aber in seinem gegenwärtigen Zustand nicht in diese Lage bringen.[69]

Gregor nimmt die Realität seines Insektenkörpers zunächst nur beschränkt wahr: Statt irgendeine der absurden Situation angemessene Reaktion zu zeigen, wird er „melancholisch", weil das Wetter schlecht ist. Der nächste Bezug zu seiner Verwandlung ist die Anspielung auf „Narrheiten", schließlich folgt die neutrale Bezeichnung des „gegenwärtigen Zustands".

Die Narrheiten, die Gregor ebenso wie das „Blödsinnig"-werden[70] als Ursache seiner Verwandlung annimmt, führen in die Richtung der von Kafka abgelehnten Selbstdeutungen. Angesichts der körperlichen Materialität der Verwandlung erscheint Gregors versuchte Motivierung als Verkennung der Lage. Seine Hypothesen sind angesichts der Realität nicht haltbar. Trotzdem erklärt er, setzt man die erzählerischen Konventionen des neunzehnten Jahrhunderts voraus, seine Verwandlung psychologisch korrekt, wenn er sie auf psychische Verwirrtheit zurückführt.[71] Im Roman des 19. Jahr-

---

[66] Harzer, Erzählte Verwandlung, S. 135 f.

[67] Diese Durchbrechung geschieht keineswegs durch den „Rückfall ins Archaische", d.h. ins Tierische, sondern durch die moderne Inszenierung des „Tieres", dessen Material wie bei Benn aus dem 19. Jahrhundert stammt: Paul Heller hat „Brehms Tierleben" als Quelle für Kafkas Tiergeschichten nachgewiesen: Franz Kafka. Wissenschaft und Wissenschaftskritik. Tübingen 1989.

[68] Franz Kafka, Tagebücher in der Fassung der Handschrift. Hrsg. v. H. G. Koch, M. Müller u. M. Pasley. Frankfurt/M. 1990, 9. Dez. 1913, S. 608.

[69] Kafka, Die Verwandlung, S. 93 f.

[70] Ebd., S. 94.

[71] Psychopathologische Erklärungen der *Verwandlung* folgen noch heute Gregors Muster, s. Gabriele Michel, „Die Verwandlung" von Franz Kafka - psychopathologisch gelesen. Aspekte eines schi-

hunderts kann eine Figur, die sich selbst als Insekt wahrnimmt, nur als wahnsinnig dargestellt werden. Die einzige Gattung, in der eine körperliche Verwandlung Platz finden könnte, wäre das Märchen oder ihm nahe stehende romantische Erzählungen. Sie sind insofern mit Kafkas Novelle verwandt, als sie ein solches Geschehen ebenfalls nicht psychologisch motivieren.[72] Allerdings wird die Verwandlung dort meist wieder aufgelöst, weil deren Ursache, z.B. ein „Fluch", revidierbar ist. Kafkas Erzählweise knüpft zwar an die Phantastik an, die die alltägliche, „vernünftige" Wirklichkeit außer Kraft setzt, dieser Schritt ist bei ihm jedoch nicht wieder rückgängig zu machen.

Dagegen orientiert sich Gregors Ursachen-Suche an der Erzählform des psychologischen Romans, der neben der Verknüpfung von Ursache und Wirkung auch die Möglichkeit bietet, seine irritierende Wahrnehmung der eigenen Körperlichkeit überhaupt formulieren zu können. Die Figuren innerhalb des psychologischen Romans werden nach dem von Kafka abgelehnten Prinzip – „gestern war ich so, und zwar deshalb" - konstruiert. Die Psyche der Figuren motiviert die Handlung und lässt die Verknüpfung von Ursache und Wirkung entstehen. Dieses Schema benutzt Gregor in seinem Selbstgespräch ebenfalls. Er versucht damit, wieder Herr der Lage zu werden, seine Verwandlung also der eigenen psychischen Disposition zuzuschreiben. Durch die erneute Veränderung des psychischen Zustands würde sich dann auch die körperliche Fremdheit wieder auflösen und der menschliche Körper wieder erscheinen. Der Erzähler nennt Gregors Verfassung dagegen seinen „gegenwärtigen Zustand", eine Benennung, die so allgemein ist, dass sie weder psychologisch begründet werden muss, noch eine andere bestimmte erzähltechnische Motivierung verlangt. Seine Perspektive unterscheidet sich damit von Gregors Erklärungsversuchen und dessen Rückgriff auf die Erzählweise des psychologischen Romans.

Der Begriff des „Zustandes" bezeichnet im Fortgang der Novelle noch häufiger Gregors spezielle Verfasstheit und deutet damit auch auf den Gegensatz zwischen Gregor und den anderen Figuren.

> Und warum weinte sie [die Schwester, S. K.] denn? Weil er nicht aufstand und den Prokuristen nicht hereinließ, weil er in Gefahr war, den Posten zu verlieren und weil dann der Chef die Eltern mit den alten Forderungen wieder verfolgen würde? Das waren doch vorläufig wohl unnötige Sorgen. Noch war Gregor hier und dachte nicht im geringsten daran, seine Familie zu verlassen. Augenblicklich lag er wohl da auf dem Teppich, und niemand, der seinen Zustand gekannt hätte, hätte im Ernst von ihm verlangt, daß er den Prokuristen hereinlasse. Aber wegen dieser kleinen Unhöflichkeit, für die sich ja später leicht eine passende Ausrede finden würde, konnte Gregor doch nicht gut sofort weggeschickt werden.[73]

---

zophren-psychotischen Zusammenbruchs. In: Jahrbuch für internationale Germanistik, 23. Jg./1991, Heft 1, S. 69-92.

[72] E. T. A. Hoffmann taucht in der Kafka-Forschung häufig als Möglichkeit eines Einflusses auf, s. vor allem: Hartmut Binder, Motiv und Gestaltung bei Kafka. Bonn 1966, zur Relativierung: Bernd Nagel, Kafka und die Weltliteratur. Zusammenhänge und Wechselwirkungen. München 1983, S. 258-277; zur Frage des Phantastischen in der *Verwandlung*: Richard Murphy, Semiotic Excess, Semantic Vacuity and the Photograph of the Imaginary. The Interplay of Realism and the Fantastic in Kafka's „Die Verwandlung". In: Deutsche Vierteljahresschrift für Literaturwissenschaft und Geistesgeschichte, 65. Jg./1991, S. 304-317.

[73] Kafka, Die Verwandlung, S. 102 f.

Gregor ist auch an dieser Stelle damit beschäftigt, das Geschehen nach rationalen Prinzipien zu ordnen. Er versucht, das Weinen seiner Schwester kausal mit einer Ursache zu verknüpfen. Als Grund für sein Verhalten gibt er seinen eigenen „Zustand" an. So wie ihm sein Zustand aber nicht erklärbar ist, ist auch die Herstellung des logischen Zusammenhangs nicht ganz geglückt. Zum einen führt seine Verwandlung zu einem widersprüchlichen Status seiner subjektiven Präsenz: Er „war hier", aber „augenblicklich lag er wohl da auf dem Teppich". Obwohl Gregor von seinem Standpunkt aus gesehen räumlich anwesend ist, also „hier", ist er durch eine zeitliche Einschränkung, im „Augenblick", von dieser Anwesenheit ausgeschlossen, nur „da". Die Ortsangabe „hier" bezieht sich auf die Anwesenheit des Bewusstseins, „da" auf den Insektenkörper. Der Schnitt, der den Anfang der Novelle konstituiert, verläuft an dieser Stelle bereits durch das Subjekt, dessen Teile dadurch dissoziiert sind.

Die zeitliche Einordnung des nur „Augenblicklichen" des Tierkörpers, das nur „Da-Sein" und Gregors „Zustand" gehören zu der „Tier"-Hälfte des Subjekts, während seine menschliche Existenz durch Kontinuität, räumliche Präsenz und Bewusstsein gekennzeichnet ist. Diese Spaltung des Subjekts bringt ein Identitätskonzept ins Spiel, das bereits in der Romantik formuliert wurde. In diesem Zusammenhang ist Kafkas Vorliebe für Kleists Erzählungen wichtig. Neben den Übereinstimmungen in der Motivik und in der sprachlichen Form ist es vor allem Kleists Inszenierung von gefährdeter Identität, die die Voraussetzung für Kafkas Formulierung von Subjektivität bildet.[74] Die Erkenntnis, dass die menschliche Psyche nicht durch Kontinuität und Identität bestimmt ist, sondern sich in momentane Zustände, die unvermittelt nebeneinander stehen, auflöst, führt schon bei Kleist zu Figuren, die nicht mit sich identisch sind.[75] In dieser Tradition steht Gregors Verwandlung. Sein Insektenkörper zeigt einen mit dem Bewusstsein nicht identischen „Zustand".[76] Auch diese Imagination des nichtidentischen Subjekts als körperlich determiniert ist schon in Kleists Erzählungen zu finden. Die

[74] Fred G. Peters, Kafka and Kleist: A Literary Relationship. In: Oxford German Studies, 1, 1966, S. 114-162; Hartmut Binder, Motiv und Gestaltung, S. 265-298; Bernd Nagel, Kafka und die Weltliteratur, S. 209-242 (dort auch noch weitere Literaturhinweise); zuletzt: John M. Grandin, Kafkas Prussian advocate. A Study of the influence of Heinrich von Kleist on Franz Kafka. Columbia/SC 1987.

[75] Karl Heinz Bohrer hat diese Entdeckung am Unterschied zwischen Schillers und Kleists Subjektvorstellung aufgezeigt: „Schiller hatte den Zustand des Menschen, der nur unter dem Eindruck einer momentanen Empfindung steht, als „außer sich sein" charakterisiert. Dieses „außer seinem Ich sein" leitet Schiller aus der zeitlichen Existenz des Menschen ab, der in „Person" und „Zustand", das Bleibende und das Wechselnde, zerfällt, also was die scholastische Philosophie Essenz und Existenz nannte [...] Was Kleist für sich entdeckt, ist nach Schillers Begriff der Mensch „außer seinem Ich". Im Unterschied zu Schiller ist dieser Zustand für Kleist aber nicht der einseitig gegebene, sondern der gewöhnliche Fall, der Fall der „Zustände", deren letzte Konsequenz Kafka in seinen Tagebuchaufzeichnungen analysiert." (Der romantische Brief. Die Entstehung ästhetischer Subjektivität. Frankfurt/M. 1989, S. 99 f.).

[76] S. zur Identitätsdarstellung bei Kafka auch: Christine Lubkoll, Das ist kein Pfeifen. Musik und Negation in Franz Kafkas Erzählung „Josefine, die Sängerin oder Das Volk der Mäuse". In: Deutsche Vierteljahrsschrift für Literaturwissenschaft und Geistesgeschichte, 66. Jg./1992, S. 748-764, S. 750; Gerhard Neumann, Hungerkünstler und Menschenfresser. Zum Verhältnis von Kunst und kulturellem Ritual im Werk Franz Kafkas. In: W. Kittler/G. Neumann (Hrsg.), Franz Kafka: Schriftverkehr. Freiburg 1990, S. 399-432, S. 417-420.

Schwangerschaft der Marquise von O. wird ebenfalls als „Zustand" bezeichnet.[77] Diese Benennung wird jedoch nur solange beibehalten, wie die Schwangerschaft nicht eindeutig bewiesen ist. Der Zustand ist gekennzeichnet durch ein Auseinanderklaffen der körperlichen Empfindungen, die einer Schwangerschaft entsprechen, und dem Wissen, nicht schwanger sein zu können.[78] Er führt zur Bedrohung „kontinuitätsdeterminierter Anthropologie"[79], weil er die Identität des Subjekts, die sich durch die Einheit von Bewusstsein und Körper sowie von Erinnerung und Gegenwart konstituiert, infragestellt.[80]

Die Formulierung des subjektiven Zustandes bei Kleist bildet eine der Brücken zwischen Romantik und Moderne, die weiter zu verfolgen sein wird.[81] Die Konstruktion des subjektiven Zustands bestimmt auch den Anfang von Kafkas Novelle, also Gregors Verwandlung. Im Gegensatz zu Kleists Marquise ist Gregors Identität jedoch nicht fraglich, sondern von Beginn an zerstört. Die gegeneinander agierenden Teile des Subjekts können nicht mehr miteinander versöhnt werden, wie es in der *Marquise von O.* gerade noch gelingt. Die Spaltung des Subjekts greift bei Kafka darüber hinaus auch auf dessen sprachliche Artikulation über.

> Gregor erschrak, als er seine antwortende Stimme hörte, die wohl unverkennbar seine frühere war, in die sich aber, wie von unten her, ein nicht zu unterdrückendes, schmerzliches Piepsen mischte, das die Worte förmlich nur im ersten Augenblick in ihrer Deutlichkeit beließ, um sie im Nachklang derart zu zerstören, daß man nicht wußte, ob man recht gehört hatte.[82]

Gregors veränderte Stimme wiederholt die Figur des Anfangs, die dort an das Erwachen gebunden war, auf einer anderen Ebene. „Nur im ersten Augenblick" sind seine Worte noch verständlich, dann zerstört das Piepsen der Tierstimme ihren identifizierbaren Klang. So wie der Eigenname „Gregor Samsa" zu Beginn auf die Fortdauer des Bewusstseins wies, deuten hier die von Gregor gesprochenen Worte auf die Kontinuität der Sprache hin. Im zweiten Schritt wird diese Kontinuität jedoch durch den Insektenkörper wie durch den Nachhall der Stimme unterbrochen. So wie die Einheit der dargestellten Figur am Anfang verloren geht, wird die Vorstellung einer Einheit der Sprache zerstört. Die Sprache zerfällt in den Bereich der Bedeutung einerseits und in ihre materiellen Bedingungen, die Stimme und den Klang, andererseits.[83] Während im Fortgang der Novelle der Insektenkörper zunehmend das menschliche Bewusstsein dementiert, zerstört bereits hier der lautliche, materielle Aspekt der Sprache die Ebene der Bedeutung.

---

[77] Auf die Analogie zwischen der Schwangerschaft der Marquise und Gregors Verwandlung sowie auf andere Ähnlichkeiten zwischen der *Verwandlung* und der *Marquise von O.* weist bereits hin: Peters, Kafka and Kleist, S. 124-133.

[78] Heinrich von Kleist, Die Marquise von O. In: Sämtliche Werke und Briefe. Hrsg. v. Helmut Sembdner. München 1964, Bd. 2., S. 104-143, Zustand: S. 119, S. 121, S. 123.

[79] Bohrer, Der romantische Brief, S. 100.

[80] S. dazu: Axel Hecker, An den Rändern des Lesbaren. Dekonstruktive Lektüren zu Franz Kafka. Wien 1998, S. 73 f.

[81] Bewusstseinszustände in diesem Sinn sind z.B. auch bei Musil, Benn und Döblin zu finden, s. dazu: Genealogie der Moderne III. Die Romantik.

[82] Kafka, Die Verwandlung, S. 96.

[83] Diese Diagnose scheint insgesamt für Kafkas Schreibweise zu gelten: Lubkoll, Das ist kein Pfeifen, S. 751 f.; Neumann, Hungerkünstler und Menschenfresser, S. 413.

Diese Spaltung zwischen Bedeutung und Materialität der Sprache entsteht durch eine spezifische Bewegung. Gregors Erschrecken wird verursacht durch das Hören seiner eigenen Stimme. Dieser Wahrnehmung liegt eine Kreisbahn zugrunde, die von Gregor ausgehend wieder zu ihm zurückführt. Zunächst spricht er, dann hört er seine Worte, die als Klang zu ihm zurückkommen. Ohne sein Zutun haben sie sich jedoch verändert, zwischen dem Sprechen und dem Hören ist ein Bruch entstanden. Er ist als Bruch aber nur durch die Kontinuität des wahrnehmenden Subjekts erkennbar. Die kreisförmige Bewegung, die vom Subjekt ausgeht, aber nur um den Preis einer Differenz zu ihm zurückkehrt, ist auch als Inszenierung der Selbstreflexion und ihrer Aporie lesbar. Sie ist allerdings auf die Wahrnehmung der eigenen Sprache verschoben. Wenn das Subjekt die Reflexion auf seine eigene Verfasstheit richtet, wird es sich selbst zum Objekt - es reflektiert sich selbst so, wie Gregor sich selbst hört -. Damit verliert es aber den Status der Subjektivität, den es gerade erfassen wollte; es kann sich also nicht reflexiv erkennen. Gregor hört seine Sprache ebenfalls nicht mehr als eigene sondern als fremde, als Objekt, das seine intendierte Artikulation unterläuft und sie unverständlich werden lässt. Kafkas Verschiebung der Aporie von der Selbstreflexion auf die sprachliche Äußerung führt einerseits zu einer Radikalisierung des entfremdenden Effekts. Sie zeigt, dass die Stimme im Allgemeinen unreflektiert als eigene erlebt wird. Andererseits entsteht durch die Verknüpfung von Subjektivität und Sprachlichkeit eine neue Abhängigkeit des Subjekts von der Sprache, die in der Aporie der Selbstreflexion nicht erkennbar ist. Zugleich löst sich Gregor Samsas Identität zunehmend auf: Nicht nur Körper und Bewusstsein klaffen auseinander, auch eigenes Sprechen und sich selbst Hören sind nicht mehr deckungsgleich. Das Ergebnis dieser sprachlichen Verfahrensweise ist eine grammatische Form, die sowohl vom Subjekt wie von den einzelnen Worten und ihren Klängen abstrahiert: „daß *man* nicht wußte, ob *man recht* gehört hatte"[84].

Diese Abstraktion ist das Ergebnis einer Bewegung, die nicht nur die Aporie der Selbstreflexion aufnimmt, sondern die auch analog zu Nietzsches Vorstellung des Anfangs als Komposition verstanden werden. Wenn bei Nietzsche das Wissen „seinen Stachel gegen sich selbst" kehrt, entsteht durch die mimetische Nachzeichnung der begrifflichen Setzung etwas Neues.[85] Gleichzeitig verliert das Wissen seine Legitimation, wenn es über die Formulierung eines vorläufigen Ergebnisses hinausgeht. Bei Kafka zeigt sich darüber hinaus ein neues Element, wenn das Sprechen des Subjekts sich nun gegen sich selbst kehrt. Denn die Unterminierung subjektiver Sinnsetzung führt zur sprachlichen Abstraktion vom Subjekt, es wird zum „man". Gleichzeitig stellt sich durch das Auftauchen der sprachlichen Abstraktion im „man" noch einmal die Frage nach der Verbindung von allgemeiner Sinngebung und dem künstlerischen Ausdruck des Besonderen. Nietzsches Inszenierung des Anfangs der Moderne war ja gerade durch den Akt der subjektiven Sinngebung gekennzeichnet, der sich von den allgemeinen Wissens- und Sprachformen befreite.[86]

Anfang jeder Novelle zunächst lächerlich. Es scheint hoffnungslos, daß dieser neue noch unfertige überall empfindliche Organismus in der fertigen Organisation der Welt sich wird erhalten können, die wie jede fertige Organisation danach strebt sich abzuschließen. Allerdings vergißt man hierbei, daß die Novelle falls sie berechtigt ist, ihre fertige Organi-

---

84 Kafka, Die Verwandlung, S. 96, Herv. v. S. K.
85 Nietzsche, Vom Nutzen und Nachtheil der Historie für das Leben, S. 306.
86 In Kafkas Novelle wird diese allgemeine Ordnung vor allem durch die Ökonomie vertreten, ihr ist das Individuum als das Besondere untergeordnet.

sation in sich trägt, auch wenn sie sich noch nicht ganz entfaltet hat; darum ist die Verzweiflung in dieser Hinsicht vor dem Anfang einer Novelle unberechtigt; ebenso müßten Eltern vor dem Säugling verzweifeln, denn dieses elende und besonders lächerliche Wesen hatten sie nicht auf die Welt bringen wollen. Allerdings weiß man niemals, ob die Verzweiflung die man fühlt die berechtigte oder die unberechtigte ist. Aber einen gewissen Halt kann diese Überlegung geben, das Fehlen dieser Erfahrung hat mir schon geschadet.[87]

Kafkas organische Metaphorik verknüpft den Anfang der Novelle mit dem neugeborenen Säugling, beide können nur schwer in der „fertigen Organisation der Welt" ihren Platz finden. In der *Verwandlung* verbindet Kafka das Aufwachen, das er für den „riskantesten Augenblick"[88] hält, und den Anfang des Textes. An dieser Stelle wird die Geburt mit dem Anfang einer Novelle verglichen. In der Reflexion wie im künstlerischen Text sind die Anfänge des Subjekts, seine Geburt und sein Erwachen, mit den Anfängen von Texten gekoppelt.[89] Varianten dieser Analogie waren ja auch bei Benn und Einstein zu beobachten.

In Kafkas *Verwandlung* ist nun die Zerstörung subjektiven Sprechens so inszeniert, dass eine vom Subjekt absehende Abstraktion erscheint. Die Tagebucheintragung beginnt dagegen mit der abstrakten poetologischen Reflexion, endet allerdings in der subjektiven Artikulation. Das Ergebnis der Reflexion ist das Auftauchen des Ich im letzten Satz. *Die Verwandlung* und die Tagebucheintragung führen also einen gegenläufigen Prozess vor: Die Novelle erreicht durch die die Differenz entfaltende Kreisbahn den Zerfall des Subjekts und das Auftauchen der anonymen Sprache; das Tagebuch produziert ein Subjekt, indem es die abstrakte Sprache bis zur Konkretion vorantreibt.

Die Kategorie, die durch Kafkas Tagebucheintragung wieder in den Blick gerät, ist der Begriff des Neuen. Der Anfang der Novelle und der Anfang des Subjekts stehen deshalb der Welt isoliert gegenüber, weil diese als abgeschlossen und fertig verstanden wird und deswegen das Neue nicht hervorbringen kann. Es kann nur außerhalb von ihr produziert werden und lässt sich dann nicht mit ihr vermitteln, daraus resultiert die „Verzweiflung" des Autors. Die Problematik des Neuen in der modernen Literatur ist für Kafka wie für Adorno mit der Notwendigkeit zur Abstraktion verknüpft.

> Abstrakt ist die Moderne vermöge ihrer Relation zum Dagewesenen; unversöhnlich dem Zauber, kann sie nicht sagen, was noch nicht war, und muß es doch wider die Schmach des Immergleichen wollen: darum setzen die Baudelaireschen Kryptogramme der Moderne das Neue dem Unbekannten gleich, dem verborgenen Telos sowohl wie dem um seiner Inkommensurabilität zum Immergleichen willen Grauenhaften [...]. Das Neue ist keine subjektive Kategorie, sondern von der Sache erzwungen, die anders nicht zu sich selbst, los von Heteronomie, kommen kann.[90]

In der *Verwandlung* entsteht die Abstraktion in der Relation zum identischen Subjekt, das auch seiner Sprache mächtig wäre. Sie benennt nichts, „was noch nicht war", sondern kann nur das Bestehende, nämlich das sich vorher als identisch verstehende Subjekt, negieren. Aber im „Grauenhaften", im „schmerzlichen Piepsen", spricht „von un-

---

[87] Franz Kafka, Die Tagebücher, 19. Dez. 1914, S. 711.

[88] Franz Kafka, Der Proceß. Hrsg. v. Malcolm Pasley. New York, Frankfurt/M. 1990, Apparatband, S. 168.

[89] Diesen Zusammenhang sieht auch: Vogl, Vierte Person. Kafkas Erzählstimme, S. 746.

[90] Adorno, Ästhetische Theorie, S. 40.

ten her" ein anderes Subjekt, das sich in der konventionellen Sprache nicht zu Wort melden kann.

Adornos Reflexion des Neuen bringt aber nicht nur die Abstraktheit als Kennzeichen der Moderne wieder ins Spiel, sondern kann auch als Erläuterung von Kafkas Tagebucheintragung gelesen werden. Die Moderne, wie auch der subjektive oder textuelle Anfang, antworten auf die Welt als geschlossene, auf das Dagewesene, das sich im Immergleichen reproduziert. Als lächerlich erscheint Kafka der Anfang wohl deswegen, weil die Größenverhältnisse so ungleich sind: hier die Welt und ihre Zusammenhänge, dort der erste Satz, ein einzelnes Individuum, die mit ihrer Besonderheit die Welt herausfordern. Das Neue trägt jedoch sein „Telos" in sich, die fertige Organisation, „auch wenn sie sich noch nicht ganz entfaltet hat". Ebenso wie bei Adorno wird das Neue nicht durch das Subjekt als Autor formuliert, sondern von einer Eigendynamik hervorgebracht. Mit diesem Konzept der ästhetischen Autonomie ist Kafkas Reflexion der „Berechtigung" der Novelle verbunden. Die Überlegung zur Legitimität der künstlerischen Produktion könnte man so verstehen, dass damit nach der Gültigkeit eines nur Ästhetischen gefragt wird. Diese liegt nur dann vor, wenn sich die Novelle mit der Welt messen kann. Die Legitimierung entsteht nicht dadurch, dass die Novelle in irgendeiner Weise mit der Welt vermittelt wird, sondern allein in der ihr eigenen Entfaltungsmöglichkeit.

Die Schwierigkeit moderner Kunst, sich zu legitimieren, wird durch den Verlust metaphysisch abgesicherter Kategorien verursacht. Sie muss dann versuchen, sich durch ihr eigenes ästhetisches Projekt als berechtigt darzustellen. Der prekäre Status moderner Kunst liegt nach Adorno in der Unmöglichkeit, das Andere hervorzubringen. Deswegen muss sie sich auf die Produktion eines Neuen beschränken, das als „Gemachtes" das Andere nur als Unbekanntes, Fehlendes, als Mangel darstellen kann.[91] Durch diese Negation ist das Neue einerseits an das gebunden, was es negiert, andererseits stellt es den Versuch der Inszenierung genau dieser Gespaltenheit, des Nichtidentischen, dar. Beide Positionen waren schon in Einsteins Text zu finden: Bebuquins Unfähigkeit, das Neue hervorzubringen, und Lippenknabes Vorliebe für die Negation, die aus der Form etwas anderes macht, aber als „Gewolltes" bei der mimetischen Nachzeichnung des bereits Vorhandenen bleibt – „gekettet ans Immergleiche".[92]

Das Entscheidende ist dabei jedoch nicht, dass bei der Inszenierung des Nichtidentischen wieder eine neue Einheit zustande kommt; dass bei Kafka die sprachliche Bewegung, die den Anfang und das Subjekt konstruiert, deren Identität entgegenwirkt, wurde ja deutlich. Das Problem scheint mir vielmehr in der Vermittlung von subjektiver Hervorbringung und Gültigkeit des Neuen, das das Nichtidentische artikuliert, zu bestehen. Kafkas Reflexion des Anfangs ebenso wie der Anfang seines poetischen Textes zeigen die Schwierigkeit, wenn nicht gar die Unmöglichkeit dieser Verknüpfung auf, die für moderne, sich auf die Sinngebung des Besonderen berufende Literatur dennoch unabdingbar ist.

Der „neue, noch unfertige, überall empfindliche Organismus", der als Metapher das Subjekt und den Text bezeichnet, besitzt zunächst keinerlei eigene Berechtigung. Es fehlt ihm deswegen die Legitimation, weil die Verbindung zwischen den Produzenten (den Eltern, dem Autor) und dem Produkt (dem Kind, dem Text) abgerissen ist. Eltern wie Autor, beide „Urheber", halten ihr Produkt für lächerlich. Auf dieser Ebene stellt

---

[91] Ebd., S. 41.
[92] Ebd.

sich dann erneut die Frage der Berechtigung, diesmal nach der Berechtigung der Verzweiflung und nach der Berechtigung der Novelle oder des Kindes durch ihre Entfaltungsmöglichkeiten. Die Trennung von Text und Autor, Kind und Eltern ähnelt dabei dem Anfang der *Verwandlung* insofern, als sie analog zu dem Schnitt zwischen Ursache und Wirkung, der den Anfang der Novelle kennzeichnet, zu sehen ist. Das Kind, der Anfang einer Novelle oder der Text generell werden zur Wirkung ohne Ursache, zum „Gemachten", das „um seiner selbst willen sein soll". Wäre diese Vorstellung vom Anfang das letzte Wort, dann erschiene in dieser Figur der Ursprung, der ohne Bindung an die Vergangenheit als „Wesen" entspringt, wieder. Der Text soll dann ohne Autor sich selbst entwickeln; sein Wesen, das sich nur noch entfalten muss, trägt er von Beginn an in sich. Diese Beschreibung ist jedoch nur zutreffend, wenn die Novelle ihre „Berechtigung" besitzt.

Ist sie gültig, ist die Verzweiflung des Autors unberechtigt: „Allerdings weiß man nie, ob die Verzweiflung, die man fühlt, die berechtigte oder die unberechtigte ist." Wenn nicht entschieden werden kann, ob die Verzweiflung berechtigt oder unberechtigt ist, ist auch nicht zu klären, ob der Anfang gültig oder ungültig ist. Die Folge dieser zweifelhaften Gültigkeit ist wie in der *Verwandlung* die Abstraktion vom subjektiven Standort und der Wechsel auf die Metaebene: „Aber einen gewissen Halt kann diese Überlegung geben". Die Frage nach der „Berechtigung" der Novelle muss nun nicht mehr zugunsten einer der polaren Möglichkeiten entschieden werden. Sie können nebeneinander stehen bleiben und sind so Ausdruck des radikal Nicht-identischen.

An diesem Punkt kann das sprechende Subjekt, das am Anfang der Tagebucheintragung fehlte, wieder auftauchen. Es erscheint jedoch als (grammatisches) Objekt, also auch im Modus des Nicht-identischen. Erst die Abstraktion, die die Legitimität von Texten unentschieden lässt, bringt ein (nicht-identisches) sprechendes Subjekt hervor, während der Autor und die Eltern in die Kategorie des überpersönlichen „Man" gehören. Sie sind wie Gregor Figuren, die kein Verfügungsrecht über ihre symbolischen oder tatsächlichen Produkte haben. Der Status des Textes wird nicht darüber entschieden, ob er eine subjektive Hervorbringung ist, sondern über seine Fähigkeit, ein nicht-identisches Subjekt zu produzieren. Damit legitimiert sich die Besonderheit der Sinngebung, die moderne Texte konstituiert, nicht über deren subjektive Produktion, sondern über die Produktion des Subjektiven, die sie erst in der Textbewegung leisten.[93]

Die Struktur des Anfangs bei Benn, Einstein und Kafka zeigt die Problematik ästhetischer Sinngebung, die sich von traditionellen Erzählformen ebenso gelöst hat wie von außerästhetischen Vorannahmen. Das Setzen eines Anfangs scheint dagegen immer mit Vorannahmen verknüpft zu sein, und sei es nur den weiteren Ablauf des Textes betreffend. Der gesetzte Anfang muss deswegen durch eine zweite Bewegung relativiert werden, die ihn zur Komposition werden lässt. Diese Relativierung des Anfangs führt dann dazu, dass auch innerhalb der Texte Aspekte des Anfangens verhandelt werden. Der Anfang wird so zur ästhetischen Figur, weil das Verfahren seiner Setzung offen gelegt wird: Seine Determinierung durch die Koordinaten Zeit, Sprache und Subjekt erscheint innerhalb der Prosa, so dass seine Unabhängigkeit von außerästhetischen Vorannahmen deutlich wird. Ästhetische Figur meint im Folgenden einerseits diese Unabhängigkeit, andererseits die mimetische Nachzeichnung der jeweiligen Setzung -

---

[93] Um diese Form der Prozesshaftigkeit geht es auch Julia Kristeva in ihrer *Revolution der poetischen Sprache* (Frankfurt/M. 1978).

die Bewegung des Stachels, der sich gegen sich selbst kehrt -, die bisher am Beispiel des Anfangs vorgeführt wurde.

Diese mimetische Nachzeichnung ist nicht als abstrakte Reflexion zu verstehen, weil sie keine reflexive Ebene etabliert, auf der über den Text reflektiert wird, sondern als Arbeit am Material des Textes. Darüber hinaus bietet sie kein eindeutiges Ergebnis, wie man das von einer Reflexion erwarten würde, sondern führt in der ästhetischen Bewegung die Differenz in die Konzepte ein, die im philosophischen oder traditionell dichterischen Verständnis als Vorannahmen gesetzt sind, nämlich die Vorstellung von der Identität des Subjekts, der teleologischen Zeitvorstellung und von der kommunikativen Funktion der Sprache. Dieser Entwicklung wird im nächsten Kapitel nachzugehen sein.

Benn, Einstein und Kafka haben Elemente der Romantik, des Symbolismus und von Nietzsches Philosophie als Bausteine für ihre eigene Formulierung des Anfangs benutzt. Auch in dieser Hinsicht zeigt sich der Anfang als Komposition: Seine literarische Inszenierung führt nicht nur eine neue ästhetische Verfahrensweise ein, sondern ist auch als Verarbeitung bestimmter, literaturgeschichtlich bereits vorhandener Positionen zu lesen. Romantik, Symbolismus und die Philosophie Nietzsches sind aber nicht nur in Bezug zum Anfang, sondern auch im Hinblick auf die Kategorien von Subjekt, Sprache und Zeit zu betrachten. Auch hier tragen sie - wie im Folgenden zu zeigen sein wird - zur ästhetischen Neuformulierung der jeweiligen Kategorie bei.

Ästhetische Figuren der Moderne

Anfänge von modernen Texten haben sich nicht als Bruch mit der literarischen Tradition, sondern im Gegenteil als bewusst inszenierte Kompositionen erwiesen, die Elemente der Tradition aufnehmen. Auch die Vorstellung vom zeitlichen, sprachlichen und
subjektiven Beginn erscheint dort, wo sie von den Autoren formuliert wird, zumindest
zweideutig zu sein: Sie zeigt neben dem dezidiert Neuen auch immer die Bedingung an,
unter welcher der Anfang möglich ist und durch die er mit dem Vorhergehenden verbunden ist. Im Unterschied zu anderen Epochenanfängen, bei denen die Autoren ebenfalls programmatisch den Bruch mit der Tradition fordern und entgegen ihrer Forderung gleichzeitig ihre eigene literaturgeschichtliche Genealogie entwerfen, wird der Anfang der Moderne durch diesen Widerspruch, aber nicht allein durch ihn, zu einem dialektischen.[94] Denn er führt auch eine neue Schreibweise ein, weil das mimetische Verfahren zum spezifisch modernen Element literarischer Texte wird. Aus dieser ästhetischen Innovation folgt aber auch, dass moderne Prosa in ganz grundlegender Weise auf
die Konzepte von Vorgängern angewiesen bleibt. Sie setzt keinen Entwurf gegen die
bereits vorhandenen, sondern formuliert erst im Nach- und Gegenschreiben von bereits entwickelten Motiven und Entwürfen ihre spezifische Position.[95] Die Innovation
der poetischen Sprache entsteht somit durch die mimetische Nachzeichnung bereits
formulierter Konzepte.

Aus dieser vorläufigen Diagnose ergeben sich zwei Richtungen für den Fortgang
der Untersuchung. Auf der einen Seite ist das mimetische Verfahren moderner Prosa
genauer zu charakterisieren, auf der anderen Seite kann diese Präzisierung nur anhand
der von modernen Texten verwendeten Konzepte von Zeit und Geschichte, Sprache
und Subjektivität erfolgen. Für beide Aspekte hat die Analyse moderner Anfänge bereits erste Hinweise geliefert. Die Konstruktion des Anfangs in Benns Novelle *Der Geburtstag*, in Einsteins Erzählung *Bebuquin* und in Kafkas Novelle *Die Verwandlung* haben
gezeigt, dass der jeweilige Anfang nicht nur aus verschiedenen Elementen zusammengesetzt ist, sondern dass durch diese Komposition auch die Bedingungen seiner Setzung offen gelegt werden. Dieses Verfahren ist auch dann zu beobachten, wenn innerhalb der Texte das Anfangen als Element der Handlung oder in der Figurenrede erscheint, es also eher ein Motiv darstellt. In der Annäherung von Motiv und Verfahren

---

[94] Zur Spezifik von Negation und Berufung auf Traditionen s. Wilfried Barner, Über das Negieren von Tradition. Zur Typologie literaturprogrammatischer Epochenwenden in Deutschland. In:
Reinhart Herzog/Reinhart Koselleck (Hrsg.), Epochenschwelle und Epochenbewußtsein, Poetik und
Hermeneutik XII, München 1987, S. 3-51; Dirk Kemper, Ästhetische Moderne als Makroepoche, S.
97-126.

[95] S. zur Ambivalenz der literarischen Moderne: Thomas Anz, Gesellschaftliche Modernisierung,
literarische Moderne und philosophische Postmoderne. In: Ders./M. Stark (Hrsg.), Die Modernität des
Expressionismus. Stuttgart 1994, S. 1-8, S. 3.

wird die moderne Form der Mimesis erkennbar: Motive und sprachliche Verfahrensweisen folgen erstmals derselben ästhetischen Struktur. An die Stelle eines als realitäts-
adäquat inszenierten Erzählens tritt die sprachliche Mimesis, in der sich Verfahren und
Motiv entsprechen.

Bezogen auf den Anfang und auf das Verfahren, das die Bedingungen offen legt,
unter denen er gesetzt wird, habe ich diese strukturelle Parallelität als ästhetische Figur
bezeichnet. Dieser Begriff soll einerseits den Unterschied zum traditionellen Begriff des
Motivs verdeutlichen, andererseits den Aspekt der Konstruiertheit aufnehmen, welcher
dem Begriff der rhetorischen Figur eigen ist. Der Begriff der ästhetischen Figur versucht, dekonstruktivistische Überlegungen zur Bedeutung rhetorischer Figuren zu prä-
zisieren, weil er die Verbindung eines speziellen Motivs mit dem ihm entsprechenden
ästhetischen Verfahren bezeichnet.[96] Im Folgenden wird es darum gehen, in den Bereichen Geschichte und Zeit, Sprache und Subjektivität diejenigen Motive zu betrachten,
die mimetisch nachgezeichnet und damit zu ästhetischen Figuren werden.

Auch im Hinblick auf die relevanten literaturgeschichtlichen Anknüpfungspunkte
in diesen Bereichen sind in Benns, Einsteins und Kafkas Prosa erste Hinweise zu finden. Die Analyse moderner Anfänge hat drei Konzepte zu Tage gefördert, welche als
Ausgangspunkt für eine mimetische Nachzeichnung interessant sind: die romantische
Formulierung von Subjektivität, die symbolistische Sprachauffassung sowie Nietzsches
Reflexion von Zeitstrukturen und logischen Abläufen. Alle drei Konzeptionen sind für
die Rekonstruktion des spezifisch Modernen unverzichtbar. Die Perspektive, die den
weiteren Überlegungen zugrunde liegt, ist jedoch keine chronologische. Nicht die Entwicklung moderner Literatur - beginnend mit der Romantik, fortschreitend über den
Symbolismus und Nietzsches Philosophie - steht im Mittelpunkt, sondern ausgehend
von der Literatur der Moderne stellt sich die Frage: Was leisten romantische und symbolistische Literatur sowie anti-idealistische Philosophie für das Projekt der Moderne?
Welche Strukturen und welche Motive zeichnen moderne Texte mimetisch nach, um
ästhetische Figuren zu konstruieren? Es ist zu erwarten, dass sich durch die Beantwor-
tung dieser Fragen erste Konturen einer Poetik der Moderne abzeichnen werden.

I. Nietzsches Erkenntniskritik und die ästhetischen Figuren von Kausali-
tät und Zeit

Ohne Nietzsches Philosophie ist die Umformulierung von zeitlichen und logischen Abläufen in der Prosa der Moderne nicht denkbar.[97] Mit und gegen sein Konzept von
Kausalität und Zeit entwickeln die im Folgenden beschriebenen Texte Aspekte einer
modernen Poetik. Rekonstruiert wird also im Folgenden die Perspektive der modernen
Autoren auf Nietzsche, nicht Nietzsches Philosophie also solche. Dabei finden die Au-

---

[96] S. dazu: Paul de Man, Allegorien des Lesens. Frankfurt/M. 1988, bes. S. 146-163; de Man
macht keinen Unterschied zwischen poetischen und anderen Verwendungsweisen rhetorischer Figuren,
noch beschreibt er die ästhetische Konstruktion dieser Figuren.

[97] S. dazu die grundlegenden Arbeiten: Bruno Hillebrand, Nietzsche und die deutsche Literatur.
I. Texte zur Nietzsche-Rezeption 1873 bis 1963 u. II. Forschungsergebnisse. München/Tübingen
1978; Theo Meyer, Nietzsche und die Kunst. Tübingen und Basel 1993; zu einzelnen Autoren und Au-
torengruppen s. auch: Rüdiger Görner/Duncan Large, Ecce Opus. Nietzsche-Revisionen im 20. Jahrhundert. Göttingen 2003.

toren bei Nietzsche die Relativierung der Vorstellung von kontinuierlichen Zeitabläufen, von Entwicklung und Kausalität, die ihren eigenen Empfindungen von der Relativität aller kulturellen Ordnungsmuster entgegenkommen. Sie schreiben aber auch gegen die Konzepte Nietzsches, weil diese auf die Kritik des Denkens von Zeit und Kausalität beschränkt bleiben, die konkrete sprachliche Inszenierung dieser Kategorien aber kaum berücksichtigen. Es wird im Folgenden also um den Versuch gehen, die Verarbeitung von Nietzsches Schriften um 1910 zu rekonstruieren und sie gleichzeitig auf die Strukturen modernen Erzählens zu beziehen.

Wie bereits gezeigt, bedient sich Benns Inszenierung des transzendenten Anfangs der Vorstellung von „heroischer Präsenz", wie sie Nietzsche im Gegensatz zur kontinuierlich verlaufenden Zeit entworfen hat. Hier tritt an die Stelle der Vorstellung von gleichmäßig verlaufender, kontinuierlicher Zeit die stillgestellte, aber intensiv erlebte Gegenwart. Benns Nachzeichnung von Nietzsches Konzept führt jedoch durch die sprachliche Materialität - durch den Einbruch einer anderen grammatischen Zeitform, des Präsens - Diskontinuität in seine Prosa ein. Die bis dato als sicher geltende Annahme, dass Erzählen auf das „Gerüst des Geschehens in der Zeit"[98] angewiesen ist, wird damit in Benns Prosa in Frage gestellt. Die Selbstverständlichkeit der chronologischen Ordnung wird ebenso erschüttert wie das Konzept einer Teleologie, die mit der Setzung des Ursprungs und dessen Ausfaltung Anfang und Ende der Erzählung garantiert. In sie eingebettet konnte der zeitliche Verlauf der Erzählung abrollen. Benns Inszenierung des transzendenten Anfangs kann also in zweierlei Hinsicht als Umformulierung auch eines traditionellen literarischen Verständnisses von Zeit und Erzählstruktur interpretiert werden: Einerseits wird die „realistische" Abbildung von Zeit als chronologischer roter Faden abgelehnt, andererseits wird auch die Vorstellung einer subjektiven, sprachlichen oder logischen Entwicklung innerhalb der ablaufenden Zeit nicht länger akzeptiert.[99] Diese letzte Tendenz zeigt sich besonders im Ausschluss von Kausalität als ästhetisches Verknüpfungsprinzip.

Sowohl Nietzsches Zeitkonzept wie sein Verständnis von kausalen Zusammenhängen zeigen sich an bestimmten Punkten seiner Argumentation: Er führt den Traum und den Rausch als Beispiele für ein diskontinuierliches Zeitverständnis an; das Wunder und der Rausch sind aber auch lesbar als Verlust der logischen Ordnung. Die Autoren der literarischen Moderne interpretieren wiederum den Traum, den Rausch und das Wunder als Motive, die - mimetisch nachgezeichnet - zu ästhetischen Figuren werden können.

1. Die Problematik von erzählerischer Kausalität

In Nietzsches Denken finden sich zwei Argumente gegen kausales Denken. Einerseits hält er die Konstruktion von kausalen Zusammenhängen erkenntnistheoretisch für unhaltbar, andererseits für etwas, das begrenzt auf wissenschaftliche Diskursivität sinnvoll sein kann. Die wissenschaftliche Diskursivität ist aber nach Nietzsches Meinung mit ih-

---

[98] Eberhard Lämmert, Bauformen des Erzählens. Stuttgart 1955, S. 21.

[99] Zur Durchbrechung von geschichtlicher Kontinuität als Eigenart moderner Dichtung s. Klaus Ramm, Kein wirklicher Kampf gegen die Wirklichkeit. Ein paar zur Einführung referierte Überlegungen zum ‚Aufbruch um 1918 in der Literatur'. In: Jörg Drews (Hrsg.), Das Tempo dieser Zeit ist keine Kleinigkeit: zur Literatur um 1918, München 1981, S. 7-21.

ren von Kausalität bestimmten Erkenntnisformen in das Terrain der Kunst eingedrungen und kontrolliert nun auch dort die Darstellungsform. Diese Usurpation führt zur Abhängigkeit der Kunst vom wissenschaftlichen Denken. Der „unerschütterliche Glaube, dass das Denken, an dem Leitfaden der Causalität, bis in die tiefsten Abgründe des Seins reiche, und dass das Denken das Sein nicht nur zu erkennen, sondern sogar zu corrigiren im Stande sei"[100], hat die Kunst infiziert, die zunächst den Vorgaben der Philosophie, schließlich der Wissenschaft als deren Erbin folgt. Dieses Verdikt trifft bezogen auf den Roman akzeptiertes literarisches Handwerkszeug: Von der kausalen Motivierung von Ereignissen über die psychologische Begründung, die das Verhalten der Figuren erklärt, bis hin zum grammatischen Kausalsatz ist der Roman geprägt durch - im Sinne Nietzsches - wissenschaftliche Strukturen.

In seinen späteren Schriften, am deutlichsten sicher in der nach seinem Tod herausgegebenen Sammlung „Der Wille zur Macht", wird eher die erkenntnistheoretische Unhaltbarkeit der Kausalität als deren Übergreifen auf die Kunst beschrieben.

> Endlich begreifen wir, daß Dinge, folglich auch Atome nichts wirken: weil sie gar nicht da sind [...] daß der Begriff der Causalität vollkommen unbrauchbar ist - Aus einer nothwendigen Reihenfolge von Zuständen folgt nicht deren Causalverhältnis [...] Die Causalitäts-Interpretation eine Täuschung [...] Es gibt weder Ursachen, noch Wirkungen. Sprachlich wissen wir davon nicht loszukommen. Aber daran liegt nichts.[101]

Einerseits zeigt sich an Nietzsches Argumentation, weshalb viele Schriftsteller bei ihrer Konzeption von akausalen ästhetischen Figuren von seinen Überlegungen ausgehen: Sie liefert bereits den Zusammenhang von Kausalitätsprinzip und Kunst. Andererseits macht das letzte Zitat die Lücke in Nietzsches Reflexionen zur Kausalität deutlich.

Die Kausalität wird zwar auch mit Bezug zur Sprache kritisiert, deren Funktion wird jedoch nur als weitere Täuschung, die erkenntnistheoretisch nicht haltbar ist, vom Tisch gewischt. Gegen Nietzsches Argumentation können die literarischen Autoren behaupten, dass die sprachliche Kausalität - wenn sie als erkenntniskritisch unhaltbar erkannt ist - genauso zu liquidieren ist wie die des Denkens. Nietzsches Vorstellung mimetisch nachzeichnen, hieße dann die Unhaltbarkeit kausalen Denkens darzustellen, in dieser Darstellung aber die sprachliche materiale Ebene auftauchen zu lassen. In der Beschäftigung mit dem Problem der Kausalität ähneln sich die Autoren des nun folgenden Abschnitts: Carl Einstein, August Stramm, Franz Kafka und Gottfried Benn versuchen spezifisch ästhetische, am sprachlichen Material entwickelte Verfahren der Kausalität entgegenzusetzen, während Hermann Broch und Thomas Mann einen anderen Weg gehen.

> Der psychologische Roman beruht auf causaler Schlußweise und gibt keine Form, da nicht abzusehen ist, wohin das Schließen zurückführt und wo es endigt. Dies ist zumeist an die Anekdote gebunden - also induktive Wissenschaft.[102]

---

[100] Friedrich Nietzsche, Die Geburt der Tragödie. In: KSA I, S. 9-156, S. 99; im Folgenden mit der Abkürzung „GT" und Seitenzahl im Text zitiert.

[101] Friedrich Nietzsche, Nachgelassene Fragmente 1887-1889. In: KSA 13, S. 274 (14 [98]); Herv. Punkte u. v. F. N.. Nachweis: Der Wille zur Macht, S. 409 (Nr. 551) (mit einer differierenden Reihenfolge in der Erstausgabe von 1901, mit einer erneuten Änderung der Reihenfolge der Sätze, Kröner 1906).

[102] Carl Einstein, Über den Roman. Anmerkungen. In: Ders., Werke Bd. 1. 1907-1918. Hrsg. v. H. Haarmann u. K. Siebenhaar. Berlin 1994, S. 146-149, S. 146.

So kritisiert Carl Einstein den Roman des 19. Jahrhunderts, von dem er seine eigene Vorstellung des modernen Textes abgrenzt, seine Kategorien ähneln dabei Nietzsches Argumentation gegen das wissenschaftliche Denken in der Kunst.[103] Da Einstein die Verwendung von „causaler Schlussweise" für einen Verstoß gegen die künstlerische Form hält, wirft er realistischen Romanen vor, „unkünstlerische" Mittel zu übernehmen. Außerdem stellt er die Hypothese auf, dass auch die ästhetische Schwierigkeit, Anfang und Ende zu setzen, durch die kausale Verknüpfung verursacht wird. Sie produziert „Formlosigkeit", weil sie als der Wissenschaft entstammende Argumentationsweise keine für die Kunst spezifische Grenzen entwickeln, also keinen poetischen Anfang konstruieren kann.[104]

Wenn die Verknüpfungen innerhalb des Romans nicht kausal organisiert sein dürfen, weil sie eigene ästhetische Organisationsformen vorführen sollen, eröffnet dieses Verdikt die Frage, wie diese ästhetische Form denn aussehen könnte. Einstein verlangt von ihr ästhetisch legitimierte Grenzen, also eine deutliche Trennung von alltäglichen und wissenschaftlich geprägten Denkmustern. In Nietzsches Interpretation der antiken Tragödie könnte man eine Analogie zu Einsteins Vorstellung sehen, die ihn möglicherweise inspiriert hat. Gleichzeitig findet sich in der „Geburt der Tragödie" nicht nur die Forderung nach ästhetisch autonomer Kunst, sondern mit dem Rausch und dem Wunder beschreibt Nietzsche auch Elemente, an denen akausale Strukturen sichtbar werden.

Nietzsches Genealogie der Tragödie lässt diese aus zwei Wurzeln entspringen: Apollinisches und Dionysisches, Traum und Rausch sind jedoch nicht nur Bedingungen, die die Tragödie zur Entstehung braucht, sondern sie bestimmen auch ihre Struktur, das Gegeneinander von einzelnen Figuren und dem Chor. Gleichzeitig ist der dionysische Rausch das triebhafte Chaos, das immer wieder gegen die apollinische Form rebelliert. Einerseits produziert das Dionysische dadurch die Dynamik, die die Form braucht, um nicht zu erstarren. Andererseits muss es von dieser gebändigt werden, damit der Künstler und sein Werk nicht im Rausch versinken. Nietzsches Argumentation wendet sich also nicht gegen das Apollinische generell, sondern nur gegen seine Verkürzung auf eine oberflächliche Vernünftigkeit. Benn und Einstein lesen die apollinische Form als Möglichkeit für moderne Literatur, jenseits dieser Vernünftigkeit, die den traditionellen Roman regiert, zu agieren.

Die antike Tragödie, so wie Nietzsche sie beschreibt, ist außerdem ein Beispiel für eine selbständige poetische Form: Ihre Dynamik gewinnt sie durch das Gegeneinander von dionysischen und apollinischen Elementen und nicht über Anleihen bei Theologie, Philosophie oder positivistischer Wissenschaft. Das Ergebnis dieses Prozesses ist ein ästhetischer Mehrwert, der nicht mit außerästhetischen Kategorien wie denen der Kau-

---

[103] Das Auftauchen von Nietzsche in Einsteins Aufsatz-Fragment *Antike und Moderne* (entstanden zwischen 1912 und 1914) lässt sich eindeutig auf die Lektüre von *Die Geburt der Tragödie* zurückführen (Carl Einstein, Werke Bd. 4/1. Hrsg. v. Hermann Haarmann u. Klaus Siebenhaar, Berlin 1992, S. 140-146). Zur Nietzsche-Rezeption Einsteins s. Meyer, Nietzsche und die Kunst, S. 268-71; zur möglichen Verarbeitung bezogen auf die Begriffe „Wunder" und „Form" bei Einstein: Andreas Kramer, Die „verfluchte Heredität loswerden": Studie zu Carl Einsteins Bebuquin. Münster 1990, S. 69-71, S. 75 f.; insgesamt zur Verarbeitung von Nietzsches Texten: Christoph Braun, Carl Einstein. Zwischen Ästhetik und Anarchismus: Zu Leben und Werk eines expressionistischen Schriftstellers. München 1987, S. 37-51, S. 54 f.

[104] Zu Einsteins Vorstellungen vom „originären Kunstwerk" s.a.: Moritz Baßler, Die Entdeckung der Textur, S. 50-52.

salität, des teleologischen Fortgangs oder der psychologischen Erklärbarkeit beschrieben werden kann. Diesen ästhetischen Überschuss fordert Nietzsche auch von der Kunst seiner Gegenwart, eine Forderung, die für die im Folgenden besprochenen Autoren den Ausgangspunkt für ihre mimetische Nachzeichnung von Nietzsches Position bildet.

1.1 Das Wunder

Ein sowohl ästhetischer wie philosophisch-religiöser Begriff, anhand dessen Nietzsche Strukturen der Handlungsführung beschreibt, die kausale Begründungen hinter sich lassen, ist das Wunder. Da es den Schnittpunkt verschiedener Formen der Überwindung von Kausalität bildet, bietet es auch einen Ansatzpunkt für die moderne Umformulierung von kausalen Zusammenhängen.

> Wer recht genau sich prüfen will, wie sehr er dem wahren aesthetischen Zuhörer verwandt ist oder zur Gemeinschaft der sokratisch-kritischen Menschen gehört, der mag sich nur aufrichtig nach der Empfindung fragen, mit der er das auf der Bühne dargestellte Wunder empfängt: ob er etwa dabei seinen historischen, auf strenge psychologische Causalität gerichteten Sinn beleidigt fühlt, ob er mit einer wohlwollenden Concession gleichsam das Wunder als ein der Kindheit verständliches, ihm entfremdetes Phänomen zulässt oder ob er irgend etwas Anderes dabei erleidet. Daran nämlich wird er messen können, wie weit er überhaupt befähigt ist, den Mythus, das zusammengezogene Weltbild, zu verstehen, der, als Abbreviatur der Erscheinung, das Wunder nicht entbehren kann. Das Wahrscheinliche ist aber, dass fast Jeder, bei strenger Prüfung, sich so durch den kritisch-historischen Geist unserer Bildung zersetzt fühlt, um nur etwa auf gelehrtem Wege, durch vermittelnde Abstractionen, sich die einstmalige Existenz des Mythus glaublich zu machen. (GT, 145)[105]

Der „kritisch-historische Geist" hat zwar mit dem Wunderglauben des Christentums aufgeräumt, gleichzeitig aber auch gelernt, jedes Ereignis zu erklären und so in Kausalketten einzubinden. Deswegen kann er ein Ereignis, das aus dieser Erkenntnisform herausfällt, nicht verstehen. Die modernen Künstler versuchen sich jedoch als „Dilettanten des Wunders". Für sie ist es eine Möglichkeit, dem „historischen, auf strenge psychologische Causalität gerichteten Sinn" zu entkommen, der auch für die traditionellen Erzählformen verantwortlich ist. So brüllt in Carl Einsteins *Bebuquin* die Hauptfigur ihre Zeitgenossen an: „Das Wunder kritisiert Ihr, das Wunder hat nur Sinn, wenn es leibhaftig ist, aber Ihr habt alle Kräfte zerstört, die über das Menschliche hinausgehen."[106] Das Wunder soll also einerseits der Kritik entzogen werden, die alles, was nicht mit menschlichen, also vernünftigen Maßstäben zu fassen ist, leugnet. Andererseits soll es „leibhaftig" stattfinden und nicht in traditionellen metaphysischen Kategorien aufgehen.

Ähnlich wie der transzendente Anfang in Benns Prosa ist das Wunder eine ästhetische Figur, die versucht, aus der Kausalität auszubrechen. Dabei soll eine poetische geschaffene Transzendenz entstehen, die nicht mehr rational erklärbar und trotzdem

---

[105] Schon hier wird die Wichtigkeit der Romantik für die Konstitution der Moderne wichtig: nicht nur die Erwähnung des Wunders auch das gleichzeitige Auftauchen von Kindheit und Mythos deuten bereits Kategorien an, die noch zu untersuchen sein werden: S. dazu Kap. II.3.
[106] Carl Einstein, Bebuquin, S. 17.

nicht religiös definiert ist.[107] So bittet Bebuquin: „Herr, laß mich einmal sagen, ich schuf aus mir. Sieh mich an, ich bin ein Ende, laß mich eine unabhängige Tat, ein Wunder tun."[108] Eine unabhängige Tat ist deswegen ein Wunder, weil sie aus dem Mechanismus von Ursache und Wirkung herausspringt, der ebenfalls Ausdruck des „historisch-kritischen Sinn[s]" ist. Einstein definiert aber auch die künstlerische Schöpfung als Tat. Die Verknüpfung des metaphysisch geprägten Begriffs des Wunders mit der künstlerischen Schöpfung und der „unabhängigen" Tat zeigt eine Konfiguration, die die Kombinatorik als Verfahren moderner Literatur ein weiteres Mal deutlich macht. Anstatt eine neues homogenes Konzept des Wunders zu formulieren, wird der übernommene Begriff mit einer ebenfalls Nietzsche zu verdankenden Vorstellung der Tat verbunden, so dass beides zusammen schließlich als neue Beschreibung künstlerischer Imagination dienen kann.[109]

Diese Beschreibung ist - und das ist das entscheidende Merkmal für die Poetik der Moderne - nicht mehr vom ästhetischen Verfahren zu trennen, das den *Bebuquin* strukturiert. Die Motive des Wunders und der unabhängigen Tat sind parallel zu den unverbundenen Sätzen des *Bebuquin* zu lesen.

> Bebuquin, sehen Sie einmal. Vor allen Dingen wissen die Leute nichts von der Beschaffenheit des Leibes. Erinnern Sie sich der weiten Strahlenmäntel der Heiligen auf den alten Bildern und nehmen Sie diese bitte wörtlich. Doch das alles sind Gemeinplätze. Was Ihnen, mein Lieber, fehlt, ist das Wunder. Merken Sie jetzt, warum Sie von allen Sachen und Dingen abgleiten? Sie sind ein Phantast mit unzureichenden Mitteln. Auch ich suchte das Wunder.[110]

Jeder dieser Sätze ist für sich verständlich, trotzdem kann Böhms Monolog als ganzem kein eindeutiger Sinn zugeschrieben werden. Die Sätze sind so konstruiert, dass sie kaum aufeinander verweisen: Es tauchen statt kausaler oder konsekutiver nur reihende Konjunktionen wie „auch" oder „und" auf. Jeder der Sätze versucht, in seiner Isoliertheit eine „unabhängige Tat" und in seiner Unverbundenheit ein „Wunder" zu sein.

Das Wunder als ästhetische Figur kann aber auch andere Formen als in Einsteins *Bebuquin* annehmen. Denn es gibt auch andere Möglichkeiten, dieses Motiv mit dem ästhetischen Verfahren zu verknüpfen. Der Verstoß gegen das kausale Denken bildet a-

---

[107] „Unsere synthetische Auffassung von der Kunst [...] führte notwendig zu der Erkenntnis, dass Kunst, die die durch diese Formulierung als Transcendent, d.h. als gesonderte Spontanität, ausgezeichnet wurde, immer symbolisch und dem Religiösen eng verbunden ist." (Carl Einstein, Antike und Moderne. In: Ders., Werke Bd. 4/1, S. 140-145, S. 144); Hinweis auf die Verbindung zwischen Einsteins Einstellung und Nietzsches Beschreibung des Wunders in der *Geburt der Tragödie*, allerdings ohne Berücksichtigung der daraus folgenden ästhetischen Möglichkeiten schon bei: Christoph Braun, Carl Einstein, S. 54.

[108] Einstein, Bebuquin, S. 44; Moritz Baßler liest das Wunder als Ausdruck für die „eigengesetzliche Form" des modernen Kunstwerks: Absolute Prosa. In: Walter Fähnders (Hrsg.), Expressionistische Prosa. Bielefeld 2001, S. 59-78, S. 72 f.; s.a. Baßler, Die Entdeckung der Textur, S. 39-59; vgl. Reto Sorg, Aus den ‚Gärten der Zeichen', S. 240, Sorg liest das Wunder bei Einstein als Epiphanie.

[109] Das Problem bei diesen Formen der Neukombination ist, dass sie vermutlich auch innerhalb ihrer erzählerischen Umsetzung gebrochen bleiben müssen: Sie sind möglich nur innerhalb von Bruchstücken des traditionellen Erzählens, die sie brauchen, um sich von ihnen abzustoßen. Erst in dieser Konfrontation können sie als Ausschaltung dieser traditionellen Formen überhaupt sichtbar werden.

[110] Carl Einstein, Bebuquin, S. 12.

ber immer die Grundlage der ästhetischen Verfahrensweise. Inszenierte Akausalität findet sich auch in August Stramms Gedicht, das den Titel *Wunder* trägt. Dort heißt es:

Ich
Bär mich selber![111]

Die Inszenierung von künstlerischer Willkür, die in Stramms Gedicht als Selbstschöpfung verstanden wird, zeichnet die nietzeanische Konzeption des Wunders nach. Die Selbstschöpfung versucht wie das Wunder, den Punkt zu benennen, an dem die konventionellen logischen Verknüpfungen unterbrochen werden. Die grammatischen Regeln, die Stramm unterläuft, spiegeln diesen Impuls genau wieder: Das Ich, das als Subjekt die Konjugation des Verbs bestimmt, kann nicht mehr als Ursache für dessen Form dienen; das Verb springt so aus den syntaktischen Verknüpfungsregeln heraus.[112] Es führt also insofern das „Wunder" vor, als es nicht in die Syntax eingefügt ist. Gleichzeitig ist dieses Herausspringen an das lyrische Ich gebunden, also deutlich als subjektive Inszenierung erkennbar.

Damit die Vorstellung von künstlerischer Willkür produktiv werden kann, braucht sie neben dem Gestus spontaner Schöpfung ein Element der Reflexion.

Also das Kunstwerk ist Sache der Willkür resp. benommener Trunkenheit. Ich ziehe die erstere vor, da sie imstande ist, Rücksicht und Takt zu üben.[113]

Auch Einstein betont den Akt der spontanen Setzung, der die künstlerische Schöpfung auszeichnet. Die Imagination einer spontanen künstlerischen Setzung ist aber an einen Widerspruch gebunden, der Benns Konzept des transzendenten Anfangs ebenso kennzeichnet wie Stramms Inszenierung des Wunders als Selbstschöpfung. Wenn das Unberechenbare konstruiert werden soll, können nur Spontanität und Reflexion zusammen zur Inszenierung von Unberechenbarkeit führen. Auch Einstein macht deutlich, dass die Willkür nicht mit der Trunkenheit verwechselt werden sollte, denn sie arbeitet mit „Rücksicht und Takt", also reflektiert. Diese Art der Reflexion richtet sich aber nicht auf eine poetologische Ebene - dadurch würde das Element von künstlerischer Willkür beschädigt -, sondern auf den reflektierten Umgang mit dem sprachlichen Material. Damit nähert sich Einsteins Konzept nicht nur der bei Benn analysierten Aporie, sondern ähnelt auch dem Wunder, das Nietzsche als eine „Abbreviatur der Erscheinung" beschreibt. Das „auf der Bühne dargestellte Wunder" repräsentiert das Wunder als erlebtes; als repräsentiertes, d.h. ästhetisches, soll es aber trotzdem „geglaubt" und nicht

---

[111] August Stramm, Wunder. In: Ders., Die Dichtungen. Sämtliche Gedichte, Dramen, Prosa. Hrsg. v. Jeremy Adler. München/Zürich 1990, S. 51.

[112] Stramms Nietzsche-Lektüre, die stattgefunden haben muss, weil Nietzsches Philosophie eines seiner Prüfungsthemen in der Dissertation war, ist nicht mehr zu rekonstruieren. Möglicherweise war seine Rezeption gelenkt durch Hans Vaihingers Buch *Die Philosophie des Als-Ob*, das er besaß und deren Bedeutung Stramms Tochter heraushebt: S. August Stramm, Das Werk. Hrsg. v. René Radrizzani. Wiesbaden 1963, S. 413 u. 420; Vaihingers Buch ist insofern mit Nietzsches Texten vergleichbar, als es ebenfalls die Erkenntnisformen so weitreichend relativiert, dass sie als notwendig falsche, als fiktive erscheinen. Auch die Logik wird dadurch als Setzung erkennbar. Zurückzuweisen ist allerdings auf jeden Fall der weitgehende Einfluss Vaihingers, den Patrick Bridgwater zu sehen glaubt (The sources of Stramm's Originality. In: J. D. Adler/J. J. White (Hrsg.), August Stramm. Kritische Essays und unveröffentlichtes Quellenmaterial aus dem Nachlaß des Dichters. Berlin 1979, S. 31-46). Für die sprachliche Form, die Stramm für das „Wunder" findet, gibt es bei Vaihinger keine Anhaltspunkte.

[113] Einstein, Über den Roman, S. 147.

an rationalen Maßstäben gemessen werden. Wie das Wunder soll die künstlerische Willkür, die ästhetisch reflektiert entsteht, durch die Reflexion nicht einholbar sein. Benns Sprung ins Unberechenbare, Einsteins Dilettanten des Wunders und Stramms Selbstgeburt zeichnen genau diese Logik, die Wunder und Willkür gleichermaßen charakterisiert, nach, führen sie aber sprachlich material und nicht als Reflexion vor.

Liest man die Kette der kausalen und der Ursache-Wirkungs-Verknüpfungen als lineare Erzählstruktur, die ein ebenso klares chronologisches wie logisches Bild des Erzählten produziert, so weisen die bisherigen Störungen von Erzählabläufen in eine bestimmte Richtung. Bildet man nämlich die Versuche von Benn, Einstein und Stramm bezogen auf erzählerische Linearität ab, so verlassen ihre Konzepte diese Ebene durch den Bezug zur Transzendenz, sie orientieren sich also - metaphorisch gesprochen - nach oben. Der Sprung nach oben wird daran deutlich, dass die poetische Kombinatorik, die sie entwickeln, Anleihen bei metaphysischen Konzepten macht, also auf Transzendenzvorstellungen rekurriert, die poetisch vereinnahmt werden.

Die Ersetzung metaphysischer Konzepte durch poetische ist selbstverständlich schon im Symbolismus zu finden. Deswegen stellt Einstein auch die Beziehung zu Mallarmés Nichts her, das seiner Meinung nach aber ein religiöses Konzept bleibt, vermutlich weil Mallarmé die Absolutheit und Transzendenz seines Nichts nicht sprachlich material umsetzt, sondern nur benennt.[114] Die Tendenz, sich dem Wunder mit Hilfe sprachlicher Verfahren zu nähern, ist jedoch bei den Symbolisten nicht zu finden. Darüber hinaus erhält die Ersetzung religiöser durch poetische Transzendenzvorstellungen bei Benn, Einstein und Stramm durch die Vermischung von metaphysischer Vokabel auf der einen und mimetischem Verfahren auf der anderen Seite die moderne Qualität. Diese Verknüpfung rebelliert gegen die metaphysische Vorstellung, weil diese Materialität transzendiert, die moderne Schreibweise sich aber am sprachlichen Material orientiert. So entsteht keine „reine Kunst", sondern eine materiale Literaturform.[115]

Auch die Struktur von Kafkas Erzählungen ist als Nachzeichnung des Wunders lesbar. Schon der Anfang der *Verwandlung* kann als „Wunder" in Nietzsches Sinn verstanden werden: Es geschieht etwas, das sich jeder rationalen, scheinbar objektiven, auf Ursache und Wirkung beruhenden Deutung ebenso entzieht wie einer psychologischen Interpretation. Neben dem *Zarathustra*, der sich in seiner Bibliothek befand, ist die *Geburt der Tragödie* die einzige Arbeit Nietzsches, deren Rezeption für Kafka nachweisbar ist.[116] Im Gegensatz zu den Texten von Einstein und Stramm kommt das Wunder als Motiv in Kafkas Erzählungen dagegen nicht vor, das heißt, keiner dieser Vorgänge wird als „Wunder" benannt. Kafkas Ereignisse haben dagegen neben ihrem Herausfallen aus (psycho)logischen Kategorien eine gemeinsame Funktion: Sie führen dazu, dass die Figur - etwa Gregor in der *Verwandlung* - für alle zweckhaften Zusammenhänge unbrauchbar wird.

---

[114] S. dazu Carl Einstein, Über Paul Claudel. In: Ders., Werke Bd. 1, S. 186-194. Einstein stellt dort den Zusammenhang zwischen Metaphysik und dem Mallarméschen Nichts selber her (S. 190).

[115] S. genauer zur Rezeption des Symbolismus und zum Verhältnis von Moderne und Symbolismus Kap. II.2.

[116] Hartmut Binder (Hrsg.), Kafka-Handbuch in zwei Bänden. Stuttgart 1979, Bd. I, S. 251 ff.; durch das Verdikt Max Brods, der jede Parallele zwischen Nietzsche und Kafka bestritt, ist die Sekundärliteratur erst spät auf die Beziehung von Kafka und Nietzsche aufmerksam geworden; den weitreichendsten Einfluss Nietzsches auf Kafka konstatiert: Patrick Bridgwater, Kafka and Nietzsche, Bonn 1974; abwägender: Bernd Nagel, Kafka und die Weltliteratur, S. 299-327.

Die Verurteilung des Vaters in Kafkas Erzählung *Das Urteil* folgt ebenfalls der Struktur des Wunders; sie ist weder aus der vorhergehenden Handlung kausal abzuleiten, noch begründet sie der Vater.

> Und lauter [sagte der Vater, S. K.]: ‚Jetzt weißt du also, was es noch außer dir gab, bisher wußtest du nur von dir! Ein unschuldiges Kind warst du ja eigentlich, aber noch eigentlicher warst du ein teuflischer Mensch! - Und darum wisse: Ich verurteile dich jetzt zum Tode des Ertrinkens!‘[117]

Auch eine psychologische Motivierung ist aus dem Text nicht zu erschließen. Der einzige Bereich, bei dem das Vokabular Anleihen macht, ist der der Moral: Georg Bendemann ist ein unschuldiges Kind und ein teuflischer Mensch. Die Verwendung von moralischen Vokabeln aber führt nicht zu einer Plausibilisierung. Das Urteil erscheint zwar als moralisches, es ist jedoch paradox und grammatisch falsch konstruiert: Ein Komparativ von „eigentlich" existiert natürlich nicht. Die Fragwürdigkeit des Urteils wird also nicht ausgesprochen, sondern anhand des sprachlichen Materials dargestellt.

Hier eröffnet sich eine zweite Möglichkeit, Kafkas Erzählung mit Nietzsches Reflexionen in Zusammenhang zu bringen. Die Transzendenzvorstellung, die im Wunder poetisch nachgeahmt wird, kann auch durch die Moral vertreten und damit mit einem der grundlegenden Projekte Nietzsches, seiner Moralkritik, verknüpft werden. Nietzsche vertritt die Ansicht, dass Moral weder an eine objektive Vernünftigkeit, noch länger an die christliche Metaphysik gebunden werden kann, sondern von den egoistischen Interessen dessen bestimmt wird, der sich ihrer bedient. In gewisser Hinsicht lässt sich auch das Urteil des Vaters im *Urteil* so lesen. Er ist der Schwächere und könnte das Urteil auch sprechen, um sich an seinem stärkeren, ihn verdrängenden Sohn zu rächen. Nietzsche nennt diese Form der Moral „Sklavenmoral".[118] Sie ist für ihn der Prototyp der christlichen Moralvorstellung, die seiner Meinung nach Nächstenliebe predigt, weil sie nicht kräftig genug zuschlagen kann. Statt an höhere Werte ist sie an physische Schwäche gebunden, die geschickt ausgenutzt wird, um Macht auszuüben. Moral und Machtausübung sind dann auch in der Sprache wiederzufinden. Ein moralisches Urteil, eine sprachliche Äußerung, kann als Verurteilung sozial nur durchgesetzt werden, wenn ihm Macht als quasi materiale Grundlage beigegeben ist. Paradoxerweise kann die Macht, die aus dem Urteil spricht, auch aus der Schwäche des Verurteilenden resultieren. Dabei ist die inhaltliche Komponente des Urteils und seine Begründung beinahe gleichgültig.[119]

In dieser Lesart folgt Georg Bendemann dem Urteil seines Vaters, weil er ihm diese Macht zugesteht, nicht weil er das Urteil für logisch begründet hält. Er erkennt also die „Sklavenmoral" nicht. Diese erscheint so als eine Wirkung ohne Ursache, kann also als Wunder gelesen werden. Wenn Moral und Macht in Struktur und Wirkung jedoch dem Wunder entsprechen, dann entzieht diese Äquivalenz beiden Begriffen die Legitimation. Für den Bereich der Moral zeigt sich so die Bodenlosigkeit jedes moralischen Urteils noch über Nietzsche hinaus: Es ist nicht einmal mehr klar, ob das Urteil

---

[117] Franz Kafka, Das Urteil. In: Ders., Gesammelte Werke in zwölf Bänden nach der kritischen Ausgabe. Hrsg. v. Hans-Gerd Koch. Frankfurt/M. 1994, Bd. 1. Ein Landarzt: und andere Drucke zu Lebzeiten, S. 39-52, S. 52.
[118] Friedrich Nietzsche, Jenseits von Gut und Böse. In: KSA 5, S. 9-243, S. 260.
[119] S. auch *Die Strafkolonie*, deren juristische Verfahrensordnung genau diesen Grundsätzen entspricht.

den egoistischen Interessen des Vaters dient. Umgekehrt könnte man aus dem Schluss des *Urteils* auch die Folgerung ziehen, dass jedes moralische Urteil letztendlich nicht begründbar ist und Kafkas absurde Variante dieses grundsätzliche Problem nur besonders deutlich werden lässt.

Auch für den Bereich der Macht ist der Akteur unklar. Obwohl das Urteil zunächst ein rein sprachlicher Akt ist, wird es prompt ausgeführt. Die Instanz, die es ausführt, ist allerdings nicht erkennbar: „Georg fühlte sich aus dem Zimmer gejagt"[120]. So entsteht der Eindruck, dass der sprachliche Akt des Urteilens sich quasi von selbst in die fiktive Wirklichkeit verlängert, Urteil und Vollstreckung eins sind. Im Urteil fallen nicht nur Sprache und Tun zusammen, sondern beide sind auch von vorherigen Elementen unabhängig, weder Begründungen noch Handlungen der Beteiligten lenken auf das Urteil hin. Einsteins Maxime „Herr, laß mich eine unabhängige Tat, ein Wunder tun" wird hier also verwirklicht. Allerdings wird durch die Verknüpfung von Sprache und Tun nicht nur die Moral dementiert, auch das Subjekt erscheint als überflüssig. Es wird nur noch bewegt und sein Tod ist für diese überindividuelle Dynamik nicht von Belang: „In diesem Augenblick ging über die Brücke ein geradezu unendlicher Verkehr."[121]

Wenn die Sprache des Urteils unabhängig ist von einer vorhergehenden Begründung, dann heißt das natürlich nicht, dass sie nicht sprachlich mit der vorhergehenden Darstellung verbunden ist. Im Urteil gewinnt die Sprache jedoch eine andere Funktion. Während sie zunächst der Wirklichkeitsdarstellung aus der Perspektive Georgs dient, wird mit der Wirklichkeitsinterpretation des Vaters dieser Bezug fragwürdig, weil zwei sich widersprechende Sichtweisen auf dasselbe Geschehen unvermittelt nebeneinander stehen. Im letzten Schritt, im Urteil, wird aus Sprache „Wirklichkeit". Die Sprache bildet die Wirklichkeit also nicht mehr ab, sondern stellt die Wirklichkeit erst her. Damit zeigt Kafkas Erzählung am Schluss, im Aussprechen des Urteils und seiner Vollstreckung, ein Sprachverständnis, das dem mimetischen Verfahren entspricht: Sprache und Handlung werden zur Deckung gebracht und zwar ohne dass es dafür kausaler Absicherungen bedürfte. Wenn also in Kafkas Erzählungen die Struktur des Urteils, auch der Verwandlung, mit Nietzsches Konzept des Wunders vergleichbar erscheint, so unterscheiden sie sich nicht nur dadurch von Nietzsche, dass bei Kafka das Wunder als Motiv nicht verwendet wird. Vielmehr ist in den Erzählungen auch die Akzentuierung in Richtung auf transzendente Konzepte nicht zu bemerken, die vor allem bei Einstein und Benn sehr deutlich ist.

1.2 Der Rausch

Neben der mimetischen Nachzeichnung des Wunders erscheint das Konzept des Rausches als Möglichkeit, kausale Zusammenhänge aufzulösen. Dabei deutet sich zunächst eine andere Richtung des Verstoßes gegen die lineare Erzählform an, die bereits in Nietzsches Beschreibung des Verhältnisses von Dionysischem und Apollinischen erkennbar ist. Das Dionysische kann als ein Element verstanden werden, das aus der Tiefe hervortritt. Es entstammt den „Ureinen" (GT, 43), es bezeichnet das, was „aus dem

---

[120] Kafka, Das Urteil, S. 52.
[121] Ebd., S. 52.

innersten Grunde des Menschen" (GT, 28) aufsteigt, wenn das apollinische Identitäts-prinzip zerbricht. Während das Apollinische das Reich des (künstlerischen) Scheins, der Schönheit, aber auch der Erkenntnisformen (GT,28) ist, die den Menschen vor dem Fall in die dionysische Tiefe schützen, scheint das Dionysische sowohl aus der ge-schichtlichen wie aus der psychologischen Tiefe zu kommen. Da das Dionysische nicht nur das Identitätsprinzip in Frage stellt, sondern ebenfalls die Erkenntnisformen, ver-stößt es gegen die Beschränkungen der Logik und der Zeitordnung. Es gäbe also auch die Möglichkeit anstatt des Sprunges in die Transzendenz, Zeit- und Erzähllogik von „unten" her zu unterlaufen. Vergleichbar mit der ästhetischen Figur des Wunders, die zugleich Motiv und Struktur ist, erscheint in diesem Zusammenhang das Motiv des Rausches.

So reflektiert auch Hermann Broch in seinen *Notizen zu einer systematischen Ästhetik* über das Verhältnis von dionysischem Rausch und künstlerischer Form.

> Wir haben die Komponenten des Ästhetischen, ihre Beziehungen zur Mystik und zum Erotischen synthetisch aufzubauen versucht; es möge nun Beispiel als Beweis gelten [...]. Alle Ekstase des Primitiven drückt sich im Rhythmus aus. Rhythmus durchzieht sein ganzes Leben, macht ihm die Arbeit zum Spiel, wird ihm als Selbstzweck zur Feier [...]. Der Rhythmus wird so zur primitiven Ausdrucksmöglichkeit der ekstasierten Persönlich-keit und zwar als Schreie seiner Stimme als Bewegungen seines Körpers. Der Wilde tanzt, und es erwacht die erste Kunst, wild, *ekstatisch und sexuell. Dionysos, Vater aller Kunst.*[122]

Das Unberechenbare, das sich konventionellen literarischen Formen entzieht, in „pri-mitiver" Kunst aber noch gegenwärtig ist, erscheint in Brochs Überlegungen als sexuel-le Ekstase, als Verbindung von Mystik und Erotik. Wie Nietzsches Konzept des Diony-sischen ist Brochs Vorstellung geprägt von psychologischer und geschichtlicher Tiefe: Das Dionysische speist sich aus dem Unbewussten und der Primitivität der Vorzeit.[123]

Brochs Lesart des Dionysischen als irrationaler, sexueller Kraft rückt die Möglich-keit ins Blickfeld, rauschhafte Erfahrungen einzusetzen, um kausale Verknüpfungen zu umgehen. Delirien aller Art, welche die Ekstase psychopathologisch, als Liebesraserei oder als exotische Wildheit inszenieren, erscheinen damit als Motive, die mimetisch nachgezeichnet werden können. Wie Broch es beschreibt, spielt in den literarischen Texten, die mit der Darstellung des Rausches experimentieren, die Rhythmisierung der Prosa eine große Rolle. Darüber hinaus lassen sich in seine Argumentation durchaus weitere Elemente der klassischen Moderne wie die künstlichen Delirien des Surrealis-mus oder die Vorliebe für das Motiv des Irren und seine sprachliche Gestaltung ein-ordnen.

Im Gegensatz zur Kombination von Poetik und Metaphysik im Sprung nach „o-ben" erobert die Literatur hier einen neuen Bereich, der bisher als nicht literaturfähig

---

[122] Hermann Broch, Notizen zu einer systematischen Ästhetik (1912). In: Ders., Schriften zur Li-teratur 2. Frankfurt/M. 1975, S. 11-35, S. 20.
[123] Zu Brochs Nietzsche-Lektüre: S. Theo Meyer, Nietzsche und die Kunst, S. 431-33; Duncan Large nimmt für die Notizen ebenfalls den Einfluss Nietzsches an (*Zerfall der Werke*: Broch, Nietzsche, Nihilism. In: Görner/Large, Ecce Opus, S. 65-82, S. 77), während Manfred Durzak (Hermann Broch. Der Dichter und seine Zeit. Stuttgart [u.a.] 1968) als Vorbild für die *Notizen zu einer systematischen Ästhe-tik* Otto Weininger für wahrscheinlich hält (S. 11-23) und Nietzsche gar nicht erwähnt, er macht aber auf die Lektüre von Hans Vaihingers *Philosophie des Als Ob* aufmerksam (S. 33); der Kommentar der Werkausgabe erwähnt dagegen die *Geburt der Tragödie* als Hintergrund für Brochs Konzept: Broch, No-tizen zu einer systematischen Ästhetik, S. 34.

galt. Delirien, besonders wenn sie die sexuelle, triebhafte Natur des Menschen offenbaren und aus der Innensicht geschildert werden, werden im 19. Jahrhundert nur in Ausnahmefällen als künstlerisches Sujet gewählt. Für sie waren Psychologie, Medizin und Biologie zuständig. Die Literatur der klassischen Moderne kann dieses Sujet, zum Teil offen mit der wissenschaftlichen Interpretation konkurrierend, dazu benutzen, um Nietzsches Begriff des Dionysischen die modernen Konturen zu verleihen. Der Gebrauch, den die Literatur von diesen Motiven macht, liegt dabei quer zu den wissenschaftlichen Erkenntnisformen. Delirien werden eingesetzt, um parallel zu Nietzsches Dionysischem, das die Erkenntnisformen sprengt, die Kausalität zu unterlaufen.

Brochs poetische Verarbeitung und spätere Begrifflichkeit geht dagegen einen anderen Weg. Während die Texte und die Poetologie von Alfred Döblin, Georg Heym, Franz Jung, Franz Kafka und Robert Musil Aspekte dieses Verfahrens oder das Verfahren als Ganzes übernehmen, zeugen neben Brochs Prosa auch Thomas Manns Novelle *Der Tod in Venedig* von einer anderen Verarbeitung der Philosophie Nietzsches. Manns und Brochs Rezeption sind dabei gekennzeichnet von der Ablehnung des mimetischen Verfahrens. Sie übernehmen zwar Teile der Argumentation Nietzsches, auch Motive, zeichnen sie aber nicht nach: Beide sind also Beispiele für eine anderes Verständnis moderner Poetik. Broch bildet dabei auch insofern eine Ausnahme, als seine literarische Verarbeitung der bereits 1912 benannten Problematik erst zwanzig Jahre später in der Trilogie *Die Schlafwandler* stattfindet. Deshalb werde ich im zweiten Teil meiner Untersuchung, wenn es um die Literatur der 20er und 30er Jahre geht, auf ihn zurückkommen.

Broch wie Mann versuchen jedoch, mit dem Begriff des Stils eine Art Balance zwischen den Gegensätzen, auch zwischen dem Dionysischen und dem Apollinischen, zu etablieren. Dabei ist Manns Stilkonzept eng mit der Ironie als Form einer modernen Schreibweise verbunden.

> Und doch ist es eben dies, was die Kunst so liebenswert und übenswert macht, es ist dieser wundervolle Widerspruch, daß sie zugleich Erquickung und Strafgericht, Lob und Preis des Lebens durch seine lustvolle Nachbildung und kritisch-moralische Vernichtung des Lebens ist oder doch sein kann, daß sie in demselben Maße lustweckend wie *gewissenserweckend* wirkt. Ihre Sendung beruht darin, daß sie um es diplomatisch zu sagen, gleich gute Beziehungen zum Leben und zum reinen Geist unterhält, daß sie zugleich konservativ und radikal ist; sie beruht in ihrer Mittel- und Mittlerstellung zwischen Geist und Leben. Hier ist die Quelle der Ironie ... [124]

Mann charakterisiert die Ironie als ästhetische Möglichkeit, Geist und Leben zu harmonisieren. Die Ironie erscheint als Vermittlung der Gegensätze, weil sie weder das Denken noch das Leben absolut setzt. Diese Vorstellung vom Gestus der Kunst wie von der Konstitution des Künstlers - auch sie ist ein Kompromiss zwischen Geist und Sinnlichkeit - ist mit einer modernen Poetik im hier vorgeschlagenen Sinne nicht zu vereinbaren. Bei einem Verständnis von Stil, das dessen Aufgabe hauptsächlich in der Harmonisierung, also in der Verbindung von Gegensätzen und der Milderungen von Brüchen, sieht, kann die Auflösung kausallogischer Strukturen nicht ins Blickfeld geraten.

Dennoch greift Mann das Dionysische als ein Konzept auf, das er vor allem in der Gegenwartskunst vorfindet. Für sein Verständnis des Dionysischen ist zwar dieselbe

---

[124] Thomas Mann, Betrachtungen eines Unpolitischen. Stockholmer Gesamtausgabe Bd. 3, Frankfurt/M. 1956, S. 563 (Punkte v. Th. M.).

vertikale Richtung dominierend wie bei Broch; die Dynamik des Dionysischen, seine Tendenz von „unten" nach „oben" durchzudringen, erscheint aber als Gefahr.

Ich wiederhole, daß ich mit dem Renaissance-Ästhetizismus gewisser ‚Nietzscheaner' innerlich nie irgend etwas zu schaffen gehabt habe. Was mich ihm aber fernhielt, das mochte, es ahnte mir früh, mein Deutschtum sein; die ‚Schönheit', wie jene Dionysier sie meinten und mit steiler Gebärde verherrlichten, erschien mir von jeher als ein Ding von Romanen und Romanisten, als ein ‚Stück Süden' ziemlich verdächtiger, verächtlicher Art, und wenn ich Nietzsche als Prosaisten und Psychologen auf allen Stufen seines Lebens grenzenlos bewunderte: der Nietzsche, der mir eigentlich galt und meiner Natur nach erzieherisch am tiefsten auf mich wirken mußte, war der Wagnern und Schopenhauern noch ganz Nahe oder immer nahe Gebliebene […].[125]

Wenn man von dem chauvinistischen Ton der Argumentation absieht, dann ist die Beschreibung der „Dionysier" durchaus zutreffend. Die Verarbeitung von Nietzsches Philosophie ist z.b. bei Gottfried Benns durch die Amalgamierung von Elementen des Ästhetizismus mit dem Dionysischen zu charakterisieren: So entsteht sein „Süden". Paradoxerweise trägt Manns Süden in seiner Novelle *Der Tod in Venedig* dieselben Züge. D'Annunzio, den er in den *Betrachtungen eines Unpolitischen* vehement bekämpft[126], liefert mit seinem Roman *Das Feuer* zudem die Kulisse, und Nietzsches Konzept des Dionysischen liegt der psychischen Bedrohung Aschenbachs zugrunde.[127]

Andererseits ist - gerade im Vergleich mit Benn - die Tendenz der Nietzsche-Lektüre eine grundsätzlich andere. Einerseits besteht Mann auf der Wichtigkeit des Moralisten Nietzsche,[128] wobei der Bereich der Moral die Psychologie wie die Kunst dominiert.[129] Diese Wertung führt zum Primat der Moral auch im literarischen Text: Aschenbach muss sterben, weil er der „Versuchung" nicht standgehalten hat.[130] Während Mann jedoch seinen Stil, den Gestus der Ironie, von Nietzsche ableitet[131], hat andererseits die Nietzsche-Rezeption keine Folge für die sprachlichen Verknüpfungen seiner

---

[125] Th. Mann, Betrachtungen, S. 533.

[126] Ebd., z.B. S. 529, 541, 569 f.

[127] S. Hans-Joachim Sandberg, *Der fremde Gott* und die Cholera. Nachlese zum *Tod in Venedig*. In: Thomas Mann und seine Quellen. Festschrift für Hans Wyseling. Hrsg. v. E. Heftrich u. H. Koopmann. Frankfurt/M. 1991, S. 66-110, S. 91 u. 102; dazu schon T. J. Reed, Thomas Mann. The Uses of Tradition. Oxford 1974, S. 155; ausführlich zu Übereinstimmungen zwischen *Die Geburt der Tragödie* und dem *Tod in Venedig*: Martina Hoffmann, Von Venedig nach Weimar. Eine Entwicklungsgeschichte paradigmatischen Künstlertums. Frankfurt/M [u.a.] 1999, S. 91-103; den Einfluss der *Geburt der Tragödie* ablehnend: Stefan Pegatzky, Das poröse Ich. Leiblichkeit und Ästhetik von Arthur Schopenhauer bis Thomas Mann. Würzburg 2002, S. 473 f.

[128] Th. Mann, Betrachtungen, S. 532.

[129] Th. Mann nennt seine Literatur „plastischen Moralismus": ebd., S. 531; s. im Gegensatz dazu im folgenden Musils Konzept der „moralischen Phantasie", d.h. der Unterordnung der Moral unter die Kunst; in der Thomas-Mann-Forschung ist bezogen auf den *Tod in Venedig* umstritten, inwieweit der Erzähler ein moralisches Urteil über Aschenbach fällt, s. dazu zusammenfassend: Hoffmann, Von Venedig nach Weimar, S. 57-65, zuletzt: Matthias Uecker, Vorbild, Repräsentation und Warnung. Der Schriftsteller und sein Publikum in Thomas Manns *Der Tod in Venedig*. In: Literatur für Leser, Jg. 25/2002 Nr. 4, S. 227-244.

[130] Deutlich sichtbar ist diese moralische Verurteilung und das Bedürfnis, dem Leser eine Lehre zu erteilen, noch im Rückblick auf den *Tod in Venedig* in den *Betrachtungen eines Unpolitischen* s. dazu: Th. Mann, Betrachtungen, S. 565.

[131] Ebd., S. 532.

Prosa. Deutlich sichtbar wird diese Hypothese an der Epiphanie des Dionysos in *Der Tod in Venedig*. In Aschenbachs Traum findet ein dionysisches Fest statt:

> Groß war sein Abscheu, groß seine Furcht, redlich sein Wille, bis zuletzt das Seine zu schützen gegen den Fremden, den Feind des gefaßten und würdigen Geistes. Aber der Lärm, das Geheul, vervielfacht von hallender Bergwand, wuchs, nahm Überhand, schwoll zu hinreißendem Wahnsinn [...]. Mit den Paukenschlägen dröhnte sein Herz, sein Gehirn kreiste, Wut ergriff ihn, Verblendung, betäubende Wollust, und seine Seele begehrte, sich anzuschließen dem Reigen des Gottes. Das obszöne Symbol, riesig, aus Holz ward enthüllt und erhöht: da heulten sie zügelloser die Losung. Schaum vor den Lippen tobten sie, reizten einander mit geilen Gebärden und buhlenden Händen, lachend und ächzend - stießen die Stachelstäbe einander ins Fleisch und leckten das Blut von den Gliedern. Aber mit ihnen, in ihnen war der Träumende nun und dem fremden Gotte gehörig.[132]

Die Motive sind dieselben wie in Benns Epiphanie des Dionysos in *Das moderne Ich* oder in *Der Geburtstag*. Durch die moralische Wertung wird der Gott jedoch zum „fremden Gott", der von außen das Subjekt bedroht. Aschenbach gibt das „Seine" auf und sich dem „Fremden" hin; es entsteht keine Entgrenzung des Ich, die eine Vermischung erlaubte.[133]

Die Ironie als Stilform garantiert auf der sprachlichen Ebene eine ähnliche Trennung.[134] Obwohl Aschenbach träumt und im Traum ein rauschendes Bacchanal erlebt, verliert die Sprache keinen Augenblick die Distanz, auch wenn sie deutlich rhythmisiert wird. Die Verarbeitung des Dionysischen bleibt im Wesentlichen auf den Inhalt beschränkt, während das Apollinische im Stil erscheint und - wie bei Nietzsches Beschreibung der Tragödie - das Dionysische durch die Form in Schach hält. Weder die mögliche Übertragung von (nicht kausal funktionierender) Traumlogik auf die sprachlichen Verknüpfungen, noch die mimetische Inszenierung des Rausches auf sprachlicher Ebene sind zu beobachten. Für Thomas Mann stellt das Dionysische - vertreten durch den Rausch - ein Motiv dar, das er nicht zur ästhetischen Figur umformuliert, sondern eher traditionell inhaltlich abhandelt.

> Ernte naht sich, Blut der Hügel, um den Hain, bacchantisch, die Stadt.- Kam Venedig, rann er über den Tisch. Er fühlte Lagune, und ein Lösen, schluchzend. Scholl dumpf das Lied aus alten Tagen des Dogen Dandolo, stäubte er in ein warmes Welm. Ein Ruder schlag: Ein Eratmen; eine Barke: Stütze des Haupts. Fünf eherne Rosse, die Asien gab, und um die Säulen sang es: manchmal eine Stunde, da bist Du; der Rest ist das Geschehen. Manchmal die beiden Fluten schlagen hoch zu einem Traum. Manchmal rauscht es: wenn Du zerbrochen bist. Rönne lauschte. Tieferes mußte es noch geben.[135]

---

[132] Thomas Mann, Der Tod in Venedig. In: Ders., Gesammelte Werke. 2. durchgesehene Aufl. Frankfurt/M. 1974, S. 444-525, S. 517.

[133] S. dazu Kap. III. Die Romantik und die ästhetischen Figuren der Subjektivität: Dionysos als der „kommende Gott" in Hölderlins *Brot und Wein*, der Eigenes und Fremdes im „Offenen" vereint.

[134] Auch hier ist Musils Konzept der Ironie dem Thomas Manns entgenzusetzen. Anhand des *Mann ohne Eigenschaften* wird zu zeigen sein, ob und wie Ironie modern umformuliert werden kann (s. Kap. III.1. Stil des dritten Teils).

[135] Gottfried Benn, Der Geburtstag. In: PuA, S. 41-51, S. 50.

Über die bereits analysierte ästhetische Figur des Sprungs ins Unberechenbare, die an dieser Stelle eingesetzt wird, hinaus führt Benn den Traum mimetisch hier vor. Dabei wird die Kausalität durch die Auflösung der konventionellen Subjekt-Objekt-Beziehung unterlaufen. Diese Entgrenzung entsteht durch die fehlenden Verben („Ein Ruderschlag: Ein Eratmen"), Ersetzungen von Objekten durch adverbiale Bestimmungen („stäubte er in ein warmes Wehn") und durch die Unmöglichkeit, logische Verbindungen zwischen Haupt- und Nebensatz herzustellen („Manchmal rauscht es: wenn Du zerbrochen bist"). Die grammatische Unsicherheit entspricht dabei der psychologischen Ununterscheidbarkeit zwischen Subjekt und Objekt - sei es als Objekt der Außenwelt, sei es als ein anderes Subjekt - im Traum und im Rausch.

Dabei besteht die Aufgabe des Künstlers darin, die sprachliche Mimesis möglichst „sachlich" zu konstruieren.

> Der Stil soll über der Darstellung nicht einmal wie nasser Flor liegen. Stil ist nichts als der Hammer, mit dem das Dargestellte aufs sachlichste herausgearbeitet wird.[136]

Die Einschätzung der eigenen poetischen Verfahren als von der Sache gefordert ist wahrscheinlich auch ein Grund dafür, weshalb die Autoren ihre Texte in Konkurrenz zur Wissenschaft und Philosophie ihrer Zeit sehen. In Auseinandersetzung mit biologischen, vor allem darwinistischen Argumenten entstehen auch die Nietzsche-Aufsätze Alfred Döblins.

> Mit dem Worte „Kausalität" wird eine gleichfalls zur Berechnung und zur Erfahrungskapitalisierung nötige Ansicht über einen angeblichen Zusammenhang des Geschehens bezeichnet, über dessen Vorhandensein und Wesen unser schwankendes, ganz auf seine enge Nützlichkeit zugeschnittenes Bewußtsein nichts aussagen kann. Und was die Combination und den Verlauf logischer Gedanken angeht, so ist auch das Zusammenwirken in diesem Mechanismus durch das Bedürfnis reguliert, angezüchtet und vererbt. Wir können demnach in Nietzsches Sinne die Logik definieren als Inbegriff der wichtigsten menschlichen Erhaltungsbedingungen [...].[137]

Döblin behauptet, dass biologische Bedürfnisse die Kausalität produzieren, es für das Überleben der Gattung also nützlich ist, kausale Verknüpfungen herstellen zu können. Logisches Denken ist also keine individuelle, der Wahrheit dienende Fähigkeit, sondern ein Diktat der Arterhaltung. Schon das Fragment aus *Der Wille zur Macht*, auf das sich Döblin hier bezieht und das wie Döblins Aufsatz *Der Wille zur Macht als Erkenntnis* heißt, gibt allerdings diesen Zusammenhang vor.[138] Anders als bei Thomas Mann ist der Ausgang dieses Angriffes auf die Kausalität unzweifelhaft: Sie verliert jegliche Legitimation für die künstlerische Vorgehensweise, die sich auch in dieser Hinsicht als autonom versteht. Die ästhetischen Konsequenzen, die Döblin aus diesem Befund zieht, führen eine weitere Variante der nicht-kausalen Verknüpfung von Prosatexten ein.

---

[136] Alfred Döblin, Bemerkungen zum Roman. In: Ders., Schriften zu Ästhetik, Poetik und Literatur. Hrsg. v. Erich Kleinschmidt, Olten/Freiburg i.Br. 1989, S. 123-127, S. 127.
[137] Alfred Döblin, Der Wille zur Macht als Erkenntnis bei Friedrich Nietzsche (1902). In: Hillebrand, Nietzsche und die deutsche Literatur Bd. 1, S. 315-330, S. 318.
[138] Jetzt in: Friedrich Nietzsche, Nachgelassene Fragmente 1887-1889, S. 333 f. (Nr. 14 [152]); Nachweise, auch für die von Döblin benutze Ausgabe von *Der Wille zur Macht*, und genaue Interpretation der Aufsätze Döblins liefert: Beat Kuttnig, Die Nietzsche-Aufsätze des jungen Alfred Döblin. Eine Auseinandersetzung über die Grundlagen von Erkenntnis und Ethik. Bern, Berlin [u.a.] 1995.

> Man lerne von der Psychiatrie, der einzigen Wissenschaft, die sich mit dem seelischen ganzen Menschen befaßt; sie hat das Naive der Psychologie längst erkannt, beschränkt sich auf die Notierung der Abläufe, Bewegungen, - mit einem Kopfschütteln, Achselzucken für das Weitere und das ‚Warum‘ und ‚Wie‘.[139]

Die Psychiatrie vertritt hier die moderne Wissenschaft, welche die Erkenntniskritik Nietzsches bereits berücksichtigt. Sie legitimiert den Verzicht auf Kausalität, so wie sie soll auch die Literatur nur noch „Abläufe" produzieren, diese Abläufe nicht mehr psychologisch motivieren. Döblins Ablehnung der Psychologie schließt also direkt an Einsteins Konzept der autonomen Form an, das sich ebenfalls von kausalen Verknüpfungen zu lösen versucht, seine ästhetische Antwort ist dagegen eine andere. Döblins frühe Prosa orientiert sich an der Darstellung von Zeitlichkeit und negiert durch die Darstellung von zeitlichen Abläufen kausale Strukturen.

2. Zeitliche Abläufe

Um Döblins Forderung, sich auf die Inszenierung von Abläufen zu beschränken, zu erfüllen, reicht es nicht, die konventionelle Roman-Handlung nur ihrer Psychologie zu entkleiden.

> Der Roman hat mit Handlung nichts zu tun; man weiß, daß im Beginn nicht einmal das Drama damit etwas zu tun hatte, und es ist fraglich, ob das Drama gut tat, sich so fest zu legen. Vereinfachen, zurechtschlagen und -schneiden auf Handlung ist nicht Sache des Epikers. Im Roman heißt es schichten, häufen, wälzen, schieben; im Drama, dem jetzigen, auf die Handlung hin verarmten, Handlungsverbohrten: „voran!" Vorwärts ist niemals die Parole des Romans.[140]

Noch die Anspielung auf das Drama, das zu Beginn seiner Geschichte mit Handlung nichts zu tun hatte, kann als Echo auf Nietzsches Schrift *Die Geburt der Tragödie* gelesen werden. Gleichzeitig akzentuiert Döblin implizit wieder den Moment gegenüber der Parole „voran!". Die „Häufung", die die Struktur des Romans bestimmen soll, führt zur Überdeterminierung von einzelnen zeitlichen Abschnitten oder zur Darstellung von Simultanität. Häufung heißt in diesem Fall also nicht semantische, etwa bildliche Verdichtung, sondern ist als temporale Schichtung zu verstehen. Zudem kann die Ablehnung eines an der Handlung orientierten Erzählens ebenfalls die Vermeidung von psychologischer und geschichtlicher Entwicklung meinen. Genau um diese Abgrenzung vom traditionellen erzählerischen Konzept der Handlung, soweit es chronologische Zeitlichkeit und Teleologie voraussetzt, wird es im Folgenden gehen. Mit und gegen Nietzsches Kausalitätsvorstellung entwickelt nicht nur Döblin die Schreibweise seiner frühen Prosa, auch in Robert Musils Novellen, Georg Heyms und Franz Jungs Prosa sind ästhetische Figuren benennbar, die gleichermaßen gegen Kausalität und Chronologie verstoßen.

---

[139] Alfred Döblin, An Romanautoren und ihre Kritiker. Berliner Programm. In: Ders., Schriften zu Ästhetik, Poetik und Literatur, S. 119-123, S. 120 f.

[140] Alfred Döblin, Bemerkungen zum Roman. In: Ders., Schriften zur Ästhetik, Poetik und Literatur, S. 124.

Plötzlich sah Herr Michael Fischer, während sein Blick leer über den Wegrand strich, wie eine untersetzte Gestalt, er selbst, von dem Rasen zurücktrat, auf die Blumen stürzte und einer Butterblume den Kopf glatt abschlug. Greifbar geschah vor ihm, was sich vorhin begeben hatte an dem dunklen Weg. Diese Blume dort glich den andern auf ein Haar. Diese lockte seinen Blick, seine Hand, seinen Stock. Sein Arm hob sich, das Stöckchen sauste, wupp, flog der Kopf ab. Der Kopf überstürzte sich in der Luft, verschwand im Gras. Tiefer, immer tiefer, durch die Grasdecke hindurch, in den Boden hinein. Jetzt fing er an zu sausen, in das Erdinnere, daß keine Hände ihn mehr halten konnten. Und von oben, aus dem Körperstumpf, tropfte es, quoll aus dem Halse weisses Blut, nach in das Loch, erst wenig, wie einem Gelähmten, dem der Speichel aus dem Mundwinkel läuft, dann in dickem Strom, rann schleimig, mit gelbem Schaum auf Herrn Michael zu, der vergeblich zu entfliehen suchte, nach rechts hüpfte, nach links hüpfte, der drüber weg-springen wollte, gegen dessen Füße es schon anbrandete.[141]

An diesem Zitat aus der Erzählung *Die Ermordung einer Butterblume* ist der Verzicht auf die Herstellung von sprachlicher oder psychologischer Kausalität deutlich sichtbar.[142] Die Verknüpfung der einzelnen Sätze erfolgt über temporale Bestimmungen wie „plötzlich", „während" und „jetzt" anstatt über Ursache-Wirkung- oder Grund-Folge-Verbindungen. Schon bei diesen Bestimmungen fällt die Konzentration auf den isolier-ten zeitlichen Moment und die Gleichzeitigkeit auf. Zwar ist Döblins programmatischer Aufsatz später entstanden als *Die Ermordung einer Butterblume*, trotzdem zeigt die Erzäh-lung noch weitere Parallelen zu Döblins Forderungen an den Epiker. So ist die zitierte Szene ein Beispiel für die zeitliche „Häufung". Die geschilderte Szene lässt sich von ei-ner vorherigen, in der Herr Michael Fischer wahllos auf Blumen eingeschlagen hat, nicht unterscheiden: Er sieht sich noch einmal dasselbe tun. Darüber hinaus verdoppelt sich das Subjekt, Vergangenheit und Gegenwart erscheinen, verknüpft über die Kon-junktion „während", simultan. Der Unterschied zwischen dem bereits vergangenen Ge-schehen und dem jetzigen gerät ins Wanken, der gerade ablaufende Moment erscheint durch den vergangenen mit determiniert. Zu beantworten bleibt die Frage, wie die si-multan inszenierten, überdeterminierten Momente erzählerisch verbunden werden können.

Zunächst wird es bei Döblins Inszenierung einer „Reihenfolge von Zuständen"[143] unklar, ob ein Zustand oder eine Handlung dem Subjekt oder Objekt zuzurechnen ist. So kann der Kopf der Butterblume ins Erdinnere sausen, ohne dass dieser Vorgang als der Imagination von Herrn Michael Fischer zugehörig beschrieben wird.

Wir haben absolut keine Erfahrung über eine **Ursache**: psychologisch nachgerechnet, kommt uns der ganze Begriff aus der subjektiven Überzeugung, daß wir Ursache sind, nämlich, daß der Arm sich bewegt … **Aber das ist ein Irrthum**: wir unterscheiden uns, die Thäter, vom Thun und von diesem Schema machen wir überall Gebrauch, - wir su-chen nach einem Thäter zu jedem Geschehen…: was haben wir gemacht? wir haben ein

---

[141] Alfred Döblin, Die Ermordung einer Butterblume. In: Erzählungen aus fünf Jahrzehnten. Ol-ten 1979, S. 22-32, S. 23.

[142] Diese Beobachtung macht bereits Georg Reuchlein: *Man lerne von der Psychiatrie*. Literatur, Psy-chologie und Psychopathologie in Alfred Döblins *Berliner Programm* und *Die Ermordung einer Butterblume*. In: Jahrbuch für internationale Germanistik, Jg. XXIII/1991 Heft 1, S. 10-68 (mit Bibliographie), S. 46.

[143] Friedrich Nietzsche, Nachgelassene Fragmente 1887-1889, S. 275: „Aus einer nothwendigen Reihenfolge von Zuständen folgt nicht deren Causalverhältnis … ."

Gefühl von Kraft, Anspannung, Widerstand, ein Muskelgefühl, das schon der Beginn der Handlung ist, als Ursache **mißverstanden** [...].[144]

Nietzsche beschreibt die Täuschung des Subjekts, sich als Täter zu definieren und für den Verursacher von Wirkungen zu halten; im Gegensatz zu dieser Illusion rechnet er schon die Vorstellung der Handlung zum Tun. Vom Tun, von der Bewegung, lässt sich kein Subjekt isolieren, das für sie verantwortlich wäre.

Unser ,Verständnis eines Geschehens' bestand darin, daß wir ein Subjekt erfanden welches verantwortlich wurde dafür, daß etwas geschah.[145]

Nietzsches Kennzeichnung ebnet innerhalb des Geschehens die Differenzen ein: Weder das Subjekt und seine Handlungen, noch die Verknüpfung des Tuns mit einem, wie auch immer inhaltlich gefüllten, Grund sind „wahre" Beschreibungen. Diese Kategorien dienen nur der Überführung von Neuem, also noch nicht Geschehenem, in alte Denkschemata.[146] Andererseits ist die logische Ordnung, deren Ausdruck sie sind, nach Döblin, der „Inbegriff der wichtigsten menschlichen Erhaltungsbedingungen"[147]. Das katastrophale Ende seiner Erzählung *Die Ermordung einer Butterblume* lässt sich vielleicht auch auf der Grundlage dieser Annahme erklären. Weil Fischer die Fähigkeit zu konventionellen logischen Verknüpfungen verliert, kann er zumindest innerhalb der menschlichen Gesellschaft nicht mehr leben. Die Kopplung von Logik und subjektivem Überleben, vom Verlust der Logik und dem Verschwinden des Subjekts passt zu Döblins Hinweis auf die Psychiatrie, die den Verlust der Logik als Verschwinden des (gesunden, überlebensfähigen) Subjekts in ihren Krankenberichten notiert.[148]

Die Einebnung der Differenzen zwischen Subjekt und Handlung, Ursache und Wirkung, die sich ebenfalls aus Nietzsches Argumentation ergibt, kann bezogen auf den Strang des Erzählens in literarischen Texten direkte Konsequenzen haben. Wenn wir uns die Skala der Abweichungen von der linearen Form der Erzählung vergegenwärtigen, dann ging es bisher um das Unterlaufen der Logik von „unten" und den Sprung ins Unberechenbare. Mit dieser Bewegung ist zum einen der Zeitmodus der Plötzlichkeit verbunden, zum anderen kommt sie auf der Grundlage einer Zeitvorstellung zustande, die die Auflösung der Kausalität an bestimmte begrenzte Zustände des Subjekts wie Traum oder Rausch knüpft. Auch wenn Döblin inhaltlich durch Anleihen bei Psychoanalyse und Psychiatrie die Logik unterläuft, führt seine Schreibweise zur Beschränkung auf das „Geschehen", das sich nur auf der horizontalen Ebene bewegt. Die so entstehenden „Abläufe" sind durch Überdeterminiertheit der zeitlichen Elemente und nicht durch Verknüpfungen von Ursache und Wirkung definiert. Der einzelne Moment

---

[144] Ebd., S. 274; Herv. v. F. N.

[145] Ebd.

[146] Ebd., S. 276.

[147] Döblin, Der Wille zur Macht als Erkenntnis, S. 318.

[148] *Die Ermordung einer Butterblume* wurde im Anschluss daran bereits als Ausbruch einer Zwangsneurose interpretiert, einem Hinweis folgend, den Döblin selber gegeben hat (Döblin spricht allerdings von Zwangsvorstellungen): Journal 1952/53. In: Ders., Autobiographische Schriften und letzte Aufzeichnungen. Hrsg. v. Edgar Pässler, Olten/Freiburg i.Br. 1980, S. 453-539, S. 470. Reuchlein liest die Erzählung dagegen als Ausdruck einer „anti-analytischen, psychiatrischen Schreibweise": *Man lerne von der Psychiatrie. Literatur, Psychologie und Psychopathologie in Alfred Döblins Berliner Programm und Die Ermordung einer Butterblume*, S. 38-56; zur gesamten Fragestellung der Psychiatrie bei Döblin: Wolfgang Schäffner, Norm und Abweichung. Zur Poetologie psychiatrischen Wissens bei Alfred Döblin. München 1995; zum genaueren Zusammenhang von Subjektivität und Kausalität s. Kap. III.1.

ist einerseits isoliert, weil er nicht in eine Kette von Ursachen und Wirkungen integriert werden soll, andererseits mehrdimensional, weil er gleichzeitig vergangen und gegenwärtig sein kann. Die Beschränkung auf die horizontale Achse der Zeit führt also auch nicht zu einer intakten, sich an realistische Zeitvorstellungen haltenden Chronologie. Vielmehr werden zeitliche Elemente ästhetisch umformuliert, so dass sie die Einebnung der Differenz etwa zwischen Vergangenheit und Gegenwart zum Ausdruck bringen.

Die Auflösung des Unterschiedes zwischen Subjekt und Handlung - zwischen Herrn Michael Fischer und dem Verschwinden der Butterblume in das Erdinnere - in der zitierten Szene wird durch die Verwendung von zwei Zeitebenen inszeniert. Damit werden psychologische Motivierung und kausale Verknüpfung durch die ästhetisch formulierte Zeitvorstellung ersetzt. Die Zeit verliert ihre alltägliche Ordnungsfunktion sowie ihre literarische Funktion als chronologisches Rückrat des Erzählens und wird zum Bereich, in dem ästhetische Figuren entworfen werden können. Döblins Überdeterminierung des Moments ist das erste Beispiel für eine ästhetische Figur im Bereich der Zeit. Ausgehend von einem Element der konventionellen Zeitvorstellung, nämlichen einem bestimmten, zunächst erzählten Augenblick, unterläuft der Text in der als ununterscheidbar geschilderten Wiederholung desselben Augenblicks die Konvention des linearen Zeitablaufs. Dadurch entsteht allerdings die Gefahr, dass sich der erzählerische Zusammenhang auflöst. Ihr begegnet Döblin durch die Orientierung an der psychiatrischen Pathologie. Wie bei ihren „objektiven" Beschreibungen der Symptome werden die Vorfälle des Textes, die weder chrono- noch psychologisch entziffert werden sollen, aneinander gereiht.

Die Inszenierung von ästhetischen Figuren der Zeit und von temporalen Abläufen anstelle von psychologischer Entwicklung lässt sich nicht nur bei Döblin, sondern auch in den Erzählungen Franz Jungs und Georgs Heyms beobachten. Beide Texte, Heyms Novelle *Der Irre* und *Die Telepathen* von Franz Jung, schildern wie Döblins Novelle die psychische Pathologie der Hauptfigur. Heym knüpft für die Darstellung des Wahns bei Nietzsches Schrift *Als sprach Zarathustra* an.

> Seine [Nietzsches, S. K.] Lehre ist groß. Was man dagegen sagen mag, sie giebt unserem Leben einen neuen Sinn, daß wir Pfeile der Sehnsucht seien nach dem Übermenschen […] O ein schwerer Tropfen zu sein, in der dunklen Wolke, die den Blitzstrahl birgt, der den Übermenschen auf die Erde schleudert. Ferner und ferner sehen lernen, sich wegwenden vom Augenblick und dem Übermenschen zu leben, lehrt uns Zarathustra. Und diese Lehre kann uns auf uns allein stellen. Ich las ihn und wurde gefangen, ich, der ich früher Angst vor diesem Buche hatte. Und eine Stelle ist mir die liebste geworden und eine große Tafel an meinem Wege, der sich verlor in das Niedere. O daß es mir gelingen möchte, mein Leben nun umzugestalten, um ein Pfeil zum Übermenschen zu werden.[149]

Heyms Paraphrase des 4. Abschnittes der Vorrede Zarathustras[150] macht zunächst seine Begeisterung für Nietzsche deutlich: Nietzsches Philosophie gibt seinem Leben Sinn und Ziel. In seiner Begeisterung identifiziert Heym sich mit dem „Übermenschen" und der „Lehre", die Nietzsche verkündet. Seine Identifizierung führt zunächst nicht zu einem produktiven poetischen Umgang mit Nietzsches Texten, die Gedichte, die Nietz-

---

[149] Georg Heym, 1. Tagebuch (17.2.1906). In: Ders., Dichtungen und Schriften Bd. 2. Tagebücher Träume Briefe. Hrsg. v. Karl Ludwig Schneider. München 1960, S. 44.
[150] Nietzsche, Also sprach Zarathustra, KSA 4, S. 17/18; Hinweis bei Meyer, Nietzsche und die Kunst, S. 272.

sches Gedanken aufnehmen, sind vor allem Zeugnis der im Tagebuch formulierten I-dentifizierung.[151] Erst als mit dem Beginn von Heyms expressionistischer Phase die Bindung an Nietzsche nachlässt,[152] ist ein mimetischer Umgang mit Nietzsches Entwürfen möglich. In der Novelle *Der Irre* ist vor allem Nietzsches in *Also sprach Zarathustra* entwickelte Moralvorstellung der Ausgangspunkt für Heyms mimetisches Verfahren.

Damit wird aber auch eine andere Richtung der Nietzsche-Rezeption erkennbar: Döblins Lektüre ist dadurch bestimmt, dass er die erkenntnistheoretischen Grundlagen, die Nietzsche infragegestellt hat, nicht nur argumentativ nachvollzieht, sondern auch sprachlich-material inszeniert. Heyms Verfahren setzt bei Nietzsches Moralkonzept an, das allerdings auch in Döblins Argumentation eine wichtige Rolle spielt. Seine Bedeutung wird schon am Titel von Döblins zweitem Nietzsche-Aufsatzes - *Zu Nietzsches Morallehre*[153] - deutlich. Die anhand der Nietzsche-Rezeption von Thomas Mann angesprochenen Knotenpunkte zwischen Ästhetik und Moral treten also erneut ins Blickfeld.

> Ihr wollt nicht tödten, ihr Richter und Opferer, bevor das Thier nicht genickt hat? Seht, der bleiche Verbrecher hat genickt, aus seinem Auge redet die grosse Verachtung. ‚Mein Ich ist Etwas, das überwunden werden soll: mein Ich ist mir die grosse Verachtung des Menschen': so redet es aus diesem Auge.[154]

Die Rede Zarathustras, aus der dieses Zitat stammt, trägt den Titel *Vom bleichen Verbrecher*. In ihr summieren sich Motive, die auch in Heyms Novelle zu finden sind. Der Verbrecher wird als Tier bezeichnet, als Wahnsinniger, der sein „Ich", d.h. die konventionelle, gesellschaftlich verträgliche Identität, überwinden will. Der Versuch, seine I-dentität zu überwinden, rückt den Verbrecher in Nietzsches Argumentation in die Nähe des Übermenschen. Zudem hängen Verbrechen und Wahnsinn untrennbar zusammen. Diese Kopplung wird aber von den „Richtern", von den anderen Gesellschaftsmitgliedern, sogar vom Verbrecher selbst, nicht erkannt.

> So spricht der rothe Richter: ‚was mordete doch dieser Verbrecher? Er wollte rauben.' Aber ich sage euch: seine Seele wollte Blut nicht Raub: er dürstete nach dem Glück des Messers! Seine arme Vernunft aber begriff diesen Wahnsinn nicht und überredete ihn. ‚Was liegt an Blut! sprach sie; willst du nicht zum mindesten einen Raub dabei machen? Eine Rache nehmen?'[155]

Der Wahnsinn artikuliert sich im Blutrausch des Mordes, der sich nicht mit den Kategorien der Vernunft interpretieren lässt. An die Stelle des dionysischen Rausches tritt hier der Blutrausch. So wie Benn den dionysischen Rausch mimetisch nachgezeichnet hat, so zeichnet Heym den Blutrausch nach und umgeht so kausale Verknüpfungen. Als Ausdruck eines Blutrausches ist der Mord nicht zu motivieren, er kann nicht als Folge einer bestimmten Ursache beschrieben werden. Beim „bleichen Verbrecher" versagen also die erkenntnistheoretischen Vorgaben von Täter und Tun, von Motiv und Handlung. Analog zu Nietzsches Beschreibung der „armen Vernunft" des Verbrechers wird

---

[151] S. etwa Dionysos (1910). In: Georg Heym, Dichtungen und Schriften Bd. 1. Lyrik. Hrsg. v. Karl Ludwig Schneider. Hamburg und München 1964, S. 14-17.

[152] Meyer, Nietzsche und die Kunst, S. 275.

[153] Alfred Döblin, Zu Nietzsches Morallehre (1903). In: Hillebrand, Nietzsche und die deutsche Literatur Bd. 1, S. 331-358.

[154] Friedrich Nietzsche, Also sprach Zarathustra, S. 45.

[155] Ebd., S. 46.

auch in Heyms Inszenierung der Innerlichkeit des Irren zunächst ein Motiv vorgeschoben. „Und wem hatte er das alles zu verdanken? Doch nur seiner Frau. So, und mit der würde er jetzt abrechnen."[156] „Eine Rache [zu] nehmen", scheint also das Ziel des Irren zu sein.[157] Die Morde, die er schließlich begeht, sind aber durch dieses Ziel nicht motiviert. Sie führen vielmehr das „Glück des Messers" vor.

> Er schlug die Köpfe der beiden Kinder gegeneinander. Eins, zwei, drei, eins, zwei, drei, zählte er, und bei drei krachten die beiden kleinen Schädel immer zusammen wie das reine Donnerwetter. Jetzt kam schon das Blut. Das berauschte ihn, machte ihn zu einem Gott. Er mußte singen. Ihm fiel ein Choral ein. Und er sang:
> ‚Ein feste Burg ist unser Gott,
> Ein gute Wehr und Waffen
> [...]‘
> Er akzentuierte die einzelnen Takte laut, und bei jedem ließ er die beiden kleinen Köpfe aufeinanderstoßen, wie ein Musiker, der seine Becken zusammenhaut. Als der Choral zu Ende war, ließ er die beiden zerschmetterten Schädel aus seinen Händen fallen. Er begann wie in einer Verzückung um die beiden Leichen herumzutanzen. Dabei schwang er seine Arme wie ein großer Vogel, und das Blut daran sprang um ihn herum wie ein feuriger Regen.[158]

Der Luther-Choral, in dessen Rhythmus der Irre die Köpfe der Kinder gegeneinander schlägt, wirkt in diesem Zusammenhang blasphemisch. Andererseits nimmt die Verwendung des Chorals Nietzsches Konzept der dionysischen Musik, deren Rhythmik zur Auflösung des principium individuationis führt, wieder auf. Der Irre verhält sich in seinem Blutrausch außerdem ähnlich wie der von Broch in seinen *Notizen zu einer systematischen Ästhetik* beschriebene „Wilde", der sich dem Rhythmus überlässt. Der Rhythmus wird zum Medium der Entgrenzung im Tanz wie im Mord.

In der Imagination des Irren, ist es die Vorstellung, ein Vogel zu sein, die für die rauschhafte Entgrenzung steht.[159] Döblin Aufsatz zu Nietzsche gibt hier einen Hinweis, wie die Metapher des Vogels im Hinblick auf den Zusammenhang von Ich-Auflösung und Moral zu lesen sein könnte.

> Auf Erhöhung des ‚Menschen‘ geht die ausgesprochene, wenn auch nicht tatsächliche Absicht vieler Morallehren; gegen das ‚Allzumenschliche‘ kämpfen sie alle an. Wohin dieses Moralen fliegen wollen, ist gleichgültig; aber *daß* sie fliegen, muß betont werden; denn diese Form des ‚Über den Menschen hinweg‘ eignet auch ihnen, und formell besagt es nicht, ob man für das Ziel einen ‚Gott‘, ‚Engel‘, das ‚moralische Genie‘ ausgibt oder irgend ein anderes Symbol, wie hier den Übermenschen.[160]

---

[156] Georg Heym, Der Irre. In: Ders., Dichtungen und Schriften Bd. 2. Prosa und Dramen Hrsg. v. Karl Ludwig Schneider. Hamburg und München 1962, S. 19-34, S. 20.

[157] Rund um diese Motivierung, die Novelle zu ordnen und so die Verknüpfung von Ursache und Wirkung wiederherzustellen, scheint mir deswegen die innovative Ästhetik Heyms nicht zu berücksichtigen: S. Jörg Schönert, ‚Der Irre‘ von Georg Heym. Verbrechen und Wahnsinn in der Literatur des Expressionismus. In: Der Deutschunterricht, Jg. 1990, Nr. 2, S. 84-94.

[158] Heym, Der Irre, S. 23.

[159] Darauf macht schon aufmerksam: Gerhard Irle, Rausch und Wahnsinn bei Gottfried Benn und Georg Heym. Zum psychiatrischen Roman. In: Literatur und Schizophrenie. Hrsg. v. Winfried Kudszus, München und Tübingen 1977, S. 104-112, S. 106.

[160] Alfred Döblin, Zu Nietzsches Morallehre, S. 347.

Döblin erkennt also die metaphysische Tendenz in Nietzsches Konzept, die „[ü]ber den Menschen hinweg" geht und an der Stelle Gottes den Übermenschen etabliert. In Heyms Novelle wird genau diese Tendenz durch die Verknüpfung von pathologischem Delirium und Vogel-Metaphorik zunichte gemacht. Das Bild des Vogels deutet zwar auch hier auf einen Prozess, der „[ü]ber den Menschen hinweg" geht, dieser Prozess endet jedoch nicht in der Transzendenz, sondern im Amoklauf, der jede zivilisatorische Hemmung aufgibt. Die Selbstvergottung, die der Irre auf dem Höhepunkt seines Blut-rausches imaginiert, bündelt alle Willkürakte, die grundsätzlich möglich sind. Das Sub-jekt definiert sich selbst, seine Moral und seine Zeiterfahrung, ohne auf vorgegebene Kategorien Rücksicht zu nehmen. Einerseits zeichnet Heym in diesen Willkürakten das Konzept des Übermenschen nach, andererseits verbindet er es mit der mimetischen In-szenierung des Irrsinns. Dadurch verliert Nietzsches Vorstellung vom Übermenschen seine transzendentale Qualität und wird - gebunden an ein bestimmtes Individuum - zum innerweltlichen Amoklauf. Der Blutrausch, der hier als Auflösung des „vernünfti-gen" Ich und mit ihm verbundener Ordnungsmuster erscheint, steht so nicht nur im Kontext der bereits beschriebenen Rauschmotivik, sondern zeigt zudem den Menschen ohne jede Moral. Moralische Hemmungen gibt es für den Irren ebenso wenig wie ratio-nal begründete. Die mimetische Nachzeichnung des Rausches nimmt in Heyms Novel-le also auch den moralischen Aspekt in sich auf.

Mit der Auflösung von Moral und Rationalität ist der Versuch verknüpft, eine be-stimmte Struktur der Zeit zu inszenieren, die schon in Heyms Tagebucheintragung an-klang. Die Lehre Zarathustras bestand nach Heym darin, „sich weg[zu]wenden vom Augenblick und dem Übermenschen zu leben". In der Novelle zeigt sich die schon konstatierte Nähe des Irren zum Übermenschen darin, dass er sich vom Augenblick abwendet, um die Ewigkeit im Moment seines Todes zu imaginieren.

> Und während das Blut aus der Wunde schoß, war es ihm, als sänke er nun in die Tiefe, immer tiefer, leise wie eine Flaumfeder. Eine ewige Musik stieg von unten herauf und sein sterbendes Herz tat sich auf, zitternd in einer unermeßlichen Seligkeit.[161]

Der Verlust der „realistischen" Zeiterfahrung ist auch in Bezug auf die Erfahrung der eigenen Vergangenheit zu beobachten. Sie wird dadurch ausgelöscht, dass der Irre kein Gedächtnis mehr besitzt.[162] An diesem Punkt zeigt sich eine weitere Möglichkeit der Verknüpfung von (subjektiver) Zeitvorstellung und Moral, da Nietzsche die Entstehung der Moral von der „Anzüchtung" eines Gedächtnisses abhängig macht.[163] Erst durch das Gedächtnis kann die Kontinuität zwischen dem in der Vergangenheit Versproche-nen und in der Zukunft zu Haltenden gewährleistet werden. Der Gedächtnisverlust des Irren und der Verlust jeder moralischen Hemmung bedingen sich also gegenseitig. Der Verlust des Gedächtnisses wie die Imagination der Ewigkeit sind beschreibbar als die Auflösung der zeitlichen Dimension aus der Perspektive der Figur. Für den Irren ist die Zeitdimension entweder nicht vorhanden oder stillgestellt. Damit existiert auch in Heyms Novelle eine nicht realistische, nur ästhetisch formulierbare Zeitvorstellung. Ei-nerseits wird durch den Verlust des Gedächtnisses der subjektive Glaube an die Konti-nuität der verfließenden Zeit unterlaufen, andererseits erscheint durch die Imagination der stillgestellten Zeit der sie transzendierende Augenblick. Beide ästhetischen Figuren

---

[161] Heym, Der Irre, S. 34.
[162] S. dazu: Ebd, S. 27: „Sein Gedächtnis verlor sich". S. dazu auch III. Kap. I. Subjekt.
[163] Friedrich Nietzsche, Zur Genealogie der Moral. In: KSA 5, S. 292.

haben ihren Ausgangspunkt in Nietzsches Überlegungen, werden von Heym jedoch mit der mimetischen Nachzeichnung des Wahns verbunden und so nicht diskursiv beschrieben, sondern sprachlich-material inszeniert.

Teil dieser sprachlich-materialen Inszenierung ist auch die Verknüpfung der Zeiterfahrung des Irren mit der Syntax in der sprachlichen Konstruktion der Novelle. So wie der Irre - weder logische noch chronologische - zwischen Vergangenheit und Gegenwart herstellen kann, ist der Großteil der Sätze ohne verbindende (logische) Konjunktionen nebeneinander gestellt. Nur zum kleineren Teil sind sie über zeitliche Konjunktionen verknüpft. Dagegen nimmt die parataktische Verknüpfung meist über „und", gelegentlich über „oder" breiten Raum ein.[164] Die Parataxe garantiert, dass keine logische Unterordnung einzelner Satzteile statt findet, genauso wenig können moralische Urteile formuliert werden.[165] Die Reihung, die durch die Parataxe zustande kommt, produziert auch zeitlich keine eindeutige Ordnung: Es entsteht je nach Kontext sowohl der Eindruck eines zeitlichen Ablaufes wie von Simultanität. Die Parataxe bildet also die syntaktische Entsprechung zur logischen und chronologischen Desorientierung des Irren.

Auch der Anfang von Franz Jungs Novelle *Die Telepathen* - sie zeichnet die Paranoia ihrer Hauptfigur nach - ist durch diese syntaktische Verknüpfungsform gekennzeichnet.

Durch jede Bar in Mont Oliver zwängte sich der fatale Pfiff. Den ganzen Sonntag fuhr der Garrison Fellow von Eastend Pittsburg mit der Untergrund nach Mont Oliver hin und her, saß in der Bar einer Galizierin und auch in einer anderen und noch einer anderen Bar und dachte manchmal, daß er sich wiederum betrinken wird und wieder seine sieben Dollar Strafe zahlen muß. Aber überall saß der eine von den Seidels aus Tarnow, einen ganz spitzen Kopf mit einer Hakennase, runden kleinen Filzhut und sah in durchbohrend an. Und ging weg, wenn er, der Anton Groß, der Garrison Fellow, auf ihn zu wollte oder es sogar soweit war, daß man den Groß, der doch gar nichts getan hatte, hinauswarf. Es war eine weitverzweigte Gesellschaft, die ihre Netze um ihn gesponnen hatte.[166]

Parataktische Verbindungen oder zeitliche Konjunktionen dominieren die syntaktischen Verknüpfungen. Darüber hinaus deutet sich bereits der Ausbruch der Paranoia an, die den weiteren Fortgang der Handlung bestimmen wird. Wie in Heyms Novelle strukturiert der Wahnsinn die Erinnerung und führt außerdem zum Verlust der moralischen Hemmungen der Hauptfigur.

---

[164] Möglicherweise ein Effekt, der von Heyms intensiver Hölderlin-Lektüre mit verursacht wurde, s. dazu Kap. II.3 sowie zur Parataxe bei Hölderlin: Theodor W. Adorno, Parataxis. Zur späten Lyrik Hölderlins. In: Ders., Noten zur Literatur. Frankfurt/M. 1974, S. 447-491.

[165] S. dazu den Hinweis von Thomas Anz auf die *Poetik der Parataxe*, die den Expressionismus insgesamt bestimmt: Der Sturm ist da. Die Modernität des literarischen Expressionismus. In: R. Grimminger/J. Murasov/J. Stückrath (Hrsg.), Literarische Moderne. Europäische Literatur im 19. und 20. Jahrhundert. Reinbek b. Hamburg 1995, S. 257-283, S. 276.

[166] Franz Jung, Die Telepathen. Eine Novelle. In: Ders., Feinde Ringsum. Prosa und Aufsätze 1912 bis 1963, Werke 1/1, Hamburg 1981, S. 94-100, S. 94; in der Bearbeitung der Novelle, die 1920 unter dem Titel *Der Fall Groß* erschien, findet sich dann eine leichte erzähltechnische Glättung der Logik wie der Zeitdimension, dadurch dass „unlogische" Einwürfe an die Subjektivität des als „Ich" auftretenden Erzählers gebunden und vom zeitlich geordneten Erzählverlauf getrennt werden.

Die Nietzsche-Lektüre Jungs ist nicht so gut rekonstruierbar wie die Heyms, scheint sich aber um ähnliche Titel zu gruppieren: Die Rezeption von *Also sprach Zarathustra* und von dort ausgehend der moralkritischen Schriften sind noch am ehesten zu belegen.[167] Außerdem muss für die Jahre nach 1911 auch der Einfluss von Otto Groß und das Nietzsche-Bild, das er vermittelt, berücksichtigt werden. Groß, an dessen Lehren Jung - wie er selbst berichtet - zu dieser Zeit „glaubte",[168] sah in Nietzsche den Vorläufer Freuds.[169] Groß nimmt in seiner Nietzsche-Lektüre den Aspekt der darwinistischen Fundierung der Gesellschaft auf. Er steht damit - auch wenn er es etwas anders akzentuiert - in einer Reihe mit Döblin und Benn.

> Zu den Entdeckungen, die nie mehr verloren gehen, gehört die durch Nietzsche der Wissenschaft erschlossene Erkenntnis von einer pathogenen Einwirkung der Gesellschaft auf das Individuum. [...] er hat gezeigt, daß der in Rede stehende Konflikt zu einer Ausmerzung gerade der gesündesten und stärksten - mit den größten Expansionstendenzen begabten - Individuen durch die Repressalien von seiten der Allgemeinheit, zu einer negativen Selektion und damit zu einem Niedergang der Rasse, zu progressivem Zuwachs der hereditären Degeneration gelangen muß. Die andere Möglichkeit ist die der direkten Schädigung des einzelnen Individuums durch das psychische Trauma des Konfliktes.[170]

Dem Blick auf die Gesellschaft, die das Individuum unterdrückt, um es ihren Zielen gefügig zu machen, hat Jung in den Erzählerkommentaren in *Der Fall Gross* mehr Raum gegeben, in der Novelle *Die Telepathen* geht es dagegen besonders um „die direkte Schädigung des einzelnen Individuums". Der Blick des Protagonisten Anton Groß auf die Gesellschaft ist durch seine subjektive Paranoia gekennzeichnet, insofern triumphiert die Perspektive des Individuums über das gesellschaftlich definierte Allgemeine. Anders als bei Heyms Irrem produziert die Paranoia keinen Rausch, sondern - psychiatrisch korrekt - einen Bedeutungswahn, der kausallogisch organisiert ist. Diese Logik, die eben

---

[167] Jung berichtet in seiner Autobiographie, dass er bereits als Sekundaner Nietzsche gelesen bzw. mit dem damaligen „Nietzsche-Kult" in Berührung gekommen sei (Der Weg nach unten. Hamburg 2. Aufl. 1988, S. 15 f.), ergänzend zu dieser Aussage erscheint 1906 in seinem Tagebuch eine Notiz zu Nietzsche, die in ihrer Kryptik allerdings nur die generelle Beschäftigung mit ihm belegt: „Das Problem Nietzsche. Die letzte Konsequenz der Entartung. Das Christentum ist ihr Anfang. Daher die Feindschaft. Gleiche Rassen. Wo aber liegt die Kraft? Im Kosmos, im chaotischen Kosmos." (zit. nach: Leben und Schriften des Franz Jung. Eine Chronik. In: Der Torpedokäfer. Hommage à Franz Jung. Hrsg. v. Lutz Schulenburg. Hamburg 1988, S. 133-186, S. 137.) Die Äußerung bezieht sich in ihrem letzten Teil möglicherweise auf den berühmten Satz aus *Also sprach Zarathustra*: „Ich sage euch: man muss noch Chaos in sich haben, um einen tanzenden Stern zu gebären." (KSA 4, S. 19.) Der Beginn passt eher zur *Genealogie der Moral* oder zu *Der Wille zur Macht*. Für die (bereits stattgefundene) Lektüre von „Die Genealogie der Moral" spricht ein weitere Notiz im *Spandauer Tagebuch* (Supplement Band zur Werkausgabe, Hamburg 1984, S. 9), in dem sich auch ausführliche Notizen zur (Re-)Lektüre von *Also sprach Zarathustra* finden (Ebd., S. 23-66).

[168] Franz Jung, Der Weg nach unten, S. 85.

[169] Otto Groß, Zur Überwindung der kulturellen Krise. In: Die Aktion Jg. 1913, Sp. 384-387, Sp. 384, sowie Ders., Die Einwirkung der Allgemeinheit auf das Individuum. In: Die Aktion Jg. 1913, Sp. 1091-1095, Sp. 1091; zu Groß und Jung schon: Thomas Anz, Literatur der Existenz. Literarische Psychopathographie und ihre soziale Bedeutung im Frühexpressionismus. Stuttgart 1974, S. 119-121; zu Groß: Emanuel Hurwitz, Otto Gross. Paradies-Sucher zwischen Freud und Jung. Frankfurt/M. 1988; Christina Jung/Thomas Anz: Der Fall Otto Gross. Eine Pressekampagne deutscher Intellektueller im Winter 1913/14. Marburg/L. 2002.

[170] Otto Groß, Die Einwirkung der Allgemeinheit auf das Individuum, Sp. 1091.

auch konventionell „richtig" sein kann, macht es an einigen Stellen unmöglich, zwischen Groß' Einbildung und der Darstellung der fiktiven Realität zu unterscheiden.

Die Unterscheidung zwischen der Wahrnehmung, die der Figur zuzuordnen ist, und der „objektiven" Realität wird zu einer „Reihenfolge von Zuständen" eingeebnet, die wie in Döblins Erzählungen und analog zu Nietzsches Argumentation nicht mehr mit einem Täter oder einer Ursache zu verbinden sind. Die Aufhebung der Differenz zwischen subjektiver Wahrnehmung und objektiver Realität wird durch die Inszenierung eines neuen Unterschiedes produziert: Parallel zu den zwei Bereichen der Zeit, die Heyms Text kennzeichnen, arbeitet Jungs Text mit zwei Vorstellungen von Kausalität, mit der pathologischen und mit einer (vom Leser) als gesund oder zumindest als üblich vorausgesetzten. Die Erwartung von konventioneller Logik bestimmt zunächst die Lektüre des Anfangs, hier bewegt sich der paranoische Bedeutungswahn noch weitgehend innerhalb der als möglich akzeptierten Kausalität. Indem der Text diese Kausalität nachahmt, treibt er die pathologisch bestimmte Logik, den Deutungswahn der Paranoia, aus der konventionellen Vorstellung von Kausalität heraus. Durch diese mimetische Verfahrensweise wird dann gleichzeitig deutlich, wie künstlich die konventionelle Logik ist, die zudem allgemein als der Realität angemessen oder - in der Literatur - als die Wirklichkeit realistisch abbildend angesehen wird. Wendet man sie nur radikal genug an, dann entsteht der Bedeutungswahn der Paranoia.

> Er bekam einen Schuß in den Kopf [...]. Er blieb stumm. Er kauerte am Boden. Rote Brüste wogten. Dann fiel alles über ihn zusammen. Er wollte noch etwas schreien. Er erinnerte sich dann, daß er auf dem Seziertisch lag. Ein kleiner weißhaariger Mann zitterte um ihn herum. Er hörte auf sich einsprechen. Ich habe nicht zu gestehen, fühlte er dumpf. Er erinnerte sich, diesen Greis in Philadelphia als Barkeeper stämmig und aufgedunsen gesehen zu haben. Er gab keine Antwort. Er erbot sich, zwei Wochen später der Breslauer Polizei eine aufklärende Darstellung zu geben. Das war im Januar 1912.[171]

Auch dieser Abschnitt, der letzte, in dem Anton Groß als Subjekt eines Satzes auftaucht, bietet eine Reihung von Tätigkeiten und Vorfällen. Sie kann aber weder kausal - hat der Schuss in den Kopf nicht zum Tod von Groß geführt? Wenn er nicht tot ist, was macht er auf dem Seziertisch? -, noch zeitlich - von welchem zeitlichen Punkt aus erinnert sich Groß an den Seziertisch? - geordnet werden. Die einzige eindeutige Aussage zurzeit ist der letzte Satz des Zitats, der aber als reine Nennung der Zeitspanne die Konfusion der erzählten Handlung jedoch behebt.

Der dadurch entstehende Eindruck ist der einer Zeitfläche, die zudem als Gewebe imaginiert wird: Der Zeitpunkt, an dem bestimmte Vorgänge stattfinden, ist nicht anhand des chronologischen, „roten" Fadens situierbar. An der Stelle der eindimensionalen zeitlichen Ordnung erscheint ein Zeitgewebe, das ein Gegenmodell zur heroischen Präsenz des intensiv erlebten Augenblicks darstellt und das sich im Gegensatz zur Erfahrung der heroischen Präsenz nicht auf Nietzsche berufen kann. Die Inszenierung des Zeitgewebes ist in Jungs Novelle vielmehr an die Paranoia gebunden, deren Wahnvorstellung, in „Netzen" gefangen zu sein, auch die Darstellung der Zeitdimension tangiert und zur mimetischen, auf die Zeitvorstellung bezogenen Nachzeichnung dieses Netzes führt. Deswegen ist die Inszenierung des Zeitgewebes abhängig von psychiatrischem und psychoanalytischem Wissen, das diese moderne Verknüpfung von Subjekt und Zeit erst möglich macht. Andererseits kann die Konstruktion eines Zeitgewebes als

---

[171] Franz Jung, Die Telepathen, S. 99.

eine weitere ästhetische Figur im Bereich der Zeit verstanden werden: Sie geht von E-
lementen der konventionellen Zeitvorstellung aus, benutzt Zeitangaben und Zeiträume,
verknüpft sie aber nicht auf einer linearen Zeitachse.

Eine Vorstellung von Zeit, die diese ebenfalls als Fläche imaginiert, findet sich
auch in Musils Novelle *Die Vollendung der Liebe*. Dort wird sie im Unterschied zu Jungs
Variante jedoch ohne Bezug zu einer Wahnvorstellung konstruiert.

> […] die Zeit, die wie ein endlos glitzernder Faden durch die Welt läuft, schien mitten
> durch dieses Zimmer zu gehen und schien mitten durch diese Menschen zu gehen und
> schien plötzlich einzuhalten und steif zu werden, ganz steif und still und glitzernd, …
> und die Gegenstände rückten ein wenig aneinander. Es war jenes Stillstehen und dann
> leise Senken, wie wenn sich plötzlich Flächen ordnen und ein Kristall sich bildet … Um
> diese beiden Menschen, durch die seine Mitte lief und die sich mit einemmal durch dieses
> Atemhalten und Wölben und Um-sie-lehnen wie durch Tausende spiegelnder Flächen
> ansahen und wieder so ansahen, als ob sie einander zum erstenmal erblickten … .[172]

In Musils Novelle wechselt die Metaphorik, durch die die Zeit charakterisiert wird, vom
„Faden" zur Anordnung von „Flächen". Auch das ästhetische Verfahren entspricht
dieser Metaphorik: So führt Musils Inszenierung des „Gefühlszusammenhangs"[173] zu
einer sich dem chronologischen Handlungsverlauf widersetzenden Struktur der Novelle.

Die Darstellung des Gefühlszusammenhangs, die aus einem Ehebruch die *Vollendung der Liebe* zu dem betrogenen Ehemann werden lässt, ist ohne Bezug zu Nietzsches
Moralphilosophie nicht denkbar. Die „Umwertung der Werte" lässt die gesellschaftlich
etablierten Moralvorstellungen zweifelhaft erscheinen. Im Gegensatz zu Döblin, Heym
und Jung wählt Musil jedoch kein extremes Beispiel ihrer Überschreitung, sondern den
Ehebruch, der innerhalb von psychischer Normalität und innerhalb des gesellschaftlichen Kontextes stattfindet. Die Inszenierung der Gefühle, die Claudines Ehebruch begleiten, folgt aber genau wie die vorherigen Texte einer nicht linearen Zeitvorstellung
und einer nicht kausalen Logik. Dabei ist das sprachliche Verfahren, mit dem Musil
Chronologie und Kausalität umgeht, ein radikal anderes als das der bereits besprochenen Beispiele.

Schon bei Nietzsche hängen Moral und Gedächtnis zusammen. Das moralische
Problem der ehelichen Treue, das in der *Vollendung der Liebe* verhandelt wird, ist für diese Verknüpfung beispielhaft, weil Treue an die Fähigkeit des Menschen, ein Versprechen zu geben und es auch als solches im Gedächtnis zu behalten, gebunden ist. Die
geltende Moral etabliert also über die Instanz des Gedächtnisses auch ein bestimmtes
Zeitverhältnis, nämlich eine Beziehung zur Vergangenheit, die durch Kontinuität geprägt sein sollte. Dieses Zeitverhältnis gerät ins Wanken, wenn die moralische Norm
verletzt wird. Darüber hinaus stellt Nietzsche in den Abhandlungen *Zur Genealogie der*

---

[172] Robert Musil, Die Vollendung der Liebe. In: Ders., Gesammelte Werke Bd. II. Hrsg. v. Adolf
Frisé. Hamburg 1978, S. 156-194, S. 157; Punkte v. Musil.

[173] Ebd., S. 185; Musil bezeichnet die Konstruktion des Gefühlszusammenhang als Aufgabe des
Künstlers im Gegensatz zur Herstellung des „objektiven" Zusammenhangs durch den Wissenschaftler:
S. Das Unanständige und das Kranke in der Kunst. In: Ders., Gesammelte Werke II, S. 977-983, S.
981.

Moral den Zusammenhang von Sprache und Moral sowie von Kausalität und Moral her.[174]

> Ein Psychologe nämlich hat heute darin, wenn irgend worin, seinen guten **Geschmack** (-Andre mögen sagen: seine Rechtschaffenheit), dass er der schändlich **vermoralisierten** Sprechweise widerstrebt, mit der nachgerade alles moderne Urtheilen über Mensch und Ding angeschleimt ist.[175]

Auch der Gefühlszusammenhang, an dem Musil interessiert ist, kann nur geschildert werden, wenn man die Sprache, soweit sie über Menschen und Dinge urteilt, von jeder Moral befreit. Nietzsches radikale Kritik am sprachlichen Beurteilen ist möglicherweise einer der Gründe für Musils häufige Verwendung des Vergleiches, der in der Balance zwischen den beiden miteinander verglichenen Elementen keine Entscheidung für eine der beiden Seiten treffen muss.

Nietzsche diagnostiziert als Ursache für das Festhalten an moralischen Urteilen die Identifizierung mit einer bestimmten Interpretation, die religiös definiert ist. Er koppelt das moralische Urteil mit einer geordneten Zeitvorstellung und mit subjektiv als sinnvoll erfahrener Kausalität:

> Die ‚Sünde‘ […] ist bisher das grösste Ereigniss in der Geschichte der kranken Seele gewesen: in ihr haben wir das gefährlichste und verhängnissvollste Kunststück der religiösen Interpretation. Der Mensch, an sich selbst leidend, […] begehrlich nach Gründen - Gründe erleichtern -, begehrlich auch nach Mitteln und Narkosen, beräth sich endlich mit Einem, der auch das Verborgene weiss - und siehe da! er bekommt einen Wink, er bekommt von seinem Zauberer, dem asketischen Priester, den **ersten** Wink über die ‚Ursache‘ seines Leidens: er soll sie in **sich** suchen, in einer **Schuld**, in einem Stück Vergangenheit, er soll sein Leiden selbst als einen **Strafzustand** verstehn … [176]

Die religiös-moralische Interpretation bindet Zeitvorstellung und Kausalität über die Schuldzuweisung an das „sündige" Individuum. Der Priester bietet dem Gläubigen seine Vergangenheit als kausal geordnete an; zwar ist es eine „Leidens-Causalität"[177], die er herstellt, doch liefert er zumindest einen Zusammenhang, der dem Individuum sein Leiden erklärt und damit seinem Leben einen Sinn gibt.

Nietzsche versucht in dieser dritten Abhandlung in der „Genealogie der Moral", die Frage zu beantworten: „Was bedeuten asketische Ideale?" Dabei wendet er das Verfahren an, das er in der zweiten „Unzeitgemässen Betrachtung" als Technik der moder-

---

[174] *Zur Genealogie der Moral* hat Musil nachweisbar gekannt: Robert Musil, Tagebücher, 2 Bde. Hrsg. v. Adolf Frisé. Neu durchgesehene u. ergänzte Aufl., Reinbek bei Hamburg 1983, Bd. I, S. 24 f.; zu Musils Nietzsche-Lektüre: Ingo Seidler, Das Nietzschebild Robert Musils. In: Nietzsche und die deutsche Literatur. Hrsg. v. Bruno Hillebrand, S. 160-185; für weitere Nachweise: Charlotte Dresler-Brumme, Nietzsches Philosophie in Musils Roman *Der Mann ohne Eigenschaften*. Eine vergleichende Betrachtung als Beitrag zum Verständnis. Frankfurt/M. 1987; Theo Meyer, Nietzsche und die Kunst, S. 413-431; alle drei Arbeiten beschäftigen sich ebenso wie die Musil-Forschung insgesamt bei der Darstellung der Wirkung von Nietzsche auf Musils Werk ausschließlich mit dem *Mann ohne Eigenschaften*. Für die „Vereinigungen" existiert kein ausführlicher Versuch, Nietzsches Moralphilosophie mit den Novellen in Verbindung zu bringen, Hinweise gibt: Monika Schmitz-Emanz, Das Doppelleben der Wörter. Zur Sprachreflexion in Robert Musils „Vereinigungen". In: Hans-Georg Pott (Hrsg.), Robert Musil. Dichter, Essayist, Wissenschaftler. München 1993, S. 70-125.
[175] Friedrich Nietzsche, Zur Genealogie der Moral, S. 385.
[176] Ebd., S. 389; Punkte v. Nietzsche.
[177] Ebd., S. 390.

nen historischen Wissenschaft entworfen hat.[178] So wie er dort verlangt, dass das Wissen seinen Stachel gegen sich selbst kehren soll, so soll nun die Moral selbstreflexiv werden; auch das Individuum soll aus der Betäubung durch die asketischen Ideale aufwachen und diese als religiöse Interpretation erkennen, die es zur Stützung seiner Identität benutzt. Moral- und Selbstreflexion würden dann zur Auflösung der Bindung an die Vergangenheit und an die „Leidens-Causalität" führen.

Musils ästhetisches Projekt lässt sich an Nietzsches philosophische Moralkritik anschließen: In Musils Novelle *Die Vollendung der Liebe* scheint der Verlust abgesicherter Moralvorstellungen eine akzeptierte Tatsache zu sein. Im Nachzeichnen dieses Verlustes zeigen sich aber Auswirkungen für das Subjekt und seine individuelle Geschichte.

> Der große, durch die Jahre geflochtene Gefühlszusammenhang ihres Daseins wurde dahinter in der Ferne einen Augenblick lang kahl für sich bemerkbar, fast wertlos. Sie dachte, man gräbt eine Linie ein, irgendeine bloß zusammenhängende Linie, um sich an sich selbst zwischen dem stumm davonragenden Dastehn der Dinge zu halten; das ist unser Leben [...].[179]

Claudines Reflexion kreist um die bereits vollzogene Trennung von - bei Nietzsche durch den asketischen Priester - abgesicherten Sinn- und Wertsetzungen. Da ihre Relativität durchschaut ist, lässt sich die eigene Vergangenheit nicht mehr sinnvoll ordnen. Die Reflexion des eigenen Lebens führt also zur Erkenntnis der Willkürlichkeit jedes Zusammenhangs. Das Leben als kontinuierliche Lebensgeschichte zu betrachten, erscheint als Illusion, die bestenfalls einen psychologischen Wert hat, weil das Subjekt sein Leben ohne die Konstruktion von Kontinuität nicht aushält.

Darüber hinaus erweitert die Verknüpfung von Moral und Sprache das Problem der Konstruktion von logischen und chronologischen Zusammenhängen um einen weiteren Aspekt, weil durch diese Kopplung die Reflexion von nur sprachlich hergestellten Zusammenhängen schon innerhalb des Bewusstseins der Figuren auftaucht. So vergleicht Claudine nach ihrer Überlegung zur willkürlich konstruierten Lebensgeschichte das sinnlose Vorsichhinsprechen von Worten mit der Vorstellung vom eigenen Leben:

> [...] und das ist unser Leben; etwas wie wenn man ohne Aufhören spricht und sich vortäuscht, daß jedes Wort zum vorherigen gehört und das nächste fordert, weil man fürchtet, im Augenblick des abreißenden Schweigens irgendwie unvorstellbar zu taumeln und von der Stille aufgelöst zu werden; aber es ist nur Angst, nur Schwäche vor der schrecklich auseinanderklaffenden Zufälligkeit alles dessen, was man tut ... .[180]

In letzter Konsequenz führt die Auflösung aller Ordnungsmuster - von moralischen Urteilen, der zeitlichen Chronologie und den logischen Strukturen - auch zum Verlust der sprachlichen Bedeutung. Als einzigen subjektiven Halt kann Claudine dann nur noch das unaufhörliche Sprechen imaginieren: Es bietet wenigstens noch eine Kontinuität, wenn alle anderen Sicherheiten auch schon in der „auseinanderklaffenden Zufälligkeit" verschwunden sind. Die Inszenierung von Claudines Reflexion zeigt aber auch das ästhetische Verfahren, das einen anderen Umgang mit der Konstruktion von subjektiv bedeutsamen oder zeitlichen Zusammenhängen vorführt. Wenn weder subjektive noch objektive zeitliche Einordnungen vergangener Erlebnisse mehr verbindlich sind, kön-

---

178 Nietzsche, Vom Nutzen und Nachtheil der Historie für das Leben. In: KSA I, S. 306.
179 Musil, Die Vollendung der Liebe, S. 185.
180 Ebd.; Punkte v. Musil.

nen ästhetische Figuren und hypothetische Zusammenhänge entworfen werden. Einerseits lässt nämlich der Vergleich, der das zusammenhanglose Leben und die bedeutungslose Sprache verbindet, diese Verknüpfung gleichzeitig in der Schwebe, weil er schließlich nur eine Möglichkeit formuliert. Andererseits wird Claudines Lebensgeschichte durch die Vielzahl von Interpretations- und Formulierungsmöglichkeiten zu einem allein ästhetisch zu verwirklichenden Projekt.

Innerhalb der nur noch hypothetisch darstellbaren Lebensgeschichte entwickelt sich eine Bewegung, die sie mit und gegen Vorstellungen von Kausalität, Chronologie und Moral ordnet.

> Aber während sie damals nur das Zerfallende begriff, den unaufhörlich bewegten Hintergrund unverwirklichter Gefühlsschatten, vor dem jede Kraft sich aneinander zu halten abglitt, die Entwertung, das Unbeweisbare, vom Verstand nicht zu Fassende des eigenen Lebens, und fast weinte, verwirrt und ermüdet von der Verschlossenheit, in die sie eintrat,- hatte sie jetzt, in dem Augenblick, wo es ihr wieder einfiel, was an Vereinigung darin war bis zu Ende erlitten, in dieser durchscheinend, schimmernd dünnen Verletzlichkeit der lebensnotwendigen Einbildungen: das traumdunkelenge Nur durch den Andern sein, das Inseleinsame des Nichterwachendürfens, dieses wie zwischen zwei Spiegeln Gleitende der Liebe, hinter denen man das Nichts weiß, und sie fühlte hier in diesem Zimmer […] das wunderbare, gefahrvolle, steigende Wesen der Lüge und des Betrugs in der Liebe,- heimlich aus sich heraustreten, ins nicht mehr dem andern Erreichbare, ins Gemiedene, in die Auflösung des Alleinseins, um der großen Wahrhaftigkeit willen in die Leere die zuweilen, einen Augenblick lang, sich hinter den Idealen auftut.[181]

Weder moralische Vokabeln, noch chronologische und logische Elemente sind sprachlich vollständig zu umgehen. Musil kehrt also - wenn auch mit der konventionellen Wertung entgegengesetzten Moralvorstellung - zurück zu moralischen Vokabeln: „das wunderbare, gefahrvolle, steigende Wesen der Lüge und des Betrugs in der Liebe" wird Claudine bewusst. Die Loslösung von der „vermoralisierten Sprechweise" kann also nur punktuell gelingen, weil die Moral sich in sprachlichen Bedeutungen abgelagert hat. Genauso wenig lassen sich die Konventionen chronologischen und logischen Sprechens ganz vermeiden: Auch sie sind in den sprachlichen Ausdrucksformen mitenthalten. Dennoch können alle drei Elemente so eingesetzt werden, dass sie sich gleichzeitig dementieren.

Das Unterlaufen der Kausalität ist ebenso wie bei den vorherigen Beispielen an die Imagination des Subjekts gebunden, das im Mittelpunkt der Erzählung steht. Während die nicht kausalen Abläufe bei Döblin, Heym und Jung aber zu einer Reihung der Ereignisse führen, ist Musils Text geprägt von gegeneinander gesetzten Widersprüchen, die keinerlei zeitlichen Ablauf sichtbar werden lassen. Diese innersubjektiven Gegensätze lassen „das Zerfallende" kippen in die „Vereinigung", die Vereinigung in die Einsamkeit und die Einsamkeit in die Liebe. Eine ähnliche Überlegung zu den Bedeutungen von Gegensätzen für den „modernen Menschen" findet sich schon bei Nietzsche:

> Die Unschuld zwischen Gegensätzen, dies „gute Gewissen" in der Lüge ist viel mehr modern par excellence, man definirt beinahe damit die Modernität. Der moderne Mensch

---

[181] Ebd., S. 188.

stellt, biologisch, einen Widerspruch der Werthe dar, er sitzt zwischen zwei Stühlen, er sagt in einem Athem Ja und Nein.[182]

Musil hat diese gekürzte Passage aus Nietzsches Abhandlung *Der Fall Wagner* in seine Tagebücher aufgenommen. Nietzsche benennt in der widersprüchlichen Haltung des modernen Menschen zur Moral eine ähnliche Unentschiedenheit, wie sie Musil Claudine zuschreibt. Indem Musil die Widersprüchlichkeit nachzeichnet, entsteht aber die nicht kausale und nicht chronologische Bewegung des Textes. Die moralische Ambivalenz des modernen Menschen strukturiert also den literarischen Text. Nietzsches statische Vorstellung - der moderne Mensch sitzt zwischen zwei Stühlen - wird durch das erzählerische Verfahren zu einem Hin- und Herwechseln zwischen den Gegensätzen. Musil fasst diese Dynamik programmatisch als Lebendigkeit, die sich über moralische Widersprüche hinwegsetzt.

> Widersprechendes kann nicht wahr, widersprechendes kann aber lebendig sein. Wir haben die Lebenswidersprüche in uns. Gegensatz zu Nietzsche, der darin eine décadence sah [...].[183]

Der Widersprüchlichkeit des modernen Subjekts ist demnach mit erzählerischer Kausalität nicht beizukommen. So kann eine Erzählung nicht nur *Die Vollendung der Liebe* heißen und vom Ehebruch handeln, die Hauptperson kann dazu noch den körperlichen Ehebruch als geistige Vereinigung mit ihrem Ehemann ansehen, ohne dass dem Leser ihre moralische Verurteilung nahe gelegt wird. Die mimetische Annäherung an moralische Gegensätze innerhalb des Subjekts führt aber nicht nur zum Verlust eines festen moralischen Standortes, sondern auch im Wechsel zwischen den moralischen Gegensätzen zum Fortgang der Novelle. Der moralischen Standortunsicherheit entspricht die Inszenierung zeitlicher Strukturen: Claudine hat kein eindeutiges Verhältnis zur Zeit. Weder kann sie ihre Vergangenheit als Teil eines linearen Zusammenhangs sehen, noch hat sie eine feste Vorstellung davon, was ihre Vergangenheit eigentlich ausmacht. Ihre Vergangenheit wie ihre Gegenwart sind geprägt von „lebensnotwendigen Einbildungen", die den Blick auf eine eigentliche oder wahre Vergangenheit unmöglich machen. In der jeweiligen Gegenwart, die bestimmte „Einbildungen", also Interpretationen der eigenen Position, verlangt, wird dann auch die Vergangenheit passend eingefärbt.

> Aber während sie damals nur das Zerfallende begriff [...] hatte sie jetzt, in dem Augenblick, wo es ihr wieder einfiel, was an Vereinigung darin war bis zu Ende erlitten [...].

Hinter diesen sich ändernden Vorstellungen der eigenen Geschichte öffnet sich die Leere, das heißt, es gibt jenseits der „lebensnotwendigen Einbildungen" keine objektiv feststellbare Vergangenheit. Die einzige erreichbare Wahrhaftigkeit ist die Erkenntnis der „Leere, die sich zuweilen, einen Augenblick lang, hinter den Idealen auftut".

Wenn im Bewusstsein des fiktiven Subjekts, aber auch im Urteil des Erzählers, keine eindeutige Perspektive auf die Vergangenheit oder auf die Moral mehr entworfen wird, dann kann es nur die Aufgabe der Darstellung sein, diese Uneindeutigkeit möglichst genau wiederzugeben und die „Lebendigkeit" der Bewegung zwischen den Positionen nachzuzeichnen. Musils spätere und noch zu erörternde Antwort auf dieses

---

[182] Musil, Tagebücher Bd. I, S. 29; zitiert gekürzt Friedrich Nietzsche, Der Fall Wagner. In: KSA 6, S. 9-53, S. 52; Hinweis in: Musil, Tagebücher Bd. II, S. 25.
[183] Musil, Motive - Überlegungen. In: Gesammelte Werke Bd. II, S. 867-913, S. 901.

Problem ist seine Form der Ironie im *Mann ohne Eigenschaften*. In der Novelle *Die Vollendung der Liebe* übernimmt der Vergleich die Funktion, die Aussagen, auf denen sprachliche Setzungen nun einmal beruhen, so in der Balance zu halten, dass keine Eindeutigkeit zustande kommt.

> … die Zeit, die wie ein endlos glitzernder Faden durch die Welt läuft, schien mitten durch dieses Zimmer zu gehen und schien mitten durch diese Menschen zu gehen und schien plötzlich einzuhalten und steif zu werden, ganz steif und still und glitzernd […]. Es war jenes Stillstehen und dann leise Senken, wie wenn sich plötzlich Flächen ordnen und ein Kristall sich bildet … [184]

Auch die ästhetische Figur der flächigen Zeitvorstellung wird wie die konventionelle Vorstellung von der Zeit als linear verlaufender „Faden" im sprachlichen Vergleich formuliert. Dadurch ist weder das eine noch das andere Bild als endgültiges Konzept von Zeit zu verstehen. Beide Vorstellungen werden dagegen als imaginäre Konstruktion erkennbar. Was Zeit tatsächlich ist, kann nicht erfasst werden, darstellbar sind nur die „lebensnotwendigen Einbildungen" von Zeit und die ästhetischen Figuren, mit denen Entwürfe von Zeitvorstellungen nachgezeichnet werden können.

Musils Antwort auf das Fragwürdigwerden von Kausalitäts- und Zeitvorstellungen stellt sicher eine der radikalsten Möglichkeiten dar, mit dieser Herausforderung ästhetisch umzugehen. Seine hypothetischen Entwürfe - die Textbewegung über die moralischen Widersprüche hinweg, die ästhetische Figur der Zeitfläche - führen allerdings auch zur weitgehenden Auflösung der kohärenten Erzählstruktur. In dieser Hinsicht ist Musils Novelle nur noch mit Einsteins *Bebuquin* und mit einzelnen Passagen in Benns Rönne-Novellen zu vergleichen. Durch den Verlust verbindlicher Zeit- und Kausalitätskonzepte wird aber nicht nur die Kohärenz des Erzählens in Mitleidenschaft gezogen, sondern auch die Möglichkeit einer homogenen Antwort auf die Auflösung dieser Kategorien. Zwar haben alle hier behandelten Autoren mit und gegen Nietzsches Konzeptionen das traditionelle Zeit- und Kausalitätsverständnis umformuliert, die einzelnen Texte zeigen jedoch keinen für alle geltenden neuen, modernen Entwurf, der die nicht mehr als gültig akzeptierten Ordnungsmuster ersetzen könnte. Vielmehr lassen sich Übereinstimmungen nur bei einzelnen ästhetischen Figuren - beim Wunder, beim Rausch, beim Wahn und bei der Zeitfläche - ausmachen. Die Kategorie Zeit und Kausalität werden als generelle Konzepte nicht wieder neu definiert, sondern zerfallen in die einzelnen, nur ästhetisch formulierbaren Figuren.

II. Der Symbolismus und die ästhetischen Figuren der Sprache

Ähnlich wie Nietzsches Erkenntniskritik bildet das Sprachverständnis und die Metaphorik des Symbolismus einen Ausgangspunkt für die ästhetischen Verfahren der modernen Literatur um 1910. Auch bei der Analyse des *Bebuquin* von Carl Einstein ist deutlich geworden, dass dort eine neue Form der Bildlichkeit mit Hilfe von symbolistischen Konzepten entworfen wird. Die Verarbeitung des Symbolismus ist aber nicht nur in Einsteins Texten deutlich erkennbar, sondern lässt sich bezogen auf Sprachverständnis und Bildlichkeit bei allen hier besprochenen Autoren beobachten. „Sie [die jungen

---

[184] Musil, Die Vollendung der Liebe, S. 157; Punkte v. Musil.

Leute von heute, S. K.] wissen wohl auch kaum noch etwas von dem, was hinter uns stand, auch hinter Ihrer Prosa, sie wissen nichts mehr von Heinrich Mann, d'Annunzio, Oscar Wilde, Huysmans, Maeterlinck - aller diese, die uns beeinflußten, uns banden, aber die wir auch überwinden mußten, um zu uns selber zu gelangen."[185] Gottfried Benn weist in seinem Rückblick, gerichtet an Kasimir Edschmid, nachdrücklich auf die Bedeutung des Symbolismus für die sprachlichen Innovationen der nachfolgenden Autorengeneration hin. Die Rezeption der Autoren des Fin de Siècle, der Dekadenz, des Symbolismus liefert also das zweite Element, das um 1910 in deutschsprachiger Prosa aufgenommen und umformuliert wird.

Das Literaturkonzept des Symbolismus bietet für die Autoren zu diesem Zeitpunkt eine Möglichkeit, sich von bestimmten Tendenzen der literarischen Tradition abzusetzen. So wie die Vorliebe moderner Autoren für die Romantik immer auch einen anti-klassizistischen Affekt enthält, so ist das Votum für die von Benn genannten Schriftsteller gleichzeitig ein Votum gegen den „flachen" Naturalismus des späten 19. Jahrhunderts. In diesem Sinn schreibt Benn zu Heinrich Manns 60. Geburtstag:

> Die deutsche Dichtung sah in ihrem letzten Jahrhundert seinesgleichen nicht. Vielleicht Ähnliches an Eruptivität großen Stoffs bei Kleist, Penthesilea; an dunklen tragischen Träumen bei Hebbel, aber dann kam der Naturalismus.[186]

Die Gegnerschaft zum Naturalismus macht es also möglich, so unterschiedliche Autoren wie die oben genannten als eine Einheit zu sehen. Darüber hinaus ist ihnen ein Sprachkonzept gemeinsam, dass sie für die Autoren der nachfolgenden Generation interessant macht. Erstmals gewinnt die Sprache jenseits der realistischen Abbildung von Wirklichkeit eine größere Selbständigkeit gegenüber dem, was sie bezeichnet.

Die Selbständigkeit der künstlerischen Sprache entsteht im Symbolismus einerseits dadurch, dass die alltägliche, kommunikative Funktion der Sprache als banal und als der Kunst nicht angemessen betrachtet wird. Durch die Entwicklung einer Bildlichkeit, die diskursiv nicht mehr aufzulösen ist, kann dieser Banalität ausgewichen werden. Andererseits kann der Versuch, einen eigenen Bereich für die künstlerische Sprache zu finden und sie so von äußeren Einflüssen abzugrenzen, auch als Reaktion auf den Verlust von logischen und chronologischen Ordnungsmustern gelesen werden. Durch diese Interpretationsmöglichkeit entsteht für die Autoren, welche versuchen, eine dezidiert moderne Poetik zu entwerfen, ein Zusammenhang zwischen dem Sprachverständnis der Symbolisten und Nietzsches Erkenntniskritik.

> Womit kennzeichnet sich jede literarische décadence *Vereinigungen?* Damit, daß das Leben nicht mehr im Ganzen wohnt. Das Wort wird souverain und springt aus dem Satz hinaus, der Satz greift über und verdunkelt den Sinn der Seite, die Seite gewinnt Leben auf Unkosten des Ganzen,- das Ganze ist kein Ganzes mehr.[187]

Musils Tagebucheintragung ist die Abschrift eines Abschnittes aus *Der Fall Wagner* von Nietzsche. Für das Bewusstsein der Autoren sind Nietzsches Überlegungen also möglicherweise mit der im engeren Sinne ästhetischen Innovation der „Dekadenz"-Kunst

---

[185] Gottfried Benn, In der Stunde der Dämmerung. Kasimir Edschmid zum 65. Geburtstag. In: Szenen und Schriften, S. 317-318, S. 317.

[186] Benn, Heinrich Mann. Zu seinem 60. Geburtstage. In: EuR, S. 155-163, S. 157.

[187] Robert Musil, Tagebücher, Bd. I, S. 28; aus: Nietzsche, Der Fall Wagner. In: KSA 6, S. 9-53, S. 27; Hinweis in: Musil, Tagebücher, Bd. II, S. 24.

verbunden. Nietzsches Erkenntniskritik, die Denkformen attackiert, lässt Sinnsysteme als künstlich konstruierte erscheinen und macht damit im Grunde die Wirkung des Ästhetizismus erst möglich. Wenn Sinnsysteme fragwürdig werden, wird deren sprachliche Konstruktion erst sichtbar - „[d]as Wort wird souverain" -, deren Elemente jedoch werden frei verfügbar, weil sie nicht mehr im „Ganzen" aufgehoben sind.

Zudem bietet Musils spätere Ergänzung dieses Eintrags, in der er seinen Novellenband „Vereinigungen" von 1911 versuchsweise in den Kontext der „Dekadenz"-Literatur einordnet, einen Anhaltspunkt für die Perspektive, unter der symbolistische Literatur wahrgenommen wurde: Für Musil scheint sie geprägt vom Verlust homogener kultureller Kategorien zu sein.[188] Dieser Blick auf den Symbolismus - er ist auch für andere Autoren kennzeichnend - führt zu zwei Schwerpunkten der Rezeption. Einerseits werden dadurch innerhalb der symbolistischen Literatur Konzepte interessant, die versuchen, der Fragmentarisierung kultureller Kategorien und Wahrnehmungsmuster die Vorstellung einer höheren, rein künstlerischen Wirklichkeit entgegenzusetzen. Deswegen rücken die Romane von Joris K. Huysmans und Maurice Maeterlincks Essays und Stücke in den Mittelpunkt der Aufmerksamkeit. Sie antworteten auf den Naturalismus und auf den Zerfall einer ganzheitlichen Kulturvorstellung mit der Proklamation des „mystischen Naturalismus" oder „Übernaturalismus"[189].

Die zweite Perspektive sieht in symbolistischer Literatur vor allem eine Möglichkeit, die subjektive, sinnliche Wahrnehmung, welche die Abbildung der „objektiven" Wirklichkeit verhindert, zu betonen.[190] Sie interpretiert symbolistische Literatur schon als eine Reaktion auf den Verlust der Sinngebung, als Literatur, die also auch ihre eigenen ästhetischen Positionen als fragmentarische, nur durch die subjektive Wahrnehmung legitimierte kenntlich macht. Unter diesem Blickwinkel scheinen besonders die Romane von Gabriele d'Annunzio und Heinrich Mann rezipiert worden zu sein.

Unter Verwendung symbolistischer Elemente formulieren die Autoren um 1910 ihr Verständnis der Sprache und ihre Konzepte von bildlichem Sprechen um. So entstehen neue Varianten von Vergleich und Metapher sowie von der Personifizierung.

---

[188] Ich nenne im Folgenden den gesamten Bereich von Fin de Siècle-, Dekadenz- und symbolistischer Literatur abgekürzt symbolistische Literatur, weil das den Aspekt der sprachlichen Innovation, der in allen drei Richtungen möglich war, benennt; zur genaueren Beschreibung dieses Aspekts s. das Folgende u. Kap. I.2.; dagegen: Ralph-Rainer Wuthenow, Muse, Maske und Meduse. Europäischer Ästhetizismus. Frankfurt/M. 1978, der den gesamten Bereich als Ästhetizismus fasst, und Wolfgang Lange, der dasselbe Phänomen als Dekadenzliteratur bezeichnet: Im Zeichen der Dekadenz. Hofmannsthal und die Wiener Moderne. In: Grimminger/Murasov/Stückrath (Hrsg.), Literarische Moderne. Europäische Literatur im 19. und 20. Jahrhundert. Reinbek b. Hamburg 1995, S. 201-229.
[189] Joris K. Huysmans, Tief unten. Zürich 1987, S. 15 u. S. 19 (Wiederabdruck der Übersetzung, die 1903 im Verlag J. Hegener in Leipzig erschien und der Rezeption der deutschsprachigen Schriftsteller zugrundeliegt).
[190] Zur Rezeption Maeterlincks wie zu der D'Annunzios in der deutschsprachigen Literatur existieren bereits Untersuchungen: Hartmut Riemenschneider, Der Einfluß Maurice Maeterlincks auf die deutsche Literatur bis zum Expressionismus. (Diss.) Aachen 1969; Maurice Maeterlinck und die deutschsprachige Literatur. Eine Dokumentation. Hrsg. v. Stefan Gross. München 1985; Anne Kupka, Der ungeliebte d'Annunzio. D'Annunzio in der zeitgenössischen und der gegenwärtigen deutschsprachigen Literatur. Frankfurt/M./Bern [u.a.] 1992.

1. Vergleich und Metapher

Ein Teil der hier zum Symbolismus gerechneten Autoren versucht, jenseits der Wirklichkeit und diesseits religiöser Transzendenzvorstellungen ein Reich der Kunst zu gründen, um so gleichzeitig der Banalität des Alltäglichen wie traditioneller Religiosität zu entkommen. Dieses Projekt ist auch mit Blick auf die Bildlichkeit interessant, weil vor allem durch sie die ästhetische Transzendenzvorstellung inszeniert wird. Die Neuformulierung von Vergleich und Metapher bei Musil, Einstein und Benn ist denn auch von Maurice Maeterlincks und Gabriele D'Annunzios Texten inspiriert. Maeterlinck ist ein Beispiel für einen - wie Benn es darstellt - eher vergessenen Autor, der gleichwohl die literarische Moderne entscheidend beeinflusst hat. Nicht nur für Benn auch für Musil ist er von großer Bedeutung.[191] Von seinem Roman *Die Verwirrungen des Zöglings Törleß* bis zu *Der Mann ohne Eigenschaften* tauchen Anspielungen und Zitate aus seinen Werken in Musils Texten auf. Sie bilden die Ausgangspunkte für Musils Verwendung des Vergleichs.

> Es scheint, daß unsere Moral sich wandelt und mit kleinen Schritten nach höheren Gegenden strebt, die man noch nicht sieht. Und darum ist vielleicht der Augenblick gekommen, wo man sich neue Fragen zu stellen hat. Was würde z.B. geschehen, wenn unsere Seele plötzlich sichtbar würde [...]? Worüber würde sie erröten? Was wünschte sie zu verbergen? Möchte sie, wie ein schamhaftes Weib, den Mantel ihrer Haare über ihre zahllosen Fleischessünden werfen? Sie weiß nichts von ihnen, und diese Sünden haben sie nie erreicht. Tausend Meilen von ihrem Throne sind sie begangen worden; und selbst die Seele des Sodomiten könnte mitten durch die Menge gehen, ohne etwas zu ahnen, und in ihren Augen läge das durchsichtige Lächeln des Kindes. Ihr ist nichts dazwischen getreten, sie verfolgte ihren Weg des Lichtes, und dieses Weges allein wird sie sich entsinnen.[192]

Aus dem Aufsatz *Die Moral des Mystikers* von Maeterlinck stammt nicht nur das Motto für Musils Roman *Die Verwirrung des Zöglings Törleß*, sondern ein Teil aus dem zitierten Abschnitt findet sich auch in *Der Mann ohne Eigenschaften*.[193] Der Zusammenhang von moralischen Wertungen, die fragwürdig werden, und Handlungen, die im Allgemeinen als Verbrechen definiert sind, erscheint aber auch in Musils Novelle *Die Vollendung der Liebe* im Eingangsgespräch der Eheleute über den Kinderschänder G. Diese Gestalt spielt vermutlich auf den Protagonisten von Huysmans Roman *Là-bas*, auf Gilles de Rais, an.[194]

---

[191] S. Robert Musil, Briefe 1901-1942. Hrsg. v. Adolf Frisé. Reinbek b. Hamburg 1981, S. 47, S. 368, S. 837; Ders., Werke Bd. 2, S. 1049.

[192] Maurice Maeterlinck, Die Moral des Mystikers. In: Ders., Der Schatz der Armen. Jena 1925, S. 29-35, S. 30 (Nachdruck der Übersetzung, die auch Musil vorlag, allerdings mit Verbesserungen des Übersetzers gegenüber der Erstausgabe von 1898, s. dazu Kommentar von Frisé, Tagebücher, Bd. II, S.77).

[193] Robert Musil, Der Mann ohne Eigenschaften. Gesammelte Werke Bd. I. Hrsg. v. Adolf Frisé. Reinbek b. Hamburg 1978, S. 122.

[194] Auf Huysmans' Einfluss - eventuell vermittelt über den Gilles de Rais-Essay von Franz Blei - wurde ebenfalls bereits hingewiesen: S. dazu Karl Corino, Robert Musils *Vereinigungen*. Studien zu einer historisch-kritischen Ausgabe. München/Salzburg 1974, S. 301 f.; Roger Willemsen, Claudine und Gilles - Die Latenz des Verbrechens in Robert Musils Novelle *Die Vollendung der Liebe*. In: Josef Strutz (Hrsg.), Robert Musil und die kulturellen Tendenzen seiner Zeit. München/Salzburg 1983, S. 29-58.

Die Umwertung der Moral, die sich durch die Berufung auf die Unbeflecktheit der „wahren" Seele legitimiert, ist im Gegensatz zu Nietzsches Entlarvung der Moral gekennzeichnet durch die Bindung an eine Vorstellung von Transzendenz. Zwar wird Transzendenz nicht im traditionellen Sinn religiös verstanden: Maeterlinck entwirft eine Metaphysik der Seele, der Innerlichkeit, und Huysmans verwendet Elemente des katholischen Glaubens zur Inszenierung des Satanismus. Dennoch geht die Moralkritik beider Autoren von spirituellen, „reinen" Gesichtspunkten aus, nicht wie bei Nietzsche von physischen und psychologischen. Gleichzeitig versuchen Huysmans und Maeterlinck, Letztbegründungen zu finden, die einem neuen moralischen Wertesystem zugrundeliegen könnten.

Auch sprachlich muss eine Transzendenzvorstellung, die gegen konventionelle Moralvorstellungen und traditionelle Religiosität gesetzt wird, zur Gradwanderung werden. Die transzendente Instanz der Seele in Maeterlincks Essay legitimiert die Ablehnung konventioneller Moralvorstellungen. Diese Ablehnung wird aber nicht durch Argumente begründet, sondern in ein Bild gefasst, das die Unberührtheit der Seele veranschaulicht. Einerseits taucht in dieser Bildlichkeit religiöses Vokabular auf - der „Thron" der Seele ersetzt den Thron Gottes -, andererseits wird die Reinheit der Seele nicht religiös begründet, sondern nur ästhetisch inszeniert. Damit wird die Künstlichkeit dieses Konzepts ebenso sichtbar wie seine Fragilität. Allerdings gewinnt die Bildlichkeit dadurch zentrale Bedeutung: Nur mit ihr kann diese ästhetische Transzendenzvorstellung überhaupt aufgebaut werden.

Vor allem wegen seiner Verknüpfung von Transzendenzvorstellung und Bildlichkeit ist Maeterlinck für Musil deutlich wichtiger als Huysmanns, dessen Romane sprachlich konventionell erzählt sind. Seine Verstöße gegen moralische Konventionen und gegen religiöse Transzendenzvorstellungen liegen eher auf der inhaltlichen Ebene.[195] Maeterlincks Verlagerung der Transzendenz in die Innerlichkeit führt dagegen zu einer Bildlichkeit, die Musil in seinem Konzept des Vergleiches verarbeitet. Die Verwendung des Vergleichs ist sicher das auffälligste stilistische Merkmal der beiden Novellen, die unter dem Titel *Vereinigungen* zu einem Band zusammengefasst sind. So lautet einer der Sätze in der Novelle *Die Vollendung der Liebe* zum Verhältnis von Gilles de Rais zu seinen Opfern:

> […] und dennoch, es ist, als ob man ihn dabei lächeln sähe, … ganz weich und bleich im Gesicht, ganz wehmütig und doch entschlossen, voll Zärtlichkeit mit einem Lächeln, das voll Zärtlichkeit über ihm und seinem Opfer schwebt; wie ein Regentag über dem Land, der Himmel schickt ihn, es ist nicht zu fassen, in seiner Wehmut liegt alle Entschuldigung, in dem Fühlen, mit dem er die Zerstörung begleitet … Ist nicht jedes Gehirn etwas Einsames und Alleiniges?[196]

---

[195] Musil selbst kritisiert Huysmans' Schreibweise - allerdings bezogen auf „Gegen den Strich" -, ähnliche Einwände lassen sich aber durchaus auch gegen „Tief unten" erheben: „Nichts wirkt nämlich hölzerner als wenn man seinen Personen lange Tiraden in den Mund legt; sie zu Phonographen macht, in die vorher der Autor hineingesprochen hat. Ich möchte daher sagen: Es ist Norm, daß im Roman der Dichter nicht selbst das Wort ergreift. [Statthaft ist dies nur in gewissen Perioden der Umwälzung des Geschmackes, der Denkungsart usw. in Sturm u. Drang Zeiten, wie sie die Geburt der Moderne begleiteten. Solche Romane sind „inhaltlich" es fehlt ihnen die Kunst […]" (in: Tagebücher, Bd. I, S. 143).

[196] Musil, Die Vollendung der Liebe, S. 158; Punkte v. Musil.

Das „durchsichtige Lächeln des Kindes", das die „Seele des Sodomiten" nach Maeterlinck charakterisieren kann, überträgt Musil hier auf den Kinderschänder G. Wichtiger als diese Ähnlichkeit des Motivs ist allerdings das mimetische Verfahren, mit dem Musil Maeterlincks Transzendenzvorstellung aufnimmt und umformuliert. Bei Maeterlinck ist das Lächeln des Kindes ein Bild für die Reinheit der Seele. Er versucht so, die noch nicht gefundene Wahrheit dessen, was hinter den bekannten Formen der menschlichen Innerlichkeit liegt, darzustellen. Das Bild deutet also auf eine Transzendenzvorstellung, die nicht diskursiv artikuliert werden kann und deshalb bildlich inszeniert wird. Musils Vergleich des Lächelns mit einem Regentag bezieht sich dagegen nicht auf eine Transzendenzvorstellung, sondern transzendiert sprachlich die Grenze zwischen Innen und Außen. Der Vergleich markiert dabei den Punkt der Überschreitung zwischen Innerlichkeit und Außenwelt. Das Lächeln, das zunächst noch Ausdruck eines inneren Gefühls, der Zärtlichkeit, war, schwebt „wie ein Regentag über dem Land". Der „Regentag" lässt sich aber auch zurückverwandeln, in das „Fühlen" des Kinderschänders G. während seiner Morde. Die Grenzüberschreitung ist über den Knotenpunkt des Vergleichspartikels „wie" in beide Richtungen möglich.

In seinem Essay über Oswald Spengler bezeichnet Musil Maeterlinck als einen der Autoren, durch die man „stärkste geistige Bewegung"[197], aber keine Erkenntnis erfahre. Musil liest Maeterlincks Essays also nicht als Darstellung einer bestimmten Transzendenzvorstellung, sondern als Ausdruck eines sprachlichen und geistigen Prozesses. In seinen Novellen lässt sich diese Bewegung als sprachlich inszenierte im Vergleich wiederfinden. In Musils Formulierung des Vergleichs wird jedoch die Verbindung zur Metaphysik endgültig gekappt, weil der Vergleich nicht auf ein transzendentes Ziel zusteuert, sondern zwei gleichberechtigte Elemente verknüpft. Damit kann der Vergleich auch als Ausdruck sprachlicher und geistiger Bewegung bei der Inszenierung von subjektiven Bewusstseinsprozessen dienen. So gewinnt Claudines Imagination in *Die Vollendung der Liebe* ihre Dynamik vor allem durch den Vergleich:

> [...] sie begann zwecklos zu reden [...]: , ... es ist wie wenn man durch einen schmalen Paß tritt; Tiere, Menschen, Blumen, alles verändert; man selbst ganz anders. Man fragt, wenn ich hier von Anbeginn gelebt hätte, wie würde ich über dies denken, wie jenes fühlen? Es ist sonderbar, daß es nur eine Linie ist, die man zu überschreiten braucht. Ich möchte Sie küssen und dann rasch wieder zurückspringen und sehen; und dann wieder zu Ihnen. Und jedesmal beim Überschreiten dieser Grenze müßte ich es genauer fühlen. Ich würde immer bleicher werden; die Menschen würden sterben, nein, einschrumpfen; und die Bäume und die Tiere. Und endlich wäre alles nur ein ganz dünner Rauch ... und dann nur eine Melodie ... durch die Luft ziehend ... über einer Leere ...' [198]

Während es Maeterlinck um die „Seele", um das Nichtausdrückbare und Wahre jenseits jeder artikulierbaren Form von Subjektivität, geht, lässt Musil den Status von Claudines Äußerung in der Schwebe, ohne auf etwas Transzendentes zu verweisen, das in dieser provisorischen Beschreibung nur noch nicht formuliert werden kann. Der Vergleich hat also weder einen transzendenten Aspekt, noch dient er dazu, eine übertragene Bedeutung anschaulich zu machen, sondern er führt den fortlaufenden Aufschub dieser Be-

---

[197] Robert Musil, Geist und Erfahrung. Anmerkungen für Leser, welche dem Untergang des Abendlandes entronnen sind. In: Werke Bd. II, S. 1042-1059, S. 1049.
[198] Musil, Die Vollendung der Liebe, S. 193; Punkte v. Musil.

deutung vor. Damit könnte man diese Form des Vergleichs analog zu der die Grenze zwischen Innerlichkeit und Außenwelt transzendierenden Bewegung verstehen. Während in Maeterlincks Darstellung der Seele, deren Transzendenz ganz traditionell mit dem Vergleich veranschaulicht wird, veranschaulichen Musils Vergleiche nichts. Vielmehr werden sie zur ästhetischen Figur, in der sich die sprachliche Bewegung zwischen den Elementen des Vergleichs und die Überschreitung der Grenze zwischen Innenwelt und Außenwelt entsprechen.

Durch diese Umformulierung des Vergleichs entsteht auch die Möglichkeit, ihn zur Darstellung von Bewusstseinsprozessen zu nutzen. Der einleitende Vergleich und der Gebrauch des Konjunktivs führen in Claudines Monolog dazu, dass zwischen ihrer psychischen Bewegung und der sprachlichen Inszenierung dieser Bewegung nicht eindeutig unterschieden werden kann. Die Darstellung verweist dabei auch nicht auf einen ihr unbezweifelbar zugrundeliegenden, subjektiven Bewusstseinszustand. Für Maeterlinck wie für Musil verliert Innerlichkeit ihren eindeutig benennbaren Charakter. Während der flüchtige subjektive Zustand bei Maeterlinck aber gebunden bleibt an ein nur noch nicht gefundenes und noch nicht beschreibbares „wahres Subjekt“, zieht Musil aus der Unmöglichkeit, den Kern des Subjekt zu erfassen, Konsequenzen für seine ästhetische Verfahrensweise.

Für ihn wird gleichzeitig der Zeichencharakter der Sprache fragwürdig, weil das, was sie zu bezeichnen versucht, sich im Prozess der Benennung entzieht. Deswegen können subjektive Bewusstseinsprozesse oder -zustände nicht mehr benannt werden, ohne dass durch den Vergleich oder den Konjunktiv die Vorläufigkeit dieser Bezeichnung angezeigt wird. Sie können nur relativ - im Vergleich mit etwas anderem - oder als Möglichkeit im Konjunktiv dargestellt werden, weil durch die Relativität des Vergleichs die Kontextabhängigkeit jeder Bezeichnung und durch den Status des bloß Möglichen im Konjunktiv die Unabschließbarkeit des Bezeichnungsprozesses erkennbar bleibt. Die Verbindung von Bildlichkeit und Subjektivität, die Musil so konstruiert, ist deswegen modern, weil die ästhetische Figur des Vergleiches für sein Verfahren entscheidend ist und nicht etwa dessen traditionelle Funktion der Veranschaulichung.

Gabriele d'Annunzio schreibt den Figuren seines Romans *Lust* ähnliche Eigenschaften zu, wie Musil den Figuren der *Vereinigungen*. Allerdings könnte diese Charakteristik auch auf Benns Protagonisten in den Rönne-Novellen, auf die Figuren in Einsteins *Bebuquin* oder auf Th. Manns Hauptfigur Aschenbach in seiner Novelle *Der Tod in Venedig* bezogen werden. Sogar in der Poetik Döblins ist eine ähnliche Beschreibung des Verhältnisses von Innen- und Außenwelt zu finden.

Die durch die Gewohnheit phantastischer Betrachtungen und poetischer Träume geschärften Lebensgeister verleihen den Dingen eine Seele, die gleich der Seele des Menschen, empfänglich und veränderlich ist. Und in jedem Ding, in jeder Form, in den Farben, in den Tönen, in dem Duft, lesen sie ein deutliches Symbol, das Sinnbild eines Gefühls oder eines Gedankens; und in jedem Phänomen, und in jeder Verbindung von Phänomenen glauben sie einen Seelenzustand, eine sittliche Bedeutung zu erraten. Zuweilen ist diese Vision so klar, daß sie in jenen Geistern eine Bangigkeit erzeugt: sie haben das Gefühl, als müsse die Fülle des ihnen offenbarenden Lebens sie ersticken und sie entsetzen sich vor ihren eignen Hirngespinsten.[199]

---

[199] Gabriele D'Annunzio, Lust. Berlin 1898, S. 347.

In d'Annunzios Roman wird die Seele der Dinge, die durch das sprachliche Symbol erfasst werden soll, durch die Imagination des Subjekts erst hervorgebracht. Während für Maeterlinck die sprachliche Formulierung möglichst die Substanz, das Wesen der Dinge oder des Menschen ausdrücken soll, geht d'Annunzio davon aus, dass die „Seele" in die Dinge hineingelesen wird. Maeterlinck verknüpft Transzendenzvorstellung und Bildlichkeit durch die Suche nach dem Wesen der menschlichen Seele, dagegen verbindet d'Annunzio Subjekt und Außenwelt mittels des Symbols.[200] Dadurch erhält das Symbol eine andere Funktion als die Bildlichkeit in Maeterlincks Essay. Es ist nicht nur ein Zeichen für die subjektive, sinnliche Wahrnehmung, sondern sogar so eigenständig, dass das Subjekt es nicht als Ausdruck seiner Phantasie wieder erkennt.

D'Annunzio ist für Musil der Dichter, der - im Gegensatz auch zu Maeterlinck und zur Jenaer Frühromantik - zur Rehabilitierung der sinnlichen Wahrnehmung und der Sinnlichkeit generell beigetragen hat.

> Zum Verständnis des Modernen: Im Verlaufe dieser Gedanken kam mir auch folgende Frage. Wie würden sich die Jenenser etwa zu d'Annunzio stellen? Sie würden das mentale an ihm vermissen. Seine Sinnlichkeit möglicherweise gemein finden. Hier ging die moderne Anschauung deutlich einen anderen Weg. [...] In der Durchgeistigung der Sinnlichkeit selbst (nicht in ihrer geistreichen Begründung oder Verbrämung) ist aber noch wenig geleistet worden.[201]

Die Vermittlung von Sinnlichkeit und Geist, die Musils Ziel bis zum *Mann ohne Eigenschaften* bleibt, ist seiner Meinung nach in der Literaturgeschichte bisher unterblieben. Es gibt nur Vertreter des Geistigen, dazu zählt er Maeterlinck und die Frühromantiker, und Vertreter des Sinnlichen wie d'Annunzio. Möglicherweise hat Musil also d'Annunzios Inszenierung der sinnlichen Wahrnehmung als Gegenstück zu Maeterlincks Vorstellung von transzendenter Innerlichkeit gelesen.

> Es war kein Traum, sondern wie ein vages, wogendes, konfuses, flüchtiges Erinnern. Alle Erinnerungen der vergangenen Liebe tauchten vor ihrem Geiste auf, aber nur unklar, und sie wußte nicht, war es Freude oder Schmerz, was sie dabei empfand. Es schien, als wenn von vielen welken Blumen, von denen jede einzelne die ihr eigentümliche Farbe oder ihren Duft verloren hat, ein neuer Geruch ausströmt, in dem es nicht mehr möglich ist, die verschiedenen Elemente zu erkennen.[202]

D'Annunzios Darstellung von subjektiven Empfindungen zeigt zwei Parallelen zu Musils Schreibweise. Einerseits benutzt auch d'Annunzio mit Vorliebe den Konjunktiv und den Vergleich, um die Imagination seiner Figur anschaulich zu machen. Dabei geht dem andererseits meist der Hinweis auf die Unbeschreibbarkeit der Gefühle voraus. Der Erzähler in Musils Novelle *Die Vollendung der Liebe* wählt eine ähnliche Strategie, um Claudines Gefühle darzustellen. Wie die Figur bei d'Annunzio kann sie ihre Gefühle nicht benennen, sie empfindet nur „jene weiche Zärtlichkeit voll gleitender Bilder, die wie ein nebliges Fieber den harten Stoß der Dinge auffängt [...]."[203] Die Verwendung

---

[200] S. dazu: Rudolf Behrens, Metaphern des Ich. Romaneske Entgrenzung des Subjekts bei D'Annunzio, Svevo und Pirandello. In: H. J. Piechotta/S. Rothmann/R.-R. Wuthenow (Hrsg.), Literarische Moderne in Europa, Bd. 1: Erscheinungsformen literarischer Prosa um die Jahrhundertwende, Opladen 1994, S. 334-356.

[201] Robert Musil, Tagebücher, Bd. I, S. 139 f.

[202] Gabriele d'Annunzio, Lust, S. 358 f.

[203] Musil, Die Vollendung der Liebe, S. 183.

des Vergleichs unterstreicht dabei nur die Unbenennbarkeit der Gefühle, anstatt sie konkreter vorstellbar werden zu lassen.

Der offensichtlichste Unterschied zwischen d'Annunzios Roman und Musils Novelle ist die Position des Subjekts. Während Claudines Subjektivität immer weiter auseinander fällt, die Vielzahl der Vergleiche nicht mehr in einer Art von Charakterbild aufgefangen wird, werden die Figuren von d'Annunzio - in seinen späteren Werken wie etwa in *Das Feuer* noch deutlicher - durch die Hingabe an ihre eigenen Gefühle als Personen konstituiert. Diese narzisstische Tendenz ändert sich auch dann nicht, wenn sie sich nicht eins mit sich fühlen, also ähnlich gespalten sind wie Claudine. Im Genuss dieses Zustands finden sie einen äußersten Punkt, um den herum sich ihre Subjektivität organisiert.[204] Parallel dazu ist auch die Bildlichkeit Musils wesentlich heterogener, weil er auch „unschöne" Vergleiche benutzt, und gleichzeitig abstrakter, weil er innerhalb der Imagination der Figuren Reflexion mit Bildlichkeit verknüpft. Deutlich ablesbar ist dieses letzte Verfahren an der zuletzt zitierten Stelle. Die „Zärtlichkeit voll gleitender Bilder", die wiederum durch einen Vergleich differenzierter dargestellt wird, zeigt zwar in diesem Vergleich auch Elemente von Bildlichkeit, die abstrakte Benennung „Bilder" bringt aber eine reflexive Bewegung ins Spiel, die sich selbstreferentiell auf den Text beziehen könnte, der ja durch seine Verwendung des Vergleichs auch „gleitende Bilder" präsentiert.

Bei d'Annunzio findet die Verknüpfung von Reflexion und Bildlichkeit nicht innerhalb der Metaphorik statt. Wenn die Bildlichkeit reflektiert wird, dann - wie oben zitiert - im Erzählerkommentar. In Musils Vergleichen erscheinen dagegen reflektierende und anschauliche Elemente nebeneinander. Bezieht man diese Diagnose auf Musils Tagebucheintragung zu d'Annunzios Romanen, könnte man davon sprechen, dass er die „Sinnlichkeit" d'Annunzios, die sich vor allem in seiner an die optische Wahrnehmung gebundenen Bildlichkeit zeigt, mit der Abstraktion kombiniert. Durch diese Kombination verliert der Vergleich auch von dieser Seite her seine traditionelle Funktion der Veranschaulichung. Gerade die letzte Diagnose ist nicht nur für Musil gültig, sondern lässt sich ebenso auf Franz Jungs Verwendung des Vergleichs wie auf Carl Einsteins Konzept von Bildlichkeit oder auf Gottfried Benns Metaphorik beziehen.

Jungs Erzählung *Die Erlebnisse der Emma Schnalke* verarbeitet zwar ebenfalls das Konzept des Vergleichs, jedoch mit einer anderen Technik und mit einer anderen Funktion als Musil. Bei Jung erscheint im Vergleich die Materialität der Sprache, die gegen die Funktion der Veranschaulichung gerichtet ist.

> An einem dieser Tage war es, dass sie erschöpft zusammenbrach, und einer der umstehenden Jünglinge bedauernd sagte: Wie ein gehetztes Reh. Das Wort durchzuckte sie wie ein Blitzstrahl und wurde eine Erkenntnis für sie. Immer wieder wiederholte sie für sich: Gelt, wie ein gehetztes Reh. Wie ein Kind, das die Mutter streichelt: Geltel - wie ‚hetztes Reh. Zitternd lief sie nach Haus und weinte.[205]

Der Vergleich wird von außen an die Protagonistin herangetragen. So wie der junge Mann ihn verwendet, entspricht seine Funktion der konventionell üblichen, nämlich

---

[204] Zu dieser generellen, narzisstischen Tendenz s. Ralph Rainer Wuthenow, Muse, Maske, Meduse. Europäischer Ästhetizismus. Frankfurt/M. 1978, bes. Kap. V, S. 200-272.

[205] Franz Jung, Die Erlebnisse der Emma Schnalke (Nach einem Couplet: … Der Liebe Glück und Seligkeit …). In: Ders., Gott verschläft die Zeit. 2. Aufl. München 1980, S. 21-58, S. 27.

der Veranschaulichung, in diesem Fall von Emmas psychischem Zustand.[206] Emma eignet sich das sprachliche Bild jedoch an und versteht es als Möglichkeit zur Rückkehr in die individuelle Vorzeit, in die Kindersprache. Dabei zeigen sich zwei Tendenzen: Einerseits wird die Kindersprache - wenn auch relativ klischeehaft - mimetisch nachgezeichnet, andererseits verliert der Vergleich durch die fehlende Vorsilbe seine sprachliche Intaktheit und damit auch die Möglichkeit der optischen Anschaulichkeit. Stattdessen wird die Aufmerksamkeit auf die sprachliche Materialität gelenkt, die durch den Verstoß gegen die Regeln der Wortbildung jetzt hervortritt.

Anders als bei Musil und bei Jung führt die Ablehnung der Veranschaulichung als Funktion des Vergleichs bei Einstein und Benn zur generellen Ablehnung des Vergleichs in der literarischen Arbeit.

> Eine rote Arbeiterbluse mit einem blaugeglühten Schädel dröhnte. ,Wir nippen bloß.‘ Nahm einige Likörflaschen unter den Arm, und die Schauspielerin Fredegonde Perlenblick. ,Athlet‘, stöhnte sie verzückt. Euphemia sagte verächtlich apodiktisch: ,Kühe sind Wiederkäuer, sei es Heu, sei es Shakespeare. Kühe lieben Stiere.‘ Man hörte von der Straße die schimpfende Tragödin. ,Explosive Seele.‘ Sie hob ihre Röcke sehr hoch. Ihr Auto raste gierig davon. Es rollte den Asphalt auf, glitschte über die Reflexe der Gaslampen und der letzten Bummler. Jetzt mag d'Annunzio weiterschreiben.[207]

Einerseits bestätigt der letzte Satz noch einmal Benns Diktum von der Wichtigkeit d'Annunzios für seine Generation. D'Annunzios Texte und sein Lebenswandel sind so weit bekannt, dass nur eine sinnlich schmachtende „Tragödin" aufzutreten braucht, damit jeder weiß, worauf Einstein parodistisch anspielt: auf D'Annunzio Liebesverhältnis zu Eleonora Duse, das er ja auch in seinen Romanen zelebriert hat.

An Einsteins Auseinandersetzung mit Stefan Georges Gedichten haben sich wesentliche Elemente seiner Verarbeitung symbolistischer Positionen gezeigt. Die extreme Reduzierung von beschreibenden Elementen führt im *Bebuquin* dazu, dass bildliche von nicht bildlicher Sprechweise nicht mehr zu unterscheiden ist. Derselbe Befund gilt auch für die eher begrifflichen Passagen, in denen eine Balance zwischen der konkreten, auf den Handlungsablauf bezogenen und der reflexiven Lesart, die die Aussagen mit der Schreibweise des Bebuquin oder der Kunst generell verknüpft, entsteht.[208]

---

[206] Franz Jung behauptet in seiner Autobiographie, dass er schon in seiner Schulzeit deutschsprachige Vertreter des Symbolismus wie Wedekind und Autoren des George-Kreises gelesen hätte; s. Der Weg nach Unten, S. 33; in seinem Tagebuch finden sich 1903 und 1906 Eintragungen, die eine Rezeption belegen: in einer Prosa-Skizze 1903: „Du Tier. Raskolnikoffstimmung. Benimmt sich wie ein Huysmanscher Graf." 1906: Lektüre: Oscar Wilde „Lady Windermeres Fächer" … Arthur Schnitzler „Reigen". Sommer 1906: Max Herrmann hat mich mit seinem Erstlingsbuche enttäuscht. Ich hatte Unvollkommeneres erwartet. Ich bin ganz erstaunt zu sehen, daß er via Hauptmann, Wedekind mit der Moderne mitgegangen ist … das heißblütige Begehren, das den Stempel der Unerfüllbarkeit trägt, mit einem Wort der Typus Schnitzler fehlt ihm. Ich persönlich nenne es einen Rückschritt in der Entwicklung, weil ich zum Dekadenten hinneige." (in: Der Torpedokäfer, S. 136 f.) Die „Hinneigung zum Dekadenten" ist bei *Emma Schnalke* ev. durch Frank Wedekinds Anfangsszene des *Erdgeistes* inspiriert, in der es ja ebenfalls um die Verkleidungen Lulus und ihr Porträt geht, während die Reihung der Episoden mit ständig wechselnden Liebespartner an Schnitzlers *Reigen* anknüpfen könnte.

[207] Carl Einstein, Bebuquin, S. 25.

[208] Diese nicht unterscheidbaren Ebenen sind noch in der Argumentation der Sekundärliteratur abzulesen, die die begrifflichen Passagen entweder als etwas schwierig formulierte Ästhetik behandelt oder sie als Teil der fiktiven Handlung interpretiert, so dass ihr Inhalt nicht den Wahrheitskriterien unterliegt.

Während die Kombination von anschaulichen und reflexiven Elementen in der Bildlichkeit Musils Novelle mit Einsteins Prosa verbindet, lehnt Einstein den Vergleich als Formulierung für diese Verknüpfung ab. Vergleiche erscheinen ihm als unnütze „Paraphrase":

> Paraphrase ist: [...] einer sagt, daß die zwielichtige Seele von Fräulein Ludmilla Meiersen wie eine Flagge auf Halbmast in das raschelnde Rostrot des verblutenden Herbstes gesenkt ist, wobei er eine gute oder schlechte Handlung dieser Dame berichten will [...].[209]

Rekonstruiert man die Gründe für die Ablehnung des Vergleiches, dann kann als Ursache die Einsteinsche Neigung zur Reduktion vermutet werden. Der Vergleich zeigt im Gegensatz zur Metapher durch sein „wie" noch an, dass er zwei Elemente verknüpft, die sich nicht auf derselben Ebene befinden: das eine ist als realistische Beschreibung lesbar, das andere seine bildliche Entsprechung. Deswegen verstößt der Vergleich gegen die Vorstellung der geschlossenen Form, die Einsteins Literaturkonzept prägt. Durch die Unterscheidung zwischen einem realistischen Element und der symbolischen Bedeutung würde eine Differenz im Kunstwerk auftauchen, die innerhalb eines autonomen ästhetischen Gebildes keine Rolle spielen sollte: Im „wie" des Vergleichs wird die Differenz und der Übergang von der Benennung zur bildlichen Bedeutung erkennbar. Zudem würde durch den Verweis auf die Realität die geschlossene Form des Kunstwerks verhindert.

Einsteins Verwendung von Bildlichkeit ist allerdings trotz dieser Programmatik und trotz der Vermeidung des Vergleiches ähnlich konstruiert wie die Musils. Die Metaphern im *Bebuquin* zeigen die Vermischung von Abstraktion und Anschaulichkeit. Um diese Elemente ununterscheidbar werden zu lassen, lehnt Einstein den Vergleich ab. In gewisser Weise arbeitet er dadurch an demselben Paradox wie Gottfried Benn: Die Bildlichkeit soll so homogen erscheinen, dass die Elemente ihrer Konstruktion nicht mehr erkennbar sind. So entsteht eine *künstliche* Homogenität, die Benns Konzept der „primären Setzung" entspricht.

Für Benn ist d'Annunzio ein Vorläufer für seine „Ausdruckskunst", deren wichtigste Eigenschaft - analog zu Einsteins Programmatik der „geschlossenen Form" - die geschlossene „Oberfläche" ist.

> Weit gespannt dies Menschliche! Was ist nun daran Wesen und was Oberfläche, was Natur und was Unsittlichkeit, wo beginnt und wo endet das Wesen? Ist Wesen nicht überhaupt Mythologie? Hineinblicken, Schwaden, Dämmer? [...] Gibt es am Mittelmeer keine Dämmerblicke? Michelangelo, Dante, Tintoretto, d'Annunzio: Dämmerblicke! Sie gehören der Rasse und die löst von sich gewisse Bestände ab, vielfach die beunruhigendsten, und macht aus ihnen Ausdruck, macht aus ihnen - Oberfläche.[210]

Benn versteht unter der Inszenierung von Oberflächen, dass der Einblick in die Verfasstheit des Menschen nicht in die künstlerisch dargestellte Imagination einer psychologischen Tiefe übersetzt, sondern in eine Textstruktur verwandelt wird, die zwischen subjektiver Abgründigkeit und objektivem künstlerischen Ausdruck nicht unterscheidet. In den Rönne-Novellen zeigt sich diese Tendenz dadurch, dass sich zwischen Innen-

---

[209] Einstein, Paraphrase. In: Ders., Werke Bd. 1, S. 80-82, S. 80.

[210] Unter dem Stichwort „Oberfläche": Gottfried Benn, Aphoristisches. In: Ders., Szenen und Schriften, S. 219-243, S. 234.

welt und Außenwelt, zwischen Formulierungen, die Rönnes Bewusstseinsstrom zuzuschreiben sind, und solchen, die vom Erzähler stammen, keine Grenzen ziehen lassen.

Ähnlich wie Musils Verwendung des Vergleichs ist auch Benns Bildlichkeit durch die sprachliche Bewegung gekennzeichnet: Seine Metaphern überschreiten sowohl die subjektive Wahrnehmung wie die strukturelle Ordnung des Erzählens. Dabei ist die sprachliche Bewegung grundsätzlich in jede Richtung möglich. So zeigt sich in der Novelle *Der Geburtstag* auch die Möglichkeit, durch assoziative Bildlichkeit von der Wahrnehmung der Außenwelt zur Darstellung der inneren Dynamik zu wechseln.

> Noch hingegeben der Befriedigung, so ausgiebig zu assoziieren, stieß er [Rönne, S. K.] auf ein Glasschild mit der Aufschrift: Cigarette Maita, beleuchtet von einem Sonnenstrahl. Und nun vollzog sich über Maita - Malta - Strände - leuchtend - Fähre - Hafen - Muschelfressen - Verkommenheiten - der helle klingende Ton einer leisen Zersplitterung, und Rönne schwankte in einem Glück.[211]

Der Übergang von der Wahrnehmung des Glasschilds zur leisen Zersplitterung, also von außen nach innen, vollzieht sich über die Assoziationskette. Sie wird einerseits durch subjektive, von Rönne imaginierte Bilder gebildet und führt andererseits die sprachliche Bewegung von Metonymie und Metapher vor. Durch diese Entsprechung zwischen transzendierender Imagination und sprachlicher Bewegung zeigt sich, dass Benn Bildlichkeit ebenso einsetzt wie Musil den Vergleich: Sie wird in der Parallelität von Imagination und sprachlicher Bewegung zur ästhetischen Figur.

Da Benn die sprachliche Bewegung des Transzendierens von Grenzen unmittelbar vorführen will, ist er wie Einstein ein Gegner des Vergleiches. Als er in seiner Rede *Probleme der Lyrik* die vier Kennzeichen aufzählt, die ein modernes Gedicht nicht haben darf, taucht als zweites das „Wie" auf.

> Bitte beachten Sie, wie oft in einem Gedicht ‚wie' vorkommt. Wie, oder wie wenn, oder es ist, als ob, das sind Hilfskonstruktionen, meistens Leerlauf. […] Dies Wie ist immer ein Bruch in der Vision, es holt heran, es vergleicht, es ist keine primäre Setzung. […] Rilke konnte das, aber als Grundsatz können Sie sich daran halten, daß ein WIE immer ein Einbruch des Erzählerischen, Feuilletonistischen in die Lyrik ist, ein Nachlassen der sprachlichen Spannung, eine Schwäche der schöpferischen Transformation.[212]

Benn hat das „wie" jedoch nicht nur in der Lyrik vermieden, auch in seiner Prosa ist Bildlichkeit nur als „primäre Setzung" zu finden. Hier unterscheidet er sich also nicht nur von Musil, sondern auch von d'Annunzio, den er ansonsten als Vorläufer für sich reklamiert. Auch die primäre Setzung dient aber der Produktion von „Oberflächen", also eines von Realitätspartikeln möglichst freien Kunstwerks, insofern nimmt sie die symbolistische Position in sich auf. Gleichzeitig knüpft ihre Programmatik an Benns Vorstellung an, dass die Literatur den Sprung ins Unberechenbare inszenieren sollte. Die diesen kennzeichnende zeitliche, logische und sprachliche Diskontinuität wiederholt sich hier in Benns Konzept der Metapher. Die primäre Setzung lässt sich als ein unvermittelter Akt lesen - deswegen darf das „wie" als vermittelnde Vokabel nicht verwendet werden -, der ebenfalls sprachliche und logische Diskontinuität herstellt, weil das Bild plötzlich und unerklärbar auftaucht. Auch die primäre Setzung ist also eine ästhetische Figur für den Bereich der Bildlichkeit, sie zeichnet im Gegensatz zur trans-

---

[211] Benn, Der Geburtstag, S. 42 f.
[212] Benn, Probleme der Lyrik. In: EuR, S. 505-535, S. 513.

zendierenden Assoziativität jedoch eine andere Bewegung nach. In ihr entsprechen sich sprachliche Unvermitteltheit und logische Diskontinuität. Damit tritt an die Stelle der Überschreitung das abrupte Setzen einer Metapher.

Als zweiten Vertreter des Symbolismus erwähnt Benn immer wieder Heinrich Mann, dessen frühe Romane er für ebenso interessant wie die Romane d'Annunzios hält.

> Nietzsche war das grösste deutsche Sprachgenie seit Luther und der blendenste literarische Erzieher seit Goethe […]. Dann gab es noch eine andere Strömung, die in meine Generation eindrang: d'Annunzio, und von ihm beeinflußt, die frühen Romane von Heinrich Mann: auch hier war nichts mehr von Gesinnung, Pädagogik, Bildungsgut, hier war nichts mehr vom Grünen Heinrich und Wilhelm Meister, hier war allein Plastizität, Rausch, Üppigkeit, Geist, Elan und alles dies in den hochgezüchteten aber bereits substantiell zerfallenden, kalten, zerebralisierten Typen des 20. Jahrhunderts.[213]

Durch das Ziel, die Kunst von moralischen Grundsätzen zu befreien, sind nach Benn Nietzsches Analysen, d'Annunzios und Heinrich Manns Romane und natürlich seine eigene Dichtung miteinander vergleichbar. Gleichzeitig ähneln sich diese Texte durch ihre Dynamik und die Darstellung von Rauscherfahrungen. Dieser „Elan" und die Entgrenzungserfahrung des Rausches sind die Ausgangspunkte für Benns Interesse. Durch die Übernahme dieser symbolistischen Elemente lässt sich auch seine Ablehnung des Vergleichs noch einmal motivieren: Für die moderne Lyrik fordert er die „primäre Setzung", die „Vision"; als primäre kappt sie die Verbindung zu vermittelnden Partikeln, als Setzung ermöglicht sie eine Bildlichkeit, die allein von der Willkür des Dichters abhängig ist. Es ist also nicht erstaunlich, dass Benn am häufigsten den Roman Feuer erwähnt, wenn er von d'Annunzios Konzept der Epiphanie nähert sich Benns Vorstellung von einer poetischen Vision, d'Annunzio inszeniert die Epiphanie jedoch vor allem als narzisstischen Genuss für das Subjekt, während in Benns Verarbeitung der Akzent auf der Produktivität dieses Zustands liegt. Er ermöglicht es, „primäre Setzungen" zu finden.

Während sich in d'Annunzios Roman Das Feuer die Bilder dem Dichter Stelio offenbaren, wenn die Inspiration ihn ergreift, wird in Benns Prosa der Akt ihrer Konstruktion miteinbezogen. So erhalten sie ein Element von Reflexivität, das ihnen bei d'Annunzio fehlt. Damit weisen die Metaphern Benns eine ähnliche Kombinatorik auf wie Einsteins Bildlichkeit: Sie integrieren ein reflexives Element - den Akt ihrer Konstruktion -, diese Integration soll innerhalb der primären Setzung aber so homogenisiert werden, das sie die Unmittelbarkeit der Setzung nicht stört. Wie der Sprung ins Unberechenbare kann die Unmittelbarkeit der primären Setzung aber nur in der künstlerischen Konstruktion, gebunden an das sprachlich-materiale Verfahren, geschaffen werden.

Das moderne Verständnis von Bildlichkeit verändert sich gegenüber dem symbolistischen Konzept also einerseits durch die Verknüpfung von sprachlicher Bewegung und inhaltlichen Aspekten. Hier werden Motive des Symbolismus nachgezeichnet, aber der sprachlichen Bewegung ausgesetzt. Andererseits entsteht in der Vermischung von

---

[213] Benn, L'Apport de la Poésie Allemande du Demi-Siècle. In: EuR, S. 545-557, S. 553; s. die Offenheit dieser Konzeption des Subjekts, in der die Dialektik von Form und Rausch bestehen bleibt, im Gegensatz dazu die Konzeption des „Phänotyps" 1944.

Anschaulichkeit und Abstraktion, von Assoziativität und Reflexion ein Konzept der Metapher und des Vergleiches, das nicht nur gegen die traditionelle Funktion von Bildlichkeit rebelliert, sondern auch den unkontrollierten Bilderrausch des Symbolismus zurücknimmt. In die Inszenierung der Bildproduktion werden nun auch die Bedingungen integriert, unter denen sie stattfindet.

2. Personifizierung

Die Arbeit mit symbolistischen Texten und der gleichzeitige Verstoß gegen ihre Konzepte führen aber nicht nur zur Neuformulierung von Metapher und Vergleich, sondern auch zu einer anderen Verknüpfung von Bildern und Dingen. Im Symbolismus wird die „Seele" der Dinge durch das Symbol eingefangen, auch diese Variante der Bildlichkeit hat die Autoren der nächsten Generation inspiriert. Georg Heym, Alfred Döblin, August Stramm und Franz Kafka arbeiten mit einer Form der Personifizierung, die auch als Antwort auf die Symbolvorstellung des Symbolismus verstanden werden kann. Auch Hermann Broch und Thomas Mann reagieren auf die Symbolvorstellung des Symbolismus, Mann setzt sich vor allem im *Tod in Venedig* mit ihr auseinander. Als Ausgangspunkt für die Rezeption des Symbolismus dienen neben den Romanen d'Annunzios und Huysmans' in diesem Bereich auch die frühen Romane von Heinrich Mann. Heinrich Manns Einfluss hat nicht nur Benn immer wieder betont, auch Carl Einstein weist auf die Wichtigkeit seiner Romane hin.[214]

Im Symbolismus führen die Verwendung von Metaphern und Vergleichen ebenso zur Subversion realistischen Erzählens wie das nun zu kennzeichnende dritte Element, die Personifizierung, die vor allem den Gebrauch der Verben verändert. Die Personifizierung findet sich auch als durchgängiges Merkmal in Heinrich Manns Romantrilogie *Die Göttinnen*, dabei lassen schon die Untertitel der Romantrilogie das zentrale Konzept der symbolischen Überhöhung der Heldin, der Herzogin von Assy, deutlich werden. Jeder der drei Bände trägt den Namen einer Göttin (Diana, Minerva, Venus), deren Eigenschaften die Herzogin von Assy in dem beschriebenen Zeitabschnitt verkörpert. Im Rahmen dieser symbolischen Überhöhung findet dann die Personifizierung von Farben und der Natur statt, wie das folgende Beispiel aus dem „Venus"-Roman zeigt:

> Er öffnete endlich die Augen, und plötzlich bestürmte sie das ganze Rot des Gartens. Es tobte wie in Fieberschweiß gegen die Umfriedung. Es zuckte zwischen den unerbittlichen Armen zweier starrer Zypressen. Dahinter blendete das Meer, leer von Segeln.[215]

Die Zusammensetzung von unbelebten Dingen - sei es natürlichen, sei es künstlichen - und Verben der Bewegung ist bei Heinrich Mann noch eingeordnet in den symbolischen Kontext: Das Rot wird dynamisch dargestellt, weil es die triebhafte Komponente der Venus in der Natur, unter deren Ägide sich die Herzogin von Assy gerade bewegt, versinnbildlicht.

In den Texten, die um 1910 entstehen, wird dieser Kontext anders gestaltet. „Draußen tobte lautlos die Landschaft"[216], ist bei Musil eine Personifizierung, die Clau-

---

[214] Einstein, Brief über den Roman. In: Ders., Werke Bd. 1, S. 86-91, S. 89.

[215] Heinrich Mann, Venus. In: Ders., Die Göttinen. Drei Romane der Herzogin von Assy. Studienausgabe in Einzelbänden. Frankfurt/M. 1987. S. 200.

dines Verschlossenheit gegenüber äußeren Elementen zum Ausdruck bringt, aber nicht versinnbildlicht. „Schmelzend durch den Mittag kieselte bächern das Haupt."[217]: In Benns Prosa ist die Abhängigkeit der Personifizierung vom fiktiven Subjekt noch deutlicher. Die Personifizierung wird von symbolischen, fest definierten Kontexten, wie etwa dem der griechischen Mythologie, gelöst, um auf das Subjekt zugeschnittene Bilder zu erfinden. Elemente dieser Metaphorik können wiederum durchaus der griechischen Mythologie entstammen. An die Stelle des Bezuges zum fest definierten symbolischen Kontext tritt in der modernen Variante der Personifizierung der Bezug zur sprachlichen Bewegung. Dabei wird die symbolistische Verbindung von unbelebten Dingen und Verben nachgezeichnet, ihre symbolische Bedeutung aber aufgelöst. Statt semantischer Symbolik wird sprachliche Bewegung für die Formulierung der Personifizierung entscheidend. Damit kann die Personifizierung als eine weitere ästhetische Figur verstanden werden, die der Grenzüberschreitung zwischen äußerer und innerer Bewegung dient.

> Wann der Mann fallen mußte, ob durch das erste Weib oder erst durch ihre Töchter, war nicht bestimmt; *daß* er fallen mußte, war gewiß [...] Ein Symbol gab es; da versammelten sich die Weiber immer, oder sie gingen auch nur an ihm vorüber und sogen aus ihm eine neue Kraft, wie die Schlangen, die manchmal in ihre geheimnisvollen, unterirdischen Städte zurückkehren, um sich neue Gifte zu holen. Und dieses Symbol hing da, die Straße hinunter, zwei Straßen weiter, in seinem Tempel, und alles andere, was da noch aufgehängt war, war nur da, um das Zeichen zu verstecken und den Männern das Geheimnis zu verbergen.[218]

Das Symbol, auf das der namenlose Dieb in Heyms Novelle fixiert ist, ist die „Monna Lisa Gioconda"[219] im Louvre in Paris. Da Vincis Gemälde ist für den Dieb ein Bild, das Weiblichkeit, Sündhaftigkeit und Macht vereint. Er vergleicht die Mona Lisa deswegen mit der Hure Babylon aus der Apokalypse des Johannes.[220] Durch seine Deutungen und seine Imagination wird die Mona Lisa für den Dieb lebendig, dabei stellt sie für ihn die personifizierte Bedrohung durch das Weibliche dar.

Heyms Rezeption des Symbolismus konzentriert sich auf Stefan George und bezieht, von ihm vermittelt, auch die französische Lyrik ein: Rimbaud und Baudelaire waren Vorbilder Heyms.[221] Von Baudelaire stammt auch das Motto der Novelle *Der Dieb*. Als eines seiner Lieblingsbücher, das in diesem Fall von Interesse ist, weil es die Lebensgeschichte Leonardo da Vincis erzählt, bezeichnet Heym zudem den historischen Roman des russischen Erzählers und Publizisten Dmitri Mereshkowski *Leonardo da Vinci*.[222] Auch Mereshkowski ist ein Vertreter des Symbolismus. Eine der Figuren seines

---

[216] Robert Musil, Die Vollendung der Liebe. In: Ders., Werke II, S. 167.

[217] Gottfried Benn, Der Geburtstag. In: PuA, S. 47.

[218] Georg Heym, Der Dieb. In: Ders., Dichtungen und Schriften. Bd. 2, S. 72-97, S. 76.

[219] Ebd., S. 78.

[220] Ebd., S. 75 f.

[221] S. zu diesem gesamten Komplex: Kurt Mautz, Georg Heym. Mythologie und Gesellschaft im Expressionismus. 2. Aufl. Frankfurt/M. 1972. Mautz geht allerdings auf die Erzählungen Heyms so gut wie nicht ein.

[222] Heym, Dichtungen und Schriften, Bd. 3 Tagebücher. Träume. Briefe, S. 33 (Sep. 1905), S. 86 (April/mai 1907), S. 153 (30.11.1910: Habe eben zum vielleicht x mal den Tod des Lionardo da Vinci gelesen und zum x mal geweint.); s. zu den inhaltlichen Parallelen des Lionardo-Buches mit Heyms

Romans, Giovanni Beltraffio, scheint den Ausgangspunkt für Heyms Charakteristik des Diebs zu bilden. Beltraffio leidet an einem religiösen Wahn, der durch sein Schwanken zwischen der Magie und der durch Leonardo verkörperten Wissenschaft zustandekommt. In diesem Wahn spielt „die Weiße Teufelin" eine wichtige Rolle. Sie sieht er ebenso in einer antiken Marmorstatue wie in Botticellis Venus, in Leonardos von der Inquisition verbranntem Gemälde der Leda wie in der Jungfrau Maria.[223] Weil er ihr nicht entrinnen kann, bringt er sich schließlich um.[224]

Der Kampf zwischen dem Blick der Mona Lisa und dem des Diebes ist das beherrschende Thema von Heyms Novelle. Der Blick ist kein unproblematisches, durchlässiges Medium mehr, sondern folgt eigenen Gesetzen. Für den Dieb wird die Mona Lisa unter seinem Blick lebendig und bedrohlich. Ihre Gefährlichkeit gewinnt sie vor allem dadurch, dass auch sie den Dieb ansieht. Diese Konfrontation führt schließlich dazu, dass der Dieb die Mona Lisa „ermordet", indem er ihr die Augen herausschneidet und sich dann im Augenblick seiner Selbstzerstörung das Gemälde als Maske vor das Gesicht hält.[225] Das Subjekt eignet sich also die Kunst - auch körperlich - an. Es verstößt gegen das Berührungstabu, mit dem die aufgeklärte Gesellschaft die Kunstwerke belegt hat, und macht aus dem Gemälde wieder eine Kultmaske, die den besiegten Feind symbolisiert. Wie in der Novelle *Der Irre* taucht durch die Besessenheit des Individuums die rituelle, archaische Funktion von Kunst wieder auf: Der Irre tanzt und der Dieb macht aus dem Gemälde eine Maske. Der Verlust der symbolischen, kulturellen Bedeutung des Gemäldes und der „Mord" am bedrohlichen Gegenüber sind also als äquivalent zu sehen. Nur in der Personifizierung wird das Gemälde lebendig und individuell bedeutsam, gleichzeitig provoziert es das Subjekt durch seine Unveränderbarkeit, dadurch, dass es nicht reagiert. Diese Starrheit des Objektes, die gleichzeitig für eine allgemein anerkannte symbolische Bedeutung notwendig ist, akzeptiert der Dieb nicht. Er verleiht dem Gemälde eine subjektive Bedeutung und glaubt, dass das Bild dieser Bedeutung entsprechen wird.

Darüber hinaus ist Heyms Novelle auch lesbar als Reaktion auf die Nietzsche-Lektüre und als Reaktion auf die Kunstreligion des George-Kreises. Die Entlarvung der Metaphysik bei Nietzsche führt dazu, dass die Religion nur noch als subjektives Bedeutungssystem Bestand hat. Diese Desillusionierung gilt auch für den Trost, den der Symbolismus anbietet, die Kunst nämlich als Erbin der Religion zu betrachten und in dieser Kunstreligion das „Echte", „Wahre" und „Ursprüngliche" zu konservieren. Heym bezieht die Kunst ebenso wie die Religion in das Wahnsystem des Diebs ein und zeigt die Auswirkung der Fetischisierung der Kunst, die zum archaischen Ritual zurückführt. Der Genuss der Kunst, der bei den Symbolisten meist im Vordergrund steht, ist also für Heyms Protagonisten nicht mehr möglich: Er setzt die Distanz zum Kunstobjekt voraus, die ja gerade aufgegeben wird. Der Dieb möchte, dass die Mona Lisa auf ihn reagiert und aufhört zu lächeln, weil er sich das wünscht. Das Objekt wird hier also durch die Projektionen des Subjekts zum menschlichen Gegenüber, damit verliert es aber die

Novelle: E. Krispyn, Sources and subject matter in two short stories by Georg Heym. In: Journal of the Australasian Universities Language and Litertaur Association, 12/Nov. 1959, S. 52-57.

[223] Dmitri Mereschkowski, Leonarda da Vinci. Leipzig 1903, Neuauflage München 1950, S. 575; die Ambivalenz bezieht sich also gleichzeitig auf das Bild der Frau wie auf die religiösen Differenzen zwischen Christus und Teufel.

[224] Ebd, S. 587-589; s. zur „Lebendigkeit" des Gemäldes: Ebd., S. 543 f.

[225] Heym, Der Dieb, S. 94/96.

Eigenschaften, die es als Objekt auszeichneten, z.B. als Kunstwerk unberührbar zu sein. Der Dieb zerstört das Bild schließlich, weil es seinen Wünschen nicht nachgibt, aus dem Kunstwerk wird ein Stück zerschnittene bemalte Leinwand. Das, was die Mona Lisa personifiziert hat, die Bedrohung durch das Weibliche, wird damit ebenso aufgelöst wie ihr Charakter als Kunstwerk. Die moderne Form der Personifizierung führt also dazu, dass die Grenzen des Objekts nicht nur in Richtung auf seine „Verlebendigung" überschritten werden, sondern dass das Objekt für das Subjekt lebendig wird.[226] In dieser Überschreitung wird in Heyms Text der Gegenstand ebenso zerstört wie dessen symbolische, kulturelle Bedeutung.

Dass in dieser Konfrontation zwischen Ding und Subjekt, zwischen Mona Lisa und dem Dieb, die Position des Dings als weiblich markiert ist, findet sich auch in Texten anderer Autoren wieder. In Döblins früher Erzählung *Die Memoiren eines Blasierten* stehen dem männlichen sprechenden Ich ebenfalls die Dinge gegenüber, die er als weiblich empfindet. Deswegen greift die Personifizierung in Döblins Text sogar in die grammatische Struktur der Sprache ein: Die Personifizierung von Gegenständen kann ihr grammatisches Geschlecht verändern.

> Des Lachens über mich wird aber kein Ende sein, wenn ich gestehe, daß ich auch den toten Dingen, welche die Sprache weiblich nennt, die Verehrung entgegenbrachte. Allerdings nur in manchen Augenblicken. Ich betrachtete oftmals in meinem Zimmer meine grüne Tischlampe mit Respekt, zog mich vor ihr zurück, hütete mich, sie zu berühren; und abends legte ich gar ein weißes Linnentuch über sie, weil ich mich beim Ausziehen vor ihr schämte. Und so schlich ich auch manchmal unsicher um mein Spind herum und ehrte es nach langem Zögern durch eine tiefe Verbeugung und mit verbindlichem Lächeln; es hieß besser, so entschied ich mich: die Spind. Für mich hieß es so.[227]

Döblins Personifizierung von Dingen folgt ebenfalls einer bloß subjektiven Logik. Für den Blasierten sind die Dinge in dem Moment belebt, in dem er sie als weiblich definiert. Er verhält sich ihnen gegenüber dann auch geschlechtsspezifisch.[228] Der entscheidende Aspekt ist der der sprachlichen Benennung. Während die Personifizierung bei Heinrich Mann zu optischer Vorstellbarkeit führt, ist bei Döblin das Resultat der Personifizierung die Änderung des Artikels, eine Verwandlung, die keinerlei optische Assoziationen erlaubt. Die Personifizierung der Dinge affiziert die Sprache als das Medium, in dem sie stattfindet, anstatt wie im Symbolismus mit sprachlichen Mitteln zu „malen". Die Materialität, die die Sprachvorstellung nun bestimmt, führt dazu, dass, nun als sprachfremd definiert, in diesem Fall optische Effekte, vermieden werden. Die Personifizierung als ästhetische Figur parallelisiert in Döblins Erzählung die semantische und grammatische Ebene. Wenn der Spind als weibliche Person erscheint, wird auch sein grammatisches Geschlecht dem angepasst.

Die Personifizierung der Dinge als weibliche Lebewesen ist einerseits verknüpft mit dem „Spleen" des Blasierten, spielt andererseits aber mit der Arbitrarität sprachli-

---

[226] Der Vorgang der Projektion und der Verlebendigung ist schon in der romantischen Literatur zu finden, etwa in E. T. A. Hoffmanns Novelle *Der Sandmann*, in der die Puppe Olympia für Nathanael zur lebendigen Frau wird; neu ist bei Heym der Bezug zum Kunstwerk.

[227] Alfred Döblin, Die Memoiren des Blasierten. In: Ders., Erzählungen aus fünf Jahrzehnten, S. 87-95, S. 89.

[228] Zur genaueren Funktion der Geschlechterdifferenz in Döblins Erzählung: Annette Keck, Avantgarde der Lust. Autorschaft und sexuelle Relation in Döblins früher Prosa. München 1998, S. 151-224.

cher Bezeichnungen. Während Musil und Benn den durch diese Voraussetzung gewonnenen Spielraum dadurch nutzen, dass sie die Metaphorik radikalisieren, löst Döblin die bildliche Bedeutung der Personifizierung vollständig auf.

Zwar ist Döblins Rezeption des Symbolismus kaum durch seine eigenen Äußerungen belegbar, andererseits ist der Einfluss des Symbolismus in den Erzählungen aus dem Band *Die Ermordung einer Butterblume* unübersehbar. Erst in *Berlin Alexanderplatz* erscheint - kurioserweise inmitten halb pornographischer Ratgeberliteratur - explizit d'Annunzios Roman *Lust*, über dessen unrealistische Frauen-Darstellung Franz Biberkopf sich wundert.[229] In Döblins frühen Erzählungen werden dagegen Motive zitiert, die dem Fin de Siècle entstammen, aber nicht immer einem bestimmten Autor zuzurechnen sind. So taucht etwa in *Der Ritter Blaubart* der Schleiertanz auf, der durch die verschiedenen Salomé-Bearbeitungen (Moreaus Bilder, Huysmanns Beschreibungen dieser Bilder, Texte von Wilde, Mallarmé und Maeterlinck) inspiriert ist, ohne dass eine dieser Varianten eindeutig als intertextuelle Folie bestimmbar ist. Zusätzlich gibt es ein paar wenige Szenen in den Erzählungen, die Texte von zwei Autoren als Lektüre zumindest nahelegen: Auffällig sind inhaltliche Parallelen zu Maurice Maeterlincks Dramen *Prinzessin Maleine* sowie *Ariane und Blaubart*[230] und zu Heinrich Manns Romantrilogie *Die Göttinnen*.[231] Vor allem Maeterlincks Dramen zeigen zudem bei aller „neoromantischer" Begeisterung für Spukgeschichten und Wunder eine Einfachheit und Bilderlosigkeit der Sprache, die für Döblin interessant gewesen sein muss. So sagt Hjalmar in Maeterlincks Stück *Prinzessin Maleine*:

> ‚Gestern abend? - Oh, es sind seltsame Dinge passiert gestern abend!- Aber ich möchte im Moment lieber nicht davon sprechen. Geht eine Nacht in das Wäldchen am Park, zum Springbrunnen; und Ihr werdet feststellen, daß, nur für gewisse Momente und nur, wenn man sie ansieht, die Dinge sich ruhig verhalten wie brave Kinder und nicht seltsam und eigenartig scheinen; doch sobald man ihnen den Rücken kehrt, schneiden sie Euch Fratzen und machen dumme Streiche […]'.[232]

Die Belebtheit der Dinge ist auch ein Thema, über das der Blasierte reflektiert, und Döblins Drama *Lydia und Mäxchen* nimmt diese Belebtheit wörtlich: Stuhl, Spind und Kandelaber proben den Aufstand, sobald die Figuren ihnen den Rücken zudrehen.[233]

---

[229] Alfred Döblin, Berlin Alexanderplatz. München 1965, S. 60.

[230] In *Der Ritter Blaubart*: die Schlussszene von *Ariane und Blaubart*, in der die zusammengelaufene Menge Blaubart versucht zu lynchen (in: Die frühen Stücke, Bd. 2, S. 139-164, S. 161), s. Döblin, Ritter Blaubart. In: Ders., Erzählungen aus fünf Jahrzehnten, S. 79; aus *Die Prinzessin Maleine* das scharrende Geräusch, das den Tod der Prinzessin Maleine anzeigt und von einem Tier, einem schwarzen Hund, verursacht wird (in: Die frühen Stücke, Bd. 1, S. 76), s. Döblin, S. 82/83.

[231] In *Die Memoiren des Blasierten* erscheinen Motive aus Heinrich Manns 2. Bd. Minerva: die Melancholie, der Verein zur Bekämpfung der Liebe, die Behauptung, nie geliebt zu haben, als Eigenschaften des Herrn von Siebelind (Heinrich Mann, Minerva. In: Ders., Die Göttinnen. Drei Romane der Herzogin von Assy. Studienausgabe in Einzelbänden. Bd. II. Frankfurt/M. 1987, S. 44, 46, 60); vgl. Döblin, Die Memoiren des Blasierten. In: Ders., Erzählungen aus fünf Jahrzehnten, S. 87, 92 (Klagschrift gegen die Liebe), S. 90 (nie geliebt).

[232] Maurice Maeterlinck, Prinzessin Maleine. In: Ders., Die frühen Stücke. Bd. 1. München 1983, S. 5-85. Drei zeitgenössische Übersetzungen 1901-2.

[233] Alfred Döblin, Lydia und Mäxchen. Tiefe Verbeugung in einem Akt. In: Ders., Drama. Hörspiel. Film. Hrsg. v. Erich Kleinschmidt. Olten/Freiburg i.Br. 1983, S. 9-31; Kleinschmidt äußert in seinen Anmerkungen zum Drama die Vermutung, es sei eine Parodie „neuromantischer Stücke vor allem Maeterlincks" (S. 590); es ist nicht nur eine Parodie, sondern auch eine Fortführung.

Die Personifizierung, die bei Heinrich Mann durch die Verben der Bewegung inszeniert wird, tritt in Döblins Drama als „reale" Bewegung der personifizierten Dinge auf. Die Dinge erhalten dadurch nicht etwa eine Seele, sondern die Möglichkeit, sich fortzubewegen. Das symbolistische Konzept der Personifizierung wird also vom Kopf auf die Füße gestellt. Damit verliert es aber seine Funktion als bildliche Redeweise: Die Dinge werden nicht personifiziert, sie sind Personen und können also wie Figuren in einem Drama auftreten.

In den *Memoiren des Blasierten* erscheinen darüber hinaus „tote Dinge", die die Wirkung von lebendigen auf das Subjekt ausüben. Das Subjekt kann der Bewegtheit der Dinge offensichtlich nicht mehr entgehen: Dreht es ihnen den Rücken zu, „schneiden sie Fratzen"; sieht es sie an, bleiben sie zwar unbewegt, provozieren es aber zu einem Verhalten, das sie als lebendige anerkennt. In *Die Memoiren des Blasierten* formuliert Döblin die Personifizierung dadurch um, dass er die Geschlechtlichkeit des Dings und sein grammatisches Geschlecht parallel setzt. Dasselbe Verfahren erscheint auch in August Stramms kurzem Prosatext *Warten*.

> mit dem Revolver schieß ich sie nieder. wie leicht er in der Hand liegt. zierlich. flach. die Mündung vorn. und rund. fein. zum Küssen. Lippen. haha! ich bin verliebt. der Revolver ein Mädchen! ich hab noch nie mit ihr geschossen. jungfräulich. und die kleinen Patronen. sie hinein passen. schlüpfen.[234]

Stramms Text folgt derselben Logik wie Döblins *Memoiren eines Blasierten*. Der Revolver wird zu einer Person und gegen sein grammatisches Geschlecht zu einem „Mädchen", welches das sprechende Ich mit dem weiblichen Personalpronomen bezeichnet - grammatisch wiederum falsch, aber den Assoziationen des Sprechenden angemessen. Im Gegensatz zur Motivierung der weiblichen Benennung bei Döblin sind die Assoziationen des Sprechenden bei Stramm eindeutig triebhaft unterlegt. Aus der Personifizierung wird eine Personifizierung unbewusster Wünsche, welche die sprachliche Gestalt dominiert. Auch Stramms Text ist gekennzeichnet durch eine bilderlose Sprache, ähnlich wie sie Döblin entwickelt hat. Die Personifizierung verlässt hier also den bildlichen Bereich und wird zu einer rein grammatischen, meist die Syntax verändernden ästhetischen Figur.

Ausgehend vor allem von den deutlichen Parallelen in Stramms Dramen *Sancta Susanna* und *Die Haidebraut* ist seine Kenntnis von Maeterlincks Stücken wohl vorauszusetzen.[235] Nicht nur die Szenerie ähnelt Maeterlincks Kulisse, auch die Bedeutung von Geräuschen und nicht menschlichen Figuren entspricht der Verwendung von Klopfen, heulenden Winden und von Tieren in Maeterlincks Dramen. Stramms Dramen behalten dabei noch die symbolische Bedeutung dieser Elemente bei. Wenn in *Sancta Susanna* eine Spinne auf dem Altar auftaucht, weist sie auf die Versuchung Susannas. Genauso zeigt in *Prinzessin Maleine* der schwarze Hund die tödliche Bedrohung für die Prinzessin

---

[234] August Stramm, Warten (1926). In: Ders., Die Dichtungen. Sämtliche Gedichte, Dramen, Prosa, S. 259-60, S. 260.

[235] S. dazu: René Radrizzanis Nachwort in: Stramm, Das Werk, S. 421; Hartmut Riemenschneider, Der Einfluß Maurice Maeterlincks auf die deutsche Literatur bis zum Expressionismus, S. 275-284; auch Lothar Jordan geht in seinem Forschungsüberblick von „symbolistischen Dramen" aus und ordnet Stramm in dieser Hinsicht ins Fin de Siècle ein: Bemerkungen zu Stand und Aufgaben der Stramm-Forschung. In: August Stramm. Beiträge zu Leben, Werk und Wirkung. Hrsg. v. Lothar Jordan, Bielefeld 1995, S. 103-134, S. 126 u. S. 129 f.

an.[236] *Sancta Susanna* ist in dieser Hinsicht also nicht moderner als Maeterlincks Stücke. Trotzdem stellen *Sancta Susanna* und *Die Haidebraut* den Ausgangspunkt der Entwicklung dar, die zu Stramms moderner Lyrik führt. Vor allem in den Regie-Anweisungen benutzt Stramm Personifizierungen, die die Bewegtheit der Dinge anzeigen: „Die Blüten schlugen", „Weißstrahlige Wolken türmen über den Himmel und jagen krasse Schatten über die Haide", „undurchdringliche Finsternis gähnt herein", „Die Sonne zerflutet die Nebel"[237]. Während die Personifizierungen hier noch an Naturerscheinungen gebunden sind, sind sie in Stramms späteren Gedichten und Prosatexten nicht mehr auf ein besonderes Gebiet beschränkt.

Patrouille

Die Steine feinden
Fenster grinst Verrat
Aeste würgen
Berge Sträucher blättern raschlig
Gellen
Tod.[238]

An dieser Stelle wird auch die Abhängigkeit des Expressionismus von den sprachlichen Innovationen des Symbolismus deutlich: Einerseits könnte dieses Gedicht als Beispiel für den Expressionismus dienen - die subjektive Empfindung der Bedrohung wird durch die sprachliche Inszenierung zum Ausdruck gebracht-, andererseits ist die Verarbeitung der symbolistischen Personifizierung, wie sie in der zitierten Gartenszene aus Heinrich Manns *Göttinnen*-Trilogie zu beobachten war, grundlegend für seine sprachliche Formulierung.[239] Am auffälligsten ist die Rolle der Verben, deren Bedeutung im Verhältnis zu den Substantiven, deren Personifizierung sie zum Ausdruck bringen, wächst. In einigen Gedichten Stramms geht diese Entwicklung so weit, dass die Substantive nicht mehr eindeutig zu bestimmen sind, weil sie sich den Verben annähern.[240] Die syntaktische Hierarchie, die die Personifizierung sprachlich bedeutet - ein Verb dient einem Substantiv zu dessen Verlebendigung - wird so außer Kraft gesetzt. Die Materialität der Sprache ebnet hier die hierarchisch strukturierte Sinngebung ein.

Die Betonung der Materialität der Sprache, die den modernen Umgang mit der Personifizierung kennzeichnet, ist auch in Kafkas Texten zu finden. Gleichzeitig zeigt sein Text *Die Sorge des Hausvaters* Parallelen zu Döblins und Heyms Umgang mit der Personifizierung, weil dort ebenfalls ein Ding lebendig wird.

Die einen sagen, das Wort Odradek stamme aus dem Slawischen und sie suchen auf Grund dessen die Bildung des Wortes nachzuweisen. Andere wieder meinen, es stamme aus dem Deutschen, vom Slawischen sei es nur beeinflußt. Die Unsicherheit beider Deutungen aber läßt wohl mit Recht darauf schließen, daß keine zutrifft, zumal man auch mit keiner von ihnen einen Sinn des Wortes finden kann. Natürlich würde sich niemand mit

---

[236] Maurice Maeterlinck, Prinzessin Maleine, S. 50-52.

[237] Stramm, Sancta Susanna. In: Ders., Die Dichtungen, S. 173; Ders., Die Haidebraut. In: Die Dichtungen, S. 185, S. 190, S. 193.

[238] Ebd., S. 102.

[239] S. dazu schon Kurt Mautz, Georg Heym, S. 25, der bezogen auf Heym „die Genesis der expressionistischen Bilder- und Formensprache aus der symbolistischen" konstatiert.

[240] S. z.B. August Stramm, Die Menschheit: „Lichte Tränen/ Wellen krieseln" u.ä. (Stramm, Die Dichtungen, S. 64)

solchen Studien beschäftigen, wenn es nicht wirklich ein Wesen gäbe, das Odradek heißt. Es sieht zunächst aus wie eine flache sternartige Zwirnspule, und tatsächlich scheint es auch mit Zwirn bezogen; allerdings dürfen es nur abgerissene, alte, aneinander geknotete, auch auch ineinander verfitzte Zwirnstücke von verschiedenster Art und Farbe sein. Es ist aber nicht nur eine Spule, sondern aus der Mitte des Sternes kommt ein kleines Querstäbchen hervor und an dieses Stäbchen fügt sich dann im rechten Winkel noch eines. Mit Hilfe dieses letzteren Stäbchens auf der einen Seite, und einer der Ausstrahlungen des Sternes auf der anderen Seite, kann das Ganze wie auf zwei Beinen aufrecht stehen.[241]

Kafkas Text ähnelt nicht nur Döblins kurzem Drama in der Belebung des Dings, sondern nimmt auch einen Aspekt seiner Erzählung *Die Memoiren eines Blasierten* wieder auf. So wie dort die Beziehung zwischen dem Ding und seiner Bezeichnung problematisch wird, erscheint hier der Bezug zwischen dem Ding und seinem Namen nicht erklärbar.

Der Gegenstand nennt sich selbst „Odradek", er verhält sich also ähnlich wie die Dinge in Döblins Drama, auch dort reden der Stuhl und der Leuchter. Da der Odradek jedoch ein unbekannter Gegenstand ist, kann ihn der Hausvater in keine sprachliche Kategorie einordnen. Damit funktioniert die Bezeichnung „Odradek" nicht wie ein Substantiv, sondern wie ein Eigenname. Zwar besteht der Odradek aus eher alltäglichen Elementen, dennoch fällt er insgesamt aus der alltäglichen Realität heraus. Auch sein Name lässt sich nicht in die bekannten Sprachen einordnen. Möglicherweise hat der letzte Teil von Hofmannsthals berühmten Chandos-Brief Kafka bei der Erfindung von Odradek inspiriert.

Ich fühlte in diesem Augenblick [...], daß ich auch im kommenden und im folgenden und in allen Jahren dieses meines Lebens kein englisches und lateinisches Buch schreiben werde [...] weil die Sprache, in welcher nicht nur zu schreiben, sondern auch zu denken mir vielleicht gegeben wäre, weder die lateinische noch die englische noch die italienische und spanische ist, sondern eine Sprache, von deren Worten mir auch nicht eines bekannt ist, eine Sprache, in welcher die stummen Dinge zu mir sprechen, und in welcher ich vielleicht einst im Grabe vor einem unbekannten Richter mich verantworten werde.[242]

Bei Kafka gibt sich ein sonst stummes Ding einen Namen in einer Sprache, die kein Deutsch und keine slawische Sprache ist. Während Lord Chandos glaubt, nur in einer ihm bisher unbekannten Sprache ein Buch schreiben zu können, weil sie nicht verbraucht, sondern neu und wahr ist, reagiert der Hausvater mit Irritation auf die unbekannte Benennung. Lord Chandos verleiht der imaginierten Sprache metaphysische Dignität, weil sie auch die Sprache des jüngsten Gerichts ist, während der Hausvater von der möglichen Unsterblichkeit Odradeks eher schmerzlich berührt ist. Durch diese Unsterblichkeit scheint das Ding, das nicht stirbt, dem Menschen überlegen zu sein. Diese andere Akzentuierung kann man als Zeichen für die Desillusionierung der Moderne lesen, die in den um 1910 entstandenen Texten erstmals radikal deutlich wurde.

Kafkas Rezeption des Symbolismus ist vor allem durch Max Brods Bericht über ihre gemeinsame Lektüre bezeugt. In den Jahren 1902-4 scheinen Kafka vor allem

---

[241] Franz Kafka, Die Sorge des Hausvaters. In: Ders., Ein Landarzt und andere Drucke zu Lebzeiten. Nach der kritischen Ausgabe hrsg. v. Hans-Gerd Koch. Frankfurt/M. 1994, S. 222-223, S. 222.

[242] Hugo von Hofmannsthal, Ein Brief. In: Ders., Sämtliche Werke XXXI. Hrsg. v. Ellen Ritter. Frankfurt/M. 1991, S. 45-55, S. 55.

Hofmannsthals Texte beschäftigt zu haben.[243] In den Hofmannsthalschen Essays, die Kafka laut Brod gekannt haben soll, werden nicht nur Zweifel an den Fähigkeiten der Sprache dargestellt, sondern auch Aspekte der Symbolik beschrieben.

> Die Natur hat kein anderes Mittel, uns zu fassen, uns an sich zu reißen, als diese Bezauberung. Sie ist der Inbegriff der Symbole, die uns bezwingen. Sie ist, was unser Leib ist, und unser Leib ist, was sie ist. Darum ist Symbol das Element der Poesie, und darum setzt die Poesie niemals eine Sache für eine andere: sie spricht Worte aus, um der Worte willen, das ist ihre Zauberei. Um der magischen Kraft willen, welche die Worte haben, unseren Leib zu rühren, und uns unaufhörlich zu verwandeln.[244]

Einerseits spricht im Symbol die Natur, die den Menschen mit anderen Dingen und Lebewesen aus dem Bereich der Natur in Beziehung setzt. Andererseits können auch Elemente von poetischen Texten Symbole sein. Nach dem Verständnis von Hofmannsthal haben Symbole keine paraphrasierbare Bedeutung, sie sind „Chiffren, welche aufzulösen die Sprache ohnmächtig ist"[245]. Verglichen mit der Einordnung der Symbole in die antike Mythologie in Heinrich Manns *Göttinnen*-Trilogie gewinnt das Symbol bei Hofmannsthal größere Selbständigkeit, weil es nicht eindeutig an eine bestimmte übertragene Bedeutung gebunden ist. Durch seinen Rätselcharakter, der sowohl für das natürliche wie für das poetische Symbol gilt, entzieht es sich aber gleichzeitig der Arbitrarität sprachlicher Zeichen, es deutet also auf etwas Wesenhaftes, das nur nicht formulierbar ist.

Kafkas Odradek kann als Chiffre im Hofmannsthalschen Sinn gelesen werden: Sein Rätselcharakter lässt sich nicht auflösen. Odradek verbindet aber auch keine getrennten Bereiche mehr, etwa den von menschlichen mit dem natürlichen. Er ist weder ein natürliches Objekt[246], das als Chiffre lesbar wäre, noch ein poetisches Bild. Trotzdem hat er einen Eigennamen und Zugang zur Sprache. Sein Name ist ein sprachliches Zeichen, dem wie der Chiffre keine diskursiv formulierbare Bedeutung zugewiesen werden kann. Die Natur kann sich nicht in ihm verkörpern, weil er kein organisches Wesen ist - im doppelten Sinn des Wortes: er hat keine Organe und er ist nicht aus organischer Materie. Das Subjekt, der Hausvater, kann sich nicht mit Odradek identifizieren, weil er nicht ist, „was unser Leib ist". Ein Wesen wie Odradek macht aber die Voraussetzungen der Hofmannsthalschen Symbolvorstellung deutlich: Sie lebt von Anthropomorphismen, die es ermöglichen, das Subjekt mit Dingen und Lebewesen, denen es in der Außenwelt begegnet, in Beziehung zu setzen. Der Odradek ist dagegen

---

[243] Max Brod gibt in *Franz Kafka. Eine Biographie* (Frankfurt/M. 1962, S. 58) von Hofmannsthal *Ein Brief* und *Gespräch über Gedichte* als wichtig für Kafka an. Binder führt außerdem *Über Charaktere im Roman und im Drama*, die Erzählung *Das Erlebnis des Marschalls von Bassompierre* an, Kafka schenkte Brod *Das kleine Welttheater oder Die Glücklichen*, s. dazu: Hartmut Binder, Kafka-Handbuch Bd. 1, S. 312-315, der Hofmannsthal als den Autor mit der größten Wirkung auf Kafka in dessen mittlerer Studienzeit ansieht (S. 312) und sein Interesse mit Hofmannsthals gegen den Naturalismus gerichteten Kunstauffassung erklärt (S. 314); generell zur Verbindung zum Ästhetizismus: Mark M. Anderson, Kafka's Clothes. Ornament and Aestheticism in the Habsburg Fin de Siècle, Oxford 1992.

[244] Hugo von Hofmannsthal, Das Gespräch über Gedichte. In: Ders., Sämtliche Werke XXXI, S. 74-86, S. 81.

[245] Ebd., S. 80.

[246] Die Künstlichkeit des Odradek kann durchaus ebenfalls als Reflex des Symbolismus gelesen werden, etwa als Bezug zu Huysmans' *Gegen den Strich*. Des Esseintes ist besessen davon künstliche und gleichzeitig lebendige Objekte zu erfinden. Künstlichkeit heißt hier aber möglichst prunkvolle Schönheit, nicht die Abgerissenheit, die Odradek vorführt.

nicht anthropomorph gestaltet und so menschlichen und natürlichen Gesetzen gleichermaßen entzogen.

> Vergeblich frage ich nicht, was mit ihm geschehen wird. Kann er denn sterben? [...] Er schadet ja offenbar niemanden; aber die Vorstellung, daß er mich auch noch überleben sollte, ist mir eine fast schmerzliche.[247]

Bei Hofmannsthal wäre der Tod des Menschen, der dem Symbol in der Natur und in der Poesie begegnet, auch der Tod des Symbols, weil die Wirkungen des Symbols nur am menschlichen „Leib" spürbar werden.[248] Der Odradek aber könnte den Hausvater überleben. Er ist weder sprachlich noch existentiell vom Menschen abhängig, sondern führt vor, welche Bedingungen erfüllt sein müssen, damit ein Gegenstand überhaupt mit sprachlicher Bedeutung versehen werden kann: Sein Name und sein Körper, „dieses Gebilde", müssen „Sinn" ergeben. Da er diese Bedingungen nicht erfüllt, bleibt er sprachlich nicht fassbar, er hat nur einen Eigennamen, der ihn aber nicht in das System der bekannten Sprachen einordnet. Gegen die Personifizierung und das bildliche Verfahren, die das Ding zum uneigentlichen Gegenstand machen würden, setzt Kafka also die Autonomie des Objekts und dessen eigene, dem Menschen unverständliche Sprache.

Hofmannsthals Begegnung des Subjekts mit der Natur oder der Poesie im Symbol bietet wie andere Formen symbolistischer Bildlichkeit einen Ansatzpunkt zur Entwicklung des um 1910 entstehenden Konzeptes der Metapher, weil in der poetischen Chiffre ein Schritt hin zur ästhetischen Autonomie der Sprache gemacht ist. Darüber hinaus inszenieren die modernen Autoren im poetischen Bild entweder auch sprachlich materiale Eigenschaften mit oder geben die traditionelle, bildliche Rede wie Kafka, Stramm und Döblin ganz auf.

Hofmannsthals programmatische Äußerungen zum Symbol können aber nicht nur auf die poetische Bildlichkeit bezogen werden, sondern sind auch als Ausdruck eines Stilwillens lesbar. Durch Hofmannsthals spezifisches Verständnis des Symbols bleibt dessen Rätselcharakter abhängig von der Visualisierung im „Draußen". Diese Abhängigkeit von der Visualisierung kann mit dem Konzept des Stils verknüpft werden.

> [...] wo ist das Symbol wahrhaft sichtbar? wo manifestiert es seinen ‚Geist' wahrhaft im Raume? Gewiß in den bildenden Künsten, gewiß in der Architektur gewiß auf dem Theater: gewiß als Stil.[249]

Broch hat bei seiner späten Auseinandersetzung mit dem Symbolismus natürlich den Vorteil der bereits miterlebten klassischen Moderne. Nach Kafka und Joyce, die Broch beide mit Hofmannsthal vergleicht[250], wirkt der Symbolismus konservativer, als er es für die Zeitgenossen war. Außerdem ist aber - wie in Benns Äußerung, die dieses Kapitel einleitete - die eigene Gebundenheit an den Symbolismus im Rückblick noch deutlicher sichtbar. Brochs nimmt seine Argumentation aus den frühen „Notizen zu einer

---

[247] Franz Kafka, Die Sorge des Hausvaters, S. 223.

[248] Zum Zusammenhang zwischen Körper, Chiffre und Symbol bei Hofmannsthal s. Georg Braungart, Leibhafter Sinn. Der andere Diskurs der Moderne. Tübingen 1995, S. 219-230.

[249] Hermann Broch, Hofmannsthal und seine Zeit. Eine Studie. In: Dichten und Erkennen. Essays Bd. 1, Zürich 1955, S. 43-182, S. 142.

[250] Ebd., S. 161-165.

systematischen Ästhetik" in der Beschreibung des Stils und seiner Bedeutung für Hofmannsthal wieder auf. Hofmannsthal erscheint als ein Autor der „décadence, die das naive ernsthafte Pathos der alten Stile durch eine schöne Skepsis ersetzt"[251], der aber nicht zur wirklichen Neuschöpfung vordringt.

Die Kultur der Moderne lässt sich nach Brochs Meinung nun nicht mehr mit dem Stilbegriff erfassen, sondern bewegt sich auf dem Gebiet des Mythos. Ihre Aufgabe ist es, so Broch, den Gegenmythos zu entwerfen. Der Gegen-Mythos löst bei Broch als Aufgabe des modernen Schriftstellers die traditionelle Mythologie ab, deren Effekte für ihn anscheinend bis zum Roman des 19. Jahrhunderts reichen.

> Maschinendschungel, Betondschungel, Zivilisationsdschungel: […] Es ist die Situation einer äußersten Hilflosigkeit, und Kafka, nicht Joyce ist ihr gerecht geworden; in Kafka finden sich Ansätze zu dem ihr adäquaten Gegen-Mythos, in dessen Instrumentarium die Heldensymbole, die Vater- und sogar die Muttersymbole nebensächlich oder ganz überflüssig werden; weil es um die Symbolisierung der Hilflosigkeit an sich, kurzum der des Kindes, geht. Hofmannsthal aber, dank dichterischen Irrationalwissens näher zu Kafka als zu Joyce, hat das gleichfalls gespürt: hätte er sich der fatalen Bühnenkostümierungen, die ihn mit ihren livrierten Bedienten usw. allüberallhin als dauernde Hemmung verfolgten, zu entledigen vermocht, es wäre die gegenmythische Kraft eines Stückes nach Art des ‚Nächtlichen Gewitters' […] deutlich und fruchtbar geworden.[252]

Broch fordert hier vom modernen Dichter, dass seine Literatur der Dialektik der Aufklärung adäquat sein soll. Der Gegenmythos der Moderne darf das Subjekt nicht wie im Mythos als Herrscher über die Situation darstellen, sondern muss seinem Ausgeliefertsein gegenüber Technik und moderner Gesellschaft Rechnung tragen. Hofmannsthal hat aber an der Sichtbarkeit seiner Symbole, an „Bühnenkostümierungen" festgehalten, deswegen zeigt sein Stil Elemente einer (geschichtlich veralteten) Staffage. Hofmannsthals Fortführung des „Burgtheater-Stils", den Broch ihm als eigene Stilform zuschreibt,[253] wird damit nach Brochs Verständnis zum Hindernis für die Modernisierung der Schreibweise.

Brochs Argumentation gegen Hofmannsthal und für Kafka scheint vom Schriftsteller die moderne Reduktion der Mittel zu fordern, lehnt auf jeden Fall aber symbolistische Stilformen ab. Gleichzeitig wird aber auch Kafkas Schreiben wieder als symbolisch lesbar charakterisiert. Wenn Broch Kafkas Texte für die *Symbolisierung* der kindlichen Hilflosigkeit hält, scheint er eine ästhetische Kategorie aufzunehmen, die auch für symbolistische Texte gelten könnte. Darüber hinaus wäre die Frage, inwiefern sich diese Perspektive der Moderne auf Brochs Roman *Die Schlafwandler* beziehen lässt. Möglicherweise ist die Problematik des Romans gerade darin zu sehen, dass seine drei Teile etwas „symbolisieren" wollen.

Brochs Vorstellung, dass es die Aufgabe der Moderne ist, einen Gegenmythos zu schaffen, lässt sich jedoch einordnen in Äußerungen und Texte anderer moderner Autoren. Nicht nur Kafka und Joyce, auch Döblin und die französischen Surrealisten wären zu nennen. In dieser Hinsicht ist Brochs Konzept eindeutig von der Thomas Mannschen Ironie abzugrenzen. Während sich für Th. Mann die Kunst an moralischen Grundsätzen orientieren soll, die in der ironischen Distanz als Stilform zum Ausdruck

---

[251] Broch, Notizen zu einer systematischen Ästhetik, S. 31.
[252] Broch, Hofmannsthal und seine Zeit, S. 164 f.
[253] Ebd., S. 147 f.

kommen, geht Broch im Hinblick auf den zweiten Punkt einen anderen Weg. Seine e-
her konservative Haltung in der Ausrichtung der Kunst an Moral und Erkenntnis wird
hier ergänzt durch eine moderne Antwort auf den Symbolismus.

Dagegen lehnt Thomas Mann den Symbolismus generell ab. Von den Bespre-
chungen zu den Buddenbrooks hebt er eine besonders hervor, weil

> sie das Buch zusammen mit einem italienischen, einem eben übersetzten Roman des
> d'Annunzio behandelte und den pessimistischen Moralismus meiner Erzählung gegen
> den üppigen Ästhetizismus des Lateiners stellte. *Den Ausschnitt trug ich in meiner Brust-
> tasche und zeigte ihn gern. Das war es. So war ich und wollte ich sein.*[254]

Thomas Manns Polemik gegen d'Annunzio richtet sich auch gegen die Literatur seines
Bruders, dessen Romantrilogie *Die Göttinnen* von d'Annunzio beeinflusst ist.[255] An seiner Abwehr des Ästhetizismus ist aber die Begründung seines Vorbehalts besonders interessant. Er beschuldigt, die ästhetizistischen Schriftsteller sich zu nah an Dinge und
Figuren heranzuschreiben, vermisst in ihren Texten die Distanz zu den Objekten und
die (moralische) Kritik am Leben und am Genuss.[256] Wie im Fall der Nietzsche-
Rezeption ist für Thomas Mann auch die Lektüre des Symbolismus belegt. Sie trägt vor
allem zur Neufassung des Stilbegriffs bei.

> Ich wiederhole, daß ich mit dem Renaissance-Ästhetizismus gewisser ‚Nietzscheaner‘ in-
> nerlich nie irgend etwas zu schaffen gehabt habe. Was mich ihm aber fernhielt, das
> mochte, es ahnte mir früh, mein Deutschtum sein; die ‚Schönheit‘, wie jene Dionysier sie
> meinten und mit steiler Gebärde verherrlichten, erschien mir von jeher als ein Ding von
> Romanen und Romanisten, als ein „Stück Süden" ziemlich verdächtiger, verächtlicher
> Art […][257]

Dieses Zitat, das schon als Beleg der Mannschen Nietzsche-Rezeption diente, zeigt
gleichzeitig seine Lesart des Symbolismus. Er wirft den Symbolisten die seiner Meinung
nach kritiklose (also auch ironielose) Verherrlichung des Lebens vor. Darüber hinaus
verschmilzt die ironielose Schreibweise mit dem dargestellten Objekt: Die Ästhetizisten
sind also Dionysier, weil sie, anstatt die Distanz im Stil zu wahren, gerade an der Aufhebung dieser Distanz arbeiten. Im Grunde liest Mann d'Annunzio oder auch Heinrich
Mann viel moderner, als deren Texte tatsächlich sind. Die „dionysische" Entgrenzung
der Schreibweise in Richtung des Sujets findet, wie oben gezeigt, erst bei den Autoren
der nachfolgenden Generation statt.

Gleichzeitig führt der ironische Stil, den Th. Mann in seiner Prosa pflegt, um die
Distanz gegenüber dem „Leben" aufrechtzuerhalten, zu einer Figurendarstellung, die
der symbolistischen Überhöhung nahe kommt.

> Abermals blieb er [Tadzio, S. K.] zur Ausschau stehen. Und plötzlich, wie unter einer Er-
> innerung, einem Impuls, wandte er den Oberkörper, eine Hand in der Hüfte, in schöner
> Drehung aus seiner Grundpositur und blickte über die Schulter zum Ufer. Der Schauen-
> de dort saß wie er einst gesessen, als zuerst, von jener Schwelle zurückgesandt, dieser

---

[254] Th. Mann, Betrachtungen eines Unpolitischen, S. 537.

[255] Der Einfluss der *Göttinnen* auf *Der Tod in Venedig* ist allerdings ebenso offensichtlich: S. dazu
Renate Werner, Skeptizismus, Ästhetizismus, Aktivismus. Der frühe Heinrich Mann. Düsseldorf 1972,
S. 117-129.

[256] Th. Mann, Betrachtungen eines Unpolitischen, z.B. S. 537 f. u. S. 538 f.

[257] Ebd., S. 533.

dämmergraue Blick dem seinen begegnet war [...] Ihm war aber, als ob der bleiche und liebliche Psychagog dort draußen ihm lächle, ihm winke; als ob er, die Hand aus der Hüfte lösend, hinausdeute, voranschwebe ins Verheißungsvoll-Ungeheure.[258]

Einerseits lassen sich die Übernahmen aus dem Symbolismus hier mit Händen greifen: Tadzio verkörpert an dieser Stelle nicht nur Hermes als Führer der Seelen in der Unterwelt, auch der Hintergrund der antiken Mythologie stimmt mit Heinrich Manns *Göttinnen*-Zyklus überein. Genau wie der Symbolismus will Th. Mann sich von der affirmativen Darstellung des Wirklichen lösen, sein Mittel dafür ist die Ironie als Stilform, die kritische Distanz zum Wirklichen vermitteln soll. Im letzten Zitat wird diese Funktion der Ironie durch die Betonung des „Als ob" angedeutet. Aschenbach hat sich von seiner eigenen Sinnlichkeit und Tadzios Schönheit, vom Wirklichen im Gegensatz zum „Geistigen", verführen lassen: Da die „Verherrlichung der Schönheit", wie sie Th. Mann dem Ästhetizismus vorwirft, hier also Thema ist, wird die symbolistische Überhöhung - Tadzio als Verkörperung eines Gottes - mit kritischem Impetus benutzt. Trotzdem erhält Tadzio gerade in der Schlussszene den Nimbus der übernatürlichen Erscheinung, die der symbolistischen Bildlichkeit näher steht als der modernen Überschreitung. Die Ironie als Stil zitiert und kritisiert also den Symbolismus, zeichnet ihn aber nicht mimetisch nach und formuliert so um, weil sie die Distanz zwischen Sujet und Schreibweise bewahren muss. Dabei ist der ironische Gestus auch Ausdruck der (moralischen) Haltung des Autors.[259] Dadurch unterscheidet er sich ebenfalls von den modernen Verfahren der Textproduktion.

Die moderne Umformulierung der Bildlichkeit gibt dagegen die Distanz des Stils auf und nähert sich ihrem Sujet mimetisch. In der modernen Metapher und im modernen Vergleich sowie in der modernen Variante der Personifizierung entsprechen sich die sprachliche und die inhaltlich geschilderte Bewegung: Sie stellen also ästhetische Figuren der Moderne dar. Bei der Personifizierung kann außerdem der bildliche Anteil zugunsten der Lebendigkeit der Dinge aufgegeben werden. Die ästhetischen Figuren, die durch die Umformulierung von Metapher, Vergleich und Personifizierung entstehen, zeigen alle die Tendenz im Gegensatz zur traditionellen rhetorischen Figur inhaltliche Strukturen zu integrieren. Während die Zeit- und Geschichtsvorstellungen - wie im vorigen Kapitel dargestellt - mit sprachlichen Prozessen parallelisiert werden, nehmen jedoch im Bereich der Sprache rhetorische Figuren, formale bildliche Redeweisen, inhaltliche Elemente auf. Oftmals sind diese inhaltlichen Elemente und Strukturen an die Artikulation von Subjektivität gebunden. Während die Formulierung von Bildlichkeit im Symbolismus häufig mit einem sie narzisstisch genießenden Subjekt einhergeht, verliert das Subjekt in den modernen Texten seine Substanz. Brochs Beschreibung der Hilflosigkeit des modernen Subjekts weist bereits in diese Richtung, die jedoch literaturgeschichtlich ebenfalls nicht ohne Anknüpfungspunkt ist: Das moderne, nicht mit sich identische Subjekt ist ein Entwurf der Romantik.

---

[258] Th. Mann, Der Tod in Venedig, S. 524 f.
[259] S. Th. Mann, Betrachtungen, S. 576.

III. Die Romantik und die ästhetischen Figuren der Subjektivität

In den vorigen Kapiteln wurde schon häufiger auf ästhetische Elemente hingewiesen, die seit der Romantik formuliert sind. Das Wunder und die romantische Inszenierung des Subjekts spielen auch im Zusammenhang mit der Rezeption von Nietzsches Tragödien-Schrift und der antipsychologischen sowie antinaturalistischen Lektüre symbolistischer Texte eine Rolle. Die Weigerung, durch psychologische Erklärungen die eigenen Texte plausibel zu machen, führt dabei zu einer spezifischen Verwendung des romantischen Subjektentwurfs. Während ein Teil der Autoren die Brüchigkeit des Subjekts als Ausdruck des Unterschieds von Bewusstsein und Unbewusstem versteht, interpretiert die zweite Gruppe sie als Schwäche des Subjekts, dessen Innerlichkeit nicht mehr geschildert wird, weil das Subjekt als von außen bestimmt angesehen wird. Durch die erste Position erscheint das Innere des Subjekts als ein Ort der (ihm selbst unbewussten) Fülle, im zweiten Fall als leer.

Voraussetzung für beide Verarbeitungsformen ist aber die Betonung des modernen Charakters romantischer Subjektentwürfe. Diese Lesart der Romantik überträgt dabei die durch Nietzsche und die Symbolisten gewonnenen Erkenntnisse auf romantische Texte, um sie für die ästhetische Innovation der Moderne nutzbar zu machen.

> Die Bilanz zwischen Bewußtem und Unbewußtem in korrektem Sinne muß notwendigerweise einmal gezogen werden, und es wäre möglich, daß das Resultat (wenn man den Anteil des überlegenen, konstanten Faktors gegen das Andere in uns hält) ein überraschendes sei […] Da ich augenblicklich nicht reich an solchen Erkenntnissen bin, so ist es meine Aufgabe bei der Romantik u. Mystik in die Lehre zu gehen. Die einzige kritische Tätigkeit ist dabei, ihre Ideen auf den rein senti=mentalen Gehalt zu reduzieren, d.h. das abzuschneiden, was nur unter einem gewissen metaphysischen Gesichtspunkte, etwa dem der Schellingschen Naturphilosophie möglich ist.[260]

Musils Tagebucheintragung macht deutlich, dass eine der Voraussetzungen, unter der die Lektüre der romantischen Texte stattfindet, die durch Nietzsche vermittelte Kritik ihrer metaphysischen Elemente ist. Sie werden also nicht in ihrem historischen Kontext verstanden, sondern als Material, das für die eigene, gegenwärtige literarische Produktion fruchtbar gemacht wird. Der Ansatz zu einem neuen, in romantischen Texten entwickelten Subjektverständnis ist für Musil bis zum Zeitpunkt seines Schreibens unabgegolten und kann deswegen aufgenommen werden, die metaphysische Einbettung scheint dagegen obsolet geworden zu sein. Die Modernität der Romantiker liegt in der Erforschung der Innerlichkeit, des Verhältnisses „zwischen Bewußtem und Unbewußtem". Sie reflektieren den „Anteil des überlegenden, konstanten Faktor[s]" und entdecken „das Andere in uns". Die Spaltung der Psyche in Gefühl (senti=) und Geist (mentalen) zeigt dabei die Brüchigkeit des Subjekts an, die Musils Meinung nach schon in der Romantik zum Thema wurde.

Das zweite Element, von dem die moderne Lesart der Romantik mitstrukturiert wird, ist die symbolistische Verarbeitung sinnlicher Wahrnehmung zu innovativer Bildlichkeit.

> Zum Verständnis des Modernen: Im Verlaufe dieser Gedanken kam mir auch folgende Frage. Wie würden sich die Jenenser etwa zu d'Annunzio stellen? Sie würden das Mentale

---

[260] Robert Musil, Tagebücher, Bd. I, S. 139.

an ihm vermissen. Seine Sinnlichkeit möglicherweise gemein finden. Hier ging die moderne Anschauung deutlich einen anderen Weg [...] In der Durchgeistigung der Sinnlichkeit selbst (nicht in ihrer geistreichen Begründung und Verbrämung) ist aber noch wenig geleistet worden. Die Romantiker aus der Jenenserzeit würden sich als sentimentale Genußmenschen noch immer ziemlich vereinzelt fühlen.[261]

Die Texte der Romantik werden auch hier innerhalb eines Kontextes wahrgenommen, der bestimmt ist durch die Überlegungen zu einer modernen Ästhetik: D'Annunzio scheint bei der Einbeziehung der Sinnlichkeit in die Literatur bereits einen Schritt weiter zu sein als die Romantiker. Grundsätzlich hält Musil seine Betonung der Sinnlichkeit für den Weg in die Moderne, trotzdem ist auch in diesem Fall das entscheidende Problem - die „Durchgeistigung der Sinnlichkeit" - noch ungelöst.

Die Wichtigkeit von romantischen Elementen bei der Konstitution einer modernen Ästhetik ist im Umkehrschluss auch durch die Ablehnung romantischer Identitätskonzepte durch konservative Autoren zu belegen. Thomas Mann und Hermann Broch lesen romantische Autoren im selben ästhetischen Kontext wie Musil, allerdings mit dem Akzent auf der „gefährlichen" Brüchigkeit des Subjekts, die es zu vermeiden gilt. In Thomas Manns Essay über Kleists *Amphitryon* wird der Darstellung der gespaltenen Identität die Funktion einer „metaphysisch-pädagogische[n] Lektion"[262] zugeschrieben, die die Gefährdung des Subjekts durch die Einführung einer höheren, moralisch legitimierten Ebene wieder aufhebt. Dieselbe Funktion, nämlich Spannungen aufzuheben, erfüllt auch die ästhetische Form. Sosias' „Schizophrenie"[263], ausgelöst durch seinen Doppelgänger Merkur, kommentiert Mann:

> Das Spiel war grausam, aber fühlbar blieb es ein Spiel; es hielt sich im Humoristischen, Herzlichen, nicht wirklich Beleidigenden, es verband zwingende Eindringlichkeit und göttlich-dichterisch-unempfindlichen Leichtsinn auf eine Weise, die das Geheimnis eines Poeten ist, der auf eben diese Weise einen zweifellos um hoch krankhafter Reize willen erkorenen Gegenstand nicht nur möglich, nicht nur erträglich, sondern bezaubernd macht.[264]

Die Spaltung des Subjekts ist als Sujet nur dann zu verantworten, wenn die „Schizophrenie" in der Harmonie der Form aufgeht. Der Stil, der gegen den Symbolismus gewandt dessen Fähigkeit zu moderner Beunruhigung abwehren sollte, tritt hier ebenso als Bändiger der Romantik auf wie die Moral, die dem Zuschauer die „metaphysisch-pädagogische Lektion" erteilen soll. So wie Thomas Mann unter Berufung auf die Moral Nietzsche kritisiert hat, wird nun das gefährdete, „krankhafte", romantische Subjekt in der Sicherheit von Moral und Stil aufgehoben.[265]

---

261 Ebd., Bd. I, S. 139 f.

262 Thomas Mann, Kleists ‚Amphitryon'. Eine Wiedereroberung (1927). In: Ders., Gesammelte Werke Bd. IX, S. 187-228, S. 220.

263 Ebd., S. 193.

264 Ebd., S. 197.

265 Dabei sieht Thomas Mann die Größe der Phänomene als vergleichbar an, bestätigt also die Wichtigkeit der Romantik und Nietzsches Schriften für das „Ausdrucksniveau einer ästhetischen Kultur": „Die Tage jener literarischen Barbarei, die dem Verfall der Romantik folgte, sind gezählt, wenn sie nicht vorüber sind; Nietzsche's Name bedeutet Morgenröte und Zeitenwende auch hier [...]." (Ebd., S. 189). Die Schätzung Kleists lässt sich auch an einem späteren Text ablesen, in dem der „Kohlhaas" als „stärkste Erzählung deutscher Sprache" bezeichnet wird (Heinrich von Kleist und seine Erzählungen (1954). In: Gesammelte Werke Bd. IX, S. 833-842, S. 833). Rund um die Entstehung des *Doktor Faustus*

Auch für Hermann Broch spielt die „Neurotik" des romantischen Subjektentwurfs bei der Ablehnung der romantischen Ästhetik eine Rolle. Wie bei Thomas Mann
ist hierbei die Kategorie der Moral entscheidend, deren Forderungen Mann bei Kleist
allerdings als erfüllt ansieht. Broch dagegen wirft den Romantikern vor, dass sie in ihren
Texten Figuren zeigen, die ästhetische und ethische Maßstäbe miteinander verwechseln.

> In der Hochromantik wimmelt es nur so von Liebestragödien, von Selbstmorden und
> Doppelselbstmorden, denn zwischen irrealen Konvenüs wandelnd, die für ihn Symbol-
> wert angenommen haben, merkt der Neurotiker nicht, daß er unaufhörlich die ethische
> und ästhetische Kategorie miteinander verwechselt und Befehle befolgt, die überhaupt
> keine sind. Die einzige Kategorie, die da zum Vorschein gekommen ist, ist die des Kit-
> sches und die seiner Bösheit, die eben auch jene Selbstmorde verursacht hat.[266]

Die „Verwechslung" von Ethik und Ästhetik in der Romantik führt zur ästhetischen
und eben nicht ethisch gesteuerten Darstellung von Subjektivität, die Broch wiederum
als neurotisch versteht. So ist die Romantik nicht nur künstlerisch misslungen - nämlich
Kitsch -, sondern auch moralisch zweifelhaft.[267]
Ein weiterer Bereich der Romantik wird in Brochs Argumentation angesprochen,
der ebenfalls zu seiner Verurteilung beiträgt: die Phantastik. Kunst soll aus „Realitäts-
ahnungen"[268] entstehen, aus denen heraus neue „Realitätsvokabeln" geschaffen werden,
und nicht aus „irrealen Konvenüs". Der Romantik fehlt nach Broch durch ihre Neigung zum Irrealen auch die Fähigkeit zur künstlerischen Innovation. Der moderne
Roman ist für Broch dann gerade dadurch gekennzeichnet, dass er „einen heroischen
Versuch gemacht hat, sich gegen die Kitschwelle zu stemmen", die in der Romantik ihren Ursprung hat. Brochs Argumentation stellt also den Fall dar, in dem alle hier vorgeschlagenen Anknüpfungspunkte für ästhetische Modernisierung abgelehnt werden, der
Anspruch der Innovation aber - im Gegensatz zu Thomas Mann, der ihn zumindest nie
so konsequent formuliert - aufrecht erhalten wird. Unter diesen Voraussetzungen wird
Brochs Roman *Die Schlafwandler* auf seinen Standort innerhalb der Moderne zu überprü-
fen sein.
Anhand Kafkas Erzählung *Die Verwandlung* ist die Verknüpfung von Texten der
klassischen Moderne mit der Subjektvorstellung der Romantik bereits angedeutet worden. Die Auflösung der Identität in wechselnde, subjektive Zustände war sowohl bei
Kafka wie bei Kleist nachweisbar. Diese Aufgabe „kontinuitätsdeterminierter Anthro-

---

und die Überlegungen zum Zusammenhang von Faschismus und deutscher Romantik findet dann eine
erneute Zurückweisung der Romantik statt, die jedoch in unserem Kontext vernachlässigt werden
muss. Für die zehner Jahre ist - wie bei Musil, dessen zitierte Reflexionen an dasselbe Buch anschließen
- Ricarda Huchs *Blütezeit der Romantik* als Lektüre vorauszusetzen; s. dazu Hinrich Siefken, Thomas
Mann. Novalis und die Folgen. In: H. Castein/A. Stillmark (Hrsg.), Deutsche Romantik und das 20.
Jahrhundert. Stuttgart 1986, S. 121-140, S. 122 (dort auch die ältere Literatur zu Th. Manns Rezeption
der Romantik), die Novalis-Rezeption Manns beginnt spätestens während der Vorarbeiten zum *Zauber-
berg* (ebd., S. 125).

[266] Hermann Broch, Einige Bemerkungen zum Problem des Kitsches. Ein Vortrag (1950). In:
Ders., Schriften zur Literatur II, S. 158-173, S. 170 f.

[267] Als Beispiele für die von ihm aufgezeigte Tendenz der Hochromantik nennt Broch: Chamisso
(ebd., S. 161), Eichendorff (ebd.), dem Broch allerdings zubilligt, „in ganz wenigen Gedichten [...] sein
kosmisches Niveau durchgängig zu bewahren", und Novalis (ebd., S. 164/65), der geradezu als Erfinder der „Hochromantik" erscheint.

[268] Ebd., S. 168.

pologie"[269] bestimmt auch die ästhetische Form, deren Einheit jedoch in der Moderne weitaus gefährdeter ist. Durch die Desavouierung der Metaphysik und bei gleichzeitiger enger Verknüpfung von subjektiver Wahrnehmung und subjektivem Ausdruck mit künstlerischer Sprache wird - mit der Annahme der Nichtidentität des Subjekts - der sprachliche Ausdruck hochgradig problematisch. Die schmale, meist narzisstisch getönte, subjektive Basis, die im Symbolismus nötig war, um die Innovation der Bildlichkeit voranzutreiben, bricht mit der modernen Rezeption der Romantik zusammen. Dabei wird die Unausweichlichkeit dieses Zusammenbruchs durch das Bekanntwerden der Freudschen Psychoanalyse unterstützt. Wissenschaftliche Erkenntnisse einerseits, die Literatur der romantischen Vorgänger andererseits machen die Rückkehr zum identischen Subjekt unmöglich. Damit muss unter vollkommen neuen Bedingungen künstlerisch gesprochen werden.

1. Unbewusste Fülle

Die Voraussetzungen, die Symbolismus und Nietzsche-Lektüre geschaffen haben, eröffnen über den Zusammenbruch traditioneller literarischer Sprechweisen hinaus neue Ansatzpunkte: eben die Entwicklung ästhetischer Figuren im Bereich der Sprache sowie von Zeit und Geschichte. Auch der Zusammenbruch der Subjektvorstellung kann zur Konzeption von ästhetischen Figuren führen. Das nicht identische Subjekt, das die Romantiker entwerfen, bietet Ansatzpunkte, die bereits in Musils Tagebucheintragung erkennbar sind. Die Entdeckung des „Anderen in uns" kann für das Subjektkonzept der literarischen Moderne genutzt werden.

1.1 Außer-sich-Sein und Analogie

Robert Musil und August Stramm gehen in ihren Texten von der Vorstellung der unbewussten Fülle des Subjekts aus und entwickeln durch sie die ästhetische Figur des Außer-sich-Seins und der Analogie. Vor allem für Musil bildet dabei Novalis' Subjektentwurf die intertextuelle Folie, weil dieser durch die Erkundung der subjektiven Entgrenzung gekennzeichnet ist.

> Das willkürlichste Vorurteil ist, daß dem Menschen das Vermögen *außer sich* zu sein, mit Bewußtsein jenseits der Sinne zu sein, versagt sei. Der Mensch vermag in jedem Augenblicke ein übersinnliches Wesen zu sein. [...] Freilich ist die Besonnenheit in diesem Zustande, die Sich-Selbst-Findung - sehr schwer, da er so unaufhörlich, so notwendig mit dem Wechsel unsrer übrigen Zustände verbunden ist. Je mehr wir uns aber dieses Zustandes bewußt zu sein vermögen, desto lebendiger, mächtiger, genügender ist die Überzeugung, die daraus entsteht - der Glaube an echte Offenbarungen des Geistes. Es ist kein Schauen - Hören - Fühlen - es ist aus allen dreien zusammengesetzt - mehr, als alles Dreies - eine Empfindung unmittelbarer Gewißheit - eine Ansicht meines wahrhaftesten,

---

269 Karl Heinz Bohrer, Der romantische Brief, S. 100.

eigensten Lebens - die Gedanken verwandeln sich in Gesetze - die Wünsche in Erfüllungen. Für den Schwachen ist das *Faktum dieses Moments ein Glaubensartikel.*[270]
Novalis' Vorstellung des Außer-sich-Seins ist eine Möglichkeit, die Wirkungen des „Anderen in uns" zu beschreiben. Die „Offenbarung des Geistes", die im Zustand des Außer-sich-Seins stattfindet, ist paradox zusammengesetzt: Einerseits ist das Subjekt außer sich, andererseits soll es sich in diesem Zustand selbst finden. Es soll sich jenseits der alltäglichen, sinnlichen Wahrnehmung bewegen und sich dessen gleichzeitig bewusst sein. Gedacht ist anscheinend an einen Zustand wie ein „nüchterner Rausch" oder ein Traum im Wachen. Der Traum während des Schlafes fällt bereits aus dieser Beschreibung heraus, weil das Subjekt im Traum seiner selbst nicht bewusst ist. Das Subjekt ist also nicht wegen des Gegensatzes von Unbewusstem und Bewusstsein nicht mit sich identisch, sondern deswegen, weil das Bewusstsein und die Entgrenzung des Subjekts nicht miteinander vermittelt werden können.

Auch die Polarität von Sinnlichkeit und übersinnlichem Wesen des Menschen als Variante der Spaltung von Körper und Geist ist in Novalis' Fragment zu finden. Mit ihrer Abwertung der Sinnlichkeit als bloß tierische Eigenschaft ist sie jedoch genau das traditionelle Element, das Musil für das Projekt der Moderne als untauglich erachtet. Der Ausgangspunkt für das Interesse der modernen Autoren an Novalis ist dagegen die Dialektik des Außer-sich-Seins. „Wir waren außer uns" ist noch einer der Sätze, mit denen Ulrich in Musils *Mann ohne Eigenschaften* den anderen Zustand beschreibt.[271] Genau wie bei Novalis geht es dabei um die Entgrenzung des Subjekts, welche die Differenz von Außen und Innen im anderen Zustand, im Zustand des Außer-sich-Seins, aufhebt. Wie Novalis hat Musil das Ziel, diesen Zustand literarisch darzustellen.

> ‚Kreisendes,' flehte Johannes, ‚daß du doch auch außerhalb meiner wärst!' Und: ‚daß du ein Kleid hättest, an dessen Falten ich dich halten könnte. Daß ich mit dir sprechen könnte. Daß ich sagen könnte: du bist Gott, und ein kleines Steinchen unter der Zunge trüge, wenn ich von dir rede, um der größeren Wirklichkeit willen! Daß ich sagen könnte: dir befehl ich mich, du wirst mir helfen, du siehst mir zu, mag ich tun was ich will, etwas von mir liegt reglos und mittelpunktsstill, und das bist du.' [...] Und einmal hatte er zu Veronika besagt: es ist Gott; er war furchtsam und fromm, es war lange her und war sein erster Versuch, das Unbestimmbare, das sie beide fühlten, fest zu machen [...] Aber wie er es aussprach, war es ein entwerteter Begriff und sagte nichts von dem, was er meinte.[272]

Johannes - eine der Figuren in Musils Novelle *Die Versuchung der stillen Veronika* - erscheint hier als einer der Schwachen, für den „das Faktum dieses Moments", die Fähig-

[270] Novalis, Vermischte Bemerkungen 1797-1798 (‚Blütenstaub'). In: Novalis, Werke. Hrsg. u. kommentiert v. Gerhard Schulz. 2. neu bearb. Aufl. München 1981, S. 323-352, S. 327 f.; Herv. v. N.

[271] Robert Musil, Der Mann ohne Eigenschaften. Reinbek b. Hamburg 1978, S. 1084; das zitierte Novalis-Fragment ist wahrscheinlich eines der entscheidenden Elemente für die Konzeption des anderen Zustandes, zumal Musil Novalis als einen der für ihn wichtigsten Autoren angibt; Hinweise auf Musils Novalis-Rezeption bezogen auf die „Vereinigung" bei: Fred Lönker, Poetische Anthropologie. Robert Musils Erzählungen *Vereinigungen.* München 2002, S. 166 u. S. 194, u. bezogen auf den *Mann ohne Eigenschaften:* Manfred Frank, Auf der Suche nach einem Grund. Über den Umschlag von Erkenntniskritik in Mythologie bei Musil. In: Karl Heinz Bohrer (Hrsg.), Mythos und Moderne. Frankfurt/M. 1983, S. 318-362.

[272] Robert Musil, Die Versuchung der stillen Veronika. In: Gesammelte Werke Bd. 2, S. 194-223, S. 194 f.

keit zur übersinnlichen Erfahrung, „ein Glaubensartikel" ist, wie Novalis sagt. Johannes nennt das Unbestimmbare in sich „Gott". Diese Benennung erweist sich im Moment ihrer Verwendung als unzureichend, weil sie die subjektive Erfahrung einer allgemeinen Bezeichnung unterordnet. Zudem nimmt Johannes zu einem Wort Zuflucht, das seine Bedeutung nach dem Verlust metaphysischer Sicherheiten verloren hat und nur noch ein „entwerteter Begriff" ist. Anstatt seine Transzendenzvorstellung als subjektive zu formulieren, wählt er noch einmal die Benennung Gott als Ausdruck der überlieferten religiösen Transzendenz, um seine Empfindung zu beschreiben.

An Johannes' Schwierigkeit, das Unbestimmbare in sich zu benennen, ist schon ersichtlich, an welchem Punkt sich die moderne Form des Außer-sich-Seins von der romantischen unterscheidet. Während Novalis nur die Behauptung ablehnt, dass Bewusstsein und Bewusstseinsentgrenzung nicht vereinbar seien, stellt sich für Musil darüber hinaus das Problem, diese Konstellation sprachlich zu vermitteln. Die Frage, wie sich der Zustand des Außer-sich-Seins denn artikulieren lässt, taucht bei Novalis überhaupt nicht auf. Johannes und Veronika, aber auch Claudine in *Die Vollendung der Liebe* und nicht zuletzt die Erzähler in beiden Novellen ringen dagegen um Worte, wenn sie den Bewusstseinszustand des Außer-sich-Seins beschreiben wollen. Novalis ist für Musils Beschäftigung mit romantischer Subjektivität wohl der wichtigste Autor. Musil gibt bei seiner Aufzählung entscheidender geistiger Einflüsse die Fragmente an - ohne sie genauer zu benennen -, in den Tagebüchern ist die Lektüre des *Heinrich von Ofterdingen* verzeichnet.[273] Die meisten anderen Romantiker tauchen nur vermittelt über Darstellungen der Romantik wie etwa Ricarda Huchs *Blütezeit der Romantik* auf.[274]

Durch die Rezeption des romantischen Subjektentwurfs verschärft sich das bereits im Symbolismus aufgeworfene Problem, wie subjektive Innerlichkeit formuliert werden kann. In Musils Fall trifft sein Verständnis des romantischen Subjektkonzepts mit der Lektüre Maeterlinckscher Texte zusammen, in denen Maeterlinck versucht, die transzendente Seele zu beschreiben. Die Bilder, die Maeterlincks Texte auszeichnen, verweisen auf die Transzendenz des empirischen Subjekts, auf seine Wahrheit, die nur noch nicht artikulierbar ist.[275] Musils Verarbeitung führt zur Aufgabe dieses Zieles zugunsten der ästhetischen Figur des Vergleichs, die die Grenze zwischen Innerlichkeit und Außenwelt ständig überschreitet, die also in sich tranzendierend ist. Dabei ist schon deutlich geworden, dass die Annahme eines „wahren" Kerns des Subjekts von der Hypothese abgelöst wird, dass Subjektivität nur aus ständig wechselnden Empfindungen besteht.[276]

Das „Außer-sich-Sein" ist als ein möglicher Zustand innerhalb dieser Vorstellung von Subjektivität zu lesen, deren Inszenierung ebenfalls an romantische Überlegungen anknüpfen kann. Anschließend an einen Dialog in *Heinrich von Ofterdingen*, der die Rezeption von Kunst an die vorgängige Fähigkeit der „Seele" bindet, diese als solche

---

[273] Brief v. 1.12.1924 an Josef Nadler. In: Briefe, S. 368; Heinrich v. Ofterdingen: Tagebücher Bd. I, S. 147 f. S. weitere Anspielungen auf Novalis, Friedrich Schlegel, Franz von Baader, Ludwig Tieck, F.W. Schelling und Friedrich Schleiermacher bei Manfred Frank, Auf der Suche nach einem Grund, S. 330.

[274] Musil, Tagebücher Bd. I, S. 137-140.

[275] An diesem Punkt wird auch die Abhängigkeit Maeterlincks von der Romantik deutlich: „Die höchste Aufgabe der Bildung ist - sich seines transzendentalen Selbst zu bemächtigen", heißt es in Novalis' Fragmenten (Werke, S. 329).

[276] Zum möglichen Einfluss Machs an diesem Punkt s. Manfred Frank, Auf der Suche nach einem Grund, S. 326-330.

wahrzunehmen, entwickelt Musil eine spezifische Erkenntnisform für seelische Vorgänge.

> Alles, was von der ‚Seele' ausgesagt wird, versteht man nicht mit dem Verstande, so wie man wissenschaftliche Philosophie mit der nötigen Aufmerksamkeit immer versteht. Die bezüglichen Gedanken sind halbe Gefühle; man versteht sie, wenn das betreffende Gefühl in einem selbst wach wird. Da sie nur hindeuten, muß man dieses Gefühl, oder doch ein nur wenig minderes schon besessen haben.[277]

Die Gedanken, die sich mit der Psyche beschäftigen, sind nach Musil halb vom Gefühl bestimmt, halb vom Geist, sie sind senti-mental. Diese Zusammensetzung führt zu einem bestimmten Modus der Erkenntnis: Die Gedanken, die sich auf die Seele beziehen, können sie begrifflich nicht fassen, sondern deuten auf sie hin. Sie müssen also einen gewissen Anteil von Undeutlichkeit behalten, weil sie ihrem Gegenstand sonst nicht adäquat sind. Analog zu ihrem Gegenstand muss die Bezeichnung, die Sprache, dieses „Hindeutende" bewahren. Das „Unbestimmbare", das Johannes so quält, ist also nicht mit einem „Begriff" wie Gott erfassbar, weil es mit keinem Begriff bezeichnet werden kann und darf.[278]

Gleichwohl besteht an der Notwendigkeit von bewusstem, auch reflexivem Umgang mit dieser Form von Senti-mentalität und damit auch der Notwendigkeit ihrer Formulierung kein Zweifel.

> Hat man sich einmal klar gemacht, daß je nach dem Gegenstande entweder die Begrifflichkeit oder der fluktuierende Charakter des Erlebnisses die Hauptsache am Gedanken ist, so versteht man jenen Unterschied [...] zwischen lebendem und totem Erkennen [...].[279]

Der „fluktuierende Charakter des Erlebnisses" gehört zu der Art von Gedanken, um die es Musil geht. Einerseits weist diese Benennung auf die Diskontinuierlichkeit der subjektiven Bewusstseinszustände, wie sie in der Romantik entdeckt wurden. Andererseits betont Musil die Bewegung, die das Erlebnis auszeichnet, während in der Romantik eher die Unterschiedlichkeit der Zustände als Gegensatz zur herrschenden konstanten Identitätsvorstellung Thema war. Die zweite Differenz, die Musils Überlegungen von Novalis' Fragmenten unterscheidet, ist die Verallgemeinerung der Erfahrung des Subjekts auf alle Gedanken, die sich mit psychischen Vorgängen befassen. Jede Reflexion, die sich mit den Erlebnissen, Erfahrungen und Zuständen eines Subjekts beschäftigt, muss „lebendes Erkennen" sein, um der Lebendigkeit des Subjekts zu entsprechen. Natürlich versucht Musil hier, der Poesie ein Terrain zu sichern, das von der begrifflichen Erkenntnis, die die Philosophie oder auch die Psychologie bieten, von vornherein ausgenommen ist. Darüber hinaus korrespondiert dem „lebenden Erkennen" eine bestimmte Form der poetischen Sprache, die die Aufgabe des „Hindeutens" übernimmt.

> Das Wort soll dort [beim lebenden Erkennen, S. K.] nichts Fixiertes bezeichnen. Es ist das lebendige Wort, voll Bedeutung und intellektueller Beziehung im Augenblick, von

---

[277] Musil, Tagebücher Bd. I, S. 148.
[278] S. dazu auch Musils Aufsatz: Geist und Erfahrung. In: Gesammelte Werke II, S. 1042-1059, S. 1051 (was sich definieren lässt, Begriff ist, ist tot ...); Novalis (zusammen mit Maeterlinck, Nietzsche und Emerson) als Beispiel für nicht begriffliches Denken taucht dort ebenfalls auf (S. 1049).
[279] Musil, Geist und Erfahrung, S. 1051.

Wille und Gefühl umflossen; eine Stunde später ist es nichtssagend, obwohl es alles sagt, was ein Begriff sagen kann. Ein solchen Denken mag man wohl lebend nennen.[280]

Der Übergang vom Wort zum Denken im letzten Satz macht deutlich, dass diese nicht fixierende, hindeutende Sprache für Musil eng verbunden ist mit dem Denken, das die psychischen Vorgänge umkreist. Da die hindeutende Sprache der Flüchtigkeit des Gefühls angemessen sein soll, bezeichnet sie nur für einen Moment den gerade aktuellen emotionalen Zustand. Sie gerät dadurch in Widerspruch zur Fixiertheit der Schrift und dem Faktum des Einmalgesagten. In diesem Prozess der nur momentanen Analogisierung von Denken und Sprache erscheint zudem das Subjekt nicht mehr als steuernde Instanz. An die Stelle seiner bewussten Kontrolle tritt die Dynamik des „lebendigen" Denkens und Sprechens.

Musil wünscht sich eine Balance zwischen der Reflexivität auf der einen, der Bewegung von Gefühlen und Worten auf der anderen Seite. Dieser Bewegung werden dieselben Eigenschaften zugeschrieben, die bei Novalis den Zustand des Außer-Sich-Seins auszeichnen. Sprache wie psychischer Zustand sind durch ihre Flüchtigkeit, durch Intensität, durch eine plötzliche, nicht kausale Einheit von Divergenzen und durch die unmittelbar erlebte Evidenz - die Offenbarung des Geistes oder des Wortes - zu charakterisieren. Diese Parallelität entsteht bei Musil durch die Übertragung romantischer Überlegungen, der Erkundung des Außer-sich-Seins, auf den sprachlichen Ausdruck. Einerseits wird der subjektive Zustand des Außer-sich-Seins damit zur ästhetischen Figur: Die Grenzüberschreitung des Subjekts und die Bewegung der Sprache entsprechen sich. Andererseits zeigt sich, dass bereits beschriebene ästhetische Figuren ebenfalls an dieser Konstruktion beteiligt sind. Denn die ästhetische Figur des Vergleichs und der Konjunktiv erfüllen die Bedingung des nicht identifizierenden Hindeutens.

Eine weitere Möglichkeit des hindeutenden Sprechens entwickelt Musil anhand eines Zitates von Ludwig Tieck.

Alle echte Kunst ist nur ein Fernrohr unserer inneren Sinne ... Aber, wenn wir etwas schaffen wollen, müssen wir unserem Tiefsinn eine willkürliche Grenze setzen; so entsteht alle Wirklichkeit, alle Schöpfung, daß die Liebe sich auch in der Liebe ein Ziel, einen Tod setzt: die liebende Angst zieht sich plötzlich in sich zurück und übergiebt ihr Liebstes der Gleichgültigkeit, der Existenz, sonst könnte nie etwas entstehen.[281]

Musil beschäftigt an Tiecks Überlegung einerseits das Phänomen der Grenze und ihre Notwendigkeit für das Subjekt und seine Schöpfungen, andererseits das Verfahren, das die Argumentation Tiecks bestimmt. Das Problem der Grenze des Subjekts ergibt sich dabei unmittelbar aus Novalis' Beschreibung der subjektiven Transzendenz. Für die Überschreitung braucht das Subjekt eine Grenze, die überschritten werden kann. Andererseits entsteht durch Musils Dynamisierung von Denken und Sprache eine Bewegung, die unbegrenzt fortdauert und nicht aufgehalten werden darf, weil sonst ihre „Lebendigkeit" verloren ginge. Die Notwendigkeit einer Grenze erscheint dann ebenso auf der Ebene des ästhetischen Sprechens - irgendeinen Schluss muss ein Text schließlich haben -, wie auch auf der Ebene des Subjekts. Eine Lösung des Dilemmas von Überschreitung und Begrenzung bietet das Verfahren, das Musil in Tiecks Text erkennt.

---

[280] Ebd.
[281] Musil, Tagebücher Bd. I, S. 140; Punkte v. Musil; das Tieck-Zitat ist ebenfalls vermittelt über Ricarda Huch, Blütezeit der Romantik: Musil, Tagebücher, Bd. II, S. 84.

Tieck arbeitet mit Analogien: Er versteht Grenze, Ziel und Tod als analoge Begriffe, die kausal nicht aufeinander bezogen sind.

> Das beruht natürlich auf einem Analogieschluß. Analogieschlüsse müssen einwandfrei und an vielen Beispielen erhärtbar sein. Wenn dies hier nicht zutrifft, so wird man solche an sich interessante Einfälle unterdrücken müssen […] Man kann die Analogie aber auch etwas anders führen: die Grenze ist der Tod für das Begrenzte und die c.s.q.n. [conditio sine qua non, S. K.] für dessen Wahrnehmung. Setzt man den Tod als die Lebensgrenze ein, so ist er in Analogie der Tod für das Leben und die Bedingung für dessen Wahrnehmung. c.s.q.n. aber deßwegen nicht, weil auch andere Grenzen vorhanden sind. Wohl aber kann man diese Grenzen in dem steten Fluß des Ich analogisch als Tode fassen.[282]

Versteht man Grenze, Tod und Ziel als Analogien, dann verlieren sie ihren absoluten Status. Sie werden ersetzbar und damit auch wiederholbar. Sie können „in dem steten Fluß des Ich" auftauchen, das Subjekt überschreitet sie, setzt seine Bewegung fort, findet eine neue Grenze vor, die es wiederum transzendiert. Damit wären subjektive Ausnahmezustände auch in die Bewegung des Sprechens integrierbar, ohne dass das Problem des Abschlusses dieser Bewegung, um die es Tieck als Voraussetzung einer „Schöpfung" ebenfalls geht, gelöst ist. Musils „Vereinigungen" zeigen auch dieses ästhetisch nicht zu bewältigende Problem.

Andererseits ist der Analogieschluss ein Beispiel für die Balance zwischen Logik und Irrationalität in einer ästhetischen Figur. Er erfüllt zwar kein hartes logisches Kriterium wie die „conditio sine qua non", muss aber an „vielen Beispielen erhärt sein", also weiterhin nachvollziehbar und empirisch belegbar bleiben. Seine poetische Qualität zeigt sich im zitierten Abschnitt aus Musils Tagebuch ebenso wie in Tiecks Brief. Beide verwenden Analogien als Möglichkeiten für alternative Formulierungen, die innerhalb einer gleich bleibenden Struktur ihren Platz finden. Die gleichbleibende Struktur ist im zitierten Fall die Imagination einer Grenze zwischen zwei Bereichen. Diese Grenze kann der Tod sein, aber auch ein „Nicht-Ich"[283] kann als Grenze des Subjekts verstanden werden. Sie kann als Schnitt ebenso den „Fluß des Ich" unterbrechen, die Kontinuität des Ich also zeitlich in ein Davor und ein Danach trennen. Darüber hinaus kann durch die analogischen Ersetzungen bildliches Sprechen entstehen: In der Analogie kann die absolute Grenze des Subjekts, der Tod, als Bezeichnung für die nur momentane Unterbrechung - z.B. des Bewusstseins im Schlaf - dienen. Deswegen nennt Musil auch eine mögliche Grenze innerhalb des lebendigen Ich „Tod".

Die Figuren der „Vereinigungen", die der Auflösung der Zeitvorstellung und der kommunikativen Funktion von Sprache ausgesetzt sind, verlieren durch die Auflösung der subjektiven Grenze noch einmal an Konturiertheit. Ihr Außer-sich-Sein kann sich an jeder möglichen Grenze von Subjektivität entzünden: an der Grenze zum Nichtich (dem anderen Subjekt), zum Tod, zu Gott, zu den Dingen, zu den Tieren, zum Unbewussten. Durch den Einsatz der Analogie werden die Grenzvorstellungen austauschbar. Diese durch die Analogie entstehende Bildlichkeit vereint logische, objektiv nachvollziehbare Anteile - die Strukturgleichheit muss gewahrt bleiben - mit assoziativen, dem Subjekt zugehörigen Elementen. Die Analogie konkretisiert damit nicht nur Musils Vorstellung vom „lebenden Wort", sondern entspricht als sprachliche Artikulation auch seinem Entwurf von moderner Subjektivität, weil sie logische und assoziative Anteile

---

[282] Musil, Tagebücher, Bd. I, S. 140.
[283] Ebd.

vereint. Sie berücksichtigt also Gedanke und Gefühl gleichermaßen und bildet ein senti-
mentales Element sprachlicher Formulierung. So erscheint die Analogie als die ästhetische Figur, die Musils Konzept von ‚Senti-mentalität' und die sprachliche Mischung
von irrationalen und logischen Anteilen parallelisiert.[284]

Musils Subjektkonzept macht aber auch deutlich, dass die Vorstellung subjektiver
Assoziativität nicht allein das Verständnis von Subjektivität bestimmt. Vielmehr geht
Musil auch von einem objektiven Anteil des Subjekts aus, der für ihn aus der Teilhabe
an der Vernunft resultiert. Dieser Anteil liefert die Strukturen, die durch die subjektiven
Assoziationen gefüllt werden. Die Verknüpfung von struktureller Logik und dem Sub-
jekt zuzurechnender Assoziativität kann aber auch im Hinblick auf die Dialektik von
Unbewusstem und Bewusstsein formuliert werden. Als Beispiel für diese Möglichkeit
kann August Stramms Text „Warten" dienen.

> Helle Rosen liebt sie und die schwarze Vase. Abtönung! ich werde sie entblättern. der
> Duft! toll! ein Mädchen auf meinem Zimmer! [...] Die Kleider reiß ich ihr vom Leibe
> [...] wo ist der Wein? schwerer echter! Burgunder! ja aufziehn. das stört nachher. zwei
> Flaschen. das genügt. ausziehn. aufziehn. entkorken.[285]

August Stramms Darstellung von Subjektivität ist genauso von der Auflösung der Identität geprägt wie die Texte Musils. Die Verknüpfung von assoziativem Denken und der
sprachlichen Inszenierung dieser Assoziativität ist im zitierten Textausschnitt offensichtlich. Trotz der Absage an die konventionelle sprachliche Form folgt der innere
Monolog jedoch einer Logik: Die Ersetzungen verweisen alle auf den noch nicht erlebten, aber gewünschten Geschlechtsakt. Der psychische Druck, der durch das Warten zu
Stande kommt, fördert zusätzlich die Neigung zu Ersetzungen, um der Begierde wenigstens sprachlich Ausdruck zu verleihen. Die Rosen, die entblättert werden, oder das
„ausziehn. aufziehn. entkorken" der Weinflasche werden zu Analogien für das Entkleiden der Frau. Dabei tritt der Zwangscharakter der Assoziationen zu Tage: Sie lassen die
Determiniertheit des Subjekts durch unbewusste und sexuelle Begierden deutlich werden. Die Trennung des Subjekts in Bewusstsein und Unbewusstes, in Vernunft und Sexualität, ist die strukturelle Voraussetzung, welche das Spiel der Analogien ermöglicht.

Musils Versuch, die Analogie als Balance zwischen vorgegebener logischer Struktur und assoziativer Ersetzung zu lesen, findet also in Stramms Text eine Entsprechung. Dagegen steht der scharfe Gegensatz von Unbewusstem und Bewusstsein, von
Triebhaftigkeit und Vernunft, dem romantischen Subjektentwurf näher als Musils Konzeption; deren Dialektik setzt bereits innerhalb der Kategorien an, die Stramm als Pola-
ritäten interpretiert. Auch Gefühle - und diese allgemeine Benennung bezieht er ebenfalls auf triebhafte, unbewusste psychische Vorgänge - haben für Musil einen Anteil
von „Geistigkeit".

> Ich bin nicht ich, nicht Person. Ich fühle mich All! All! Ich bin bewußt des Unbewußten.
> Lache wer vernünftig ist. Mir das All gilt das aus dem All besteht. Ich fühle All. Ich fühle
> mich! Ich fühle Meuch. Sprache zum Teufel. Sprache ist Ich. Sprache ist Meuch. All ist
> All. Nicht Sinn, nicht Verstand, Nicht Sehen. Tasten, hören! Empfinden! Empfinden!

---

[284] Auch im *Mann ohne Eigenschaften* taucht die Analogie an entscheidender Stelle zusammen mit
dem Gleichnis auf: Ulrich erinnert sich an einen Traum und beschreibt das Verhältnis zwischen ihm
und dem, was er ausdrückt als Analogie und als Gleichnis (Musil, Der Mann ohne Eigenschaften, S.
581).

[285] Stramm, Warten. In: Ders., Die Dichtungen, S. 259.

Welch himmlisches Wort. Wo sind Worte für die Worte. Ich bin trunken. Ich habe keine Worte nur Lallen. Lallen! Ich lalle das Weltall an und das Weltall lallt. Und drin Lallen ringen umarmen und fallen schluchzend wund in Schmerzen auseinander wieder wieder![286]

Stramms Brief zeigt die moderne Formulierung des Außer-sich-Seins, die Radikalisierung dessen, was Novalis in seinem Fragment beschreibt. Dabei muss man sicher berücksichtigen, dass Stramm hier aus dem Krieg an Nell und Herwarth Walden schreibt: Sein Ausnahmezustand hat also einerseits einen existentiellen Hintergrund, andererseits zeigt die Darstellung dieses Zustands durchaus Parallelen zu Stramms poetischen Texten, sie ist also nicht frei von ästhetischer Inszenierung.

Für Novalis ist der Zustand des Außer-sich-Seins die Fähigkeit, „mit Bewußtsein jenseits der Sinne zu sein". Diese Entgrenzung

ist kein Schauen - Hören - Fühlen - es ist aus allen dreien zusammengesetzt - mehr, als alles Dreies - eine Empfindung unmittelbarer Gewißheit - eine Ansicht meines wahrhaftesten, eigensten Lebens [...][287]

Parallel zu Novalis' Vorstellung glaubt Stramm, sich des Unbewussten bewusst zu sein, also mit Bewusstsein „jenseits der Sinne zu sein". Darüber hinaus betont er ebenfalls die alle Sinne umfassende Empfindung, deren Intensität die Erfahrung subjektiver Wahrheit legitimiert.[288] Der Unterschied zwischen beiden Autoren liegt einerseits im Bezug zum Unbewussten, den nur Stramm explizit formuliert. So verliert sich der bei Novalis noch spürbare metaphysische Akzent, auch wenn es bei ihm bereits Anzeichen dafür gibt, dass die - begrifflich noch nicht fassbare - Instanz des Unbewussten eine Rolle spielen könnte. Man denke nur an den berühmten Satz: „Die Tiefen unseres Geistes kennen wir nicht - nach innen geht der geheimnisvolle Weg."[289] Andererseits ist in Stramms Brief das Problem der Formulierung des Bewusstseinszustands, den er im Moment des Schreibens erlebt, beherrschend. Dieselbe Schwierigkeit war bereits an Musils Text, ebenfalls im Unterschied zu Novalis' Fragment, zu beobachten. Lesbar ist dieser Aspekt als Fortbestehen der Sprachskepsis, die bereits im Symbolismus virulent wurde.

Schon Maeterlinck - dessen Texte Stramm und Musil kannten - versucht, die noch nicht gefundene Wahrheit dessen, was hinter den bekannten Formen der menschlichen

---

[286] August Stramm, Brief an Nell und Herwarth Walden v. 25.2.1915. In: Ders., Alles ist Gedicht. Briefe. Gedichte. Bilder. Dokumente. Hrsg. v. Jeremy Adler. Zürich 1990, S. 43.

[287] Novalis, Vermischte Bemerkungen (‚Blütenstaub'). In: Ders., Werke, S. 327 f.

[288] „Aber der höchste Mensch ist der Empfinder." (Stramm, Brief an Nell und Herwarth Walden v. 25.2.1915, S. 43); es gibt keinen Beleg dafür, dass Stramm Novalis' Fragmente, überhaupt irgendeinen seiner Texte gekannt hätte; von den Romantikern erwähnt seine Tochter nur Franz Grillparzers Trauerspiel *Die Ahnfrau* (in: Stramm, Das Werk, S. 429), zu dessen Bedeutung für Stramm s. das Folgende. Möglicherweise lässt sich die Nähe zu Novalis auch dadurch erklären, dass Stramm sich in der Tat in einem existentiellen Ausnahmezustand befand, den Novalis im Vokabular der Romantik einfach zutreffend beschrieben hat; eine beiläufige Bemerkung zu Stramms Romantik-Rezeption bezogen auf Eichendorff findet sich bei: Georg Philipp Rehage. *Wo sind Worte für das Erleben*. Die lyrische Darstellung des Ersten Weltkriegs in der französischen und deutschen Avantgarde. Heidelberg 2003, S. 170.

[289] Novalis, Vermischte Bemerkungen (‚Blütenstaub') (Nr. 17). In: Ders., Werke, S. 326.

Innerlichkeit liegt, zu beschreiben. Gleichzeitig betont er, dass die konventionelle Sprache dieser Wahrheit des Subjekts keinen Ausdruck verleihen kann.[290]

> Nacht ist um mich. Nacht um Mich. Ich schreibe groß alles groß. Ich bin groß nur weiß ich nicht was ich bin. jetzt schreib ich klein. Das Schreiben macht mich vernünftig.[291]

Das Schreiben und die Sprache gehören für Stramm in den Bereich der Logik und des Bewusstseins, während die „Wahrheit" des Subjekts, sein „Empfinden", sich nur als „Nicht Sinn" artikulieren kann. Der Ausgangspunkt ähnelt also Maeterlincks Überlegungen, die Schreibweise, die dem Empfinden des Subjekts gerecht zu werden versucht, ist eine andere.

Einerseits bezieht Stramm sogar die Groß- und Kleinschreibung in die Darstellung seiner Befindlichkeit ein; er ist also wesentlich „materialistischer" im Umgang mit den einzelnen Buchstaben, aus denen die Sprache zusammengesetzt ist. Andererseits macht er innerhalb seiner Sätze Ernst mit dem „Nicht Sinn", der dem empfindenden Subjekt entspricht. Während Maeterlinck die Unangemessenheit der Sprache beklagt und daraus die Konsequenz zieht, dass das Schweigen letztendlich der Wahrheit des Subjekts am nächsten kommt, versteht Stramm „Nicht Sinn" als etwas, das sich durch die Deformation der konventionellen Sprache herstellen lässt. Eine solche Strategie lag den am „schönen Stil" festhaltenden Symbolisten fern, weil eine „hässliche" Sprachform, eine zerbrochene Syntax, der Wahrheit des Subjekts nicht angemessen schien.

Stramms Schreibweise entsteht dagegen durch die Voraussetzung, dass jede sprachliche Artikulation nur eine Analogie für die Erfahrungen des Subjekts ist. Deswegen kann jeder sprachliche Ausdruck - gleichgültig, ob es sich um einen abstrakten Begriff oder eine eher realistische Beschreibung handelt - gegen einen anderen ausgetauscht werden, wenn dieser momentan adäquater erscheint. Für die Verknüpfung der sprachlichen Elemente ist nicht die Syntax verbindlich, d. h. die konventionellen Verknüpfungsregeln, verbindlich sind allein die Assoziationen des Subjekts. Als subjektiv einzigartig versteht Stramm nicht die Instanz des Ich mit seiner Vernunft, seiner Teilhabe an Logik und seinem Bewusstsein, sondern das empfindende, „unbewusste" Subjekt. Einerseits entsteht durch diese radikale Lesart der Analogie ein Konzept, in dem sprachlicher Ausdruck und Subjektivität möglichst deckungsgleich sein sollen. Die Analogie ist dann andererseits nicht mehr wie bei Musil eine besondere, ästhetische Figur, sondern wird zur Grundlage der Strammschen Poetik.[292]

---

[290] Vgl. Abschnitt II. zum Symbolismus: „Sobald wir etwas aussprechen, entwerten wir es seltsam. Wir glauben in die Tiefe der Abgründe hinabgetaucht zu sein, und wenn wir wieder an die Oberfläche kommen, gleicht der Wassertropfen an unseren bleichen Fingerspitzen nicht mehr dem Meere, dem er entstammt. Wir wähnen, eine Schatzgrube wunderbarer Schätze entdeckt zu haben, und wenn wir wieder ans Tageslicht kommen, haben wir nur falsche Steine und Glasscherben mitgebracht; und trotzdem schimmert der Schatz im Finstern unverändert." (Maeterlinck, Die Moral des Mystikers. In: Der Schatz der Armen, S. 29-35; gleichzeitig das Motto von Musils *Törleß*).

[291] Stramm, Brief an Nell und Herwarth Walden v. 25.2.1915, S. 42.

[292] Dieses Konzept der Analogie kann allerdings auch in den Kontext von Stramms Nietzsche-Rezeption und seiner Kenntnis von Hans Vaihingers *Philosophie des Als Ob* eingeordnet werden. Vaihinger vertritt in der Aufnahme von Nietzsches Erkenntniskritik die Vorstellung, dass alle Begriffe und alle logischen Zusammenhänge nur Analogien von (subjektiven) Wahrnehmungen sind, allein der Orientierung dienen und keinerlei Substanz besitzen. Vaihinger stellt zudem die modernen Begriffe und die logischen Zusammenhänge auf eine Stufe mit poetischen Gleichnissen und mythischen Konstellationen. Vgl. Hans Vaihinger, Die Philosophie des Als Ob, Berlin 1911, S. 312-319.

Die Analogie findet sich bei Stramm deswegen auch als grundlegende Struktur der Assoziativität des Subjekts, die zum Teil psychoanalytisch lesbar ist.

> rauschen will ich! rauschen! ein Glas trink ich vor. Flammen. Blut! Lodern! alles verges-sen. richtig! Gebäck. Weihnachten. ja. meine Mutter. hahaha! wenn sie ahnte, was ich damit ködere. ahnt nicht, sicher nicht. schlechter Kerl. schlecht? ich. nein. ich tus wohl lieber nicht.[293]

Bei Stramm steigt die Mutter-Sohn-Beziehung in dem Moment aus dem Unbewussten auf, in dem der Sprechende auf eine Frau wartet, die er verführen will. Einerseits ist die Mutter natürlich die Person, die von der Geliebten ersetzt werden soll - eine Ersetzung, die auch Freud beschreibt und als notwendig für die Entwicklung der männlichen Heterosexualität begreift. Andererseits ist sie als Elternteil zuständig für das moralische Urteil, das als Überich ins Subjekt integriert ist. „Schlechter Kerl" sagt das von der Mutter geprägte Überich zu den Verführungs- und Gewaltphantasien des Sprechenden, deswegen ist das moralische Urteil aber auch lesbar als Fixierung an die Mutterimago. Genau aus diesem Konflikt zwischen Fixierung an die Mutter und Moral auf der einen, der Triebhaftigkeit des Subjekts, die zur Ersetzung der Mutter führen würde, auf der anderen Seite resultiert die für das Subjekt unentscheidbare Situation, das „Warten".

Die widersprüchliche Beziehung zur Mutter lässt sich möglicherweise mit den semantischen und syntaktischen Verknüpfungen innerhalb des Textes in Zusammenhang bringen.[294] Semantisch ist der Text durch den Austausch verschiedener Objekte gekennzeichnet.

> Ich küsse das dreckige Sopha […] [der Revolver, S. K.] zierlich. flach. die Mündung vorn. und rund. fein. zum Küssen. Lippen. haha! ich bin verliebt. der Revolver ein Mädchen! ich habe noch nie mit ihr geschossen. jungfräulich.[295]

Das Mädchen ist durch das Sopha ersetzbar, das Sopha durch den Revolver, der dadurch weiblich wird. Während durch diese Ersetzungen Zusammenhänge zwischen disparaten Gegenständen hergestellt werden, finden zwischen den einzelnen Sätzen keine Verknüpfungen statt. Hier ist der Fortgang des Textes unterbrochen. Man könnte diese gegensätzlichen, sprachlichen Bewegungen durchaus auf das ambivalente Verhältnis des Sprechenden zur Mutter, vielleicht auch zu Frauen generell, beziehen. Einerseits will er die (sexuelle) Verbindung, die Ersetzung der Mutter, andererseits wird diese Verbindung von der Fixierung an die Mutterimago unterbunden. Dieser Konflikt wird dann wiederum auch inhaltlich inszeniert.

Der mythische, psychoanalytisch interpretierbare Familienroman ist bereits in der Romantik als Sujet entdeckt worden. Auch das von Stramm bewunderte Trauerspiel *Die Ahnfrau* von Franz Grillparzer folgt einem die Figuren und die Handlung determinierenden ödipalen Muster. Der Schauerromantik nahe stehend, ähnelt es außerdem den Maeterlinckschen Dramen, die mit ihren Gespenstern, geheimnisvollen Zeichen und ungeklärten, meist familiären, seelischen Beziehungen zwischen den Figuren romantische Elemente fortschreiben. Die Ahnfrau in Grillparzers Trauerspiel verkörpert den

---

[293] August Stramm, Warten. In: Ders., Die Dichtungen, S. 259.

[294] Auch in Vaihingers Konzept der Analogie gibt es eine Verknüpfung zwischen Familienbeziehungen und logischen Beziehungen, so liest er die Logik von Ursache und Wirkung als Reflex der Vater-Sohn-Beziehung. Vaihinger, Die Philosophie des Als Ob, S. 317.

[295] Stamm, Warten, S. 259 f.

Fluch der Familie und vertritt zugleich die mütterliche Instanz. Vater und Tochter leben zurückgezogen, bis ein junger Mann auftaucht, in den sich die Tochter verliebt. Der junge Mann entpuppt sich jedoch nicht nur als Bandit, sondern auch als der totgeglaubte Sohn, allerdings erst nachdem er seinen Vater, ohne ihn zu erkennen, ermordet hat. Die Tochter stirbt an der Erschütterung über den Vatermord, während der Sohn von der Ahnfrau ins Jenseits geleitet wird. Damit ist die Familie ausgelöscht.

> Ahnfrau. So komm denn, Verlorner!
> öffnet die Arme. Er stürzt hinein. […]
> Ahnfrau sich über Jaromir neigend.
> Scheid in Frieden, Friedenloser!
> sie neigt sich zu ihm herunter und küßt ihn auf die Stirne […][296]

Der Sohn stürzt sich im Tod in die Arme der Mutter des Geschlechts. Das Gespenst der Ahnfrau ist nicht nur mächtiger als die Lebenden, es kann auch - so wie es als Urmutter das Leben schenkte - jetzt den Tod gewähren. Alles Leben beginnt und endet mit der Ahnfrau. Einerseits erscheint hier etwas, das Blumenberg „Totalmythos" genannt und anhand von Freuds *Jenseits des Lustprinzip* aufgezeigt hat. Das Leben des Einzelnen wirkt wie ein Umweg zum Tod, in dem es endlich den Zustand „seiner geringsten Gefährdung" erreicht.[297] Die gesamte Handlung der *Ahnfrau* hinterlässt den Eindruck, dass sie nur den „Umweg" schildert, der nötig ist, damit die Figuren den Tod finden. Er bedeutet gleichzeitig die Erlösung von allen Konflikten, die vorher ihre Psyche belastet haben.

Andererseits ist der Tod auch der endlich geglückte Inzest. Der Vater ist tot und dem Sohn gelingt die Vereinigung mit der Mutter. Sie ist nicht seine Mutter, sondern die mythische Mutter, die durch die Geburt den Einzelnen dem Leben wie dem Tod aussetzt. Die Rückkehr zu ihr löst die Individuation wieder auf.

> in den Feind! beißen beißen! Säbel! ha! weich der Vaterbauch. weich. Mutter. wo bist?
> Mutter. seh dich nicht? Mutter du küßt. Mutter. rauh. halte mich. ich falle doch. Mutter
> ich falle. Mutter.[298]

Stramms Text *Der Letzte* stellt den Tod im Krieg nach und zeigt wie unter zunehmendem psychischen Druck die mythischen Muster wieder auftauchen. Der Feind wird zum Vater, den es zu töten gilt, der Tod zur Vereinigung mit der Mutter. Anders als bei Grillparzer, bei dem das mythische Muster auf der Bühne inszeniert wird, ist es bei Stramm im Unbewussten des Individuums aufgehoben. Wird die Oberfläche des Bewusstseins etwa durch den Schock des Krieges durchschlagen, tritt es zu Tage. Je offensichtlicher das mythische, im Unbewussten liegende Muster wird, desto mehr zerfällt die Sprache in einzelne Worte. Die mythische Archaik führt zur Auflösung der komplexeren syntaktischen Zusammenhänge, gleichzeitig wird das Subjekt auf seine ersten Be-

---

[296] Franz Grillparzer, Die Ahnfrau. In: Ders., Sämtliche Schriften Bd. 1. München 1963, S. 607-711, S. 708.

[297] Hans Blumenberg, Arbeit am Mythos. Frankfurt/M. 1979, S. 103.

[298] August Stramm, Der Letzte. In: Ders., Die Dichtungen, S. 257-258, S. 258. Nach Adlers Datierung ist der Text vor Kriegsbeginn im Frühjahr oder Sommer 1914 entstanden: Ebd., S. 374. Er führt die Kriegsdarstellung auf die Rezeption eines Marinetti-Textes zurück, der im März 1913 im *Sturm* abgedruckt war (S. 383). Der Titel von Stramms Text lässt sich dagegen durchaus auf Grillparzer beziehen, bei Grillparzer geht es um den „Letzten" des Geschlechts, bei Stramm um den letzten Überlebenden der Stellung.

ziehungen reduziert. Hier entsprechen sich die Infantilisierung des Subjekts und die Reduktion der Syntax, archaische Muster und archaische Sprache. Man könnte diese psychische wie syntaktische Reduktion als eine weitere ästhetische Figur moderner Subjektivität lesen. Die beiden Texte Stramms, „Warten" und „Der Letzte", zeichnen jeweils einen Ausschnitt aus der ödipalen Situation nach: den Wunsch, sich mit der Mutter zu vereinigen und den Vater zu ermorden und den Konflikt zwischen Mutterbindung und heterosexueller Beziehung. Gleichzeitig führen sie diese Aspekte sprachlichmaterial vor und zeigen so das langsame Auftauchen dieser Muster aus dem Unbewussten des Subjekts. Während das sprachlich-materiale Verfahren modern ist, können die mythischen Muster des Familienromans auch aus der Romantik stammen.

1.2 Nicht identische Zustände des Subjekts

In den Texten von Gottfried Benn, Georg Heym und Franz Jung lassen sich Subjektentwürfe finden, die die Darstellung von nicht identischen Zuständen des Subjekts gemeinsam haben. Dabei akzentuiert Benn eher den schöpferischen Aspekt nicht identischer Subjektivität, während Heym und Jung vor allem die Auflösung von subjektiven Autonomievorstellungen zeigen.

Auch Benn geht es um das Verhältnis von Psyche und Sprache, doch setzt er den Akzent anders als Musil und Stramm. Im Mittelpunkt seiner Romantik-Rezeption steht das Verhältnis zwischen subjektiver Entgrenzung und künstlerischer Produktivität. Für Benn gehören von den Romantikern Hölderlin und Kleist zur Vorgeschichte der Moderne, in anderen Zusammenhängen taucht auch Novalis auf.

> Dann finden wir es bei *Nietzsche*, seine und ebenso *Hölderlins* bruchstückhafte Lyrik sind rein expressionistisch: Beladung des Wortes, weniger Worte, mit einer ungeheuren Ansammlung schöpferischer Spannung, eigentlich mehr *ein Ergreifen von Worten aus Spannung*, und diese gänzlich mystisch ergriffenen Worte leben dann weiter mit einer real unerklärbaren Macht von Suggestion.[299]

Benn erwähnt Hölderlin am häufigsten, im Gegensatz zu seiner Würdigung Nietzsches oder Heinrich Manns distanziert er sich aber von ihm.

> [...] ich versuchte mir klar zu werden, warum ich eigentlich seit je den Hölderlin nicht so sehr mag, vermutlich weil er in ein Format projiziert ist von der heutigen Welt, das ihm garnicht zukommt; er hat einige unvergleichliche und unvergängliche Verse von Trauer u. Tiefe geschaffen, aber ein grosser Mann ist er wohl nicht, u. seine grässlichen langen Oden sind überflüssig. Das Gefühl für das Vergebliche des Geistes gegenüber der Wirklichkeit ist vielleicht bei ihm als Ersten zum Ausdruck gelangt, das sei ihm gedankt. Aber weiter als über eine Melancholie hierüber ist er kaum gekommen.[300]

[299] Gottfried Benn, Bekenntnis zum Expressionismus. In: EuR, S. 261-274, S. 264.
[300] Gottfried Benn, Briefe an F. W. Oelze. Bd. 1. Wiesbaden und München 1977, S. 280 (Brief v. 29./31. 7. 1941); zu Benns Verhältnis zur Romantik s. Rainer Rumold (Gottfried Benn und der Expressionismus. Königstein/Ts. 1982), der Benn als „Erbe der transzendentalen romantischen Dichtung, des europäischen Symbolismus und Friedrich Nietzsches" (S. 132) sieht und der zusätzlich auf das Motiv des Kristalls in E. T. A. Hoffmanns *Der goldene Topf* und in Benns *Gehirne* aufmerksam macht (S. 131).

Benns Kritik kann vielleicht auch darauf zurückgeführt werden, dass Hölderlin im Gegensatz zum Philosophen Nietzsche und zum Romancier Heinrich Mann direkte Konkurrenz für den Lyriker Benn bedeutet.[301] Schließlich ist es auffällig, dass auch die anderen beiden Romantiker, die immer zustimmend zitiert werden, Kleist und Novalis, von Benn nicht im Bereich der Lyrik wahrgenommen werden. Von Novalis, bei dem die Berufung auf die Gedichte möglich wäre, erscheinen nur Zitate aus den Fragmenten.

> Immer formelhafter das Individuelle, immer genormter der Betrieb [...] Sakramentale Schädelfraktur: Saison ist Saison, Masse verlangt Gliederung, Einheitsidol. Ausdruck metaphysischen Schwungs, Stimmung eines Religiösen, Schimmer des Grals: je exakter die Normung, um so magischer die Dynamik, die sie bewegt. Sagte schon Novalis, die Physik sei das Negativ der Dichtung, enthüllen heute Rationalismus, Induktion, Psychologismus ihren Charakter als standardisierte Mythologie.[302]

Die Individualität als Grundlage der Dichtung ist nach Benns Zeitdiagnose dabei, sich aufzulösen. Deswegen, so meint er, hat schon Novalis die Physik, die Wissenschaft also, als poesiefeindlich angesehen. Die Erweiterung der Wissenschaften auf die Psychologie und auf die alltäglichen Wahrnehmungsformen führt zur „standardisierten Mythologie", zum „Einheitsidol" als Gegenpol zur Dichtung, die - bezogen zumindest auf Benns Texte - eine hochgradig subjektivierte Mythologie inszeniert. Genau diese Möglichkeit der durch den Mythos formulierbaren Subjektivität ist jedoch eine Entdeckung der Romantik. Auch Kleists *Penthesilea*, die Benn als „reine Orgie der Erregung"[303] bezeichnet, folgt diesem Muster. Die Aneignung des antiken Stoffes, des Mythos von den Amazonen und ihrer Königin, dient der Entfaltung der Subjektivität Penthesileas, die alle äußerlichen dramatischen Vorgänge dominiert. Die logische Konsequenz ist die Tötung des eigenen Körpers durch psychische Kräfte.

Diese Art der subjektiven Produktivität, auch wenn sie das Subjekt letztendlich auslöscht, ist es, die Benn bei Hölderlin vermisst. Vergleicht man etwa Hölderlins Elegie *Brot und Wein* mit der Rönne-Novelle *Der Geburtstag*, so wird der Unterschied zwischen Benn und Hölderlin ebenso deutlich wie der Ansatzpunkt zur Formulierung moderner Subjektivität, den Hölderlins Gedichte liefern können. Zunächst folgen beide Texte einem ganz ähnlichen Szenario: Sie beginnen in der Nacht, durchlaufen einen Tag und enden wieder in der Nacht; sie sind durchzogen von Anspielungen auf Dionysos und lassen gleichzeitig die christliche Religion mitanklingen; der mythische Ort ist der „Süden" oder Griechenland.

> Warum schweigen auch sie, die alten heilgen Theater?
> Warum freuet sich denn nicht der geweihte Tanz?
> Warum zeichnet, wie sonst, die Stirne des Mannes ein Gott nicht,
> Drückt den Stempel, wie sonst, nicht dem Getroffenen auf?
> Oder er kam auch selbst und nahm des Menschen Gestalt an
> Und vollendet' und schloß tröstend das himmlische Fest.[304]

---

[301] Die Hölderlin-Rezeption im Nazi-Deutschland kann zu Benns Distanzierung ebenfalls beigetragen haben, in *Doppelleben* beschreibt er Hölderlins Vereinnahmung durch das Regime: PuA, S. 437.

[302] Gottfried Benn, Fazit der Perspektiven. In: EuR, S. 125-129, S. 127.

[303] Benn, Bekenntnis zum Expressionismus. In: EuR, S. 264.

[304] Friedrich Hölderlin, Brot und Wein. In: Ders., Sämtliche Werke und Briefe Bd. I. Hrsg. v. Jochen Schmidt. Frankfurt/M. 1992, S. 285-291, S. 289.

Die Anspielung auf Christus ist besonders in den letzten beiden Zeilen deutlich: Er ist für Hölderlin der letzte Vertreter des antiken Göttertages.[305] Gleichzeitig ist der Gott für Theater und Tanz, auch für den gezeichneten Mann, der wohl den Dichter, zumindest den von der heiligen Trunkenheit Ergriffenen darstellt, Dionysos. Christus und Dionysos zeichnen sich wiederum durch ein unterschiedliches Verhältnis zum Menschen aus: Der eine, Christus, nimmt seine Gestalt an; Dionysos dagegen drückt ihm seinen Stempel auf, die Differenz zwischen Gott und Mensch wird so beibehalten. Durch die Verbindung über das parataktische „oder" bleiben beide Möglichkeiten nebeneinander stehen. Weder eine zeitliche noch eine logische Folge ist eindeutig zu konstruieren.

> Blute, rausche, dulde, sagte er vor sich hin […] unter meine Kreuzigung, ich will zur Rüste gehen […] Aber da, aus dem gerippten Schaft des Tafelaufsatzes neben der leckäugigen Frau glühte aus großem, sagenhaftem Mohn das Schweigen unantastbaren Landes, rötlichen, toten, den Göttern geweiht. Dahin ging, das fühlte er tief, nun für immer sein Weg. Eine Hingebung trat in ihn, ein Verlust von letzten Rechten, still bot er die Stirn, laut klaffte ihr Blut.[306]

Bei Benn wird sowohl die Kreuzigung wie die Zeichnung durch den Gott Rönne zugeschrieben, dabei bleibt die Ambivalenz der Imaginationen wie bei Hölderlin im parataktischen „aber" erhalten. Dagegen hat sich das Verhältnis zwischen Gott und Subjekt umgekehrt. Das Subjekt nimmt die Gestalt Christi an, es geht zu seiner Kreuzigung; es trägt zwar das dionysische Zeichen, aber der Gott, der es schlug, tritt nicht auf. Die beiden schon bei Hölderlin disparaten mythischen Überlieferungen werden bei Benn also als unterschiedliche Zustände Rönnes inszeniert. Einerseits wird die Mythologie so subjektiviert, andererseits erscheint nun das Subjekt anstelle des Mythos als disparat.

> Nur zu Zeiten erträgt göttliche Fülle der Mensch.
> Traum von ihnen [den Göttern, S. K.] ist drauf das Leben. Aber das Irrsal
> Hilft, wie Schlummer und stark machet die Not und die Nacht,
> […] Indessen dünket mir öfters
> Besser zu schlafen, wie so ohne Genossen zu sein,
> So zu harren und was zu tun indes und zu sagen,
> Weiß ich nicht und wozu Dichter in dürftiger Zeit?[307]

Das sprechende Ich sieht ohne die spürbare Anwesenheit der Götter keinen Sinn in seinem Dichten. Seine Haltung kann in Benns Formulierung durchaus als Ausdruck der „Vergeblichkeit des Geistes" und als „melancholisch" bezeichnet werden. Ebenso wie die Dichtung findet die Auflösung des Identitätsprinzips bei Hölderlin immer in Richtung auf eine andere Instanz statt: Entweder entsteht durch sie die Teilhabe am Göttlichen oder die Gemeinschaft der „Genossen". Wenn diese Instanz nicht zugänglich ist, regiert das lyrische Ich mit Trauer. Für Benn dagegen ist das Zerbrechen des Ich nötig, damit die künstlerische Produktivität freigesetzt wird. Sie rechtfertigt sich durch sich selbst, deswegen stellt sich die Frage, „wozu Dichter", dann nicht mehr, weil sie bereits das Ziel ist.

---

[305] S. dazu Jochen Schmidt im Kommentar zu Brot und Wein: Ebd., S. 737.
[306] Gottfried Benn, Der Geburtstag, S. 50 f.
[307] Hölderlin, Brot und Wein, S. 289 f.

Der Zustand des Rausches, des Traumes, der schon mit der Konzeption des Dionysischen bei Nietzsche in Verbindung gebracht wurde, hat - vermittelt über die Rezeption der Romantik - also auch noch eine andere Dimension. Während die Nietzsche-Lektüre es unmöglich macht, die metaphysische oder soziale Orientierung Hölderlins weiter zu teilen, trägt wiederum die Gespaltenheit des romantischen Subjekts dazu bei, dass der subjektive Standort, der auch bei Nietzsche in der Figur des Zarathustra zentral ist, unsicher wird. Dem Wechsel zwischen der „dürftigen Zeit" und dem Traum, zwischen der Nüchternheit des Tages und dem „Heiligtrunkenen" in der Nacht ist das sprechende Subjekt ausgeliefert, ohne dabei wie bei Nietzsche durch die Form der Tragödie oder das Konzept des Übermenschen aufgefangen zu werden. Für Benn ist dieses Ausgeliefertsein - im Gegensatz zum Genuss der eigenen Stimmungsschwankungen, der Nervosität im Symbolismus - die Grundlage des modernen poetischen Sprechens. Gleichzeitig ist es inszenierbar, es kann durch Rauschmittel oder durch Konzentration auf ein Bild produziert werden. Wenn allerdings der Moment der Initiierung durch das Subjekt vorbei ist, hat es den Prozess, der dann abläuft, nicht mehr in der Hand. Im Gegensatz zu Musil und Stramm, auch im Gegensatz zu Franz Jung und Georg Heym inszeniert Benn jedoch die Aktivität des Subjekts mit. Während die Figuren der anderen Autoren unter den Bedingungen der Identitätsauflösung agieren, verfügt Rönne in manchen Novellen über die Möglichkeit, seine Identität quasi selbsttätig brüchig werden zu lassen. Benns Nachzeichnung der Auflösung von identischer Subjektivität billigt dem Subjekt also einen größeren Anteil aktiver Beteiligung zu als die anderen Autoren.[308] Dabei entsprechen sich die Aktivität des Subjekts, das außer sich gerät, und die Dynamik der sprachlichen Bewegung. So treibt sich Rönne in der Novelle *Der Geburtstag* zu Assoziationen an, die assoziativen Verknüpfungen werden nachgezeichnet, und das Ergebnis dieser sprachlichen und geistigen Bewegung ist der „Ton einer leisen Zersplitterung", also die Auflösung der identischen Subjektivität. Dieser Zustand des Außer-sich-Seins ist allerdings weniger interessant als der Weg dorthin, weil im Prozess der Auflösung das Subjekt seine Produktivität entfaltet. Auch Benns Novellen zeigen also eine Variante der ästhetischen Figur des Außer-sich-Seins. Benn verlagert das Gewicht aber von der Formulierung des Zustands auf die Nachzeichnung seiner Genese.

Benn geht es dabei nicht nur um die Neuartigkeit der Bilder, die sich in diesem Prozess einstellen, sondern um ihre Bewegtheit, die der Bewegung des Unbewussten folgt und deren Tempo sprachlich analog wiedergegeben werden muss. Wie bei Musil und Stramm findet sich also auch bei Benn die Analogisierung von Sprache und Psyche: Er setzt aber den Akzent auf die sprachlichen Dynamik, die so entsteht.

Einrauschte er in die Dämmerung eines Kinos, in das Unbewußte des Parterres [...] Rönne atmete kaum, behutsam, es nicht zu zerbrechen. Denn es war vollbracht, es hatte sich vollzogen. Über den Trümmern einer kranken Zeit hatte sich zusammengefunden die Bewegung und der Geist, ohne Zwischentritt. Klar aus den Reizen segelte der Arm; vom Licht zur Hüfte, ein heller Schwung, von Ast zu Ast. In sich rauschte der Strom. Oder wenn es kein Strom war, ein Wurf von Formen, ein Spiel in Fibern, sinnlos und das Ende um allen Saum.[309]

Die Dunkelheit des Kinos und die Nichterkennbarkeit des eigenen Unbewussten entsprechen einander. Beide „Orte" sind zudem der dunkle Hintergrund, von dem sich die

[308] Vgl. auch Preiß, „... daß es die Wirklichkeit nicht gäbe', S. 79-142.
[309] Gottfried Benn, Die Reise. In: PuA, S. 33-40, S. 39.

bewegten Bilder des Traumes oder des Filmes abheben. Durch die Bewegtheit der Bilder gelingt es Rönne zunächst, sich mit einer der Kino-Figuren zu identifizieren. Er glaubt sich in den Bildern des Films zu befinden, an dem anderen Ort, der analog zum Unbewussten gesetzt ist. Anders als im Traum und im Rausch behält er dabei aber das Bewusstsein: Sein „Geist" und die Bewegung der Kino-Bilder werden aneinander gebunden. Auf diese Art inszeniert, ist das Kino eine ästhetische Figur des modernen Außer-sich-Seins, die als Erleben des fiktiven Subjekts allerdings nicht primär in der Sprache stattfindet, sondern einem anderen Medium und dem Wechsel vom Denken zum Sehen zu verdanken ist.

Die Abhängigkeit vom Medium nimmt dem Subjekt einen Teil seiner Autonomie. Das Außer-sich-Sein braucht in dieser Form nicht nur die subjektive Grenzüberschreitung, sondern auch die objektive Bewegung der Bilder. Gebunden an die Bilder des Kinos wird die Grenzüberschreitung des Subjekts von den Eigenschaften der sich bewegenden Bilder mitdeterminiert, und das heißt vor allem, von deren Flüchtigkeit bestimmt. Zusätzlich verschiebt sich noch einmal das von Novalis formulierte Problem, das Außer-sich-Sein bewusst zu erleben. Während Musil versucht, das bewusste Außer-sich-Sein sprachlich zu artikulieren, muss Benn die optischen Bilder versprachlichen: Damit wird der Versuch, den psychischen Zustand zu schildern, durch die Schwierigkeit abgelöst, den Bildern - auch den aus dem Unbewussten aufsteigenden - das Laufen beizubringen.

Interessanterweise gibt es auch in Heyms Novelle *Der Dieb* den Versuch, ein Bild in Bewegung zu setzen. In diesem Fall wird jedoch nicht wie bei Benn ein analoger Prozess zwischen sich bewegender Bildlichkeit und Subjektivität sichtbar. Heyms Novelle beschreibt stattdessen den Konflikt zwischen diesen beiden Faktoren, der dadurch entsteht, dass der Protagonist die Differenz zwischen den ihn treibenden Begierden und der Statik des Bildes nicht erträgt. Im Mittelpunkt steht dabei die Problematik der Autonomievorstellung des Subjekts, sie zeigt sich nicht nur in den Novellen *Der Dieb* und *Der Irre*, sondern auch in Heyms Tagebucheintragungen.

> Plötzlich lagen alle Straßen, die von den Bergen herunterkamen, in seinem weißen Licht [dem des Mondes, S. K.], und alle Dächer und Türme der Stadt unter ihm tauchten aus der Nacht, aufgelöst, ohne Umrisse, wie die Städte eines träumerischen Königreiches. Die silbernen Vierecke des Flusses lagen glänzend zwischen dem Dunkel der Brücken. Er drehte sich um, da hing ein Strahl des Mondes in ihren Augen wie ein goldener Tropfen. Sie war undeutlich zu sehen, der Schatten des Vorhanges bewegte sich über ihrem Gesicht. Nur ein Streifen vom Kinn bis zu der Stirn war frei und leuchtete im Mondlicht. Vielleicht weinte sie?[310]

Im Zwielicht des Mondes glaubt der Dieb, dass das von ihm gestohlene Porträt der Mona Lisa zum Leben erwacht ist und weint. Die Szenerie, durch die diese Illusion zustande kommt, nimmt romantische Topoi wieder auf: Nacht, ein „träumerische[s] Königreich", die Auflösung der realen Umrisse, Mondlicht. Der Dieb glaubt, dass das Bild sich bewegt und dass es emotionale Regungen erkennen lässt, weil er es sich wünscht. Die Inszenierung moderner Subjektivität zeigt sich in der Bewegtheit des Subjekts, seiner Triebhaftigkeit, die zu einer tiefgreifenden Ambivalenz gegenüber den Objekten, auf die der Trieb gerichtet ist, führt, aber auch in der Darstellung von Allmachtsphantasien und deren Desavouierung.

---

[310] Georg Heym, Der Dieb, S. 90.

Da, da kam vom Ideale,
Wie vom Himmel, Mut und Macht,
Du erscheinst mit deinem Strahle,
Götterbild! in meiner Nacht;
[...]
Unter tausend Huldigungen
Hat mein Geist, beschämt, besiegt,
Sie zu fassen schon gerungen,
Die sein Kühnstes überfliegt.
Sonnenglut und Frühlingsmilde,
Streit und Frieden wechselt hier
Vor dem schönen Engelsbilde
In des Busens Tiefe mir.
[...][311]

Hölderlins Huldigung an Diotima zeigt bereits Züge, die im Verhältnis des Diebes zur Mona Lisa wieder auftauchen. Auch Diotima ist ein Götter- oder Engels*bild*; sie verkörpert die Ruhe, das, was sich nicht verändert, während das Subjekt, das sich ihr zuwendet, von ambivalenten Empfindungen zerrissen wird. Bei Heym verändert sich diese Wertung: Aus dem Engelsbild Hölderlins wird das Bild der Hure Babylon.

Im Gegensatz zu Gottfried Benns kritischer Einschätzung ist Heyms Hölderlin-Lektüre durch Identifizierung gekennzeichnet. „Irrsinnig zu werden wie Hölderlin", erscheint Heym als die logische Folge seiner persönlichen wie der zeitgeschichtlichen Situation.[312]

Heyms Perspektive kommt möglicherweise dadurch zustande, dass durch den Zusammenbruch der metaphysischen Ordnung und durch das Fragwürdigwerden jeder Sinnsetzung die Orientierung des Einzelnen auch im Hinblick auf sinnvolles gesellschaftliches Handeln schwierig wird. Wenn „der fade Geschmack der Alltäglichkeit"[313] aber zusammentrifft mit einer subjektiv empfundenen Sinnlosigkeit, dann ist die schon zu Beginn angedeutete Gefahr des Verstummens groß.

[...] ich aber, der Mann der Dinge, ich, ein zerrissenes Meer, ich immer in Sturm, ich der Spiegel des Außen, ebenso wild und chaotisch wie die Welt, ich leider so geschaffen, daß ich ein ungeheures, begeistertes Publikum brauche um glückselig zu sein, krank genug, um mir nie selbst genug zu sein, ich wäre mit einem Male gesund, ein Gott, erlöst, wenn ich irgendwo eine Sturmglocke hörte, wenn ich die Menschen herumrennen sähe mit angstzerfetzten Gesichtern, wenn das Volk aufgestanden wäre [...].[314]

Nur wenn die Zeit bewegt und „groß" ist, kann auch das Subjekt zu seiner Größe finden. Einerseits wird an Heyms Tagebucheintragung der Verlust autonomer Subjektivi-

---

[311] Friedrich Hölderlin, Diotima. Mittlere Fassung. In: Ders., Sämtliche Werke und Briefe Bd. I, S. 175-178, S. 176 f.

[312] Georg Heym, Dichtungen und Schriften. Bd. 3 Tagebücher Träume Briefe, S. 104; zu Heyms Hölderlin-Rezeption s. Kurt Bartsch, Die Hölderlin-Rezeption im deutschen Expressionismus. Frankfurt/M. 1974, S. 75-91; Patrick Bridgwater, Poet of Expressionist Berlin. The Life and Work of Georg Heym. London 1991, S. 33-41; auch Melanie Klier (*Kunstsehen* - Literarische Konstruktion und Reflexion von Gemälden in E. T. A. Hoffmanns *Serapions*-Brüdern mit Blick auf die Prosa Georg Heyms. Frankfurt/M. 2002) verweist auf Heyms Romantik-Rezeption, vor allem auf Kleist und Hoffmann, allerdings ist Heyms Hoffmann-Rezeption nicht nachweisbar (Ebd., S. 201).

[313] Heym, Tagebücher Träume Briefe, S. 138.

[314] Ebd., S. 164.

tät deutlich: Ein geniales Subjekt, das über und gegen den Kontext, in den es gestellt ist, seine Entwürfe durchsetzt, existiert nicht mehr. Die Außenwelt bestimmt das Subjekt. Andererseits zeigt die Formulierung dieser Selbsterkenntnis in der Betonung der Subjektivität, dem ständig wiederholten Ich, das auch immer Subjekt des Satzes bleibt, stilistisch noch die Auswirkungen des Symbolismus oder - psychologisch beschrieben - die narzisstische Komponente, die Heyms Identifizierung mit dem wahnsinnigen Hölderlin wenig plausibel erscheinen lässt. Die Tagebucheintragung bleibt ähnlich paradox wie die Sprachskepsis des Symbolismus: Die sprachliche Inszenierung und der behauptete Inhalt widersprechen einander.

Heyms Wunsch, ein Gott zu sein, nähert sich in der Verknüpfung von Bewegung (des Außen) und Geist (im Innern) der Imagination Rönnes, die allerdings in ihrer Rücknahme des Subjekts auch ästhetisch modern gefasst ist: „Über den Trümmern einer kranken Zeit hatte sich zusammengefunden die Bewegung und der Geist, ohne Zwischentritt."[315] Im Kino geht die Bewegung von äußeren Objekten, den Bildern, die gezeigt werden, aus, eine Tendenz, die sich in Heyms Tagebucheintragung im Wunsch nach Revolution oder Krieg wiederholt. Die umgekehrte Variante, die von einer inneren, subjektiven Bewegung auf die Veränderung der Wirklichkeit gerichtet ist, scheint in Heyms Novellen dagegen dem ästhetisch inszenierten Wahnsinn vorbehalten zu sein.

> Er bekam eine furchtbare Wut auf diese beiden Kinder […] Der kleine Junge zog sein Schwesterchen hinter sich her. Das stolperte, fiel hin und fing an zu weinen. Und weinen konnte er überhaupt nicht vertragen […] Er schlug die Köpfe der beiden Kinder gegeneinander. Eins, zwei, drei, eins, zwei, drei, zählte er, und bei drei krachten die beiden kleinen Schädel immer zusammen wie das reine Donnerwetter. Jetzt kam schon das Blut. Das berauschte ihn, machte ihn zu einem Gott.[316]

Die Gottwerdung des Irren ist der Imagination Heyms im Tagebuch genau entgegengesetzt. Der Irre berauscht sich an der eigenen Tat, während Heym durch die Revolution, den Taten anderer, die in der Außenwelt stattfinden, erst zum Gott und gesund, das hieße in diesem Fall wohl handlungsfähig, würde. Die Gottwerdung des Irren deutet aber auch auf die Form der inszenierten Subjektivität: Im Gegensatz zu Heym ist der Irre mit sich identisch und kann deswegen handeln. Da er sich als autonom, als Gott versteht, sieht er die Kinder nur als Objekte, die sich seinem Anspruch entgegenstellen und die er deswegen ermorden muss. Sowohl die Vorstellung des nicht-identischen, handlungsunfähigen Subjekts wie das gegenteilige Subjektkonzept, das in Heyms Novelle vom Irren verkörpert wird, finden sich schon in Hölderlins *Hyperion*, ohne dass das letztere allerdings mit Wahnsinn in Verbindung gebracht wird.

> Wir sprachen darauf manches vom jetzigen Griechenland […] Ein Volk, wo Geist und Größe keinen Geist und keine Größe mehr erzeugt, hat nichts mehr gemein, mit andern, die noch Menschen sind, hat keine Rechte mehr […] Was? vom Wurme soll der Gott abhängen? Der Gott in uns, dem die Unendlichkeit zur Bahn sich öffnet, soll stehn und harren, bis der Wurm ihm aus dem Wege geht? Nein! nein! Man frägt nicht, ob ihr wollt! Ihr wollt ja nie, ihr Knechte und Barbaren! […] O! zünde mir einer die Fackel an, daß ich

---

[315] Gottfried Benn, Die Reise. In: PuA, S. 30.
[316] Georg Heym, Der Irre. In: Ders., Dichtungen und Schriften Bd. 2, S. 22 f.

das Unkraut von der Heide brenne! die Mine bereite mir einer, daß ich die trägen Klötze aus der Erde sprenge![317]

Ein Staat mit Geist und Größe, die Wiedergeburt des alten Griechenlands, ist das Ziel von Hyperion und Alabanda. Weil die Vorstellungen des Subjekts durch das Ideal legitimiert sind, ist wiederum seine Beziehung zur Außenwelt, zu den Mitbürgern, eine eindeutige. Es maßt sich das Recht an diejenigen, die nicht an seine Ziele glauben, hinwegzufegen. Ein genauso eindeutiges Verhältnis zur Außenwelt hat der Irre. Sein Wahn rechtfertigt seine Gewalttätigkeit. Er fühlt sich gottgleich, weil er den Menschen um ihn herum das Recht auf Leben oder Tod zuteilen kann. Alabandas Rede vom „Gott in uns" enthält dasselbe Argument, dass nämlich die vom Ideal, von der Unendlichkeit Beseelten, das Recht haben, den „Wurm" zu zertreten. In dem Moment jedoch, in dem diese idealistische Überhöhung nicht mehr gegeben ist, bleibt allein die Willkür und die unberechenbare Gewalttätigkeit des Subjekts übrig.

Gegen diese gewalttätige Inszenierung der Objektbeziehung setzt Heym in seiner Tagebucheintragung die Position eines „kranken", eher passiv leidenden Ichs. Die Gewalttätigkeit geht von den Objekten aus, „die Sturmglocke läutet". Durch sie würde das Subjekt genauso eindeutig definiert wie die Objekte durch ein gewalttätiges und deutungsmächtiges Subjekt. Aber auch „der Gott in uns", das heroische Subjekt Hölderlins, kann sich erst in dem Moment verwirklichen, in dem der Kampf um den idealen Staat beginnt. Vorher ist es seinen Widersprüchen ebenso ausgeliefert wie Heym der Außenwelt.

Zu den Pflanzen spricht er [der Mensch, S. K.], ich war auch einmal, wie ihr! und zu den reinen Sternen, ich will werden, wie ihr, in einer andren Welt! inzwischen bricht er auseinander und treibt hin und wieder seine Künste mit sich selbst, als könnt' er, wenn es einmal sich aufgelöst, Lebendiges zusammensetzen, wie ein Mauerwerk[318].

Die Realität ist also bestimmt durch das „zerbrochene" Subjekt, das in seinen Projekten, im Kampf für die Wiederherstellung Griechenlands oder in der Liebe zu Diotima, seine Einheit wiederfinden will. Da es kein identisches Subjekt ist und in den Objekten - Griechenland, Diotima, der Natur - nur seine Ergänzung sucht, scheitert es an ihrem Eigenleben. Deswegen glückt weder bei Hölderlin noch bei Heym eine stabile Subjekt-Objekt-Beziehung innerhalb von alltäglichen Situationen. Das Subjekt braucht den Ausnahmezustand, um mit sich identisch zu sein und dadurch handlungsfähig zu werden. Heyms Darstellung des Irren zeigt einen dieser Ausnahmezustände, in dem das Subjekt mit sich identisch ist. Sie führt aber auch vor, dass ein Subjekt, das sich für autonom, für einen Gott hält, einem Wahn verfallen ist.

In den beiden Novellen Heyms versuchen die Protagonisten, ihre Vorstellung von subjektiver Autonomie durchzusetzen, indem sie Menschen töten oder Objekte der Außenwelt zerstören. Der Wunsch nach identischer und autonomer Subjektivität wird also zum Amoklauf, der als Ausbruch von Wahnsinn ästhetisch nachgezeichnet wird. Durch diese Parallelität entsteht die Nähe zwischen der Vorstellung von subjektiver Autonomie und dem Wahnsinn. Während in Heyms Tagebucheintragung ein Widerspruch zwischen der Schwäche des Ich und der ästhetischen Inszenierung dieser

---

[317] Friedrich Hölderlin, Hyperion. In: Ders., Sämtliche Werke und Briefe Bd. II. Hrsg. v. Jochen Schmidt, Frankfurt/M. 1994, S. 9-175, S. 36 f.

[318] Ebd., S. 54.

Schwäche zu beobachten war, gelingt in den Novellen die Parallelisierung zwischen der Wahnvorstellung und der sprachlichen Bewegung. Die mimetische Nachzeichnung des Wahns, ein autonomes Subjekt zu sein, führt - wie bereits im Zusammenhang mit Heyms Nietzsche-Lektüre dargestellt - zu parataktischen Satzverknüpfungen, die keine kausalen und keine eindeutigen chronologischen Bezüge entstehen lassen. Während die chronologische Desorientierung der Zeitvorstellung des Irren entspricht, kann die Auflösung kausaler Verknüpfungen parallel zu seiner Autonomievorstellung gesehen werden. Der Irre hält sich für unabhängig von den Objekten und Zusammenhängen der Außenwelt, dieser Autonomievorstellung trägt die sprachliche Inszenierung insofern Rechnung, als sie ihn nicht in Zusammenhänge von Ursache und Wirkung einbindet, durch die er in die Außenwelt integriert würde. In Heyms Novelle wird also der Wahn von subjektiver Autonomie zur ästhetischen Figur. Diese Figur ist nur auf dem Hintergrund möglich, dass autonome Subjektivität und Wahnsinn als Entsprechung gedacht werden. Nur im Wahnsinn ist das Subjekt autonom, weil es durch ihn von allgemeinen Ordnungssystemen, seien es überindividuelle Wahrnehmungsmuster oder gesellschaftliche Konventionen, unabhängig wird. Diese Unabhängigkeit des Subjekts zeigt sich dann sprachlich in den parataktischen Satzgefügen, die grammatisch unabhängig von einander sind.

An die Stelle der Parallele zwischen Wahnsinn und Autonomievorstellung, zwischen nicht-identischer Subjektivität und Sprache kann auch die Akzentuierung der Entsprechung zwischen nicht-identischer Subjektivität und räumlicher Bewegung treten. Diese Verknüpfung ist schon in der Romantik eine Möglichkeit, der „kontinuitätsdeterminierte[n] Anthropologie"[319] auszuweichen. Genauso wie die kausale Verknüpfung von Erzählelementen durch zeitliche Abläufe ersetzt werden kann, kann an die Stelle der Darstellung von kontinuierlicher subjektiver Innerlichkeit die abrupte räumliche Bewegung des Subjekts treten. So wechseln in Franz Jungs Erzählung *Die Erlebnisse der Emma Schnalke* die Zustände des Subjekts ebenso schnell wie die Aufenthaltsorte.

> Sie fühlte nichts mehr, alles war in ihr welk und abgestorben. Um ihre Mundwinkel lag dämonische Grausamkeit [...] Noch denselben Abend reiste sie in die nächste Hauptstadt. Sie fühlte: Nur fort. Allein sein. Weit fort von diesen Leuten. Als ihr Zug in der Morgendämmerung in die Halle einlief, empfand sie ein so unendliches Siegesgefühl, einen Rausch wiedergewonnener Freiheit, der sie beglückte [...] Drei Tage und drei Nächte saß sie in einem dunklen, kahlen Zimmer, das sie für wenige Pfennige gemietet hatte. Dann schrieb sie nach Haus und bat um Reisegeld. An einem Sonnabend kam sie zurück, mit toten, kalten Blicken, voll Ekel und Verachtung [...] Sonntag wurde sie engagiert, und den nächsten Tag reiste sie mit der Truppe ab.[320]

Drei Orts- und drei Stimmungswechsel erlebt Emma Schnalke in schneller Folge. Die Verknüpfung von psychischer Diskontinuität mit räumlicher Bewegung unterstützt einerseits die episodische Erzählstruktur, andererseits lässt sie den Einfluss der Romantik erkennen. Schon Emma Schnalkes Posen und ihre Kostümierung in der Kunstschule werden als eine Inszenierung beschrieben, die versucht, „die Idee einer längstverbrauchten Romantik in die Wirklichkeit umzusetzen."[321] Emmas Kostümierung zeigt neben der Wichtigkeit der Romantik aber auch ihre „Verbrauchtheit", die

---

[319] Karl Heinz Bohrer, Der romantische Brief, S. 100.
[320] Franz Jung, Die Erlebnisse der Emma Schnalke, S. 29 f.
[321] Ebd., S. 22.

Ideen der Romantik haben ihre Substanz ebenso verloren wie die Bewegungen des Subjekts ihr Ziel.

Vergleicht man *Die Erlebnisse der Emma Schnalke* mit dem von Jung geschätzten Roman Eichendorffs *Ahnung und Gegenwart*[322], so wird der Unterschied zwischen Emmas Ziellosigkeit und der romantischen Konzeption deutlich. In *Ahnung und Gegenwart* hat nach längerem Umherziehen zum Schluss doch jeder der Beteiligten sein, auch räumlich definiertes, Ziel gefunden: Friedrich die Religion im Kloster, Leontin die Freiheit in Übersee, Julie Leontin und der Dichter Faber die Schriftstellerei in der alltäglichen Welt. In diesem Moment lösen sich die Ambivalenzen auch innerhalb der Figuren auf, sie erleben sich als Einheit. Damit ist die Suche räumlich beendet und gleichzeitig die subjektive Entwicklung abgeschlossen. In den „Erlebnissen" bleiben die Widersprüche innerhalb des Subjekts dagegen bis zum Ende erhalten.

Die traditionelle Philisterkritik, die häufig als Rechtfertigung für das unruhige Reisen in romantischen Romanen dient[323], liefert zwar auch hier die Argumente gegen die bürgerliche Selbstzufriedenheit, aber der Entwurf eines anderen Lebens, in dem das Subjekt mit sich identisch wäre, ist nicht mehr möglich.

> Einmal hielt er in der Trunkenheit den johlenden Bürgern folgende Rede: Man muß einen Aufruf erlassen. Zur Befreiung eurer Töchter. Gegen die Ladenschwengel und Referendare. Gegen Einjährige und sonstiges Gesindel … . Da war ihm eine Vision. Er sah den Studenten als Amtsrichter, dickbäuchig beim Frühschoppen. Man witzelt über Weiber. Der Dickbauch lächelt in sein Glas. Voll leiser Erinnerung. Überlegen. Interessant. Dann nimmt er einen Schluck, sieht sich verstohlen im Kreise um und seufzt erleichtert auf. Im Hafen … der Hund![324]

In Werners Rede - er ist am Schluss der Erzählung Emma Schnalkes Liebhaber - tauchen Elemente der romantischen Kritik an der Spießigkeit des bürgerlichen Lebens wieder auf. Der Student, der sich in der Jugend auch erotisch austobt, um nach angemessener Zeit als Amtsrichter zu den Honoratioren zu gehören und im Hafen der Ehe zu landen, ist schon bei E. T. A. Hoffmann Anlass zum Spott.[325] Werners Rebellion ge-

---

[322] „Allerdings habe ich den neuen Kumpanen […] verschwiegen, daß ich im Geheimen die Klassiker las : nicht gerade Schiller und Goethe, mit Ausnahme vielleicht der „Wahlverwandtschaften", aber Heine, Jean Paul und Ludwig Tieck, und daß auf dieser Liste weit oben an der Spitze gestanden haben der Eichendorff-Roman „Ahnung und Gegenwart" und die Novelle von Stifter „Der Hochwald". Seltsam genug, das ist auch heute noch so […]."(Franz Jung, Der Weg nach unten, S. 33). Emma Schnalke teilt dabei einige Eigenschaften mit der Figur der Marie bei Eichendorff. Marie erscheint Friedrich und Leontin „wie ein gescheuchtes Reh" (Joseph von Eichendorff, Ahnung und Gegenwart. In: Ders., Werke Bd. II. Romane und Erzählungen. München 1970, S. 7-292, S. 30) und wie Emma posiert sie zu Anfang des Romans auf einem Tier sitzend (ebd., S. 21). Die Figur der Marie ist bei Eichendorff eine Nebenfigur, die jedoch dadurch auffällt, dass ihre Unruhe im Gegensatz zu den Hauptfiguren nicht zu einer geglückten Identität führt. Durch ihre Promiskuität ist sie von der weiblichen Variante - einen Mann finden - und durch ihre Weiblichkeit von der männlichen - eine Aufgabe finden - ausgeschlossen, so wird sie am Ende des Romans als halb wahnsinnig geschildert (ebd., S. 245 u. 252).

[323] Die unstete romantische Existenz wird dem bürgerlichen Leben, das sich auch räumlich in engen Grenzen abspielt gegenüber gestellt: z.B. in der Flugreise Giannozzos in Jean Pauls *Des Luftschiffers Giannozzo Seebuch*, in der Reise in das Land Atlantis in E. T. A. Hoffmanns *Der goldene Topf*, in Eichendorffs reisenden Figuren sowohl in *Ahnung und Gegenwart* wie in *Aus dem Leben eines Taugenichts*.

[324] Franz Jung, Die Erlebnisse der Emma Schnalke, S. 58. Punkte v. Jung.

[325] S. z.B. E. T. A. Hoffmann, Der goldene Topf. In: Ders., Sämtliche Werke Bd. 2/1. Hrsg. v. Hartmut Steinecke. Frankfurt/M. 1993, S. 229-321, S. 258 f.

gen das Philistertum findet allerdings nur noch in der Kneipe und unter Alkoholeinfluss statt. Die „längstverbrauchte Romantik" wird also auch in dieser „heruntergekommenen" Rebellion deutlich. Im Gegensatz zu dem Subjektkonzept, das Werner und Emma verkörpern, kommt der Philister - wie viele romantische Helden - noch an: Er landet schließlich „[i]m Hafen". Für Werner und Emma ist dagegen das Ankommen und die Entwicklung zu einer identischen Subjektivität nicht mehr möglich. Der abrupte Stimmungswechsel und die abrupte räumliche Bewegung kennzeichnen die Darstellung ihrer Subjektivität bis zum Schluss der Erzählung.

An die bereits zitierte Szene in der Kneipe schließt die folgende Szene direkt an - mit ihr endet die Erzählung - und zeigt damit noch einmal die Diskontinuität der psychischen und räumlichen Bewegung des Subjekts.

> Werner starrt in den Qualm, stürzt hinaus. Der Lärm tost hinter ihm drein. Von qualvoller Angst gehetzt, jagt er durch die Straßen. ‚Uh jeh! Wenn jetzt der D., der Kujon, bei meiner Frau liegt,' denkt er und jagt weiter. Nach Haus. Sie sieht ihn vorwurfsvoll an: ‚Ich sage dir's schon, wenn ich gehe.' Er fühlt: Um Gotteswillen, vielleich schon Ruine … [326]

Die psychische Bewegung wird in Jungs Erzählung also in den Raum projiziert: Deswegen ist seine Erzählung gleichermaßen durch die Diskontinuität der subjektiven Gefühle wie durch abrupte räumliche Richtungsänderungen gekennzeichnet. Dabei geht die Analogie zwischen diesen Elementen bis zur vollständigen Ersetzung subjektiver Innerlichkeit durch die räumliche Bewegung: Emmas letzter Satz ist ein Beispiel für diese Tendenz. Statt einer Gefühlsäußerung stellt sie die physische Bewegung in den Vordergrund. Am Ende der „Erlebnisse" verschiebt sich zusätzlich die Perspektive von Emma auf Werner. Während vorher immer ihre Innerlichkeit miterzählt wurde, ist sie in diesem letzten Kapitel nur von außen, aus Werners Sicht, präsent. Dieser Wechsel in der Perspektive entspricht den abrupten Orts- und Stimmungswechseln und führt einerseits zur Unmöglichkeit einer psychologischen Lesart. Andererseits kann der Perspektivwechsel auf der Ebene der ästhetischen Inszenierung als Parallele zum diskontinuierlichen Subjektkonzept betrachtet werden. Auch das Erzählen der räumlichen Bewegung der Figuren ist ein Element der Darstellung von subjektiver Diskontinuität. Damit entsteht eine ästhetische Figur des diskontinuierlichen Subjekts, die sich deutlich von der Formulierung des „Außer-sich-Seins" unterscheidet. Während der Zustand des Außer-sich-Seins vor allem eine psychische Grenzüberschreitung darstellt, geht es in Jungs Erzählung um die tatsächliche Bewegung der Figur im Raum.

Damit deutet die Inszenierung von diskontinuierlicher Subjektivität, wie sie für Jungs Erzählung kennzeichnend ist, gegenüber den vorher untersuchten Texten in eine andere Richtung: Die Darstellung der Subjektivität verliert an „Tiefe". Musil, Stramm und Benn, zum Teil auch Heym finden eine neue Möglichkeit subjektiven Sprechens durch die Entdeckung der Triebhaftigkeit, des Unbewussten und des Wahns. Dagegen blockiert die Erzählstrategie Jungs eine Erweiterung in diese Richtung. Seine Darstellung von diskontinuierlichen Zuständen und plötzlichen räumlichen Bewegungen lässt die Figuren eher flächenhaft erscheinen. So tritt die Jungsche Perspektive, die das Subjekt von außen beschreibt, neben die Inszenierung von Innerlichkeit. Die Subjektivität, wie sie Musil, Stramm, Benn und Heym darstellen, ist gekennzeichnet durch die Analogie zwischen den Empfindungen und der mit ihnen verbundenen sprachlichen Artiku-

---

[326] Franz Jung, Die Erlebnisse der Emma Schnalke, S. 58; Punkte v. Jung.

la-tion: Die ästhetischen Figuren des Außer-sich-Seins, der ödipalen Situation und der Wahnvorstellung von subjektiver Autonomie führen diese generelle Analogie anhand von Entgrenzungserfahrungen vor. Dadurch wird in diesen Texten trotz der Auflösung der identischen Subjektivität - paradoxerweise - eine größere Intensität der subjektiven Äußerungsformen erreicht. Diese Intensität ist es, die Jungs Text fehlt. Da Jung die Romantik als „verbrauchte" Form poetischen Sprechens interpretiert, fehlt der Erzählung *Die Erlebnisse der Emma Schnalke* jedes Pathos. Stattdessen deutet sie eine Tendenz an, welche die Beispiele des nächsten Abschnitts noch deutlicher hervortreten lassen: Sie setzen an die Stelle der Intensität subjektiven Sprechens die Substanzlosigkeit des Subjekts.

2. Die Substanzlosigkeit des Subjekts

Die folgenden Inszenierungen von Subjektivität setzen die Tendenz zur flächenhaften Darstellung von Figuren fort, die vor allem an Jungs Erzählung *Die Erlebnisse der Emma Schnalke* sichtbar wurde. Obwohl sie zum Teil ebenfalls mit Subjektentwürfen arbeiten, die wie die Konzepte Benns oder Musils ein Unbewusstes voraussetzen, versuchen sie psychologische Erklärungsmuster zu vermeiden. Alfred Döblin, Carl Einstein, Franz Kafka und zum Teil auch Franz Jung billigen der Innerlichkeit des Subjekts keine Substanz zu. Die romantischen Texte, mit denen sich die Autoren beschäftigt haben, sind dabei zum Teil sogar identisch mit denen des vorigen Kapitels. Döblin setzt sich wie Heym und Benn vor allem mit Hölderlin auseinander und Einstein hat wie Stramm eine Vorliebe für die Schauerromantik. Bei Franz Jung ändert sich dagegen das Verfahren der Subjektdarstellung innerhalb seiner Prosa, aber natürlich auf der Grundlage desselben Lektürekanons: Jungs Novelle *Die Telepathen* zeigt einen anderen Subjektentwurf als *Die Erlebnisse der Emma Schnalke*.

2.1 Psychopathologie

In Jungs Novelle *Die Telepathen* und in Döblins *Die Ermordung einer Butterblume* ist der psychiatrische Fall als Grundlage der ästhetischen Inszenierung deutlich erkennbar. Beide Texte benutzen Elemente der Paranoia, um ihre Figuren zu charakterisieren.

> Der Anton telefonierte an die Polizeistation. [...] Er trug die geplanten Attentate weiter, die er nachts hören mußte. Bis ein Sanitätswagen mit Polizisten kam, der ihn holte. Er dachte, bitte - und krümmte sich in ohnmächtiger Wut. Ein verkleideter Arzt, falsche Polizeimänner. Im Krankenhaus wurde er untersucht. Man schrieb wieder ‚John Groß', daß er hätte weinen mögen. Ein Wärter versuchte einen homosexuellen Akt. Er sagte ruhig: My tail is allright. Der andere ließ ab. Er hätte doch nichts tun können, nur ruhig bleiben, dachte er, ich kann gegen diese alle allein nichts ausrichten. Man läßt mich verschwinden.[327]

---

[327] Franz Jung, Die Telepathen. Eine Novelle. In: Ders., Feinde ringsum. Werke 1/1, S. 95 f. Die Phantasie der homosexuellen Belästigung durch einen Wärter der Irrenanstalt berichtet auch Daniel Paul Schreber in seinen *Denkwürdigkeiten eines Nervenkranken* von 1903 (Frankfurt/M. 1985): „Am verabscheuungswürdigsten erschien mir die Vorstellung, daß mein Körper nach der beabsichtigten Ver-

Nach Jungs eigener Aussage nimmt seine Novelle einen authentischen Fall auf. Wie der berühmte Gerichtspräsident Schreber Freud seine Notizen überlassen hat, hat der reale Anton Grosz seine Wahnvorstellungen notiert und sie dann Jung übergeben.[328] Darüber hinaus beschreibt Freud in seiner Analyse des Falles Schreber, in den *Psychoanalytische Bemerkungen über einen autobiographisch beschriebenen Fall von Psychoanalyse* von 1911, ähnliche Kennzeichen der Paranoia, wie sie in Jungs Novelle zu beobachten sind. Die Vorstellung des Verfolgtwerdens, das Hören von Stimmen, vor allem der für die Paranoia charakteristische Bezug zur Homosexualität werden in Freuds Interpretation von Schrebers Aufzeichnungen angesprochen.[329] Dieser Eindeutigkeit des psychopathologischen Falls setzt Jungs Novelle ihre ästhetische Strategie entgegen.

Freud hält die Systemhaftigkeit des Wahns für ein entscheidendes Merkmal der Paranoia, das heißt, jedes Ereignis wird vom Kranken in seine paranoide Welt eingeordnet.[330] Es gibt also nichts mehr, das dieser „Ordnung" entgeht. So bildet der paranoide Wahn quasi das Negativ einer metaphysisch begründeten Welt, in der alles im Hinblick auf ein Zentrum, auf Gott, ausgerichtet ist. In Schrebers Aufzeichnungen wird dieser Bezug anhand seines metaphysischen Vokabulars für die ihn verfolgenden Mächte auch deutlich,[331] dagegen ist das metaphysische Vokabular in Jungs Novelle verschwunden. Die Vorstellung einer Weltordnung, die aufrecht erhalten werden muss, aber bedroht ist, spielt jedoch dort ebenfalls eine Rolle.

> Die Pyramide des täglichen Lebens ist bedroht. Es bohrt, reißt, frißt um den Gedanken der Stunde. Schlaf ist durchleuchtet, Wünsche werden nutzbar gemacht. In einem Netz zappelt jedes Opfer. Mensch, wehre dich! Ein Fels stürzt hernieder. Der Boden wankt. Gelächter. Verrat. Wollust. Und wenn du - [332]

Im Gegensatz zu Freuds Interpretation, aber auch zu Schrebers Schilderungen, ist die paranoide Weltordnung am Schluss von Jungs Text nicht mehr mit dem Subjekt zu verbinden, das doch sein Erfinder ist. Während der romantische Subjektentwurf, den Jung in den *Erlebnissen* verarbeitet, zur Erosion subjektiver Innerlichkeit führt, scheint das Subjekt in der psychischen Krankheit zunächst seine Wichtigkeit wiederzugewinnen. Durch die Verknüpfung von Paranoia und romantischem Subjektentwurf ist dann jedoch der stabile Bezug des Subjekts zu seiner Wahn-Welt nicht mehr möglich.

---

wandlung in ein weibliches Geschöpf irgend welchem geschlechtlichen Mißbrauch unterliegen sollte, zumal eine Zeitlang sogar davon die Rede war, daß ich zu diesem Zwecke den Wärtern der Anstalt vorgeworfen werden sollte." (S. 71)

[328] „In der Landesirrenanstalt in Troppau im damaligen Österreich-Schlesien habe ich einen tschechischen Konstruktionszeichner kennen gelernt, dessen Schicksal und Begebenheiten mich später all die Jahre über nicht mehr loslassen sollten. Der Name war Anton Grosz […] Das war kurz vor Ausbruch des ersten Weltkrieges." (aus dem Nachlaß zit. n. Arnold Imhof, Franz Jung. Leben - Werk - Wirkung. Bonn 1974, S. 59).

[329] Sigmund Freud, Psychoanalytische Bemerkungen über einen autobiographisch beschriebenen Fall von Paranoia (Dementia paranoides). In: Ders., Studienausgabe Bd. VII. Frankfurt/M. 1982, S. 133-203, bes. S. 169-171 u. S. 183-188.

[330] Auch in Freuds *Psychoanalytischen Bemerkungen* ist vom „Wahnsystem" die Rede: Ebd., S. 143, 145, 161.

[331] Daniel Paul Schreber, Denkwürdigkeiten eines Nervenkranken, z.B. S. 19. Bei seinem Kampf mit Gott interpretiert Schreber seinen Sieg dadurch, dass „die Weltordnung auf meiner Seite steht" (ebd., S. 47), d.h. diese geschlossene Ordnung weist sogar Gott seine Position zu.

[332] Franz Jung, Die Telepathen, S. 99 f.

126

Freud charakterisiert das Wahnsystem der Paranoia als einen Versuch des Subjekts, eine verdrängte triebhafte Objektbeziehung, meist homosexueller Natur, in verfremdeter Form wiederherzustellen.[333] Das Begehren des Subjekts verkehrt sich dabei in die Vorstellung, verfolgt zu werden. Das Krankheitsbild der Paranoia kann als Gegensatz zu der Pathologie gelesen werden, die in Heyms Novelle den Irren kennzeichnet. Die Beziehung zwischen Subjekt und Objekt ist in beiden Fällen eindeutig determiniert, die Paranoia bildet aber die passive Variante, weil das unter ihr leidende Subjekt von den Objekten bedroht wird, während Heyms Protagonist die Objekte zerstört.

Im Verlauf von Jungs Novelle werden sowohl das sprechende Subjekt wie das bedrohliche Objekt zu anonymen Instanzen. Wer spricht, ist unklar, angesprochen ist pauschal der Mensch, und die Bedrohung ist nur als ein nicht identifizierbares „es" gegenwärtig. Die triebhafte Beziehung zwischen Subjekt und Objekt ist nicht mehr rekonstruierbar, eine Tendenz, die den Anfang der Novelle von ihrem Ende unterscheidet. Zu Beginn erscheint mit den „Seidels" eine Personengruppe, die Groß verfolgt und die ausschließlich aus Männern besteht, schließlich erlebt er den homosexuellen Angriff des Wärters: Soweit sind also die Subjekt-Objekt-Beziehungen klar als paranoide erkennbar. Im Folgenden werden sie immer uneindeutiger. Die Groß verfolgende Personengruppe ist nicht mehr zu benennen, und der Status des Subjekts ist nicht zu klären - ist es tot, spricht es? Solange Groß' Verhalten noch rekonstruiert werden kann, ist es ebenso wie das der Figuren in *Die Erlebnisse der Emma Schnalke* durch häufigen Ortswechsel gekennzeichnet. Diese Ortswechsel sind zwar zum Teil durch die Wahnvorstellung motiviert, eines nicht begangenen Mordes beschuldigt zu werden. Sie sind also innerhalb der Paranoia als Flucht vor diesen Unterstellungen folgerichtig. Angesichts von Groß' späterer Gewalttätigkeit wird die Motivierung seiner Ortswechsel jedoch undurchsichtig: Er könnte die Morde auch tatsächlich begangen haben. Die logisch nicht erklärbare Diskontinuität des Subjekts und die abrupten Ortswechsel hängen also auch hier zusammen.

Innerhalb der Novelle kommt es zu einer fortschreitenden Entfremdung des Subjekt von seinen eigenen Empfindungen. Zunächst glaubt Groß sich von seiner Umgebung mit dem falschen Vornamen belegt, dann nimmt er selber einen anderen Namen an, schließlich wird ihm sogar sein Körper fremd.

> Vom Nebenzimmer kam ein Geräusch. Dann Flüstern. Er fühlte, wie jemand gewürgt wurde. Hörte sehr deutlich, den Stich hast du, den du. Der Anton wand sich vor jähem Schmerz. Spürte einen Frauenkörper, den jemand mit dünnen Nadeln durchzog. Hohnüberlegen atmend: Garrison-Fellow, Garrison-Fellow … [334]

An dieser Stelle ist nicht zu entscheiden, ob Groß sich mit der im anderen Zimmer vermuteten Frau - „telepathisch" - identifiziert oder ob er seinen eigenen Körper als weiblich empfindet. Beide Varianten sind jedoch, gemessen an einer intakten Ich-Identität, extreme Formen der Grenzüberschreitung: Anton Groß ist also auch außer sich. Diese Bewegung ist aber psychoanalytisch erklärbar, da die Empfindung, eine Frau zu sein, bei Freud und Schreber zu den Symptomen der Paranoia zählt. Damit kann die Grenzüberschreitung in die Wahnvorstellung der Paranoia integriert werden. In Jungs Novelle findet die Transzendenz von Subjektgrenzen nicht auf der Ebene von subjektiven Empfindungen statt, denn an die Stelle der entgrenzenden psychischen Überschrei-

[333] Freud, Psychoanalytische Bemerkungen, S. 193.
[334] Jung, Die Telepathen, S. 98; Punkte v. Jung.

tung tritt ein Außer-sich-Sein, das die bildliche Vorstellung wörtlich versteht: Am Schluss der Novelle verlässt Anton wirklich seinen Körper. Deswegen ist der Ort, von dem aus die Schlussworte gesprochen werden, nicht eindeutig rekonstruierbar. Entweder spricht der „Geist" Antons, nachdem er seinen toten Körper verlassen hat, oder der Erzähler, der dann von Antons Wahn besessen wäre.

Novalis' Behauptung, man könne mit vollem Bewusstsein außer sich sein, hat sich in der ästhetischen Inszenierung der Paranoia erfüllt. Möglicherweise erklärt dieser Zusammenhang das Interesse moderner Schriftsteller, welche die Romantik als ihre Vorgeschichte begreifen, an dieser spezifischen Form der Psychopathologie. Während im vorigen Kapitel die ästhetische Strategie aber bestimmt war von der Analogisierung von Sprache und Unbewusstem, ist hier eine andere Tendenz zu erkennen. Die ästhetische Inszenierung nimmt paranoide Wahnvorstellungen wörtlich, anstatt sie als Zeichen eines unbewussten Konflikts zu lesen, und unterläuft so auch psychoanalytische Deutungsverfahren.

Döblins Erzählung *Die Ermordung einer Butterblume* arbeitet mit einer ähnlichen Strategie wie Jungs Novelle: Sie macht sich paranoische Elemente zunutze, verwendet aber auch Symptome der Zwangsneurose.[335] Während Fischers Verhalten im Wald nach seinen „Morden" an den Blumen Züge von Verfolgungswahn trägt, sind seine Rituale zur Bewältigung dieses Erlebnisses als zwangsneurotische lesbar. Diese Vermischung von Symptomen deutet bereits an, dass sich die Psychopathologie Fischers nicht bruchlos rekonstruieren lässt: Aus der nicht nach konventionellen narrativen Mustern verlaufenden Novelle kann keine logisch und chronologisch erzählte „Fallgeschichte" herausgelesen werden. Durch die Verwendung von - in psychoanalytischer Hinsicht - sich ausschließenden Elementen entsteht die paradoxe Variante von Subjektivität, die durch die Gegenläufigkeit von psychologischen Beschreibungsverfahren und ästhetischer Inszenierung gekennzeichnet ist.

Das dünne Spazierstöckchen wippte in der Rechten über Gräser und Blumen am Wegrand und vergnügte sich mit den Blüten. Es blieb, als der Herr immer ruhig und achtlos seines Weges zog, an dem spärlichen Unkraut hängen. Da hielt der ernste Herr nicht inne, sondern ruckte, weiter schlendernd, nur leicht am Griff, schaute sich dann, am Arm festgehalten, verletzt um, riß erst vergebens, dann erfolgreich mit beiden Händen das Stöckchen los und trat atemlos mit zwei raschen Blicken auf den Stock und den Rasen zurück, so daß die Goldkette auf der schwarzen Weste hochsprang. Außer sich stand der Dicke einen Augenblick da. Der steife Hut saß ihm im Nacken. Er fixierte die verwachsenen Blumen, um dann mit erhobenen Stock auf sie zu stürzen und blutroten Gesichts auf das stumme Gewächs loszuschlagen. Die Hiebe sausten rechts und links. Über den Weg flogen Stiele und Blätter.[336]

---

[335] Zwangsneurotische Elemente sind etwa die Gutschreibung von Geld für die Butterblume, der generell ritualisierte Umgang mit ihr, schließlich die religiöse Überhöhung s. dazu Sigmund Freud, Zwangshandlungen und Religionsübungen. In: Ders., Studienausgabe Bd. VII, Frankfurt/M. 1982, S. 11-21.

[336] Alfred Döblin, Die Ermordung einer Butterblume. In: Ders., Erzählungen aus fünf Jahrzehnten, S. 22.

Fischers Umgang mit den Objekten ist gekennzeichnet durch seinen Status als ihr Herr, die Dinge haben sich ihm unterzuordnen.[337] Leisten sie Widerstand, indem sie das Zeichen seiner Herrschaft, den Stock, festhalten, dann werden sie vernichtet. Die Autonomievorstellung, die Fischers Tun zugrundeliegt, lässt sich mit Heyms Text *Der Irre* und der von Hölderlin ausgehenden Problematik von Subjektivität und Tat in Verbindung bringen. Auch Fischer hält sich für ein autonomes Subjekt, das den Objekten und der Natur gegenüber keine Rücksicht zu nehmen braucht. Das in Döblins Erzählung folgende Geschehen stellt aus dieser Perspektive die Rache des vom Subjekt manipulierten Objekts - des „Wurms" nach Alabandas Worten - dar: Es schlägt unvorhergesehen zurück.

Döblins Romantik-Rezeption setzt wie die Heyms ebenfalls bei Hölderlin an. Seinen ersten Roman *Jagende Rosse*, den er noch in der Schulzeit schrieb, hat er „den Manen Hölderlins in Liebe und Verehrung gewidmet".[338] Im Zeitungsartikel „Stille Bewohner des Rollschranks" von 1927 - der Titel spielt auf unveröffentlichte Texte Döblins an - erklärt Döblin dazu: „Die Gedichte Hölderlins trug ich, wo ich ging und stand, mit mir herum."[339] In *Schicksalsreise. Bericht und Bekenntnis* ist von Kleist und Hölderlin als „Götter[n] meiner Jugend" und „geistigen Paten" die Rede; anstelle der Gedichte Hölderlins wird hier jedoch in fast identischer Formulierung der *Hyperion* erwähnt.[340]

Döblin hält sowohl Form wie Inhalt seines Jugendromans für das Ergebnis seiner Auseinandersetzung mit Hölderlin:

> Ein lyrischer Ich-Roman. Gar keine Handlung; nur seelischer Entwicklungsgang in lyrischer bildhafter Beschreibung [...] Der Held ist am Anfang in jugendlicher ländlicher Enge; dann stürzt er sich in das Leben, das breit als Meer geschildert wird, dann lassen seine Begierden nach, und das Problem des Buches taucht auf: was bleibt nach den Begierden? Der Held geht in die eisige Aszese, in die Selbstversenkung, wo er die ‚Wahrheit' sucht. Schon glaubt er sich am Ziel, - da sieht er: er hat sich im Kreis gedreht; es sind seine Begierden in anderer Form.[341]

Während in Döblins späteren Erzählungen die literarischen Anleihen nicht eindeutig erkennbar sind, lässt sich die intertextuelle Folie seines frühen Romans klar benennen:

---

[337] S. dazu Walter Müller-Seidel, Wissenschaftskritik und literarische Moderne. Zur Problemlage im frühen Expressionismus. In: Thomas Anz/Michael Stark (Hrsg.), Die Modernität des Expressionismus. Stuttgart 1994, S. 21-43, S. 25.

[338] Alfred Döblin, Jagende Rosse. In: Jagende Rosse. Der Schwarze Vorhang und andere frühe Erzählwerke. München 1987, S. 26-83, S. 26.

[339] Alfred Döblin, Stille Bewohner des Rollschranks. Meine Werke von denen niemand weiß. In: Ders., Schriften zu Leben und Werk. Hrsg. v. Erich Kleinschmidt. Olten 1981, S. 80-82, S. 80.

[340] Döblin, Schicksalsreise. Bericht und Bekenntnis. Hrsg. v. Anthony Riley. Solothurn/Düsseldorf 1993, S. 128. Der Bezug zu Kleists *Penthesilea* ist in Döblins zweitem Frühwerk *Der Schwarze Vorhang* deutlicher als in *Jagende Rosse*: der Liebesmord von Penthesilea an Archill findet dort in der Tötung Irenes durch Johannes seine Entsprechung; s. dazu Georg Braungart, Leibhafter Sinn. Der andere Diskurs der Moderne, S. 315-319; Ernst Ribbat, *Ein roher Hund ist der Mensch, wenn er dichtet*. Zur Kleist-Rezeption im Werk Alfred Döblins. In: Internationale Alfred Döblin-Kolloquien Marbach/Berlin. Hrsg. v. Werner Stauffacher. Bern/Frankfurt/M [u.a.] 1988, S. 185-195.

[341] Döblin, Stille Bewohner meines Rollschranks, S. 80 f. Auch der Herausgeber des Frühwerks Anthony W. Riley hält vor allem das Vorbild des *Hyperion* für entscheidend für Stil und Inhalt, macht aber darauf aufmerksam, dass es in *Jagende Rosse* bereits um einen „pathologischen Fall" von Subjektivität - man müsste wohl von Narzissmus reden - geht: Döblin, Jagende Rosse. Der schwarze Vorhang und andere frühe Erzählwerke, S. 292-300.

Nietzsches *Zarathustra*, Hölderlin, aber auch die frühen Hymnen Goethes, der *Werther* und die Lyrik der Jahrhundertwende werden benutzt, um den pathetischen, hohen Ton zu erreichen. Sprachlich stellt dieses Frühwerk damit das genaue Gegenteil zum nüchternen Ton der Erzählung *Die Ermordung einer Butterblume* dar. Die innovative Textverknüpfung durch zeitliche Reihung und die grammatisch umformulierte Bildlichkeit hat Döblin zur Zeit seines ersten Romans noch nicht entdeckt. Allein die hauptsächlich romantisch konnotierte Subjektivität und deren Kreisen um sich selbst ist zu Beginn seiner schriftstellerischen Tätigkeit bereits vorhanden.

Das Problem der subjektiven Besessenheit, die zur Verwechslung von objektiven Gegebenheiten mit subjektiven Projektionen führen kann, ist schon anhand der Hölderlin-Rezeption Heyms aufgetaucht. In Heyms Novellen ist die Subjekt-Objekt-Beziehung der Ausgangspunkt für die ästhetische Inszenierung: Da sich das Subjekt als autonom ansieht, glaubt es, die Objekte manipulieren zu können, und verhält sich ihnen gegenüber entsprechend gewalttätig. Auch Döblins Erzählung *Die Ermordung einer Butterblume* zeigt diese Konstellation. Dagegen wird die Darstellung von bewussten oder halb bewussten Vorgängen in Döblins Text durch die Schilderung der äußeren Abläufe und die Personifizierung der Dinge nach außen gewendet.[342] Die Perspektive von außen wie die äußeren Dinge gewinnen ein Übergewicht, welches das Subjekt - wie in Jungs Novelle *Die Telepathen* - im Fortgang der Erzählung in die Defensive treibt.

> Plötzlich sah Herr Michael Fischer, während sein Blick leer über den Wegrand strich, wie eine untersetzte Gestalt, er selbst, von dem Rasen zurücktrat, auf die Blumen stürzte und einer Butterblume den Kopf glatt abschlug. Greifbar geschah vor ihm, was sich vorhin begeben hatte an dem dunklen Weg. Diese Blume dort glich den andern auf ein Haar. Diese eine lockte seinen Blick, seine Hand, seinen Stock. Sein Arm hob sich, das Stöckchen sauste, wupp, flog der Kopf ab.[343]

Während Fischer in der ersten Szene wahllos auf die „verwachsenen Blumen" - sie sind also als einzelne gar nicht erkennbar - einschlägt, fixiert er nun eine bestimmte Blume, der er dann den Kopf abschlägt. Dem immer unsicherer werdenden Status des Subjekts entspricht auch in den folgenden Szenen die deutlicher werdende Individualisierung der Butterblume bis hin zur Namensgebung.

Die Differenz zwischen der ersten und der zweiten Schilderung von Fischers Blumenmord verdankt sich einer Verschiebung. Die „verwachsenen Blumen" erscheinen in der angeblichen Wiederholung der Szene als eine einzelne. Das, was Fischer hier sieht, ist also nicht das, was - nach Auskunft des Erzählers - passiert ist. Identisch ist dagegen sowohl in der zunächst erzählten wie in der als Vision Fischers dargestellten Situation die Perspektive von außen. So wie der Erzähler die Figur von außen schildert, sieht sich Fischer in seiner Vision von außen beim Köpfen der Butterblume. Einerseits

---

[342] S. dazu schon Helga Stegemann, Studien zu Alfred Döblins Bildlichkeit. Die Ermordung einer Butterblume und andere Erzählungen. Bern/Frankfurt/M./Las Vegas 1978; Georg Reuchlein, „Man lerne von der Psychiatrie", S. 38-40; Reuchlein macht auch auf eine Parallele zwischen *Die Ermordung einer Butterblume* und Tiecks *Runenberg* aufmerksam (S. 50 f.), die angesichts der Ähnlichkeit zwischen Döblins *Lydia und Mäxchen. Verbeugung in einem Akt* und Tiecks *Der gestiefelte Kater* (ebenfalls aus dem *Phantasus*) noch an Plausibilität gewinnt. Natürlich kommt auch *Der Ritter Blaubart*, Tiecks Märchendrama, als Verbindung in Frage, doch lassen sich hier Ähnlichkeiten zu Döblins Erzählung *Blaubart* kaum erkennen.

[343] Döblin, Die Ermordung einer Butterblume, S. 23.

wird er dadurch zum Doppelgänger seiner selbst, andererseits erscheint sein zweites Ich als Objekt, hier zunächst als Objekt seiner Wahrnehmung.

> Inzwischen gingen seine Füße weiter. Die Füße begannen ihn zu grimmen. Auch sie wollten sich zum Herrn aufwerfen; ihn empörte ihr eigenwilliges Vorwärtsdrängen. Diese Pferdchen wollte er bald kirren. Sie sollten es spüren. Ein scharfer Stich in die Flanken würde sie schon zähmen. Sie trugen ihn immer weiter fort. Es sah fast aus, als ob er von der Mordstelle fortliefe. Das sollte niemand glauben. Ein Rauschen von Vögeln, ein fernes Wimmern lag in der Luft und kam von unten herauf. ,Halt, halt!' schrie er den Füßen zu. Da stieß er das Messer in einen Baum.[344]

An dieser Stelle werden die Füße als Teil des Subjekts zum Objekt, das sich selbständig macht. Damit beanspruchen sie jedoch den Status des Subjekts, sie wollen „sich zum Herrn aufwerfen". Da Fischer sie aber gleichzeitig weiter als Objekte betrachtet, sind sie auch analog zu den Dingen der Außenwelt zu sehen: Anstelle des scharfen Stichs, mit dem er die Füße - metaphorisch als Pferde bezeichnet - zähmen will, stößt er das Messer in den Baum.

Die Beziehung des Subjekts zu den Objekten ist also nicht nur ambivalent und kann zu seiner Bedrohung durch die Objekte führen, sondern die Dialektik von Subjekt und Objekt liegt bereits der Struktur des Subjekts zugrunde. Das Subjekt findet in seiner Vorstellung von sich, in seinen Gedanken[345] und an seinem Körper Teile, die scheinbar ein Eigenleben führen, sich seiner Herrschaft entziehen und so als Objekte erlebt werden. Da diese Elemente zur Autonomievorstellung des Subjekts in Konkurrenz treten, werden sie zu einer Bedrohung. Denn das Subjekt gerät in Gefahr zu ihrem Objekt zu werden, z.B. wenn - wie oben - die Füße sich selbständig machen und es wegtragen. Damit tritt an die Stelle der Diskontinuität des romantischen Subjektentwurfs eine Subjektkonstruktion, welche die Diskontinuität nicht durch die zeitlich aufeinander folgenden Zustände des Subjekts inszeniert, sondern als Konstante im jeweiligen Augenblick sieht. So ist das Subjekt immer zugleich autonomes Subjekt und Objekt seiner selbst, bei sich und sich entfremdet. Die Möglichkeit ständigen Umschlagens von einer Subjektposition in eine andere macht die Unkalkulierbarkeit des Ablaufs aus, d.h. seinen (auch psychologische) Kausalität umgehenden Erzählmodus. Im Gegensatz zum bereits vorgestellten Subjektkonzept, das die Ressourcen des Unbewussten nutzt, gibt es in dieser Variante moderner Subjektivität kein produktives „Außer-sich-Sein", weil das Subjekt seiner eigenen paradoxen, in der Aporie von Subjekt- und Objektposition befangenen Struktur nicht entkommen kann.[346]

Während die zum Subjekt gehörigen Objekte durch ihr Eigenleben nicht mehr von den Objekten der Außenwelt zu unterscheiden sind, wird in der umgekehrten Bewegung die Butterblume personifiziert: Sie wird zum Subjekt. Zunächst hält Fischer die Butterblume für ein unbelebtes Ding, dann gibt er ihr einen Namen und bringt ihr Opfergaben dar. Die Personifizierung der Butterblume ist wiederum durchaus vergleichbar mit der Personifizierung der Mona Lisa in Heyms Novelle *Der Dieb*. Auch die Einbin-

---

[344] Ebd., S. 25.

[345] „Die eigenwilligen Gedanken wollte er schon unterkriegen: Selbstbeherrschung. Diesen Mangel an Gehorsam würde er, der Chef, energisch steuern." (Ebd., S. 24)

[346] „Das ist ein paradoxer Mensch", behauptet Diotima bereits von Hyperion. Die Paradoxie bezieht sich dabei aber nicht auf Hyperions Subjektivität insgesamt sondern auf sein Denken, das Anfang und Ende, das Unvereinbare von Philosophie und Dichtung verknüpft (Hölderlin, Hyperion, S. 91).

dung der Objekte - zudem beide weiblich konnotiert - in rituelle Handlungen ist in beiden Texten ähnlich. Fischer opfert der Butterblume ebenfalls „von Speis und Trank", treibt „Gottesdienst mit der Butterblume"[347] und widmet zum „Jahrestag ihres Todes" einen halben Tag „ihrem Andenken"[348]. Der Unterschied zwischen beiden Novellen entsteht durch den Status des Objekts. Während das Gemälde als Kunstwerk bereits ein symbolisches Gebilde ist, diesen Charakter aber durch den rituellen Umgang des Diebs mit ihm verliert, ist die Butterblume zunächst nur ein ununterscheidbarer Teil der Natur, der erst durch Fischers Fixiertheit einen Namen erhält, also personifiziert wird, und damit in die symbolische Ordnung eintritt.

Ähnlich wie bei Hölderlin das „Götter- und Engelsbild", die symbolische Vorstellung, mit Diotima als lebendiger Frau verknüpft wird[349], existiert im *Hyperion* auch die Verbindung von Natur und Subjektivität, deren herausragende Protagonistin Diotima ist. Die Utopie, die Hyperion entwickelt, ist die Versöhnung des Menschen mit der Natur. Das Vorbild für diese Harmonie sind einerseits die Griechen des klassischen Athen, andererseits Diotimas Verbundenheit mit der Natur, der jedoch der schöpferische Impuls fehlt.

[…] da stand einst deine Diotima, dein Kind, Hyperion, vor deinen glücklichen Augen, eine Blume unter den Blumen und die Kräfte der Erde und des Himmels trafen sich friedlich zusammen in ihr; nun ging sie, eine Fremdlingin unter den Knospen des Mais, und ihre Vertrauten, die lieblichen Pflanzen, nickten ihr freundlich, sie aber konnte nur trauern.[350]

Diotima verliert ihre ursprüngliche Einheit mit der Natur durch die Liebe zu Hyperion. Während Hyperion durch symbolische Schöpfungen oder durch (ebenfalls symbolisch zu deutende) Taten versucht, die Einheit wiederherzustellen, bedeutet für Diotima der Verlust der Einheit ihren Tod in dem Moment, in dem Hyperion sie verlässt. Die einmal verlorene Harmonie mit der Natur ist für sie nicht wieder zu gewinnen. Als Metapher für die Einheitlichkeit und Ganzheit der Natur im Gegensatz zur Zerrissenheit des Menschen werden „die lieblichen Pflanzen" aufgerufen, auch als Bild für die Harmonie Diotimas mit der Natur erscheint die Metapher der „Blume unter den Blumen".

Nun ist Herr Michael Fischer keineswegs ein wiedererstandener Hyperion: Ihm ist seine Entfernung von der Natur nicht einmal bewusst.

Vor die Blumen war er gesprungen und hatte mit dem Spazierstöckchen gemetzelt, ja, mit jenen heftigen aber wohlgezielten Handbewegungen geschlagen, mit denen er seine

---

[347] Döblin, Die Ermordung einer Butterblume, S. 29.
[348] Ebd., S. 30.
[349] S. a. Friedrich Hölderlin, Hyperion, S. 83: „O Diotima! so stand ich sonst auch vor dem dämmernden Götterbilde, das meine Liebe sich schuf, vor dem Idole meiner einsamen Träume; ich nährt' es traulich; mit meinem Leben belebt' ich es […] aber es gab mir nichts, als was ich gegeben, und wenn ich verarmt war, ließ es mich arm, und nun! nun hab' ich im Arme dich, und fühle den Othem deiner Brust […] ich habe das Herrlichste so und bebe nicht mehr […]." An dieser Stelle ist der Ablauf wie bei Heym: erst existiert das Idol, das Bild, dann soll es lebendig werden. Bei Hölderlin tritt als Verkörperung des Idols Diotima auf, während bei Heym das Objekt Objekt bleibt: der Wunsch des Subjekts wird in der fiktiven Realität nicht erfüllt.
[350] Hölderin, Hyperion, S. 159; s.a.: „Unter Blumen war ihr Herz zu Hause, als wär' es eine von ihnen." (Ebd., S. 65); „Wir waren Eine Blume nur, und unsre Seelen lebten in einander, wie die Blume, wenn sie liebt, und ihre zarten Freunden im verschloßnen Kelche verbirgt." (Ebd., S. 71).

Lehrlinge zu ohrfeigen gewohnt war, wenn sie nicht gewandt genug die Fliegen im Kontor fingen und nach der Größe sortiert ihm vorzeigten.[351]

Die .herrschaftliche Geste des Subjekts, die aus dem Bereich der Ökonomie stammt, wird auch auf den Umgang mit der Natur übertragen. Im Kontor erscheint die Natur nur in Form der lästigen Fliege, die getötet werden muss. Andererseits wird eine Analogie aufgebaut zwischen Fischers Verhalten zu Menschen und seinem Bezug zur Natur. Damit ist der erste Schritt zur Personifizierung der Blume getan.

Die Blume wird zum Individuum namens Ellen und kann damit als Gegenfigur zu Diotima gelesen werden, die zur Blume wird. Während Diotima für Hyperion aber die Harmonie mit der Natur verkörpert, deckt die Subjektivierung der Butterblume die Widersprüche auf, die dem romantischen Subjektkonzept zugrundeliegen. Wie die Stilisierung Diotimas vorführt, ist die Einheit des Subjekts nur als bewusstloses Aufgehen in der Natur denkbar. Da das (männliche) Subjekt dafür sein Selbstbewusstsein aufgeben muss, wird die Vereinigung von Mensch und Natur erst im Tod möglich.

> Was ist der Mensch? [...] Zu den Pflanzen spricht er, ich war auch einmal wie ihr! und zu
> den reinen Sternen, ich will werden, wie ihr, in einer andren Welt! inzwischen bricht er
> auseinander und treibt hin und wieder seine Künste mit sich selbst[352].

Jede bewusste Individualität bedeutet gleichzeitig Entfremdung, weil das Subjekt ein Bewusstsein von sich hat, „sich" also auch als Objekt seiner Reflexion wahrnehmen kann. Herr Michael Fischer hat dieses Bewusstsein von sich als Herr und Herrscher über die Objekte, seien es nun andere Menschen oder Dinge. Er hat allerdings kein Bewusstsein seiner Entfremdung wie Hyperion. Dadurch befinden sich seine Selbstbilder und die Bilder, die ihm die Wahrnehmung der Außenwelt liefert, strukturell auf derselben Ebene: Seine Subjektivität besteht aus nichts anderem mehr als aus diesen „Objekten". Hier zeigt sich die moderne Umformulierung des romantischen Konzepts. Die Reflexion der Figur wird zugunsten einer ästhetischen Inszenierung aufgegeben. Hyperion fühlt sich durch sein Selbstbewusstsein von der Natur entfremdet, diese Erkenntnis entsteht aber durch einen Akt der Selbstreflexion. Damit braucht die Erkenntnis für ihr Zustandekommen also ein Mittel, das als entfremdend abgelehnt werden müsste. Dieser Widerspruch ist in der Romantik und auf dieser Ebene der Reflexion nicht zu lösen. Dagegen zeigt Döblin die Entfremdung von der Natur als Auswirkung des herrschaftlichen Selbstbewusstseins, ohne eine reflexive Ebene einzuführen. Vielmehr wird durch die Analogie zwischen den Selbstbildern und den Bildern der Objekte sowohl die Entfremdung von der Natur wie die Objekthaftigkeit der Selbstbilder deutlich. Der Objekthaftigkeit der Selbstbilder entspricht die sprachliche Bewegung der Erzählung insofern, als die Selbstbilder durch den überdeterminierten zeitlichen Moment zu Objekten werden. Fischer begegnet sich selbst als Objekt seiner Wahrnehmung, weil er den Moment seines Butterblumenmordes - in veränderter Form - noch einmal erlebt. Erst durch den ästhetisch inszenierten, überdeterminierten zeitlichen Moment entsteht Fischers entfremdetes Selbstbewusstsein. So wird in Döblins Novelle das Selbstbewusstsein zur ästhetischen Figur.

Darüber hinaus verliert die in der Romantik als bewusstlos und mit sich identisch betrachtete Natur ihren utopischen Status, weil die Perspektive des entfremdeten Sub-

---

[351] Döblin, Die Ermordung einer Butterblume, S. 23.
[352] Hölderlin, Hyperion, S. 54.

jekts sie infiziert. Sie kann nicht länger als Stellvertreterin von Einheit und Ganzheit fungieren, weil die Subjektivität, die Fischer der Butterblume zuschreibt, nach dem Vorbild seiner eigenen beschaffen ist. Gleichzeitig entlarvt Döblins Perspektive die romantische Utopie: Denn auch dort soll die Natur dem Bild entsprechen, das sich das Subjekt von ihr macht, sie wird zur Metapher für die bewusstlose Einheit mit sich selbst. In Döblins Erzählung ist dagegen die Pflanzenwelt als Bildbereich nicht vorhanden. Butterblume, Wald und Bäume tauchen nur als wörtliche auf, nicht als Bildspender, eine Änderung, die bei Döblins Abkehr von traditioneller Metaphorik zu erwarten war, die aber gleichzeitig die Harmonisierung der Subjekt-Objekt-Konflikte im Bereich der Naturbilder verhindert.

2.2 Die Leere des Subjekts

Während Döblin und Jung sich mit psychopathologischen Beschreibungen von Subjektivität auseinandersetzen, deren Erklärungsmuster aber außer Kraft setzen, zeigen die im Folgenden zu charakterisierenden Subjektentwürfe von Carl Einstein und Franz Kafka den Innenraum des Subjekts als leer.
Diese Leere zeigt sich in Einsteins *Bebuquin* vor allem bei den Versuchen der Figuren, sich selbst zu reflektieren. Die ästhetische Figur des Selbstbewusstseins kann dann nicht nur wie bei Döblin als Subjekt-Objekt-Dialektik innerhalb des Subjekts inszeniert werden, sondern sie kann auch als Selbstbespiegelung verstanden werden.

> Nebukadnezar neigte den Kopf über Euphemias massigen Busen. Ein Spiegel hing über ihm. Er sah, wie die Brüste sich in den feingeschliffenen Edelsteinplatten seines Kopfes zu mannigfachen fremden Formen teilten und blitzten, in Formen, wie sie ihm keine Wirklichkeit zu geben vermochte. Das ziselierte Silber brach und verfeinerte das Glitzern der Gestalten. Nebukadnezar starrte in den Spiegel, sich gierig freuend, wie er die Wirklichkeit gliedern konnte, wie seine Seele das Silber und die Steine waren, sein Auge der Spiegel. ‚Bebuquin‘, schrie er und brach zusammen; denn er vermochte immer noch nicht, die Seele der Dinge zu ertragen […] Er erinnerte sich der Frau und merkte etwas beklemmt, daß er nicht mehr zu ihr dringen könne durch das Blitzen der Edelsteine, und sein Leib barst fast im Kampf zweier Wirklichkeiten.[353]

Auch in Einsteins *Bebuquin* wird das Selbstbewusstsein zur ästhetischen Figur: Nebukadnezar sieht sich und die Welt im Spiegel und wird sich in diesem Akt selbst zum ästhetischen Objekt. Durch seine Objektwerdung verliert er wiederum den Status als Subjekt, so dass er zusammenbricht. Gleichzeitig ist er aber auch in der Lage, neue, künstliche Formen zu schaffen. Während also die Selbstbespiegelung des Subjekts dazu führt, dass das Subjekt sich wie in Döblins Erzählung selbst zum Objekt wird, erscheint an der Stelle der Personifizierung des Objekts die Beschwörung der „Formen, wie sie ihm keine Wirklichkeit bisher zu geben vermochte". Die Selbständigkeit der Objekte nimmt also gegenüber dem Döblinschen Konzept noch zu: Sie sind nicht mehr „wirklich" oder „natürlich", sondern künstlich. Die Schwierigkeit, diese neuen Formen konkret darzustellen, zeigt aber an, dass die künstlichen Formen dann wieder abhängig vom sie produzierenden Subjekt sind.

---

[353] Carl Einstein, Bebuquin, S. 5 f.

Einsteins Verknüpfung von Subjektivität und Dingwelt ist zunächst einmal durch seine Verachtung der Psychologie bedingt, die er als Abkömmling der kausalen Denkweise betrachtet und deswegen für den Bereich der Kunst als nicht geeignet ansieht.[354] Die Verknüpfung von Subjekt und Objekt durch das Begehren des Subjekts ist seiner Meinung nach in der Literatur nicht akzeptabel, weil dieses Verhältnis der Realität entspricht, die wiederum aus dem Kunstwerk ausgeschlossen werden soll. Seine Figuren müssen also so mit den ihnen begegnenden Objekten umgehen, dass ihr Handeln psychologisch nicht erklärbar und in der Realität möglichst unwahrscheinlich ist. Nebukadnezars Spiegelung seiner silbernen Gehirnplatte führt zunächst dazu, dass seine Subjektivität äußerlich wird. Seine „Seele" wird zum Silber und zu den Steinen der Hirnschale.

> Mit den Formen der Ziselierung konnte er sich eine neue Logik schaffen, deren sichtbare Symbole die Ritzen der Kapsel waren. Es vervielfachte seine Kraft, er glaubte in einer anderen, immer neuen Welt zu sein mit neuen Lüsten. Er begriff seine Gestalt im Tasten nicht mehr, die er fast vergessen, die sich in Schmerzen wand, da die gesehene Welt nicht mit ihr übereinstimmte.[355]

Einerseits ist Nebukadnezar hier dem Zustand nahe, der zu Beginn dieses Kapitels als „Außer-sich-Sein" beschrieben wurde. Er versucht bewusst, die Grenzen seines Denkens, aber auch seines Körpers zu überschreiten, um eine neue Welt der künstlichen Formen und künstlichen „Lüste" zu erreichen. Andererseits wird diese Imagination als defizitäre entlarvt: Sie vergisst den Körper, „der sich in Schmerzen wand".

Dieses Defizit ist schon in Novalis' Konzeption zu finden, wenn er das „Vermögen außer sich zu sein" mit der Fähigkeit des Menschen, „ein übersinnliches Wesen zu sein", gleichsetzt.[356] Auch Novalis geht von einem spirituellen Erlebnis aus, das den Körper, das „Tier"-Sein des Menschen, hinter sich lässt. Diese Voraussetzung für die Grenzüberschreitung führt bei Einstein sofort zum Einspruch Bebuquins: „Wir können uns nicht neben unsere Haut setzen."[357] Andererseits verrät die Spiegel-Szene, dass romantische Subjektvorstellungen durchaus eine gewisse Anziehungskraft für Einstein besaßen. Der Nachweis für seine Romantik-Rezeption ist allerdings schwer zu erbringen. In den Schriften aus dem Nachlass findet sich nur Hölderlin erwähnt.[358] Der *Brief über den Roman* liest sich zwar wie eine Paraphrase von Friedrich Schlegels *Brief über den Roman* aus dem *Gespräch über Poesie*[359], auf Schlegel geht Einstein aber namentlich nie ein. Im *Bebuquin* kann man Anspielungen auf E. T. A. Hoffmann finden[360], und Einsteins Besprechung von *Vathek*, dem romantischen Schauerroman von William Beckford,

---

[354] Einstein, Über den Roman. In: Ders., Werke Bd. 1, S. 146-149, S. 146.

[355] Einstein, Bebuquin, S. 6.

[356] Novalis, Vermischte Bemerkungen, S. 327; zu Einsteins-Romantik-Rezeption vgl. Sorg, Aus den ‚Gärten der Zeichen', S. 241-255.

[357] Einstein, Bebuquin, S. 94.

[358] Einstein, Antike und Moderne. In: Werke Bd. 4.1, S. 140-146, S. 145. Zugleich lehnt Einstein „romantische Umneblung" ab (Ebd., S. 144).

[359] Parallelen zwischen Einstein und Schlegel sind: Die Beschreibung von Produktion und Rezeption des Romans als Ausdruck der „aequitas animi", die Unbeteiligtheit des Autors, der sich aufs epische „Schauen" beschränken soll und die Einschätzung Jean Pauls.

[360] „Euphemia" heißt auch eine Figur der *Elixiere des Teufels*, *Der goldene Topf* erscheint in der „serpentina alcoholica", aber auch im *Topf*, der an dieser Stelle entzwei geht (S. 20 f.). S. dazu Klaus H. Kiefer (Diskurswandel im Werk Carl Einsteins, S. 54), der als Beleg für die Hoffmann-Rezeption zusätzlich einen Brief von 1923 anführt, in dem Hoffmann positiv erwähnt wird.

schreibt dem Text deutlich romantische Merkmale zu[361], es gibt aber keinen Schriftsteller, der erkennbar im Mittelpunkt von Einsteins Romantik-Rezeption steht.

> [...] indem er [der Archivarius Lindhorst, S. K.] den in wunderbaren Funken und Flammen blitzenden Stein eines Ringes dem Studenten vor die Augen hielt, sprach er: Schauen Sie her, werter Herr Anselmus, Sie können darüber, was Sie erblicken, eine Freude haben. Der Student Anselmus schaute hin, und, o Wunder! Der Stein warf wie aus einem brennenden Fokus Strahlen rings herum, und die Strahlen verspannen sich zum hellen leuchtenden Kristallspiegel, in dem in mancherlei Windungen, bald einander fliehend, bald sich ineinander schlingend, die drei goldgrünen Schlänglein tanzten und hüpften [...] und die mittelste streckte wie voll Sehnsucht und Verlangen das Köpfchen zum Spiegel heraus, und die dunkelblauen Augen sprachen: Kennst du mich denn - glaubst du denn an mich, Anselmus? [...] Serpentina, Serpentina! schrie der Student Anselmus in wahnsinnigem Entzücken [...].[362]

Wie Nebukadnezar sieht Anselmus - die Hauptfigur in E. T. A. Hoffmanns Märchen *Der goldene Topf* - Gestalten im Spiegel, die ein Eigenleben führen, wie er ruft er sie schließlich beim Namen. Die Schlänglein bei Hoffmann stehen wie Nebukadnezars Imagination der Formenvielfalt für den Bereich des Ästhetischen. Allerdings werden die drei Schlänglein nicht von Anselmus selbst hervorgebracht, sondern ihm von Archivarius Lindhorst gezeigt. Er hat selbst keine Verfügungsgewalt über sie, weil sie einer eigenen Welt angehören. Die neue sich Anselmus öffnende Welt wird sich als Reich der Poesie erweisen, in diesem poetischen Reich gibt es aber keine künstlichen Formen. Es ist vielmehr definiert durch die Harmonie mit der Natur und durch die Vereinigung mit Serpentina.[363]

Wie in der Szene aus dem *Bebuquin* deutlich zu sehen, gehört die Liebe für Einstein in den Bereich der Realität, den es zu überwinden gilt, auch die Natur zählt für ihn zur Realität. Einstein lobt in seiner Kritik des *Vathek* ausdrücklich Beckfords künstliche Inszenierung natürlicher Elemente:

> [...] Vathek läßt nicht die Blüte auf dem Stengel, er nimmt ihr das Wachstum. Die Blume erinnert ihn an ein Ornament, sie ist ihm als Blume nicht genug, weil nicht sein geometrischer Wille darin ist.[364]

Mit der Ablehnung von Liebe und Naturversöhnung als Möglichkeiten für die Erschaffung einer poetischen Welt wird einerseits der deutlich utopischen Komponente in Hoffmanns Märchen *Der goldene Topf* eine Absage erteilt. Andererseits ergibt sich die -

---

[361] Einstein, Vathek. In: Ders., Werke Bd. 1, S. 41-45; Vathek als „Kunstmärchen", als Ausdruck des „Wunderbaren", das Mythos wie Psychologie meidet (S. 42); abgelehnt werden dagegen „romantische Ironie" (S. 43), die die Heterogenität der Gegenstände aufhebt und ein Umgang mit der Natur, der sie nicht zur künstlichen macht (ebd.).

[362] E. T. A. Hoffmann, Der goldene Topf. In: Ders., Sämtliche Werke Bd. 2/1, S. 255 f.

[363] Bis zu einem gewissen Punkt ist die Spaltung der Figuren schon bei Hoffmann zu finden: der Archivarius Lindhorst, Anselmus und Serpentina besitzen jeweils reale, alltägliche Gestalten und Bewusstseinszustände, sowie eine poetische Existenz, die in Atlantis gründet. Das Ziel ist aber die Aufhebung dieser Gespaltenheit - allerdings schon mit dem leichten Zweifel an deren Möglichkeit, weil der Schreiber des Textes, der eigentliche Dichter also, die Gespaltenheit ertragen muss, um produktiv sein zu können.

[364] Einstein, Vathek, S. 43. Deutlich erkennbar ist hier natürlich auch der Einfluss des Symbolismus auf Einsteins Lesart: Schon in Huysmans *Gegen den Strich* wurde anhand von Pflanzen das Ideal der symbolistischen Künstlichkeit abgehandelt.

auch erzähltechnische - Problematik, in welche Richtung oder mit welchem Ziel das Subjekt sich denn überschreiten kann, wenn es selbst poetisch werden oder künstliche Formen schaffen will. Auch „Künstlichkeit" braucht ja Material, das notwendig in irgendeiner Weise mit der Realität zusammenhängt. Nicht zuletzt deswegen entpuppt sich die neue Welt Nebukadnezars als die alte.

> ,Mißbrauchen Sie mich, bitte, nicht', klang die dünne Stimme Bebuquins im Spiegel, ,Regen Sie sich nicht so an den Gegenständen auf; es ist ja nur Kombination, nichts Neues. Wüten Sie nicht mit deplazierten Mitteln; wo sind Sie denn? Wir können uns nicht neben unsere Haut setzen. [...] Beinahe wurden Sie originell, da Sie beinahe wahnsinnig wurden. Singen wir das Lied von der gemeinsamen Einsamkeit. Ihre Sucht nach Originalität entspringt Ihrer beschämenden Leere; meine auch. Ich entziehe mich Ihnen ohne weiteres. Dann spiegeln Sie sich in sich selbst. Sie sehen, das ist ein Punkt. Aber die Dinge bringen uns auch nicht weiter.[365]

An der Stelle Serpentinas spricht Bebuquin aus dem Spiegel zu Nebukadnezar, nach der Vorspiegelung der neuen Welt folgt die Desillusionierung. Nebukadnezar sieht im Spiegel nur die Gegenstände, die er kennt, verschoben hat sich allein die Perspektive, die sie ihm nun anders zeigt. Schließlich wird die Formenvielfalt hervorgebracht durch die Prothese, die künstliche Hirnplatte. Künstlichkeit ist hier also auch ein Hinweis auf die Mangelhaftigkeit des Subjekts. Die Vorstellung der Grenzüberschreitung muss unter diesen Bedingungen ebenso illusorisch bleiben wie die Imagination einer schöpferischen Subjektivität. Die Konzentration des Subjekts auf die Objekte löst die Aporie des Selbstbewusstseins, wie sie schon von Döblin formuliert wurde, ebenso wenig wie der Rückzug in die eigene Psyche, denn dort ist nur „Leere" zu finden.

Nach Bebuquins Verschwinden aus dem Spiegel kann der innerlich leere Nebukadnezar nur „sich in sich selbst" spiegeln. Diese Art der Selbstbezüglichkeit wäre als Narzissmus zu klassifizieren, läge dem eine positive Vorstellung der eigenen Subjektivität, „Originalität" eben, zugrunde. So, wie sie im Text präsentiert wird, kann diese Spiegelung allerdings nur ein Bild des Körpers produzieren, das psychisch nicht besetzt ist - auch eine Möglichkeit, Nebukadnezars Täuschung durch die Spiegelungen seiner Hirnplatte zu erklären. Da er keine psychische Verbindung zu den Bildern seines Körpers hat, erkennt er sie nicht wieder und hält sie für Dinge in einer neuen Welt. Das Objekthaftigkeit der Selbstbilder, die schon bei Döblin die ästhetische Figur des Selbstbewusstseins kennzeichnete, wird hier noch deutlicher akzentuiert. Sie führt einerseits zu neuen Formen von „künstlicher", also ästhetischer Subjektivität, andererseits ist diese ästhetische Subjektivität nur unter der Bedingung der „beschämenden Leere" des Subjekts formulierbar. Damit schließen sich bei Einstein ästhetische Subjektivität und die Vorstellung eines substantiellen Ich-Gefühls aus.

Wenn das Subjekt innerlich „leer" ist und in seiner äußeren Wahrnehmung nicht mehr zwischen Elementen, die zu ihm gehören, und tatsächlichen Objekten der Außenwelt unterscheiden kann, dann kann es einerseits nicht wahnsinnig werden, weil es dafür einer innerlichen Dynamik bedürfte. Andererseits erklärt die Verwechslung von subjektiven und objektiven Anteilen der Wahrnehmung in Einsteins Text die Nähe zum Phantastischen und zum Wunder sowie auch zur romantischen Konzeption des Phantastischen, wie es E. T. A. Hoffmanns Märchen *Der goldene Topf* kennzeichnet. Daraus entsteht aber gerade keine „neue Welt" oder „neue Formen", sondern - wie Be-

---

[365] Einstein, Bebuquin, S. 6.

buquin richtig bemerkt - „Kombination, nichts Neues". Die Kombination ist aus Teilen zusammengesetzt, die sich vor der ästhetischen Moderne ausgeschlossen hätten und damit auch als Kombination nicht denkbar waren. Am deutlichsten wird diese Entwicklung am Unterschied zwischen E. T. A. Hoffmanns Konzept des Wunderbaren, das im Alltag auf die Poesie und auf die Utopie der Versöhnung mit der Natur hinweist, und deren moderner Umformulierung bei Einstein.

> Das Wunder ist eine Frage des Trainings [...] Der Romantiker sagt: seht, ich habe Phantasie, und ich habe Vernunft, ich bin sonderlich und sage mitunter Sachen, die es nicht gibt, wie euch das meine Vernunft hinten nach zeigt. Wenn ich sehr poetisch sein will, sage ich dann, die Geschichte hat mir geträumt. Aber, das ist mein sublimstes Mittel, damit muß man sparen. Und dann kommen noch Masken und Spiegelbild als romantischer Apparat.[366]

Nebukadnezar kritisiert genau die Trennung in Wunderbares und Vernunft, die in der Romantik nötig ist, damit das Wunderbare sich vor dem Hintergrund der Vernunft abheben und so auf die Transzendenz der Vernunft und des Alltäglichen verweisen kann. Dass das Wunder bei Einstein seinen transzendenten Charakter verliert, könnte als Wirkung seiner Nietzsche-Lektüre gelesen werden. An die Stelle der Bindung des Wunders an die Transzendenz tritt die Bindung an das Subjekt: Die Spiegelszene entsteht durch Nebukadnezars Hirnplatte. Die Überschreitung der Subjektgrenzen ist aber nicht möglich, weil es kein transzendentes oder utopisches Ziel der Überschreitung mehr gibt. Im Außer-sich-Sein zeigt sich dieselbe Leere wie im Bei-sich-Sein.

Die Leere von Einsteins Figuren verbindet sie mit Kafkas Protagonisten in seiner Erzählung *Das Urteil*. Dort entstehen durch die Substanzlosigkeit von inneren Vorgängen widersprüchliche Deutungen von subjektiven Eigenschaften.

> Jetzt weißt du also, was es noch außer dir gab, bisher wußtet du nur von dir! Ein unschuldiges Kind warst du ja eigentlich, aber noch eigentlicher warst du ein teuflischer Mensch! - Und darum wisse: Ich verurteile dich jetzt zum Tode des Ertrinkens.[367]

Das Urteil des Vaters beruht auf einer paradoxen Aussage über die Persönlichkeit seines Sohnes. Aber auch sein Bericht über das Verhältnis zum russischen Freund Georgs stellt unvereinbare Gegensätze nebeneinander. Während Georg - nach Meinung seines Vaters - vom Nichtwissen des Freundes ausgeht, behauptet der Vater: „Er weiß doch alles [...]."[368] Zwischen diesen Gegensätzen wird innerhalb des Textes nicht vermittelt, sie bleiben als Aporie bestehen.

Schon Kleists Charakteristik von Michael Kohlhaas arbeitet mit denselben Mitteln wie Kafka: Der Erzähler schreibt Kohlhaas gegensätzliche Eigenschaften zu, er ist

> einer der rechtschaffensten zugleich und entsetzlichsten Menschen seiner Zeit. - Dieser außerordentliche Mann würde, bis in sein dreißigstes Jahr für das Muster eines guten Staatsbürgers haben gelten können. [...] kurz, die Welt würde sein Andenken haben seg-

---

[366] Einstein, Bebuquin, S. 19.
[367] Franz Kafka, Das Urteil, S. 52.
[368] Ebd., S. 51.

nen müssen, wenn er in einer Tugend nicht ausgeschweift hätte. Das Rechtgefühl aber machte ihn zum Räuber und Mörder.[369]

So wie der Vater Georg gegensätzliche Eigenschaften zuschreibt, ist Kohlhaas rechtschaffen und entsetzlich - unschuldig und teuflisch -, Muster eines Staatsbürgers und gleichzeitig Mörder, er vereint Tugend und Ausschweifung. Diese Widersprüche werden bis zum Schluss der Novelle nicht aufgelöst. Einerseits geht Kohlhaas mit der weltlichen Macht versöhnt in den Tod, andererseits bleibt er „entsetzlich" in seiner Rache, als er den Zettel verschlingt. Darüber hinaus entsteht durch die Aporie, die das Subjekt kennzeichnet, ein gespaltenes Recht.

> Als er [Kohlhaas, S. K.] auf dem Richtplatz ankam, fand er den Kurfürsten von Brandenburg mit seinem Gefolge, worunter sich auch der Erzkanzler, Heinrich von Geusau befand, unter einer unermeßlichen Menschenmenge, daselbst zu Pferde halten: ihm zur Rechten der kaiserliche Anwalt Franz Müller, eine Abschrift des Todesurteils in der Hand; ihm zur Linken, mit dem Konklusum des Dresdner Hofgerichts, sein eigener Anwalt, der Rechtsgelehrte Anton Zäuner [...].[370]

Rechts steht der Vertreter der übergeordneten Instanz, des Reichsrechts, links der Überbringer des kurfürstlichen Urteils. Die Überordnung des kaiserlichen Rechts führt dazu, dass Kohlhaas, obwohl er vom Kurfürsten Recht bekommt, unter dem Beil des Scharfrichters stirbt. Kohlhaas wird also gleichzeitig als Rechts-Subjekt anerkannt, er erlangt seine „Genugtuung"[371], und als empirisches Subjekt vernichtet. Er muss sich dem Todesurteil des Kaisers unterwerfen.

Eine ähnliche Gespaltenheit wiederholt sich bei Kafka als Vorspiel zum Todesurteil des Vaters.

> ‚Wie hast du mich doch heute unterhalten, als du kamst und fragtest, ob du deinem Freund von der Verlobung schreiben sollst. Er weiß doch alles, dummer Junge, er weiß doch alles! Ich schrieb ihm doch, weil du vergessen hast, mir das Schreibzeug wegzunehmen. Darum kommt er schon seit Jahren nicht, er weiß ja alles hundertmal besser als du selbst. Deine Briefe zerknüllt er ungelesen in der linken Hand, während er in der Rechten meine Briefe zum Lesen sich vorhält!' Seinen Arm schwang er vor Begeisterung über dem Kopf.[372]

In der Vorstellung des Vaters hält der Freund Georgs rechts und links - angeordnet wie die Überbringer der Urteile im *Kohlhaas* - einen Brief in der Hand, dabei ist der in der rechten Hand der höherwertige. Wie im *Kohlhaas* die Urteile sind die Briefe verschiedenen Instanzen zugeordnet: An die Stelle des Kaisers tritt der Vater, an die Stelle des Kurfürsten Georg.

Auffällig ist aber auch, dass der gespaltene Bereich bei Kafka nicht der des Rechts, sondern der des Wissens ist. Die Briefe haben im Gegensatz zu Kleists Urteilen auch keinen öffentlichen Charakter, sondern sind privater Natur. Den Vater und den Freund verbindet ein Wissen, von dem Georg ausgeschlossen ist. Durch dieses Wissen wird der

---

[369] Heinrich von Kleist, Michael Kohlhaas. In: Ders., Sämtliche Werke und Briefe. Bd. 2. Hrsg. v. Helmut Sembdner. München 1965, S. 9-103, S. 9; zu Kafkas Kleist-Rezeption s. 1. Kap. III. dieser Arbeit.

[370] Ebd., S. 101.

[371] Ebd., S. 102.

[372] Kafka, Das Urteil, S. 51.

Vater zum Stärkeren - Wissen ist Macht. Dabei ist nicht zu erkennen, was dieses Wissen auszeichnet, auf welchen Objektbereich es sich bezieht. An diesem Punkt entsprechen sich der Zettel, den Kohlhaas um den Hals trägt und dessen Inhalt weder der Kurfürst noch der Leser erfahren, und das Unwissen Georgs. Die einzige Andeutung, die Georgs Unwissen näher bestimmen könnte, macht der Vater bei seinem Urteilsspruch: „Jetzt weißt du also, was es noch außer dir gab, bisher wußtest du nur von dir!"[373] So wie das „Recht*gefühl*", d.h. die Berufung auf die subjektive Legitimierung, Kohlhaas zum Mörder werden lässt, soll das Wissen, das sich nur auf die eigene Subjektivität gründet, ein Verbrechen sein.

Das, „was es außer dir gab", ist wie der Objektbereich des Wissens nicht genannt. Man könnte es auf die Verbindung des Vaters mit dem Freund, auf den Austausch der Briefe beziehen. Allerdings ist nicht ersichtlich, wie viel willkürliche Behauptungen des Vaters in seinen Aussagen zum Briefwechsel stecken. Die scheinbar objektive Wirklichkeit wird vom Vater als Gegensatz zu Georgs Befangenheit in den eigenen Vorstellungen aufgebaut, innerhalb der Erzählung ist sie jedoch kaum vorhanden. Während in Kleists Erzählung der Erzähler die gegensätzlichen Eigenschaften Kohlhaas' zumindest als gleichwertige bezeugt, ist bei Kafka nicht klar, ob nicht eine der beiden gegensätzlichen Deutungen allein zutrifft. Die fiktive Wirklichkeit wird einerseits durch die sich widersprechenden Reden der Figuren unerkennbar, andererseits durch deren nicht eindeutig interpretierbare Gestik als mehrdeutige etabliert. Gleichzeitig sind die Gesten - der „vor Begeisterung über dem Kopf" geschwungene Arm, der dem Triumph des Vaters Ausdruck verleiht, das plötzliche Aufrecht-im-Bett-stehen - als Außenseite der Figuren entscheidender als die inneren Vorgänge.[374] Diese können anscheinend nur dann Wirklichkeitsstatus beanspruchen, wenn sie laut ausgesprochen werden.

> Georg stand in einem Winkel, möglichst weit vom Vater. Vor einer langen Weile hatte er sich fest entschlossen, alles vollkommen genau zu beobachten, damit er nicht irgendwie auf Umwegen, von hinten her, von oben herab überrascht werden könne. Jetzt erinnerte er sich wieder an den längst vergessenen Entschluß und vergaß ihn, wie man einen kurzen Faden durch ein Nadelöhr zieht.[375]

Solange Georg seinen Entschluss nicht artikuliert hat, hat dieser keinen Bestand, er gehört nicht der „Wirklichkeit" an. Nicht ausgesprochene Bewusstseinsvorgänge sind flüchtige Empfindungen, die sofort dem Vergessen anheim fallen, selbst wenn sie das Gegenteil von Flüchtigkeit, nämlich einen Entschluss, intendieren. Nur etwas Äußeres wie die Rede oder die Geste gibt der Innerlichkeit Struktur; alles nur Innerliche verflüchtigt sich und lässt das Subjekt als erinnerungsloses, leeres zurück. Wegen dieser Konstellation kann das laut gesprochene Urteil des Vaters eine solche Wirkung auf Georg ausüben. Auch der Tod Gregors nach seiner Verwandlung in ein Insekt erscheint so als folgerichtig. Da seine Menschlichkeit nur noch als innerliche existiert, hat sie keine Realisierungsmöglichkeiten in der Rede oder in der Gestik.

Die paradoxe Struktur der Subjektivität in Kafkas *Urteil* ähnelt der Spiegelszene in Einsteins *Bebuquin*. Wie Nebukadnezar Böhm durch seine Selbstbespiegelung die künst-

---

[373] Ebd., S. 52.

[374] Auf die Wichtigkeit der Gestik bei Kafka haben anhand des Gegensatzes gehobener vs. gesenkter Kopf schon Gilles Deleuze und Félix Guattari hingewiesen: Kafka. Für eine kleine Literatur. Frankfurt/M. 1976.

[375] Kafka, Das Urteil, S. 49 f.

lichen Formen schafft, aber in sich eine „beschämende Leere" trägt, so zählen in Kafkas Erzählung nur die äußeren Formen subjektiver Artikulation, die Geste und die Rede, während die Innerlichkeit ohne Substanz zu sein scheint. Allerdings verschärft sich die Situation bei Kafka dadurch, dass die Außenwelt hier die Grenze nach innen überschreitet und nicht wie im *Bebuquin* das Subjekt versucht, sich in Richtung auf die Dinge zu transzendieren. Das, was aus der Außenwelt in das Subjekt eindringt, ist außerdem nicht nur durch andere Subjekte - hier durch den Vater - oder Dinge definiert, sondern durch Anteile des Subjekts, die quasi als fremde zurückkommen.[376] So ändert sich das Bild des Freundes, das Georg zu Beginn der Erzählung entworfen hat, nachdem der Vater über ihn gesprochen hat. „Der Petersburger Freund, den der Vater plötzlich so gut kannte, ergriff ihn wie noch nie. Verloren im weiten Rußland sah er ihn."[377] Von außen - der Freund ergreift Georg - dringt das Bild nun auf ihn ein und führt dazu, dass er sich seinen Freund nun anders vorstellt. Auch Gestik und Rede können sich vom Subjekt ablösen, vom anderen interpretiert werden und dann zur Bestimmung seiner Subjektivität von außen führen.

> ‚Aber der Freund ist nun doch nicht verraten!' rief der Vater, und sein hin- und herbewegter Zeigefinger bekräftigte es. ‚Ich war sein Vertreter hier am Ort.' ‚Komödiant!' konnte sich Georg zu rufen nicht enthalten [...] Ja, freilich habe ich Komödie gespielt! Komödie! Gutes Wort! [...]'[378]

Die übertriebene Gestik und die Emphase des Vaters veranlassen Georg, ihm Komödiantentum vorzuwerfen. Diesen Vorwurf lehnt der Vater nicht ab, er besteht nicht auf authentischem Verhalten, sondern er akzeptiert Georgs Benennung. Wenn das Subjekt keine Substanz hat, wenn der Gegensatz von bloßer Rolle und dem Ausdruck „wahrer" Subjektivität nicht länger existiert, kann der Vorwurf, eine Rolle zu spielen, nicht mehr treffen. Das Subjekt kann ständig wechselnde Rollen spielen, ohne dass sie irgendeinen Hinweis auf seine Innerlichkeit enthielten. Die Zuschreibung von Rollen durch die Außenwelt stellt dann keine Zumutung dar, es ist auch gar nicht mehr die Frage, ob die Zuschreibung passend ist oder nicht. Im Gegenteil - und das zeigt die Erwiderung des Vaters - ist es so, dass die Benennung erst die (nachträgliche) Interpretation seines Verhaltens als Komödiantentum ermöglicht. Die äußerliche, sprachliche Benennung ist also entscheidend für den jeweiligen Zustand des Subjekts.

Während in der Romantik die Diskontinuität des Subjekts durch die Diskontinuität der Empfindungen zustandekommt, entsteht sie bei Kafka durch die Diskontinuität der Zuschreibungen. Da das Subjekt den Zuschreibungen keinerlei Substanz entgegenzusetzen hat, ist es ihnen ausgeliefert. Kafkas Form subjektiver Diskontinuität ist damit direkt an den sprachlichen Akt der Benennung gebunden und zeigt eine weitere ästhetische Figur im Bereich des Subjektkonzepts. Wie Jung in der Erzählung *Die Erlebnisse der Emma Schnalke* nimmt Kafka die romantische Vorstellung diskontinuierlicher subjektiver Erfahrungen auf und wendet sie von innen nach außen. Während Jung diskontinuierliche Bewegungen im Raum an die Stelle innerlicher Dynamik setzt, verbindet Kafka Diskontinuität mit einer von außen kommenden Zuschreibung von subjektiven Eigenschaften.

---

[376] Dieser Rückkopplungseffekt war schon in *Die Verwandlung* zu beobachten: Gregors Stimme kehrte als nicht mehr verstehbare zu ihm zurück, s. dazu 1. Kap. III.

[377] Kafka, Das Urteil, S. 49.

[378] Ebd., S. 50.

Durch diese Verknüpfung erscheint aber das Selbstbewusstsein der Figur als zu vernachlässigende Kategorie, eine Radikalisierung, die sich in Kleists Erzählung schon andeutet. Auch Kohlhaas wird durch das Urteil in ein Rechtssubjekt und in ein dem Recht Unterworfenen gespalten, ohne dass sein Selbstverständnis dabei eine Rolle spielte, dennoch interpretiert er das Urteil als ihm gemäßes. Obwohl es von einer äußeren Instanz kommt, akzeptiert er es als Entsprechung zu seiner subjektiven Verfasstheit, seiner Schuld: Das Urteil entspricht seinem Rechtsgefühl. Damit werden das Selbstverständnis des Subjekts und seine Beurteilung durch die Außenwelt an einem äußersten Punkt - dem Tod des Subjekts - noch einmal versöhnt. Das, was Georg zur Verwirklichung des Todesurteils treibt, ist ihm dagegen nicht zugänglich: Er versteht nicht, was mit ihm passiert, obwohl er es bewusst erlebt. Diese Paradoxie, zu der die Verweigerung von psychologischer Kausalität beiträgt, kann nur entstehen, wenn das Bewusstsein bei der Verknüpfung von Wahrnehmung und Handlung keine Rolle spielt. Damit scheint das Bewusstsein des Subjekts als leeres vorausgesetzt werden zu müssen. Im Bewusstsein findet nur die Wahrnehmung der Außenwelt statt, die aber nicht andauert, sondern nur flüchtig von den Augen und den Ohren registriert wird.[379] Diese Wahrnehmung wird wie im Fall des Todesurteils unwillkürlich in Handlung umgesetzt.

Im Gegensatz zu den Texten der Romantik, die die Utopie der Versöhnung von Subjekt und Natur (Hölderlin, Hoffmann), von Subjekt und Recht (Kleist) zu retten versuchen, arbeiten die modernen Texte dieses Abschnittes an der Entzweiung. Durch die endgültige Trennung der Bereiche von - wie auch immer definierter - Außenwelt und Innerlichkeit gerät das Subjekt nicht nur in eine vollkommen unabgesicherte Position, es gewinnt außerdem ein neues Verhältnis zur Außenwelt. Die Inszenierung der eigenen Innerlichkeit als äußerliche zeigt mit der Betonung von Rede, Geste und Körperbild die Elemente der Inszenierung von literarischer Subjektivität, die auch in den Romanen der zwanziger und dreißiger Jahre entscheidend bleiben.

Die Analyse der um 1910 entstandenen Prosa hat die Auswirkungen des Verlustes von kulturellen Ordnungs- und Wahrnehmungsmustern gezeigt. Durch die Auflösung homogener Vorstellungen von Zeit und Geschichte, von Sprache und Subjektivität können innerhalb dieser Bereiche ästhetische Figuren entstehen, welche die Fragmentierung der Ordnungsmuster nicht homogenisieren, sondern auf der Grundlage dieser Fragmentierung das ästhetisch Besondere konstruieren. Die Autoren versuchen in der ästhetischen Figur nicht, mit einem allgemeinen Entwurf der Auflösung kultureller Muster entgegenzutreten. Vielmehr arbeiten sie punktuell und konkret am sprachlichen Material innerhalb der Bereiche von Zeit und Geschichte, Sprache und Subjektivität. Das Verfahren, welches die ästhetische Figur konstituiert, ist allerdings bei allen hier untersuchten Texten ähnlich: In der Parallelisierung von sprachlich-materialer und inhaltlicher Komponente entsteht die ästhetische Figur. Die mimetische Nachzeichnung inhaltlicher Motive ist dabei zumeist der Ansatzpunkt für diese Parallelisierung. Diese Technik produktiver Mimesis wird auch in den Romanen, die im folgenden Kapitel Thema sein werden, erkennbar sein, sie ist dort allerdings auf andere Sujets gerichtet.

---

[379] Diese Darstellung ähnelt Freuds Beschreibung des Wahrnehmungs-Bewusstseins „W-System", das keine „Dauerspuren" speichert, sondern immer wieder leer wird, um neue Eindrücke aufnehmen zu können: Sigmund Freud, Die Traumdeutung. In: Ders., Studienausgabe Bd. II, Frankfurt/M. 1982, S. 513-516.

Strukturen modernen Erzählens

Die Analysen des letzten Kapitels haben gezeigt, dass durch die Erosion der Kategorien von Zeit und Geschichte, Sprache und Subjekt in den Jahren um 1910 neue Möglichkeiten literarischen Sprechens entwickelt werden können. In der ästhetischen Figur werden einzelne Elemente des jeweiligen Bereiches aufgenommen und mimetisch nachgezeichnet, so dass sich sprachliche Materialität und inhaltliche Darstellung entsprechen. Diese Verfahrensweise arbeitet aber notwendig punktuell, das heißt, sie setzt bei einzelnen Aspekten der Kategorie an und formuliert sie um. Dadurch entsteht innerhalb der Prosa das Problem, wie einzelne ästhetische Figuren zu längeren Texten zu verbinden sind. Diese Schwierigkeit führt nicht nur zu der hohen Komplexität bei der Komposition der Texte, sondern auch zur Tendenz, die lange Form, nämlich vor allem den Roman, zu vermeiden: Um 1910 entstehen innerhalb der deutschsprachigen Prosa unter den Bedingungen der ästhetischen Moderne kaum Romane.

Mit Beginn der zwanziger Jahre ändert sich dieses Bild. Wenn man voraussetzt, dass die ästhetischen Innovationen der zehner Jahre beibehalten werden, stellt sich die Frage, wie deren Einbindung in größere Strukturen möglich ist.[380] Einerseits sind kohärente Vorstellungen von Subjektivität, Erzählverläufen und sprachlichen Formen nach der Auflösung der sie tragenden kulturellen Wahrnehmungsmuster um 1910 nicht mehr haltbar, andererseits können längere Prosatexte kaum ohne Kohärenzprinzipien entstehen. Deswegen versuchen die im Folgenden analysierten Romane, vorgegebene literarische und außerliterarische Strukturen zur Konstruktion von erzählerischen Abläufen zu übernehmen. Gleichzeitig erkennen sie diese aber nicht als substantiell an. Wie um 1910 - so die Hypothese - wird also mit bestimmten Vorgaben gearbeitet, diese werden mimetisch nachgezeichnet und im Verlauf dieser Nachzeichnung unterlaufen. Damit wird das Verfahren produktiver Mimesis auch in den Romanen der zwanziger und dreißiger Jahre beibehalten. Gleichzeitig gehören aber die Setzungen, gegen welche die produktive Mimesis rebelliert, nicht mehr den bereits inhomogenen Kategorien von Zeit und Geschichte, Subjekt und Sprache an, sondern die mimetische Bewegung richtet sich gegen Kohärenzprinzipien, welche das Erzählen von Subjektivität, von zeitlichen und geschichtlichen Prozessen und von sprachlichen Differenzen steuern können. Diese Kohärenzprinzipien können Gattungseinordnungen oder Diskursformationen entstammen. Denn eine Gattungseinordnung des Textes, beispielsweise als Autobiographie, entscheidet nicht nur darüber, was erzählt, sondern auch wie es erzählt wird. Damit führt sie gleichermaßen zur Einschränkung der ästhetischen Möglichkeiten wie zur Herstellung eines in ihr bereits niedergelegten chronologischen oder logischen Zusammenhangs. Für den Fall der Autobiographie heißt das vorgegebene Kohärenzprinzip, das eigene Leben von der Kindheit bis in die Zeit des Schreibens zu erzählen, sie liefert also ein chronologisches Modell, durch das die erzählten Episoden verknüpft werden können. Zwar verwendet auch der moderne Roman diese Art von vorgegebenen Modellen, akzeptiert sie aber nicht als Einschränkung, sondern misst ihnen allenfalls einen heuristischen Wert zu. Die mit ihrer Hilfe erzählte Geschichte breitet deswegen nicht

---

[380] Parallel dazu entsteht das Problem, ob die Autoren dem Zusammenbruch auch weltanschaulicher Ordnungsmuster durch eine für sie verbindliche politische oder künstlerische Orientierung zu entkommen versuchen: s. dazu Jörg Drews, Vis-á-vis du rien. Zur Situation Walter Serners und einiger seiner Zeitgenossen zwischen 1918 und 1936. In: Protokolle. Zeitschrift für Literatur und Kunst. Bd.1-2/Jg.1997, S. 7-22.

nur eine Handlung aus, sondern erzählt immer auch die Bedingungen der Möglichkeit des Erzählens mit. Durch die Offenlegung dieser Bedingungen verlieren die Kohärenzprinzipien ihre unhinterfragte Gültigkeit und erscheinen als willkürlich gesetzte, wenn gleich nötige, Voraussetzungen des Erzählens. Im Prozess des Erzählens zieht sich der moderne Roman gleichsam den Boden unter den Füßen weg.

Im Fortgang meiner Untersuchung werden die Bereiche der vorigen Kapitel aufgenommen. Anhand der Inszenierung von Subjektivität, Geschichte und Zeit sowie Sprache werde ich versuchen, die Vermittlung zwischen den Kohärenzprinzipien und der Substanzlosigkeit der Kategorien aufzuzeigen. Für diese Argumentation sind diejenigen Autoren besonders interessant, die um 1910 in ihrer Prosa ästhetische Figuren entwickelt haben und die nun mit der Form des Romans experimentieren. Es wird also die Prosa von Gottfried Benn, Alfred Döblin, Franz Kafka und Robert Musil zu analysieren sein, während Hermann Brochs und Thomas Manns Romane im Hinblick auf diejenigen Elemente betrachtet werden, die sie mit dem mimetischen Verfahren teilen. Als Autor, der um 1910 noch keine fiktionalen Texte geschrieben hat, erscheint Walter Serner, weil sein Roman *Die Tigerin* ebenfalls von der Substanzlosigkeit kultureller Wahrnehmungsmuster ausgeht.

Unter derselben Voraussetzung entstehen in den zwanziger und dreißiger Jahren englischsprachige, französische und italienische Romane. Anders als um 1910 besteht hier die Möglichkeit des Vergleichs im größeren Kontext. Während in den zehner Jahren die deutschsprachige Prosa, soweit sie ästhetische Figuren entwickelt, mit der westeuropäischen Literatur schwer vergleichbar erscheint, lassen sich in den zwanziger und dreißiger Jahren deutliche Parallelen finden. Die Auswahl der im Folgenden behandelten fremdsprachigen Autorinnen und Autoren erklärt sich dadurch, dass sie alle von der Substanzlosigkeit der Kategorien von Zeit und Geschichte, Subjekt und Sprache ausgehen, ein weiteres Kriterium war ihre Generationszugehörigkeit. Um die Vergleichbarkeit mit den deutschsprachigen Autoren zu gewährleisten, wurde auf Autoren verzichtet, die nach 1900 geboren sind. Schließlich gelten alle hier behandelten Romane als beispielhaft für die klassische Moderne. Im Folgenden werden also die Romane von Djuna Barnes, James Joyce, Gertrude Stein und Virginia Woolf ebenso zu betrachten sein, wie die surrealistische Prosa von Louis Aragon und André Breton sowie die Romane von Louis-Ferdinand Céline, Marcel Proust und Italo Svevo.

I. Die Darstellung von Subjektivität im modernen Roman

Die Romane der zwanziger und dreißiger Jahre knüpfen an die ästhetischen Innovationen der um 1910 entstandenen Prosa an. Nicht nur die ästhetischen Figuren, auch ein grundlegendes Ergebnis des ersten Teils bleibt für die nun folgenden Romane verbindlich: Es gibt keine einheitliche Form ästhetischer Subjektivität mehr. Jeder Text entwirft nicht nur seine eigene Variante, auch diese Varianten sind in sich nicht einheitlich. Identität als gültiges Subjektkonzept ist unter den in den vorigen Kapiteln beschriebenen Bedingungen nicht mehr als Grundlage der Figurendarstellung anzunehmen. Erzählt werden kann die Suche nach Identität, auch das inkohärente Zusammenspiel von zum Subjekt gehörenden Elementen. Ein geschlossenes, endgültig definiertes Subjektkonzept kann jedoch keiner der hier analysierten Texte bieten.

Die Untersuchung moderner ästhetischer Subjektivität hat bisher im Wesentlichen zwei Tendenzen zutage gefördert. So entwickeln diejenigen Autoren, die das Unbewusste als Ressource subjektiven Sprechens nutzen, eine Subjektform, die den Eindruck der Fülle vermittelt. Da sich durch das Bewusstsein des Subjekts hindurch der Reichtum des Unbewussten artikuliert, kann die Inszenierung unbewusster Prozesse neuartige sprachliche Verknüpfungsformen und neue Sujets eröffnen. Auch die in der frühen Moderne bereits gefährdete Vorstellung von subjektiver Kreativität kann auf diese Weise gerettet werden. Dagegen verschärft sich durch diese Variante des Subjektentwurfs das Problem, einen erzählerischen Zusammenhang zu schaffen. Die zweite Möglichkeit, ästhetische Subjektivität modern zu formulieren, arbeitet mit der gegenteiligen Annahme: Das Subjekt erscheint zunehmend ohne innere Substanz, die Außenwelt - Natur, Gesellschaft, Sprache - überwältigt es. Durch diese Perspektive wird die Darstellung seiner äußerlich wahrnehmbaren Ausdrucksformen wichtiger. Formen der Rede, der Gestik und des Körperbildes vertreten die Innerlichkeit, die nur noch als negierte anwesend ist. Da das Subjekt in diesem Fall einen großen Teil seiner Individualität verliert, erscheinen die Figuren eher als Typen. Für diese Form der Subjektdarstellung stellt sich nicht so sehr die Frage nach dem Zusammenhang des Erzählten, sondern eher nach der Inszenierung des jeweils besonderen Subjekts. Vor allem in den zwanziger und dreißiger Jahren entstehen auf der Grundlage dieser beiden skizzierten Subjektentwürfe Romane, welche die Brüchigkeit ästhetischer Subjektivität in ihre Strukturen einbeziehen. Anders als um 1910 geht es dabei nicht mehr um die Generierung von ästhetischer Subjektivität, sondern um den produktiven Umgang mit den Bedingungen von Subjekthaftigkeit, wie sie in literarischen Gattungen, bestimmten Diskursformen, in der sozialen Einordnung des Individuums und in der psychologischen Theorie formuliert sind.

Sowohl die Voraussetzung subjektiver Fülle wie die Vorstellung der Substanzlosigkeit des Subjekts benötigten noch ein weiteres Element, um ihr jeweiliges Subjektkonzept erzählbar zu machen. Kohärenz lässt sich in eher assoziativen Textformen durch die Bindung an die Erinnerung, an die Bewegung des Subjekts in der Außenwelt oder an die Konstruktion von Metaphernfeldern erreichen. Wenn das Konzept von Subjektivität dagegen eher zur Typisierung tendiert, scheinen Gattungsanbindungen interessant zu werden, die wie Autobiographie und Liebesgeschichte traditionell von der Unverwechselbarkeit des Einzelnen ausgehen. Eine zweite Möglichkeit bietet die Verknüpfung mit Diskursvorgaben und sozialen Formationen: Diese Romane finden im Gegeneinander von ästhetischer Subjektivität und nicht-ästhetischer Vorstellung von Subjektivität nicht nur die Besonderheit des Einzelnen wieder, sondern sie entstehen auch im produktiv mimetischen Umgang mit der nicht-ästhetischen Typologie. Dagegen unterlaufen die Texte, die ihr Subjektkonzept an das der Autobiographie und der Liebesgeschichte koppeln, gerade deren Konstruktion von einzigartiger Individualität.

1. Substanzlosigkeit

Die Verknüpfung von substanzlosem Ich und es prägenden Diskurs-, Gattungs- und sozialen Formen entsteht dadurch, dass die Autoren den Bereich ausweiten, im dem das bereits beschriebene Verfahren produktiver Mimesis angewandt wird. Zwar bleibt die grundsätzliche Konzeption des Subjekts ähnlich wie der Subjektvorstellung in den zehner Jahren, sie wird nun aber mit größeren, außersubjektiven Zusammenhängen konfrontiert. Die Romane benutzen diese Zusammenhänge, setzen sie ihren ästhetischen Verfahren aus und unterlaufen sie so.

Die literarischen Texte, welche die Leere des Subjekts inszenieren, entstehen durch die Annahme, dass es nichts „wesentlich" Individuelles mehr gibt. Die Vorstellung, dass Individualität nicht mehr positiv zu bestimmen ist, kann in der Moderne ganz verschiedene Ursachen haben. Denkbar ist eine rein ästhetische Begründung: Individualität kann nicht mehr inszeniert werden, weil sie in diversen Gattungen oder Diskursen bereits formuliert ist und damit nicht als neu und einzigartig entworfen werden kann. Diese bereits vorhandenen Formulierungen sind nicht Vorstellung von bestimmten Individuen, sondern weisen dem Subjekt eine bestimmte Funktion innerhalb der Typologie einer Gattung oder eines Diskurses zu. Trotzdem sind diese Vorprägungen für literarische Texte interessant, weil sie Individualität in Zusammenhänge einbetten, welche die Imagination eines leeren Subjektes nicht anbieten kann. Will man also überhaupt vom Subjekt erzählen, kann man sich den Strukturen einer dieser Diskursformen bedienen. So entsteht die Bindung der in den zwanziger und dreißiger Jahren entwickelten Texte an bestimmte Gattungen - z.B. an die Autobiographie oder an die Kriminalgeschichte -, welche die Möglichkeit kohärenten Erzählens garantieren. Gleichzeitig wird aber die Typologie der Gattung oder des Diskurses demontiert, um Platz für eine moderne Form von ästhetischer Subjektivität zu schaffen. Sie ist wiederum nur in der Negation artikulierbar, im Unterlaufen der Vorgaben, die für seine Konstruktion unabdinglich sind, weil eine stabile Identitätsvorstellung, die dem Subjekt individuelle, unveränderliche Eigenschaften zuschreibt, nicht mehr akzeptabel erscheint. Die bereits beschriebene Form der Mimesis wendet sich also gegen gattungstypologisch definierte Formulierungen von Subjektivität, deren vorgegebene Verknüpfungsmöglichkeiten sie andererseits nutzt.

Die zweite Ursache für die Auflösung von individueller Einzigartigkeit ist eher im sozialen und geschichtlichen Kontext zu situieren: Individualität kann als nicht darstellbar angesehen werden, weil die Bedeutung des Einzelnen in der modernen Gesellschaft schwindet. Die Einbindung des Subjekts in die moderne Großstadt und die Massengesellschaft ist zwar in der zeitgenössischen Wahrnehmung unübersehbar, mit den etablierten Erzählformen kann diesem Prozess in seiner Komplexität jedoch kaum adäquat begegnet werden. Unter der Voraussetzung eines substanzlosen Ich verschärft sich diese Problematik insoweit, als es zweifelhaft erscheint, ob das Subjekt den äußeren Einflüssen überhaupt noch etwas entgegenzusetzen hat. Da es als substanzlos angesehen wird, kann es sich zu den sozialen Kategorien, in die es eingeordnet wird, nur affirmativ verhalten. Andererseits verkörpert es in der Festlegung durch die Kategorien einen bestimmten Typus, z.B. den des modernen Großstadtmenschen. Gegen diese soziale Definition kann ästhetische Subjektivität gerade durch ihre Substanzlosigkeit verstoßen. Sie trifft hier also auf soziale Zuschreibungen und versucht, deren Offenheit in der mimetischen Nachzeichnung wiederherzustellen. Dadurch kommt zwar ebenfalls keine positiv zu fassende Form von Subjektivität zustande, es entsteht aber eine Geschichte, die erzählt, wie Rollendefinition und Individualität interferieren.

1.1 Gattungs- und Diskursanbindungen

Wenn die Substanzlosigkeit des Subjekts den Ausgangspunkt des Erzählens bildet, ist nur dann eine Geschichte möglich, wenn gleichzeitig ein Gegenpol existiert. Dieser Gegenpol kann aus der Anbindung des Erzählens an eine Gattung bestehen, die traditionell ein Konzept sinnerfüllter Subjektivität voraussetzt. Hier bieten sich Elemente der Liebesgeschichte und der Autobiographie als Ausgangspunkte an: Jene geht von der sinnvollen Existenz in der Liebe aus, diese von der Sinnhaftigkeit der individuellen Lebensgeschichte. Fragt man dagegen nach Diskursformen, die der Subjektivität Substanz verleihen, so könnte man sich den juristischen Diskurs als Möglichkeit für die ästhetische Auseinandersetzung vorstellen. Er muss eindeutig die Frage individueller Schuld entscheiden, während wissenschaftliche Vorstellungen vom Subjekt ebenfalls eher von der Substanzlosigkeit von Individualität ausgehen: Die Soziologie löst sie nach Schichtzugehörigkeit auf, die Biologie in organische Vorgänge, die Gruppen von Lebewesen gemein sind, es wird also nicht individuelle Einzigartigkeit beschrieben, sondern es werden Typen von Individuen benannt. Eine Sonderstellung nehmen hier Psychologie und Psychoanalyse ein, weil sie einerseits überindividuelle Kategorien bilden, z.B. die Unterscheidung von Bewusstsein und Unbewusstem, andererseits dem Subjekt in der Therapie zum Sprechen verhelfen.

Im Folgenden wird es zunächst um Romane gehen, die mit Gattungsanbindungen im Bereich der Liebesgeschichte - wie der Roman *Die Tigerin* von Walter Serner - und der Autobiographie arbeiten. Die Verknüpfung mit autobiographischen Erzählstrukturen wird anhand von Gertrude Steins *Autobiography of Alice B. Toklas* und von Italo Svevos Roman *Zeno Cosini* vorzuführen sein, während die Verknüpfung von Diskurs und Roman den juristischen und psychoanalytischen Diskurs in den Fokus rückt. Hier ist Svevos Roman als beispielhaft für die Verarbeitung der Psychoanalyse anzusehen, dagegen zeigt Kafkas *Der Proceß* die Verknüpfung von Erzählstruktur und juristischem Diskurs. Allen Romanen gemeinsam ist eine Figurenkonzeption, die die Problematik von Individualität bis hin zu deren Verlust in den Mittelpunkt stellt. Aus der Sicht der Figuren erscheint diese Problematik dann als Suche nach dem Sinn der individuellen Existenz, wobei deren Sinnlosigkeit zumeist vermutet wird.

Das Schwanken zwischen individueller Sinnsuche und der Sinnlosigkeit dieses Unternehmens steht auch im Zentrum von Walter Serners „absonderliche[r] Liebesgeschichte" *Die Tigerin*. Sie führt Figuren vor, die ihr Sinndefizit als „Leere" begreifen. Serner nimmt in seinen Figuren, diejenigen Elemente des Subjektkonzepts wieder auf, die vor allem in Einsteins *Bebuquin* und in Kafkas *Urteil* zu finden sind. Während bei Kafka und Einstein aber das Ergebnis der Versuchsanordnung die Leere des Subjekts ist, bildet sie für Serner den Ausgangspunkt seiner Geschichte.[381] „Henri Rilcer, ge-

---

[381] Zu Serner Anschluß an die Moderne s. André Bucher, Repräsentation als Performanz. Studien zur Darstellungspraxis der literarischen Moderne (Walter Serner, Robert Müller, Hermann Ungar, Joseph Roth und Ernst Weiss). München 2004, S. 88-124; Ulrich Hackenbruch, Sachliche Intensitäten.

nannt Fec, hatte alles hinter sich. Er war mit allem fertig. Auch mit sich selber. Er lebte
gleichsam vor sich einher. Ins Leere hinein."[382] Aus Fecs Leere soll die Liebesgeschichte mit Bichette herausführen. Fec und Bichette wollen ihre Liebe jedoch nicht erleben,
sondern sie bewusst inszenieren. Auch die Hochstapelei, mit der Fec vor seiner endgültigen Desillusionierung seinen Lebensunterhalt bestritten hat, wird in das Projekt der
Liebesinszenierung, des „Liebe machens", wie Fec und Bichette es nennen, integriert.

Die Inszenierung von Liebe verstößt nun einerseits gegen das Authentizitätsge-
bot, das konventionelle Liebesgeschichten definiert, andererseits eröffnet sie die Frage,
wie denn das Verhältnis der „Liebenden" unter diesen Bedingungen formuliert werden
kann.[383] Ausgehend von seiner eigenen Leere entwickelt deshalb Fec eine spezifische
Sicht auf seine Partnerin.

> Fec begab sich zu Bett, konnte jedoch nicht einschlafen. Tausenderlei wogte ihm durch
> den Kopf. Es war ihm, als rotiere er um sich selber. Er vermochte sich nicht zu sehen.
> Noch viel weniger Bichette, deren Verhältnis zu ihm sich restlos klar zu machen ihm
> nicht gelingen wollte [...] Alles däuchte ihn mit einem Mal verworren. Trotz allem. Im-
> mer wieder, wenn eine Kette von Überlegungen abgerollt war, versuchte er, den Kopf
> hebend, Bichette gleichsam von innen her zu erblicken. Immer wieder vergeblich. Er
> grinste schließlich über sich selbst und sagte plötzlich laut: ‚Warum kann ich es nicht?...
> Ha, weil ich ja doch nichts weiter finden würde als ihre Photographie.' Diese Verstiegen-
> heit gefiel ihm so, daß er fast heiter wurde. Die Unruhe wich. Eine weiche wohlige
> Gleichgültigkeit durchsickerte ihn.[384]

Serners Figuren empfinden sich zwar als leer, sie bestehen aber darauf, sich dieser Leere
zu bewusst zu sein. Ihr Wunsch nach möglichst vollständigem Selbstbewusstsein zeichnet sie aus. Deswegen ist es für Fec wichtig, sich sein Verhältnis zu Bichette „restlos
klar zu machen". Sich seiner selbst bewusst zu sein, kann in diesem Zusammenhang
nur heißen, dass das Subjekt seine Motive durchschauen will, um seine Handlungen zu
inszenieren. Diese Art der Selbstreflexion ist also an die jeweils aktuelle Situation und
ihre Erfordernisse gebunden. Sie erfüllt im Wesentlichen strategische Aufgaben und
bezieht sich nicht auf das „Wesen" des Subjekts, auf vom situativen Kontext ablösbare
Gefühle oder Eigenschaften. Die Selbstreflexion der Sernerschen Figuren lässt sich als
eine radikale Form von Geistesgegenwart charakterisieren, welche die Durchsichtigkeit

---

Walter Serner „erotische Kriminalgeschichten" in ihrer Epoche. Frankfurt/M./Berlin/Bern [u.a.]
1996; mit Schwerpunkt auf dem Dadaismus: Jonas Peters, „Dem Kosmos einen Tritt!" Die Entwicklung des Werks von Walter Serner und die Konzeption seiner dadaistischen Kulturkritik. Frank-
furt/M./Berlin/Bern [u.a.] 1995, S. 34-49, Alfons Backes-Haase, „Über topographische Anatomie,
psychischen Luftwechsel und Verwandtes". Walter Serner - Autor der „Letzten Lockerung". Bielefeld
1989 sowie Wilfried Ihrig, Literarische Avantgarde und Dandyismus, Frankft/M. 1988; zu Serners
Kunstkonzeption: Jörg Drews, „Der Schluck um die Axe: Der Pfiff aufs Ganze". Fragmente eines
Kommentars zu Walter Serners *Letzte Lockerung manifest dada*. In: A. Puff-Trojan/W. Schmidt-Dengler
(Hrsg.), Der Pfiff aufs Ganze. Studien zu Walter Serner. Wien 1998, S. 10-20.
[382] Walter Serner, Die Tigerin. Eine absonderliche Liebesgeschichte (1925). München 1982, S. 11.
[383] Zur *Tigerin* existieren bisher kaum Studien: zu den Figuren in *Die Tigerin* s.a. Andreas Puff-
Trojan, Von Glücksrittern, Liebeslust und Weinkrämpfen. Serners Konzept einer existentiellen Logik
des Scheiterns. In: A. Puff-Trojan/ W. Schmidt-Dengler (Hrsg.), Der Pfiff aufs Ganze. Studien zu Walter Serner, S. 75-92, S. 88 f.; Sabine Kyora, Liebe machen oder der Liebhaber als Autor. In: Puff-
Trojan/Schmidt-Dengler (Hrsg.), Der Pfiff aufs Ganze, S. 64-74; Hackenbruch, Sachliche Intensitäten,
S. 97-109 u. S. 171-177.
[384] Ebd., S. 73; Punkte v. Serner.

des Individuums für sich selbst, aber auch die Durchsichtigkeit des Gegenübers fordert, sofern dies in die Situation involviert ist. Nur ein Partner, den das Subjekt „von innen her [...] erblicken" kann, kann auch kontrolliert werden. Die Schwierigkeit, die sich für Fec daraus ergibt, ist die Undurchlässigkeit des Gegenübers. Bichette erscheint in seiner Vorstellung als Photographie, weil sie in Fecs Wahrnehmung lediglich als Körperbild existiert und er sich wünscht, dass diese Wahrnehmung der Oberfläche bereits die vollständige Wiedergabe ihrer Individualität sein möge. Das Gegenüber soll möglichst durch sein Äußeres, seine Oberfläche definiert sein; jede Art der fremden Innerlichkeit, und sei es auch nur die Leere des anderen Subjekts, kann mit der Reflexion nicht eingeholt werden. Auf der nächsten Stufe der Reflexion behauptet Fec, dass auch Bichettes Vorstellung von sich selbst nur als Photographie zu beschreiben ist, sie hat also seiner Ansicht nach kein Bewusstsein von sich, sondern sieht sich selbst nur als Bild ihrer Körperoberfläche. Innen ist also wiederum nur Äußeres, kein differenziertes Bewusstsein oder gar Seelenleben.

Obwohl Fec seine Überlegung für eine „Verstiegenheit" hält, beruhigt sie ihn auch: Wenn Bichette schon nicht durchschaubar ist, dann nicht aus dem Grund, dass ihr Innenleben zu differenziert ist, sondern weil sich innen nur die äußere Perspektive im vorgestellten Photo wiederholt. Dieser Vorstellung vom eigenen Körper entsteht aber erst durch eine andere Instanz, durch einen Spiegel oder durch Fecs Blick.

> Er ging mit großen Schritten im Zimmer auf und ab. Eine dumpf hämmernde Wut hatte ihn ergriffen. Mit rasender Geschwindigkeit ließ er alle Gespräche mit Bichette, jedes Wort, das ihn getroffen, jede Geste, die ihn erregt hatte, alles Unausgesprochene, Verworrene, alle Zärtlichkeiten, alle Roheiten, kurz *alles* noch einmal an sich vorüber. Endlich blieb er stehen, schlug sich knallend die Hand auf die Stirn und murmelte: ‚Und ich finde doch auch nichts weiter als meine Photographie. Nichts weiter. Was will ich denn nur noch? Bin ich denn verblödet? Ver-blö-ö-det?' Nach etwa fünf Minuten kam in sein Gesicht tatsächlich ein blöder Ausdruck.[385]

In diesem Moment erscheint Fec das Ergebnis seiner Selbstreflexion genauso oberflächlich wie die Photographie, die er in Bichettes Bewusstsein an der Stelle der Reflexion vermutet. Sie ist als bloße Spiegelung nicht fähig unter die Oberfläche der Dinge oder der eigenen Subjektivität zu gelangen. Der Vorgang der Selbstreflexion wird also einerseits veräußerlicht: Er wird als etwas geschildert, bei dem sich das Subjekt über ein Medium (die Photographie, der Spiegel, den anderen) selbst ansieht. Andererseits wird das reflektorische Moment innerhalb der Selbstreflexion wörtlich genommen: Spiegeln kann man sich nicht in sich selbst, sondern immer nur in etwas oder jemand anderem.

Fecs Überlegungen führen also die Diagnose des letzten Kapitels weiter: Das Subjekt kann sich selbst nur als Objekt, als Bild imaginieren. Weil das Körperbild nur die Oberfläche zeigt, vertritt es als Bild des Körpers zwar das Individuum, weist als nur äußerliches aber auf die innere Leere des Subjekts hin. Da es jedoch die einzige Möglichkeit des Selbstbildes darstellt, ist es unhintergehbar. Das Subjekt ist also gekennzeichnet durch die unauflösbare Aporie, die es zwischen das Körperbild als objekthafter Imagination von sich und die innere Leere spannt. Damit zeigt sich die ästhetische Figur des Selbstbewusstseins auch als Ausgangspunkt von Serners Liebesgeschichte: Wie der Protagonist in Döblins Novelle *Die Ermordung einer Butterblume* begegnet Fec der Objekthaftigkeit des Selbstbildes, die sich gleichzeitig als Verlust des Subjektstatus lesen lässt. Im

---

[385] Ebd., S. 84; s. dazu auch Hackenbruch, Sachliche Intensitäten, S. 173 f.

Gegensatz zu Döblins Hauptfigur reflektiert Fec darüber, dass er sich selbst zum Objekt wird und treibt so die ästhetische Figur des Selbstbewusstseins über sich hinaus. Die Inszenierung von Fecs Selbstreflexion führt dann genau den Zirkelschluss vor, in den Vorstellungen von Selbstbewusstsein geraten, die am optischen Modell der Wahrnehmung orientiert sind. In ihnen erscheint Selbstreflexion als ein Sich-selbst-Sehen: Das Subjekt rekurriert auf sich als Objekt seiner optischen Wahrnehmung, ohne dass in diesem Modell erklärbar wird, wieso es sich eigentlich wieder erkennt. Wenn es sich jedoch wieder erkennt, muss es wiederum etwas geben, was als der Selbstreflexion vorgängig gedacht werden müsste.[386] Das Unbehagen an der Photographie, die Fec als Selbstbild vorfindet, weist genau auf das Fehlen der subjektiven, vorreflexiven Entsprechung, einer Art von Ich-Gefühl hin, die diese Deutung des Photos als Abbildung des Ich erst legitimieren würde. Andererseits bleibt dieses vorreflexive Vertrautsein mit sich für Fec undenkbar, weil die Kontrolle der eigenen Subjektivität durch die Reflexion dann nicht mehr gegeben ist, das Subjekt also seine Transparenz verlöre.

Die hier zitierte Situation zeigt aber noch eine weitere Folge dieser Vorstellung von Subjektivität. Fec fragt sich, ob er verblödet ist, und nach „etwa fünf Minuten kam in sein Gesicht tatsächlich ein blöder Ausdruck." Das Körperbild, die Physiognomie, wird also durch die Vorstellung, die Fec momentan von sich hat, beeinflusst. Damit verschiebt sich der Akzent von der Darstellung der Innerlichkeit oder der Substanz des Subjekts auf seine äußerliche Form: die Physiognomie, die Gestik, das selbst gestaltete Körperbild. Die Verbindung zwischen Bewusstsein und Physiognomie ist dabei eine willkürliche, das Subjekt drückt nicht unwillkürlich in Mimik und Gestik seine Gefühle aus, sondern lässt sein Gesicht seine Gedanken bewusst spiegeln. Diese Diagnose führt zu einer neuen Konstellation, welche das Subjekt bestimmt: Es drückt sich nicht aus, es kann (sich) nur darstellen. Deswegen ist es auf Zuschauer angewiesen, eine Funktion, die an der oben zitierten Stelle der Erzähler übernimmt. Fec versteht auch das gemeinsame Projekt des Liebe *machens* als einen Versuch, Liebe vor allem darzustellen:

‚[…] Ja, wir werden uns machen. Du warst ingeni… ingeniös. Hör, Bichette, wir müssen uns - *lieben!* Das muß - *gemacht* werden. Das ist ganz außerordentlich einfach, wenn man so genau und sicher weiß wie wir, daß es durchaus unmöglich ist, einander zu lieben […].'[387]

Die gemeinsame Inszenierung als Liebespaar, die nur auf der Grundlage möglich ist, dass das Gefühl keine Rolle spielt, bewegt sich auf einer Ebene mit der Hochstapelei, die ja ebenfalls eine Form des Schauspiels ist, das denen geboten wird, die betrogen werden sollen. Beiden „Aufführungen" liegt die Substanzlosigkeit des Dargestellten zugrunde. Wenn auch das scheinbar Authentischste nur noch inszeniert wird, ist schließlich der Verlust der Körpererfahrung, wie sie sich im Fehlen der vorreflexiven Vertrautheit mit sich andeutet, die Folge. Sogar die Materialität des eigenen Körpers scheint aufgelöst. So behauptet Fec, dass er sein „eigenes Hirngespinst" sei.[388] Diese Vermutung kann nur durch die Bilder, die er von sich selber entwirft und die keine sub-

---

[386] S. dazu Manfred Frank, Selbstbewußtsein und Selbsterkenntnis. Stuttgart 1991, S. 28. Frank macht bereits darauf aufmerksam, dass eine der Möglichkeiten aus diesem Zirkel herauszukommen, die Unterscheidung in Bewusstsein und Unbewusstes ist, also das Modell, das die Psychoanalyse anbietet (S. 29 f.).

[387] Walter Serner, Die Tigerin, S. 21; Punkte v. Serner.

[388] Ebd., S. 77.

stantielle Grundlage haben, produziert werden. Während Fec versucht, Selbstbilder zu entwerfen und das Geschehen reflexiv einzuholen, hält Bichette diese Tätigkeit für „Dichtung", im Sinne von bloßer Fiktion. Im Gegensatz zu Fec ist sie Materialistin, sie besteht auf der Substantialität zweier Elemente: des Geldes als Stellvertreter der Außenwelt und des eigenen Körpers. Auch Fec relativiert zwar seine Überlegungen. Diese Strategie ist aber nicht gegen die Reflexion als solche gerichtet, sondern gegen die Endgültigkeit ihrer Ergebnisse. Da seine Reflexion immer den Situationen folgt, in denen er sich gerade befindet, ist sie gebunden an deren Flüchtigkeit und darf ebenso wenig substantiell werden, wie die Vorstellung von Subjektivität.[389]

Hochstapelei und Betrug gewinnen von dieser Position aus an Konsequenz, sogar an philosophischer Dignität. Die Substanzlosigkeit des Subjekts und seine Befangenheit in den Aporien der Selbstreflexion sind die Grundlagen für den Entwurf der wechselnden Szenarien. Der gelungene Betrug ist dann der Beleg für die Fähigkeit des Subjekts, flüchtige Selbstbilder zu entwerfen, die vom Gegenüber als authentische anerkannt werden, weil es den Zustand substanzloser Subjektivität noch nicht erreicht hat. Der Witz der Sernerschen Texte, auch der Kriminalgeschichten, entsteht durch die Fallhöhe zwischen ihren quasi philosophischen Grundlagen und den kriminellen Beispielen.[390] In ihnen wird die Konfrontation von Philosophie und Hochstapelei in den unterschiedlichsten Variationen vorgeführt. Durch diese grundlegende Konstellation ist auch die Typologie der Figuren in Serners Kriminalgeschichten zu erklären: Es gibt in diesen Geschichten meist eine Figur wie Fec, die ausgehend von ihrer eigenen Leere die Inszenierung entwirft und reflektiert, eine Frau, die sich auf demselben Niveau bewegt, aber nicht an der Reflexion, meist auch nicht am Entwurf interessiert ist, und einen Dritten, der das Niveau der Leere noch nicht erreicht hat, an authentische (Selbst-)Darstellungen glaubt und also zum Opfer der Hochstapelei wird.[391] *Die Tigerin* bildet hier insofern eine Ausnahme, als über diese Konstellation hinaus Bichette - auch für Fecs „philosophische" Subjektvorstellung - eine ernsthafte Gegnerin ist. Die Vermutung liegt nahe, dass genau wegen dieser Ebenbürtigkeit der literarische Gattungswechsel erfolgt. Zwar hat auch *Die Tigerin* Anteile einer Kriminalgeschichte, Serner hat sie aber ausdrücklich mit dem Untertitel „Eine absonderliche Liebesgeschichte" versehen.

Während Fec auf Bewusstheit und auf Reflexion bei der Motivation seines Handelns besteht, ist Bichette bereit, solange wie es ihr opportun erscheint, an die eigenen Projektionen auch zu glauben. Im Gegensatz zu Fecs Konzeption führt ihre Vorstellung einen weiteren Unsicherheitsfaktor ein: Der Punkt, an dem eine dieser Projektionen nicht mehr gültig ist, ist nicht vorhersehbar.

,Fec, ich finde, unsere Dummheiten waren gar nicht so dumm. Solange man noch Lust hat, da zu sein, ist es doch wahrhaftig egal, was man macht [...]!' Fec, irgendwie erleichtert, ja fast froh, lächelte. ,Ja, letzthin bleibt eine andere amüsantere Wahl: entweder in den Duft... oder - drauflos. Blind, wild, leer.' Bichette zog ihn, seine Nasenspitze küssend, fest an sich. ,Das Oder stimmt nicht. Das Oder kann auch sein, wie man gerade

---

[389]André Bucher kommt für die Kriminalgeschichten zu einem ähnlichen Ergebnis: Bucher, Repräsentation als Performanz, S. 117 f.

[390] Auf den „Rest eines moralisch-metaphysischen Pathos" bei Serner macht schon Jörg Drews aufmerksam: Vis-à-vis du rien. Zur Situation Walter Serners und einiger seiner Zeitgenossen, S. 9 f.

[391] Zu den sich wiederholenden Konstellationen in den Kriminalgeschichten s. Bucher, Repräsentation als Performanz, S. 103-114.

will. Zum Beispiel - ganz, aber schon *ganz* maboul. Nur die Coups müssen klappen. Und sie *werden* klappen.'[392]

Bichette versucht Fec, einen anderen Umgang mit der eigenen Leere nahe zu bringen. Ihre Formulierung zielt einerseits auf ein vorreflexives Verhältnis zu sich selber - „noch Lust" haben, „da zu sein" -, andererseits auf eine Willkür des Handelns, die nicht mehr in Fecs logische Schemata passt: „Das Oder kann auch sein, wie man gerade will." Bichettes nicht reflexives Selbstbewusstsein löst die Aporien der Selbstreflexion auf und bleibt gleichzeitig auf dem Niveau, das Fec vorgegeben hat. Denn Bichette glaubt nicht an eine individuelle Möglichkeit der Sinngebung, es geht ihr um die „Lust" am Dasein und nicht um einen bestimmten Sinn -, sie ist also auch nicht naiv, sondern mit Bedacht unberechenbar. Denn „die Coups" müssen klappen, die Inszenierung muss in irgendeiner Hinsicht erfolgreich sein, so dass der Gewinn für das Subjekt gewährleistet ist.

Unter diesen Voraussetzungen muss das Experiment, sich als Liebespaar „zu machen", für Fec und Bichette jeweils etwas anderes bedeuten. Fec geht es um die bloße Darstellung von Liebe, deren Künstlichkeit jederzeit gegenwärtig sein soll. Bichette interessiert diese selbstreflexive Ebene nicht, weil sie sich am Geschehen orientiert. Die Frage, ob dieses Geschehen produziert, also nur „Schein" ist, bleibt solange für sie ohne Interesse, wie sie es befriedigend findet. Das Einsetzen der Reflexion ist dagegen eher Zeichen für den Verlust der unmittelbaren Beziehung, für das Nachlassen der Faszination. Bichettes und Fecs Vorstellungen verstoßen beide gegen das konventionelle Verständnis von Liebe, deswegen entsteht „eine absonderliche Liebesgeschichte". Sie ist allerdings auch deswegen ungewöhnlich, weil Fecs Konzept sich mit der Funktion des Erzählers überschneidet. Nicht umsonst versteht Bichette seine Neigung zu sprachlich logischen Konstruktionen und zum ausführlichen Reflektieren und Entwerfen von Situationen als eine Art von Dichtung. Zwar bringt diese Benennung vor allem ihre Verachtung für Fecs Gerede zum Ausdruck, sie zeigt aber auch Fecs Rolle als Erzähler. Sein „Dichten" gehört einerseits zu den Inszenierungen, die die Betrügereien vorbereiten, *und* andererseits zu den traditionellen Aufgaben eines Erzählers. Hochstapler und Erzähler bewegen sich bei Serner auf derselben Ebene: Entwurf und Reflexion, das Herstellen von Kohärenz und die Kontrolle über das Geschehen gehören zu den Aufgaben, die beide bewältigen müssen.[393] Auch die Leere der Figur gilt gleichermaßen für die Rolle des Erzählers: Da er einen Teil seiner Kompetenzen an die Figur des Hochstaplers delegiert hat und da er keinerlei Kommentar abgibt, bleibt er unbeteiligter Zuschauer.[394] Dass der Hochstapler einen Teil der Aufgaben des Erzählers zu erfüllen hat, trägt zusätzlich zu seiner Typisierung, auch zur Typisierung des Sernerschen Erzählens bei. In den meisten Geschichten Serners ist eine Figur dieser Art vorhanden, sie muss es auch sein, weil sie das Gerüst der Handlung entfaltet. Gleichzeitig deutet die Aufspaltung von Erzählerkompetenzen auch auf die Ähnlichkeit von Erzählen und Hochstapelei hin. Sie zeigt, dass die Inszenierung eines Betruges genauso auf die Produktion von Schein gerichtet ist, wie das Erzählen einer Geschichte. Der Betrogene und der Le-

---

[392] Ebd., S. 69; Punkte v. Serner.

[393] S. Sabine Kyora, Liebe machen. In: Puff-Trojan/Schmidt-Dengler (Hrsg.), Der Pfiff aufs Ganze, S. 64-74; dazu genauer der 2. Abschnitt dieses Kapitels.

[394] Insofern könnte man sowohl die Figur des Hochstaplers wie die Sernerschen Erzähler als „kalte persona" im Sinn von Helmuth Lethen verstehen, der sich in seinen Ausführungen allerdings auf das „Handbrevier für Hochstapler" beschränkt: Helmuth Lethen, Verhaltenslehren der Kälte. Lebensversuche zwischen den Kriegen. Frankfurt/M. 1994, S. 150-163.

ser sollen auf diese Illusion hereinfallen, die Mittel, die dazu nötig sind, sind die richtige Kulisse, Kohärenz und eine schöne Frau. Die Parallele zwischen Hochstapelei und Erzählen lässt auch den historischen Standort von Serners Geschichten erkennen. Sie sind wieder kohärenter als die Prosa der zehner Jahre, es ist aber eine Kohärenz auf schwankendem Boden. Diese Kohärenz entsteht durch eine Annäherung von erzählerischem Verfahren und Handlungselementen, eine Annäherung, die das Verfahren der ästhetischen Figur aufnimmt, es aber auf die gesamte Struktur des Erzählens überträgt.

Der Typus, den der Hochstapler als Erzähler verkörpert, kommt durch ästhetische Kategorien zustande, die am ehesten mit dem Vokabular der Dramatik zu beschreiben sind: Er inszeniert das Spiel, die Figuren haben festgelegte Rollen und bewegen sich innerhalb der von ihm festgelegten Vorgaben. Das Spiel, das inszeniert wird und das bei Serner meist den Regeln des Kriminalromans folgt, kann durch eine ästhetische Typologie, die literarische Gattungsvorgabe, definiert sein. Im Roman *Die Tigerin* sind diese Spielregeln an der Liebesgeschichte orientiert. Die Konstellation der Kriminalgeschichten wird dabei durch Bichettes konkurrierendes Konzept, das die Problematik einer Parallele zwischen Hochstapler und Erzähler deutlich werden lässt, ergänzt. Bichette besteht auf der Gegenseitigkeit des Spiels, eine Forderung, welche die Spielregeln der Liebesgeschichte aufnimmt und den Inszenierungen von Fec und dem Erzähler zuwiderläuft. Reflexion und Entwurf der Inszenierung erscheinen so als ein Versuch intellektueller Kontrolle. Bichette führt dagegen Spontaneität sowohl als Handlungselement wie als Widerstand gegen das erzählerische Verfahren ein. Sie nimmt damit einerseits den Glauben an den Ausdruck authentischen Gefühls in Liebesgeschichten wieder auf, führt aber andererseits eine Authentizität zweiter Ordnung ein, weil sie nicht naiv liebt, sondern sich der Konventionalität dieses Gefühls und seines Ausdrucks bewusst bleibt.

Das Spiel zwischen der Gattungsvorgabe und dem Umgang mit dieser Vorgabe wirft die Frage auf, wie deren Verhältnis zu bestimmen ist. Natürlich variiert *Die Tigerin* Formen der Liebesgeschichte. Der Sernersche Umgang mit dem Konzept der Liebesgeschichte kann aber gleichzeitig als ein Unterlaufen dieser Vorgaben beschrieben werden. Denn das Projekt, „Liebe zu machen", verstößt gegen das Gebot, authentische Liebe darzustellen. Einerseits macht die Vorstellung eines substanzlosen Ichs eine konventionelle Liebesgeschichte unmöglich und sichert damit die Originalität, die „Absonderlichkeit" der Geschichte. Wenn sich Bichette und Fec andererseits aber nicht auf ihr Projekt, sich noch einmal - in welcher Form auch immer - mit Liebe zu beschäftigen, einlassen würden, gäbe es nichts zu erzählen. *Die Tigerin* erzählt also gleichzeitig mit und gegen das Konzept konventioneller Liebesgeschichten.

Die Funktion, die die Liebesgeschichte bei Serner erfüllt, kann auch auf andere Gattungen übertragen werden, wenn ihre Vorgaben genau begrenzt sind, ihnen also ein deutliches Konzept zugrundeliegt, gegen das die moderne Umformulierung gesetzt werden kann. Gertrude Stein und Italo Svevo wählen die Autobiographie für ihre Darstellung von substanzloser Subjektivität, weil gerade die Autobiographie von der Sinnerfülltheit der Lebensgeschichte des Einzelnen ausgeht.

> About six weeks ago Gertrude Stein said, it does not look to me as if you were ever going to write that autobiography. You know what I am going to do. I am going to write it for

you. I am going to write it as simply as Defoe did the autobiography of Robinson Crusoe. And she has and this is it.[395]

Zum Schluss von *The Autobiography of Alice B. Toklas* delegiert Alice B.
Toklas das Schreiben ihrer Autobiographie an Gertrude Stein, obwohl der Text bis hierher den
Eindruck erweckt hat, dass Alice ihre Lebensgeschichte selbst erzählt. Während die Au-
tobiographie die Identität von Autorin, Erzählerin und Protagonistin verlangt, demen-
tiert Stein diese Identität.[396] Da Gertrude Stein außerdem an der Stelle von Alice B.
Toklas spricht, ist das sprechende Ich nicht als authentisches zu begreifen, sondern als
Rolle.[397] In dieser Rolle ist es seine Aufgabe, Gertrude Stein als künstlerisches Genie zu
bestätigen:

> [...] and there at her house I met Gertrude Stein. I was impressed by the coral brooch
> she wore and by her voice. I may say that only three times in my life have I met a genius
> and each time a bell within me rang and I was not mistaken, and I may say in each case it
> was before there was any general recognition of the quality of genius in them. The three
> geniuses of whom I wish to speak are Gertrude Stein, Pablo Picasso and Alfred White-
> head [...] In this way my new full life began.[398]

Alices Subjektivität ist reduziert auf ihre Reaktion auf die Außenwelt, deswegen wird die
Begegnung mit Gertrude Stein als der Beginn eines „erfüllten" Lebens geschildert: Das
Subjekt hat keine eigenen Ressourcen, es gewinnt in der Beziehung mit dem Genie
Stein erst den Sinn seines Lebens. Die Formulierung, die Alice benutzt, ist aber auch insofern eine Floskel, als sie zum Vokabular der heterosexuellen Beziehung gehört. Die
konventionelle Vorstellung des neuen, erfüllten Lebens der Frau an der Seite des frisch
erworbenen Ehemanns bildet den Hintergrund für diesen Satz, der damit gleichzeitig
auf das Verhältnis zwischen Toklas und Stein anspielt, ohne es eindeutig zu benennen.[399]

---

[395] Gertrude Stein, The Autobiography of Alice B. Toklas (1933), New York o. J. [1961], S. 252.

[396] Zur Definition der Autobiographie s. Philippe Lejeune, Der autobiographische Pakt. Frank-
furt/M. 1994, S. 13-19; zum Umgang Steins mit der Gattung Autobiographie/Biographie ausführlich:
Carola Hilmes, Das inventarische und das inventorische Ich. Grenzfälle des Autobiographischen. Heidelberg 2000, S. 356-384.

[397] Zur Vermischung von „fact and fiction", die so entsteht: Catherine R. Stimpson, Gertrude
Stein and the Lesbian Lie. In: American Women's Autobiography. Fea(s)ts of Memory. Ed. by Margo
Culley. Madison/Wis. 1992, S. 152-166, S. 157 f.; zur Sekundärliteratur bis 1991 s. Monika Hoffmann,
Gertrude Steins Autobiographien The autobiography of Alice B. Toklas und Everybody's Autobi-
ography. Frankfurt/M./Bern [u.a.] 1992, S. 66-71.

[398] Stein, The Autobiography of Alice B. Toklas, S. 5.

[399] Einerseits scheint hier ein ähnlicher Fall von „Camouflage" vorzuliegen, wie Detering sie bei
männlichen Autoren und deren Maskerade von homosexuellen Beziehungen in ihren Texten beschreibt, andererseits gibt es im Gegensatz zur männlichen literarischen Tradition verschwiegener Homosexualität diese Tradition auf weiblicher Seite nicht. Vgl. Heinrich Detering, Das offene Geheimnis.
Zur literarischen Produktivität eines Tabus von Winckelmann bis Thomas Mann. Göttingen 1994, bes.
S. 9-37. Die Sekundärliteratur zur „Autobiographie" bedient sich ganz ähnlicher Termini wie Detering:
Die „Lesbian lie" hat die Aufgabe „packaging homosexuality" (Stimpson, Gertrude Stein and the Les-
bian Lie, S. 153), die Autobiographie benötigt die Verkleidung (Estelle C. Jelinek, The Tradition of
Women's Autobiography: From Antiquity to the Present. Boston 1986, Kap. 10: Exotic Autobiography
Intellectualized: The Legitimation of Gertrude Stein, S. 128-147, S. 145). Andererseits kann man, bezogen auf Stein und Toklas, kaum von verdeckter Homosexualität sprechen, weil sie schließlich ganz offen zusammenlebten, was allerdings - solange die erotische Beziehung nicht eindeutig erkennbar wird -
gesellschaftlich akzeptiert war. Stimpson (ebd., S. 155) spricht von der Rolle der „eccentric spinster

Die Klischeevorstellung von der konventionellen Ehe mit festgelegten Rollen bildet also einerseits die Folie für die geschilderte Beziehung von Stein und Toklas, andererseits ist deren geschlechterdifferente Konzeption hier verschoben auf den Unterschied zwischen Genie und Normalmensch. Im Zusammenleben mit dem Genie Stein findet Alice B. Toklas den Sinn ihres Lebens; die Leere ihres vorherigen Lebens ist damit überwunden und der Anlass für die Autobiographie gefunden. Sie könnte auch „My Life With The Great, Wives of Geniuses I Have Set With, My Twenty-five Years With Gertrude Stein"[400] heißen. Nicht das eigene Leben ist der Gegenstand der Autobiographie, sondern Gertrude Stein und die berühmten Künstler, die Stein besuchen. Toklas wird dabei der Status der Ehefrau zugeschrieben, weil sie mit denen zusammen sitzt, während die (männlichen) Genies sich unterhalten.

Alices Funktion innerhalb der Beziehung zu Gertrude Stein ist es, ihr Genie zu bestätigen. Sie soll also den Spiegel bilden, in dem sich das Genie in seiner ganzen Größe betrachten kann. Allerdings ist nicht klar, ob sie ihre Rolle erfüllt, weil sie sich nur an der äußeren Erscheinung Steins orientiert: Beim ersten Zusammentreffen ist sie von ihrer Brosche beeindruckt. Die Beschränkung auf die Wahrnehmung der Außenwelt kann jedoch durch Toklas' Funktion als Spiegel erklärt werden. Wörtlich genommen kann ein Spiegel - wie schon bei Serner zu beobachten - nur die Oberfläche der Person wiedergeben, die in ihn hineinsieht. Damit übernimmt Alice aber auch eine weitere Aufgabe, die der Frau in heterosexuellen Beziehungen zugeschrieben wird, sie dient Gertrude Stein in gleicher Weise als Spiegel, wie die Frau dem Mann. Alices Bewunderung für die Brosche kann damit auch als Verschiebung und Parodie der traditionellen weiblichen Rolle gelesen werden.[401]

Darüber hinaus entspricht die Konzentration auf die Außenwelt nicht nur Alices Spiegelfunktion, sondern ebenfalls Steins Vorstellung von der Konstruktion von Texten.

> Gertrude Stein never corrects any detail of anybody's writing, she sticks strictly to general principles, the way of seeing what the writer chooses to see, and the relation between that vision and the way it gets down. When the vision is not complete the words are flat, it is very simple, there can be no mistake about it, so she insists.[402]

Wenn die Imagination auf „observation and construction"[403] beruht, dann kann ein Text nur durch die Beobachtung von etwas oder jemanden entstehen. Diese Voraussetzung führt, bezogen auf die Gattung der Autobiographie, zu einer Paradoxie: Eine Gattung, die als Darstellung des eigenen Lebens definiert ist, wird hier mit einer Vorstel-

---

aunts", während Caramello den Text sogar als Darstellung der lesbischen Ehe liest (Charles Caramello, Henry James, Gertrude Stein, and the Biographical Act. Chapel Hill [u.a.] 1996, S. 122). Das Zusammenleben scheint eher möglich als das Schreiben darüber, weil es nicht eindeutig ist. Jede schriftliche Äußerung hätte anscheinend Eindeutigkeit hergestellt, so lässt sich das Verschweigen der intimen Beziehung an dieser Stelle und in allen anderen (auto)biographischen Äußerungen Steins wohl auch deuten. Zur realen Beziehung zu Alice B. Toklas s. Diana Souhani, Gertrude und Alice. Zwei Leben eine Geschichte. Frankfurt/M. 1998, S. 135-150 (die Kapitelüberschrift lautet „Ehe").

[400] Stein, The Autobiography of Alice B. Toklas, S. 251.

[401] Zur Übernahme heterosexueller Rollen s.a. Catharine R. Stimpson, Gertrude Stein and the Lesbian Lie, S. 158; zur Spiegelfunktion der Frau im patriarchalen Diskurs generell: Luce Irigaray, Speculum. Spiegel des anderen Geschlechts. Frankfurt/M. 1980.

[402] Stein, The autobiography of Alice B. Toklas, S. 214.

[403] Ebd., S. 76.

lung des Schreibens konfrontiert, die ganz auf das die Außenwelt gerichtet ist. Eine Autobiographie ist auf der Grundlage von Steins Konzept nur dann möglich, wenn sie das Bild dessen, der in ihrem Mittelpunkt steht, von außen erfasst, das heißt, Gertrude Stein kann die Autobiographie von Alice B. Toklas schreiben, weil sie sie beobachten kann, Toklas sich selbst aber nicht. Stein kann auch nicht ihre eigene Autobiographie schreiben; sie kann aber das Bild, das sich Alice von ihr macht, beobachten und schildern; eine Vorstellung von Subjektivität, die auch in dem berühmten Satz „I am I because my little dog knows me"[404] steckt. Identität entsteht in diesem Fall dadurch, dass das Subjekt sich, vermittelt über den Blick der Außenwelt, als mit sich identisch erkennt.[405] Durch dieses Konzept wird die Aporie der Selbstreflexion umgangen, weil das Subjekt sich zum Teil von außen bestimmen lässt. Es ist mit sich identisch, weil es von den anderen als identisch angenommen wird. Damit wird die Aporie der Selbstreflexion umgangen, es entsteht aber eine paradoxe Form der Autobiographie, die immer nur der andere schreiben kann.[406]

Wenn der andere ein vollständiges Bild seines Gegenübers liefern soll, ist zunächst einmal wichtig, dass der Gegenstand seiner Beschreibung auch vollständig sichtbar ist. Ein besonders dankbares Sujet ist er dann, wenn er kein Unbewusstes hat:

> Gertrude Stein never had subconscious reactions, nor was she a successful subject for automatic writing. One of the students in the psychological seminar of which Gertrude Stein […] was […] a member, was carrying on a series of experiment on suggestions to the subconscious. When he read his paper upon the result of his experiments, he began by explaining that one of the subjects gave absolutely no results […] Whose record is it, said James. Miss Stein's, said the student.[407]

Im Gegensatz zum Subjektentwurf des Surrealismus, der es ermöglicht, die automatische Schreibweise für die Produktion von poetischen Texten zu nutzen, ist Gertrude Steins Vorstellung vom Subjekt eine, in der das Unbewusste und damit auch Elemente automatischen Schreibens keine Rolle spielen dürfen. Sie lehnt damit ausdrücklich ein von - wenn auch unbewusster - Fülle bestimmtes Subjektkonzept ab. Während die Worte im Surrealismus aus dem Unbewussten strömen, erscheinen sie Stein als sichtbare Dinge in der Außenwelt. Auf die Frage von Toklas, ob sie französische Zeitungen und Bücher liest, sagt sie:

> No, […] you see I feel with my eyes and it does not make any difference to me what language I hear, I don't hear a language, I hear tones of voice and rhythms, but with my eyes I see words and sentences and there is for me only one language and that is english. One

---

[404] Gertrude Stein, Everybody's Autobiography. New York 1971, S. 64.

[405] Auch dieses Konzept beruht auf der Substanzlosigkeit des Ich, seine Innerlichkeit ist nicht erfassbar; s. dazu den grundlegenden Aufsatz von James E. Breslin, Gertrude Stein and the Problems of Autobiography. In: Michael J. Hoffman (Hrsg.), Critical Essays on Gertrude Stein, Boston 1986, S. 149-159, S. 150; Georgia Johnston macht darauf aufmerksam, dass auch keine Entwicklung des Ich geschildert wird: Narratologies of Pleasure: Gertrude Stein's *The Autobiography of Alice B. Toklas*. In: Modern fiction Studies Vol. 42 No. 3 (Fall 1996), S. 590-606, S. 595.

[406] In der Sekundärliteratur ist deswegen die Lesart zu finden, *The Autobiography of Alice B. Toklas* sei eigentlich die Autobiographie Steins: s. Estelle C. Jelinek, The Tradition of Women's Autobiography: From Antiquity to the Present, S. 134 f.; zum gattungstheoretischen Paradox s.a. Hilmes, Das inventarische und das inventorische Ich, S. 368 f.

[407] Gertrude Stein, The Autobiography of Alice B. Toklas, S. 79.

of the things that I have liked all these years is to be surrounded by people who know no english. It has left me more intensely alone with my eyes and my english.[408]

Auch im Bereich der Sprache stellt das Sehen Identität her. Das Erkennen von Worten und Sätzen als der englischen Sprache zugehörig führt zur Produktion von Sinn und zur Aneignung der Sprache - „my english" -, während durch das Hören kein Sinn hergestellt werden kann.

Die enge Verbindung zwischen dem Sehen, den Worten und Sätzen auf der einen, dem Hören und dem Sprechen auf der anderen Seite, wird weitergeführt durch die Verknüpfung von Sehen und Sprache mit der Reflexion, von Hören und Sprechen mit dem Unbewussten.

> Music she [G. S.] cared for during her adolescence. She finds it difficult to listen to it, it does not hold her attention. All of which of course may seem strange because it has been so often said that the appeal of her work is to the ear and to the subconscious. Actually it is her eyes and mind that are active and important and concerned in choosing.[409]

Wie bei Serner entsteht eine enge Verbindung zwischen dem Sehen und der Reflexion, „eyes" und „mind" konstruieren den Text. Statt der hochstaplerischen Inszenierung ist das Ergebnis dieser Akzentuierung aber die Steinsche Form der Autobiographie. Sie wählt den Blick auf das Gegenüber als Ausgangsposition und „sieht" dabei auch auf dessen Worte. Steins Erzähltechnik lässt sich als „the inside as seen from the outside"[410] beschreiben, eine Perspektive, die sie schon für die Konstruktion von *Tender Buttons* angewandt haben will. Bei allen Unterschieden lassen sich also möglicherweise Parallelen zwischen einem „schwierigen" und einem anscheinend konventionelleren Text Steins ausmachen.

Der innerhalb der *Autobiography* inszenierte Blick von Toklas auf Stein kann wiederum nur die Außenseite von Steins Existenz zeigen: ihre Brosche, ihre Bilder und ihre Worte. Dabei ist der authentische Ausdruck von Steins Persönlichkeit von ihrer Selbstinszenierung nicht zu unterscheiden, aber auch die Differenz zwischen Toklas' Blick auf Stein und Steins Darstellung dieses Blicks geht verloren. Die Auflösung von Differenzen entsteht gerade durch die Spaltung von Autorin und Erzählerin im Rahmen der Gattung Autobiographie, die genau das nicht vorsieht. Wie der Erzähler bei Serner ist Alice als Ich-Erzähler ihrer selbst nicht mächtig. Bei Serner verliert der Erzähler Kompetenzen an den Hochstapler, bei Stein wird zum Schluss die Rolle der Erzählerin von der Autorin übernommen. Diese Kollision zwischen Erzählerin und Autorin macht den Witz von *The Autobiography of Alice B. Toklas* aus, weil die Autobiographie in ihrer traditionellen Form auf der authentischen Widergabe des eigenen Lebens beruht. Durch die fehlende Darstellung der Innerlichkeit der Subjekte entsteht darüber hinaus eine Inszenierung, die ein Ineinander von zwei Leben produziert, Authentizität als Maßstab für diese Inszenierung aber ablehnt.[411]

---

[408] Ebd., S. 70.

[409] Ebd., S. 75.

[410] Ebd., S. 156; auch Breslin sieht diese Perspektive als für die Schreibweise von *The Autobiography* zentral an: James E. Breslin, Gertrude Stein and the Problems of Autobiography, S. 152 f.

[411] Zu überlegen wäre, ob so verstanden die Autobiographie von Alice B. Toklas nicht doch - ganz unironisch - die Symbiose zwischen Stein und Toklas darstellt: Caramello, Henry James, Gertrude Stein, and the Biographical Act, S. 231; Stimpson, Gertrude Stein and the Lesbian Lie, S. 158; Jelinek, The Tradition of Women's Autobiography: From Antiquity to the Present, S. 142.

Die Verteilung der Funktion des Erzählers auf zwei Instanzen scheint also eine Folge der Substanzlosigkeit der fiktiven Subjekte zu sein. Der Zusammenhang des Erzählten kann nur dann noch gewährleistet werden, wenn von zwei Punkten aus gesprochen wird. Andererseits können sich, wie im Fall von The Autobiography of Alice B. Toklas, diese beiden Instanzen auch gegenseitig in Frage stellen. Gleichzeitig ist auf der Ebene der Figur, die zum „Miterzähler" wird, eine Tendenz zur Typisierung zu bemerken: Der Hochstapler und die Hausfrau bilden mit ihren konventionellen Eigenschaften die Basis der Figuren.

Die Abgabe von Erzählerkompetenzen ist auch charakteristisch für Italo Svevos La Coscienza di Zeno. Svevos Roman kann als eine weitere, in diesem Fall fiktive Variante der Autobiographie gelesen werden. Dabei nimmt Svevo ebenfalls Elemente der Autobiographie auf, unterläuft aber gleichzeitig ihr Subjektkonzept.[412] Wie in The Autobiography of Alice B. Toklas schaltet sich zudem eine weitere Instanz ein: Zenos Psychoanalytiker, der gleichzeitig den Diskurs der Psychoanalyse in den Text einführt. Er tritt an die Stelle der Autorin, die die Kompetenz der Erzählerin unterläuft, initiiert die Niederschrift der Lebensgeschichte und ist gleichzeitig ihr Herausgeber:

> Ich war es, der den Patienten veranlaßt hat, seine Lebensgeschichte niederzuschreiben. Psychoanalytiker werden über diese Neueinführung die Nase rümpfen. Bitte um Verzeihung. Mein Patient war alt, und ich habe gehofft, seine ganze Vergangenheit werde in der Erinnerung wieder aufleben, was mir die beste Vorarbeit für die Analyse zu sein scheint.[413]

Der Psychoanalytiker versucht - erkennbar auch an seiner Rolle als Herausgeber -, die Kontrolle über den Text auszuüben, während der Ich-Erzähler die Autorität der Psychoanalyse ständig unterminiert, obwohl er sich als Klient ausgibt.[414] Damit wird die Anbindung des Textes an den Diskurs der Psychoanalyse erkennbar, mit den Rollen, die er anbietet, arbeitet der Roman. Zeno lässt sich also einerseits als Klient der Psychoanalyse in eine Typologie einordnen. Andererseits versteht er die Psychoanalyse als eine Theorie, die sich der Erinnerung des Subjekts bemächtigt. Diese Verfügungsgewalt über seine persönliche Geschichte gesteht er ihr wiederum nicht zu. Nach Zenos Meinung verlangt die Psychoanalyse, dass die Erinnerung möglichst vollständig wieder erscheint, also auch die frühe Kindheit erinnert werden soll. „Ab ovo zu beginnen"[415], ist ihre Devise. Über sie macht sich Zeno lustig, wenn er seine Lebensgeschichte mit der Lektüre einer Abhandlung zur Psychoanalyse beginnt und sich nicht von einer „authentischen" Erinnerung an ein Bild aus seiner Kindheit leiten lässt. Einerseits entsteht so der Eindruck, die Psychoanalyse sei eine reine, allerdings begrifflich formulierte Fiktion.

---

[412] Die Einordnung als fiktive Autobiographie nehmen ebenfalls vor: Rudolf Behrens, Metaphern des Ich. Romaneske Entgrenzung des Subjekts bei D'Annunzio, Svevo und Pirandello. In: H. J. Piechotta/S. Rothmann/R.-R. Wuthenow (Hrsg.), Literarische Moderne in Europa, Bd. 1: Erscheinungsformen literarischer Prosa um die Jahrhundertwende, Opladen 1994, S. 334-356; Ralph Rainer Wuthenow, Wiener Fin de Siècle in Triest? Zur Position Italo Svevos. In: Rudolf Behrens/Richard Schwaderer (Hrsg.), Italo Svevo. Ein Paradigma europäischer Moderne. Würzburg 1990, S. 71-80, S. 76.

[413] Italo Svevo, Zeno Cosini (1923). Reinbek b. Hamburg 1987, S. 27.

[414] S. zum Aspekt der Psychoanalyse in Zeno Cosini: Sabine Kyora, Psychoanalyse und Prosa im 20. Jahrhundert. Stuttgart 1992, S. 85-114; Maria Fortunata Gallistl, Die Narzißmusproblematik im Werk Italo Svevos. Hildesheim/Zürich/New York 1993, S. 104-127.

[415] Svevo, Zeno Cosini, S.28.

Andererseits würde ein Erzählen, das wirklich „ab ovo" beginnt, auch die Gattungsvorgaben der Autobiographie erfüllen.

> Im Halbtraum ist mir, als hätte ich in jener Abhandlung gelesen, daß man nach dieser Methode die früheste Kindheit, die Zeit der Windeln, in sich wieder wachrufen könne. Sofort sehe ich auch ein Wickelkind; aber warum soll ich das sein? Es sieht mir wahrlich nicht ähnlich. Es scheint mir eher das Kleine meiner Schwägerin zu sein, wenige Wochen alt, das als Wunder gilt, weil es so kleine Hände und so große Augen hat. Das Arme! Ah, und jetzt soll ich mich gar an meine eigene Kindheit erinnern? Ja ich finde nicht einmal den Weg zu dir, das du deine eigene lebst, um dir zu sagen, wie wichtig es für deine Intelligenz und deine Gesundheit wäre, nichts zu vergessen. Wann wirst du so weit sein zu wissen, daß man alle Ereignisse seines Lebens im Gedächtnis behalten muß, auch jene, die man gerne vergessen möchte?[416]

Wie Fec in Serners Roman versucht Zeno, Selbstbilder zu entwerfen. Während Fec das ihm erscheinende Körperbild zumindest als Abbild seiner Gestalt anerkennt, bestreitet Zeno die Identität des auftauchenden Bildes mit einer Kindheitserfahrung. Diese Ablehnung beruht auf einem rein äußerlichen Kriterium: Der Säugling, den er imaginiert, sieht ihm nicht ähnlich. Zeno verweigert sich also dem Konzept psychoanalytischen Erinnerns nicht nur dadurch, dass er die geforderten Erinnerungen nicht aus seinem Unbewussten heraufrufen kann, sondern auch indem er die psychische Beziehung zu dem imaginierten Bild ablehnt. Er sieht einen Säugling von außen, statt sich als Säugling von innen zu erfahren. Das seelische „Durcharbeiten", das den therapeutischen Erfolg garantieren soll, kann so nicht stattfinden.[417] Durch die freie Assoziation produziert Zeno zwar Bilder; diese Bilder sind aber nicht als Zeichen für subjektive psychische Erfahrungen lesbar.

Zeno besteht auf der Vorherrschaft der optischen Wahrnehmung und auf der Bindung des Blicks an Oberflächen, um sich gegen psychologische Erklärungsmuster zu wehren. Nicht nur psychoanalytisch vermittelte Einsichten, auch die nicht theoretisch vermittelte Selbsterkenntnis erscheinen so unmöglich. Selbst wenn Zeno Bilder aus seiner Vergangenheit reproduziert, rufen sie nicht die mit ihnen verbundenen Emotionen herauf. Tauchen subjektive Gefühle doch auf, dann wie bei Serner nur als aktuelle Inszenierung oder wie bei Stein als von Worten abhängig, auf jeden Fall aber bleiben diese Emotionen ohne jede Substanz.

> Augusta sah mir in die Augen, die so lebhaft ja sagten, daß sie ganz ruhig wurde. Ich stieg hinunter, über die Stufen, die ich nicht mehr zu zählen brauchte, und fragte mich: ‚Wer weiß? Am Ende liebe ich sie gar.' Dieser Zweifel hat mein ganzes Leben begleitet. Heute muß ich annehmen, daß die Liebe, die solche Zweifel begleiten, die wahre ist.[418]

Nachdem Zeno zwei Schwestern von Augusta einen Heiratsantrag gemacht hat, von denen er eine angeblich wirklich liebt, heiratet er schließlich Augusta, weil die anderen ihn abgewiesen haben. Sofort entwickelt er das passende Gefühl, das wiederum nicht substantiell, sondern durch den Zweifel an seiner „Echtheit" gekennzeichnet ist. Auch „Liebe" ist also kein Gefühl, das von Dauer ist, sondern von der momentanen Verfüg-

---

[416] Ebd., S. 29.

[417] Dieselbe Diagnose auch bei Giulina Minghelli, In the Shadow of the Mammoth: Narratives of Symbiosis in *La Coscienza di Zeno*. In: Modern Language Notes, 109/Jg. 1994, S. 49-72, S. 51.

[418] Svevo, Zeno Cosini, S. 198.

barkeit der Objekte abhängig. So wie bei Serner das Projekt des „Liebe machens" verstößt Zenos „Geschichte meiner Heirat" gegen die Regeln einer konventionellen Liebesgeschichte. Die Komik der „Geschichte meiner Heirat" entsteht durch die Absicht Zenos, sich durch das Schreiben seiner Lebensgeschichte selbst zu erkennen, eine Absicht, die seit Jean-Jacques Rousseaus *Bekenntnissen* als Intention des Schreibenden wiederum der Gattung der Autobiographie zugerechnet werden kann. Durch den Willen zur Selbsterkenntnis erklären sich Sätze, wie der oben zitierte, in denen Zeno versucht, eine Lehre aus seiner Erfahrung mit Augusta zu ziehen. „Wahre" Liebe als Liebe zu sehen, die unter dem Verdacht steht, keine zu sein, ist das paradoxe Ergebnis von Zenos Reflexion. Es kommt einerseits durch die (willkürliche) Verallgemeinerung seines Erlebnisses mit Augusta zustande, andererseits durch die grundlegende Unsicherheit, nicht zu wissen, was Liebe ist. Eine mögliche Bedeutung des Wortes „Liebe" entsteht erst in der momentanen Reflexion oder während der Niederschrift.

Im Gegensatz zu der Eindeutigkeit, die dem Psychoanalytiker vorschwebt, wenn er Zeno zur Niederschrift seiner Autobiographie auffordert, führt Zenos Schreiben zu immer größerer Unsicherheit gegenüber seiner Vergangenheit.[419] Der Rückblick bringt ihm nicht die Erkenntnis bisher verborgener Motivationen seines Handelns ein, sondern fördert immer neue Möglichkeiten der Interpretation zutage. Dabei fällt der schreibende Zeno dem in der Vergangenheit handelnden Zeno in den Rücken; anstatt ihn - wenigstens nachträglich - zu rechtfertigen, lässt er seine Handlungen als zweifelhaft erscheinen.[420] Durch die Kollision zwischen dem handelnden Subjekt der Vergangenheit, das Augusta einen Heiratsantrag macht, ohne sie zu lieben, und dem gegenwärtig schreibenden Subjekt, das gerade das als Liebe deklariert, entsteht ein Widerspruch, der keine eindeutige Erinnerung zulässt. Zwischen beiden Zeit- und Subjektformen wird nicht vermittelt. Auch durch diesen Abstand wirkt Zenos Autobiographie komisch: Der Zeno der Vergangenheit scheint keinerlei Wirkung auf den schreibenden zu haben, obwohl er doch „derselbe" ist. Die Umformulierung der Regeln der Autobiographie in Svevos Roman ist also durch einen zweiten Aspekt bestimmt, der bei Stein nicht zu beobachten ist. Während nicht nur die Funktion des Psychoanalytikers mit dem Eingriff der Autorin korrespondiert, sondern auch die Einordnung des Individuums in eine Typologie in beiden Texten zu finden ist, ist Zenos Dissoziation zwischen aktuellem, schreibenden und vergangenem, beschriebenen Ich dort ohne Parallele. Diese Dissoziation richtet sich gegen eine weitere, die Autobiographie definierende Vorgabe, dass nämlich das vergangene Ich bis zum aktuellen Ich erzählt werden kann, die Kontinuität der subjektiven Identität also den Prozess des Erzählens trägt.[421] Svevos Roman zeigt, was passiert, wenn der Glaube an diese Kontinuität nicht mehr besteht, weil das Subjekt keine Substanz mehr hat. Auch bei Svevo entsprechen sich also das Subjektkonzept und die Struktur des Erzählens. Genauso wie in Serners Kriminalgeschichten, in denen Hochstapelei und Erzählen sich annähern, erscheinen in Svevos Umformulierung der Autobiographie das diskontinuierliche, in Vergangenheit und Gegenwart gespaltene Ich und die diskontinuierliche Autobiographie als strukturgleich.

---

[419] S. dazu auch Rainer Zaiser, Zur Frage nach der Modernität von Italo Svevo La coscienza di Zeno. In: Italienisch: Zeitschrift für italienische Sprache und Literatur, Bd. 22/2000, H. 2, S. 16-33, S. 23 f.

[420] S. dazu Rudolf Behrens, Metaphern des Ich, S. 345.

[421] S. dazu Deborah Amberson, An Ethics of Nicotine: Writing a Subjectivity of Process in Italo Svevo's ,La Coscienza di Zeno'. In: Forum Italicum Bd. 39/2005, H. 2, S. 441-460.

Diese Parallelisierung unterläuft einerseits die Gattungsvorgaben der Autobiographie und geht andererseits über den punktuellen Einsatz einer ästhetischen Figur hinaus, indem sie die Struktur des Erzählens prägt.

Zeno kann durch die Struktur seiner Autobiographie seine Handlungen in der Vergangenheit auch nicht nachträglich rechtfertigen, diese Funktion der Autobiographie entfällt also ebenfalls. Hier setzt wiederum Kafkas Verständnis der Autobiographie in seinem Roman *Der Proceß* an.

> Der Gedanke an den Prozeß verließ ihn nicht mehr. Öfters schon hatte er überlegt, ob es nicht gut wäre, eine Verteidigungsschrift auszuarbeiten und bei Gericht einzureichen. Er wollte darin eine kurze Lebensbeschreibung vorlegen und bei jedem irgendwie wichtigeren Ereignis erklären, aus welchen Gründen er so gehandelt hatte, ob diese Handlungsweise nach seinem gegenwärtigen Urteil zu verwerfen oder zu billigen war und welche Gründe er für dieses oder jenes anführen konnte.[422]

Bei Kafka taucht das Projekt der Autobiographie unter den Bedingungen des Gerichtsverfahrens auf: Josef K. will durch sie seine Unschuld beweisen. Das Recht und seine Institutionen übernehmen die Funktion der Psychoanalyse in Svevos Roman *La Coscienza di Zeno*, indem sie die Kategorien vorgeben, die das Individuum und seine Intention beim Schreiben definieren. Die Rolle K.s wird durch eine Typologie bestimmt, welche in diesem Fall durch den juristischen Diskurs geprägt ist, denn er ist der Angeklagte.[423] Während Zeno in seiner Autobiographie gegen die Typologie rebelliert, versucht K. sein Verhalten unter den Bedingungen des Diskurses zu rechtfertigen.

Da K. nicht weiß, welches Vergehen er begangen hat, ist auch unklar, welche Handlungen er in seiner Lebensbeschreibung erklären sollte und welche nicht. Die Niederschrift erscheint ihm als nicht abschließbare Aufgabe,

> [...] weil in Unkenntnis der vorhandenen Anklage und gar ihrer möglichen Erweiterungen das ganze Leben in den kleinsten Handlungen und Ereignissen in die Erinnerung zurückgebracht, dargestellt und von allen Seiten überprüft werden mußte.[424]

Um eine Autobiographie schreiben zu können, reicht die Rolle des Angeklagten allein nicht aus, weil sie zwar den Gestus des Schreibens, nämlich den der Rechtfertigung, festlegt, jedoch keine Selektionskriterien für die unzähligen Begebenheiten des eigenen Lebens liefert. Eine Auswahl wäre nur durch eine spezifische Anklage, also durch die Nennung des begangenen Verbrechens möglich. An Josef K.s Schwierigkeiten mit dem Projekt der Autobiographie zeigt sich also eine weitere Voraussetzung, die die Gattung

---

[422] Franz Kafka, Der Proceß in der Fassung der Handschrift. Nach der kritischen Ausgabe hrsg. v. Hans-Gerd Koch. Frankfurt/M. 1994, S. 118. Obwohl *Der Proceß* schon Ende der 1910er Jahre, etwa 1919, entstanden ist, folgt er den Strukturen, die hier als grundlegend für den Roman der zwanziger und dreißiger Jahre beschrieben werden.

[423] Grundlegend zum Zusammenhang zwischen juristischem Diskurs und dem *Proceß*: Claus Hebell, Rechtstheoretische und geistesgeschichtliche Voraussetzungen für das Werk Franz Kafkas. Analysiert an seinem Roman Der Prozess. Frankfurt/M. 1993; Theodore Ziolkowski, Kafkas „Der Prozeß" und die Krise des modernen Rechts. In: Ulrich Mölk (Hrsg.), Literatur und Recht. Literarische Rechtsfälle von der Antike bis in die Gegenwart. Göttingen 1996, S. 325-340; s.a. Michael Niehaus, Das Verhör. Geschichte - Theorie - Fiktion. München 2003, 466-472; Franziska Schößler, Kafkas Roman *Der Proceß* und die Erfindungen des Juristen Hans Groß. In: Claudia Liebrand/dies., Textverkehr. Kafka und die Tradition. Würzburg 2004, S. 335-360.

[424] Ebd., S. 134.

kennzeichnet: Das schreibende Subjekt muss Kriterien finden, nach denen es zwischen unwichtigen, also nicht festzuhaltenden, und wichtigen, in die Autobiographie aufzunehmenden Episoden seines Lebens unterscheidet. Zu dieser Entscheidung ist Josef K. nicht in der Lage, also scheitert sein Versuch subjektiver Rechtfertigung und er bleibt abhängig von den Vorgaben des Gerichts. Die literarische Gattung der Autobiographie liefert damit auch nicht die Struktur, die sich Kafkas Roman zunutze macht, viel mehr arbeitet er mit der Rolle des Subjekts im juristischen Diskurs.

So wie Josef K. das ihm zur Last gelegte Verbrechen nicht kennt, so empfindet er auch die ihm zugeschriebene Schuld nicht.[425] Seine subjektive Innerlichkeit hat innerhalb des Gerichtsverfahrens keine Bedeutung. Sie ist zwar der Auslöser für das Verfahren, bleibt aber im Prozess unberücksichtigt.

> ‚Unsere Behörde, soweit ich sie kenne, und ich kenne nur die niedrigsten Grade, sucht doch nicht etwa die Schuld in der Bevölkerung, sondern wird, wie es im Gesetz heißt, von der Schuld angezogen und muß uns Wächter ausschicken. Das ist Gesetz. Wo gäbe es da einen Irrtum?' ‚Dieses Gesetz kenne ich nicht', sagte K. ‚Desto schlimmer für Sie', sagte der Wächter.[426]

Einerseits ist der juristische Diskurs gekennzeichnet durch Elemente, die der Wächter erwähnt: Die Strafbarkeit einer Handlung ist nicht abhängig vom Wissen des Subjekts, der Einzelne ist dem Gesetz unterworfen. Andererseits benutzt der Wächter den Begriff der Schuld, der deswegen zweideutig ist, weil er gleichzeitig ein individuell moralischer und ein allgemein juristischer sein kann.[427] K. versteht den Vorwurf der Schuld durchgehend als individuell moralischen: Da er keine Schuld fühlt, ist er unschuldig; da er sich an ein Verbrechen nicht erinnern kann, hat er es nicht begangen. Bis zum Schluss ist sein subjektives Verständnis von Schuld nicht vermittelbar mit dem Gesetz. Der Anspruch des Gesetzes ist zwar ein totaler - es behauptet die Unfehlbarkeit seiner Institutionen und zwingt den Einzelnen in seine Ordnung -, trotzdem interessiert es sich nicht für die Innerlichkeit des Angeklagten, sondern nur für die Eigenschaften, die zu seiner juristisch definierten Rolle gehören. Das Gesetz ist also eine diskursive Ordnung, die das Subjekt in eine in den juristischen Diskurs passende Rolle zwingt. Die Besonderheit des Einzelnen hat in ihr keinen Platz.[428]

> ‚Was ist das?' fragte er [K., S. K.] den Maler [...] ‚Es sind die Gerichtskanzleien. Wußten Sie nicht, daß hier Gerichtskanzleien sind?' [...] K. erschrak nicht so sehr darüber, daß er auch hier Gerichtskanzleien gefunden hatte, er erschrak hauptsächlich über sich, über seine Unwissenheit in Gerichtssachen. Als eine Grundregel für das Verhalten eines Angeklagten erschien es ihm, immer vorbereitet zu sein, sich niemals überraschen zu lassen,

---

[425] Im Gegensatz dazu Ulf Abraham, Der verhörte Held. Recht und Schuld im Werk Franz Kafkas. München 1985, S. 159, der von einem grenzenlosen Schuldgefühl K.s als subjektiver Disposition ausgeht. In der älteren Sekundärliteratur herrscht dagegen die Auffassung, K. sei schuldig, ohne sich dessen bewusst zu sein: Zusammenfassung bei Abraham, Der verhörte Held, S. 156-160.

[426] Kafka, Der Prozeß, S. 14.

[427] S. dazu Ziolkowski, Kafkas „Der Prozeß" und die Krise des modernen Romans, S. 332.

[428] S. dazu Ulf Abraham, Rechtsspruch und Machtwort. Zum Verhältnis von Rechtsordnung und Ordnungsmacht bei Kafka. In: W. Kittler/G. Neumann (Hrsg.), Franz Kafka: Schriftverkehr. Freiburg 1990, S. 248-278, S. 262; Christine Lubkoll, ‚Man muß nicht alles für wahr halten, man muß es nur für notwendig halten'. Die Theorie der Macht in Franz Kafkas Roman „Der Prozeß". In: Franz Kafka: Schriftverkehr, S. 279-294; Gerhard Neumann, ‚Blinde Parabel' oder Bildungsroman? Zur Struktur von Franz Kafkas Proceß-Fragment. In: Jahrbuch der deutschen Schillergesellschaft, Jg. 41/1997, S. 399-427.

nicht ahnungslos nach rechts zu schauen, wenn links der Richter neben ihm stand - und gerade gegen diese Grundregel verstieß er immer wieder.[429]

Wenn das Gericht als konkrete Verkörperung des Gesetzes überall ist, muß das Subjekt immer mit seinen Agenten und mit seinem Eingreifen rechnen. Die Geistesgegenwart, die sich Josef K. wünscht, bildet eine Parallele zu der Mentalität von Serners Hochstaplern. Der Hochstapler muss ebenfalls jederzeit fähig sein, auf seinen Gegner zu reagieren; ist er dazu nicht in der Lage, verliert er die Oberhand und ist dem „Truc" des Gegenübers ausgeliefert. Josef K. fehlt diese Fähigkeit, also kann er den „Tricks" des Gerichts nichts entgegensetzen. Das Verhältnis von Angeklagtem und Gericht orientiert sich also nicht an der Vorstellung von berechenbarer gesetzlicher Ordnung, sondern ist durch die Strategie der plötzlichen, unvorhersehbaren Überwältigung vonseiten des Gerichts gekennzeichnet. Es gibt auch keine bestimmten Gründe oder Vorwürfe, die das Gericht dazu veranlassen, plötzlich mit einem seiner Abgesandten präsent zu sein. Dadurch erscheint es als ebenso willkürlich und als ebenso auf seinen Vorteil bedacht wie die Hochstapler in Serners Geschichten. Für ihr Gegenüber gibt es nur die Möglichkeit, sich auf das Spiel einzulassen oder sich ihm von vornherein zu entziehen.

Kafka trennt den juristischen Diskurs also vom Ziel seiner Verfahren ab. Ein gerechter Urteilsspruch erscheint nicht mehr als geglücktes Ende eines Prozesses und als Ende des gerichtlichen Geschehens. Vielmehr ist das Gericht überall und immer gegenwärtig, ohne dass der Sinn dieser Präsenz erkennbar wäre. Durch die Sinnlosigkeit des Gerichtsprozesses liegt die Charakterisierung des Geschehens als bloße Inszenierung nahe: Josef K. hält seine Verhaftung zunächst für eine „Komödie"[430], seine Exekuteure schließlich für „Schauspieler".[431] Der Inhaltslosigkeit der Anklage entspricht die Sinnlosigkeit des Geschehens, die vom Subjekt nur als Schauspiel im Gegensatz zu „wirklichen" Vorgängen interpretiert wird. Während das Gericht Josef K. also die Rolle des Angeklagten zuweist, wird diesem zwar der Rollencharakter klar, aber nicht der Sinn der Aufführung. Josef K. verfügt als Figur nicht über die Inszenierungskompetenzen der Sernerschen Hochstapler; sie liegen allein beim Gericht.[432] Das Gericht hat also die traditionellen Fähigkeiten des Erzählers übernommen, während das Subjekt seine Lebensgeschichte nicht mehr erzählen kann. Das Subjekt wird vielmehr erzählt oder inszeniert, in diesem Fall jedoch nicht vom Erzähler, sondern von einer anonymen Instanz. Es besitzt zwar subjektive Eigenschaften neben der Rolle, in der es auftritt, diese entstehen aber im Wesentlichen durch die Reaktion auf die Rollenzuschreibung: Josef K. genießt entweder das Sich-Ducken, die Unterordnung oder stellt sich vor, die Macht des Gerichts durch eigene Gewalt zu brechen. Hund zu sein[433] oder Held[434] sind die beiden Pole, zwischen denen sein Selbstbild schwankt. Diese Polarisierung wird in der Prügelszene paradigmatisch dargestellt: Es gibt nur noch Geprügelte und den Prügler,

---

[429] Kafka, Der Proceß, S. 172 f.

[430] Ebd., S.13.

[431] Ebd., S. 236; auf den Inszenierungscharakter macht schon Abraham (Rechtsspruch und Machtwort, S. 260 f. u. 262 f.) aufmerksam; s.a. Claudia Liebrand, Theater im Proceß. In: Germanisch-Romanische Monatsschrift, Jg. 48/1998, H. 2, S. 201-217.

[432] Zur Verknüpfung von Gerichtsverfahren und Fortgang der Handlung s. Kap. II.1. dieses Teils.

[433] Kafka, Der Proceß, S. 241.

[434] Zum Beispiel in der ersten Verhörszene, in der er meint, die Versammlung zu beherrschen (Kafka, Der Proceß, S. 56).

Opfer oder Täter, und alle sind eingeordnet in das System des Gerichts, die Erfindung von eigenen, individuell definierten Rollen ist nicht mehr möglich.

Die Bestimmung von Identität durch ein übergeordnetes System bezeichnet jedoch nicht das spezifisch Moderne von Kafkas Konzeption. Auch die Religion hat dem Einzelnen ja eine Subjektvorstellung angeboten, die ihn in Abhängigkeit zu ihren Kategorien bestimmte. Sie verknüpfte damit aber ein Sinnangebot, das bei Kafka bezogen auf den juristischen Diskurs zum Rollenangebot zurückgenommen wird. Damit sind nur noch die durch diesen Diskurs formulierten Spielregeln vorgeben, während - absurderweise - der Sinn des Spiels undurchschaubar bleibt. Dieser Umgang mit der Sinngebung ist erst möglich, wenn jeder Sinn unabgesichert und unbegründbar bleibt. Während das Sinnangebot der Religion die Sinnerfülltheit des individuellen Lebens mit umfasst, wird die Subjektivität des Einzelnen zwar vom juristischen Diskurs geformt, seine Innerlichkeit bleibt aber belanglos. Auch die „Schuld" Josef K.s deckt sich nicht mit einem individuellen Gefühl, sondern scheint ein substanzloses Nichts zu sein, das gleichzeitig das Zentrum des Romans bildet. In gewisser Weise entsteht der Eindruck, dass Odradek, das geheimnisvolle Objekt aus Kafkas Text *Die Sorge des Hausvaters*, sich hier im Subjekt befindet. Die angebliche Schuld bleibt ein Rätsel, und wie der Hausvater befürchtet, dass Odradek ihn überleben könnte, überlebt Josef K. der Ausdruck seiner „Schuld", die Scham.

Die Vorstellung der bloßen Inszenierung von Subjektivität liegt nahe, wenn die Autoren die Substantialität des Ich in Frage stellen. Die Krise der zehner Jahre bleibt so gegenwärtig, weil Inszenierungen von Subjektivität auf der Substanzlosigkeit des Individuums - der Sinnlosigkeit seines Daseins und dem Verlust eines „Wesens" - basieren. Die besprochenen Texte stellen Individualität dar, als Körperbild, als Rolle, als Photographie, hinter der sich jedoch keine eigentliche Persönlichkeit mehr verbirgt. Gleichzeitig ist Individualität, wenn sie sich als substanzlos erwiesen hat, nur noch inszenierbar. Ihre Substanzlosigkeit berechtigt also gerade zur Fiktion, zur ästhetischen Inszenierung. Die „Wahrheit" der Literatur liegt also darin, dass sie die Künstlichkeit von Identitätsvorstellungen in ihren Inszenierungen vorführt. Ohne diese quasi theatralische Qualität wird die Darstellung von Subjektivität wieder zur Darstellung eines Identitätskonzeptes und damit - zumindest aus dieser Perspektive - zur Lüge.

Die hier besprochenen Romane erkunden nicht nur den fiktiven Charakter von Identität, sondern deuten gleichzeitig auch auf die Notwendigkeit hin, eine Form von Subjektivität aufrecht zu erhalten. Diese Notwendigkeit gilt einerseits für die ästhetische Struktur. Ohne die Anleihen aus den Gattungs- und Diskursformen wäre Subjektivität nicht mehr darstellbar, in der mimetischen Nachzeichnung der vorhandenen Konzepte ist ihre Inszenierung jedoch möglich. Gleichzeitig vertreten die Romane auch inhaltlich eine Vorstellung von Subjektivität, für die gilt, was der Geistliche im *Proceß* zu Josef K. sagt: „,Man muß nicht alles für wahr halten, man muß es nur für notwendig halten.' ‚Trübselige Meinung', sagte K. ‚Die Lüge wird zur Weltordnung gemacht.'"[435] Die Identitätsvorstellung gehört zu den Konzepten, die nicht mehr als „wahr" gelten können, die aber trotzdem notwendig bleiben. Wenn die „Weltordnung" auf dieser „Lüge" beruht, ist die Literatur der Ort, an dem die Wahrheit über die Lüge gesagt werden kann - in der Fiktion.

---

[435] Ebd., S. 233.

1.2 Bindung an soziale und geschichtliche Formationen

Im Unterschied zu den Beispielen des vorigen Abschnitts, welche die Leere des Subjekts mit Gattungs- und Diskursformen verknüpft haben, lässt sich auch die Verknüpfung des Subjektentwurfs mit kollektiv-gesellschaftlichen Vorgaben beobachten. Das Subjekt wird durch sie in der Form typisiert, dass es in eine soziale Gruppe oder in eine spezifische geschichtliche Situation eingeordnet wird. Damit ist die Struktur des Erzählens aber nicht vorgegeben. Während also die Bindung an Gattungs- und Diskursformen bereits Kohärenzmuster anbietet - die dann benutzt und unterlaufen werden können -, fehlt diese Vorgabe bei der Einordnung in soziale und geschichtliche Formationen. Wie bei der Bindung an Gattungen oder Diskurse entsteht jedoch ein Spiel zwischen Rollenzuweisungen einerseits und dem Verstoß gegen diese Zuschreibungen andererseits. Diese Form der Verknüpfung wird im Folgenden anhand der Romane von Hermann Broch, Louis-Ferdinand Céline und Alfred Döblin zu zeigen sein.

In Hermann Brochs Romantrilogie *Die Schlafwandler* wird die Problematik von substanzloser Subjektivität und gesellschaftlich geprägter Rollenzuweisung anhand der Funktion der Uniform besonders deutlich. Im ersten Roman *1888 Pasenow oder die Romantik* analysiert Broch den Verlust subjektiver Sinngebung am Beispiel des gesellschaftlichen Umgangs mit der Uniform.

> Und war es einst die bloße Tracht des Klerikers, die sich als etwas Unmenschliches von der der anderen abhob, und schimmerte damals selbst in der Uniform und in der Amtstracht noch das Zivilistische durch, so mußte, da die große Unduldsamkeit des Glaubens verloren ward, die irdische Amtstracht an die Stelle der himmlischen gesetzt werden, und die Gesellschaft mußte sich in irdische Hierarchien und Uniformen scheiden und diese an der Stelle des Glaubens ins Absolute erheben. Und weil es immer Romantik ist, wenn Irdisches zu Absolutem erhoben wird, so ist die strenge und eigentliche Romantik dieses Zeitalters die der Uniform, gleichsam als gäbe es eine überweltliche und überzeitliche Idee der Uniform [...].[436]

Der Erzähler argumentiert hier mit der Philosophie der Romantik, seine Diagnose bezieht sich historisch aber auf denselben Zeitraum, in dem Nietzsche seine Kritik der Metaphysik formuliert hat. In gewisser Weise zeigt Broch die gesellschaftlichen Auswirkungen von Nietzsches Kritik: Der Verlust metaphysischer, religiöser Sinngebung führt zur Suche nach Ersatz für das Verlorene. So wird die Uniform zur Nachfolgerin der Religion. Die Uniform wird gesellschaftlich jedoch nicht als Ersatz für religiösen Sinn verstanden, sondern als dessen Fortsetzung in anderer Form. Diese Interpretation hat auch für die mit der Uniform verbundene Vorstellung von Subjektivität Folgen. Das Subjekt hat Teil an der „Romantik" der Uniform und wird als ihr Träger - auf ganz andere Weise als im zweiten Kapitel besprochen - zum romantischen Subjekt, weil es die transzendente Idee verkörpert.

---

[436] Hermann Broch, Die Schlafwandler. Kommentierte Werkausgabe Bd. 1. Hrsg. v. Paul Michael Lützeler. Frankfurt/M. 1978, S. 23.

Gewiß braucht er [der Uniformträger, S. K.] über diese Dinge nicht eigens nachzuden-
ken, denn eine richtige Uniform gibt ihrem Träger eine deutliche Abgrenzung seiner Person gegenüber der Umwelt; sie ist wie ein hartes Futteral, an dem Welt und Person scharf
und deutlich aneinanderstoßen und voneinander sich unterscheiden; ist es ja der Uniform
wahre Aufgabe, die Ordnung in der Welt zu zeigen und zu statuieren und das Verschwimmende und Verfließende des Lebens aufzuheben, so wie sie das Weichliche und
Verschwimmende des Menschenkörpers verbirgt […].[437]

Durch die Uniform entsteht nicht nur die deutlich von der Außenwelt geschiedene und
kontinuierliche Identität des Subjekts, sondern auch die eindeutige Trennung von Subjekt und Objekt. Die vom Erzähler geschilderte Vorstellung von identischer Subjektivität ist gemessen an den Beschreibungen des letzten Abschnitts vormodern, vormodern
aber auch bezogen auf die sich seit dem 18. Jahrhundert entwickelnde bürgerliche Gesellschaft. Denn sie entspricht dem Modell des Ständestaats: Sie definiert das Subjekt
durch seine Standeszugehörigkeit, die auch äußerlich erkennbar ist. Gleichzeitig ist diese Identität, die ja dem Individuum eigen sein soll, nur noch durch das Anziehen der
Uniform, also durch ein bloß äußerliches Zeichen zu erhalten. Es ist zudem ein Zeichen für seine Einordnung ins Kollektiv. Die durch die Uniform erreichte Identität ist
also weder subjektiv bestimmt, noch durch psychische Prozesse zu Stande gekommen.

Die Funktion der Uniform, das „Verschwimmende und Verfließende des Lebens"
aus der feststehenden Ordnung auszuschließen, zeigt ihren Charakter als Schutzschild -
sie reduziert die Komplexität, das „Anarchische"[438] des Lebens auf das für das Subjekt
erträgliche Maß. Gleichzeitig weist sie dem Subjekt eine Rolle zu, die zur Verkleidung,
zur Maske für die „Clowns"[439] werden kann, wenn das Subjekt sich nicht mehr mit ihr
identifiziert. Erst wenn Pasenow „das Zirkusmäßige des Dienstes"[440] zu Bewusstsein
kommt, befindet er sich auf einer Stufe mit den Figuren der zuletzt besprochenen Romane. Die Uniform erscheint dann nicht als Ausdruck der geglückten Einordnung ins
Kollektiv, sondern als „notwendige", aber nicht dem Subjekt entsprechende Form von
Identität. Notwendig ist sie gerade in der Funktion des Reizschutzes für das sonst über-
lastete Individuum.

Während alle bisher analysierten Autoren auf die Substanzlosigkeit von Subjektivität mit der Verteilung von Erzählerkompetenzen auf mehrere Instanzen reagiert haben,
arbeitet Broch im ersten Roman seiner Trilogie mit einem traditionellen, allwissenden
Erzähler.[441] Er ist nicht nur für die Darstellung der Figuren zuständig, sondern auch für
die von ihnen sich lösende Reflexion des Geschehens. Durch diese Ebene der Reflexion werden die Figuren zu Vertretern des Zeitgeistes, eine Intention, die auch die Titel
der Trilogie, z.B. „Pasenow *oder* die Romantik", zum Ausdruck bringen.[442] Brochs Vorhaben, die Tendenzen der Zeit zu schildern, nimmt also den Figuren zunächst einmal

---

[437] Ebd., S. 24.
[438] Ebd., S. 26.
[439] Ebd., S. 126; s. dazu Friedrich Vollhardt, Hermann Brochs geschichtliche Stellung. Studien
zum philosophischen Frühwerk und zur Romantrilogie „Die Schlafwandler" (1914-1932). München
1986, S. 282.
[440] Broch, Die Schlafwandler, S. 127.
[441] In der Sekundärliteratur wird diese Ebene anhand der Beziehung zu Fontanes Romanen diskutiert: Helmut Koopmann, Der klassisch-moderne Roman in Deutschland: Thomas Mann, Alfred
Döblin, Hermann Broch. Stuttgart/Berlin [u.a.] 1983, S. 125-129; Paul Michael Lützeler, Die Schlafwandler. In: Romane des 20. Jahrhunderts. Stuttgart 1993, S. 259-297, S. 271.
[442] Zu Brochs Epochen-Konzept s. Kap. II.2. dieses Teils.

einen Teil ihres Eigengewichtes, indem es das Typische an ihnen sichtbar macht. Anders als die Figuren der bereits besprochenen Texte geraten sie durch die Übermacht des Erzählers in Gefahr zum philosophisch-zeitkritischen Exempel zu werden.

Die problematische Vermittlung von Figurentypisierung und Erzählerreflexion kennzeichnet auch die beiden folgenden Romane der Trilogie, in denen Broch die Funktion des Erzählers immer weiter zurück nimmt. Im dritten Band der Trilogie wird das Geschehen in den Essays „Der Zerfall der Werte" getrennt von der Handlung reflektiert.

> Hugenau gedachte nicht jener Tat und noch viel weniger wurde ihm die Irrationalität bewußt, von der seine Handlungsweise erfüllt gewesen war, so sehr erfüllt war, daß man geradezu von einem Durchbruch des Irrationalen hätte sprechen können; nie weiß der Mensch etwas von der Irrationalität, die das Wesen seines schweigenden Tuns ausmacht, nichts weiß er von dem ‚Einbruch von unten', dem er ausgesetzt ist, er kann davon nichts wissen, da er in jedem Augenblick seines Lebens sich innerhalb eines Wertsystems befindet, dieses Wertsystem aber keinem anderen Zwecke dient, als all das Irrationale zu verdecken und zu bändigen [...].[443]

Hugenaus Fall dient hier nur als Beispiel für eine Tendenz, die alle Menschen determiniert: Er verkennt die Bedeutung des Irrationalen. Verursacht durch die weitgehend begriffliche Aufarbeitung der Zeittendenzen in den Essays „Der Zerfall der Werte", nimmt die Typisierung der Figuren im Verhältnis zum Pasenow-Roman noch zu. Das Wertsystem, das Hugenaus Blindheit gegenüber seinen irrationalen Antrieben produziert, ist geprägt durch Rationalität und durch die Fähigkeit zur Normsetzung.

Durch die Konstruktion des Wertesystems kann im „Epilog" eine Deutung angeboten werden, die rückwirkend den Pasenow-Roman wieder anders erscheinen lässt: Im Jahr 1888 übernimmt die Uniform die Funktion, das zeitgebundene und von der Gesellschaft abhängige Wertsystem zu verkörpern. Sie schirmt das Subjekt gegen den „Einbruch von unten", gegen das Irrationale ab. Gleichzeitig ist die Argumentation im „Epilog" auch der Versuch, sich zwischen dem „Nicht-mehr" und dem „Noch-nicht" der Wissenschaft hindurch zu lavieren.[444] Nicht nur die Philosophie[445] ist hier mitzudenken, auch der Einfluss der Psychoanalyse ist in den bereits zitierten Formulierungen offensichtlich.[446] Brochs Begriff des Irrationalen kann auch als triebhafter, unbewusster Teil des Subjekts, als Es, verstanden werden, dem das Ich, als Vertreter von Rationalität und Moral gegenübersteht. Wie bei Freud ist das Irrationale der primäre Bereich, den das Rationale zu formen versucht, damit er zivilisationstauglich wird. Schließlich kann Brochs Konzeption auch auf seine Interpretation des Gegensatzes von Apollinischem und Dionysischem bezogen werden. Der Verstoß des triebhaft grundierten Dionysischen gegen die als apollinisch verstandene Form wird im Gegensatz zwischen Irrationalem und Rationalität ausgeweitet auf den gesellschaftlichen Prozess und die Subjektvorstellung. Der Gegensatz wäre dann einerseits als dem Subjekt zugrundeliegende Po-

---

[443] Broch, Die Schlafwandler, S. 689.

[444] Broch, Der Roman *Die Schlafwandler*. In: Ders., Kommentierte Werkausgabe Bd. 1. Die Schlafwandler, S. 719-722, S. 719.

[445] S. dazu: Paul Michael Lützeler, Die Schlafwandler, S. 261-267; Kuno Lorenz, Brochs erkenntnistheoretisches Programm. In: Paul Michael Lützeler (Hrsg.), Hermann Broch. Frankfurt/M 1986, S. 246-259.

[446] Zu Brochs Auseinandersetzung mit Freud s. „Werttheoretische Bemerkungen zur Psychoanalyse" (1936). In: Ders., Kommentierte Werkausgabe Bd. 10/2, Frankfurt/M. 1977, S. 173-194.

larität, andererseits als Antrieb für die gesellschaftliche Entwicklung und den geschicht-lichen Prozess lesbar.[447]

Durch die grundlegende Polarisierung Rationalität - Irrationalität ergeben sich Parallelen zwischen innerer Irrationalität als Unbewusstem und äußerer Irrationalität als Zufall auf der einen Seite, von Rationalität als subjektiver Erkenntnisform und als bestimmendem Element des gesellschaftlichen Wertsystems auf der anderen. Wenn die Umformung eines hohen Anteils von Irrationalität - subjektiver wie objektiver Herkunft - in die Rationalität der Person und des Wertsystems gelingt, hat das Wertsystem die Fähigkeit, das Handeln der Menschen zu steuern. Dabei ist allerdings klar, dass die Irrationalität weder vollständig beherrschbar ist, noch vollständig beherrscht werden darf.

> Denn die Methode des Rationalen ist immer nur die der Annäherung, sie ist eine Einkrei-sungsmethode, die in zwar stets kleinerem Bogen das Irrationale zu erreichen trachtet, doch nie es erreicht, gleichgültig ob es als Irrationalität des inneren Gefühls, ob es in der Unbewusstheit dieses Lebens und Erlebens oder ob es als Irrationalität der Weltgegebenheiten und der unendlich vielfältigen Weltgestalt auftritt, - das Rationale vermag bloß zu atomisieren. Und wenn das Volk sagt: ‚Ein Mensch ohne Gefühl ist kein Mensch', so steckt darin etwas von der Erkenntnis, daß es einen unauflösbaren irrationalen Rest gibt, ohne den kein Wertsystem bestehen kann [...].[448]

Die Problematik der Konzeption besteht einerseits in der Gleichsetzung von Rationalität und Wertsystem - es gibt keinerlei Garantien dafür, dass Erkenntnis zu gültigen Normen führt -, andererseits in der Auflösung der Dialektik von Subjekt und Objekt. Beide sind nicht aufeinander bezogen, sondern in die grundlegende Polarisierung eingespannt. Sowohl das Unbewusste wie die „Irrationalität der Weltbegebenheiten" sollen durch die Rationalität geformt werden. Die Konstellation moderner Ästhetik, die im zweiten Kapitel beschrieben wurde, verknüpft dagegen gerade das Unbewusste und den Zufall. Deren Unterordnung unter die - wenn auch nur einkreisende - Erkenntnis bändigt nicht nur ihre intellektuelle Produktivität, sondern unterwirft sie auch dem „Stil": „[...] in solch gebändigt rationalem Leben des Irrationalen ergibt sich jenes Phänomen, das als der eigentliche Stil eines Wertsystems bezeichnet werden darf."[449] Broch hat diese Konzeption des Stils ausdrücklich auf seine Trilogie übertragen: Ihre ästhetische Form entspricht dem jeweiligen Zustand des Wertsystems und der in ihm erreichten Vermittlung von Irrationalität und Rationalität. Von der Uniform als nur noch äußere Schablone eines Wertes über die Erlösungshoffnung Eschs, die ebenso subjektiv wie illusionär ist, bis zum Mord Hugenaus zeigen die Strukturen der Handlung die abnehmende Ordnung des Wertsystems. Parallel zu dieser Entwicklung nimmt auch die Ordnung des Erzählens ab.[450]

Die Bedeutung des Subjekts nimmt dagegen im gleichen Maße zu wie die Irrationalität innerhalb des Wertsystems, während das Wertsystem immer mehr Einfluss auf das Individuum verliert.

---

[447] S. dazu 2. Kap. I. dieser Arbeit.

[448] Hermann Broch, Die Schlafwandler, S. 690.

[449] Ebd., S. 691.

[450] Ein Zusammenhang, auf den Broch bereits selber hingewiesen hat: Der Roman *Die Schlafwandler*, S. 721.

Letzte Zerspaltungseinheit im Wertzerfall ist das menschliche Individuum. Und je weniger dieses Individuum an einem übergeordneten System beteiligt und je mehr es auf seine
eigene empirische Autonomie gestellt ist - auch darin Erbe der Renaissance und des in
ihr bereits vorgezeichneten Individualismus -, desto schmäler und bescheidener wird seine ,Privattheologie', desto unfähiger wird diese, irgendwelche Werte außerhalb ihres
engsten individuellen Bereiches zu erfassen: […] es entsteht jenes leere und dogmatische
Spiel von Konventionen […], die für das Wesen des philiströsen Menschen typisch sind
(niemand wird Hugenau diese Bezeichnung versagen können) […].[451]

Paradoxerweise wird die Zunahme an Individualität nicht als ein Gewinn von subjektiven Eigenschaften dargestellt, sondern als ein Prozess, der das Subjekt konventioneller,
leerer, „philiströser" macht. Und obwohl das Subjekt aus der ehemals kollektiven Ordnung des Wertsystems herausfällt, wird es nicht individueller, sondern typischer. Brochs
Vorstellung von der Substanzlosigkeit der Individualität ist - im Unterschied zu den im
vorigen Abschnitt beschriebenen Varianten des leeren Ich - eine geschichtlich genau
bestimmte. Die Leere des Subjekts ist die letzte Konsequenz aus der Entdeckung des
Individuums in der Renaissance und aus der Säkularisierung, die für Broch mit der Re-
formation einsetzt.[452] Die geschichtliche Entwicklung bringt dann das oben bereits an-
gesprochene Paradox zum Vorschein: Obwohl die Autonomie des Subjekts seit der
Renaissance ständig wächst, interpretiert der Brochsche Erzähler subjektive Äußerungen, „die Privattheologie", als etwas, das keinen Sinn herstellen kann. Durch das Vor-
herrschen der Privattheologie entsteht schließlich „jenes leere und dogmatische Spiel
von Konventionen". Ausgehend von dieser Diagnose kann eine Hypothese für das
Subjektkonzept in Brochs Romantrilogie formuliert werden: Ihre Figuren können keinen individuellen Sinn generieren. Deswegen bleiben sie auf die Schwundstufen einmal
gültiger religiöser Bedeutung angewiesen. Sie sind damit aber auch abhängig von einem
Erzähler, der überindividuelle Deutungen liefern muss, um ihr Sinndefizit plausibel zu
machen. Einerseits rekurriert das Defizit der Figuren auf die Annahme, dass Sinnsysteme wie die Sprache, die Kunst oder die Moral immer kollektiv sind. Der Einzelne
kann also keinen nur individuell gültigen Sinn produzieren, weil er sich nicht außerhalb
des gültigen Ausdrucks- oder Wertsystems positionieren kann. Diese Einschätzung teilt
Brochs Romantrilogie mit den bereits besprochenen Texten, die ja auf kollektive Formen insofern zurückgreifen, als sie bereits vorliegende Gattungs- und Diskursformen
nutzen. Sie unterlaufen deren Vorgaben aber durch ihre ästhetischen Verfahren und
können in dieser Bewegung Subjektivität Ausdruck verleihen. Bei Broch erscheint jedoch der Wunsch nach individuellem Ausdruck bereits als Zeichen für die Herauslö-
sung aus dem kollektiven Wertsystem. Er ist nicht produktiv, sondern führt zur weiteren Auflösung des kollektiven Sinnsystems. Die gesellschaftlichen Vorgaben, die das
substanzlose Subjekt prägen, werden deshalb nicht mimetisch nachgezeichnet, sondern
vom Erzähler reflektiert. Für Broch ist nur die individuelle Reflexion wertvoll, nicht
weil sie subjektiv ist, sondern weil sie über das Subjekt hinausgeht und Objektivität erreichen will. Dabei sollte der bloß subjektive Anteil möglichst überwunden werden.

    Die Kopplung von subjektiver Leere und geschichtlichem Prozess bindet die Dar-
stellung von Subjektivität nicht nur an den gesellschaftlichen Kontext, sondern auch

---

[451] Broch, Die Schlafwandler, S. 692.
[452] Dieses Geschichtsmodell erinnert an romantische Entwürfe: s. dazu Friedrich Vollhardt,
Hermann Brochs Literaturtheorie. In: Paul Michael Lützeler (Hrsg.), Hermann Broch, S. 272-288, S.
275.

wieder an außerliterarische Ereignisse. Louis-Ferdinand Célines Roman *Voyage au bout de la nuit* zeigt an diesem Punkt eine ähnliche Konstellation wie Brochs Trilogie. Céline verknüpft in seinem Roman die Kriegserfahrung des Protagonisten Ferdinand Bardamu mit dem Schwinden seines Ich.

Ich fühlte bei dieser fürchterlichen Demütigung, wie mein Selbstgefühl, das schon immer drauf und dran war, mich im Stich zu lassen, plötzlich begann, sich völlig aufzulösen, und wie es dann entschwebte und mich unwiderruflich, ganz offenkundig, für immer verließ. Man kann sagen, was man will, so was ist ein schöner Augenblick. Ich fühle mich seither geistig unendlich frei und leicht.[453]

Im Gegensatz zu Brochs Roman-Trilogie und der Argumentation in den Essays zum „Zerfall der Werte" ist der Ich-Erzähler in Louis-Ferdinand Célines *Reise ans Ende der Nacht* mit dem Schwinden seines Selbstgefühls ganz einverstanden, es kommt allerdings nicht durch seine freie Entscheidung zustande, sondern wird durch die Kriegserlebnisse und die Bedrohung seines Lebens verursacht. Unter dem Eindruck der Todesangst bezichtigt Bardamu die Kriegsgesellschaft, nur noch Heuchelei und Lügen zuzulassen. Sie verlangt geradezu das substanzlose, die gerade erwünschten Rollen übernehmende Subjekt.

Lügen, huren, sterben. Alles andere war verboten […]. Es gab bald nichts mehr in der Stadt, was wahr war. Man schämte sich des wenigen, das sich im Jahre 1914 noch dort vorfand. Alles war Ersatz, der Zucker, die Flugzeuge, die Sandalen, die Marmeladen, die Fotos; alles, was man las, verschlang, saugte, bewunderte, verkündete, widerlegte, verteidigte, war nichts anderes als Attrappe, Maskerade, gehässige Gespenster. Die Verräter selbst waren gefälscht.[454]

Die Substanzlosigkeit ergreift nicht nur das Subjekt, auch die Objekte sind nur noch Attrappen, Stellvertreter ihrer selbst.[455] Für Bardamu wird die Lüge zum System der Kriegsgesellschaft: Nicht nur ihre Verräter sind „gefälscht", weil sie sich immer noch innerhalb dieses Systems bewegen, auch ihre Helden entstehen nur dadurch, dass ihre Angst hinter einer Maske verbergen.

Wir alle, vom Nachahmungstrieb besessen, versuchten, immer neue und bessere ,Ruhmesblätter aus der Geschichte des Krieges' zu ersinnen, in denen man die Rolle des göttlichen Helden spielte. Wir erlebten einen großen Ritterroman und verkleideten uns in

---

[453] Louis-Ferdinand Céline, Reise ans Ende der Nacht (1932), Reinbek b. Hamburg 1992, S. 139; „Graduellement, pendant que durait cette épreuve d'humiliation, je sentais mon amour-propre déjà prêt à me quitter, s'estomper encore davantage et puis me lâcher, m'abandonner tout à fait, pour ainsi dire officiellement. On a beau dire, c'est un moment bien agréable. Depuis cet incident, je suis devenu pour toujours infiniment libre et léger, moralement s'entend." (Louis-Ferdinand Céline, Voyage au bout de la nuit. Paris 1952, S. 129).

[454] Ebd., S. 62; „Mentir, baiser, mourir. Il venait d'être défendu d'entreprendre autre chose […] Bientôt, il n'y eut plus de vérité dans la ville. Le peu qu'on y trouvait en 1914 on en était honteux à présent. Tout ce qu'on touchait etait truqué, le sucre, le avions, les sandales, les confitures, les photos; tout ce qu'on lisait, avalait, suçait, admirait, proclamait, réfutait, défendait, tout cela n'etait que fantômes haineux, truquages et mascarades. Le traites eux-mêmes étaient faux." (Céline, Voyage, S. 62).

[455] Zur Substanzlosigkeit als Zentrum des Romans: Ian Noble, Language and Narration in Céline's Writings: the challenge of disorder. Houndsmill/London 1987, S. 42.

Phantasiegestalten; hinter der Maske, in der Verhüllung klapperten Leib und Seele vor Angst.[456]

Der Ich-Erzähler ordnet sich hier in eine Gruppe ein, die einerseits die Soldaten meint, andererseits die Patienten der Nervenklinik, in der er sich gerade befindet. Auf die Traumatisierung durch den Krieg hat er mit Symptomen reagiert, welche die Gesellschaft als „nervös" einstuft, obwohl sie gemessen an den Kriegserlebnissen eher adäquat sind: Sie sind Ausdruck der Angst vor dem gewaltsamen Tod. Die Angst scheint dabei das einzige Gefühl des Subjekts zu sein, das noch den Anspruch auf Authentizität erheben kann, ihre Artikulation ist jedoch für die Lebenserhaltung nicht förderlich. Je mehr sich die Patienten der herrschenden patriotischen Ideologie anschließen und sich selbst als Helden inszenieren, desto größer ist ihre Chance, in der Klinik bleiben zu können und nicht zurück an die Front geschickt zu werden.[457]

Die Rollen des Einzelnen sind also abhängig von der Ideologie der Gesellschaft, die nur bestimmte Möglichkeiten ohne Sanktionen zulässt. Obwohl diese Vorgaben die Freiheit des Individuums einschränken, braucht es die Angebote der Gesellschaft, weil es ohne Rolle nicht leben kann.

> Alt sein heißt, daß man keine dramatische Rolle mehr zu spielen bekommt, daß man auf einen langweiligen Urlaub geschickt wird, in dem man nur noch den Tod erwarten kann. Jetzt, wo ihr die dramatische Rolle der Rächerin zugefallen war, bekam die Alte wieder Lust zu leben.[458]

Das Konzept der Rolle bezieht sich - wie an dieser Stelle deutlich zu sehen - nicht so sehr auf ihre soziale Funktion, sondern eher auf ihre dramatische Qualität, d.h. die in ihr liegende Möglichkeit zur Selbstinszenierung. Diese Neigung zur Selbstinszenierung und der ökonomische Egoismus zeichnen nach Bardamus Meinung den Menschen aus.

> Alles, was nicht mit Geldverdienen zu tun hat, übersteigt seinen Horizont bei weitem. Alles, was Tod oder Leben heißt, versteht er nicht. Selbst seinen eigenen Tod berechnet er falsch und verkehrt. Er versteht nur vom Geld und vom Theater etwas.[459]

Weder die Fähigkeit, Theater zu spielen, noch die Jagd nach dem Geld verleihen dem Subjekt Substanz; der Wunsch, Geld zu verdienen, ist auf ein Objekt gerichtet, und die Selbstinszenierung beruht gerade auf der Aneignung von bereits vorhandenen Rollenangeboten. Der Mensch spielt eine Rolle, die er nicht entworfen hat, oder er verzehrt sich nach einem Objekt, dessen er nie endgültig habhaft werden kann. So hat er weder ein individuelles Wesen, noch lebt er in der Gegenwart. Die fehlende Präsenz des Sub-

---

[456] Ebd., S. 113; „[…] c'etait à qui parmi nous, saisi d'émulation, inventerait á qui mieux mieux d'autres ‚belles pages guerrières' où figurer sublimement. Nous vivions un grand roman de geste, dans la peau de personnages fantastique, au fond desquels, dérisoires, nous tremblions de tout le contenu de nos viandes et de nos âmes. On en aurait bavé si on nous avait surpris au vrai. La guerre était mûre." (Céline, Voyage, S. 107).

[457] S. dazu Ian Noble, Language und Narration, S. 38; Sally Silk, Céline's *Voyage au bout de la nuit*: The nation constructed through storytelling. In: Romanic Review, Vol. 87/1996. Nr. 3, S. 391-403.

[458] Céline, Reise, S. 367; „Etre vieux, c'est ne plus trouver de rôle ardent á jouer, c'est tomber dans cette insipide relâche où on n'attend plus mourir du coup, plus du tout. Le goût de vivre lui revenait à la veille, tout soudain, avec un rôle ardent de revanche." (Céline, Voyage, S. 330).

[459] Ebd., S. 94; „Tout ce qui n'est pas gagner de l'argent le dépasse décidément infiniment. Tout ce qui est vie ou mort lui échappe. Même sa propre mort, il la spécule mal et de travers. Il ne comprend que l'argent et le théâtre." (Céline, Voyage, S. 91).

jekts entsteht dadurch, dass sein Bewusstsein durch die Fixierung auf das Geld immer nur auf die Zukunft gerichtet ist, in der es genug oder mehr Geld haben wird. So verpasst das Subjekt sogar seinen eigenen Tod, nicht einmal in diesem Moment ist es wirklich anwesend. Die Diagnose des Célinschen Ich-Erzählers entspricht damit in großen Teilen der Perspektive, die für die Texte Serners charakteristisch ist. Fecs Haltung, „vor sich einher [zu] leben. Ins Leere hinein", zeigt ebenfalls die fehlende Präsenz des Subjekts, das nicht bei sich ist. Sogar Fecs Tod kann als ein „verpaßter" Tod gelten, weil Fec gerade mit Bichette das ihm noch zustehende Geld berechnet und die Todesgefahr nicht erkennt, als ihn die für Bichette bestimmte Kugel trifft.

Im Gegensatz zu Serner benutzt Céline diesen desillusionierten Blick auf den Menschen auch zur gesellschaftlichen Klassifizierung: Vor allem die Fähigkeit, Geld zu verdienen, führt zur Selektion innerhalb der Gesellschaft. Sie unterscheidet Menschen, die Geld haben, von denen, die keines haben und nie etwas haben werden. Die Einordnung in einer dieser Gruppen bestimmt das Leben der Individuen. Auch der Ich-Erzähler muss als erstes lernen,

> [...] daß es zwei grundverschiedene Menschenarten gibt, die Armen und die Reichen. Mich, wie die meisten andern, mußten erst zwanzig Jahre und der Krieg lehren, daß ich mich an meine Klasse zu halten und nach dem Preis der Dinge und der Menschen zu fragen hätte [...].[460]

Bardamu zählt sich während des gesamten Erzählverlaufes zu den Armen, zu den gesellschaftlich Deklassierten: Die Soldaten an der Front, die Angestellten der kolonialen Handelsgesellschaften, die Proletarier der Vorstädte und die Insassen der Irren-Anstalt sind die Verlierer in der Kriegs- und Nachkriegsgesellschaft.[461] Bardamus Laufbahn als Arzt führt nicht dazu, dass er diese Gruppenzugehörigkeit verliert. Weil die Gesellschaft als statische geschildert wird, erscheint sozialer Aufstieg unmöglich. Die gesellschaftliche Einordnung in die Gruppe der „Armen" strukturiert aber nicht nur die Zugriffsmöglichkeit auf die Dinge, weil die ihren Preis haben, sondern auch die Psyche des Subjekts.

Die existentielle Bedrohung des Krieges treibt Bardamus Reflexionsfähigkeit hervor.

> Wenn sich im Gehirn eines Schlappschwanzes Gedanken bilden sollen, muß ihm vieles und sehr Arges passieren. Zum erstenmal in meinem Leben hat mich zum Denken, zum richtigen Denken, zum Denken praktischer und eigener Gedanken, dieser Folterknecht Pinçon [sein Major, S. K.] gebracht.[462]

---

[460] Ebd., S. 92; „[...] qu'il existe deux humanités très différentes, celle des riches et celle des pauvres. Il m'a fallu, comme á tant d'autres, vingt années et la guerre, pour apprendre à me tenir dans ma catégorie, à demander le prix des choses avant d'y toucher, et surtout avant d'y tenir." (Céline, Voyage, S. 89).

[461] Zur dichotomischen Sicht der Gesellschaft s. Nicholas Hewitt, The golden Age of Louis-Ferdinand Céline. Leamington/Hamburg/New York 1987, S. 61; Joseph Jurt, Céline - Ideologievordacht oder literarischer Rang? Überlebungen zu ,Voyage au bout de la nuit'. In: In Memoriam Erich Köhler. Romanistische Zeitschrift für Literaturgeschichte. Heidelberg 1984, S. 261-288, S. 274; Günter Holtus, Untersuchungen zu Stil und Konzeption von Célines „Voyage au bout de la nuit". Frankfurt/M./Bern 1972, S. 160 f.

[462] Céline, Reise, S. 31; „Pour que dans le cerveau d'un couillon la pensée fasse un tour, il faut qu'il lui arrive beaucoup de choses et des bien cruelles. Celui qui m'avait fait penser pour le première fois de ma vie, vraiment penser, des idées practique et bien à moi, c'etait bien sûrement le commandant Pinçon, cette gueule de torture." (Céline, Voyage, S. 35).

Die Reflexion ist Ausdruck einer existentiellen Notlage, die durch die Qual des Körpers entsteht. Weil Bardamu nicht schlafen darf, fängt er an zu denken. Die Reflexion hängt also direkt mit der materiellen Basis des Subjekts zusammen: Wenn der Körper in Gefahr gerät oder leidet, versucht das Subjekt, durch die Reflexion Abstand zu gewinnen. Diese Art des Denkens hat nichts mit Vorstellungen von subjektiver Innerlichkeit gemein; sie folgt keiner psychischen Dynamik, sondern ist einerseits Ausdruck des physischen Zustands des Subjekts, andererseits Reaktion auf äußere Gefahr. Wie diese Form der Reflexion ist auch der Glaube, eine Seele zu besitzen, abhängig von der Physis des Subjekts. Bardamu bezeichnet die Seele als „Lust und Hoffart des gesunden Körpers".[463] Wenn alle Bedürfnisse des Körpers erfüllt sind, kann sich das Subjekt seiner Seele widmen. Durch die Verknüpfung von körperlichem Befinden und psychischen Funktionen werden nicht nur bestimmte Situationen, wie der Krieg oder die Krankheit, zu Momenten, in denen die Reflexion einsetzt - Bardamu lässt schließlich nur noch diese beiden Zustände als „Verwirklichungen unserer Gemütslagen"[464] gelten -, sondern Seele und Denken können auch gesellschaftlich zugeordnet werden: die Seele für die Reichen, die Reflexion für die Armen. Dieses materialistische Verständnis der Psyche lässt sich natürlich ebenfalls auf alle Wertvorstellungen übertragen. Moral wie Ideen sind für Bardamu - gut nietzscheanisch - entweder auf die egoistischen Interessen der sozialen Gruppe zurückzuführen oder auf die Begierden des Körpers. Die Strategie der Entlarvung rückt Célines Erzähler auch hier in die Nähe von Serners Figuren: Bichette glaubt nur an die Lust des Körpers und die Realität des Geldes. Deswegen hält sie das „Liebesgetue"[465] ihrer Kolleginnen für die Bemäntelung ökonomischer Interessen.

Dem Gestus der Entlarvung entspricht die Handlung, die als *Voyage au bout de la nuit* in die Abgründe der modernen Gesellschaft führt: Der Ich-Erzähler erlebt nicht nur den Krieg, den Kolonialismus, die dunkle Seite der Großstadt und das Irrenhaus, sondern auch die voll automatisierte Fabrik der Fordwerke als Nachtseite der Moderne. Die Nacht wird so zur Metapher für eine Gegenwelt, in der das gesellschaftlich Verdrängte sich Ausdruck verschafft.[466] Unter den Bedingungen des Verlustes von Transzendenz - sichtbar an Bardamus Materialismus - heißt Dunkelheit also einerseits, dass die Schattenseiten der Gesellschaft erkundet werden, andererseits aber auch, dass die dunkle Seite des Individuums als Fähigkeit zum Verbrechen dargestellt wird. In der Tat ist Bardamu ja Mitwisser eines Mordplanes, vor dessen Aufdeckung er sich fürchtet.

Darüber hinaus ist die Reise an das Ende der Nacht mit der Enthüllung der „wirklichen Geschichte des Menschen" verbunden. „Alles Interessante vollzieht sich im Unterbewußtsein. Von der wirklichen Naturgeschichte des Menschen weiß man wenig."[467] Elemente dieser „wirklichen" Geschichte des Menschen versucht Célines Ich-Erzähler zu liefern, auch dieses Vorhaben lässt sich als Reise in die Nacht deuten. Bardamu sammelt Episoden, welche die Natur des Menschen sichtbar werden lassen. Sowohl der schon beschriebene Gestus von Desillusionierung und Entlarvung verdankt sich die-

---

[463] Ebd., S. 60; „L'âme, c'est la vanité et le plaisir du corps tant qu'il est bien portant […]." (Céline, Voyage, S. 60)

[464] Ebd., S. 457; „réalisations de nos profonds tempéraments" (Céline, Voyage, S. 425).

[465] Walter Serner, Die Tigerin, S. 16.

[466] S. dazu Julia Kristeva, Pouvoir de l'horreur. Essai sur l'abjection. Paris 1980, S. 157-201; Céline nimmt hier die romantische Imagination der Nacht wieder auf. Romantische Einflüsse sind auch in der Rolle Robinsons spürbar, der eine Art Doppelgänger des Ich-Erzählers darstellt.

[467] Céline, Reise, S. 72; „Tout ce qui est intéressant se passe dans l'ombre, décidément. On ne sait rien de la véritable histoire des hommes." (Céline, Voyage, S. 72).

sem Vorhaben, als auch die Typologisierung der „Menschenarten" und der dramatischen Rollen. Nicht nur das Unbewusste, das sich der Erkenntnis entzieht, stellt dabei ein methodisches Problem dar, auch ontologische Setzungen müssen vermieden werden, weil Bardamus Forschungen dann in einem abgeschlossenen System enden würden, welches das Wesen des Menschen wieder festlegt. Abgeschlossenheit des Denkens ist aber nicht Ziel seines Projekts.[468]

Nur noch im Irre-Sein erscheint substantielle Subjektivität möglich zu sein. Für Bardamu ist der Irrsinn unter den Bedingungen der Moderne die einzige Möglichkeit authentischer Innerlichkeit. Sie tritt jedoch nur als krankhafte Abgeschlossenheit des Denkens auf. Die Verrücktheit zeichnet sich dadurch aus, dass sie dem Subjekt eine Substantialität verleiht, die seine Reaktion auf die Umwelt verhindert. „Im Kopf eines Irren liegen die Dinge abgeschlossen. Die Welt kann nicht in sie eindringen. Es ist wie ein See ohne Zufluß. Grauenhaft."[469] Diese Interpretation des Irre-Seins schließt eine mimetische Annäherung an das Sujet aus. Anders als in der um 1910 entstandenen deutschsprachigen Prosa bildet das Gebiet der Irren wie das der „Wilden" einen Bereich, dessen Grenze Bardamu nicht überschreiten kann, will er seine Reflexionsfähigkeit nicht verlieren. Deswegen ist Célines Roman im Gegensatz zu den Texten, die sich den Bewusstseinszuständen der Irren eher mimetisch nähern, durch die Beobachter-Rolle des Ich-Erzählers bestimmt. Da das Denken nicht als Inhalt des Ich, sondern als Tätigkeit seine Subjektivität ausmacht, kann es nicht aufgegeben werden. Die Metapher der Reise und ihre Ziellosigkeit passen sowohl zu diesem unendlichen Reflexionsprozess als auch zum Projekt der „wirklichen" Geschichtsschreibung. Während bezogen auf die „Naturgeschichte" des Menschen die Reise in noch unentdecktes Terrain führt, also ein Ziel nicht genau benannt werden kann, kann die Reflexion vor allem in ihrer unabschließbaren Bewegung als Reise gedeutet werden.

Genau wie bei Broch ist in Célines *Reise ans Ende der Nacht* das als substanzlos dargestellte Subjekt eingebunden in gesellschaftlich definierte und von ihm nur nachgespielte Rollen, die zusätzlich eine historische Dimension haben. Alle drei Elemente - Gesellschaft, Inszenierung, Geschichte - prägen das Subjekt und machen aus ihm einen Typus. Obwohl also bei Céline dieselben Kategorien auftauchen wie bei Broch, könnte der Unterschied zwischen beiden Texten kaum größer sein. Diese Differenz erklärt sich durch die Definition des historischen Bereiches: Broch versteht ihn kulturgeschichtlich und verhält sich kritisch zu seinen aktuellen Tendenzen, Célines Ich-Erzähler verfolgt hingegen das Projekt einer Naturgeschichte des Menschen, die ihn im Wesentlichen als an seine materiellen Grundlagen gebunden definiert. Auf radikale Weise determiniert der körperliche Zustand des Subjekts sein Bewusstsein. Kritik am Inhalt dieses Bewusstseins hat hier keinen Platz, und genauso wenig wäre ein moralisch wertender Zugang plausibel. Da Bardamu zudem daran zweifelt, dass sich jemals etwas an der Hierarchie der Gesellschaft ändern wird, ist seine Perspektive durch historische Statik gekennzeichnet und lässt eine Entwicklung nur dort zu, wo es um die Erforschung des Zusammenhanges von Physis und Psyche geht. Die Übergänge von der materiellen Grundlage, der Körperlichkeit des Menschen, zu Vorstellungen im Bewusstsein können

---

[468] Ebd., S. 455; Céline, Voyage, S. 424.

[469] Ebd.; „Un fou, c'est ne que les idées ordinaires d'un homme mais bien enfermées dans une tête. Le monde n'y passe pas à travers sa tête et ça suffit. Ça devient comme un lac sans rivière une tête fermée, une infection." (Céline, Voyage, S. 423 f.).

besser sichtbar, ihre Knotenpunkte können in der Reise in die Nacht gesucht und beschrieben werden.

Célines Verknüpfung von Inszenierung und sozial definierter Rolle findet eine Parallele in Alfred Döblins Roman *Berlin Alexanderplatz*. Als Franz Biberkopf in die Irrenanstalt Buch eingeliefert wird, hat die Polizei ihn in Verdacht zu simulieren.

> Im Polizeigefängnis, im panoptischen Bau vom Präsidium, vermuten sie zwar erst, Franz Biberkopf schiebt einen Ball, spielt den Verrückten, weil er weiß, daß es um die Rübe geht, dann sieht sich aber der Arzt den Gefangenen an, man bringt ihn ins Lazarett nach Moabit, auch da ist kein Wort aus ihm herauszukriegen, der Mann ist scheinbar wirklich verrückt, er liegt ganz starr, plinkt nur wenig mit den Augen. Als er zwei Tage die Nahrung verweigert hat, fährt man ihn nach Buch heraus, in die Irrenanstalt, auf das feste Haus. Das ist in jedem Fall richtig, denn beobachtet muß der Mensch sowieso werden.[470]

Die Obrigkeit hält Franz Biberkopf zunächst für einen Simulanten und für einen Schauspieler, weil sie die Psyche eines Verbrechers zu kennen glaubt. Er ist auf seinen Vorteil bedacht und vermeidet Strafe, indem er seine Unzurechnungsfähigkeit inszeniert. Biberkopfs sozial definierte Rolle als Verbrecher lässt die Vorstellung einer Seele nicht zu, weil sie für das Bürgertum reserviert ist. Verbrecher dagegen nützen das Zugeständnis einer „Seele" - so befinden die Ärzte in der Irrenanstalt - nur aus.[471]

Der Erzähler schildert jedoch Biberkopfs Krise ebenfalls nicht mit psychologischen Kategorien, sondern durch Anleihen aus dem Drama. Er bietet zwar eine Innensicht, beschreibt aber nicht einen psychischen Konflikt, sondern lässt Biberkopf und den Tod auf einer Art innerer Bühne agieren.[472]

> Langsam, langsam singt der Tod, die böse Babylon hört ihm zu, die Sturmgewaltigen hören ihm zu. [...] Das ist gewiß ein schöner Gesang, aber hört dieses Franz, und was soll das heißen: das singt der Tod? So gedruckt im Buch oder laut vorgelesen ist es etwas wie Poesie, Schubert hat ähnliche Lieder komponiert, der Tod und das Mädchen, aber was soll das hier? Ich will nur die lautere Wahrheit sagen, die lautere Wahrheit, und diese Wahrheit ist: Franz Biberkopf hört den Tod, diesen Tod, hört ihn langsam singen [...] ‚Ich habe hier zu registrieren, Franz Biberkopf, du liegst und willst zu mir. [...].'[473]

Der Tod, die Hure Babylon und die Sturmgewaltigen sind die archaischen, halb dem Mythos und halb der Natur angehörenden Gegenspieler Biberkopfs. Sie sind nicht nur elementare Gewalten, sondern haben - und das spricht der Erzähler an - eine lange Geschichte künstlerischer Verarbeitung hinter sich. Nicht nur in der Romantik, auch im Symbolismus, etwa in den Dramen Hofmannsthal, tritt der Tod dem Subjekt in persona entgegen.[474] Das Verfahren der Personifizierung, das sich schon in Döblins Texten um 1910 finden lässt und dort mit der Rezeption des Symbolismus in Zusammenhang

---

[470] Alfred Döblin, Berlin Alexanderplatz (1929). Hrsg. v. Werner Stauffacher. Zürich/Düsseldorf 1996, S. 419.

[471] Dieses Argument erscheint als Grund für die Ablehnung psychoanalytischer Methoden (ebd., S. 427 f.); eine Ablehnung, die die ältere Generation der Irrenärzte bei Döblin mit dem Vorgesetzten von Bardamu verbindet (Céline, Reise, S. 463-465; Céline, Voyage, S. 431-434).

[472] S. dazu auch Michael Baum, Kontingenz und Gewalt. Semiotische Strukturen und erzählte Welt in Alfred Döblins Roman „Berlin Alexanderplatz". Würzburg 2003, S. 229-234.

[473] Döblin, Berlin Alexanderplatz, S. 430.

[474] Natürlich wäre hier auch noch auf die ältere Tradition des Totentanzes hinzuweisen: Baum, Kontingenz und Gewalt, S. 230 f.

steht, ist auch der Grund für die Nähe der zitierten Szene zur Dramatik. Während Döblin in seiner frühen Prosa die Personifizierung auf die Grammatik bezogen hat, so dass aus dem weiblich personifizierten Spind „die Spind" wurde, liegt sie nun der dramatischen Rolle zugrunde. So werden aus der Hure Babylon, aus den Sturmgewaltigen, aus Franz' Tod eigenständige, dramatische Figuren.

Döblin hat die Dramatisierung als ästhetisches Verfahren in seinem Aufsatz „Der Bau des epischen Werkes" theoretisch begründet. Er macht dort auf die Parallelen von Dramatik und Epik aufmerksam: Beide Gattungen vergegenwärtigen seiner Meinung nach das Geschehen. Nur im Hinblick auf den Ort der Vergegenwärtigung unterscheiden sich die Gattungen. Während das Drama auf der Bühne aufgeführt wird, erlebt der Leser die Handlung des Romans in seiner Phantasie.[475] Dieser „Ort" der Vergegenwärtigung spiegelt sich in *Berlin Alexanderplatz* noch einmal in Franz' Psyche. Sie ist der Schauplatz der Begegnung mit den anderen Figuren, die Bühne, auf der ihm seine eigene Geschichte in Erinnerung gerufen wird.

Gleichzeitig steht die künstlerische Tradition der Personifizierung des Todes der Glaubwürdigkeit dieser Szene im Weg: Der Erzähler muss beteuern, dass es sich um die Wahrheit handelt, die er schildert, und nicht um Poesie. Anders als bei Céline, anders auch als bei Serner wird die Künstlichkeit des Schauspiels nicht betont, sondern - im Gegenteil - geleugnet. Diese Akzentverschiebung entsteht durch die Wirkung, die das innere Drama bei Biberkopf hervorbringen soll. Wie in der antiken Tragödie oder wie in der psychoanalytischen Kur[476] soll es nämlich zur Katharsis führen.

> Mit tiefen Beben empfängt er [Biberkopf, S. K.] das Bild des jämmerlichen Lüders. Der böse Reinhold latscht auf ihn zu. Mit tiefem Beben empfängt er Idas Worte, Miezes Gesicht, sie ist es, nun ist alles erfüllt. Franz weint und weint, ich bin schuldig, ich bin kein Mensch, ich bin ein Vieh, ein Untier. Gestorben ist in dieser Abendstunde Franz Biberkopf, ehemals Transportarbeiter, Einbrecher, Ludewig, Totschläger. Ein anderer ist in dem Bett gelegen. Der andere hat dieselben Papiere wie Franz, sieht aus wie Franz, aber in einer anderen Welt trägt er einen neuen Namen.[477]

Durch die Auseinandersetzung mit seiner Vergangenheit wird Biberkopf zu einem anderen Menschen. Seine Erinnerung, die der Wiedergeburt vorangeht, wird ebenfalls als „Theater"[478] inszeniert: Alle für ihn wichtigen Figuren treten noch einmal auf; dabei ist es seine Aufgabe, die fehlende Reflexion seines Verhaltens nachzuholen. Am Ende dieses Prozesses steht nicht nur das Eingeständnis der moralischen Schuld, sondern auch eine neue Subjektivität, die allerdings inhaltlich vollkommen unscharf bleibt.[479]

---

[475] Alfred Döblin, Der Bau des epischen Werks. In: Ders., Schriften zu Ästhetik, Poetik und Literatur. Olten/Freiburg i.Br. 1989, S. 215-245, S. 224.

[476] Zur Deutung von Biberkopfs Krisen als Kriegsneurose s. Wolfgang Schäffner, Die Ordnung des Wahns. Zur Poetologie psychiatrischen Wissens bei Alfred Döblin. München 1995, S. 334 u. 338 f.; zur Verarbeitung psychiatrischen Wissens auch Helmuth Kiesel, Geschichte der literarischen Moderne. Sprache. Ästhetik. Dichtung im zwanzigsten Jahrhundert. München 2004, S. 328-333.

[477] Döblin, Berlin Alexanderplatz, S. 442.

[478] Ebd., S. 437.

[479] Die Sekundärliteratur neigt dazu, aus Biberkopf einen besseren, einen nach der Verwandlung „guten" Menschen zu machen, zur Übersicht über diese Perspektive und der - plausibleren - Gegenposition: Maria Tatar, ‚Wie süß ist es, sich zu opfern'. Gender, Violence, and Agency in Döblin's *Berlin Alexanderplatz*. In: Deutsche Vierteljahrsschrift für Literaturwissenschaft und Geistesgeschichte, Jg. 66/1992, S. 491-518, S. 495.

Im Gegensatz zu allen anderen Figuren dieses Kapitels hat sich Biberkopf am Schluss seiner Geschichte verändert. Deswegen liegt es nahe, *Berlin Alexanderplatz* auch als (proletarischen) Bildungs- oder Entwicklungsroman zu lesen.[480] Biberkopfs Wiedergeburt geht jedoch keine kontinuierliche Entwicklung voraus. Vielmehr entspricht der Personifizierung des Todes an der zitierten Stelle die Typisierung Biberkopfs. Döblin hat nicht nur ausdrücklich vom Epiker gefordert, „Grundsituationen, Elementarsituationen des menschlichen Daseins"[481] darzustellen, auch der Erzähler macht im Prolog deutlich, dass Biberkopf ein exemplarischer Fall ist und dass es sich deswegen für alle lohnt, seine Geschichte zu lesen, die „in einer Menschenhaut wohnen und denen es passiert wie diesem Franz Biberkopf, nämlich vom Leben mehr zu verlangen als das Butterbrot"[482]. Um Biberkopf als Typus charakterisieren zu können, stellt der Erzähler dessen psychische Disposition als von der Außenwelt abhängig dar. Die Außenwelt - d.h. die moderne Großstadt und ihre Lebensformen - gibt die Kategorien und das Material vor, aus dem Biberkopfs Innerlichkeit besteht. Da die Umwelt Biberkopfs gesellschaftlich und historisch geprägt ist, muss das Individuum notwendig zum Typ werden: Es teilt sie mit allen anderen, die gleichzeitig in derselben Umgebung und in der derselben sozialen Schicht leben.[483]

Die Geschichte Biberkopfs kann nur inszeniert werden, wenn das die Außenwelt charakterisierende Material ebenfalls „spricht". Es muss zeigen, wie es das Individuum formt.

> Er wanderte die Rosenthaler Straße am Warenhaus Wertheim vorbei, nach rechts bog er ein in die schmale Sophienstraße. Er dachte, diese Straße ist dunkler, wo es dunkel ist, wird es besser sein. Die Gefangenen werden in Einzelhaft, Zellenhaft und Gemeinschaftshaft untergebracht. Bei Einzelhaft wird der Gefangene bei Tag und Nacht unausgesetzt von andern Gefangenen gesondert gehalten. Bei Zellenhaft wird der Gefangene in einer Zelle untergebracht, bei Bewegung im Freien, beim Unterricht, Gottesdienst mit andern zusammengebracht. Die Wagen tobten und klingelten weiter, es rann Häuserfront neben Häuserfront ohne Aufhören hin. Und Dächer waren auf den Häusern, die schwebten auf den Häusern, seine Augen irrten nach oben: wenn die Dächer nur nicht abrutschten, aber die Häuser standen grade. Wo soll ick armer Deibel hin, er latschte an der Häuserwand lang, es nahm kein Ende damit.[484]

Biberkopf verlässt die Ordnung des Gefängnisses und betritt die Sozialform Großstadt. Geschildert werden jedoch nicht seine Empfindungen, sondern ein Zitat aus der Gefängnisordnung wird unverbunden neben die Wahrnehmung der Großstadt montiert.

---

[480] Zusammenfassend Kiesel, Geschichte der literarischen Moderne, S. 342 f.; s.a. Susanne Ledanff, Bildungsroman versus Großstadtroman. In: Sprache im technischen Zeitalter, H. 77/März 1981, S. 85-114. Gegenposition bei Erwin Kobel, Alfred Döblin. Erzählkunst im Umbruch. Berlin/New York 1985, S. 270; Maria Tatar, ‚Wie süß ist es…', S. 4 94.

[481] Alfred Döblin, Der Bau des epischen Werks, S. 218.

[482] Döblin, Berlin Alexanderplatz, S. 12.

[483] Zu dieser Durchdringung des Individuums durch die Großstadtdiskurse zuletzt: Matthias Prangel, Vom dreifachen Umgang mit der Komplexität der Großstadt: Alfred Döblins *Berlin Alexanderplatz*. In: Jattie Enklaar/ Hans Ester (Hrsg.), Das Jahrhundert Berlins: Eine Stadt in der Literatur. Amsterdam 2000, S. 51-68; Klaus Scherpe, Stadt, Krieg, Fremde: Literatur und Kultur nach den Katastrophen. Tübingen/Basel 2002, S. 17-36; Baum, Kontingenz und Gewalt, S. 177-207; Kiesel, Die Geschichte der literarischen Moderne, S. 333-351.

[484] Döblin, Berlin Alexanderplatz, S. 16 f.

Wenn Biberkopf schließlich in der Großstadt wieder zu Hause ist, wird auch sie durch ihre Diskurse präsentiert. Die Großstadt spricht in Zitaten aus der Werbung, aus Schlagern, aus den Verlautbarungen ihrer Institutionen und durch die Montage dieser Elemente. Sie prägt mit ihren Diskursformen das Individuum.

Biberkopf hat deswegen Schwierigkeiten innerhalb der Großstadt, weil er versucht, seine Identität zu „bewahren". Biberkopf ist zwar nicht in der Lage, seine Innerlichkeit unabhängig von der Außenwelt zu formulieren, er hält dies aber für unabdingbar, weil seine (männliche) Identitätsvorstellung durch Autonomie definiert ist. Sein Subjektkonzept steht also dem des Erzählers diametral entgegen, führt aber die ästhetische Figur des Selbstbewusstseins weiter, die Döblin in der Erzählung *Die Ermordung einer Butterblume* formuliert hat. Während die Hauptperson dieser Erzählung, Herr Michael Fischer, jedoch ihre Selbstbilder und die Bilder der Natur nicht auseinander halten kann, stoßen die Selbstbilder des Protagonisten diesmal auf die Sozialform der modernen Großstadt. Zunächst ergibt sich aus dieser Konfrontation eine ähnliche Desorientierung wie bei Fischer: Weil Biberkopfs autonomes Selbstbild in Gefahr ist, glaubt er, dass die Dächer von den Häusern herunterrutschen. Er verwechselt also ebenso wie Fischer innere und äußere Wahrnehmung.

Nach der Vergewaltigung von Minna scheint Biberkopfs Selbstbewusstsein jedoch zunächst wiederhergestellt: Er ist sich seiner Herrschaft über die Objekte und seines autonomen Subjektstatus wieder sicher. Zwar ordnet er sich in die Kategorie der armen Teufel ein, ein Hinweis auf die Wichtigkeit der sozialen Definition in *Berlin Alexanderplatz*, dennoch glaubt er weiter, ein autonomes Subjekt zu sein, und verhält sich wegen dieses Selbstverständnisses in sozialen Zusammenhängen nicht angemessen. Angesichts der Zirkulation von Waren, Geld und Menschen, welche das Leben in der modernen Großstadt bestimmt, wirkt sein Selbstverständnis zudem veraltet, und innerhalb der Gruppe, in der er sich bewegt, erweist es sich schlicht als unklug. Die Aufforderung des Todes, sich nicht länger zu bewahren, zielt damit auch auf die Entwicklung einer modernen Identität, die dann mit der Realität der Großstadt und der modernen Gesellschaft zu vereinbaren wäre. Mit dieser Identitätsvorstellung müsste sich das Subjekt in die Zirkulation einordnen und auf Autonomie verzichten. Dieses affirmative Verhältnis zum universellen Austausch ist wiederum eins, das Döblin ausgesprochen ambivalent erschienen sein muss und das für ihn auch nicht mehr erzählbar war. Vielleicht kam auch aus diesem Grund der geplante zweite Band von *Berlin Alexanderplatz*, der Biberkopfs neues Leben darstellen sollte, nicht mehr zustande.

Die ästhetisch überzeugende Vermittlung von großstädtischer Dynamik und einzelnem Subjekt scheint nicht nur für Döblin ein Problem gewesen sein. Auch andere Autoren versuchen einerseits, die Anonymität der Großstadt und ihre Menschenmassen in die Darstellung miteinzubeziehen, andererseits eröffnet sich dann die Frage, wie der Einzelne innerhalb dieses Feldes zu situieren ist und wie er erzählerisch mit dem Kontext verbunden werden kann. Diese spezifische Konstellation von Großstadtleben und einzelnem Subjekt bildet eine Sonderform unserer Ausgangshypothese, welche die Bindung des Individuums an eine bestimmte Diskurs- oder Sozialform annahm, um längere Erzählformen in den zwanziger und dreißiger Jahren zu erklären.[485] So stellt Döblin

---

[485] Der Konflikt zwischen anonymer Masse und Individuum wird auch in John Dos Passos' 1925 erschienen Roman *Manhattan Transfer* deutlich. Dort wird einerseits die anonyme Menge der Großstadt dargestellt: In den Vortexten zu den jeweiligen Kapiteln wird das großstädtische Leben als gleichgeschaltet beschrieben. Alle Bewohner New Yorks tun zur selben Zeit das gleiche, sie stehen auf, gehen

den Konflikt zwischen der Sozialform Großstadt und einem „altmodischen", sich als autonom verstehenden Subjekt dar.

Während in den bisher analysierten Romanen ein substanzloses Subjekt auf Vorprägungen trifft, die es braucht, um Konturen zu gewinnen, geraten hier die Zirkulation der Großstadt und ein Subjekt, das versucht, an einer Substanz festzuhalten, die der Erzähler und die Sozialform Großstadt ihm nicht zubilligen können, in Widerspruch zueinander. Auf der Ebene der Figur findet also im Gegensatz zu Célines Darstellung nicht die Affirmation statt, die mit der Auflösung des Selbstgefühls einverstanden ist und sie zu nutzen weiß. Erst zum Schluss gibt Biberkopf das „Sich-bewahren-wollen" auf. Die Substanzlosigkeit der Individualität wird dagegen einerseits, wie bei Broch, durch den Erzähler, andererseits durch die Montagetechnik inszeniert. Der Erzähler typisiert Biberkopf und stellt ihn als beispielhaft dar, die Montage-Elemente zeigen sein Bewusstsein als Raum, in dem sich die Stimmen der Außenwelt kreuzen. Alle Erzähler aber, auch der Ich-Erzähler von Célines *Voyage au bout de la nuit*, haben eine Tendenz zur Reflexion. Anders als im ersten Abschnitt dieses Kapitels versuchen sie, Auskunft darüber zu geben, wie sie Subjektivität im gesellschaftlichen oder geschichtlichen Kontext einschätzen. Diese Selbstreflexion ist dadurch zu erklären, dass im Gegensatz zu der Rolle des Subjekts in spezifischen Gattungen und Diskursformen das Verhältnis von Subjekt und Gesellschaft nicht nur nicht eindeutig definiert ist, sondern sich im geschichtlichen Prozess auch ändert. Wenn das Subjekt also durch Gesellschaft und Geschichte miterzählt werden soll, muss zunächst bestimmt werden, wie die Bedingungen dieser Prägung aussehen. Durch diese zusätzliche Aufgabe erklärt sich sowohl die große Konkretheit der Beobachtung der Großstadt bei Döblin und der Nachtseiten der Gesellschaft bei Céline sowie die genaue zeitliche Situierung der Brochschen Romantrilogie *Die Schlafwandler*, aus ihr resultieren aber auch die ausführlichen Reflexionen der Erzähler dieser Romane.

Die Verbindung zwischen der Zirkulation der Großstadt und dem Individuum als Element dieser Zirkulation ist als Sujet in dieser Form neu. Zwar ist schon in den zehner Jahren der Konflikt zwischen dem Subjekt und der Großstadt Thema - nicht nur im Expressionismus, natürlich auch in Rilkes Roman *Die Aufzeichnungen des Malte Laurids Brigge* -, die Konstellation ändert sich nun aber insofern, als das Element der Zirkulation für das Subjekt wie für die Stadt beherrschend wird.

Diese Struktur zeigt sich nicht nur in der scheiternden Identitätsvorstellung von Franz Biberkopf, ihre Spuren sind ebenfalls im Célineschen „Wir" zu finden, durch das sich der Erzähler ins Großstadtproletariat einordnet. Aber auch ausgehend von einer Subjektvorstellung, welche durch die unbewusste Fülle des Subjekts gekennzeichnet ist, kann sich das Problem stellen, auf welche Weise Großstadt und Subjektivität ästhetisch zu vermitteln sind.

---

einkaufen oder essen, haben Feierabend oder machen einen Sonntagsausflug. In den Kapiteln dagegen tauchen einzelne Figuren auf, welche die das Buch durchziehenden Handlungsstränge tragen. Ihre Charakteristik ist von ihrem Dasein in der Großstadt scheinbar unberührt. Sie werden zwar sozial eingeordnet, sind aber ansonsten mit allen Eigenschaften eines besonderen, individuellen Charakters ausgestattet.

2. Ressourcen des Subjekts

Die Entdeckung neuer Ressourcen innerhalb des Subjekts hat schon in den um 1910 entstandenen Texten zu neuen poetischen Verfahrensweisen geführt. Im Gegensatz zu den Romanen des vorigen Abschnitts ist die Substanzlosigkeit des Subjekts in den folgenden Beispielen auf die Instanz des Bewusstseins beschränkt. Das Bewusstsein des Individuums und seine Selbstreflexion sind ohne Relevanz für sein spezifisches Wesen, während die aus seinem Unbewussten aufsteigenden Phantasien oder Erinnerungen seine Einzigartigkeit zeigen können. Deswegen liegt allen im Folgenden zu analysierenden Romanen ein dialektisches Subjektkonzept zugrunde: Ihre Erzähler und ihre Figuren sind in Bewusstsein und Unbewusstes, in Reflexion und Imagination, in sinnloses Erleben und erfüllte Momente gespalten. Die Romane stellen dann das Zusammenspiel dieser beiden Elemente dar. Dabei wird es zunächst um die Dialektik zwischen Unbewusstem und Bewusstsein gehen, während im zweiten Abschnitt die Bedeutung der Erinnerung für den Subjektentwurf im Vordergrund steht.

In gewisser Hinsicht folgen alle Romane der Lacanschen Maxime, die nicht zufällig im Umkreis des Surrealismus entstand: „Ich bin nicht, da wo ich das Spielzeug meines Denkens bin; ich denke an das, was ich bin, dort wo ich nicht denke zu denken."[486] Die Aporie der Selbstreflexion, wie sie Serner in seinem Roman *Die Tigerin* ja darstellt, entsteht dadurch, dass das Subjekt nicht „da" ist, wo es sich mit Hilfe der Reflexion zu identifizieren versucht. An diesem Ort findet es nur sich selbst als Objekt seiner Überlegung, sich selbst als Spielzeug seines Denkens oder - wie in Serners Roman - seine Photographie. Das die Aporie auflösende Verständnis von Subjektivität formuliert Lacan wiederum als Paradox. Das Subjekt kann sich nur da denken, wo es sich nicht in der Selbstreflexion zu erfassen versucht. Um dieses Paradox auflösen zu können, muss das Subjekt eine andere Vorstellung davon entwickeln, was „sich selbst denken" heißen könnte. Die Surrealisten verfolgen als Gegenentwurf zur Selbstreflexion ein Konzept, das das eigene Bewusstsein durch zufällige Ereignisse oder Begegnungen zu überraschen versucht und so die Reflexion für einen Moment ausschaltet. In diesen Momenten erlebt das Subjekt eine Entgrenzung, die seine Wahrnehmungsmuster sprengt und in ihm dennoch die Empfindung weckt, sich selbst zu begegnen. Damit wird die ästhetische Figur des Außer-sich-Seins also in der surrealistischen Subjektkonzeption wieder aufgenommen. Die Dialektik zwischen der Reflexion und den Momenten der Entgrenzung wird aber, anders als in der deutschsprachigen Prosa der zehner Jahre, aufrechterhalten. Während in den Texten aus den zehner Jahren in der mimetischen Inszenierung von Wahnsinn und Rausch die Reflexion des Subjekts als Element des Subjektentwurfs aufgegeben wird, lösen sich nicht nur in den surrealistischen Texten beide Elemente ab. Auch die Romane von Autoren, die wie Gottfried Benn und Robert Musil in den zehner Jahren mit dem mimetischen Verfahren experimentiert haben, zeigen nun die Verbindung von Reflexion und Entgrenzung.

Diese dialektische Vorstellung des Subjekts hat den Vorteil, dass sie durch die Verknüpfung reflexiver Elemente mit Entgrenzungserfahrungen auch längere Texte zu-

---

[486] Jacques Lacan, Das Drängen des Buchstabens im Unbewußten oder die Vernunft seit Freund. In: Ders., Schriften II. Berlin 3. korr. Aufl., 1991, S. 15-59, S. 43.

lässt, deren Struktur sich am Wechselspiel dieser beiden Tendenzen orientieren kann. Für den einzelnen Roman stellt sich dann die Frage, wie er die Spezifik des Subjekts innerhalb dieses Rahmens inszeniert.

2.1 Dialektik I: Unbewusstes

Die Texte des vorigen Kapitels haben ihre Figuren in Diskurs- und Sozialformen eingeordnet, um ihre Substanzlosigkeit erzählbar zu machen. Da die Einzigartigkeit der jeweiligen Figur nur als Negation von individueller Subjektivität formuliert wird, gewinnen die Figuren gerade durch die Substanzlosigkeit ihres Ich den Abstand zur jeweiligen Ordnung. Im Folgenden werden zunächst ästhetische Versuche dargestellt, die Individualität des Subjekts anhand seiner Dialektik und trotz des Wissens um kollektive Prägungen positiv zu beschreiben. Den Ausgangspunkt bildet dabei die surrealistische Prosa von Louis Aragon und André Breton, eine ähnliche Subjektkonzeption zeigen aber auch die Romane von Gottfried Benn, Robert Musil und Djuna Barnes.

In den surrealistischen Texten von Louis Aragon und André Breton wandern die Ich-Erzähler durch Paris, um im Umherschweifen ihre aus dem Unbewussten gespeisten Phantasien freizusetzen. Sowohl Aragons *Le Paysan de Paris* wie Bretons *Nadja* sind nicht nur durch die Dialektik des Subjektkonzepts, sondern auch durch die enge Beziehung zwischen der Sozialform der Großstadt und der individuellen Imagination geprägt. Sie nehmen also den Aspekt, der im vorigen Abschnitt besonders anhand Döblins Roman *Berlin Alexanderplatz* erörtert worden ist, unter der Bedingung eines anderen Subjektverständnisses wieder auf.

> Eine menschliche Schwäche stößt die Tür zum Geheimnis auf und schon befinden wir uns in den Reichen des Schattens. Ein Stolpern, ein Stottern verraten das Denken eines Menschen. Im Dämmer der Orte gibt es solche Türen zum Unendlichen, die schlecht schließen […]: unsere Städte sind so von unerkannten Sphinxen bevölkert, die den nachdenklichen Passanten so lange nicht anhalten, als er seine schweifenden Gedanken nicht auf sie richtet. Sie geben ihm keine todbringenden Rätsel auf. Doch wenn er, dieser Weise, sie zu lösen versteht, so möge er sie ruhig befragen, es sind immer nur seine eigenen Abgründe, die er dank dieser ungestalten Ungeheuer neu auslotet.[487]

Aragon verbindet die Architektur der Großstadt mit den aus dem Unbewussten aufsteigenden Phantasien. Die Stadt bietet die Orte, an denen der Mensch „seinen eigenen Abgründen" begegnen kann.

---

[487] Louis Aragon, Pariser Landleben. Le paysan de Paris (1926). München 1969, S. 18; „La porte du mystère, une défaillance humaine l'ouvre, et nous voilà dans les royaumes de l'ombre. Un faux pas, une syllabe achoppée révèlent la pensée d'un homme. Il y a dans le trouble des lieux de semblables serrures qui ferment mal sur l'infini […]: nos cités sont ainsi peuplées de sphinx méconnus qui n'arrêtent pas le passant rêveur, s'il ne tourne vers eux sa distraction méditative, qui ne lui posent pas de questions mortelles. Mais s'il sait les deviner, ce sage, alors, que lui les interroge, ce sont encore ses propres abîmes que grâce à ces monstres sans figure il va de nouveau sonder." (Louis Aragon, Le paysan de Paris. Paris 1926, S. 18.); es ist natürlich nicht zufällig die Sphinx, die von Breton und Aragon in der Stadtlandschaft oder in einer Passantin gesehen wird, schließlich stellt sie Oedipus die berühmte Frage. Sie kann also gleichermaßen als mythische Figur gesehen werden wie als Anspielung auf Freuds Modernisierung der Mythe.

An Aragons Konzeption fällt zunächst einmal die Generalisierung auf, denn jeder Mensch kann potentiell in der Großstadt seinem Unbewussten begegnen. Die Entgrenzungserfahrungen, die durch das Aufsteigen von triebhaften Tendenzen möglich werden, sind also nicht mehr das Privileg eines besonderen Subjekts, sondern Allgemeingut. Auch der Ich-Erzähler gehört zur Gruppe der Passanten, er verkörpert also ebenfalls einen Typus, der zudem eindeutig durch die Großstadt determiniert ist.[488] Er wird jedoch nicht durch die Großstadt überwältigt, sondern benutzt sie als Projektionsfläche für seine individuelle Phantasie. Diese speist sich aus dem Unbewussten, das zwar als Instanz allen Menschen gemeinsam ist, dessen Inhalte aber subjektspezifisch sind: Jeder hat also Abgründe, aber jeder andere. Der Gang durch die Großstadt bildet nicht nur die Analogie zur psychoanalytischen Technik der freien Assoziation, sondern verarbeitet auch das Konzept der automatischen Schreibweise, welche die Surrealisten ausgehend von Freuds Theorie als Möglichkeit poetischer Innovation entdeckt haben. So wie ohne Kontrolle durch das Bewusstsein automatisch Texte produziert werden sollen, so versucht der Ich-Erzähler, sich ohne Ziel durch die Pariser Passagen treiben zu lassen, damit sich ihm in einem Moment der „Schwäche" „die Tür zum Geheimnis" öffnet. Durch das „automatische" Gehen und durch die Wahrnehmung der wechselnden Orte sollen die Phantasien aus dem Unbewussten aufsteigen.[489]

Im Durchgang durch die Passage verändert sich das Selbstbild des Ich-Erzählers: Zu Beginn des Textes erörtert er noch die seiner Meinung nach illusionären Voraussetzungen, durch die geschlossene Systeme des Denkens entstehen, schließlich erscheint ihm die gesamte Instanz des reflektierenden Bewusstseins nur noch als der bloße „Vorplatz der Abgründe".

> Meine arme Gewissheit, an der mir soviel lag, was ist aus ihr geworden in diesem großen Taumel, da das Bewusstsein sich vorkommt wie ein einfacher Vorplatz der Abgründe, was ist aus ihr geworden? Ich bin nichts als ein Augenblick eines ewigen Falls. Den verlorenen Halt findet man nie wieder. […] Was mich durchfährt - und flieht - ist ein Blitz meines Selbst. Ich werde nicht übergehen können, denn ich selbst bin der Übergang vom Dunkel zum Licht, bin gleichzeitig Abenddämmerung und die Morgenröte. Ich bin eine Grenze, ein Strich.[490]

Die Abgründe machen das Subjekt eigentlich aus, sind durch die Reflexion aber nicht erreichbar. Das Subjekt kann zwar Bilder von sich entwerfen, sie besitzen jedoch nur

---

[488] Zur Flanerie s. Peter Bürger, Der französische Surrealismus. Studien zur avantgardistischen Literatur. Um neue Studien erweiterte Ausgabe. Frankfurt/M. 1996, S. 108-110; Dietmar Voss, Die Rückseite der Flanerie. Versuch über ein Schlüsselphänomen der Moderne. In: Klaus Scherpe (Hrsg.), Die Unwirklichkeit der Städte. Großstadtdarstellungen zwischen Moderne und Postmoderne. Reinbek b. Hamburg 1988, S. 37-60.

[489] S. zu dieser Analogie: Johanna Malt, Obscure Objects of Desire. Surrealism, Fetishism, and Politics. Oxford 2004, S. 41-75; bezogen auf Breton: Anna Balakian, André Breton. Magus of Surrealism. New York 1971, S. 109.

[490] Ebd., S. 131; „Ce qui m'importait tant, ma pauvre certitude, dans ce grand vertige où la conscience se sent un simple palier des abîmes, qu'est-elle devenue? Je ne suis qu'un moment d'une chûte éternelle. Le pied perdu ne se retrouve jamais. Le monde moderne est celui qui épouse mes manières d'être. Une grande crise naît, un trouble immense […] Ce qui me traverse est un éclair moi-même. Et fuit. Je ne pourrai rien négliger, car je suis le passage de l'ombre à la lumière, je suis du même coup l'occident et l'aurore. Je suis une limite, un trait." (Aragon, Le paysan, S. 134).

momentane Gültigkeit und werden sofort wieder von neu auftauchenden abgelöst.[491] Die Bilder, die die entgleitende Subjektivität zu fassen versuchen, korrespondieren mit dem Ort, an dem sie entstehen. Die Passage ist ein „Durchgangsort"[492] mit Schwellencharakter, sie bildet die Grenze, die die „äußere Realität [von] der inneren"[493] trennt. Gleichzeitig bietet die Passage dem Passanten „Türschwellen der Phantasie"[494]. Der Charakter der Passage und das Selbstbild des Ich-Erzählers entsprechen sich also: Auch er hält sich für eine Grenze und für einen Übergang. Dadurch weisen die großstädtische Architektur und das Selbstbild dieselbe Struktur auf und sind nicht mehr zu trennen. Während also die besprochenen Texte aus den zehner Jahren durch die Analogie zwischen sprachlicher und subjektiver Entgrenzung gekennzeichnet waren, verschiebt sich diese Analogie bei Aragon auf die Parallelisierung von entgrenzter Subjektivität und städtischem Raum. Die ästhetische Figur des Außer-sich-Seins verliert ihren sprachlich-materialen Anteil und gewinnt einen räumlichen Aspekt, weil sich die Grenzerfahrung des Subjekts und der Grenzcharakter des Ortes entsprechen. Darüber hinaus spielt bezogen auf die sprachliche Inszenierung die Bildlichkeit eine wichtige Rolle. Sie wird im dritten Kapitel noch einmal zu erörtern sein.

Das Subjekt erlebt die Analogie zwischen individueller Entgrenzung und Raum einerseits als Möglichkeit, sich neu zu definieren, andererseits bedeutet sie auch „verlorenen Halt". Das Verständnis des eigenen Ich als Grenze billigt ihm nicht nur keine individuelle Substanz mehr zu, sondern lässt sich auch als äußerste Reduktion des Selbstbewusstseins lesen. Das Selbstbewusstsein ist nur noch ein „Blitz meines Selbst", also nur noch für einen kurzen Moment greifbar, weil es sich in zeitlicher Flüchtigkeit und mit vom Bewusstsein unabhängiger Plötzlichkeit zeigt.[495] Diese Imagination von Subjektivität versteht die konventionelle Vorstellung des selbstbewussten Subjekts als eine der illusionären Voraussetzungen, die zu geschlossenen und damit unproduktiven Systemen des Denkens beitragen. Als Ausstieg aus der „Gewissheit" des Selbstbewusstseins - verstanden als Fähigkeit zur Selbstreflexion -, kann diese Imagination von Subjektivität aber auch aus den Aporien der Selbstreflexion, wie sie in Serners Roman *Die Tigerin* erscheinen, herausführen. Parallel zu Lacans Satz versucht der Aragonsche Ich-Erzähler sich dort zu denken, „wo ich nicht denke zu denken". Einerseits ist er verwirrt, also zur Selbstreflexion nicht in der Lage, andererseits erlebt er sich im Blitz, der ihn durchfährt, den er aber weder reflektieren noch begrifflich erfassen kann. Nur in der metaphorischen Annäherung kann er dieses Selbstbild formulieren. Dabei ist die von Aragon entwickelte Dialektik des Subjekts gleichermaßen von unbewusster Fülle

---

[491] Auf die Fragilität des Subjektkonzeptes machen auch aufmerksam: Nathalie Piégay-Gros, ‚Cristallisations poétiques‘ et ‚chateaux en Espagne‘: Poésie et instabilité. In: Anne-Élisabeth Halpern/Alain Trouvé, Une tournade d'énigmes. *Le Paysan de Paris* de Louis Aragon. Paris 2003, S. 53-74; Nathalie Limat-Letellier, Hypothèses sur ‚le goût intensé de la mystification et du désespoir‘. In: Ebd., S. 97-119.

[492] Ebd., S. 88; „ce lieu de transition" (Aragon, Le paysan, S. 89).

[493] Ebd., S. 57; „qui opposent la réalité extérieure au subjectivisme du passage" (Aragon, Le payson, S. 58).

[494] Ebd., S. 72; „portes de l'imagination" (Aragon, Le paysan, S. 73).

[495] Zur Plötzlichkeit bei Aragon s. Suzanne Ravis, L'instantané et le temps. In: Halpern/Trouvé, Une tornade d'enigmes, S. 15-28; zum Konzept der Plötzlichkeit bezogen auf die moderne Literatur generell: Karl Heinz Bohrer, Plötzlichkeit. Zum Augenblick des ästhetischen Scheins. Frankfurt/M. 1981, S. 180-218.

wie von reduziertem Selbstbewusstsein gekennzeichnet. Diese Inszenierung des Subjekts lässt sich mit Varianten auch in anderen surrealistischen Texten finden.

So entwirft André Breton in seinem Roman *Nadja* ein ähnliches Subjektkonzept wie das von Aragon formulierte, allerdings bezieht er die beiden Aspekte auf zwei getrennte Figuren: Während Nadja keine Fähigkeit zur Selbstreflexion besitzt und auf Kosten ihrer Selbsterhaltung gegen die instrumentelle Vernunft rebelliert, bleibt der Ich-Erzähler zur Selbstreflexion und zur Selbsterhaltung in der Lage. Gerade dadurch, dass Nadja ihre unbewussten Ressourcen nicht reflektiert, ermöglicht sie dem Ich-Erzähler den zeitlich begrenzten Ausstieg aus der Ordnung der Vernunft.[496] In Bretons Text wird deswegen die subjektive Erfahrung von Entgrenzung, wie sie Aragon in *Le Paysan de Paris* schildert, erst als Paar erreicht.

> Wer waren wir angesichts der Wirklichkeit, jener Wirklichkeit, von der ich jetzt weiß, dass sie wie ein listiger Hund Nadja zu Füßen liegt? Unter welchem Breitengrad konnten wir uns wohl befinden, derart ausgeliefert der Raserei der Symbole, dann und wann eine Beute des Dämons der Analogie, und, wie wir uns selbst erlebten, Gegenstand äußerster Vorhaben, einzigartiger, ausgesuchter Aufmerksamkeiten?[497]

Nur gemeinsam können sich Nadja und der Ich-Erzähler außerhalb der Ordnung der Vernunft bewegen. Jenseits konventioneller Wahrnehmungsmuster herrschen die „Raserei der Symbole" und der „Dämon der Analogie". Die Analogie kennzeichnet also nicht nur Aragons Konzept von Subjektivität, sondern taucht hier im gemeinsamen Erleben wieder auf. Die Dominanz der Analogie führt dazu, dass die Frage „Wer waren wir…?" nicht endgültig beantwortet werden kann.[498] Wenn das Subjekt sich - zumindest in den Momenten, die als Entgrenzung erlebt werden - nicht als identisches erlebt, sich also nicht selbstreflexiv erfassen kann, dann ist dieses Erlebnis zwar vielleicht in der Analogie darstellbar. Damit wird Subjektivität aber abhängig von dem, was im jeweiligen Moment ihr Analogon bildet. Dieses Analogon ist bei Aragon eindeutig die Großstadt, die mit der Passage das architektonische Gegenstück zum surrealistischen Subjektverständnis anbietet.

Auch die erste Begegnung des Ich-Erzählers mit Nadja findet in einer Szenerie statt, die nur die Großstadt bietet. Wie Aragons Ich-Erzähler befindet er sich auf einem ziellosen Spaziergang durch die Stadt, seine Wahrnehmung ist nicht auf ein bestimmtes Objekt zentriert, schweift also ebenfalls umher.[499] Diese Zerstreutheit ist die Voraussetzung für die Begegnung mit „dem Geheimnis", mit Nadja: Sie verkörpert dieses Rätsel

---

[496] Nadjas Rolle als Medium für Bretons Erfahrung wird in der Sekundärliteratur übereinstimmend konstatiert: Peter Bürger, Der französische Surrealismus, S. 129; Alina Clej, Phantoms of the *opera*: Notes Toward a Theory of Surrealist Confession - The Case of Breton. In: Modern Language Notes, Vol. 104/Jg. 1989, S. 819-844, S. 832; Anna Balakian, André Breton, S. 114.

[497] André Breton, Nadja (1928). Frankfurt/M. 1981, S. 89; "Qui étions-nous devant la réalité que je sais maintenant couchée aux pieds de Nadja, comme un cien forbe? Sous quelle latitude pouvions-nous bien être, livrés ainsi à la fureur du symbole, en proie au démon de l'analogie, objet que nous nous voyions de démarches ultimes, d'attentions singulières, spéciales?" (André Breton, Nadja. Paris 1964, S. 128/130).

[498] S. zur Analogie: Peter Bürger, Französischer Surrealismus, S. 125; Anna Balakian, André Breton, S. 102-124.

[499] Ebd., S. 47 f.; (Breton, Nadja, 71 f.); auf die Unverzichtbarkeit der Großstadtszenerie macht auch aufmerksam: Michael Stone-Richards, Encirclements: Silence in the Construction of *Nadja*. In: Modernism/Modernity, 8/Jg. 2001, H. 1, S. 127-159.

und spielt die Rolle der surrealistischen „Sphinx"[500]. Breton sieht in ihr „das immer inspirierte und inspirierende Wesen, das sich nirgends so gerne aufhielt wie auf der Straße, für sie das einzige gültige Experimentierfeld, dem Fragen jedes menschlichen Wesens, das es nach einer großen Chimäre treibt, erreichbar"[501]. Auch Nadja ist also mit
der Großstadt verbunden: Sie ist das ideale Gegenüber für die anderen, das Rätsel su-
chender Passanten. Wie die Sphinx antwortet sie mit rätselhaften Sätzen, die jeder Fra-
gende in ihrer Bedeutung noch entschlüsseln muss oder die er - wie es Breton tut - als
poetischen Text[502] genießen kann.

Während bei Aragon die Begegnung mit der in der großstädtischen Architektur verkörperten Sphinx zum Ausloten der „eigenen Abgründe" führt, ist Breton vor allem an den
Abgründen Nadjas interessiert. Erst durch diese inspiriert, entwickelt er Bilder für seine
eigene Subjektivität. Nachdem Nadja in die Psychiatrie eingewiesen worden ist, wird sie
für Breton schließlich zu seinem anderen Ich, das sich der Frage nach der Identität, der
Frage „Wer bin ich?", wie er sie zu Anfang des Textes gestellt hat, entzieht.

> Es gibt Trugschlüsse, die unendlich bedeutungsvoller sind und von größerer Tragweite
> als die unbestreitbarsten Wahrheiten: sie als Trugschlüsse zu widerrufen, wäre bar der
> Größe und des Interesses. Wenn es Trugschlüsse waren, so muss zugegeben werden,
> dass sie mich mehr als alles andere veranlassten, mir selbst, dem, der von fern auf die Be-
> gegnung mit mir selbst zukommt, den immer erschütternden Schrei des 'Wer da?' zuzu-
> werfen. Wer da? Bist du es, Nadja? Ist es wahr, dass das *Jenseits*, das ganze Jenseits in die-
> sem Dasein ist? Ich höre dich nicht. Wer da? Bin ich es allein? Bin ich es selbst?[503]

Auch in Bretons Text ist das Ich schließlich einer Dialektik unterworfen: Einerseits ist
es zur Selbstreflexion fähig, durch sie wird es jedoch zum Objekt seiner selbst und steht
plötzlich sich selbst als anderem gegenüber. Andererseits wird diese bereits beschriebene Aporie durch die Erscheinung Nadjas aufgelöst. Sie rückt an die Stelle des Ich als
Anderem und verkörpert nicht nur allgemein das Rätsel, die großstädtische Sphinx,
sondern auch das Rätsel, welches das Subjekt sich selbst ist. Durch diese Stellvertretung
bleibt das (männliche) Subjekt nicht nur fähig zur Selbstreflexion, sondern auch zur
Textproduktion. Breton kann das Rätselhafte und die unbewusste Fülle distanziert beschreiben, weil er sie an sein weibliches Gegenüber delegiert hat.[504]

Aragon und Breton arbeiten beide mit Voraussetzungen aus der surrealistischen
Programmatik: Das Unbewusste ist für sie das Reservoir der Kreativität, das von allen
Menschen genutzt werden kann, wenn sie die herrschende Wahrnehmungsordnung

---

[500] Ebd., S. 61 f.; hier hat Nadja in Bretons „Die verlorenen Schritte" den Aufsatz gefunden, in
der ebenfalls eine Passantin für Aragon und Breton die Sphinx verkörpert.

[501] Ebd., S. 91 f.; „[...] toujours inspirée et inspirante qui n'aimait qu'être dans la rue, pour elle
seul champ d'experiénce valable, dans la rue, à portée d'interrogation de tout être humain lancé sur une
grande chimère [...]." (Breton, Nadja, S. 133 f.).

[502] Ebd., S. 111; (Breton, Nadja, S. 171).

[503] Ebd., S. 111; „Il est des sophismes infiniment plus significatifs et plus lourds de portée que les
vérités les moins contestables: les révoquer en tant que sophismes est à la fois dépourvu de grandeur et
d'intérêt. Si sophismes c'étaient, du moins c'est à eux que je dois d'avoir pu me jeter à moi-même, le
cri, toujours pathétique, de ,Qui vive?' Qui vive? Est-ce vous,. Nadja? Est-il vrai que l'au-delà, tout l'au
delà soit dans cette vie? Je ne vous entends pas? Qui vive? Est-ce moi seul? Est-ce moi-même?"
(Breton, Nadja, S. 172f.).

[504] S. dazu Judith Ryan, Each One as She May: Melanctha, Tonka, Nadja. In: A. Huyssen/D.
Bathrick (Hrsg.), Modernity and the Text. Revisions of German Modernism. New York 1989, S. 95-
109, S. 107.

nicht als verbindlich ansehen. In dieser Hinsicht ist der surrealistische Flaneur nur ein Beispiel für die Entgrenzung von Wahrnehmungsmustern. Seine besondere Individualität zeigt sich während seines Weges durch die Großstadt. Er verfolgt das Rätsel, den Zufall, das Wunder oder eine Frau und findet sich selbst, seine eigenen Abgründe. Während Aragon aber Brüchigkeit, Flüchtigkeit und Plötzlichkeit als Ausdruck der Abgründigkeit des Subjekts in sein Subjektkonzept aufnimmt, delegiert Breton die identitätsauflösenden Elemente an Nadja und restauriert so am Ende das autonome, selbstidentische Subjekt: Dieses hat das Rätsel hinter sich gelassen.

Die beschriebene Dialektik ist jedoch nicht auf den Surrealismus beschränkt. Ein Grund für ihre Verbreitung ist sicher die Rezeption der Psychoanalyse: Sie bietet den Autoren das Konzept von Bewusstsein und Unbewusstem an und untersucht deren Verschränkung in Traum, Phantasie und Symptom. Gleichzeitig ist durch die psychoanalytischen Erkenntnisse die Konzeption eines besonderen Subjekts nur durch die Dialektik von Bewusstsein und Unbewusstem nicht mehr möglich - auch diese Entwicklung ist an den surrealistischen Texten, aber nicht nur an ihnen erkennbar. Durch die psychoanalytische Begrifflichkeit sind die menschlichen „Abgründe" erfassbar geworden, die Besonderheit des Einzelnen, auch die Formulierung von eigenen „Abgründen", muss sich damit gegen diese Typologie behaupten. Auch Gottfried Benn zeigt in seinem *Roman des Phänotyp* die Dialektik zwischen Unbewusstem und Bewusstsein zunächst als typische Eigenschaft des Subjekts, um davon im zweiten Schritt die Besonderheit des Phänotyps abzuheben.

> Welches ist nun der Standpunkt des Ich? Es hat keinen. Darf alles auf es einstürmen? Es darf. Ist eine Kirchenfahne oder ein Kinderdrache ein Gaurisankar gegen ihn? Das kann man sagen. Vorüberstreichen als ein Abenteuer der Seele, dem Nichts entstiegen, dem wir enteilen, im Nichts sich lösend, das über uns sich schließt […] so eintägig, ephemer: diese tiefe Zeichen seiner Seele![505]

Benn geht also von der Brüchigkeit des Subjekts aus. Es kommt aus dem Nichts, es kehrt zurück ins Nichts, und sein Wesen ist bestimmt durch Flüchtigkeit, Vergänglichkeit und Ortlosigkeit. Es ist ein „Vorüberstreichen als ein Abenteuer der Seele".

Benns Auffassung unterscheidet sich in dieser Hinsicht nicht von Aragons oder Bretons Vorstellung von Subjektivität. Nadjas Antwort auf die Frage des Ich-Erzählers: „Wer sind Sie?" lautet: „Ich bin die wandernde Seele."[506] Auch die Imagination des Subjekts als „wandernde Seele" fasst Ortlosigkeit und Flüchtigkeit, das „Vorüberstreifen", als Eigenschaften des Ich zusammen. Im Gegensatz jedoch zur surrealistischen Konstellation, in der eine Parallele zwischen dem Umherwandern in der Großstadt Paris und dem Aufsteigen unbewusster Phantasien konstruiert wird, ist in Benns Text eine reine Bewegung des Geistes gemeint, denn „[k]örperliche Bewegung ist eine Nutzlosigkeit vom Standpunkt des Geistes gesehn".[507] Die daraus resultierende Weltlosigkeit ist sicher ein Problem von Benns Text, weil sie die Reduktion seines eigenen Lebens im faschistischen Deutschland deutlich spiegelt und der Rückzug auf den Geist zumindest auch als Ausweichen vor der Realität gelesen werden kann, eine Tendenz, die Benn anscheinend insofern bewusst war, als er in der „Zusammenfassung" - allerdings auch

---

[505] Gottfried Benn, Der Roman des Phänotyp. In: PuA, S. 149-180, S. 176.
[506] André Breton, Nadja, S. 56; „Je sius l'âme errante." (Breton, Nadja, S. 82).
[507] Benn, Roman des Phänotyp, S. 171.

ohne Nennung des nationalsozialistischen Regimes - seine persönliche Situation in der
Armee und die gleichzeitig stattfindende alliierte Offensive im Juni 1944 nachträgt.

Die Brüchigkeit des Subjekts erklärt sich bei Benn durch sein in den zehner Jahren entworfenes, von der Psychoanalyse inspiriertes Verständnis des Subjekts. Während
in den Rönne-Novellen allerdings psychoanalytische Elemente verarbeitet werden, um
die Einzigartigkeit Rönnes hervorzuheben - ihn zeichnen seine Rausch- und Traumzustände als Individuum aus -, wird im *Roman des Phänotyp* dieser frühen Subjektvorstellung eine Typologie gegenübergestellt, welche die subjektive Einzigartigkeit zumindest
relativiert: Benn hält die Kennzeichen des Phänotyps für den „aktuelle[n] Ausschnitt
des Genotyps, des Arttyps"[508]. In den Rönne-Novellen hat die ästhetische Figur des
Außer-sich-Seins die sprachliche Bewegung und den subjektiven Prozess verbunden.
Durch die Analogie zwischen Sprach- und Subjektbewegung entsteht dann die Vorstellung von subjektiver Produktivität. Das Konzept des Phänotyps vereinigt dagegen individuelle und typologische Eigenschaften, eine Verknüpfung, die auch an Benns autobiographischer „Zusammenfassung" deutlich wird.[509] In ihr stellt er sich selbst als Phänotyp dar. Einerseits entwirft er also einen Typus, andererseits will er seine eigene Lebensform reflektieren. Deswegen ist der Phänotyp geprägt von seiner künstlerischen
Existenz. Er gehört zum aktuellen Ausschnitt des Genotyps, weil er der Generation
derjenigen zuzurechnen ist, die die ästhetische Moderne durchgesetzt haben. Um den
Phänotyp zu beschreiben, zählt Benn Elemente auf, die der Poetik der ästhetischen
Moderne um 1910 entsprechen: die Lösung von der Moral, die Desillusionierung gegenüber der Natur, die Ablehnung der literarischen Inszenierung von Gefühlen - auch
bei der Darstellung von Liebe -, die Auflösung der literarischen Gattungen und die Ablehnung der als kausal verstandenen Psychologie als Grundlage für das Subjektkonzept.[510] Damit wird Benn mit der Frage konfrontiert, wie er angesichts der mit zeitlichem Abstand nun möglichen Typologie seiner Generation noch Individualität inszenieren kann, ohne sich zu wiederholen. Auch deswegen soll der Phänotyp eine ausgezeichnete Form von Subjektivität darstellen.

Zur Charakteristik des Phänotyps gehört nicht nur, dass sich sein Denken abseits
aller wissenschaftlichen Erklärungen abspielt und er die Fähigkeit besitzt, künstlerisch
tätig zu sein, sondern auch die Erfahrung der Entgrenzung:

> Ausschweifen und es beobachten, leiden und es übersteigern; ein Phallus im Stammhirn;
> eine Orgie, eisig und glühend, bitter und süß, in Dunkelheiten und Nächten in ihm allein.
> Fröste des Isoliertseins, blutleerer Taumel, Brüchigkeiten,- und fortschreiten, fortklim
> men, fortschleichen von Wort zu Wort, Silbe zu Silbe… *Ausdruck schaffen*, ja ihn verlangt
> nach dem allein.[511]

Ausgehend von der Erfahrung der Entgrenzung schreibt Benn dem Phänotyp ein weiteres Merkmal zu: Er ist in der Lage, die in der Entgrenzung erlebten Ambivalenzen zu
integrieren[512], also auszuschweifen und zu beobachten, eisig und glühend, bitter und
süß in sich zu vereinigen.

---

[508] Ebd., S. 149.

[509] S. dazu Frank Winkler, Die Herrichtung des Ich. Literaturbegriff und Darstellungsstil in Gottfried Benns „Der Roman des Phänotyps". Rüsselsheim 1999, S. 36-49.

[510] Ebd., S. 149 f.

[511] Ebd., S. 156.

[512] Ebd., S. 152.

Das Vermögen des Phänotyps, Ambivalenzen zu vereinen, führt die Dialektik der Subjektivität fort, wie sie bei Aragon und Breton zu beobachten ist. Reflexion und Ausschweifung stehen sich als Elemente des Ich gegenüber. Auch die Vorstellung von der Funktion des Geistes ist zweigeteilt: Einerseits hält Benn den Geist für den Ort, an dem neue Möglichkeiten des Denkens entstehen, andererseits ist dieser Geist durch das wissenschaftliche Denken desavouiert. Einerseits wird dem Phänotyp der „Phallus im Stammhirn" zugeschrieben, also Triebhaftigkeit, andererseits existiert er nur in der geistigen Bewegung. Schließlich ist er sowohl ein Typus wie ein abseitsstehender Einzelner. Die Einzigartigkeit des Phänotyps wird schließlich durch einen Akt der „Herrichtung des Ich" erreicht.

Auf die Frage, ob man seine Triebe bekämpfen solle, wird er antworten: nicht ohne weiteres, das Bekämpfen schafft Neurosen, setzt Spannungen, die sich nicht lohnen, Krisen, die voraussichtlich unproduktiv enden -, man soll erleben und etwas Artifizielles daraus machen; wenn Bekämpfen dazu gehört, wenn es existenziell ist, wende man es an. Das Ziel ist die Herrichtung des Ich zu einer durchlebten, geistig überprüften Form, zu einer Haltung, aus der interessiertes Entgegenkommen gegenüber fremdem Wesen und keine Furcht vor dem Ende spricht.[513]

Im Gegensatz zu den Menschen, die sich mit Surrogaten von Individualität etwa im Liebesgefühl zufrieden geben, ist der Phänotyp gekennzeichnet durch seine Fähigkeit zur „Herrichtung des Ich". Nicht nur diese gewaltsame Terminologie, auch der Hinweis auf die Form und die Haltung, die den Phänotyp erst zum Subjekt machen, legen den Vergleich mit der Funktion der Uniform in Hermann Brochs Trilogie *Die Schlafwandler* nahe. Während Joachim von Pasenow durch die Uniform Haltung und Form gewinnt, gewinnt der Phänotyp durch den Geist seine Gestalt. Diese Herrichtung durch den Geist garantiert aber wie die Uniform die Trennung von den „Zivilisten", die mit ihrem Privatleben beschäftigt sind, von der Anarchie der Triebe, von der Realität. Nur ist die Instanz des Ich, die herrschen will, inzwischen klüger geworden. Sie weiß, dass es produktiver ist, die Triebe nur dort zu zügeln, wo es ohne „Neurosen" und „Spannungen" möglich ist. Trotzdem soll die geistige Form des Individuums das „Verschwimmende und Verfließende des Lebens" aufheben und dem Phänotyp eine „deutliche Abgrenzung seiner Person gegenüber der Umwelt" erlauben.[514] Einerseits zeigen diese Parallelen, dass die Imagination des Phänotyps keinesweg unabhängig von Benns Umgebung ist.[515] Die Ähnlichkeit zwischen der Uniform und der Funktion der Subjektformung lässt sich jedoch auch allgemeiner interpretieren. Sie kann auch als Ausdruck der Dialektik der Aufklärung gelesen werden.

Die Herrschaft des Menschen über sich selbst, die sein Selbst begründet, ist virtuell allemal die Vernichtung des Subjekts, in dessen Dienst sie geschieht, denn die beherrschte, unterdrückte und durch Selbsterhaltung aufgelöste Substanz ist gar nichts anderes als das

---

[513] Ebd., S. 150.

[514] Hermann Broch, Die Schlafwandler, S. 24.

[515] Das tatsächliche Uniformtragen hat prägend auf die Vorstellung der Subjektivität gewirkt, ohne dass Benn es wahrgenommen zu haben scheint. Benn hat allerdings immer wieder auf die Wichtigkeit seiner militärischen Karriere für sein Selbstverständnis aufmerksam gemacht: S. dazu Jürgen Manthey, Disiecti membra poetae und der wieder zusammengesetzte Schriftkörper. Gottfried Benn - Der dionysische Lettrist. In: Horst Albert Glaser, Gottfried Benn 1886-1956. Frankfurt/M./Bern [u.a.] 1989, S. 51-74, S. 52-56.

Lebendige, als dessen Funktion die Leistungen der Selbsterhaltung einzig sich bestimmen, eigentlich gerade das, was erhalten werden soll.[516]

Benn versucht, dem Subjekt durch die Herrschaft der geistigen Form über das noch ungeformte Erleben eine Struktur zu geben. Anders als bei Horkheimer und Adorno soll diese Struktur nicht nur der Selbsterhaltung, sondern auch der künstlerischen Schöpfung dienen. Der Phänotyp formt und beherrscht also das subjektiv Lebendige um der Kunst willen. Damit entsteht im Gegensatz zu Benns früher Prosa im *Roman des Phänotyp* eine Analogie zwischen der Form des Subjekts und der Kunstform.

Die Herrichtung des Ich und die Herrichtung des künstlerischen Produkts entsprechen einander: Beide sind Verkörperungen „einer durchlebten, geistig überprüften Form", die was erhalten werden soll, das Lebendige des Ich - „die Orgie", „Taumel, Brüchigkeiten" - ebenso vernichtet, wie den Ausdruck des lebendigen Denkens, der nicht in der Starrheit der Form, sondern im „Tauziehen mit den Gedanken, Volten der Überspannung"[517], also in der Bewegung, zustande kommt. Dem Plädoyer für die Artikulation der Bewegung - wie sie in Benns früher Prosa ja stattfindet - widerspricht die Vorstellung der geistigen Form ebenso wie die Behauptung von der Reinheit der Kunst.[518] Es taucht also nicht nur die Autonomievorstellung bezogen auf das Subjekt wieder auf, sondern auch ein Verständnis von Kunst, das eher für den Symbolismus typisch ist.[519]

Der Widerspruch zwischen der Vorstellung einer künstlerischen Form und der Artikulation von sprachlicher Bewegung wiederholt sich in der Charakteristik des Phänotyps. Auch er hat neben seinem autonomen, dem „hergerichteten" Ich noch eine zweite Seite, die Benn mit dem Begriff des „Existentiellen" zu fassen versucht.

> Viel Asiatisches,- punktuelle Perspektiven-: mit solchen Andeutungen müßte man das Wesen des Existentiellen umschreiben,- Abschlüsse, tendenziöse Ergebnisse liegen außerhalb seiner Natur. Diese Natur ist ausgesprochen zyklisch, läßt alles offen, alles Hervorgebrachte wird wieder zurückgenommen.[520]

Das Existentielle des Phänotyps scheint also darin zu liegen, dass er nicht in endgültigen Definitionen denkt. Die Offenheit des Existentiellen wiederholt sich insofern in der Schreibweise des Textes, als dem Existentiellen und dem Phänotyp ständig neue Bestimmungen zugeordnet werden und sich so also auch der Wille zur Form relativiert.[521] Im Gegensatz zum Konzept von Subjektivität, das diese als beherrscht durch die geistige Form versteht, ist das Existentielle gekennzeichnet durch Offenheit, als unabschließbare Bewegung und als Negation, die alles Entworfene wieder zurücknimmt. Damit wäre die existentielle Subjektivität auch als Negation jeder festgelegten Form lesbar. Der *Roman des Phänotyp* bewegt sich also zwischen zwei Subjektkonzepten: dem

---

[516] Max Horkheimer/Theodor W. Adorno, Die Dialektik der Aufklärung. Frankfurt/M. 1971, S. 51.

[517] Benn, Der Roman des Phänotyp, S. 157.

[518] Ebd.

[519] Zur Problematik des Formkonzepts bei Benn: Jörg Drews, Vis-à-vis du rien. Zur Situation Walter Serners und einiger seiner Zeitgenossen zwischen 1918 und 1936, S. 15.

[520] Benn, Roman des Phänotyp, S. 154.

[521] Bodo Bleinagel beschreibt den *Roman des Phänotyp* wohl deswegen als „Produkt einer einzigen schöpferischen Bewegung [...] nicht Beschreibung also, sondern Schreiben als Selbstherstellung" (in: Absolute Prosa. Ihre Konzeption und Realisierung bei Gottfried Benn. Bonn 1969, S. 17).

des herrschaftlichen Selbst, das Adorno und Horkheimer kritisieren, auf der einen Seite und der Negation von Subjektivität als fest umrissene Identität auf der anderen Seite. Der Phänotyp ist sowohl durch die herrschaftliche Form des Subjekts wie durch die existentielle Offenheit gekennzeichnet. Während die geistige Form versucht, die subjektive Lebendigkeit zu beherrschen, rebelliert das Existentielle gegen diese Formung. Zwischen diesen Gegensätzen entsteht die „Handlung" des Romans.

Die Verknüpfung von Negation und Fülle, die bei Aragon als Dialektik zwischen der Reduktion des Selbstbewusstseins und den kreativen „Abgründen" des Subjekts zu beobachten war, charakterisiert als Gegensatz zwischen der Form und dem Existentiellen nicht nur Benns Subjektkonzept, sondern lässt sich auch in Musils Vorstellung von Subjektivität im *Mann ohne Eigenschaften* finden.

> [...] es ist immer falsch, die Erscheinungen in einem Land einfach mit dem Charakter seiner Bewohner zu erklären. Denn ein Landesbewohner hat mindestens neun Charaktere, einen Berufs-, einen National-, einen Staats-, einen Klassen-, einen geographischen, einen Geschlechts-, einen bewussten, einen unbewussten und vielleicht auch noch einen privaten Charakter; er vereinigt sie in sich, aber sie lösen ihn auf, und er ist eigentlich nichts als eine kleine, von diesen vielen Rinnsalen ausgewaschene Mulde, in die sie hineinsickern und aus der sie wieder austreten, um mit andern Bächlein eine andere Mulde zu füllen.[522]

Ein Mensch hat also nicht einen Charakter, sondern vereint in sich unterschiedlichste Charaktertypen, diese machen ihn jedoch nicht zu einem besonders reichen, differenzierten Individuum, sondern führen zur Auflösung der individuellen Identität.[523] Dieser scheinbare Widerspruch ist durch die Typik, die *jeden* Landesbewohner bestimmt, erklärbar. Seine Eigenschaften charakterisieren nicht nur ihn, sondern verbinden ihn auch mit allen anderen Landesbewohnern. Deswegen hat er keine individuelle Identität, sondern bildet nur eine „Mulde" für kollektive Eigenschaften.

Über die neun Charaktere hinaus zeichnet das Subjekt noch ein weiteres Element aus:

> Deshalb hat jeder Erdbewohner auch noch einen zehnten Charakter, und dieser ist nichts als die passive Phantasie unausgefüllter Räume; er gestattet dem Menschen alles, nur nicht das eine: das ernst zu nehmen, was seine mindestens neun andern Charaktere tun und was mit ihnen geschieht; also mit andern Worten, gerade das nicht, was ihn ausfüllen sollte. Dieser, wie man zugeben muß, schwer zu beschreibende Raum ist in Italien anders gefärbt und geformt als in England, weil das, was sich von ihm abhebt, andre Farbe und Form hat, und ist doch da und dort der gleiche, eben ein leerer, unsichtbarer Raum, in dem die Wirklichkeit darinsteht wie eine von der Phantasie verlassene kleine Steinbaukastenstadt.[524]

---

[522] Robert Musil, Der Mann ohne Eigenschaften, S. 34.

[523] Zur Auflösung des Identitätskonzepts bei Musil: Annette Gies, Musils Konzeption des ‚Sentimentalen Denkens'. Der Mann ohne Eigenschaften als literarische Erkenntnistheorie. Würzburg 2003, S. 52-56; Hildegard Hogen, Die Modernisierung des Ich. Individualitätskonzepte bei Siegfried Kracauer, Robert Musil und Elias Canetti. Würzburg 2000, S. 95-95; aus poststrukturalistischer Perspektive: Stefan Hajduk, Die Figur des Erhabenen. Robert Musils ästhetische Transgression der Moderne. Würzburg 2000, S. 76-105.

[524] Ebd.

Die Metapher von der „passive[n] Phantasie unausgefüllter Räume" formuliert die Dialektik zwischen der Fülle der Eigenschaften und der Negation von Subjektivität auf einer neuen Ebene. Das Subjekt hat nun in sich eine Leere, die seine anderen Eigenschaften relativiert und deren Zuschreibungen in Frage stellt. Damit kann Musils Subjektkonzept als ironische Form der Existenz beschrieben werden. Das Subjekt kann seine Eigenschaften selbst nicht „ernst nehmen", weil es sich durch den leeren Raum nicht als identisch mit der Summe seiner Eigenschaften empfindet. Die Ironie seiner Existenz zeigt sich also daran, dass es durch seinen zehnten Charakter, die anderen neun als Rollen erkennen kann, die nicht individuell sind, gleichzeitig verleiht dieser zehnte Charakter dem Subjekt aber nichts substantiell Individuelles, weil er ein leerer Raum ist.

Musil versucht hier, eine Imagination von Subjektivität zu entwerfen, die allein seinem Text eigen ist. Obwohl er natürlich weiß, dass vor allem soziologische und psychologische Erkenntnisse wichtig für die Beschreibung von Subjektivität sind, erfindet er einen leeren Raum innerhalb des Subjekts, der von den bereits bestehenden Möglichkeiten, ein Subjekt zu definieren, frei bleibt. Dieser leere Raum kann nicht begrifflich erfasst, sondern nur mit einem Vergleich, also poetisch dargestellt werden. Dass der besondere Entwurf des Subjekts nur in einer seinen sonstigen Merkmalen hinzugefügten Leere besteht, macht auch die ironische Balance deutlich, welche die Schreibweise des *Mann ohne Eigenschaften* bestimmt. Dabei zielt die Beschreibung von Subjektivität an dieser Stelle nicht auf ein besonderes Subjekt, sondern ist so allgemein formuliert, dass alle „Erdbewohner" durch sie erfasst werden. Auch diese generelle Definition von Subjektivität, die versucht originell zu sein, befindet sich also in einer Spannung zur Originalität jedes einzelnen Subjekts: Wie ist dessen Individualität noch fassbar? Der Erzähler versucht, dieses Problem zunächst durch die spezielle „Färbung" des Raumes je nach Nationalität zu lösen. Damit verengt er seine Typologie, beschreibt aber weiter eine kollektive Form von Subjektivität. Für die Konstruktion eines *Mann ohne Eigenschaften* muss jedoch entscheidend sein, wie das Verhältnis von typologisch beschreibbarer Subjektivität und der Besonderheit eines einzelnen Subjekts zu fassen ist.

Als ein erster Hinweis für die Lösung dieser Frage kann das Konzept der Eigenschaftslosigkeit und ihre Verknüpfung mit Musils Protagonisten Ulrich betrachtet werden.[525] Ulrichs Besonderheit gegenüber den anderen Figuren ist nämlich seine Eigenschaftslosigkeit. Das Besondere an ihm besteht in der Negation von Eigenschaften, also von etwas, was allgemein als individuell angesehen wird.

> Mit wenig Übertreibung durfte er [Ulrich, S. K.] darum von seinem Leben sagen, daß sich alles darin so vollzogen habe, wie wenn es mehr zueinander gehörte als zu ihm. Auf A war immer B gefolgt, ob es nun im Kampf oder in der Liebe geschah. Und so mußte er wohl auch glauben, daß die persönlichen Eigenschaften, die er dabei erwarb, mehr zueinander als zu ihm gehörten, ja jede einzelne von ihnen hatte, wenn er sich genau prüfte, mit ihm nicht inniger zu tun als mit anderen Menschen, die sie auch besitzen mochten.[526]

In Ulrichs Charakteristik wiederholt sich zunächst das allgemein Typische der ironischen Existenz. Seine persönlichen Eigenschaften bilden einen Zusammenhang, mit

---

[525] S. zum Konzept der Eigenschaftslosigkeit: Thomas Rentsch, Wie ist ein Mann ohne Eigenschaften überhaupt möglich? Philosophische Bemerkungen zu Musil. In: Helmut Bachmaier (Hrsg.), Paradigmen der Moderne. Amsterdam/Philadelphia 1990, S. 49-76; Klaus Laermann, Eigenschaftslosigkeit. Reflexionen zu Musils „Mann ohne Eigenschaften". Stuttgart 1970.
[526] Musil, Der Mann ohne Eigenschaften, S. 148 f.

dem er sich nicht identifiziert, und stiften gleichzeitig die Verbindung zu anderen Menschen mit denselben Merkmalen. Deswegen kann Ulrich anhand der Kategorie „Eigenschaft" nicht benennen, was ihn als Individuum auszeichnet.

Über diese „Eigenschaften ohne Mann"[527], aus denen der Mann ohne Eigenschaften besteht, wird aber nicht nur die Vermittlung von Subjekt und Kollektiv gewährleistet, sondern das Subjekt auch mit dem Geschehen in der Außenwelt verknüpft. Seine Eigenschaften folgen wie die Außenwelt scheinbar ohne seine Einwirkung dem Gesetz von Ursache und Wirkung. Deswegen erlebt sich Ulrich, obwohl seine Eigenschaften zu Handlungen führen, nicht als Urheber der Tat. Diese Perspektive lässt deutlich den Einfluss Nietzsches erkennen: Seine Behauptung, es gäbe keinen Täter im Tun, wird in Ulrichs Verhältnis zu seinen Taten wieder aufgenommen.[528] Anders als in der Novelle *Die Vollendung der Liebe* führt Nietzsches Erkenntniskritik aber nicht mehr zur Sprengung des Textzusammenhanges.[529] Während sie dort als grundlegende Voraussetzung die Beziehung zwischen Figur und Handlung definiert, wird sie im *Mann ohne Eigenschaften* als subjektiv wählbare Perspektive auf die Außenwelt dargestellt, also als so relativ wie alle anderen Perspektiven betrachtet.

> Auch jetzt zweifelte er [Ulrich, S. K.] nicht daran, daß dieser Unterschied zwischen dem Haben der eigenen Erlebnisse und Eigenschaften und ihrem Fremdbleiben nur ein Haltungsunterschied sei, in gewissem Sinn ein Willensbeschluß oder ein gewählter Grad zwischen Allgemeinheit und Personhaftigkeit, auf dem man lebt. Ganz einfach gesprochen, man kann sich zu den Dingen, die einem widerfahren oder die man tut, mehr allgemein oder mehr persönlich verhalten.[530]

Ulrichs Verhältnis zu seinen Erlebnissen und Eigenschaften ist das Ergebnis einer Wahl, die innerhalb einer Skala von Möglichkeiten stattfindet. Zwischen der „Personhaftigkeit" - dem Glauben an die eigene Individualität - an ihrem einen Ende und der „Allgemeinheit" - dem Fremdbleiben der Eigenschaften, über die man verfügt - an ihrem anderen befinden sich unendliche Abstufungen und Mischungen zwischen beiden Elementen. Auf dieser Skala kann sich jedes Subjekt mit seiner persönlichen Haltung einordnen, und der gewählte Punkt ist aller Wahrscheinlichkeit nach ihm allein eigen. Diese Vorstellung von Individualität wird dadurch denkbar, dass an die Stelle einer alternativen Wahl - entweder an die eigene Besonderheit zu glauben oder gegenüber diesem Konzept die Distanz zu wahren - eine graduelle, ein gewählter Grad zwischen „Allgemeinheit" und „Personhaftigkeit", tritt. So entstehen qualitative Unterscheidungen, deren Nachteil es allerdings ist, dass sie nicht messbar und deswegen auch nicht objektiv benennbar sind.

Die Haltung des Subjekts ist also Ausdruck seiner Subjektivität, ohne dass diese näher zu bezeichnen wäre. Während die Eigenschaften des Subjekts vorher in den Kontext des Kollektivs eingeordnet und in Bezug zu seinen Taten oder Erlebnissen gesetzt werden, wird der Umgang mit Eigenschaften nun aber auch auf die geschichtliche Situation bezogen, welche die Individualität ebenfalls bedroht.

---

[527] Ebd., S. 150.

[528] S. dazu Hans-Joachim Pieper, Musils Philosophie. Essayismus und Dichtung im Spannungsfeld der Theorien Nietzsches und Machs. Würzburg 2002.

[529] S. dazu 2. Teil Kap. I.

[530] Musil, Der Mann ohne Eigenschaften, S. 149.

Wahrscheinlich ist die Auflösung des anthropozentrischen Verhaltens, das den Menschen so lange Zeit für den Mittelpunkt des Weltalls gehalten hat, nun schon seit Jahrhunderten im Schwinden ist, endlich beim Ich selbst angelangt, denn der Glaube, am Erleben sei das wichtigste, daß man es erlebe, und am Tun, daß man es tue, fängt an, den meisten Menschen als Naivität zu erscheinen.[531]

Die Moderne ist, folgt man den Reflexionen des Musilschen Erzählers, nicht nur gekennzeichnet durch den Verlust von Unmittelbarkeit im Erleben und Handeln des Subjekts, sondern auch durch die Behandlung von Eigenschaften und Erlebnissen im Theater, in der Wissenschaft und in Gesinnungs- und Religionsgemeinschaften: Alle diese Instanzen behaupten, von jenen mehr zu wissen als das erlebende Subjekt selber, weil sie sich als Inhaber künstlerischer, wissenschaftlicher oder transzendenter Wahrheit verstehen.[532] Mit diesem Anspruch, aber auch mit den Erkenntnissen, die die Wissenschaften vom Menschen zutage fördern, tragen sie zur Auflösung des Ich auf zwei Ebenen bei. Sie favorisieren objektive Wahrheit im Gegensatz zur subjektiven Perspektive und sie tragen zur Typologisierung des Subjekts bei. Die wissenschaftliche, religiöse und dramatische Bearbeitung von Erleben und Handeln löst allerdings wie das Schwinden des Ich das Problem der Selbstreflexion, indem sie den Faktor des subjektiven Bewusstseins schlicht für irrelevant erklärt. Durch die Trennung von subjektivem Bewusstsein und Erlebnis entsteht jedoch eine Paradoxie, weil ein Erlebnis nur im Erleben eines Subjekts zu einem solchen werden kann. Diese Paradoxie wird aber wiederum an den historischen Prozess der Modernisierung gekoppelt, aus dem es für das Subjekt anscheinend keinen Ausweg gibt.

Obwohl die Beschreibung moderner Subjektivität damit nur noch vom objektiven Prozess der Modernisierung abhängig erscheint, versucht Musil mit einer Volte, diese Diagnose wieder mit der ironischen Verfasstheit seiner Hauptfigur zu verknüpfen und so in die ästhetische Balance des Textes zurückzuholen. „Und mit einem Mal mußte sich Ulrich angesichts dieser Bedenken lächelnd eingestehen, daß er mit alledem ja doch ein Charakter sei, auch ohne einen zu haben."[533] Die scheinbar objektiv vom Erzähler vorgetragene Argumentation wird im Nachhinein Ulrich als erlebte Rede zugeschrieben. Nur er hat seine „Bedenken" angesichts der Situation des modernen Subjekts formuliert, damit sind sie von seiner subjektiven Perspektive bestimmt und also keine objektive Zeitdiagnose. Gleichzeitig hält Ulrich seine Reflexion für den Ausdruck seines individuellen Charakters, gewinnt also über sie seine gefährdete Besonderheit zurück. Seine Individualität wird auch hier in Anlehnung an das Konzept der Eigenschaftslosigkeit formuliert - Ulrich hat keinen Charakter, so wie er keine Eigenschaften hat - und erscheint gerade in der Negation von Eigenschaften oder Charakter als originell. Diese Originalität kann nicht als essentielle missverstanden werden, weil sie durch die Negation zustande kommt und sich nur in der Wahl des Grades zwischen individuellem und typischem Verständnis des eigenen Charakters ausdrücken kann. Als nicht essentielle Originalität korrespondiert sie mit dem ironischen Zustand des Subjekts in der Moderne, der in der Ironie von Ulrichs abschließendem Gedanken auch sprachlich inszeniert wird.

---

[531] Ebd., S. 150.
[532] Ebd.
[533] Ebd.

Der ironische Zustand des Subjekts korrespondiert an zwei Punkten mit der ästhetischen Figur des Außer-sich-Seins, wie Musil sie in seinen frühen Novellen entwickelt hat. Einerseits ist der ironische Zustand des Subjekts im *Mann ohne Eigenschaften*
der Gegenpol zum „anderen Zustand", in dem die geistige Vereinigung zwischen Ulrich
und seiner Schwester stattfindet. Während im anderen Zustand die ästhetische Figur
des Außer-sich-Seins auf ein gemeinsames Entgrenzungserlebnis ausgeweitet wird, ist
die ironische Existenz des Subjekts die Grundlage seiner Welterfahrung. Von ihr hebt
sich der andere Zustand als die transzendierende Erfahrung ab. Andererseits ist auch
die ironische Haltung zu sich und der Welt durch ein Element des Außer-sich-Seins gekennzeichnet. Da das Subjekt sich nicht für identisch hält und sich keine seiner Eigenschaften oder Erlebnisse als nur eigene zurechnet, transzendiert es sich in jedem Moment, in dem es sich dieser nicht-identischen Verfassung bewusst wird. Diese selbstreflexive Überschreitung in der Ironie strukturiert den gesamten Roman: Der Erzähler
breitet immer wieder Ulrichs Reflexionen aus, die den Romanverlauf, aber auch bestimmte Begriffe ironisch in der Schwebe halten. So entsteht ein Zusammenhang innerhalb des Romans, den die ästhetische Figur des Außer-sich-Seins nicht leisten könnte.

Die Dialektik zwischen Individuellem und Kollektivem, zwischen der Enge des
Bewusstseins und der Fülle des Unbewussten, zwischen Identität und Entgrenzung
kann auch in Verbindung mit einer Dialektik der Zeit zum Ausdruck kommen. Schon
in Aragons *Le paysan de Paris* ist es der „Dämmer der Orte" - also zeitlich betrachtet
Dämmerung und Nacht -, der die Abgründe des Subjekts, aber eben auch seine Fülle,
offenbar werden ließ. Während in den surrealistischen Texten aber eher die Dimension
des Raumes akzentuiert wird, bestimmt in Djuna Barnes' Roman *Nightwood* der Wechsel
von Tag und Nacht den Zustand des Subjekts.[534] Der Gegensatz zwischen Tag und
Nacht ist wiederum kein absoluter, sondern wird deutlich als dialektischer beschrieben.
So will Dr. O'Connor, eine der Hauptfiguren, erklären, „how the day and the night are
related by their division".[535] Die Erfahrung der Nachtseite von Subjektivität teilen die
Figuren von Djuna Barnes mit dem Ich-Erzähler in Célines Roman *Voyage au bout de la
nuit.* Während er darunter aber die sich dem Bewusstsein entziehende Naturgeschichte
des Menschen versteht, zeichnet sich in den Gesprächen von *Nightwood* die Möglichkeit
einer anderen Geschichte des Subjekts ab.

> ‚I used to think,' Nora said, ‚that people just went to sleep, or if they did not go to sleep
> that they were themselves, but now... I see that the night does something to a person's
> identity, even when asleep.' ‚Ah!' exclaimed the doctor. ‚Let a man lay himself down in
> the Great Bed and his ‚identity' is no longer his own, his ‚trust' is not with him, and his
> ‚willingness' is turned over and is of another permission. His distress is wild and anony-
> mous. He sleeps in a Town of Darkness, member of a secret brotherhood. He neither
> knows himself nor his outriders; he berserks a fearful dimension and dismounts, miracu-
> lously, in bed!'[536]

---

[534] Zum Zusammenhang von Unbewusstem und Nacht: Victoria L. Smith, A Story beside(s) Itself: The Language of Loss in Djuna Barnes's *Nightwood*. In: Publications of the Modern Language Association of America, 114/Jg. 1999, S. 194-206, S. 199.

[535] Djuna Barnes, Nightwood (1937). In: Dies., Selected Works of Djuna Barnes. New Y-
ork/London 1980, S. 227-366, S. 296; s. zur Binarität und ihrer Auflösung in „Nightwood": Bonnie
Kime Scott, Refiguring Modernism. Vol. 2. Bloomington/Indianapolis 1995, S. 72 f.

[536] Barnes, Nightwood, S. 296.

Der Verlust von Identität, Vertrauen und Willen lässt das Subjekt im Schlaf zu einem anderen werden, weil es von einer mit dem Wachbewusstsein nicht identischen Instanz gesteuert wird. Im Traum erlebt es Abenteuer, die seinem bewussten Selbstverständnis widersprechen. Es befindet sich an einem „anderen Ort", in der „Town of Darkness", die durch den Kontext als Metapher für das Unbewusste gelesen werden kann.[537] Ähnlich wie das surrealistische Subjektkonzept legt O'Connors Verständnis der Psyche auch für das Unbewusste kollektive Elemente nahe: Der Träumer ist Mitglied einer geheimen Bruderschaft, also zeichnet ihn das Träumen nicht als Individuum aus. Gleichzeitig verwischt O'Connor jedoch die Grenze zwischen dem wachen Erleben und dem Traum: Er spricht zum Beispiel nicht explizit vom Traum. So erscheinen die nächtlichen Handlungen als genauso real wie die während des Tages, auch wenn der Handelnde selbst sich in ihnen nicht erkennt. Handlungen in der Nacht und am Tag sind also durch den gleichen Realitätsstatus verbunden, obwohl sich das Verhältnis des Subjekts zu ihnen unterscheidet.

Diese psychoanalytisch interpretierbare Konzeption des Subjekts ist gekoppelt an romantische Motive, die ja bereits eine gewisse Nähe zwischen Nacht und Traum einerseits und der Entgrenzung des Subjekts andererseits formulieren. Die Form des Außersich-Seins, die in *Nightwood* dominiert, entsteht aber durch die Überschreitung der heterosexuellen Geschlechtsidentität. Sowohl die romantische wie die psychoanalytische Vorstellung des Subjekts werden einem durch Homosexualität und Transsexualität bestimmten Subjektkonzept untergeordnet. Die konventionelle Subjektvorstellung, die der Roman unterläuft, ist die heterosexuell definierte Geschlechtsidentität.[538] Gegen diese Norm richten sich die Veränderungen, die das Subjekt in der Nacht erlebt.

> In the old days I was possibly a girl in Marseilles thumping the dock with a sailor, and perhaps it's that memory that haunts me. The wise men say that the remembrance of things past is all that we have for a future, and am I to blame if I've turned up this time as I shouldn't have been, when it was a high soprano I wanted, and deep corn curls to my bum, with a womb as big as the king's kettle, and a bosom as high as the bowsprit of a fishing schooner? And what do I get but a face on me like an old child's bottom - is that a happiness, do you think?[539]

In der Nacht offenbart sich die Transsexualität des Doktors. Er empfängt Nora im Bett in einem Flanellnachthemd und mit einer blonden, lockigen Perücke als Ersatz für die „deep corn curls to my bum", die ihm als Mann vorenthalten bleiben. Er hat das Gefühl, sich mit seinem weiblichen Begehren im falschen, im männlichen Körper zu befinden und erklärt die Inkongruenz von Körperlichkeit und Begehren durch seine weibliche Vergangenheit: Im früheren Leben war er eine Frau. Die Erinnerung an die auch biologisch weibliche Existenz produziert das Begehren nach Weiblichkeit. Damit ver-

---

[537] S. zum Vergleich des Gesprächs von Nora und O'Connor mit der psychoanalytischen Therapiesituation und als Kritik von Barnes an der Psychoanalyse: Jane Marcus, Laughing at Leviticus: *Nightwood* As Women's Circus Epic. In: Cultural Critique, 9/Jg. 1989/90, S. 143-190; Deborah S. Wilson, Dora, Nora and Their Professor: The „Talking Cure", *Nightwood* and Feminist Pedagogy. In: Literature and Psychology, Jg. 1996, No. 3, S. 48-71.

[538] S. dazu: Carolyn Allen, The Erotics of Nora's Narrative in Djuna Barnes's *Nightwood*. In: Signs: Journal of Women in Culture and Society 19/Jg. 1993, H. 1, S. 177-200; Judith Lee, Nightwood: „The sweetest Lie". In: Mary Lynn Broe (Hrsg.), Silence and Power. A Reevaluation of Djuna Barnes. Carbondale u. Edwardville 1991, S. 207-218.

[539] Barnes, Nightwood, S. 304.

bunden erscheint auch der Wunsch nach einer homogenen heterosexuellen Geschlechtsidentität.

Wie bei André Breton wird die das Subjekt beherrschende Dialektik anhand der Geschlechterdifferenz dargestellt, nur wird sie in *Nightwood* nicht an zwei verschiedenen Figuren vorgeführt, sondern zeigt sich im Fall des Doktors als Spaltung seiner Subjektivität. Die Spaltung zwischen weiblichem Begehren und männlichem Körper verstößt gegen die gesellschaftliche Norm der einheitlichen Geschlechtsidentität, in der das biologische Geschlecht, das soziale Geschlecht und die sexuelle Praxis übereinstimmen sollen.[540] Ein männlicher Körper, männliches Verhalten und heterosexuelle Praktiken definieren also die männliche Geschlechtsidentität. Der Doktor ist biologisch ein Mann, weil er sich aber als Frau fühlt, liebt er Männer. Er ist also in seiner sexuellen Praxis homosexuell, definiert sich aber selbst als heterosexuelle Frau mit dem „falschen" biologischen Geschlecht. Durch das Auseinanderfallen der einheitlichen, heterosexuell definierten Geschlechtsidentität in ihre dann widersprüchlichen Bestandteile entsteht in Barnes' Roman die Dialektik des Subjekts. Sie ist einerseits durch den Wunsch nach geschlechtlicher Identität bestimmt, gewinnt aber andererseits durch die individuellen Abweichungen von diesem Konzept erst ihre Konturen.

Da die Geschlechtsidentität innerhalb der Gesellschaft als einheitliches Konstrukt angesehen wird, werden die Abweichungen von dieser Norm von den Figuren in *Nightwood* als Mangel empfunden.

> The last doll, given to age, is the girl who should have been a boy, and the boy who should have been a girl! The love of that last doll was foreshadowed in that love of the first. The doll and the immature have something right about them, the doll because it resembles but does not contain life, and the third sex because it contains life but resembles the doll.[541]

Die Ähnlichkeit zwischen der Puppe und dem Jungen, der ein Mädchen hätte sein sollen, entsteht durch ihre fehlende Vollständigkeit, die anscheinend das „Richtige" an ihnen ist. Die Leblosigkeit der Puppe und die „Unreife" des Transsexuellen zeigen die andere Seite „abweichender" geschlechtlicher Identität. Sie bedeutet eben auch „Unreife" bezogen auf die gesellschaftlich geforderte Einheit von biologischem und sozialem Geschlecht sowie sexuellem Begehren. Gleichzeitig wird durch die „Mangelhaftigkeit" des sexuellen Gegenentwurfs auch deutlich, dass er nicht zu einer substantiellen Identität führen kann, weil diese abhängig ist von der Erfüllung der gesellschaftlichen Norm. Deswegen erscheint die fehlende Einheit der Geschlechtsidentität als infantil. Andererseits zeigt diese „Unreife" die Künstlichkeit der gesellschaftlich konstruierten Geschlechtsidentität.

Zum dritten Geschlecht, zu dem Dr. O'Connor die Transsexuellen rechnet, gehören seiner Meinung nach aber auch weibliche und männliche Homosexuelle. Sie gehen mit der geschlechtlichen Identität zwar anders um als die Transsexuellen, setzten aber ebenfalls ihre Elemente anders zusammen, als es der gesellschaftliche Konsens erlaubt. So beschreibt Nora die Beziehung zu ihrer Geliebten Robin als Liebe zu sich selbst: „A man is another person - a woman is yourself, caught as you turn in panic; on her mouth

---

[540] Barnes Text zeigt die Auflösung der Geschlechtsidentität, wie sie Judith Butler theoretisch vornimmt; s. dazu: Das Unbehagen der Geschlechter. Frankfurt/M. 1991.

[541] Barnes, Nightwood, S. 349.

you kiss your own. If she is taken you cry that you have been robbed of yourself."[542] Im Gegensatz zum transsexuellen Konzept der Geschlechtsidentität findet hier eine Entdifferenzierung statt. Nora ist biologisch und sozial weiblichen Geschlechts und liebt Frauen, in ihrer Konzeption der Geschlechtsidentität spielt die Geschlechterdifferenz keine Rolle mehr. Sie ist sozusagen identischer als die konventionelle weibliche Geschlechtsidentität, in der durch die heterosexuelle Praxis ein Moment geschlechtlicher Differenz erscheint. Die Aufhebung der Geschlechterdifferenz führt dann ebenfalls zur Auflösung der Identitätsvorstellung, weil das eigene Ich und die Andere nicht mehr voneinander zu trennen sind. Diese Symbiose der Liebenden ist für Nora nicht etwa beängstigend, sondern der Zustand, den sie sich wünscht. Das Auftreten von Differenzen bedeutet dagegen die Bedrohung des Liebesverhältnisses, weil Nora sie nur als Ausdruck von Fremdheit versteht. In dieser Vorstellung von geschlechtlicher Identität sind es gerade die auch in der homosexuellen Praxis nicht zu unterdrückenden Differenzen - die immer wieder auftretenden individuellen Unterschiede zwischen den Liebenden -, die das Subjekt als Mangel erlebt.[543]

Die Symbiose zwischen Liebender und Geliebter wird nicht nur als Identifizierung gefasst, sondern auch als Inzest dargestellt.

> I haunted the cafés where Robin had lived her night-life; I drank with the men, I danced with the women, but all I knew was that others had slept with my lover and my child. For Robin is incest, too; that is one of her powers. [...] she was like a relative found in another generation.[544]

Einerseits tritt an die Stelle des Geschlechtsunterschieds hier der imaginierte Generationsunterschied, der die Unmöglichkeit einer als Verschmelzung verstandenen sexuellen Praxis deutlich macht. Andererseits ähnelt der Inzest der vom Doktor beschriebenen Liebe zur ersten Puppe, weil der Inzest wie die Liebe zur Puppe die Symbiose von Mutter und Kind wiederholt. Beide Formen der Liebe artikulieren ein Begehren, das aus der Vergangenheit des Subjekts stammt. Die Wiederholung des infantilen Begehrens konstituiert die Geschlechtsidentität, wie sie Nora und der Doktor verstehen.

Die Wiederholung bildet aber auch die Grundlage dafür, dass es überhaupt möglich ist, eine Geschichte des Subjekts zu formulieren. Zwar bewegt sich die Dialektik des Subjekts auch zwischen der einheitlichen, als normativ abgelehnten Geschlechtsidentität und von Figuren entworfenen Konzeption von Sexualität, die sie als Individuen auszeichnet. Nora und Dr. O'Connor erleben ihre Entwürfe aber als mangelhaft, als in sich disparat, weil sie von der gesellschaftlich gewünschten Form von sexueller Identität abweichen. In Barnes' Roman wird dieser Mangel aber mit der individuellen Früh- oder Vorgeschichte verknüpft, um so die Geschichte des Subjekts schreiben zu können. Diese Bindung an die Vergangenheit kann wie im Fall des Doktors sogar über die aktuelle körperliche Existenz hinausreichen und sich auf ein früheres Leben beziehen. Durch den Bezug zur Vergangenheit erhält die Erinnerung einen besonderen Stellenwert und das Subjekt eine sexuelle Einheit, die allerdings problematisch bleibt: Es kann sich in der Gegenwart nur so verhalten, wie es durch seine Erinnerung an die Vergangenheit geprägt ist. Nora kann sich von dem Wunsch nach der infantilen Symbiose

---

[542] Ebd., S. 344.
[543] Zum Verhältnis von Gleichheit und Differenz s.a. Carolyn Allen, The Erotics of Nora's Narrative, S. 188 ff.
[544] Ebd., S. 355.

nicht trennen und hat deswegen keinen davon unabhängigen Handlungsspielraum. Sein „prehistoric memory"[545] lässt dem Doktor ebenfalls keine Wahl, seine gespaltene Subjektivität steht ein für alle Mal fest. Andererseits ist sein Gedächtnis in der Tat vorgeschichtlich, es kann sich an Dinge erinnern, an die es sich nach realistischen Maßstäben gar nicht erinnern dürfte, eine Tatsache, die natürlich auch für die Erinnerung an die nur im Unbewussten gegenwärtige frühkindliche Symbiose gilt. Als Erinnerung wird hier also eher die Imagination einer Vergangenheit verstanden, an die sich das Subjekt gleichwohl gebunden fühlt. Vor der Geschichte bewegt sich diese Form der Erinnerung aber auch, weil sie sich außerhalb des „realistisch" Erzählbaren befindet und sich über die Grenzen des Subjekts hinwegsetzt.

Im Gegensatz zur heterosexuellen Geschlechtsidentität sind es dabei die Transsexuellen und Homosexuellen, die ihrer imaginierten Vergangenheit treu bleiben: die also die Weiblichkeit aus dem früheren Leben oder die Mutterliebe der Kindheit wiederholen. Dadurch entsteht eine Geschichte des Subjekts, die sich den konventionell gültigen Kategorien entzieht und gleichzeitig erzählbar ist. Während die Erinnerung also in den Texten um 1910 problematisch ist, weil sie einen biographischen Zusammenhang stiftet, der zur kausalen und chronologischen Ordnung des Textes führt, wird die Erinnerung bei Barnes - und auch bei den Autoren des nächsten Abschnitts - wieder dazu verwendet, eine Geschichte des Subjekts zu konstituieren. Die Kohärenz dieser Geschichte entsteht jedoch durch eine Variante der Erinnerung, die den Zusammenhang des individuellen Lebenslaufs weiter leugnet.

2.2 Dialektik II: Fülle der Erinnerung

Während sich die Erinnerung in Djuna Barnes' Roman *Nightwood* auch über die Grenzen des subjektiven Bewusstseins hinwegsetzt, bildet sie in anderen Romanen das Grundgerüst für die Darstellung von subjektiver Fülle. Auch auf die folgenden Texte lässt sich der Ausspruch des Doktors: „The wise men say that the remembrance of things past is all that we have for a future…"[546] beziehen. Anders als in *Nightwood* findet die Erinnerung jedoch meist innerhalb der realistischen Grenzen des Subjekts statt. Die Subjektvorstellung zeigt auch in den im Folgenden besprochenen Romanen - wie in den Beispielen des letzten Abschnitts - die Dialektik zwischen typologischer Darstellung und besonderer, allein auf das jeweilige Subjekt bezogener Charakteristik. Dabei verbinden die Romane von Thomas Mann, James Joyce, Virginia Woolf und Marcel Proust alle die subjektive Imagination der Vergangenheit durch die Erinnerung mit der erzählerischen Struktur.

So verknüpft der Beginn von Thomas Manns Joseph-Roman die Frage nach dem Wesen von Subjektivität mit der Frage nach dem geschichtlichen Anfang der menschlichen Gattung.

> Tief ist der Brunnen der Vergangenheit. Sollte man ihn nicht unergründlich nennen? Dies nämlich dann sogar und vielleicht eben dann, wenn nur und allein das Menschenwesen es ist, dessen Vergangenheit in Rede und Frage steht: dies Rätselwesen, das unser eigenes natürlich-lusthaftes und übernatürlich-elendes Dasein in sich schließt und dessen

---

[545] Ebd., S. 360.
[546] Djuna Barnes, Nightwood, S. 304.

Geheimnis sehr begreiflicherweise das A und das O all unseres Redens und Fragens bildet [...] Da denn nun gerade geschieht es, daß, je tiefer man schürft, je weiter hinab in die Unterwelt des Vergangenen man dringt und tastet, die Anfangsgründe des Menschlichen [...] sich als gänzlich unerlotbar erweisen.[547]

Das „Rätselwesen Mensch" stellt einerseits den Typus dar, gegen den sich Manns Hauptfigur Joseph mit seiner Besonderheit behaupten muss.[548] Andererseits wird die Rätselhaftigkeit des menschlichen Wesens mit der Unergründbarkeit der Vergangenheit verbunden. Beide Elemente sind jedoch nicht zu erfassen, weil der Erzähler ihres Ursprungs nicht habhaft werden kann. Wie in Djuna Barnes' Roman geht es also auch in der Tetralogie Thomas Manns um die Vorgeschichte des Subjekts und die Frage, wie sie erinnerbar und erzählbar sein könnte. Mann versucht, die individuelle Vorgeschichte seiner Hauptfigur, „Joseph zum Beispiel"[549], mit der geschichtlichen Prähistorie zu verbinden. Diese Verknüpfung ist allerdings nicht nur durch die Unergründbarkeit der Vergangenheit als fiktive anzusehen, sondern wird auch bezogen auf Josephs individuelle Vorstellung des Zusammenhangs als Verwechslung seiner Geschichte mit der Menschheitsgeschichte dargestellt.

> Hier schwindelte es den jungen Joseph, genau wie uns, indem wir uns über den Brunnenrand neigen, und trotz kleiner uns unzukömmlicher Ungenauigkeiten, die sein hübscher und schöner Kopf sich erlaubte, fühlen wir uns ihm nahe und zeitgenössisch in Hinsicht auf die Unterweltschlünde von Vergangenheit, in die auch er, der Ferne, schon blickte. Ein Mensch wie wir war er, so kommt uns vor, und trotz seiner Frühe von den Anfangsgründen des Menschlichen [...] mathematisch genommen ebenso weit entfernt wie wir, da diese tatsächlich im Abgründig-Dunklen des Brunnenschlundes liegen und wir bei unserem Forschen uns entweder an bedingte Scheinanfänge zu halten haben, die wir mit dem wirklichen Anfange auf dieselbe Art verwechseln, wie Joseph den Wanderer aus Ur einerseits mit dessen Vater und andererseits mit seinem eigenen Urgroßvater verwechselte, oder von einer Küstenkulisse zur anderen rückwärts und aber rückwärts ins Unermeßliche gelockt werden.[550]

Der Erzähler ebnet zunächst den relativen zeitlichen Abstand zum Anfang der menschlichen Gattung ein, der für seine Gegenwart weiter entfernt wäre als für Joseph, weil er jenen als ebenso unerreichbar wie absolut, also als Ursprung, versteht. Es ist ihm als modernem Erzähler aber auch klar, dass der Ursprung erkenntnistheoretisch eine zweifelhafte Kategorie ist, weil er nicht nur einen Anfang meint, sondern auch den Beginn menschlichen Lebens enthalten würde, dessen Gattungseigenschaften auch den modernen Menschen noch prägen.[551] Wenn sich der Ursprung der Menschheit jedoch generell der Erkenntnis entzieht, ist Joseph von ihm genauso weit entfernt wie der Erzähler. Er, „der Ferne", kann dann gleichzeitig der Vertreter des gegenwärtigen Menschen sein.

---

[547] Thomas Mann, Joseph und seine Brüder. Bd. 1. (1933) In: Ders., Gesammelte Werke in 13 Bänden. Bd. IV. Frankfurt/M. 1974, S. 9.

[548] Zu dieser Dialektik s. Gisela Bensch, Träumerische Ungenauigkeiten. Traum und Traumbewusstsein im Romanwerk Thomas Manns Buddenbrook - Der Zauberberg - Joseph und seine Brüder. Göttingen 2004, S. 121-125; Paul Ludwig Sauer, Gottesvernunft. Mensch und Geschichte im Blick auf Thomas Manns „Joseph und seine Brüder". Frankfurt/M./Berlin/Bern [u.a.] 1996, S. 168-170.

[549] Th. Mann, Joseph und seine Brüder, S. 10.

[550] Ebd., S. 19.

[551] S. 1. Teil Kap. I.

Diese Verbindung setzt voraus, dass der Verlauf der Geschichte keinen Einfluss auf die Konstanten von Subjektivität hat. Zwischen Josephs Menschlichkeit und der des Erzählers oder Lesers bestehen keine grundlegenden Unterschiede.[552]

So wie Joseph seine Vorgeschichte nicht richtig erkennt, kann der Erzähler also nur „bedingte Scheinanfänge" formulieren, wenn er anfangen will zu erzählen. Joseph verwechselt die Abfolge der Generationen, weil in der endlosen Reihe aufeinander folgender Väter, Großväter und Urgroßväter die Zugehörigkeit des Einzelnen zu einer bestimmten Generation schließlich verschwimmt. Deswegen ordnet er sich selber falsch ein. Für die subjektive Erinnerung des Subjekts, das sich über seine Vorväter seiner eigenen Geschichte versichert, ist deren genauer Standort in der Generationsabfolge dagegen ohne Bedeutung. Deswegen kann seine Willkür bei der Konstruktion eines subjektiven Anfangs auch als Modell für die Haltung des Erzählers dienen. Joseph setzt einen bedeutsamen Anfang für seine eigene Geschichte, indem er sich auf den Wanderer von Ur bezieht. Dieser Anfang ist jedoch weder erkenntnistheoretisch absolut gültig, noch unbedingt zeitlich richtig situiert, und bringt damit die fiktive Komponente zum Ausdruck, die traditionell den Umgang des Erzählers mit dem Vergangenen definiert. Der erzählerische Anfang muss ebenfalls nicht erkenntnistheoretisch abgesichert oder historisch korrekt eingeordnet sein, der Erzähler darf einen bedeutsamen Anfang setzen. Wie sich gezeigt hat, sind moderne Anfänge aber meist auch vermittelte, sie relativieren ihre eigene Setzung.[553]

> Warum erbleichen wir da? Warum klopft uns das Herz, nicht erst seit dem Aufbruch [...] vor Lust nicht nur, sondern sehr stark auch vor Fleischesbangen? Ist nicht das Vergangene Element und Lebensluft des Erzählers, ihm als Zeitfall vertraut und gemäß wie dem Fisch im Wasser? Ja, schon gut. Aber warum will unser neugierig-feiges Herz sich nicht stillen lassen von dieser Vernunft? Doch wohl, weil das Element des Vergangenen, von dem uns dahin und weit dahin tragen zu lassen wir freilich gewohnt sind, ein anderes ist als die Vergangenheit, in die wir nun mit Leibziehen fahren,- die Vergangenheit des Lebens, die gewesene, die verstorbene Welt, der auch unser Leben einmal tiefer und tiefer gehören soll, der seine Anfänge schon in ziemlicher Tiefe gehören.[554]

Dem traditionellen, sozusagen sicheren Umgang des Erzählers mit der Vergangenheit wird hier eine gewagtere Möglichkeit gegenübergestellt. Sie ist durch die existentielle Betroffenheit des Erzählers wie des Lesers bei der „Höllenfahrt" in den „Brunnenschlund der Vergangenheit" gekennzeichnet.[555] Die Vergangenheit hat an dieser Stelle bedrohliche Aspekte, weil ihre Vergegenwärtigung ihr Gewesensein voraussetzt. Dadurch wird die Vergangenheit zur „verstorbenen Welt", die dem Sprechenden und Lesenden seine eigene Sterblichkeit vor Augen führt. Die Anfänge des eigenen Lebens sind an die Tiefe der Vergangenheit gebunden, weil sich in ihr im Rückblick das vergangene Leben des Individuums wie der menschlichen Gattung ablagert. Diese Vermischung des Allgemeinen, der Geschichte der Menschheit, mit dem individuellen Leben bildet Manns Variante des modernen Anfangs.

---

[552] S. zur Zeitvorstellung des „nunc stans": Willy R. Berger, Die mythologischen Motive in Thomas Manns Roman „Joseph und seine Brüder". Köln/Wien 1971, S. 56 f.
[553] S. dazu 1. Teil Kap. I.
[554] Th. Mann, Joseph und seine Brüder, S. 53.
[555] Ebd.

Die Vergegenwärtigung, die den Gestus des Erzählers im Folgenden bestimmt,[556] versucht nicht nur, aus Vergangenheit Gegenwart zu machen, sondern auch aus Erinnerung zukünftiges Geschehen.[557] Auch der Konstruktion von Manns Joseph-Romanen liegt die Wiederholung zugrunde, weil die überlieferten Ereignisse der biblischen Geschichte beibehalten werden. Erzählen als Vergegenwärtigung des Mythos bedeutet also einerseits die Nacherzählung der biblischen Geschichte, welche die Abfolge der Ereignisse bereits zu Beginn festlegt. Andererseits werden die Figuren bei der Mannschen Aktualisierung der biblischen Geschichte durch die ihnen im Gegensatz zu den Figuren der Bibel zugeschriebene Innerlichkeit zu Individuen. Die Frage ist nicht mehr, was passiert - sie ist durch die Vorlage entschieden -, sondern wie die individuelle Motivation des Geschehens aussieht.[558]

Der allgemeinen Bekanntheit der Fabel wird also das individuelle Erleben besonders des Protagonisten entgegengesetzt. Josephs herausragende Eigenschaft ist seine Fähigkeit zur Reflexion der mythischen Wiederholung, die seiner persönlichen Geschichte durch die Aufnahme von mythischen Elementen zu Grunde liegt. Da er die mythischen Elemente seiner persönlichen Geschichte wieder erkennt, kann er dieses Bewusstsein zur Stilisierung seiner subjektiven Besonderheit nutzen.

> Die Durchsichtigkeit des Seins, sein Charakter als Wiederholung und Rückkehr des Urgeprägten - dieses Grundbekenntnis war Fleisch und Blut auch in ihm, und jede geistige Würde und Bedeutung schien ihm an dergleichen Selbstgefühl gebunden. Das war in der Ordnung. Was nicht mehr ganz in der Ordnung war und vom Würdig-Bedeutenden spielerisch abartete, war Josephs Neigung, aus der allgemeinen Denkeinrichtung Nutzen zu ziehen und auf dem Wege bewußter Selbstbeeinflussung die Leute damit zu blenden.[559]

Joseph ist also auch ein Schauspieler, der seine mythische Rolle bewusst darstellt.[560] Die Dialektik von Besonderem und allgemein Menschlichem, von Individuellem und Typischem wird auf der Seite des Subjekts durch die Reflexion der es prägenden Faktoren aufrechterhalten. In dieser Funktion entspricht Josephs Reflexion dem Konzept des Erzählers. So wie dieser die Subjektivität seiner Figuren als „Imitation oder Nachfolge"[561] abstrakt beschreibt, imitiert Joseph „das Urgeprägte". Auch die Erscheinung „offener Identität", die bei Joseph wie auch bei anderen Figuren dazu führt, dass sie sich von ihren mythischen Vorlagen nicht eindeutig abgrenzen, benennt der Erzähler in sei-

---

[556] „Fest der Erzählung, du… beschwörst den Mythus, daß er sich abspiele in genauer Gegenwart!" (Ebd., S. 54); zur Vergegenwärtigung des Mythos und als Erzählhaltung s. Eckhard Heftrich, Geträumte Taten. „Joseph und seine Brüder". Über Thomas Mann. Bd. III. Frankfurt/M. 1993, S. 45 f.

[557] Th. Mann, Joseph und seine Brüder, S. 32.

[558] S. dazu Mona Clerico, Welt - Ich- Sprache. Philosophische und psychoanalytische Motive in Thomas Manns Romantetralogie „Joseph und seine Brüder". Würzburg 2004, S. 33-46; Eckhard Heftrich, Joseph und seine Brüder. In: Thomas-Mann-Handbuch. Hrsg. v. Helmut Koopmann, Stuttgart 1990, S. 447-474. Heftrich betont allerdings das Neue, das aus der Wiederholung entsteht (ebd., S. 471).

[559] Th. Mann, Joseph und seine Brüder, S. 581 f.

[560] Zu Josephs Umgang mit den mythischen Rollen s. Kerstin Schulz, Identitätsfindung und Rollenspiel in Thomas Manns Romanen *Joseph und seine Brüder* und *Bekenntnisse des Hochstaplers Felix Krull*. Frankf./M./Berlin [u.a.] 2000, S. 97-220.

[561] Ebd., S. 127.

nen Reflexionen.[562] Joseph erfüllt aber nicht nur dieses vorgegebene Konzept - das wäre „in der Ordnung" -, sondern ist sich dieser Wiederholung auch bewusst und setzt sie zielgerichtet „zur Blendung" seiner Umwelt ein. Er inszeniert sich z.B. als der „zerrissene Gott"[563].

Die Annäherung der Inszenierungshoheit von Erzähler und Figur in den Joseph-Romanen ähnelt Serners Geschichten, Thomas Mann bezeichnet in seiner Rede „Freud und die Zukunft" Josephs subjektive Aneignung von mythischen Elementen sogar ebenfalls als Hochstapelei.[564] Im Gegensatz zu Serners Konstruktion substanzloser Subjektivität steht hinter Manns Spiel der Inszenierungen nicht die Leere, sondern die Tiefe, die Tiefe des Brunnens der Vergangenheit und des Rätselwesens Mensch. Damit wird Josephs Schauspielerei zu einem Oberflächenphänomen, durch das der Erzähler auf das allgemein Menschliche hinweist. Im Unterschied zu Aragons Formulierung sind die Abgründe, um die es Thomas Mann geht, nicht subjektiv bestimmt, sondern typologisch beschreibbar: Es sind die Abgründe der Gattung, die keine Spezifik im Einzelnen erlauben. Tod, Liebe und Fortpflanzung - so die zugrunde liegende Hypothese - sind über Zeiten und Individuen hinweg gleich geblieben, ihre „Rätsel" werden anhand von Josephs Leben noch einmal erzählt. Manns Vorstellung, dass das Typische das Mythische sei, ist wohl als verbindlich für die Darstellung von Josephs Charakter anzusehen.[565] Damit wird seine Subjektivität sowohl durch die Beispielhaftigkeit seiner Existenz - er verkörpert das Rätselwesen Mensch - wie durch die Bindung an die Wiederholung der biblischen Geschichte begrenzt, seine Besonderheit besteht allein noch in der Reflexionsfähigkeit. Die Verknüpfung des Subjekts mit der Nachzeichnung von Gattungsmerkmalen ist bis jetzt nur im Zusammenhang mit einer Vorstellung von substanzloser Subjektivität aufgetreten. Die Nacherzählung einer biblischen Geschichte bedeutet für Mann aber nicht nur die Arbeit mit einer speziellen Erzählform, sondern auch die Übernahme einer überzeitlich gültigen Subjektform, die zur Reduktion der spezifischen Individualität seiner Figuren führt. Obwohl diese Reduktion von Eigenschaften auch bei Thomas Mann eigentlich zur Negation der Fülle des Subjekts führen müsste, variiert der Erzähler immer neue Elemente mythischer Geschichten, um Joseph als Stellvertreter des Rätselwesens Mensch erscheinen zu lassen. Damit ordnet er ihn aber auch als Besonderes dem Allgemeinen unter und schafft so ein Symbol, das die moderne Bewegung der Sinngebung verhindert.

Manns Joseph-Romane inszenieren das Besondere des Subjekts als bestimmt durch seine individuelle Erinnerung. Diese Erinnerung wird aber mit Strukturen vermittelt, die nicht vom Subjekt bestimmt werden. Dadurch besteht die Gefahr, dass eine der beiden Komponenten das Übergewicht gewinnt. Bei Thomas Mann wird deren mögliche Dialektik zugunsten der Einbettung des Subjekts und seiner Erinnerung in allgemeine Strukturen aufgelöst, so dass dessen Individualität in ihnen aufgeht. Mögli-

---

[562] Zu dieser Identitätsform s. Julia Schöll, Joseph im Exil. Zur Identitätskonstruktion in Thomas Manns Exil-Tagebüchern und -Briefen sowie im Roman *Joseph und seine Brüder*. Würzburg 2004, S. 230-238; Willy R. Berger, Die mythologischen Motive, S. 56.

[563] Th. Mann, Joseph und seine Brüder, S. 583.

[564] Thomas Mann, Freud und die Zukunft. In: Ders., Gesammelte Werke in zwölf Bänden. Bd. IX. Frankfurt/M. 1960, S. 478-501; s. dazu: T. J. Reed, Thomas Mann. The Uses of Tradition. 2. Aufl. Oxford 1996, S. 345; Heftrich, Geträumte Taten, S. 43.

[565] Thomas Mann, Freud und die Zukunft, S. 494. Auch Manfred Dierks hält dieses Mythos-Konzept für übertragbar auf den Joseph-Roman: Thomas Mann und die Mythologie. In: Helmut Koopmann (Hrsg.): Thomas-Mann-Handbuch, Stuttgart 1990, S. 301-306.

cherweise lässt sich die Dialektik zwischen individueller Erinnerung und vorsubjektiven Strukturen jedoch aufrechterhalten. So geht Joyces *Ulysses* von ähnlichen Strukturen aus wie Manns Joseph-Roman: Er bezieht sich ebenfalls auf einen mythischen Vortext. Die Dialektik des Subjekts ist im *Ulysses* besonders an Mollys innerem Monolog gut zu erkennen. Ihr Sprechen ist natürlich im Kontext von Penelopes Rolle in der Odyssee zu sehen, und im Gegensatz zu ihrer Darstellung in Homers Epos wird ihr dadurch bei Joyce - wie Joseph bei Thomas Mann - ein subjektiver Innenraum zugeschrieben.

> … I wonder did he know me in the box I could see his face he couldnt see mine of course hed never turn or let on still his eyes were red when his father died theyre lost for a woman of course must be terrible when a man cries let alone them Id like to be embraced by one in his vestments and the smell of incense off him like the pope besides theres no danger with a priest if youre married hes too careful about himself then give something to H H the pope for a penance…[566]

Wie weit reichend die Differenzen zwischen beiden Romanen sind, lässt sich nicht nur am letzten Zitat zeigen, sondern auch an der generellen Haltung zur Vorlage: Während man Thomas Manns Text lesen kann und dann ebenfalls die Handlung der biblischen Geschichte kennt, lässt sich durch die Lektüre des *Ulysses* die Handlung der Odyssee nicht erschließen. Auch Mollys innerer Monolog bezieht sich inhaltlich nicht auf den letzten Gesang der Odyssee. Nur die Situation, die den Hintergrund für ihre Assoziationen bildet, zeigt eine Parallele, weil Bloom wie Odysseus nach Hause zurückgekehrt ist. Mollys Erinnerung ist eingebettet in den Strom ihres Bewusstseins und eindeutig durch ihre individuelle Existenz begrenzt. Durch die Schreibweise, die dem „stream of consciousness" folgt, entsteht der Eindruck von Unmittelbarkeit und subjektiver Fülle. Joyce lässt allein die Figur sprechen: Deswegen tauchen überindividuelle Strukturen nicht außerhalb, sondern innerhalb der subjektiven Erinnerung auf. Die katholische Kirche, deren Funktion den mythischen Mustern insoweit entspricht, als sie versucht, das Individuum typologisch zu bestimmen, erscheint im Text nicht als abstrakte Institution, sondern als dieser einzelne Priester im Beichtstuhl. Er zwingt Molly in die Rolle des typischen, weil sündhaften, Menschen. Gleichzeitig wird das Scheitern dieser Typologie dadurch deutlich, dass Mollys sexuelle Phantasien wiederum den Priester in ihre individuelle Imagination einordnen.

Während das Projekt des Erzählers bei Thomas Mann die Vergegenwärtigung der biblischen Geschichte ist, fehlt die Instanz des Erzählers in Mollys Monolog. Die Darstellung der Erinnerung kann dann kein kulturhistorisches Unternehmen sein, sondern ist an Mollys individuelles Gedächtnis und seine Grenzen gebunden. Auch im Bewusstseinsstrom werden die Erinnerungen jedoch aktualisiert, eine Tendenz, die zur Aufhebung des Unterschieds zwischen Erinnerungen und Phantasien führt.[567] Obwohl Mollys Assoziationen weder durch einen Erzähler noch durch übergeordnete, vorsubjektive Instanzen wie die Kirche typologisch geformt werden, haben sie auch typologischen

---

[566] James Joyce, Ulysses (1922). Ed. by Hans Walter Gabler. London 1986, 18. S. 115-121.

[567] Diese Konzentration auf Erinnerungen und Phantasien wird erreicht durch die Rücknahme des Außenweltbezuges, das heißt, es kommen kaum aktuelle Wahrnehmungen vor, s. dazu: Therese Fischer-Seidel, Charakter als Mimesis und Rhetorik. Bewußtseinsdarstellung in Joyces ‚Ulysses'. In: Dies., James Joyces ‚Ulysses'. Neuere deutsche Aufsätze. Frankfurt/M. 1977, S. 309-343, S. 327 f.; Diana E. Henderson, Joyce's modernist Woman: whose last word? In: Modern Fiction Studies, Vol. 35/Jg. 1989, No. 3, S. 517-528, S. 518; zur Einführung in die neuere Forschung zur Penelope-Episode: Richard Pearce (Hrsg.), Molly Blooms: A Polylogue on „Penelope" and Cultural Studies. Madison 1994.

Charakter. Joyce hat dieses Kapitel als Inszenierung des „perfectly sane full amoral fertisable untrustworthy engaging shrewd limited prudent indifferent *Weib*. *Ich bin das Fleisch das stets bejaht*"[568] beschrieben. Der generelle Typus, den Molly verkörpert, das „Weib", ist also ähnlich allgemein wie der Josephs und genauso unhistorisch wie das „Rätselwesen Mensch". Das Konzept des Weibes vereint Fruchtbarkeit, Körperlichkeit und Sexualität. Wenn etwas an Mollys Monolog mythischen Mustern folgt, dann diese Repräsentation des Weiblichen.[569] Der Erzähler hat Molly in „Ithaca" bereits „the attitude of Gea-Tellus" zugeschrieben, sie also mit der archaischen Erdmutter verglichen[570], in Mollys innerem Monolog wird nun der Mythos vom „Weib" mit dem Ausdruck ihrer individuellen Wünsche und Erinnerungen konfrontiert. Dabei gerät z.b. die mythische Vorstellung von weiblicher Fruchtbarkeit in Widerspruch zu Mollys Überlegungen zur Empfängnisverhütung: „there's no danger with a priest if you're married he's too careful about himself", die wiederum Ausdruck ihrer sexuellen Phantasien - „das Fleisch das stets bejaht" - sind.

Die Typologie von Weiblichkeit auf der einen und die Inszenierung von Mollys Subjektivität auf der anderen Seite begrenzen sich innerhalb des Textes gegenseitig.

> [...] they treat you like dirt I dont care what anybody says itd be much better for the world to be governed by the women in it you wouldnt see women going and killing one another and slaughtering when do you ever see woman rolling around drunk like they do [...] yes because a woman whatever she does she knows where to stop sure they wouldnt be in the world at all only for us they dont know what it is to be a woman and a mother how could say where would they all for them be if they hadn't all a mother to look after them [...][571]

Natürlich gehört Mütterlichkeit zu den typischen Eigenschaften des „Weibes", andererseits kann von der - in Joyces Beschreibung auftauchenden - Amoralität an dieser Stelle nicht die Rede sein. Vielmehr behauptet Molly hier die moralische Überlegenheit der Frau, obwohl ihre Phantasien über den sexuellen Verkehr mit einem Priester sicher amoralisch genannt werden können. Auch die Mütterlichkeit, die hier als besondere

---

[568] Letters of James Joyce. Vol. I. Ed. By Stuart Gilbert. London 1957, S. 170.

[569] Auf die Repräsentation von (mythischer) Weiblichkeit hat vor allem die feministische Joyce-Forschung mit der Parallelisierung von Mollys Sprechweise mit psychoanalytischen Vorstellungen von weiblicher „Andersheit" reagiert und Joyce die Fähigkeit zur „ecriture féminine" zugeschrieben. Die zum Teil auffälligen Ähnlichkeiten zwischen den Konzepten von Hélène Cixous und Luce Irigaray sind allerdings einerseits - vor allem bei Cixous - durch eine (vorgängige) Joyce-Lektüre zu erklären, dass heißt das Konzept des „Frausprechens" ist schon mit Joyce entwickelt worden, andererseits sind die Vorstellungen auch von Irigaray dort, wo sie nicht das Patriarchat analysieren, sondern versuchen, positive Gegenentwürfe zu entwickeln, dem Mythos von Weiblichkeit insofern verhaftet, als sie aus dem (patriarchalisch definierten) weiblichen Anderen eine essentielle Weiblichkeit herauslesen, die Joyces mythischer Imagination von Sein des „Weibes" entspricht. S. dazu: Annette Shandler Levitt, The Pattern Out of the Wallpaper: Luce Irigaray and Molly Bloom. In: Modern fiction Studies, Vol. 35/Jg. 1989, No. 3, S. 507-516. Suzette A. Henke, James Joyce and the politics of desire. London/New York 1990, S. 126-163; zur Kritik dieser Position: Derek Attridge, Molly's Flow: The Writing of „Penelope" and the question of Women's Language. In: Modern fiction Studies Vol. 35/Jg. 1989, No. 3, S. 543-565.

[570] Joyce, Ulysses, 17.2313; Auch Ewa Ziarek sieht Mollys Monolog als Überschreitung von Geschlechterkonventionen und macht das unter anderem an der Parodie des Gea-Tellus-Mythos fest: Ewa Ziarek, The Female Body, Technology, and Memory in „Penelope". In: James Joyce's Ulysses. A Casebook. Ed. by Derek Attridge. Oxford 2004, S. 103-128, S. 122.

[571] Joyce, Ulysses, 18.1434-1442.

weibliche Fähigkeit erscheint, wird an anderen Stellen als wenig erfreulich beschrieben.[572] Die Typologie von Weiblichkeit und Mollys individueller Umgang mit weiblichen Erfahrungen widersprechen sich einerseits also, andererseits treten auch innerhalb von Mollys Bewusstseinsstrom Formen „typischer Weiblichkeit" auf. Sie wirft zum Beispiel den Männern vor, dass sie nicht wüssten, was Frausein bedeutet, und beruft sich damit selber auf die Vorstellung vom „Rätsel Weib". Für Molly besteht dieses Rätsel im Wesentlichen aus der für Männer unerreichbaren Erfahrung der Mutterschaft besteht. Von dieser angeblichen Rätselhaftigkeit der Mutterschaft bleibt allerdings für den Leser nicht viel erhalten, weil Molly ihre Erinnerungen, Assoziationen und Phantasien zur Mutterschaft ebenfalls mitdenkt. So zeigt sich, dass die Vorstellung, hier würde ein typisches „Weib" sprechen, nur dann aufrechtzuerhalten ist, wenn nicht genügend konkrete und individuelle Eigenschaften wahrgenommen werden. Damit macht Mollys innerer Monolog auch klar, dass das angebliche „Wesen" der Frau durch die sprachliche Abstraktion von individuellen Eigenschaften entsteht und auf keinem metaphysischen Geheimnis beruht. Mollys konkrete Erfahrungen unterlaufen also (ideologische) Abstraktionen - und zwar auch ihre eigenen, ihr als Figur selbst unbewusste -, zu denen in diesem Fall auch die Vorstellung von typischer Weiblichkeit zählt.

Andererseits strukturiert die mythische Vorstellung vom „Weib" den Text, weil sie die Beliebigkeit der Assoziationen verhindert und eine innere Ordnung des Monologs aufrecht erhält. Auch Mollys Bewusstsein muss um bestimmte Zentren gruppiert sein, sonst verlöre Molly als Figur nicht nur ihre erkennbaren subjektiven Eigenschaften, sondern der Text auch seine Begrenzung. Innerhalb ihres Bewusstseins treten die vorgegebenen, typischen Vorstellungen von Weiblichkeit als Grenzen ihrer individuellen Argumentations- und Sprachfähigkeit auf.[573] Sie benutzt an diesen Stellen sprachliche Formeln und wiederholt allgemeine Aussagen wie „they dont know what it is to be a woman", die weder in der Formulierung noch inhaltlich als individuell gelten können. Damit zeigt Mollys innerer Monolog einerseits die Analogie von sprachlicher Materialität und dargestelltem Bewusstsein, andererseits sind sowohl die Sprache wie das Bewusstsein durch individuelle und typische Elemente gleichermaßen determiniert. Diese Elemente verhalten sich jedoch nicht statisch zueinander, sondern unterlaufen jeweils die Setzungen der anderen Tendenz. Sie begrenzen sich also gegenseitig: das „typisch Weibliche" Mollys Besonderheit und Mollys konkrete Erfahrung die Äußerung angeblich typischer Weiblichkeit. Im Gegensatz zu Thomas Manns Konzept halten sich also nicht nur Typologie und Individualität gegenseitig in der Balance, sondern die Materialität der Sprache führt diese Dialektik auch vor. Sie bewegt sich ebenso zwischen Formelhaftigkeit und Konkretion, wie Mollys Subjektivität zwischen typischen und individuellen Eigenschaften ihre Konturen gewinnt.

Die Schreibweise des „stream of consciousness" löst die Grenzen zwischen Erinnerungen, Phantasien und Meinungen auf, eröffnet damit andererseits auch das Problem, wie das dargestellte Bewusstsein zu strukturieren ist. Diese Schwierigkeit gilt auch für andere Darstellungsweisen von Bewusstsein, wenn Subjektivität und Textstruktur voneinander abhängig sind. In Virginia Woolfs Roman *Mrs. Dalloway* erscheint die Fra-

---

[572] S. zu diesen Ambivalenzen: C. H. Peake, James Joyce. The Citizen and the Artist. Stanford 1977, S. 302-304; Peake beschreibt das Konzept der Subjektivität, das Mollys Monolog auszeichnet, ebenfalls als Verbindung der „partikular and unique woman" mit dem „feminine life-principle" (S. 317).

[573] S. dazu Peake, James Joyce, S. 298.

ge nach der Strukturierung von Bewusstsein zunächst als die Frage des Subjekts nach sich selbst. Insofern nimmt ihr Text ein Thema wieder auf, das im ersten Teil dieses Abschnittes im Mittelpunkt stand. Woolfs Figuren fragen sich alle: Wer bin ich? Darüber hinaus ist es in Woolfs Roman wie Joyces „Ulysses-Kapitel" eine weibliche Figur, die der Dialektik zwischen typischen und individuellen Merkmalen ausgesetzt ist.[574]

> But often now this body she wore [...] this body, with all its capacities, seemed nothing - nothing at all. She had the oddest sense of being herself invisible; unseen; unknown; there being no more marrying, no more having of children now, but only this astonishing and rather solemn progress with the rest of them, up Bond Street, this being Mrs. Dalloway; not even Clarissa any more; this being Mrs. Richard Dalloway.[575]

Clarissa Dalloway geht anscheinend in ihrer konventionellen Existenz als Ehefrau, als Mrs. Richard Dalloway auf. Sie erfüllt also die typische Rolle der Ehefrau, so wie es von ihrem gesellschaftlichen Umfeld erwartet wird. Während ihr Körper vor der Heirat und in der Phase des Kinderkriegens noch eine Funktion hatte, ist er nun, nachdem die weiblichen Aufgaben erledigt sind, nicht mehr existent. Mrs. Dalloways Subjektivität war also nie individuell, sondern immer gesellschaftlich oder biologisch bestimmt. Deswegen wird sie - wenn die als weiblich definierte biologische Funktion wegfällt - vollständig vom Namen ihres Ehemanns absorbiert, als Individuum existiert sie weder körperlich noch gesellschaftlich.[576] Woolfs Subjektkonzept nimmt die Vorstellung von der Leere des Subjekts wieder auf, die durch die Einordnung in eine Diskursform konturiert werden muss. Diese Aufgabe erfüllt hier der patriarchale Diskurs, der die Gesellschaft prägt und Frauen nur dort sichtbar werden lässt, wo sie ihre „Bestimmung" als Mutter oder Ehefrau erfüllen. Diesem Schwinden von weiblicher Subjektivität steht bei Virginia Woolf jedoch eine andere Tendenz gegenüber.

Zunächst entwickelt Mrs. Dalloway eine Vorstellung der eigenen Identität, die abhängig von der momentanen Situation disparat oder einheitlich sein kann.

> How many million times she had seen her face, and always with the same imperceptible contraction! She pursed her lips when she looked in the glass. It was to give her face point. That was her self - pointed; dartlike; definite. That was her self when some effort, some call on her to be her self, drew the parts together, she alone knew how different, how incompatible and composed so for the world only into one centre, one diamond, one woman who sat in her drawing room and made a meeting-point [...].[577]

Vor dem Spiegel und in der Gesellschaft hat Clarissas Selbst eine einheitliche Form mit festen Grenzen.[578] Diese Identität gehört jedoch zu ihrer Rolle als „Mrs. Richard Dalloway", sie ist ihr nicht eigen. Andererseits erlebt sie sich ohne den Druck der Gesellschaft nicht als Einheit, sondern nur aus unterschiedlichen und unvereinbaren Teilen

---

[574] S. dazu Gunilla Neukirchen, Aktive Spiegelungen. Die Konstituierung des Subjekts im Werk Virginia Woolfs. Frankfurt/M./Berlin [u.a.] 1999, S. 67 f.

[575] Virginia Woolf, Mrs. Dalloway (1925). London 1963, S. 13.

[576] S. dazu Claudia Barnett, Mrs. Dalloway and Performance Theory. In: English Language Notes 40/Jg. 2002, H. 2, S. 57-68, S. 66.

[577] Ebd., S. 42.

[578] Zur Bedeutung des Spiegelmotivs s. Neukirchen, Aktive Spiegelungen, 87 f.

bestehend, die keine geschlossene, zentrierte Form bilden.[579] Gerade diese Disparatheit liegt der anderen Seite ihrer Existenz zugrunde, die im Gegensatz zur gesellschaftlich verlangten Identität steht. Sie ermöglicht eine uneindeutige Perspektive auf die Außenwelt und auf die eigene Innerlichkeit.

> She would not say of any one in the world now that they were this or were that. She felt very young; at the same time unspeakably aged. She sliced like a knife through everything; at the same time was outside, looking on. She had a perpetual sense, as she watched the taxi cabs, of being out, out, far out the sea and alone [...].[580]

Das Subjekt kann jung und alt, gleichzeitig hier und dort, beteiligt und beobachtend sein, ohne dass diese Widersprüche vereinheitlicht werden müssten.

Die Dialektik des Subjekts, die es zwischen gesellschaftliche Identität und subjektive Disparatheit spannt, kommt ebenfalls in den Momenten zum Ausdruck, in denen diese Dialektik zunächst aufgehoben erscheint.

> [...] Clarissa (crossing to the dressing table) plunged into the very heart of the moment, transfixed it, there - the moment of this June morning on which was the pressure of all the other mornings, seeing the glass, the dressing-table, and all the bottles afresh, collecting the whole of her at one point [...].[581]

Mrs. Dalloway erfährt „the very heart of the moment" als Vereinigung von Subjektivität und Außenwelt. Sie erlebt sich als Ganzheit und die Dinge erscheinen ihr wie zum ersten Mal. Einerseits erlebt sie also einen Moment der Präsenz,[582] andererseits trägt dieser Augenblick „the pressure of all the other mornings" in sich. Der herausgehobene Augenblick ist eine ekstatische Erfahrung von Gegenwärtigkeit *und* verknüpft mit der Erinnerung, weil er auch „this secret deposit auf exquisite moments"[583] bildet. Trotzdem wird er nicht - wie die Erinnerung durch den Gestus der Vergegenwärtigung bei Thomas Mann - eingebunden in eine kontinuierliche Darstellung von Subjekt und Zeit.[584] Er bleibt also einerseits Ausdruck für die diskontinuierlichen Zustände des Subjekts, die andererseits aber nicht einmalig sind, sondern sich wiederholen.[585]

Diese Inszenierung der Diskontinuität unterscheidet Woolfs Subjektkonzept auch von Joyces Darstellung des Bewusstseinsstroms. In dieser Hinsicht ähneln Woolfs „Moments of being" dem ebenfalls zeitlich begrenzten Außer-sich-Sein, dieses wird aber durch die Möglichkeit der Wiederholung dieser Erfahrung ergänzt. Der herausgehobene Moment vereinigt also die Elemente von augenblickshafter Ekstase und Wiederholung und wirkt durch diese Konstruktion auch zweifach auf die Identität des Sub-

---

[579] Ebd., S. 36: „She could see, what she lacked [...] It was something central which permeated [...]."; s. zu dieser Subjektdarstellung: Rachel Bowlby, Thinking Forward Through Mrs. Dalloway's Daughter. In: Dies., Virgina Woolf. Feminist Destination. Oxford/New York 1988, S. 80-98, S. 93.

[580] Virginia Woolf, Mrs. Dalloway, S. 10 f.

[581] Ebd., S. 41 f.

[582] S. dazu Karl Heinz Bohrer, Zeit und Imagination. Das absolute Präsens der Literatur. In: Ders., Das absolute Präsens. Die Semantik ästhetischer Zeit. Frankfurt/M. 1994, S. 143-183, S. 160-162. Bohrer weist zusätzlich auf Woolfs posthumen Text „The Moments of Being" hin, in dem sie den ekstatischen Augenblick allgemein beschreibt.

[583] Virginia Woolf, Mrs. Dalloway, S. 33.

[584] S. zur Fortsetzung der Zeitproblematik Kap. II dieses Teils.

[585] Zum Zusammenhang von Wiederholung und Erinnerung s. J. Hillis Miller, ,Mrs. Dalloway': Repetition as Raising of the Dead. In: Ders., Fiction and Repetition. Seven English Novels. Cambridge (Mass.)/Oxford 1982, S. 176-187.

jekts: Er ist nicht nur ein die Grenzen des Subjekts sprengendes Erlebnis, sondern auch eine Erfahrung, in der es sich seiner selbst versichert. Schon im Moment des Erlebens taucht die Vorstellung auf, dass dieses Erlebnis der Erinnerung des Subjekts einverleibt werden kann, um seinen Schatz an kostbaren Momenten zu bereichern. Auch der ekstatische Augenblick folgt also der Dialektik des Subjekts. Er kann erlebt werden, weil das Subjekt disparat ist und sich nicht als Ganzheit empfindet. Wenn es sich für einen Moment als Ganzheit empfindet, entsteht das Problem, dass diese Ganzheit nicht nur beglückend ist, sondern auch zur Aneignung des Moments durch das Subjekt führt, die ihn als Moment der Einheit wiederum zerstört, weil er zum Objekt des sich erinnernden Subjekts wird. Deswegen kehrt das Subjekt unweigerlich in die Konventionalität zurück, und auf den ekstatischen Augenblick folgt der Blick in den Spiegel, der das Subjekt seiner (gesellschaftlich bedingten) Identität versichert. Die Dialektik zwischen gesellschaftlich definierter, selbstbewusster Identität und disparaten Subjektzuständen, d. h. Woolfs Variante des Gegensatzes von Typik und Individualität, führt zurück zur Dialektik der Aufklärung. Die „pointierte" Form der Identität, das - so Benn - „hergerichtete" Ich, steht der disparaten, aber lebendigeren Subjektivität gegenüber. Aus dieser Dialektik gibt es für das Subjekt nur ein momentanes Entkommen, einen Augenblick des Gefühls von Ganzheit, bevor sich das identische Selbst dieses Augenblicks bemächtigt.

Die von Virginia Woolf entwickelte Struktur des Subjekts und das von ihr inszenierte Verhältnis zur Zeit im ekstatischen Moment können in Bezug zur in der deutschsprachigen Literatur der zehner Jahre entwickelten Verknüpfung von Subjekt und Zeit gesetzt werden. Bei Benn, Musil, Stramm und Carl Einstein erscheint im Wunder und seinen Varianten der Erleuchtung eine ähnliche Thematik, die aber als ästhetische Figur inszeniert wird und deswegen problematisch für die Kohärenz des Textes ist. Die Diskontinuität in Motiv und Schreibweise kann keine längeren Erzählformen generieren. Dagegen ist es die Funktion der Erinnerung in Woolfs Roman die längere Erzählform mit den diskontinuierlichen Zuständen des Subjekts zu vermitteln. Während die Erinnerung des fiktiven Subjekts also das Konzept des herausgehobenen Moments ergänzt und aus der Perspektive des Subjekts diese Momente miteinander verbindet, fehlt in den Texten der zehner Jahre die Kohärenz stiftende Funktion der Erinnerung, weil sie als abhängig von Chronologie und Kausalität angesehen wird.

Die Verbindung von Erinnerung und ekstatischem Augenblick kennzeichnet auch Marcel Prousts Konzept der „mémoire involontaire" in seinem Roman *A la recherche du temps perdu*. Schon in der Benennung ist die Dialektik zwischen – Kohärenz stiftender - Erinnerung und Elementen der Erinnerung, die sich der Herrschaft des Subjekts entziehen, erkennbar.

In der Sekunde nun, da dieser mit den Gebäckkrümeln gemischte Schluck Tee meinen Gaumen berührte, zuckte ich zusammen und war wie gebannt durch etwas Ungewöhnliches, das sich in mir vollzog. Ein unerhörtes Glücksgefühl, das ganz für sich allein bestand und dessen Grund mir unbekannt blieb, hatte mich durchströmt. Es hatte mir mit einem Schlag, wie die Liebe, die Wechselfälle des Lebens gleichgültig werden lassen, seine Katastrophen ungefährlich, seine Kürze imaginär, und es erfüllte mich mit einer köstlichen Essenz; oder vielmehr diese Essenz war nicht in mir, ich war sie selbst. Ich hatte aufgehört, mich mittelmäßig, zufallsbedingt, sterblich zu fühlen.[586]

Wie in Virginia Woolfs Roman erlebt der Ich-Erzähler bei Proust einen Moment, der aus seinem alltäglichen Leben herausfällt. Wie Mrs. Dalloway fühlt er sich dadurch als Ganzheit, als der mangelhaften alltäglichen Existenz nicht länger ausgeliefert. Weil dieser Augenblick der alltäglichen Zeiterfahrung entzogen ist, imaginiert sich das Subjekt als von der Zeit unabhängig, als unsterblich, eine Phantasie, die Mrs. Dalloway ebenso entwickelt. Sie rebelliert in den ekstatischen Augenblicken gegen das Altern und gegen ihre eigene Vergänglichkeit.

Anders als Mrs. Dalloway will der Ich-Erzähler bei Proust aber die Ursache seines plötzlichen Glücksgefühls erforschen, weil er es als Einbruch von Diskontinuität erfährt.[587] Die Kohärenz seiner subjektiven Geschichte kann also nur wieder hergestellt werden, wenn es gelingt, das Glücksgefühl in sie einzubetten. Die Erfahrung der Diskontinuität teilt der Ich-Erzähler nicht nur mit der Protagonistin von Woolfs Roman, sondern auch mit den Ich-Erzählern in Aragons und Bretons Texten. Anders als in der surrealistischen Prosa versucht er aber, die Diskontinuität wieder aufzuheben.[588] Während er die Ursache des Gefühls jedoch erst am Ende des Romans findet, versucht er durch die „memoire involontaire" Bilder aus seiner Vergangenheit, die den Kontext zu seiner Geschmackserinnerung liefern, heraufzurufen. Deswegen wiederholt er die Geschmackswahrnehmung, um das dazugehörige Erinnerungsbild aus dem Gedächtnis aufsteigen zu lassen.

> Sicherlich muss das, was auf dem Grund meines Ich in Bewegung geraten ist, das Bild, die visuelle Erinnerung sein, die zu diesem Geschmack gehört und die nun versucht, mit jenem bis zu mir zu gelangen […] Wird sie bis an die Oberfläche meines klaren Bewußtseins gelangen, diese Erinnerung, jener Augenblick von einst, der nun plötzlich durch die Anziehungskraft eines identischen Augenblicks von so weit her in meinem Innersten erregt, bewegt und emporgehoben wird? Ich weiß es nicht […] Und jedesmal rät mir die Trägheit, die uns von jeder schwierigen Aufgabe, von jeder bedeutenden Leistung fernhalten will, das Ganze auf sich beruhen zu lassen, meinen Tee zu trinken im ausschließli-

---

[586] Marcel Proust, Auf der Suche nach der verlorenen Zeit (1913-27) Bd. 1. Unterwegs zu Swann. Frankfurt/M. 1994, S. 67; „Mais à l'instant même où la gorgée mêlée des miettes du gâteau toucha mon palais, je tressaillis, attentif à ce qui se passait d'extraordinaire en moi. Un plaisir délicieux m'avait envahi, isolé, sans la notion de sa cause. Il m'avait aussitôt rendu les vicissitudes de la vie indifférentes, ses désastres inoffensifs, sa brièveté illusoire, de la même façon qu'opère l'amour, en me remplissant d'une essence précieuse: ou plutôt cette essence n'était pas en moi, elle était moi. J'avais cessé de me sentir médiocre, contingent, mortel." (Marcel Proust, OEvres Complètes. Bd I, 1. A la recherche du temps perdu. Du côte de chez Swann. Paris 1933, S. 67); Ich beschränke mich für die folgende Diskussion im Wesentlichen auf den ersten Band der Recherche, weil es mir vor allem um die Verbindung von Erinnerung und Romanstruktur geht.

[587] Zur Diskontinuitätserfahrung und der damit zusammenhängenden Fragmentierung des Subjekts s. Joshua Landy, Philosophy as Fiction. Self, Deception, and Knowledge in Proust. Oxford 2004, S. 101-127; Brian G. Rogers, The Narrative Techniques of À La Recherche du Temps Perdu. Paris 2004, S. 143-181.

[588] S. zu den Parallelen zum Surrealismus: Ulrich Maier, Proust und die Avantgarde. In: E. Mass/ V. Roloff (Hrsg.), Marcel Proust. Motiv und Verfahren. Frankfurt/M. 1983, S. 26-35; zur Diskussion, ob die Aufhebung der Diskontinuität der Modernität von Prousts Roman entspricht: Karl Hölz, Die Recherche im Spiegel einer Ästhetik der Moderne. In: Mass/Roloff, Motiv und Verfahren, S. 116-132; Hölz bezieht sich auf die Argumentation von Maurice Blanchot, Der Gesang der Sirenen. Frankfurt/M. 1988 (Paris 1959), S. 28-31.

chen Gedanken an meine Kümmernisse von heute und meine Wünsche für morgen, die ich unaufhörlich und mühelos in mir bewegen kann. Und mit einem Mal war die Erinnerung da.[589]

Die Erkundung seiner Innerlichkeit verweist den Ich-Erzähler auf das Gedächtnis als den Bereich, der die Verknüpfung mit einem visuellen Bild leisten und damit die Bedeutung des Geschmacks für ihn klären kann. Er kann aber nur die Subjektinstanz benennen, die für die fehlende Bedeutung zuständig ist; das konkrete, zum Geschmack gehörende Bild entzieht sich dagegen seinem Zugriff. Im Gegensatz zu den Gedanken in der Gegenwart und den Wünschen für die Zukunft ist es nicht durch bewusste Anstrengung erreichbar: Es muss sich offenbaren. Wenn das Bild sich zeigt, erscheint es dem Subjekt als unmittelbar evident, weil es in ihm seine vergangene Erfahrung wieder erkennt. Diese Evidenz wird durch den Eindruck der Identität zwischen der Geschmacksempfindung und dem visuellen Eindruck eines vergangenen Augenblicks und der gegenwärtigen hervorgerufen. Einerseits ist also das subjektive Bewusstsein für die Anerkennung der Identität zwischen Vergangenem und Gegenwärtigem, Erinnerung und Erlebnis entscheidend, andererseits liegen die Augenblicke außerhalb des Herrschaftsbereiches des Bewusstseins, agieren also selbständig. Ihr Charakter ist ebenfalls nicht einheitlich: Sie erscheinen sowohl durch die Empfindung des Subjekts miteinander identisch wie durch die vergangene Zeit voneinander unterschieden.[590]

Der Anblick jener Madeleine hatte mir nichts gesagt, bevor ich davon gekostet hatte; vielleicht kam das daher, daß ich dieses Gebäck, ohne davon zu essen, oft in den Auslagen der Bäcker gesehen hatte und daß dadurch sein Bild sich von jenen Tagen in Combray losgelöst und mit anderen, späteren verbunden hatte; vielleicht auch daher, daß von jenen so lange aus dem Gedächtnis entschwundenen Erinnerungen nichts mehr da war, alles sich in nichts aufgelöst hatte [...][591]

Die Reflexion des Ich-Erzählers zeigt, dass die Bedeutung vor allem von optischen Wahrnehmungen für ihn nicht unveränderbar feststeht. Wenn die wahrgenommenen Bilder in neue Kontexte eingebunden werden, verleihen diese ihnen eine andere Bedeutung. Deswegen ähneln sie sprachlichen Zeichen.[592] Weil sie vom jeweiligen Kontext abhängig sind, fehlt den wahrgenommenen Bildern die Substanz, so dass sie sich im Gedächtnis sogar vollständig auflösen können. Erst in der unwillkürlichen Erinnerung

---

[589] Proust, Auf der Suche nach der verlorenen Zeit, S. 69 f.; „Certes, ce qui palpite ainsi au fond de moi, ce doit être l'image, le souvenir visuel, qui, lié à cette saveur, tente de la suivre jusqu'à moi. [...] Arrivera-t-il jusqu'à la surface de ma claire conscience, ce souvenir l'instant ancien que l'attraction d'un instant identique est venue de si loin solliciter, émouvoir, soulever tout au fond de moi? Je ne sais [...] Et chaque fois la lâcheté qui nour détourne de toute tâche difficile, de toute oeuvre importante, m'a conseillé de laisser cela, de boire mon thé en pensent simplement à mes ennuis d'aujourd'hui, à mes désirs de demain qui se laissent remâcher sans peine. Et tout d'un coup le souvenir m'est apparu." (Recherche, S. 68 f.).

[590] S. dazu: Gilles Deleuze, Proust und die Zeichen. Berlin 1993, S. 50 f.

[591] Proust, Auf der Suche nach der verlorenen Zeit, S. 70; „La vue de la petite madeleine ne m'avait rien rappelé avant que je n'y eusse goûté; peut-être parce qu, en ayant souvent aperçu depuis, sans en manger, sur les tablettes de pâtissiers, leur image avait quitté ces jours de Combray pour se lier à d'autres plus récents; peut-être parce que de ces souvenir abandonnés si longtemps hors de la mémoire, rien ne survivait, tout s'était désagrégé [...]" (Recherche, S. 69 f.).

[592] S. dazu Deleuze, Proust und die Zeichen, S. 45 f.; Deleuze vertritt die Ansicht, dass die unwillkürliche Erinnerung für die Interpretation einer bestimmten Sorte von Zeichen, den sinnlichen Zeichen, die von den Wahrnehmungen des Subjekts gebildet werden, zuständig ist.

gewinnen sie ihre „Essenz", die das Subjekt mitergreift und es aus der kontinuierlichen Zeiterfahrung heraushebt. Ihre Essentialität erreichen sie aber erst in der Erinnerung, wenn sie also gar nicht aktuell wahrgenommen, sondern erinnernd imaginiert werden.[593] Damit schreibt sich die Dialektik des Augenblicks also auf der Ebene der wahrgenommenen Bilder fort: Sie sind einerseits als aktuelle flüchtig und kontextabhängig, offenbaren andererseits aber in der Erinnerung die essentielle Bedeutung der subjektiven Empfindungen. So vermeidet Proust eine metaphysische Präsenzvorstellung.[594] Substantialität erscheint nur als abwesende, weil einem vergangenen Augenblick zugehörig, im Moment der Erinnerung.

Als Combray schließlich aus der Erinnerung des Subjekts aufsteigt und die Bedeutung des Madeleine-Geschmacks enthüllt, vergleicht der Ich-Erzähler diese Offenbarung mit einem Spiel.

> Und wie in jenem Spiel, bei dem die Japaner in eine mit Wasser gefüllte Porzellanschale kleine Papierstückchen werfen, die sich zunächst nicht voneinander unterscheiden, dann aber sobald sie sich vollgesogen haben, auseinandergehen, Umriß gewinnen, Farbe annehmen und deutliche Einzelheiten aufweisen, zu Blumen, Häusern, echten, erkennbaren Personen werden, ebenso stiegen jetzt alle Blumen unseres Gartens und die aus dem Park von Swann und die Seerosen auf der Vivonne und all die Leute aus dem Dorf und ihre kleinen Häuser und die Kirche und ganz Combray und seine Umgebung, all das, was nun Form und Festigkeit annahm, Stadt und Gärten, stieg auf aus einer Tasse Tee.[595]

Das Projekt des Erzählers scheint von diesem Punkt an von der Vergegenwärtigung der Vergangenheit geprägt zu sein, das aufsteigende Bild muss nur noch erzählerisch ausgefaltet werden.[596] An die Stelle von Thomas Manns „Brunnen der Vergangenheit" tritt hier die Teetasse, und an die Stelle des Mythos der Raum der eigenen Kindheit. Anders als der „Brunnen der Vergangenheit" kann die Teetasse jedoch weder als ein Bild für Tiefe noch für Unergründlichkeit dienen. Deswegen erscheint die Erinnerung auch nicht als „Höllenfahrt" in die Vergangenheit, sondern als Verwandlung von alltäglichen Gegenständen. Darüber hinaus macht das vom Erzähler angebotene Bild des japanischen Papierspiels auf die Verwandlung als Oberflächenphänomen aufmerksam. Wie

---

[593] S. dazu Rainer Zaiser, Die Epiphanie in der französischen Literatur. Zur Mystifizierung eines religiösen Erlebnismusters. Tübingen 1995, S. 265-268 (dort auch die eine ausführliche Kommentierung der Sekundärliteratur zur „mémoire involontaire", S. 282-313).

[594] Die Sekundärliteratur spricht einerseits von der Subjektivierung der „Essenz": Zaiser, Epiphanie, S. 266; Julia Kristeva, Le Temps sensible. Proust et l'expérience littéraire. Paris 1994, S. 208 f.; Genevieve Lloyd, Being in Time. Selves and narrators in philosophy and literature. London/New York 1993, S. 133; Karl Hölz, Die *Recherche* im Spiegel einer Ästhetik der Moderne, S. 121; andererseits von einem ständigen Verfehlen oder einem Aufschub der Essentialität: Judith Kasper, Sprachen des Vergessens. Proust, Perec und Barthes zwischen Verlust und Eingedenken. München 2003, S. 114-116; James H. Reid, Proust, Beckett, and narration. Cambridge 2003, S. 26-45.

[595] Proust, Auf der Suche nach der verlorenen Zeit, S. 71; „Et comme dans ce jeu où les Japonais s'amusent à tremper dans un bol de porcelaine empli d'eau, de petits morceaux de papier jusque-là indistincts qui, à peine y sont-ils plongés s'étirent, se contournent, se colorent, se différencient, deviennent des fleurs, des maisons, des personnages consistants et reconnaissables, de mêmes maintenant toutes les fleurs de notre jardin et celle du parc de M. Swann, et les nymphéas de la Vivonne, et les bonnes gens du village et leur petits logis et l'église et Combray et ses environs, tout cela qui prend forme et solidité, est sorti, ville et jardins, de ma tasse de thé." (Recherche, S. 70 f.).

[596] Ein Modell, das der vormodernen Teleologie nahe käme und das Deleuze dazu veranlasst, Proust als Platoniker zu bezeichnen: Proust und die Zeichen, S. 83.

aus den unterschiedslosen Papierstückchen im Wasser verschiedene Bilder werden, entsteht durch den Tee aus vorher unzusammenhängenden Eindrücken die Erinnerungsszenerie. Erst innerhalb dieser Szenerie entwickelt Combray seine Bedeutung für das Subjekt. Anders als bei Thomas Mann geht es gar nicht um die Frage, bei welchen Gegenständen die Erinnerung legitimerweise und als Anfang einer Erzählung oder des Subjekts ansetzen kann, sondern um die Inszenierung eines vermittelten modernen Anfangs für das Erzählen.[597] Einerseits taucht für den Ich-Erzähler seine Erinnerung wieder auf, deren Inhalt er im Folgenden ausbreiten wird, an der zuletzt zitierten Stelle wird sie nur benannt. Andererseits vergleicht er diese sich offenbarende Erinnerung mit dem Papierspiel der Japaner. Dieses ist wiederum dadurch gekennzeichnet, dass sich in ihm etwas entfaltet, was vorher gar nicht zu sehen war. Obwohl der Ich-Erzähler also im Folgenden seine Kindheitsgeschichte erzählt, die er nun vergegenwärtigen kann, entsteht sie erst neu aus dem Tee. So wie die Papierstücke im Spiel eine andere Qualität gewinnen, wird auch die Erinnerung im Text zu einer Imagination.[598] Im Vergleich mit dem japanischen Spiel begegnen sich authentische Erinnerung und künstliche Inszenierung, der Beginn der Kindheitserzählung nimmt beide Elemente in sich auf.

Auch die Autoren, die von spezifischen Ressourcen im Subjekt ausgehen, um ihre Form ästhetischer Subjektivität zu konstruieren, formulieren also keine essentielle Definition von Subjektivität. Vielmehr halten sich in der Dialektik zwischen Unbewusstem und Bewusstsein, zwischen Imagination und Rationalität, zwischen Einzigartigkeit und Typik die jeweiligen Elemente im Gleichgewicht. Diese Dialektik ähnelt insofern den mit dem Konzept substanzloser Subjektivität arbeitenden Verfahren, als sie eine vergleichbare Bewegung zeigt, diese aber als Dynamik innerhalb des Subjekts inszeniert. Während also die Romane der ersten beiden Abschnitte ihr Subjektkonzept mit und gegen literarische, diskursspezifische oder gesellschaftliche Determinanten entwickeln, sind die Determinanten, gegen die und mit denen die zuletzt besprochenen Romane erzählen, bereits auf das Subjekt bezogen. Die vorgängigen Subjektkonzepte schreiben dem Subjekt ein Unbewusstes zu, Eigenschaften, Rationalität, Einzigartigkeit, eine einheitliche Geschlechtsidentität und die Kontinuierlichkeit seiner bewussten Erfahrung. Einerseits werden diese Konzepte genauso unterlaufen wie die den Romanen im ersten Abschnitt zugrunde liegenden, andererseits entsteht durch die Annahme von subjektiven Ressourcen die Möglichkeit, die Besonderheit des ästhetisch inszenierten Subjekts gegen diese Konzepte zu setzen. Ästhetische Subjektivität entsteht dann anders als in den Romanen des ersten Abschnitts nicht im mimetischen Prozess, der in der Abweichung von Vorgaben Subjektivität negativ zum Vorschein bringt, sondern in der Balance zwischen Typologie und Individualität. Wird diese Dialektik zugunsten einer der beiden Elemente aufgehoben, erscheint Subjektivität als definierbar und verliert damit ihre ästhetische Souveränität.

---

[597] S. dazu auch James H. Reid, Proust, Beckett, and narration, S. 5 f. Zur Bedeutung der Metapher s. Kap. III.3 dieses Buches.

[598] Diese Nähe zwischen Imagination und Erinnerung wird zum Schluss der „Recherche" vom Ich-Erzähler auch formuliert, sie aber auch hier schon erkennbar: S. Zaiser, Epiphanie, S. 255; Kristeva, Le temps sensible, S. 242; Blanchot, Der Gesang der Sirenen, S. 24.

II. Die Problematik erzählerischer Kohärenz im modernen Roman

Die Frage nach Kohärenz im modernen Roman ist in erster Linie eine Frage nach der Möglichkeit des Erzählens unter den Bedingungen der Moderne. Alle hier besprochenen Romane zeigen eine Struktur, die auch kohärente, chronologisch oder kausal geordnete Elemente aufweist. Diese Kohärenz wird aber als nicht substantielles, nur heuristisch verstandenes Hilfsmittel des Erzählens kenntlich gemacht. Ob literarische Gattungen, außerliterarische Diskursformen oder der Mythos als Kohärenzprinzipien verstanden werden, alle Romane verbindet die Offenlegung ihrer eigenen Genese. Sie zeigen also an, unter welchen Bedingungen sie Kohärenz herstellen. In der mimetischen Nachzeichnung ihrer Muster gewinnen sie Kohärenz, gegen die sie dann auch wieder verstoßen, um die Künstlichkeit des kausal oder zeitlich geordneten Erzählens anzuzeigen.

Die Analysen im vorigen Kapitel haben bei der Inszenierung von Subjektivität in modernen Romanen zunächst zwei unterschiedliche Tendenzen deutlich werden lassen. Einerseits wird das Subjektkonzept mit einer literarischen Gattung verbunden, die bereits Kohärenzprinzipien für das Erzählen liefert. Damit besteht auch die Möglichkeit, den Handlungsablauf mit und gegen diese Vorgaben zu entwickeln. Andererseits lässt schon die Vermittlung von Subjektivität und Sozialform die Frage aufkommen, wie die Einbettung des Subjekts in soziale Zusammenhänge erzählerisch zu leisten ist. Auch das als dialektisch beschriebene Subjektkonzept kann durch die Dynamik, die innerhalb des Subjekts inszeniert wird, nicht von vornherein mit einer Struktur des Erzählens verknüpft werden. Zwar scheint gerade die Vermittlung von Subjektivität und Erinnerung zur Kohärenz des Erzählens beizutragen, alle anderen dialektischen Entwürfe führen aber eher zur Sprengung des erzählerischen Zusammenhangs, weil sie die dialektische Verfasstheit des Subjekts mit einer diskontinuierlichen Zeiterfahrung koppeln. Wird die Zeiterfahrung als chronologisch fortlaufend verstanden, dann kann sie einerseits zu den Kohärenzprinzipien gehören, die für das mimetische Verfahren fruchtbar gemacht werden können. Andererseits kann die Verbindung von diskontinuierlicher Zeiterfahrung und Textstruktur zu episodischen Romanformen führen. Sie sind dann durch den Wechsel zwischen kohärent erzählten Episoden und den Schnitten zwischen diesen Episoden gekennzeichnet. An der Lücke im Zusammenhang zeigt sich in diesem Fall die Relativität der Kohärenz.

Damit ist also danach zu fragen, welche Vermittlungsmöglichkeiten zwischen dem ästhetischen Konzept von Subjektivität und den zeitlichen und logischen Strukturen des Erzählens in modernen Romanen zu finden sind. Welche Strukturen lassen sich entwickeln, die gleichzeitig die ästhetischen Innovationen der frühen Moderne, das Fragwürdigwerden von Kausalität und Teleologie, berücksichtigen und trotzdem die Konstruktion eines längeren Textes tragen?

1. Literarische Gattungen

Literarische Gattungen stellen eine Möglichkeit dar, Strukturen zu übernehmen, die eine gewisse Kohärenz gewährleisten. Auch deshalb adaptieren die in diesem Kapitel untersuchten Autorinnen und Autoren Gattungsmuster, die sie jedoch gleichzeitig unterlaufen. So bezieht Gottfried Benn sich auf die Form des Romans, Gertrude Stein und Italo Svevo verwenden die Autobiographie und Walter Serner nutzt die Muster der Liebesgeschichte.

Um Prosa in literarische Gattungen einzuordnen, kann man sie als Erzählung oder Roman ausweisen. Beides sind jedoch Formen, die im 20. Jahrhundert zunehmend ihre Konturen verlieren, also kaum konkrete Strukturen bieten, welche die Vermittlung moderner Subjektivität mit Zeit- und Handlungsabläufen leisten könnten.

> Ein Roman im Sitzen. Ein Held, der sich wenig bewegt, seine Aktionen sind Perspektiven, Gedankengänge sein Element. Das erste Wort schafft die Situation, substantivistische Verbindungen die Stimmung, Fortsetzung folgt aus Satzenden, die Handlung besteht in gedanklichen Antithesen.[599]

Als „Roman im Sitzen" bezeichnet Gottfried Benn seinen *Roman eines Phänotyp*. Er benutzt bei der Reflexion des eigenen Textes nicht nur die Gattungsvorgabe sondern auch die Kategorien, die für den traditionellen Roman charakteristisch sind: Sein Roman hat ebenfalls einen Helden und eine Handlung. Gleichzeitig reflektiert Benn über die traditionellen Kategorien des Romans. Damit führt er eine der Strategien vor, wie die traditionelle Romanform umgangen werden kann.[600] Benn schildert nicht etwa anschaulich die Taten seines Helden, sondern weicht auf die Meta-Ebene aus. Anstatt einen Roman zu schreiben, stellt er die Poetik seines Romans dar; auch auf dieser reflexiven Ebene lehnt er die konventionelle Romanform ab.

Die Handlung, die dieses Konzept noch zulässt, findet allein im Bewusstsein des Protagonisten statt. Seine Reflexivität, die „gedanklichen Antithesen", bestimmt die Struktur des Textes. Die Verknüpfung von Textstruktur und Subjektivität ist einerseits durch das poetologische Verständnis der „Antithetik" möglich, weil Kausalität als Verknüpfungsprinzip mit ihrer Hilfe weiterhin umgangen werden kann. Wenn Gegensätze nur nebeneinander gestellt werden, entstehen jedoch keine kausalen Zusammenhänge. Andererseits sind Antithesen als Inhalt subjektiven Bewusstseins sowohl durch ihre Akausalität wie durch die Betonung von Reflexivität als Negation konventioneller Innerlichkeit zu verstehen. Nach Benn kennzeichnet gerade die Darstellung konventioneller Innerlichkeit den psychologischen Roman des 19. Jahrhunderts, gegen den er auch im *Roman des Phänotyp* in Fortsetzung von - auch eigenen - Positionen der frühen Moderne polemisiert.

> Schon liegt - existentiell - der psychologische Roman außerhalb des anfangs erwähnten Umkreises, der das heutige Phänomen bestimmt. Wenn jemand im Badischen Schwarzwald stirbt, wenn er in Königsberg geboren ward und nachdem ihm in mehreren Lebensstellungen Ereignisse begegneten und ihm zwei Enkel gestorben waren, so mag das den einen oder den anderen, namentlich Angehörige, nachdenklich machen, aber es enthält noch nicht die Elemente jenes Traumes.[601]

Das bloß Private hat also in der Kunst keinen Platz, weil es ihre Autonomie beschädigt. Nach Benns Ansicht wird die Biographie eines Individuums als Handlung eines Romans bloß verdoppelt, ohne dadurch Kunstcharakter zu gewinnen. Die Meinung, dass

---

[599] Gottfried Benn, Der Roman des Phänotyp. In: PuA, S. 173.
[600] S. dazu Frank Winkler, Die Herrichtung des Ich, S. 131-138; Thomas Pauler, Schönheit & Abstraktion. Gottfried Benns ‚absolute Prosa'. Würzburg 1992, S. 143-148.
[601] Ebd., S. 157.

ein individuelles Leben nicht zum Gegenstand künstlerischer Imagination werden kann, taucht bereits in Carl Einsteins Aufsätzen auf und ist für seine Konzeption des *Bebuquin* grundlegend. Benn vergleicht denn auch seinen *Roman des Phänotyp* als seiner Meinung nach „absolute Prosa" mit dem *Bebuquin*.[602] Der Begriff der „absoluten Prosa" bildet also die Gegenposition zum abgelehnten psychologischen Roman. Absolute Prosa imaginiert die „Elemente jenes Traums" und bewegt sich in „gedanklichen Antithesen" vorwärts.[603]

An Benns Argumentation zeigt sich jedoch auch, wie die Typologie von Subjektivität sich auf die Textkonzeption auswirkt. Weil das zufällige Leben irgendeines Individuums nicht allgemein genug ist, kann es als nur Besonderes nicht zum Gegenstand des Kunstwerkes werden. Der Roman darf deswegen nicht mehr nur das Leben eines Individuums darstellen, sondern muss die Geschichte des Phänotyps als eines Repräsentanten des Existentiellen inszenieren.

> Existentiell - das ist der Todesstoß für den Roman. Warum Gedanken in jemanden hineinkneten, in eine Figur, in Gestalten, wenn es Gestalten gar nicht mehr gibt? Personen, Namen, Beziehungen erfinden, wenn sie gerade unerheblich werden? Existentiell -: das zielt rückwärts, verschleiert das Individuum nach rückwärts, bindet es, bringt Forderungen vor, denen die vergangenen Jahrhunderte und die deszendenten Generationen nachzukommen nicht ausgestattet waren. Handschriften, Kranzschleifen, Photographien - alles das ist schon zu viel. Existentiell - dies Wort wirkt im Phänotyp.[604]

Das einzelne Individuum ist als bloß besonderes nicht nur kunstunwürdig, sondern auch in der zeitgenössischen Realität im Schwinden begriffen, es wird „unerheblich". Auch deswegen ist der traditionelle Roman keine angemessene Form zur Darstellung von Subjektivität.

Der *Roman des Phänotyp* widmet sich nicht dem Subjektiven, sondern dem Existentiellen. Durch ein anderes Subjektkonzept, den Phänotyp, wird der Roman als Variante modernen Erzählens wieder möglich. Der Phänotyp verkörpert einerseits den Willen zum künstlerischen Ausdruck, andererseits eine geistige Bewegung, welche Antithesen zulässt, also Kausalität vermeidet. Der grundsätzliche Zusammenhang zwischen Subjektivität und Romanform kann also beibehalten werden, wenn beide Elemente neu definiert werden. Subjektivität und Romanform werden jedoch nicht getrennt neu konzipiert, sondern folgen derselben Struktur. So wie das Existentielle den Phänotyp bestimmt, so kennzeichnet es auch die neue Ausdrucksform. Die Natur des Existentiellen erscheint als „[...] ausgesprochen zyklisch, läßt alles offen, alles Hervorgebrachte wird wieder zurückgenommen. Alles kommt immer wieder, sie beginnt an keiner Stelle und endet an keinem Punkt."[605] Diese Eigenschaften des Existentiellen - zyklisch und zugleich offen zu sein - sind schon auf Benns Subjektkonzept bezogen worden, sie lassen sich aber auch als Beschreibung der Textstruktur lesen.[606]

---

[602] Gottfried Benn, Doppelleben. In: PuA, S. 355-479, S. 446.

[603] S. zum Begriff der absoluten Prosa: Moritz Baßler, Absolute Prosa. In: Fähnders, Expressionistische Prosa, S. 59-78.

[604] Ebd., S. 150.

[605] Ebd., S. 154.

[606] Schon Bodo Bleinagel (Absolute Prosa. Ihre Konzeption und Realisierung bei Gottfried Benn. Bonn 1969, S. 39 f.) macht auf diesen Zusammenhang aufmerksam. Benn selbst beschreibt die Geschichte mit Nietzsche als „Wiederkehr des Gleichen" (Roman des Phänotyp, S. 170).

So wie Benn die Geschichte für die Wiederholung des Immergleichen hält, präsentieren auch die Abschnitte des Textes keine Entwicklung, sie stellen stattdessen immer neue „gedankliche Antithesen" vor. Einerseits sind sie deswegen strukturell Wiederholungen - es geht immer um Antithesen -, andererseits bieten sie durch die Darstellung von jeweils anderen Gegensätzen Varianten an. Benn setzt also Wiederholung und Variation gegen die chronologisch und psychologisch strukturierte Kohärenz des traditionellen Romans. Wie bei seinem Subjektkonzept stehen sich ein strukturgebendes Element, also die Wiederholung und bezogen auf das Subjekt das „hergerichtete Ich", und ein öffnendes - die Variation und die Negation der geschlossenen Form des Subjekts - gegenüber. Diese Antithetik lässt sich auch auf Benns Umgang mit der Romanform beziehen. Seine Verfahren wiederholt auf einer etwas anderen Ebene die in der Literatur der zehner Jahre entwickelten ästhetischen Figuren. Denn Benn dehnt die Verknüpfung von Schreibweise und inhaltlicher Darstellung nun auf die Gattung aus: Die mimetische Sprachbehandlung, welche die ästhetischen Figuren der frühen Moderne bestimmt, wird durch die „Mimesis" der Romanform ergänzt. Mimesis meint hier genau das, was Benn als zyklisch und offen beschreibt, also die Übernahme von Romanstrukturen, die diese gleichzeitig variiert, öffnet und offen hält.

In dieser Allgemeinheit lässt sich der mimetische Umgang mit der Romanform auf fast alle hier zu besprechenden Texte beziehen. Dieses Verfahren liegt ja auch nahe, weil es neue Schreibweisen mit traditionellen Vorgaben des Erzählens vermitteln kann. Im Unterschied zu den Romanvarianten des 19. Jahrhunderts ist das mimetische Verfahren gleichermaßen durch die Anerkennung von grundlegenden Kategorien des Romans wie durch ihre Subversion gekennzeichnet. Auch Benn arbeitet mit Begriffen wie Held und Handlung, er benutzt sie sogar zur poetologischen Beschreibung und legt so grundlegende Strukturen seines Textes fest. Gleichzeitig ist die Bewegung des Textes genau gegen diese Strukturen gerichtet: Sie sollen im Existentiellen aufgelöst werden.

Die Spezifik der einzelnen Variationen des Romans liegt dann aber - in einer ersten Unterscheidung - in der von den Autorinnen und Autoren meist genauer als bei Benn gefassten Einordnung in traditionelle Erzählformen. Aus dieser Einordnung ergeben sich dann die spezifischen Strukturen der Romane sowie deren poetologische Reflexion. Ähnlich wie Benn seinen Text ja nicht nur als Roman bezeichnet, sondern auch seine Schreibweise anhand dieser Einordnung reflektiert, geht Gertrude Stein mit der Form der Autobiographie um. „About six weeks ago Gertrude Stein said, it does not look to me as if you were ever going to write that autobiography. [...] I am going to write it for you. I am going to write it as simply as Defoe did the autobiography of Robinson Crusoe."[607] Die *Autobiography of Alice B. Toklas* folgt derselben Dynamik wie Benns *Roman des Phänotyp*. Sie nimmt Strukturen der Autobiographie auf, öffnet diese jedoch gleichzeitig so, dass ihre Gattungsvorgaben nicht mehr eingehalten werden können. Im Vergleich zum Roman hat die Autobiographie jedoch engere Gattungsgrenzen und gibt also mehr Elemente vor: Sie verlangt die Übereinstimmung von erzählendem und erzähltem Ich, setzt die zentrale Bedeutung der eigenen Geschichte, den Gestus der Authentizität und eine chronologische Ordnung voraus, an der entlang des Leben von der Geburt bis in die Zeit des Schreibens erzählt wird.[608]

Schon der Hinweis auf *Robinson Crusoe* als Vorbild für Alices Autobiographie ist ein Verstoß gegen die Forderung nach Authentizität. Der fiktionale Charakter von Ro-

---

[607] Gertrude Stein, The Autobiography of Alice B. Toklas (1933), New York o. J. [1961], S. 252.
[608] S. dazu die Definition von Philippe Lejeune, Der autobiographische Pakt, S. 14.

binson Crusoes Lebensgeschichte lässt auch Alice B. Toklas' Autobiographie als Fiktion erscheinen - die sie ja schließlich auch ist. Trotzdem hält sich die Erzählerin zum
Teil an die Konventionen der Gattung: Sie beginnt mit ihrer Geburt, ihrer Erziehung
und ihrer Bekanntschaft mit Gertrude Stein und endet mit der Ankunft in der unmittelbaren Gegenwart. Zwei Kapitel verstoßen allerdings gegen die Vorgaben der Autobiographie, weil sie sich mit Gertrude Steins Biographie, bevor Alice sie kannte, befassen. Darüber hinaus setzt die Ich-Erzählerin innerhalb der Kapitel auch die Chronologie ihrer Erinnerungen außer Kraft. So findet sich innerhalb des Abschnitts „1907 –
1914" zwar das Geschehen dieser Jahre, dieses ist aber nicht nach chronologischen
sondern nach assoziativen Gesichtspunkten geordnet, die auch keine Kausalität begründen können.[609]

> And on all the walls right up to the ceiling were pictures. At one end of the room was a
> big cast ironstove [...] But to return to the pictures. The pictures were so strange that
> one quite instinctively looked at anything rather than at them just at first. I have re-
> freshed my memory by looking at some snap shots taken inside the atelier at that time.
> The chairs in the room were also all Italien Renaissance [...] But to return to the pictures.
> As I say they completely covered the white-washed walls right up to the top of the very
> high ceiling. The room was lit at this time by high gas fixtures [...] But this time I am
> really going to tell about the pictures.[610]

Alices Beschreibung von Gertrude Steins Atelier ist nicht nur durch ihre Abschweifun-
gen, sondern ebenso durch Wiederholungen gekennzeichnet. Beide Elemente bedingen
sich: Durch die Wahrnehmungen und Einfälle der Ich-Erzählerin entstehen Abschwei-
fungen, so dass sie ihr erzählerisches Vorhaben nicht ausführen kann. Deswegen muss
sie sich immer wieder zur Ordnung rufen und noch einmal neu ansetzen. Die so entstehende Struktur verstößt gegen erzählerische Kausalität genauso wie gegen die Chronologie, leistet also dasselbe wie Benns ganz anderes Verfahren der Romankonstrukti-
on.[611]

Trotzdem sind die Vorgaben der Autobiographie nötig, um Alices Abschweifun-
gen zu bändigen. Sie weiß, wenn sie das erste Abendessen bei den Steins schildert, muss
sie die Szenerie, besonders die mittlerweile berühmt gewordene Bildersammlung, beschreiben. Also kommt sie immer wieder auf die Bilder zurück und zählt sie schließlich
auch auf. Auch ihre subjektiven Assoziationen sind nicht beliebig: Sie werden durch die
Wahrnehmung der Außenwelt gesteuert und sind an den Gegenständen, die sie umgeben, orientiert. Was hier aufeinander trifft, sind die kulturellen Festschreibungen für
„wichtige" Wahrnehmungen oder Erinnerungen und Alices subjektives Interesse. Sie
kann sich genau erinnern, dass die Stühle im Atelier zu hoch waren und wie die Be-
leuchtung funktioniert hat. Diese Erinnerungen gelten aber innerhalb einer Autobiographie, welche sich den entscheidenden Erlebnissen des Lebens widmen sollte, als ir-

---

[609] S. zum Umgang mit Zeit und Chronologie: Charis Goer, Gertrice/Altrude oder: Ich ist eine
andere. (Auto-)Biographik in Gertrude Steins *Autobiographie of Alice B. Toklas.* In: Orbis Litterarum
58/Jg. 2003, S. 101-115; zum Verhältnis der Erzählweise zur Kausalität: Hilmes, Das inventarische und
das inventorische Ich, S. 361.

[610] Stein, The Autobiography, S. 9 f.

[611] S. zur Auflösung der Chronologie und ihre Auswirkungen auf die Kausalität: Charis Goer,
Gertrice/Altrude, S. 106 f.; Georgia Johnston, Narratologies of Pleasure, S. 594; Estelle C. Jelinek, The
Tradition of Women's Autobiography: From Antiquity to the Present, S. 136; James E. Breslin, Ger-
trude Stein and the Problems of Autobiography, S. 152.

relevant. Als relevant erscheint vielmehr der erste Eindruck, den die künstlerisch inno-
vativen Bilder bei Alice hinterlassen haben. Um sich an sie zu erinnern, muss sie jedoch
ein Photo - als objektivierter Erinnerung - zu Rate ziehen. So stehen subjektive und kul-
turell geforderte Erinnerung innerhalb von *The Autobiography of Alice B. Toklas* nebeneinander. Ihr Gegensatz legt die Auswahlverfahren von Autobiographien offen und wirft
noch einmal ein Licht auf Steins Entscheidung, Alice als Erzählerin zu wählen. Deren
begrenztes, „hausfrauliches" Bewusstsein liefert nämlich die Perspektive, die für dieses
Verfahren nötig ist. Alices Ignoranz gegenüber den „wichtigen" Bildern zeigt auch die
Widerborstigkeit der alltäglichen Erfahrung und der Erinnerung, die sich an alltäglichen
Kleinigkeiten orientiert. Sie macht so die Künstlichkeit der angeblich auf Authentizität
gerichteten Gattung Autobiographie deutlich.

Auch Zeno Cosini in Italo Svevos Roman *La Coscienza di Zeno* soll seine Lebensgeschichte niederschreiben. Im Gegensatz zu Steins Variante ist die Fiktivität der Autobiographie von vornherein klar, weil Svevo seinen Text als „Roman" bezeichnet. Sein
Titel liefert aber noch einen weiteren Hinweis. Zeno will nicht nur die Erinnerung und
das Bewusstsein erforschen, sondern sich auch der moralischen Rechtfertigung seiner
Handlungen, der Gewissensprüfung, widmen.

> Der Arzt, mit dem ich über meine Raucherleidenschaft gesprochen habe, riet mir, ihre
> Entwicklung darzustellen und diese Arbeit damit zu beginnen: ,Schreiben Sie nur, schrei-
> ben Sie! Sie werden sehen, wie bald man dazu kommt, sich selber zu erkennen.'[612]

Der Psychoanalytiker regt die Erinnerungs- und Schreibarbeit an, er liefert auch die
Auswahlkriterien für die relevanten Elemente. Er ist an der psychischen Entwicklung
Zenos interessiert, um sie als Material für die Analyse zu verwenden. Das Ziel der Analyse ist natürlich, dass Zeno seine psychischen Probleme durch die Aufarbeitung seiner
Vergangenheit bewältigen kann. Es ist also nicht die kulturelle oder künstlerische Wichtigkeit, welche das Auswahlverfahren zwischen relevanten und nicht relevanten Elementen der Erinnerung leitet, so wie sie für *Autobiography of Alice B. Toklas* konstitutiv
ist, sondern die psychische Bedeutung der Erinnerung für das Subjekt. Die Formulierung, sich mit Hilfe des Schreibens „selbst zu erkennen", ist aber gleichzeitig allgemein
genug, um die Auswahlkriterien des Psychoanalytikers zu unterlaufen.

Ähnlich wie Benn und Stein versucht auch Svevo durch erzählerische Varianten
von sich wiederholenden Elementen, Kausalität und Chronologie als Kohärenzprinzipien außer Kraft zu setzen. Zunächst einmal erzählt auch Zeno Cosini episodisch aus
seinem Leben: Nach der Einleitung, die den Anlass zur Niederschrift der Erinnerungen
berichtet, folgen die Kapitel „Die Zigarette", „Der Tod meines Vaters" und „Die Geschichte meiner Heirat". Sie sind in sich zwar kontinuierlich erzählt, orientieren sich in
ihrer Abfolge aber nicht an Zenos Lebenslauf.[613] Eine zweite Strategie setzt diesen Verlust an chronologischer Ordnung fort. Wegen Zenos zwanghafter Rauchleidenschaft ist
seine Biographie von Wiederholungen geprägt ist.

> Dieses Leiden verschaffte mir mein zweites: die ohnmächtige Bemühung, das erste los-
> zuwerden. Täglich wechselten Zigaretten und strenge Vorsätze, nicht mehr zu rauchen

---

[612] Italo Svevo, Zeno Cosini, S. 35.
[613] S. dazu Zaiser, Zur Frage nach der Modernität, S. 24; Zaiser wertet allerdings die eingehaltene
Chronologie innerhalb der einzelnen Episoden als Zeichen für die eingeschränkte Modernität des Romans.

miteinander ab. Ja, um alles zu sagen, im allgemeinen ist es heute auch nicht anders. Die unendliche Reihe der ‚letzten Zigaretten‘, die damals, in meinem zwanzigsten Lebensjahr, anfing, ist heute noch nicht abgeschlossen.[614]

Zenos Leben ist bestimmt durch den Wechsel zwischen exzessivem Rauchen und dem Vorsatz, mit dem Rauchen aufzuhören. Er inszeniert also seine eigene Geschichte als Kreislauf, als Wiederkehr des Gleichen. Damit verliert sie sowohl den linearen, zeitlichen Ablauf wie eine Entwicklungsmöglichkeit.[615] Gleichzeitig entsteht durch die Organisation der Lebenszeit als Kreislauf auch der für Zeno spezifische Umgang mit der Verknüpfung von Ursache und Wirkung.

So wie Zenos Subjektivität dadurch zu charakterisieren ist, dass sein vergangenes und sein aktuelles Ich nicht identisch sind, so erscheint auch die Zeit in Vergangenheit, Gegenwart und Zukunft unterschieden, ohne dass eine Zeitdimension auf die anderen einen Einfluss hätte. Zeno fasst aktuell einen Vorsatz für sein weiteres Leben - zum Beispiel, mit dem Rauchen aufzuhören -, er versucht also, die Zukunft in der Gegenwart festzulegen. In der dann eingetretenen Zukunft wird die Gegenwart, in der er den Vorsatz gefasst hat, aber zur Vergangenheit, auch zum Teil seines vergangenen Selbst, das keinen Einfluss mehr auf das aktuelle Subjekt hat. Der Vorsatz kann dann als in der Vergangenheit gefasster nicht zur Ursache für aktuelles Verhalten werden.

Diese Verknüpfung von Zeitdimensionen und Kausalität ist bereits in den Texten der zehner Jahre auffällig. Sie führt entweder zur Ersetzung von logischen Verknüpfungen durch die zeitliche Reihung der Ereignisse oder zur parallelen Auflösung beider Ordnungsprinzipien. Diese letzte Variante ist vor allem an Musils Novelle *Die Vollendung der Liebe* zu beobachten.[616] Sie verdankt sich einerseits - und wohl auch bei Svevo - dem Einfluss Nietzsches, andererseits ist sie kennzeichnend für moralische Aussagen überhaupt.[617] Einen „strengen Vorsatz" für die Zukunft zu fassen, verleiht dem Subjekt moralische Würde, bindet es aber - so Nietzsches Argumentation - gleichzeitig an die Vergangenheit, weil sein zukünftiges Verhalten sich nach dem einmal festgelegten Vorsatz richten muss. Gegen diese Bindung rebelliert Zeno, obwohl er den moralischen Sieg gerne für sich in Anspruch nehmen würde.

> Ich bin überzeugt, daß die Zigarette anders und bedeutsamer schmeckt, wenn sie die letzte sein soll. Auch andere können einen eigenen Geschmack haben, aber nie einen so intensiven. Die letzte Zigarette hat das Aroma des Gefühls eines Sieges über sich selbst, der Hoffnung auf eine baldige Ära voller Kraft und Gesundheit.[618]

Zeno koppelt die „letzte Zigarette" von ihrem Bezug zu Vergangenheit und Zukunft ab. Für ihn spielt es weder ein Rolle, dass er in der Vergangenheit schon viele letzte Zigaretten geraucht hat, noch ob er in Zukunft, seinen Vorsatz wirklich einhält. Die Zeit erscheint nur noch als Gegenwart im „bedeutsamen" Augenblick.

Durch diese subjektive Dissoziation der zeitlichen Ordnung wird auch die logische Verbindung von Ursache und Wirkung unmöglich, weil sie eine zeitliche Abfolge voraussetzt. Für Zeno ist es also nicht möglich, etwas als Ursache zu kennzeichnen,

---

[614] Svevo, Zeno Cosini, S. 36.

[615] S. dazu Amberson, Italo Svevo's La Coscienza di Zeno, S. 451 f.

[616] S. dazu 2. Teil Kap. III Die Romantik und die ästhetschen Figuren der Subjektivität.

[617] Zu Svevos „verschwiegener" Nietzsche-Rezeption: John Gatt-Ruther, Italo Svevo. A double Life. Oxford 1988, S. 88 u. 315 ff.

[618] Svevo, Zeno Cosini, S. 38.

weil er dessen Wirkung in der Zukunft nicht absehen kann. Umgekehrt kann er eine Wirkung nicht auf ihre Ursache zurückführen, weil im Nachhinein jede Wirkung mehrdeutig erscheint, also auf ganz unterschiedliche Ursachen zurückgeführt werden könnte.

> Mein Ehebruch war mir, noch bevor ich ihn beging, derart schlecht, unzweckmässig und bedauerlich erschienen, daß man hätte meinen sollen, es würde mir leichtfallen, ihn zu vermeiden. Über Erkenntnisse, die man nach vollzogener Tatsache findet, kann man immer nur lachen; sie sind genauso wenig wert wie jene, die man vorher gefunden hat. In irgendeinem Lexikon habe ich das Gedenken an diese angstvollen Stunden bei Buchstaben C (Carla) für ewig festgehalten: das Datum jenes Tages steht dort vermerkt, begleitet von dem Zusatz: ‚Letzter Ehebruch.‘ Aber der erste wirkliche Ehebruch, der noch viele andere zur Folge hatte, geschah erst am nächsten Tag.[619]

Die Chronologie, aber auch die Moral wird hier endgültig ad absurdum geführt: Zeno notiert den Vorsatz „Letzter Ehebruch", bevor der Ehebruch überhaupt stattgefunden hat.

Nachdem der Ehebruch passiert ist, ist wiederum keine Ursache für ihn zu finden. Auch der nachträgliche Versuch, die Zusammenhänge als Folge von Ursache und Wirkung zu ordnen, führt nach Zenos Meinung grundsätzlich nicht zu Erkenntnissen. Weder für den Entwurf von zukünftigen Handlungen noch durch die nachträgliche Reflexion der Vergangenheit lassen sich logische Verknüpfungen mit den Ereignissen in der Gegenwart entwickeln. Die einzige Folge des Ehebruchs, die Zeno gelten lässt, ist seine Wiederholung. Die Wiederholung des Ehebruchs oder der letzten Zigarette werden damit zu akausalen und zeitlich nicht linearen Strukturen, welche die jeweiligen Gegenwarten verbinden. Ohne die Wiederholung würde der zeitliche und logische Zusammenhang von Zenos Lebensgeschichte auseinander brechen, weil der Ich-Erzähler den einen gegenwärtigen Augenblick nicht mit einem anderen verbinden könnte.

Die Abhängigkeit des Romans von der Wiederholungsstruktur wird auch im Vergleich von Svevos Roman mit Musils Novelle *Die Vollendung der Liebe* deutlich. Musil geht von denselben Bedingungen aus wie Svevo. Er hält Kausalität und lineare Zeiterfahrung für ästhetisch irrelevante Kategorien, inszeniert Ehebruch als die Verbindung von zeitlichen und moralischen Komponenten und zeigt die Unmöglichkeit für das Subjekt auf, sich in der zeitlichen Dynamik als identisches zu erfahren. Während die so entstehende Komplexität für Musil nicht in einer kohärenten erzählerischen Form zu bewältigen ist, reduziert Svevo sie durch die strukturelle Wiederholung. Zeno versteht die Wiederholung dabei, ähnlich wie Benn, als eine Art von Naturgesetz, also als unerklärbar und unentrinnbar. Dass er dieses Naturgesetz selber produziert, entlarvt es allerdings gleichzeitig als willkürliche Konstruktion.

Die Wiederholung, die nicht zu den Gattungsmerkmalen der Autobiographie gehört, verstößt einerseits gegen die Vorstellung von der kontinuierlichen Entwicklung der Persönlichkeit, andererseits ermöglicht sie erst die Inszenierung der Lebensgeschichte unter den Bedingungen der Moderne. Innerhalb der Deutungsmuster der Psychoanalyse, deren Auswahlkriterien den dargestellten Episoden ja zugrunde liegen sollten, bieten die Wiederholungen das Material, das der Psychoanalytiker sich wünscht, weil er sie als zwanghaft deuten kann. Auch hier erfüllt Zeno also einen Teil der Vorgaben. Gleichzeitig entzieht er sich jedoch durch seine Zeitvorstellung psychoanalytischen Deutungen. Wenn das gegenwärtige Ich keinen Bezug zum vergangenen hat, ist es un-

---

[619] Ebd., S. 281.

sinnig, vergangene Zustände des Subjekts zu interpretieren, um dadurch sein gegenwärtiges Leben zu verstehen oder zu verändern. Svevos Inszenierung der Zeit liefert ihm also die ästhetische Möglichkeit, psychoanalytische Festschreibungen zu umgehen, ohne sie bloß zu ignorieren.

Anders als bei Benn, Stein und Svevo ist die Wiederholung für die Figuren in Walter Serners Roman *Die Tigerin* genau die Struktur, die vermieden werden soll. Durch den Untertitel ist zwar klar, dass es sich auch hier um die Wiederholung einer bestimmten Erzählform, der Liebesgeschichte, handelt, die wiederum „absonderlich" variiert wird. Auf der Handlungsebene versuchen Fec und Bichette aber gerade, der Wiederholung zu entgehen.

> Ich sage ja nicht, daß wir uns irgendwas vortrillern sollen, irgend so was wie diese zuckrigen Claqueweiber da mit ihren Marlous. Das ist von hinten herum ja doch wieder louche, diese alberne Räuberspielerei, diese ekelhafte Liebesgetue und Blickgetürm und diese verlogenen Rohheiten, diese Gewebetreibenden mit Herz und Hintern und… Schlingue! Ich habe den ganzen Jus bis dorthinaus![620]

Das Verhältnis zu Fec soll für Bichette also weder die in ihren Kreisen übliche Vorspiegelung von Liebe, die in Wirklichkeit geschäftlichen Charakter hat, also Prostitution ist, ein weiteres Mal inszenieren, noch soll es überhaupt auf Gefühlen beruhen, weil Gefühle als unbewusste Verdeckung von egoistischen Interessen verstanden werden. Sie sind also nur die nicht durchschaute Variante der Prostitution. Fec und Bichette wollen dagegen weder diese Verblendung noch das Geschäft mit der Liebe wiederholen. „Ja, Fec, ja, Fec, machen wir doch etwas! Etwas Neues! Etwas ganz Neues!… Machen wir doch - uns!"[621] Bichette wünscht sich, dass die Beziehung zwischen den beiden nicht das immer Gleiche wiederherstellt, sondern dass das nun entstehende Paar einzigartig wird. Diese Vorstellung des Neuen ist aber nicht einlösbar, weil das ganz Andere unter ansonsten gleich bleibenden Umständen eben nicht „machbar" ist. So muss das Neue als „Liebe machen"[622] spezifiziert werden. Mit der „Liebe" erscheint aber gleichzeitig wieder ein bereits existierendes Konzept, das auch in der Beziehung zwischen Bichette und Fec nur variiert wird.

Die Differenz, die Bichettes und Fecs Variation von der Wiederholung bereits vorhandener Liebeskonzepte trennt, ist der Aspekt der Künstlichkeit. Liebe als Inszenierung wiederholt bewusst Elemente der „wahren" Liebe, setzt sie aber zur Darstellung von „Liebe" ein. Dadurch entsteht das Problem, dass das bewusste, künstliche und reflektierte „Liebe machen" Effekte produziert, die von „echter", konventionell verstandener Liebe nicht immer zu unterscheiden sind. Weil sich die bewusst inszenierte Form der Liebe von der ökonomisch oder konventionell definierten Variante allein durch die Intention der Beteiligten trennen lässt, kann diese Differenz nur aufrechterhalten werden, wenn die Absichten jederzeit bewusst und klar erkennbar sind. Anhand von Fecs Selbstreflexion ist aber bereits gezeigt worden, dass er zwar versucht, die Transparenz seiner Motive zu erreichen, jedoch scheitert, wenn er sein Modell der Geistesgegenwart auf Bichette überträgt. Die Undurchdringlichkeit des Gegenübers für seine Reflexionen verhindert auch die vollständige Kontrolle über das Geschehen. Wenn der Unterschied zwischen lieben und „Liebe machen" über die Bewusstheit der

---

[620] Walter Serner, Die Tigerin. München 1982, S. 16.
[621] Ebd., S. 17.
[622] Ebd., S. 21.

Inszenierung konstituiert wird, ist er nämlich allein von der subjektiven Einschätzung abhängig, die - zumindest soweit es den anderen Partner im Spiel betrifft - nie garantiert werden kann. So wird die inszenierte Liebe mehrdeutig und zu einer Frage der Interpretation.

> ,Bah. Ich werde deinem Gedächtnis helfen. Und vielleicht auch dir.' ,Mir helfen?' ,Und zwar, indem ich dich von mir kuriere. Indem ich das Geheimnis preisgebe [...] Indem ich dir also ergebenst mitteile, daß ich von allem Anfang an die holde Absicht hatte, dich in mich verliebt zu machen, hörst du - verliebt! Und dich dann zu verlassen. V'lan, ich sage dir sofort, daß es mir nicht ganz gelungen ist.'[623]

Weil die Partner im Spiel undurchsichtig bleiben, kann das Geschehen im Nachhinein ganz anders und neu verstanden werden. Deswegen sind Bichette und Fec zum Schluss mit der nachträglichen Konstruktion von Ursache-Wirkungs-Zusammenhängen beschäftigt.[624] Auch der Versuch, nachträglich das Geschehen, die Inszenierung von Liebe, eindeutig zu interpretieren, scheitert, weil Fec und Bichette ihre Handlungen im Nachhinein jeweils anders motivieren und so neue Deutungen einführen. Damit wird aber auch klar, worin die Parallele zwischen ihrem Unternehmen und der konventionellen Vorstellung von Liebe liegt. Zu Beginn sind sie nämlich von einer Übereinstimmung ausgegangen: Beide wollten ihrem „Leerlaufen" ein Ende setzen und deswegen das gemeinsame Projekt starten. Diese Vorannahme ähnelt deswegen dem konventionellen Liebeskonzept, weil eine geglückte Liebe vor allem eine erwiderte ist, also ebenfalls auf Gegenseitigkeit beruht. Unter der Bedingung der Gegenseitigkeit lassen sich also auch Bichette und Fec auf die Inszenierung von Liebe ein und anders als alle anderen Elemente, die sie mimetisch, inszenierend, spielerisch nachahmen, bildet dieses die Voraussetzung für das Spiel und die Begründung dafür, dass der Roman auch eine Liebesgeschichte ist.

Damit hat die Wiederholung bereits eingesetzt, als Bichette und Fec beschließen, gemeinsam ihre Liebe zu machen. Auch ihre Rebellion ist also eine, die gleichzeitig mit dem Konzept arbeitet, das sie bekämpft. Anders als in den bereits besprochenen Romanen wird die ihrer Inszenierung folgende Textkonstitution jedoch nicht reflektiert. Benn, Stein und Svevo lassen ihre Protagonisten auch innerhalb ihrer Texte über die Gattungseinordnung sprechen, während der Erzähler bei Serner eher zur Uneindeutigkeit der Gattung beiträgt: „Wenn man sie sah, mußte man glauben, daß sie ein glückliches Liebespaar seien."[625] Diese Uneindeutigkeit zeigt sich auch an der Einordnung, die allein der Untertitel vornimmt. Anders als der Roman oder die Autobiographie ist die Liebesgeschichte keine feststehende Gattung, sondern eher inhaltlich definiert, nämlich durch die Darstellung einer Liebesbeziehung. Bei Serner soll die konventionelle Bedeutung des Liebeskonzepts aufgelöst werden, während die Bezeichnung „Geschichte" schon ungenau genug ist, um alle möglichen Varianten erzählender Prosa aufzunehmen. Andererseits kann sie deswegen auch nicht die Struktur des Textes formen. Seine Dynamik entsteht durch die Orientierung an einer Vorstellung von Liebe, die nicht als gültig anerkannt wird, und durch das gleichzeitige Scheitern des Gegenentwurfs.

---

[623] Ebd., S. 97.
[624] S. dazu Puff-Trojan, Von Glücksrittern, Liebeslust und Weinkrämpfen. In: Ders./Schmidt-Dengler (Hrsg.), Der Pfiff aufs Ganze, S. 75-92.
[625] Serner, Die Tigerin, S. 70.

Serners Roman *Die Tigerin* steht mit dieser Struktur des Erzählens zwischen der Bindung an literarische Gattungen und der Verknüpfung mit außerliterarischen Diskursformen. Einerseits ist die Einordnung als Liebes*geschichte* keine eindeutige Gattungsbezeichnung, andererseits ist Liebe ein Konzept, das von seinen literarischen Darstellungen kaum zu lösen ist. Die konventionelle Vorstellung, was Liebe ist, ist so weit reichend literarisch vermittelt, dass sie kaum als außerliterarische Diskursform gelten kann.[626] Demgegenüber versuchen die Romane, die im folgenden Kapitel besprochen werden, ästhetische Struktur und außerliterarische Diskursform einander so weitgehend anzunähern, dass sie in der Bewegung des Textes ununterscheidbar werden.

2. Außerliterarische Diskursformen

Die Diskursformen, welche die Romane des folgenden Abschnitts zur Generierung ihrer Strukturen verwenden, sind im Wesentlichen durch Zielgerichtetheit und lineares Fortschreiten gekennzeichnet: Die Texte setzen die juristische Verfahrensordnung, die Geschichtsschreibung und die konventionelle Zeitvorstellung ihrem mimetischen Verfahren aus. Durch die ihnen zugrunde liegende Struktur können die gewählten Diskursformen sowohl zur Kohärenz des Erzählten beitragen, wie als Konzepte dienen, gegen die sich die Eigendynamik der ästhetischen Bewegung wendet. Sie werden also ebenso wie die literarischen Gattungszuordnungen der produktiven Mimesis ausgesetzt. Schon Svevos Verarbeitung der Psychoanalyse zeigt die Möglichkeit, außerliterarische Diskursformen zu benutzen, um Brüchigkeit und Zusammenhang des Erzählten in der Balance zu halten. Allerdings ist die psychoanalytisch inspirierte Lebensgeschichte Zenos so weit reichend an der literarischen Gattung der Autobiographie orientiert, dass es berechtigt erscheint, sie als deren fiktive Variante zu interpretieren. Für die nun zu besprechenden Texte sind hingegen bei Kafka juristische, im Fall Musil, Broch und Celine historiographische und in den Romanen Virginia Woolfs und Marcel Prousts Zeit-Konzepte bestimmend, die nicht an traditionelle literarische Formen gebunden sind.

In Kafkas Roman *Der Proceß* gerät Josef K. in das Räderwerk des Gerichts, ohne dass er - wie Zeno Cosini gegenüber der angemaßten Autorität seines Psychoanalytikers und der Psychoanalyse - eine Möglichkeit findet, sich ihm zu entziehen.[627] Immer wenn er glaubt, vor dem Gericht sicher zu sein, taucht es in neuer Form wieder auf: Plötzlich sind die Gerichtskanzleien auch hinter dem Zimmer des Malers oder der Prügler erscheint als strafende Instanz in der Bank. Andererseits werden die Episoden des Romans auch nur durch die immer neuen Josef K. bisher unbekannten Formen des Gerichts zusammengehalten. Denn es findet weder eine Entwicklung innerhalb der Handlung statt, noch scheint der Prozess vorwärts zu gehen. An die Stelle des linearen Ablaufs tritt eine Art thematische Schwerpunktsetzung, die von einem Aspekt des Gerichtsverfahrens zum nächsten wechselt. Zu dieser Struktur passt Kafkas Produktionsweise insofern, als er zunächst Anfang und Ende geschrieben hat und dann die dazwischen liegenden Kapitel, ohne dass er den Anfang in den Schluss überführen konnte.

[626] S. dazu Niklas Luhmann, Liebe als Passion. Zur Codierung von Intimität. Frankfurt/M. 1982.

[627] In der Sekundärliteratur wird die durchgängige Bindung des Romans an den juristischen Diskurs diskutiert: Lubkoll, „Man muß nicht alles für wahr halten, man muß es nur für notwendig halten", S. 283; Ziolkowski, Kafkas *Der Proceß* und die Krise des modernen Rechts, S. 330; Schößler, Kafkas Roman *Der Proceß* und die Erfindungen des Juristen Hans Groß, S. 340.

Zu den geschriebenen Kapiteln sollten nicht nur weitere kommen, auch die Anordnung der vorhandenen Kapitel ist unklar und wurde in der ersten Ausgabe von Brod geleistet. Alle diese Anzeichen sprechen gegen die Annahme einer folgerichtigen Entwicklung des Prozesses innerhalb des Romans. Am Schreibprozess Kafkas wird also einerseits die Relativierung von eindeutigen kausalen oder zeitlichen Zusammenhängen unter den Bedingungen der Moderne deutlich, andererseits lässt diese Diagnose die Hypothese zu, dass ohne die Orientierung am juristischen, außerliterarischen Verfahren die Konstruktion eines erzählerischen Zusammenhangs überhaupt nicht möglich gewesen wäre.

Anhand des juristischen Verfahrens werden die erzählenswerten Episoden von K.s Schicksal ausgewählt: Die Verhaftung, das Verhör oder die Unterredung mit dem Advokaten schildern einen Aspekt, der auch zum Ablauf eines Prozesses gehört.

,Ihre Frage Herr Untersuchungsrichter ob ich Zimmermaler bin - vielmehr Sie haben gar nicht gefragt, sondern es mir auf den Kopf zugesagt - ist bezeichnend für die ganze Art des Verfahrens, das gegen mich geführt wird. Sie können einwenden, daß es ja überhaupt kein Verfahren ist, Sie haben sehr recht, denn es ist ja nur ein Verfahren, wenn ich es als solches anerkenne. Aber ich erkenne es also für den Augenblick jetzt an, aus Mitleid gewissermaßen. Man kann sich nicht anders als mitleidig dazu stellen, wenn man es überhaupt beachten will. Ich sage nicht, daß es ein lüderliches Verfahren ist, aber ich möchte Ihnen diese Bezeichnung zur Selbsterkenntnis angeboten haben.'[628]

Das gegen ihn eingeleitete Verfahren wird von Josef K. nicht fraglos akzeptiert, sondern von ihm als ambivalent erfahren. Dabei zeigt sich die Widersprüchlichkeit seiner Einschätzung sowohl in der zeitlichen Form - nur „für den Augenblick" erkennt er das Verfahren an[629] - wie in der Verneinung dessen, was gleichzeitig doch behauptet wird: dass es sich um ein „lüderliches Verfahren" handelt. Man könnte diese Bemerkung K.s aber auch als ersten Hinweis darauf lesen, wie der Text das juristische, das im doppelten Sinn „ordentliche" Verfahren verschiebt.[630] Er benutzt zwar juristische Elemente, die zum Ablauf eines Verfahrens gehören, so wie an dieser Stelle die öffentliche Verhandlung vor dem Untersuchungsrichter, geht aber „lüderlich" mit ihnen um: Sie erscheinen weder in der richtigen Reihenfolge, noch - gemessen an den Vorgaben des modernen Rechtsstaates - in der korrekten Ausführung.

In der oben zitierten Situation sollen die Personalien des Angeklagten festgestellt und das Verhör so ordnungsgemäß eingeleitet werden.[631] „„Also', sagte der Untersuchungsrichter, blätterte in dem Heft und wandte sich im Tone einer Feststellung an K., ,Sie sind Zimmermaler?' ,Nein', sagte K., ,sondern erster Prokurist einer großen Bank.'"[632] Schon die korrekte Identifizierung des Angeklagten scheitert. Für kurze Zeit ist die Verwechslung eine Möglichkeit, welche die Verhaftung des anscheinend unschuldigen Josef K. erklären könnte. Die Schergen des Gerichts hätten also ebenso wie der Untersuchungsrichter einen Fehler gemacht. Die Frage der falschen Identität bleibt jedoch nicht nur ungeklärt, sondern das Verfahren setzt sich auch über den Zweifel an

---

[628] Franz Kafka, Der Proceß, S. 50.

[629] Zur Problematik der Zeitlichkeit bei Kafka s. Karl Heinz Bohrer, Zeit und Imagination. Das absolute Präsens der Literatur, S. 170-175; Klaus Ramm, Reduktion als Erzählprinzip bei Kafka. Frankfurt/M. 1971, S. 61-68.

[630] S. dazu Ziolkowski, Kafkas *Der Proceß* und die Krise des modernen Rechts, S. 332.

[631] Zur Logik dieses Verhörs s.a. Niehaus, Das Verhör, S. 467-470.

[632] Kafka, Der Proceß, S. 49.

der Identität des Angeklagten hinweg. Dieser Vorgang ist ebenfalls ein Beleg für die Leere des Subjekts: Es wird ganz durch die durch den Diskurs definierte Rolle bestimmt. Wenn es die Rolle des Angeklagten spielt, ist seine individuelle Identität außerhalb dieser Rolle irrelevant.

So wird der Prozess zwar benötigt, um dem Roman Struktur zu verleihen, er ist aber bereits durch die scheiternde Identifizierung als ein Vorgang entlarvt, der bestimmten Regeln folgt, der aber nicht an der Aufdeckung von Wahrheit orientiert ist. Die Frage, ob Josef K. der „wahre" Angeklagte ist, wird in ihm ebenso wenig zu entschieden wie die, ob er in Wahrheit schuldig ist. Dementsprechend sagt der Gefängniskaplan: „Man muß nicht alles für wahr halten, man muß es nur für notwendig halten."[633] Anstelle die Wahrheit zu ermitteln, folgt das Gerichtsverfahren der Notwendigkeit, ein Urteil zu fällen. Auf dieses Ziel hin selegiert es sowohl seine eigenen Handlungen wie die Aussagen der Beteiligten.[634] Auch für den Roman bietet die Struktur des Prozesses die Möglichkeit zur Selektion. Gegen die Fülle der Handlungsmöglichkeiten und die Vielzahl moderner Schreibweisen setzt sie die Reduktion von Komplexität durch die strukturelle Ordnung des juristischen Verfahrens. Umgekehrt wird das juristische Verfahren natürlich literarisch verarbeitet und folgt dann einer anderen Logik: Es wird - aus juristischer Perspektive betrachtet - „lüderlich".[635]

Der Ansatzpunkt für die Vergleichbarkeit von Roman und juristischer Verfahrensordnung besteht darin, dass beide schriftlich niedergelegt sind. Die Schrift des Gesetzes gilt jedoch als unantastbar und als eindeutig.

,Im Gesetz, ich habe es allerdings nicht gelesen, steht natürlich einerseits, daß der Unschuldige freigesprochen wird, andererseits steht dort aber nicht, daß die Richter beeinflußt werden können. […] Die abschließenden Entscheidungen des Gerichts werden nicht veröffentlicht, sie sind nicht einmal den Richtern zugänglich, infolgedessen haben sich über alte Gerichtsfälle nur Legenden erhalten. Diese enthalten allerdings sogar in der Mehrzahl wirkliche Freisprechungen, man kann sie glauben, nachweisbar sind sie aber nicht. Trotzdem muß man sie nicht ganz vernachlässigen, eine gewisse Wahrheit enthalten sie wohl gewiß, auch sind sie sehr schön […].'[636]

Während zunächst die Schriftlichkeit des Gesetzes seine Verlässlichkeit garantiert, verändert die Interpretation des Malers den Charakter des Gesetzes so weit reichend, dass es schließlich zu einer ästhetischen Gattung zu rechnen ist: Von den Freisprüchen der Vergangenheit existieren nur sehr schöne Legenden.

Der Vorgang der Ästhetisierung geht von der klaren Antithese zwischen überpersönlichem Gesetz dem, was im Gesetz steht - und subjektiver Erfahrung - dem, was der Maler „persönlich erfahren hat" - aus.[637] Das Gesetz beruht auf der objektiv nachprüfbaren Schriftlichkeit, während die Erfahrung aus subjektiver, konkreter, aber nicht

[633] Ebd., S. 250.

[634] So die Beschreibung von Niklas Luhmann, der es für einen Irrtum hält, dass Prozesse der Wahrheitsfindung dienen, stattdessen leisten sie soziale Systeme die Reduktion von Komplexität: Legitimation durch Verfahren. Frankfurt/M. 1983, S. 20 u. S. 41.

[635] Die Abweichungen vom korrekten juristischen Verfahren macht besonders deutlich: Eberhard Schmidthäuser, Kafkas „Der Prozeß". Ein Versuch aus der Sicht des Juristen. In: Ulrich Mölk (Hrsg.), Literatur und Recht, S. 341-355.

[636] Kafka, Der Proceß, S. 161 f.

[637] Zu Kafkas Abneigung gegenüber Antithesen s. Klaus Ramm, Reduktion als Erzählprinzip bei Franz Kafka, S. 61.

nachprüfbarer Zeugenschaft entsteht. Als nächstes wird dem Gesetz jedoch die objektive Gültigkeit aberkannt, denn seine Anwendung kann durch die Beeinflussung der Richter verändert werden, schließlich verliert es die objektive Nachprüfbarkeit, weil die Entscheidungen des Gerichts nicht veröffentlicht werden. Auch der Status der Urteile auf der Grundlage des Gesetzes ist zweifelhaft: „[…] man kann sie [die Freisprüche, S. K.] glauben, nachweisbar sind sie aber nicht." Durch die Ästhetisierung der Freisprüche verschwindet die Möglichkeit für Josef K., sich auf diese zu berufen, und bezogen auf die juristische Ordnung werden sie irrelevant. „,Bloße Legenden ändern meine Meinung nicht', sagte K., ,man kann sich wohl auch vor Gericht auf diese Legenden nicht berufen?' Der Maler lachte. ,Nein, das kann man nicht', sagte er. ,Dann ist es nutzlos, darüber zu redden', sagte K. […]"[638] Mit dieser Äußerung K.s endet das Gespräch über „wirkliche Freisprüche". Durch ihren Übergang in die ästhetische Sphäre verlassen die Freisprüche den Bereich des Gesetzes, der im Gegensatz zu Kriterien wie Schönheit oder Glauben durch die Notwendigkeit der Selektion gekennzeichnet ist. Deswegen kann über sie im Bereich des Gerichts auch gar nicht mehr geredet werden: Die Selektionskriterien des juristischen Verfahrens scheiden Legenden als nicht relevant aus.[639]

Natürlich wird im Gespräch zwischen K. und dem Maler auch die Gültigkeit des Gesetzes und die Legitimität seiner ausführenden Organe in Frage gestellt. Der Zweifel, ob ein Freispruch überhaupt jemals vorgekommen ist, führt zur generellen Frage, ob sich das Gericht überhaupt innerhalb der Polarität von Freispruch oder Verurteilung bewegt, ob es seine Entscheidung innerhalb dieser binären Setzungen trifft. Problematisch wird dadurch sowohl der Rahmen des Gesetzes - zwingt es das jeweilige Gericht nicht, Urteile zu fällen? -, wie die Struktur des Urteils als Entscheidung zwischen zwei Möglichkeiten. Der Maler behauptet nämlich, es gäbe neben dem wirklichen Freispruch noch die „scheinbare Freisprechung und die Verschleppung".[640] So wie die Antithese zwischen feststehendem, objektivem Gesetz und subjektiver Erfahrung nicht tragfähig ist, wird hier die binäre Urteilsstruktur - schuldig oder nicht schuldig - unterlaufen. Damit verliert das juristische Verfahren allerdings seine Zielvorgabe.

Gleichzeitig ist dieser Verlust ein Zeichen für die Wirkung des Ästhetischen, das bei der Verarbeitung der juristischen Verfahrensordnung neue Differenzen einführt. Das juristische Verfahren wird dadurch dem ästhetischen angeglichen: Es verliert nicht nur die ihm spezifische Form der Kausalität - die Begründung durch die Berufung auf das Gesetz -, sondern auch seine Variante der Teleologie. Es ist nicht mehr klar, ob das Gericht zwischen Freispruch und Verurteilung entscheiden wird. Im Gespräch mit dem Geistlichen erscheint es schließlich sogar möglich, dass überhaupt kein genaues Ende des Prozesses festgestellt werden kann, denn „das Verfahren geht allmählich ins Urteil über"[641]. Beim mimetischen Nachschreiben von Elementen des juristischen Diskurses verlieren diese ihre Verbindlichkeit, weil das ästhetische Verfahren Varianten erfindet, die gegen die binäre Struktur, die eindeutige Zielvorgabe und Eindeutigkeit des Gesetzes verstoßen. Von diesem Punkt an kann die juristische Ordnung, keine Selektionskri-

---

[638] Kafka, Der Proceß, S. 162.

[639] Um das Verhältnis zwischen Gesetz und Literatur geht es auch: Jacques Derrida, Préjugés. Vor dem Gesetz. Wien 1992; Neumann, ,Blinde Parabel' oder Bildungsroman, S. 423.

[640] Ebd., S. 163. Sogar diese Elemente sind möglicherweise noch aus dem juristischen Diskurs ableitbar: S. dazu Ulf Abraham, Der verhörte Held. Recht und Schuld im Werk Franz Kafkas. München 1985, S. 198.

[641] Kafka, Der Proceß, S. 223.

terien mehr für den literarischen Text vorgeben. Da die ästhetische Verfahrensweise bei der Verarbeitung des juristischen Diskurses ständig neue Komplexität aufbaut, ist diese Vervielfältigung von Verfahrensvarianten schließlich nicht mehr auf ein Ende hin erzählbar.

Die Verarbeitung der juristischen Verfahrensordnung bei Kafka führt zwar auch zu einer gewissen Kohärenz des Textes, diese ist aber verglichen mit den im vorigen Kapitel betrachteten Romanen weitaus brüchiger. Dieser Unterschied ist dadurch zu erklären, dass die mimetische Nachahmung literarischer Gattungen sich vollständig innerhalb ästhetischer Strukturen bewegt, während bei Kafka ein literarisches Verfahren auf eine außerliterarische Diskursordnung trifft. Eine ganz ähnliche Rolle wie das juristische Verfahren bei Kafka spielt das historische Ereignis und seine Darstellung in Robert Musils Roman *Der Mann ohne Eigenschaften*.[642] Wie der Prozess bildet das historische Ereignis eine Struktur, mit der und gegen die erzählt werden kann. Die Schaffung eines historischen Ereignisses ist nämlich das eindeutige Ziel der „Parallelaktion": Sie will das 70jährige Kronjubiläum des österreichischen Kaisers im Jahr 1918 inszenieren. Dieses Ziel geht jedoch in den Differenzierungen, die der Text ausfaltet, zunehmend verloren. Anders als der Bereich der Rechtssprechung ist der Bereich der Politik, in dem Geschichte gemacht wird, allerdings auch von vornherein nicht klar organisiert.[643] Zwar kann man die Parallelaktion als Versuch einer politischen Aktion verstehen, die ebenfalls binären Entscheidungsmustern folgen sollte, doch das Zustandekommen von Entscheidungen ist in dem halboffiziellen Umfeld, in dem die Parallelaktion angesiedelt ist, nicht so klar geregelt, wie in der juristischen Verfahrensordnung, denn die Parallelaktion hat nur begrenzt institutionalisierten Charakter. Zwar gehören die Beteiligten zur Verwaltung, zur Rechtssprechung und Regierung, die Initiative zur Parallelaktion ist aber in keinem dieser Bereiche angesiedelt, sondern versammelt Vertreter aus allen Institutionen.[644] Ihre Homogenität erhält die Parallelaktion allein durch ihr Ziel, ein historisches Ereignis zu gestalten.

> Die wahrhaft treibende Kraft der großen patriotischen Aktion - die von nun an, der Abkürzung wegen und weil sie ‚das volle Gewicht eines 70jährigen segens- und sorgenreichen Jubiläums gegenüber einem bloß 30jährigen zur Geltung zu bringen' hatte, auch die Parallelaktion genannt werden soll - war aber nicht Graf Stallburg, sondern dessen Freund. Se. Erlaucht Graf Leinsdorf […] Ihm war, als die aufregende Nachricht aus Deutschland kam, das Wort Friedenskaiser eingefallen. Es hatte sich sofort damit die Vorstellung eines 88jährigen Herrschers verknüpft, eines wahren Vaters seiner Völker, und einer 70jährigen ununterbrochenen Regierung.[645]

Das historische und politische Ereignis, dem sich die Parallelaktion widmet, ist von vornherein kein eigenständiges Projekt, sondern nur ein Parallel-Ereignis. Es soll die österreichische Überlegenheit gegenüber dem deutschen, bloß dreißigjährigen Jubiläum von Wilhelm II. zeigen. Zudem besteht die Programmatik der Parallelaktion zu diesem Zeitpunkt allein aus dem Wort „Friedenskaiser". Das Wort enthält keinerlei Hand-

---

[642] S. dazu Frank Maier-Solgk, Sinn für Geschichte. Ästhetische Subjektivität und historiologische Reflexion bei Robert Musil. München 1992.

[643] So charakterisiert Musil den k.u.k. Staat als durch „Fortwursteln" bestimmt (Der Mann ohne Eigenschaften, S. 216).

[644] S. dazu die später vorgeschlagene Struktur der Ausschüsse, die an ihrer Spitze jeweils einen Beauftragten der verschiedenen Ministerien haben sollen: Ebd., S. 179.

[645] Robert Musil, Der Mann ohne Eigenschaften, S. 87 f.

lungsanweisung - von „Aktion" kann also gar nicht die Rede sein -, es wird tautologisch mit der Lebens- und Regierungszeit von Franz Joseph I. gleichgesetzt und durch patriotische Leerformeln gefüllt. Der Leser weiß darüber hinaus, dass nicht nur das Jubiläum nie stattgefunden hat, weil Franz Joseph I. 1916 gestorben ist, sondern auch der 1. Weltkrieg vom „Friedenskaiser" mitverursacht wurde. Auch das von der Parallelaktion zu inszenierende Ereignis scheint in seinen Elementen äußerst unklar zu sein. Die Strukturvorgabe, die seine Inszenierung für Musils Roman leisten kann, ordnet also auf keinen Fall die inhaltliche Ebene. Vielmehr bewegt sich die Strukturvorgabe auf der Ebene der Analogie zwischen geschichtlichem und erfundenem Ereignis. So schreibt der Erzähler den Beteiligten an der „großen Sitzung" der Parallelaktion schließlich das Ziel zu, ein geschichtliches „Ereignis zu erfinden".[646] Wenn die Parallelaktion die Aufgabe hat, ein großes, geschichtliches Ereignis nicht etwa zu gestalten, sondern es zu erfinden, dann geht es eben nicht um die Inszenierung von etwas bereits Vorgegebenem, sondern generell um die Frage nach der Struktur eines geschichtlichen Ereignisses und um das Problem seiner „Herstellung". Mit dem letzten Aspekt ist die Nähe des geschichtlichen Handelns zur Produktion von Fiktionen angesprochen. Sie findet sich im Roman gespiegelt: Während die an der Parallelaktion Beteiligten versuchen, ein Ereignis in der Wirklichkeit und als historisch bedeutsames zu erfinden, sieht der Erzähler ihnen dabei zu und konstruiert so seinen eigenen Text. Einerseits kann damit die Erfindung des historischen Ereignisses den Text tragen, andererseits entsteht durch das Hin- und Herpendeln zwischen der Erfindung des Ereignisses und der Erfindung der Erfindung des Ereignisses, dem Erzählerkommentar also, die spezifische Bewegung des Romans. Die Beteiligten der Parallelaktion versuchen nicht nur, ein Ereignis zu initiieren, sondern haben auch eine bestimmte Vorstellung, in welchen Kontext dieses Ereignis zu stellen ist: Es gehört in den historischen Prozess.

> Nach diesen Andeutungen […] wird man gerne die Versicherung entgegennehmen, daß weder an dieser Stelle noch in der Folge der glaubwürdige Versuch unternommen werden wird, ein Historienbild zu malen und mit der Wirklichkeit in Wettbewerb zu treten […] denn mehr oder minder überall gleicht der historische Prozeß seinem juridischen mit hundert Klauseln, Anhängseln, Vergleichen und Verwahrungen, und nur darauf sollte die Aufmerksamkeit gelenkt werden.[647]

Mit ihrem Vorhaben versucht die Parallelaktion, in den historischen Prozess einzugreifen, eines seiner Elemente, ein Ereignis, herzustellen. Der Erzähler wiederum will nicht den historischen Prozess darstellen, sondern auf dessen Komplexität hinweisen. Daraus folgt einerseits, dass die Parallelaktion vermutlich genau an dieser Komplexität scheitern wird. Andererseits wird aber die Frage verhandelt, wie Ereignis und Prozess sich zueinander verhalten. Dabei rekurriert der Begriff des historischen Prozesses auf die Vorstellung, dass es Zusammenhänge in der Geschichte gibt, und ähnelt dadurch dem Roman, der ebenfalls Zusammenhänge zwischen seinen Handlungselementen herstellen muss.[648]

---

[646] Ebd., S. 173.
[647] Ebd., S. 170.
[648] Deswegen kann man die Parallelaktion auch als Metapher für das literarische Verhältnis von Referenz (dem historischen Ereignis) und Selbstreferenz (der Fiktivität von Zusammenhängen) lesen, s. dazu: Detlef Kremer, Parallelaktion. Robert Musils „Der Mann ohne Eigenschaften". In: Hans-Georg Pott (Hrsg.), Robert Musil - Dichter, Essayist, Wissenschaftler. München 1993, S. 22-44, S. 34.

Das Verständnis der Wirklichen ist ausschließlich eine Sache für den historisch-politischen Denker. Für ihn folgt die Gegenwart auf die Schlacht bei Mohács oder bei Lietzen wie der Braten auf die Suppe, er kennt alle Protokolle und hat in jedem Augenblick das Gefühl einer prozessual begründeten Notwendigkeit; und ist er gar wie Graf Leinsdorf ein aristokratisch politisch-historisch geschulter Denker, dessen Großväter, Schwert- und Spindelmagen selbst an den Vorverhandlungen mitwirkten, so ist das Ergebnis für ihn glatt wie eine aufsteigende Linie zu überblicken.[649]

Im Zusammenhang mit dem historischen Prozess tauchen bei Musil ganz ähnliche Zuschreibungen auf wie bei Kafka bezogen auf das juristische Verfahren. Der historische Prozess ist gekennzeichnet durch einen „notwendigen" Zusammenhang, dessen Regelhaftigkeit nur der angeblich Eingeweihte durchschaut. Die Konstruktion dieses geschichtlichen Zusammenhangs führt jedoch nicht zur Erkenntnis des „wahren" geschichtlichen Prozesses. Vielmehr entsteht ein Zusammenhang, der bestenfalls ein auf Notwendigkeit hin konstruierter, meist aber vom jeweiligen ideologischen Standpunkt vorgegebener ist. Um den historischen Prozess als lineare Entwicklung zu konstruieren, braucht man eine ideologisch eingeschränkte, z.B. „aristokratische", Wahrnehmung. Sie bietet die Selektions- und Interpretationskriterien, durch die geschichtliche Zusammenhänge erst zustande kommen.[650]

Die Konstruktion des historischen Prozesses wirft aber auch erneut die Frage nach der Bedeutung eines historischen Ereignisses auf. Es kann - so behauptet der Erzähler - von einem ihm ähnlichen nicht unterschieden werden.

> Welche sonderbare Angelegenheit ist doch Geschichte! Es ließ sich mit Sicherheit von dem und jenem Geschehnis behaupten, daß es seinen Platz in ihr inzwischen schon gefunden habe oder bestimmt noch finden werde; aber ob dieses Geschehnis überhaupt stattgefunden hatte, das war nicht sicher. Denn zum Stattfinden gehört doch auch, daß etwas in einem bestimmten Jahr und nicht in einem anderen oder gar nicht stattfindet; und es gehört dazu, daß es selbst stattfindet und nicht am Ende bloß etwas Ähnliches oder seinesgleichen. Gerade das ist es aber, was kein Mensch von der Geschichte behaupten kann, außer er hat es aufgeschrieben, wie Zeitungen es tun [...][651]

Der überwiegende Teil des ersten Buches vom *Mann ohne Eigenschaften* heißt mit Bezug auf die Parallelaktion, zu der Ulrich von seinem Vater am Ende der Einleitung geschickt wird, „Seinesgleichen geschieht". Man kann diese Überschrift als Modus lesen, der den dargestellten Ereignissen von vornherein mitgegeben wird: Als fiktive passieren sie nicht wirklich, sondern in der Form des „seinesgleichen" als Analogie zur tatsächlichen Geschichte, weil sie geschichtlichen Ereignissen ähneln.[652] Aber auch „wirkliche" Ereignisse können im Modus des „seinesgleichen" stattfinden, wenn sie nicht sofort in

---

[649] Robert Musil, Der Mann ohne Eigenschaften, S. 170 f.

[650] In der Sekundärliteratur wird dieses Problem meist im Zusammenhang der Darstellung von Kontingenz diskutiert, denn diese zeichnet das historische Geschehen aus, wenn man keine eindeutigen Selektionskriterien zur Konstruktion eines historischen, z.B. fortschrittlichen Prozesses anbieten kann, s. dazu Kordula Glander, ‚Leben wie man liest'. Strukturen der Erfahrung erzählter Wirklichkeit in Robert Musils Roman „Der Mann ohne Eigenschaften". St. Ingbert 2005, S. 54-61; Hajduk, Die Figur des Erhabenen, S. 240-256.

[651] Ebd., S. 359 f.

[652] Zum Verhältnis von Geschichte und Parallelaktion s.a. Loredana Marini, Der Dichter als Fragmentist. Geschichte und Geschichten in Robert Musils Roman *Der Mann ohne Eigenschaften*. Bern/Berlin [u.a.] 2001, S. 194-241.

„Zeitungen" dokumentiert werden. Sobald das reale Ereignis in den Kontext des historiographischen Zusammenhangs eingebunden wird, rückt es in die Nähe des fiktiven. Dann wird es nicht dokumentiert, sondern erzählt. Diese Parallelisierung - die eigentliche „Parallelaktion" - folgt derselben Logik wie Kafkas Annäherung von ästhetischem und juristischem Verfahren. Zunächst scheint die Produktion des bedeutsamen Ereignisses als Ziel der Parallelaktion die Erzählbarkeit zu garantieren: Die Struktur des Ereignisses und der Kontext, der als historisch definierter mit entworfen wird, werden aber durch den Prozess des Erzählens mehr und mehr aufgelöst, so dass sich schließlich auch die ästhetische Verfahrensweise und das Konzept des historischen Prozesses entsprechen.

> Der Weg der Geschichte ist also nicht der eines Billardballs, der, einmal abgestoßen, eine bestimmte Bahn durchläuft, sondern er ähnelt dem Weg der Wolken, ähnelt dem Weg eines durch die Gassen Streichenden, der hier von einem Schatten, dort von einer Menschengruppe oder einer seltsamen Verschneidung von Häuserfronten abgelenkt wird und schließlich an eine Stelle gerät, die er weder gekannt hat, noch erreichen wollte. Es liegt im Verlauf der Weltgeschichte ein gewisses Sich-Verlaufen.[653]

Der Weg der Geschichte, die Parallelaktion und der Roman tendieren alle gleichermaßen zum „Sich-Verlaufen". Die Beschreibung des historischen Prozesses als „Sich-Verlaufen" bildet Ulrichs Abschweifung drei oder Antwort Nummer vier - mit dieser Nummerierung ordnet er seine Reflexionen - bezogen auf die Frage, „warum Diotimas vaterländische Aktion unsinnig sei".[654] Auch die Bildlichkeit, die Ulrich benutzt, um das Sich-Verlaufen zu schildern, kann innerhalb eines argumentativen Zusammenhanges als Abschweifung gelesen werden. Die „Abschweifung" ist also sowohl in der Struktur des Textes wie im Inhalt zu finden. Gleichzeitig ist die Bildlichkeit jedoch nicht bloßes Ornament, sondern entwickelt den Gedankengang erst.[655] Der historische Prozess verläuft sich nicht nur bezogen auf Richtung und Ziel seiner Bewegung, sondern auch sprachlich.[656] Seine Darstellung bewegt sich aus der diskursiven Sprache hinaus in die Metaphorik der Dichtung und verliert so ihre Eindeutigkeit. Die Annäherung von historischem Ereignis und Fiktion, von historischem Prozess und ästhetischer Bewegung führt einerseits - wie in Kafkas Roman Der Proceß - zum Verlust von Selektionskriterien für das zu Erzählende. Deswegen kann die Darstellung der Parallelaktion die Kohärenz des Romans nicht mehr garantieren, so dass Musil im zweiten Buch an die Stelle des historischen Konzepts die Inszenierung der Geschwisterliebe setzt. Auch hier übernimmt er ein Konzept, „Liebe", um mit und gegen es zu erzählen und aus ihm heraus den „anderen Zustand" zu entwickeln. Andererseits sind die Regeln des historisch-politischen Diskurses im Gegensatz zur juristischen Verfahrensordnung von vornherein weniger eindeutig definiert. Zwar stehen sie dadurch dem Bereich des Ästhetischen näher und sind leichter zu integrieren, ihre Fähigkeit zur Stiftung von Zusammenhängen ist aber damit eingeschränkt. Da sich auch die Subjektvorstellung Musils durch Komplexität auszeichnet, also kohärente Subjektstrukturen eher auflöst, ist Der Mann

---

[653] Ebd., S. 361.

[654] Ebd., S. 360.

[655] Diese Balance der Bildlichkeit zwischen fast begrifflicher Funktion und konkreter Vorstellung ist charakteristisch für die Sprache im „Mann ohne Eigenschaften"; s. dazu Kap. III.3 dieser Arbeit.

[656] S. dazu Arno Rußegger, Kinema mundi. Studien zur Theorie des „Bildes" bei Robert Musil. Wien/Köln/Weimar 1996, S. 223.

ohne Eigenschaften als ein Roman anzusehen, der im wesentlichen über die Sprache zusammengehalten wird. Wie im nächsten Kapitel dargestellt, wird die relative Einheitlichkeit des ironischen Stils zur strukturellen Basis des Textes.

Die Orientierung am historischen Prozess und damit das Erzählen von Ereignissen, die für diesen Prozess bedeutsam sind, ist auf ganz andere Weise auch für Hermann Brochs Romantrilogie *Die Schlafwandler* kennzeichnend. Schon die Überschriften der drei Romane - *1888. Pasenow oder die Romantik; 1903. Esch oder die Anarchie; 1918. Hugenau oder die Sachlichkeit* - lassen sich als Stadien einer geschichtlichen Entwicklung lesen, die durch die Jahresangaben sogar datierbar erscheint.

> *Die Schlafwandler* zeigen nun, daß diese Durchsetzung mit dem Traumhaften durchaus nicht dort zu suchen ist, wo das Leben im vorhinein irreal gedacht ist, sondern daß im Gegenteil mit dem Abbau alter Kulturfiktionen auch das Traumhafte immer freier wird und daß mit je krasserem realen Geschehen es um so deutlicher und ungebundener mit dem Irrationalen verquickt ist. *Die Schlafwandler* zeigen dies in drei zeitlichen und gesellschaftlichen Etappen, 1888, 1903, 1918, also in jenen Perioden, in denen der Übergang von der ausklingenden Romantik des späten 19. Jahrhunderts zur sogenannten Sachlichkeit der Nachkriegsepoche sich vollzieht.[657]

In seinem gleichzeitig mit der Trilogie entstandenen Essay ordnet Broch seine Romane der Darstellung des historischen Prozesses unter: *Die Schlafwandler* sollen geschichtliche Tendenzen vorführen, den „Abbau alter Kulturfiktion" *zeigen*. Anders als in Musils *Mann ohne Eigenschaften* scheint zumindest in der Poetik des Autors ein Konzept von geschichtlicher Entwicklung auch für das Erzählen verbindlich zu sein. Darüber hinaus sollen *Die Schlafwandler* den geschichtlichen Prozess nachzeichnen, die Trilogie wäre also eine Art fiktive Geschichtsschreibung.[658] Die Charakterisierung des historischen Prozesses als „Abbau von Kulturfiktionen" meint den Sinnverlust, der vor allem durch die Säkularisierung verursacht wird. Weil die Religion die Verbindlichkeit von Moral und Weltanschauung nicht mehr garantieren kann, lösen sich auch hier Wertmaßstäbe auf. Brochs Begriff der Kulturfiktion zeigt aber auch, dass es Broch nicht um die Gültigkeit einer bestimmten Religion geht, sondern dass er generell religiöse oder moralische Werte für notwendig hält. Ihre Inhalte sind ersetzbar, ihre Funktion für die Gesellschaft seiner Meinung nach nicht.

Den „Abbau von Kulturfiktionen" sollen die drei Romane auch mit Hilfe von ästhetischen Verfahren vorführen. In ihrer Abfolge sind zwei Bewegungen zu beobachten: Einerseits werden die erzählerischen Verfahren immer vielfältiger. Während der erste Roman auktorial erzählt ist, präsentiert der letzte unterschiedliche Erzählstränge und -formen, an diesem Punkt baut sich also Komplexität auf. Andererseits zeigen die Romane im Bereich der „Kulturfiktionen" den Zerfall der Werte, der nicht als Möglichkeit zur Vervielfältigung geschildert wird. Zunächst sind Reste von Religiosität und

---

[657] Hermann Broch, Der Roman *Die Schlafwandler*, S. 719.

[658] Zu Brochs Geschichtsmodell s. Friedrich Vollhardt, Hermann Brochs geschichtliche Stellung, S. 161-236; Hartmut Reinhardt, Erweiterter Naturalismus. Untersuchungen zum Konstruktionsverfahren in Hermann Brochs Romantrilogie „Die Schlafwandler". Köln/Wien 1972, S. 64-69; Halsall liest *Die Schlafwandler* wegen der Bindung an die geschichtliche Entwicklung als historischen Roman: Robert Halsall, The Individual and the Epoch: Hermann Broch's *Die Schlafwandler* as a Historical Novel. In: Osman Durrani/Julian Preece (Hrsg.), Travellers in Time and Space. The German Historical Novel. Amsterdam 2001, S. 227-241.

der Glaube an die Uniform als Ersatzreligion noch gültig, schließlich löst sich jedoch das Wertsystem in der Revolution vollständig auf.

> Wie immer der Einzelmensch sich zu den Ereignissen der Revolution stelle, ob er sich nun reaktionär an überlebte Formen klammere, das Ästhetische für das Ethische nehmend, wie jeder Konservativismus es tut, oder ob er sich abseits halte in der Passivität egoistischen Wissens, oder ob er, seinen irrationalen Trieben hingegeben, die destruktive Arbeit der Revolution besorge: er bleibt schicksalshaft unethisch, ausgestoßen aus der Epoche, ausgestoßen aus der Zeit, doch nie und nirgends ist der Geist der Epoche so stark, so wahrhaft ethisch und historisch wie in jenem letzten und zugleich ersten Aufflackern, das die Revolution ist, - Tat der Selbstaufhebung und der Selbsterneuerung, letzte und größte ethische Tat des zerfallenden, erste des neuen Wertsystems, Augenblick der radikal geschichtsbildenden Zeitaufhebung im Pathos des absoluten Nullpunktes![659]

Dieser absolute Nullpunkt ist gleichzeitig der Endpunkt von Brochs Erzählen. Man könnte vermuten, dass das neue Wertsystem, das er hier prophezeit, auch nach einer neuen, noch nicht entwickelten Ästhetik verlangt. Andererseits müsste um 1930, als Broch seine Romane schreibt, klar geworden sein, dass 1918 weder politisch noch ästhetisch ein absoluter Nullpunkt war. Nur die Konstruktion eines „Geistes der Epoche", der in der Revolution ohne materielle Bedingungen aus sich selbst heraus handelt, macht die Vorstellung eines Nullpunktes und die Imagination eines sich aus ihm entwickelnden neuen Wertsystems möglich. Durch dieses Konzept erklärt sich auch, weshalb Broch das Individuum als „ausgestoßen aus der Epoche" bezeichnet: Es bleibt der Träger von materieller Bedingtheit, weil es weder seine eigene Geschichte noch seine subjektive Konstitution hinter sich lassen kann, es kann nicht im „Geist der Epoche" aufgehen. An diesem Punkt leistet die Vorstellung eines geschichtlichen Prozesses also eine erhebliche Selektion: Das Subjekt, das durch seine subjektive Perspektive bei Musil eher weitere Differenzen in den geschichtlichen Prozess einführt, wird bei Broch aus diesem Prozess ausgeschlossen, um den Nullpunkt der Epoche als Neuanfang zu etablieren. Mit diesem Nullpunkt ist aber gleichzeitig der Endpunkt erreicht, auf den hin die Entwicklung innerhalb der Romantrilogie angelegt ist.

An Brochs Trennung des Subjekts vom Geist der Epoche wird aber auch deutlich, welcher fast gewaltsamen Anstrengungen es bedarf, um den Nullpunkt der Revolution erzählerisch zu erreichen. Wahrscheinlich ist diese erzähltechnisch notwendige Gewaltsamkeit der ästhetischen Reduktion auch der Grund dafür, dass Musil seinen Roman nicht beenden konnte. Vielleicht lässt sich sogar die Hinrichtung, mit der *Der Proceß* schließt, als Ausdruck der ästhetischen Gewalt lesen, die im Zuendebringen liegt. Nicht nur der Ausschluss des Subjekts auch die massive Normsetzung, die Ethisches von Unethischem zu trennen weiß, schließlich das Auftreten des Geistes der Epoche sind bei Broch notwendig, damit der geschichtliche Prozess als ein beendeter dargestellt werden kann. Das Ende des Prozesses und das Ende der Romantrilogie entsprechen sich also: Diese Parallelität zeigt, dass die ästhetische Struktur bis zum Schluss an die geschichtliche Entwicklung gebunden bleibt. Die Frage wäre nun, wie sich die Vervielfältigung der Erzählformen zu dieser einheitlichen Struktur verhält.

Um den zunehmenden Zerfall des Wertsystems nachzuzeichnen, arbeitet Broch mit disparaten Erzählformen. Die Auflösung der Einheit des erzählerischen Prozesses geht dabei viel weiter als bei Kafka oder Musil. Um die Disparatheit des Erzählens zu

---

[659] Hermann Broch, Die Schlafwandler, S. 714.

inszenieren, werden sowohl verschiedene Gattungen - Roman, Lyrik, Essay, Drama - wie verschiedene Erzähler - ein auktorialer, ein Ich-Erzähler - eingesetzt. Die einzelnen Elemente des Romans werden zudem nicht über einen Erzähler verbunden, sondern in einer Art Schnitt-Technik nebeneinander gestellt. Die Stimme eines Ich-Erzählers verknüpft den Essay „Der Zerfall der Werte" mit der „Geschichte des Heilsarmeemädchens in Berlin", während die verschiedenen Romanstränge, welche die Geschichte Hugenaus, Eschs, Hanna Wendlings und Ludwig Gödickes darstellen, auktorial erzählt oder als dem Drama ähnliche Dialoge inszeniert werden. Diese Geschichten spielen alle am selben Ort und erhalten dadurch einen gewissen Zusammenhang. Zur Kohärenz trägt auch die fortlaufende chronologische Ordnung der einzelnen Erzählstränge bei. In den letzten vier Abschnitten löst sich allerdings auch diese Ordnung auf: Zunächst verbindet der Abschnitt, der die Revolutionsereignisse schildert, alle Figuren aus den bisher getrennt erzählten Geschichten, dann erscheint eine lyrische Passage, die sich nicht zuordnen lässt, schließlich wird im „Epilog" zum „Zerfall der Werte" auch die Hugenau-Handlung abgeschlossen.

Die intakte Chronologie der einzelnen Abschnitte verdankt sich der Orientierung am historischen Prozess. Da das erzählte Tableau auf die Revolution als End- und „Nullpunkt" ausgerichtet ist, bleibt die zeitliche Ordnung bestehen. Das Nebeneinander der Erzählstränge gewinnt durch gelegentliche semantische Übernahmen an Kohärenz. So reagiert der Essay „Der Zerfall der Werte" an einigen Stellen direkt auf die vorher geschilderte Handlung, eine Tendenz, die im „Epilog" radikalisiert wird. Auch die Beschränkung auf einen relativ kleinen Ort gewährleistet den erzählerischen Zusammenhang. Er bietet im Gegensatz zur Unübersichtlichkeit der Großstadt Berlin die Möglichkeit, mit einzelnen Figuren ein Panorama der Kriegsgesellschaft zu entwerfen und die Revolutionsereignisse darzustellen, ohne Massenszenen schildern zu müssen. Die Darstellung der Revolution gerät damit aber in Widerspruch zur Bewertung der Revolution im Essay „Der Zerfall der Werte". Während hier das Subjekt keinen Zugang zum Geist der Epoche hat, der sich in der Revolution artikuliert, lässt sich die Romanhandlung gerade dadurch charakterisieren, dass die Individuen mit ihrer Vorgeschichte und ihrer individuellen Konstitution in der Revolution handeln und zwar nicht dem Geist der Epoche folgend, sondern nach ihren eigenen Interessen. Die Entwicklung eines neuen Wertsystems, das aus dem Nullpunkt der Revolution entstehen könnte, ist von ihnen nicht zu erwarten und mit ihnen nicht zu verwirklichen.

Als Problem von Brochs Roman erscheint damit erneut diejenige Konstellation, aus der die ästhetische Moderne entstanden ist. Die Vorstellung eines vollständigen Bruchs mit der Vergangenheit einerseits und dessen praktische Unmöglichkeit andererseits führt um 1910 zur Konstruktion eines zusammengesetzten Anfangs. Er gewinnt seine innovative Qualität durch die neuartige Kombination vorhandenen Materials und der an dieser Kombinatorik orientierten ästhetischen Reflexion. Der Schreiber des Essays erscheint jedoch als Verfechter des vollständigen Bruchs mit der Tradition, wobei sie sich seiner Meinung nach aber von selbst aufgelöst hat. Demgegenüber legt die Charakteristik der Romanfiguren einen ganz anderen Befund nahe. Die Figuren sind weiter von ihren Bedingungen abhängig, handeln während der Revolution aber trotzdem weitgehend unabhängig von ihnen. Folgerichtig stellt sich der Essay-Schreiber denn auch die Frage, ob Hugenau, als er Esch ermordet, „einen revolutionären Akt vollführt"[660]

---

[660] Ebd., S. 689.

hat. Hat die Revolution zur Neukombination des vorhandenen - subjektiven, psychischen - Materials geführt und so einen neuen Anfang ermöglicht? Die Interpretation des Ich-Erzählers im Essay geht in eine andere Richtung. Er liest Hugenaus Handlung als Ausdruck eines Ausnahmezustandes, der nicht in das kommerzielle Wertsystem passt, das seine Handlungen ansonsten steuert. Der Mord erscheint dadurch zwar subjektiv nicht motiviert, objektiv, mit Blick auf den Geist der Epoche, ist er jedoch erklärbar.

> Hugenau hatte einen Mord begangen. Er hat ihn hinterher vergessen […] Und das war selbstverständlich: es bleiben bloß jene Taten am Leben, die in das jeweilige Wertsystem passen […] mag der Einzelmensch mit seinem philiströsen Leben auch noch in einem alten Partialsystem verharren, mag er wie Hugenau im kommerziellen System landen, mag er sich einer Vorrevolution oder der definitiven Revolution anschließen, der Geist der positivistischen Wertauflösung ist es, der sich über die ganze abendländische Welt erstreckt.[661]

Nachträglich nivelliert der Essay an dieser Stelle die Romanhandlung und ihre Figuren, er reduziert die fiktive Komplexität, um die Tendenz des historischen Prozesses an ein Ende zu bringen. Statt der Vermischung von „unsauberen", persönlichen Motiven mit dem Neuanfang nachzugehen, trennt er das eine vom anderen. Will man dieses Bestehen auf der Gerichtetheit des historischen Prozesses bewerten, muss man den Ort des Sprechers berücksichtigen. Interpretiert man ihn als eine der fiktiven Figuren, als den Ich-Erzähler der „Geschichte des Heilsarmeemädchen", dann kann man seine Deutung auch als eine mögliche, hilflose Reaktion auf die Revolution und den Verlust moralischer Wertmaßstäbe lesen. Der „Epilog" bliebe dann neben der Romanhandlung stehen, er könnte keine „Deutungshoheit" beanspruchen.[662] Liest man den Epilog allerdings als Äußerung des Erzählers der Trilogie - und auch das ist durch den Einblick, den der Schreiber des Essays in die Figur Hugenau hat, möglich -, dann erscheint er als Analyse des Romangeschehens auf einer Metaebene. Damit wäre nicht nur die ästhetische Komplexität auf die philosophische Deutung reduziert, dementiert würde damit auch die Poetik der ästhetischen Moderne, die ästhetische Verfahren nicht mehr als Übersetzung von Inhalten versteht. Allerdings arbeitet Brochs Dementi - und dies wäre das Paradox der Schlafwandler-Trilogie - bereits mit den erzählerischen Verfahren der ästhetischen Moderne.[663]

Die Teleologie des geschichtlichen Prozesses in Brochs Romantrilogie wie auch das „Sich-Verlaufen" der Geschichte in Musils *Mann ohne Eigenschaften* zeigen die Abhängigkeit der erzählerischen Struktur vom Konzept der Geschichtsschreibung. Célines Roman *Voyage au bout de la nuit* führt hier eine weitere Variante ein. Die Geschichte, die Bardamu auf seiner *Voyage au bout de la nuit* zu erforschen versucht, wird durch den Zusammenhang von menschlicher Triebhaftigkeit und Intellektualität, von egoistischen, asozialen Wünschen und mühsam gewahrter Zivilisiertheit konstituiert. Diese grundle-

---

[661] Ebd., S. 703.

[662] Mit dem Problem, wie das Verhältnis zwischen Essay und Handlung des Romans zu bewerten sei, befasst sich auch Simon Jander, Die Ästhetik des essayistischen Romans. Zum Verhältnis von Reflexion und Narration in Musils „Der Mann ohne Eigenschaften" und Brochs „Hugenau oder die Sachlichkeit". In: Zeitschrift für deutsche Philologie 123/Jg. 2004, S. 527-548.

[663] S. zu Frage der Modernität: Friedrich Vollhardt, Hermann Brochs Literaturtheorie, S. 274 u. S. 282-284.

gende Dialektik ist dabei nicht unbedingt einer historischen Entwicklung unterworfen, sie taucht an bestimmten Punkten des geschichtlichen Geschehens aber besonders deutlich auf. In diesen Momenten muss die „wahre Geschichte", die „véritable histoire des homes"[664], beispielsweise bezogen auf den Krieg erzählt werden.[665] Es geht Bardamu darum, dass in der Geschichte keine ideellen Ziele verwirklicht werden, sondern dass ihre Ereignisse von der menschlichen Physiologie abhängig sind. Wenn dieser Zusammenhang aufgedeckt wird, dient die Entlarvung der Rekonstruktion der „wahren Geschichte der Menschen". Alle anderen Geschichtsvorstellungen hält Bardamu für Fiktionen, die von den egoistischen Interessen des Erzählenden abhängig sind.

Die Abhängigkeit des menschlichen Handelns von Triebhaftigkeit und Egoismus ist im alltäglichen Leben nicht deutlich erkennbar, weil sie durch die Konventionen verdeckt wird. Deshalb benötigt Bardamu Ausnahmesituationen, um die „wahre Geschichte" schreiben zu können.

> Und von da ab zeigten die Weißen ihren wahren Charakter; er wurde dem entsetzten Beobachter völlig hüllen- und hemmungslos zur Schau gestellt. Man lernte die wirkliche Natur des Menschen kennen, so wie seinerzeit im Krieg. Die Tropen sind ein Brutofen der Instinkte, in der Sommerhitze schlüpfen ja an den rissigen Mauern der Gefängnisse auch Kröten und Nattern in Mengen aus. Im kalten Europa, im keuschen Grau des Nordens, wird die Grausamkeit der wimmelnden Haufen unserer Brüder nur andeutungsweise fühlbar, solange kein Blutbad sie entfesselt; aber wenn das Tropenfieber sie in niedrige Erregung versetzt, tritt die Fäulnis der Seelen an die Oberfläche. Dann knöpft sich alles auf, und die sinnloseste Schweinerei verdrängt alles andere. Man bekennt sich zur Biologie.[666]

Einerseits ist Bardamus „Geschichtsschreibung" in erster Linie entlarvend, weil sie unter der oberflächlichen Zivilisiertheit die „niedrigen" biologischen Grundlagen des menschlichen Verhaltens aufspürt.[667] Andererseits lebt sein Konzept von der Vorannahme, dass die biologische Konstitution des Menschen tatsächlich sein Verhalten determiniert. Seine Strategie der Entlarvung - halb nietzscheanisch, halb psychoanalytisch - ist auf diese Anleihe aus einem außerliterarischen Diskurs angewiesen. Der biologische Diskurs wird jedoch nicht strukturell verarbeitet, sondern lediglich als Wissen in die Erzählung integriert.

---

[664] Louis-Ferdinand Céline, Voyage au bout de la nuit, S. 72; Reise ans Ende der Nacht, S. 72.

[665] Julia Kristeva interpretiert die Momente, in denen die wahre Geschichte des Menschen zum Ausdruck kommt, als Rückkehr des Verdrängten: Pouvoirs de l'horreur, S. 165-170.

[666] Céline, Reise ans Ende der Nacht, S. 128. „C'est depuis ce moment que nous vîmes à fleur de peau venir s'étaler l'angoissante nature du blancs, provoquée, libérée, bien débraillée enfin, leur vraie nature, tout comme à la guerre. Etuve tropicale pour instincts tels crapauds et vipères qui viennent enfin s'épanouir au mois d'août, sur les flancs fissurés des prisons. Dans le froid d'Europe, sous les grisailles pudiques du Nord, on ne fait, hors les carnages, que soupçonner la grouillante cruauté de nos frères, mais leur pourriture envahit la surface dès que les émoustille la fièvre ignoble des tropiques. C'est alors qu'on se déboutonne éperdument et que la saloperie triomphe et nous recouvre entiers. C'est l'aveu biologique." (Voyage au bout de la nuit, S. 121). Im französischen Original ist also keinesfalls von der Fäulnis der „Seelen" die Rede, die Fäulnis ist das, was von „unten" kommt, aus dem triebhaften, biologischen Untergrund des Weißen.

[667] Dazu aus postkolonialer Perspektive: Greg Hainge, Impossible Narratives: Colonial Spaces of Dissolution in *Voyage au bout de la nuit* and *To Have and to Hold*. In: Australien Journal of French Studies Bd. 38/2001, S. 253-271.

Bezogen auf die Stiftung eines kontinuierlichen erzählerischen Zusammenhangs ist das Projekt der Geschichtsschreibung hier nicht etwa eine mögliche Strukturvorgabe, sondern das Gegengewicht zur Handlung. Es stört deren Zusammenhang, weil die Reflexion des Ich-Erzählers den Ablauf unterbricht und ihm die Interpretation hinzufügt, die auf die „wahren" Motive der handelnden Figuren aufmerksam macht. Diese Entlarvung ist aber auf ein bereits erzähltes Geschehen angewiesen, sie ist Kommentar und kann selbst die Erzählung nicht steuern. Die Struktur des Romans ist einerseits von der Lebensgeschichte des Ich-Erzählers und deren Integration in den zeitgeschichtlichen Kontext (1. Weltkrieg, Kolonialismus) abhängig, andererseits von Bardamus Vorliebe für Ausnahmesituationen. Die Kontinuität der Lebensgeschichte steht dabei im Gegensatz zu den diskontinuierlich auftretenden Ausnahmesituationen. Sie sind Ausdruck einer Art von Selbstversuch: Um seine dunkle Seite, den „wahren" Bardamu, zum Vorschein zu bringen, versucht Bardamu, sich quasi selbst zu überraschen. In der Ausnahmesituation ist auch die Kontinuität seiner Person dispensiert, so dass plötzlich ein neuer Aspekt zum Vorschein kommen kann.

Neben diesen diskontinuierlich unternommenen Selbstversuchen, die man als *Reise ans Ende der Nacht* lesen könnte, wird der erzählerische Zusammenhang durch den empirischen Ablauf von Zeit, der als subjektives, körperliches Altern erlebt wird, gewährleistet.[668]

> Ja, alles widert einen an, sogar das Vergnügen. Man begnügt sich, zu futtern, sich warm zu halten und möglichst viel zu schlafen […] Man stammelt nur noch. Man greift wohl noch zu Tricks und Ausreden, um sich von den Kollegen nicht abzulösen, aber der stinkende Tod ist die ganze Zeit vor uns und winkt uns immer vertrauter.[669]

Da der kontinuierliche Ablauf der Zeit als Altern und als Verfall interpretiert wird, kann durch ihn kein Sinn gestiftet werden. Das Subjekt wird in dieser Zeitform von seinen Gewohnheiten und Erinnerungen determiniert. Durch das Vergehen der Zeit entsteht zwar ein chronologischer Zusammenhang, ein Sinnzusammenhang wird jedoch erst durch die Ausnahmesituationen möglich. Sie fallen wiederum aus der Kontinuität der Zeit heraus und können dadurch in der erzählerischen Inszenierung nur als Episoden auftauchen.[670] In diesen Episoden kommt jedoch die „wahre" Geschichte des Menschen zum Vorschein: Sie ist nicht als Kontinuum erzählbar, sondern nur in der Aneinanderreihung von einzelnen Erlebnissen. Die Verknüpfung zwischen den Erlebnissen entsteht durch die räumliche Bewegung des Subjekts und durch das als empirisch inszenierte Vergehen der Zeit. Céline entwickelt also eine Dialektik der Zeit: Diskontinuierliche Momente, die zur „wahren Geschichte des Menschen" gehören, werden mit einer kontinuierlichen Zeitvorstellung verbunden, in der das Vergehen von Zeit als sinnloser und rein empirischer Vorgang betrachtet wird. In dieser Dialektik sieht man sehr

---

[668] Zur Reise in die Nacht als Projekt Bardamus s. Günter Holtus, Untersuchungen zu Stil und Konzeption von Célines *Voyage au bout de la nuit*, S. 139-149; als Symbolik, die zur Kohärenz beiträgt: Ian Noble, Language and Nattation in Céline's Writings, S. 53.

[669] Celine, Reise ans Ende der Nacht, S. 495; „L'envie vous lâche de garder même la petite place qu'on s'était réservée parmi les plaisir…On se dégoûte…Il suffit désormais de bouffer un peu, de se faire un peu de chaleur et de dormir le plus qu'on peut […] On se cherche bien encore des trucs et des excuses pour rester là avec eux les copains, mais la mort est là aussi elle, puante, à côté de vous, tout le temps à présent et moins mystérieuse qu'on belote." (Voyage, S. 466).

[670] Zur episodischen Struktur s. Nicolas Hewitt, The Golden Age of Louis Ferdinand Céline, S. 58-60; Joseph Jurt, Céline - Ideologieverdacht oder literarischer Rang?, S. 280.

deutlich den Kompromiss, als welcher der moderne Roman auch lesbar ist. Die Auflösung der chronologischen Ordnung wird soweit zurückgenommen, dass die als empirisch dargestellte Zeit wieder die Kohärenz des Romans gewährleisten kann, allerdings ohne sinngebend zu sein. Neben dem juristischen Verfahren und der Vorstellung eines historischen Prozesses wäre die als empirisch verstandene Zeitvorstellung also die dritte Anleihe bei einem außerliterarischen Konzept. Anders als das biologische Wissen ist sie strukturell tragend, aber für den Sinn destruktiv, und folgerichtig erlebt Bardamu das Altern als zunehmende Sinnlosigkeit und Langeweile. Ausgehend von den biologischen Vorannahmen wird wiederum dieser zeitliche Ablauf gestört, so dass Sinn, die „wahre Geschichte des Menschen", produziert werden kann, der aber nur punktuell gültig ist.

Diese fragile Balance des Zeitkonzeptes, auch eine ähnliche Rolle der als empirisch verstandenen Zeit, findet sich ebenfalls in den Romanen Virginia Woolfs und Marcel Prousts. So zeigt sich die Inszenierung empirischer Zeit in Virginia Woolfs Roman *Mrs. Dalloway* an der Rolle, die das Läuten der Glocken von Big Ben, auch das von Kirchenglocken spielt. „It was precisely twelve o'clock; twelve by Big Ben; whose stroke was wafted over the northern part of London [...] - twelve o'clock struck as Clarissa Dalloway laid her green dress on her bed, and the Warren Smiths walked down Harley Street."[671] Der Erzählerin dienen die Zeitangaben sowohl zur Stiftung des chronologischen Zusammenhangs wie zur Verknüpfung der einzelnen Erzählstränge, die wiederum simultan ablaufen. Die Zeitangabe steht einerseits für das Geschehen in der Außenwelt, andererseits symbolisiert sie im Gegensatz zur subjektiven Zeitvorstellung, wie sie in Clarissas Imagination des erfüllten Augenblicks zum Ausdruck kommt, die objektiv vergehende Zeit.[672]

Wie in Célines Roman *Voyage au bout de la nuit* führt das empirische Vergehen der Zeit bei den Figuren in Woolfs Roman zur Reflexion über ihr eigenes Altern.

> But she feared time itself, and read on Lady Bruton's face, as if it had been a dial cut in impassive stone, the dwindling of life, how year by year her share was sliced; how little the margin that remained was capable any longer of stretching, of absorbing, as in the youthful years, the colours, salts, tones of existence [...].[673]

Mrs. Dalloway erlebt das Altern, ähnlich wie Bardamu, als Verlust der körperlichen Attraktivität. Sie kommt sich „shrivelled, aged, breastless"[674] vor. Parallel zur Konstellation bei Céline greift diese Form der Zeiterfahrung nicht nur den Körper des Subjekts an, sondern auch den Sinn seines Lebens, „the colours, salts, tones of existence". Während Céline dem aber das Projekt seines Ich-Erzählers gegenüberstellt, versucht Woolf, über eine andere Vorstellung von Zeit individuellen Sinn zu konstruieren. Das Konzept des erfüllten Augenblicks lässt sich - wie bereits zitiert - als Sturz „into the very heart of the moment"[675] inszenieren, ihm liegt aber auch die Vorstellung der Erleuchtung zugrunde.

> [...] It was a sudden revelation, a tinge like a blush which one tried to check and then, as it spread, one yielded to its expansion, and rushed to the farthest verge and there quiv-

---

[671] Virginia Woolf, Mrs. Dalloway, S. 104.

[672] S. zu diesem Zusammenhang Paul Ricoeur, Zeit und Erzählung. Bd. II: Zeit und literarische Erzählung. München 1989, S. 173-191, dessen Begriff von „monumentaler Zeit", der auch die als empirisch dargestellte Zeit umfassen soll, erscheint allerdings wenig hilfreich (S. 180).

[673] Virginia Woolf, Mrs. Dalloway, S. 34.

[674] Ebd., S. 35.

[675] Ebd., S. 41.

ered and felt the world come closer, swollen with some astonishing significance, some pressure of rapture, which split its thin skin and gushed and poured with an extraordinary alleviation over the cracks and sores. Then, for that moment, she had seen an illumination; a match burning in a crocus; an inner meaning almost expressed. But the close withdrew; the hard softened. It was over - the moment.[676]

Anders als Céline verwendet Woolf für das Gegenkonzept zur chronologischen Zeit kein Element einer außerliterarischen Diskursform. Sie versucht vielmehr, innerhalb des Subjektentwurfes und innerhalb des Ästhetischen den Augenblick als eine die Zeit transzendierende Erfahrung zu inszenieren.

Diese Transzendenz kann der Augenblick nur gewinnen, wenn er im Gegensatz zur empirischen Zeit als bedeutungsvoll erlebt wird. Woolf greift für das Konzept des erfüllten Augenblicks zwar auf religiöses Vokabular zurück, andererseits ist Mrs. Dalloways „Erleuchtung" jedoch profaner Natur, weil sie nicht eindeutig benennbar ist und keinerlei Bedeutung über den Moment hinaus hat. Sie ist nicht Ausdruck eines religiösen Systems, sondern ein Versuch subjektiver Sinngebung. Genauso wie Clarissa Dalloway hier eine Erleuchtung erlebt, ist es auch das Ziel ihrer Party, die sie am Abend ausrichten wird, „to kindle and illuminate". Der erfüllte Augenblick ist gekennzeichnet durch die Erfahrung des subjektiv Besonderen, des Diskontinuierlichen - weil er immer nur für Momente möglich ist - und des Unfassbaren, weil er begrifflich nicht benannt werden kann. Alle drei Elemente sind als Charakteristika ästhetischer Modernität bereits bekannt. An der zuletzt zitierten Stelle sind sie geradezu paradigmatisch auf die Kategorien Subjekt, Geschichte und Sprache beziehbar: Die Besonderheit des Augenblicks existiert nur für Clarissa, die chronologische Zeitvorstellung ist dispensiert, und die subjektive Bedeutung lässt sich nur bildlich umschreiben. Dabei bleibt die Erfahrung des Augenblicks insofern ästhetisch, als sie keine Substantialität produziert. Clarissas Subjektivität gewinnt kein „Wesen", sondern ist disloziert - „she did undoubtedly then feel what men felt"[677] -, der Moment dominiert nicht die zeitliche Struktur des Romans und die Bildlichkeit kann nicht - wie im Symbolismus - das Wesen des Augenblicks zum Ausdruck bringen. Die Erfahrung des herausgehobenen Augenblicks wird durch die Erzählerin in das Geschehen des Romans eingebettet: „Against such moments (with women too) there contrasted (as she laid her hat down) the bed and Baron Marbot and the candle half-burnt."[678] Die äußere Szenerie und die alltäglichen Gesten zeigen die Rückkehr in die Konventionalität ebenso an wie die wieder deutlicher eingreifende Erzählerin. Die Erfahrung des Moments leitet sie zwar ein, aber während Clarissas Erleuchtung erscheint nur einmal das von außen bezeichnende „she".

Durch den Wechsel zwischen erfüllten Augenblicken und kontinuierlich vergehender Zeit ist die Zeiterfahrung der einzelnen Figur aus gegensätzlichen Elementen zusammengesetzt: „against such moments […] there contrasted". Die widersprüchliche Erfahrung der Zeit ist also im Wesentlichen parallel zur Darstellung von Subjektivität zu sehen, die - wie im vorigen Kapitel entwickelt - zwischen als konventionell verstandener Einheit und Disparatheit schwankt. Das Wiedereinsetzen der zeitlichen Chronologie und der Erzählerinnenstimme gehört zur konventionell verstandenen Form der Subjektivität, während Diskontinuität und Abwesenheit der Erzählerin mit den Mo-

---

[676] Ebd., S. 36.
[677] Mit diesem Satz wird der Moment der Erleuchtung eingeleitet: Ebd., S. 36.
[678] Ebd., S. 36 f.

menten der Entgrenzung korrelieren. Die Funktion der Erzählerin wird damit in einer ähnlichen Balance gehalten wie die Inszenierung von Subjektivität und Zeit. Einerseits scheint sie allwissend zu sein, weil ihr keine Regung ihrer Figuren entgeht. Andererseits hat sie kein eigenes Profil: Sie reflektiert weder über das Geschehen oder ihre Figuren, noch bietet sie in essayistischen Passagen Deutungen an. Obwohl sie also spürbar anwesend ist, hat sie keine eigene Stimme.[679] Und obwohl sie den Zusammenhang herstellt, begegnen sich die Figuren wie durch Zufall. Sie treffen zur selben Zeit am selben Ort zusammen, ohne miteinander in Kontakt zu treten.[680] Der Kontakt wird vielmehr von der Erzählerin dadurch hergestellt, dass sie von einer Perspektive, einer Bewusstseinsdarstellung zur anderen wechselt. Damit konstruiert sie einen Zusammenhang, der fast ausschließlich durch die Metonymie charakterisiert ist: Nur durch die räumliche und zeitliche Nähe ist die Verschiebung vom einen zum anderen Bewusstsein motiviert. Auch dieser Modus der Verknüpfung balanciert zwischen Kohärenz und Zusammenhangslosigkeit. Dabei wird die metonymische Verbindung von Raum, Zeit und Figur vor dem Hintergrund von Brochs ähnlicher Anordnung im letzten Band seiner Trilogie noch deutlicher. Obwohl Broch in den in der Kleinstadt spielenden Passagen ebenfalls mit der Identität von Raum und Zeit arbeitet, wird im Vergleich mit Woolfs Roman deutlich, dass er diese Simultanität nicht als Verknüpfungsmöglichkeit nutzt. Der Übergang von einer Episode zur anderen ist nicht über die zu diesem Zweck genau akzentuierte Zeit und die Verengung des Raumes motiviert, vielmehr bilden Zeit- und Ortsgleichheit nur einen allgemeinen Hintergrund für das Gesamtgeschehen. Es lässt sich vermuten, dass Woolfs Verfahrensweise auch auf die Großstadtszenerie reagiert. In der Großstadt ist die gleichzeitige Begegnung von Unbekannten an zentralen Orten die Regel. Dieses Nebeneinander nutzt Woolf für ihre literarische Technik.

Darüber hinaus arbeitet Virginia Woolfs Roman mit einer zweiten Modalität der Verknüpfung. Die Erzählerin setzt sich über die Begrenzung des einzelnen Bewusstseins hinweg und verbindet die Figuren über ähnliche Stimmungen und Bilder.[681] Dabei steht nicht so sehr der konkrete Übergang von einem Bewusstsein zum nächsten im Vordergrund als vielmehr die Erzeugung einer - nur symbolisch darstellbaren - Ganzheit. Als Wunsch nach Ganzheit erscheint dieses Konzept auch innerhalb des Bewusstseins der Figuren; seine Verwirklichung - bezogen auf die Gesamtheit des Romans - findet es jedoch über die Verknüpfung ähnlicher Bilder, die bei unterschiedlichen Figuren auftauchen und sich im Verlauf des Erzählens wiederholen. Aber auch hier wird die

---

[679] S. zu dieser widersprüchlichen Erzählhaltung John Hillis Miller, Mrs. Dalloway. Repetition as the Raising of the Dead. In: Ders., Fiction and Repetition. Seven English Novels. Oxford 1982, S. 176-202, S. 179 f.

[680] S. zur zeitlichen Simultanität: Paul Ricoeur, Zeit und Erzählung. Bd. II: Zeit und literarische Erzählung, S. 177.

[681] Ein Beispiel für die Verknüpfung durch ähnliche Stimmungen ist der Schwenk von Peter Walsh zu Lucrezia Warren Smith, die beide über ihre unglückliche Liebe nachdenken: Mrs. Dalloway, S. 72. Auf diese Verknüpfung über ähnliche Bewusstseinszustände macht schon Harvena Richter (Virginia Woolf. The Invard Voyage, Princeton 1970, S. 52 f.) aufmerksam, sie hält sie allerdings für das einzige Kohärenzprinzip in Woolfs Roman; ein Beispiel für die Verknüpfung über dieselbe Bildlichkeit ist das Auftauchen eines Baumes und die Assoziationen, die er hervorruft: S. dazu John Hillis Miller, Mrs. Dalloway. Repetition as the Raising auf the Dead, S. 181-183.

Balance gewahrt: Die Grenzen der Figuren bleiben bestehen, nur in der Metaphorik werden sie überschritten.[682]

Wie in Woolfs Roman ist auch die Erinnerung der Kindheit in Marcel Prousts Roman *A la recherche du temps perdu* durch die chronologisch ablaufende Zeit bestimmt, die wie bei Woolf durch Glockenschläge angezeigt wird.[683] Die gesamte Kindheit in Combray wird anhand des typischen Verlaufs eines Sonntags geschildert. So bildet der eine Tag den zeitlichen Rahmen für alle Tage, die der Ich-Erzähler in Combray verbracht hat.[684] Obwohl also die Jahre der Kindheit erzählt werden, steht die Zeit beinahe still. Innerhalb dieses Rahmens sind diskontinuierliche Erzählstränge möglich: Der Erzähler lässt innerhalb des geschilderten Tages verschiedene Geschichten zur selben Zeit beginnen, so dass die Gesamtchronologie durch die Abfolge von mehreren, eigentlich gleichzeitig ablaufenden Episoden gestört ist und durch die Rückkehr zum zeitlichen Ausgangspunkt die Simultanität der Geschichten entsteht.[685] Dagegen ähneln die einzelnen Episoden durch die Rückkehr zum zeitlichen Ausgangspunkt einer Zeitschleife, weil nach ihrem Abschluss an dem Zeitpunkt wieder angesetzt wird, der durch den Fortgang des Erzählens schon vergangen schien.

Diese zirkuläre Struktur bestimmt auch den Prozess der Erinnerung.

> Jedenfalls, wenn ich in dieser Weise erwachte und mein Geist erfolglos herauszufinden suchte, wo ich mich befand, […] erinnerte er - mein Körper - sich […] Wenn meine versteifte Seite ihre Lage zu bestimmen suchte und sich zum Beispiel längs der Wand ausgestreckt in einem großen Himmelbett wähnte, sagte ich mir: Schau, nun bin ich am Ende doch eingeschlafen, obwohl mir Mama nicht gute Nacht gesagt hat […].[686]

Im Moment des nächtlichen Erwachens taucht die Erinnerung an die Abende in Combray auf. Durch die Lage des Körpers, der hier der Träger des Gedächtnisses ist, werden Gedächtnisbilder freigesetzt. Sie reproduzieren die Situation des Kindes. Allein durch die Wiederholung der körperlichen Stellung erscheint die dazugehörige Szenerie aus der Erinnerung.[687] Im Augenblick des Aufwachens glaubt das gegenwärtige Ich, sich innerhalb der erinnerten Gegenstände, also in seiner Vergangenheit, zu befinden. So wie sich für den Ich-Erzähler hier einen Moment lang die Vergangenheit wiederholt, wiederholt er auch den Moment des nächtlichen Aufwachens innerhalb seiner Erzäh-

[682] S. dazu Susan Dick, The Tunnelling Process: Some Aspects of Virginia Woolf's Use of Memory and the Past. In: P. Clements/I. Grundy (Hrsg.), Virginia Woolf. New Critical Essays. London 1983, S. 176-199.

[683] Virginia Woolf hat während der Korrektur von „Mrs. Dalloway" ihre Proust-Lektüre unterbrochen: „that great writer whom I cannot read when I'm correcting, so persuasive is he." In: Dies., Diary Bd. 2, Ed. Anne Olivier Bell. London 1978, S. 322.

[684] Auf diese Struktur macht schon Hans Robert Jauß aufmerksam: Zeit und Erinnerung in Marcel Prousts „A la recherche du temps perdu". 2. durchgesehene Aufl., Heidelberg 1970, S. 66 f.; zur Diskontinuität des Erzählens s.a. Landy, Philosophy as Fiction, S. 130-133.

[685] Ebd., S. 67 f.

[686] Marcel Proust, Auf der Suche nach der verlorenen Zeit 1. Unterwegs zu Swann, S. 11 f.; „Toujours est-il que, quand je me réveillais ainsi, mon esprit s'agitant pour chercher, sans y réussir, à savoir où j'étais […] lui – mon corps – se rappelait […]. Mon côté ankylosé, cherchant à deviner son orientation, s'imaginait, par example, allongé face au mur dans un grand lit à baldaquin et aussitôt je me disais: ,Tiens j'ai fini par m'endormir quoique maman ne soit pas venue me dire bonsoir' […]." (Recherche, S. 15).

[687] S. zu den verschiedenen Varianten der Erinnerung: Karl Hölz, Das Thema der Erinnerung bei Marcel Proust. München 1972, S. 25-56.

lung. Nachdem er, ausgehend vom ersten Erinnerungsbild, das Drama des Zubettge-
hens geschildert hat, kehrt er zur Ausgangsszene, dem Einsetzen der Erinnerung im
Augenblick des Erwachens, zurück.

> So kam es, daß ich lange Zeit hindurch, wenn ich nachts aufwachte und an Combray
> dachte, nur diesen hellen, gleichsam aus undurchdringlicher Dunkelheit herausgeschnit-
> tenen Streifen sah [...] es war, als habe ganz Combray nur aus zwei durch eine schmale
> Treppe verbundenen Stockwerken bestanden und als sei es dort immer und ewig sieben
> Uhr abends gewesen. Natürlich hätte ich, danach befragt, erklären können, daß es in
> Combray noch andere Dinge und andere Stunden gegeben habe. Da aber alles, was ich
> mir davon hätte ins Gedächtnis rufen können, mir nur durch die willentliche Erinnerung,
> die Erinnerung des Verstandes gegeben worden wäre und da die auf diese Weise vermit-
> telte Kunde von der Vergangenheit nichts von ihr bewahrt, hätte ich niemals Lust ge-
> habt, an das übrige Combray zu denken.[688]

Die erinnerte Szenerie ist durch die Statik des Ortes und das Stehenbleiben der Zeit gekennzeichnet. Nur diesen Ausschnitt kann der Ich-Erzähler vergegenwärtigen und damit erzählen. Alle anderen Details gehören zur „Erinnerung des Verstandes", die der
Erzähler sich nicht vergegenwärtigen kann. Ohne diese imaginative Möglichkeit erscheinen ihm Erinnerungen jedoch nicht wichtig und deswegen auch nicht erzählens-
wert. Damit ist das Selektionsverfahren formuliert, das sowohl die Erinnerung wie das
Erzählen strukturiert: Nur erinnerte Bilder, in die sich der Ich-Erzähler - ohne das Bewusstsein von einem abgeschlossenen, nur noch in der Vergangenheit liegenden Vorgang zu haben - einfügen kann, können erzählt werden. Wenn diese Bilder aus der Erinnerung des Körpers entstehen, dann zeigen sie nur einen Ausschnitt, und nur dieser
Ausschnitt kann entfaltet werden. In der unwillkürlichen Erinnerung steigen dagegen
Combray und mit ihm die Kindheit als Ganzes auf und tragen dann auch einen größeren Teil der Erzählung.

Auch nach der Erzählung der Kindheitsgeschichte kehrt der Ich-Erzähler zur
Szene des nächtlichen Aufwachens zurück.[689] Diese Rückkehr erklärt sich durch die
strukturelle Ähnlichkeit zwischen der Erinnerung und dem Erwachen. Auch das Aufwachen wiederholt ein vorhergehendes Erwachen, so wie die Erinnerung die Vergangenheit wiederholt. Beide Wiederholungen produzieren jedoch keine Identität, sondern
beruhen auf einer zeitlichen Differenz. Im Erwachen scheint die Zeit für das Subjekt
immer wieder neu einzusetzen, obwohl sie nur nach dem Schlaf wieder einsetzt. Dass
das Aufwachen eine Möglichkeit ist, einen vermittelten modernen Anfang zu setzen, ist
bereits anhand von Kafkas Erzählung *Die Verwandlung* deutlich geworden. Das Aufwachen ist sowohl Neuanfang wie Wiederholung, Anfang als aktuelle Bewusstwerdung des

---

[688] Marcel Proust, Auf der Suche nach der verlorenen Zeit, S. 65 f.; „C'est ainsi que, pendent
longtemps, quand, réveillé la nuit, je me ressouvenais de Combray, je n'en revis jamais que cette sorte
de pan lumineux, découpé au milieu d'indistinctes ténèbres [...] comme si Combray n'avait consisté
qu'en deux étages reliés par un mince escalier, et comme s'il n'y avait jamais été que sept heures du soir.
A vrai dire, j'aurais pu répondre à qui m'eût interrogé que Combray comprenait encore autre chose et
existait à d'autres heures. Mais comme ce que je m'en serais rappelé m'eût été fourni seulement par la
mémoire volontaire, la mémoire de l'intelligence, et comme les renseignements qu'elle donne sur le
passé ne conservent rien de lui, je n'aurais jamais eu envie de songer à ce reste de Combray." (Recherche, S. 65 f.).

[689] Zu den wiederholten Anfängen bei Marcel Proust: Matthias Waltz, Die Ordnung der Namen.
Die Entstehung der Moderne: Rousseau, Proust, Sartre. Frankfurt/M. 1993, S. 363.

Subjekts, Wiederholung als Moment des Wiedereinsetzens von Bewusstsein. Das Aufwachen markiert auch bei Proust einen Neuanfang: Eine erst jetzt wieder gefundene
Erinnerung wird entfaltet. Darüber hinaus ist es aber natürlich immer dasselbe Ich, das
aufwacht. Es garantiert die Kontinuität und verbindet die aufeinander folgenden Wiederholungen des Aufwachens durch seine Identität. Gleichzeitig ist das Aufwachen mit
der unwillkürlichen Erinnerung und der Erinnerung des Körpers nicht nur durch die
Verknüpfung von Wiederholung und Neuanfang verbunden, sondern auch durch die
zeitliche Struktur. Alle drei Erfahrungen sind Zeichen für Diskontinuität, für den un-
terbrochenen chronologischen Zusammenhang.[690] Während der Moment des Erwachens und die Gedächtnisbilder, die der Körper produziert, jedoch nur zur Desorientierung im Hinblick auf die zeitliche Einordnung des Wahrgenommenen führen, wird der
Moment der unwillkürlichen Erinnerung zu einem Augenblick der Zeitenthobenheit.
Wie für Mrs. Dalloway in Woolfs Roman ist dieser Augenblick für den Ich-Erzähler ein
transzendenter Moment, der ihn „mit einer köstlichen Essenz" erfüllt.[691] Der
Proustsche Ich-Erzähler führt also Differenzen in die diskontinuierliche Zeiterfahrung
ein: Sie kann als Desorientierung der Wahrnehmung, aber auch als Entrücktheit erfahren werden. Die Diskontinuität wird durch die unterbrochene Verbindung zwischen
dem Ich-Erzähler und seiner eigenen Vergangenheit deutlich. Auch in der subjektiv gebundenen Variante der Vergegenwärtigung, im Aufwachen, in der unwillkürlichen Erinnerung, verliert die lineare Zeitvorstellung ihre Bedeutung. Diese Art der Vergegenwärtigung fördert jedoch Bilder zutage, die dann erzählt werden können, sie stellt allerdings keine „Entwicklung" dar. Ihre Ausgangsszene kann nur wiederholt werden, um
ein neues Bild zu finden, das wieder zum Erzählanlass werden kann.[692]

Prousts imaginierte und erzählte Zeit hat also eine andere Struktur als die empirische Zeitvorstellung. Die Linearität empirischer Zeit wird durch die Diskontinuität von
Erwachen und Erinnern unterbrochen und die Zeiterfahrung durch die Wiederholung
dieser Momente strukturiert. Während in Woolfs Roman *Mrs. Dalloway* die Erfahrung
des transzendenten Moments ein flüchtiges Erlebnis bleibt, ist er bei Proust der Ausgangspunkt für die literarische Imagination. Beide Romane setzen aber der als empirisch und damit als außerliterarisch verstandenen Zeitvorstellung ein an das Subjekt ge-
bundenes, ästhetisches Konzept von Zeit entgegen. So wie Kafka die juristische Verfahrensordnung der ästhetischen Sinngebung aussetzt und so wie Musil, Broch und Céline historische Geschichtsschreibung und literarische Geschichte strukturell einander
annähern, vermischen sich in Woolfs und Prousts Romanen objektive und subjektive
Zeiterfahrung, Kontinuität und Diskontinuität. Das juristische Gesetz, die Historiogra-
phie und die objektive Zeitvorstellung verlieren durch das ästhetische Verfahren ihre
Gültigkeit, weil die literarischen Texte ihre Zielgerichtetheit und ihre lineare Struktur
auflösen. In der ästhetischen Verarbeitung sind sie alle nur noch „lüderliche Verfahren", so liederlich und fiktiv wie die Literatur.

---

[690] S. dazu Gilles Deleuze, Proust und die Zeichen, S. 129.

[691] Marcel Proust, Auf der Suche nach der verlorenen Zeit, S. 67; Recherche, S. 67.

[692] S. dazu Hans Robert Jauß, der zwölf solcher Anfangsszenen im Gesamtroman ausmacht: Zeit
und Erinnerung in Marcel Prousts „A la recherche du temps perdu", S. 95 f.; auch Gilles Deleuze weist
auf die „Fragmentierung" der „Recherche" hin: Proust und die Zeichen, S. 129.

3. Mythos

Die Wiederholungsstruktur, welche in Prousts Roman die chronologische Zeitvorstellung unterläuft, trägt bereits Züge einer anderen Möglichkeit, den Zusammenhang des Erzählten unter Umgehung der Chronologie zu gewährleisten. Die Aufnahme der Struktur der Wiederholung ist auch bei Romanen zu finden, die den Mythos verarbeiten. Denn eine Stabilisierung des erzählerischen Zusammenhangs lässt sich ebenfalls durch mythische Muster erreichen. Der Begriff des Mythos wird hier mit Horkheimer/Adorno und mit Blumenberg verstanden als ein archaisches Modell der Welt, auch schon der Weltaneignung.[693] Dabei wird einerseits der Mythos dem Logos entgegengestellt, so dass der Mythos als das Andere der Vernunft erscheint, andererseits sehen sowohl Horkheimer/Adorno wie Blumenberg den Mythos als Beginn der Arbeit des Logos, weil er verlässliche Strukturen schafft, wie zum Beispiel die Kreisschlüssigkeit und die Wiederholung.[694] Allerdings sind diese Strukturen vor allem Ausdruck der Ohnmacht des Menschen, da sie ihn einem überindividuellen Schicksal, etwa einem Fluch, unterwerfen.[695]

So sind eine ganze Reihe von Romanen durch die Aufnahme von einzelnen Mythen und mythischen Figuren, aber auch von Strukturen, die dem Mythos zugeschrieben werden, gekennzeichnet: In Döblins Roman *Berlin Alexanderplatz* ist die psychische Struktur des Subjekts mit einer modernen Umformulierung des Mythos verknüpft; auch das surrealistische Konzept der „neuen Mythologie", wie Aragon es in *Le paysan de Paris* formuliert, und wie es ebenfalls in Bretons *Nadja* zu beobachten ist, profitiert von dieser Möglichkeit; darüber hinaus wird in Joyces *Ulysses*, Djuna Barnes *Nightwood* und Thomas Manns Joseph-Romanen der Mythos in dieser Weise verarbeitet.

In Döblins Roman *Berlin Alexanderplatz* wird nicht nur die Hauptfigur Biberkopf mit Orest verglichen, sondern auch die mythische Struktur der Wiederholung fruchtbar gemacht.[696] Döblin verwendet die Orestie als intertextuelle Folie, um Biberkopfs Umgang mit seiner Schuld, dem Mord an Ida, zu charakterisieren.

> Hetzen ihn von früher her, Ida und so weiter, Gewissensbedenken, Albdrücken, unruhiger Schlaf, Qualen, Erinnyen aus der Zeit unserer Urgroßmütter? Nichts zu machen. Man bedenke die veränderte Situation. Ein Verbrecher, seinerzeit gottverfluchter Mann [woher weißt du, mein Kind?] am Altar, Orestes, hat Klytämnestra totgeschlagen [...]. Hoi ho hatz, schreckliche Bestien, Zottelweiber mit Schlangen, ferner Hunde ohne Maulkorb, eine ganze unsympathische Menagerie, die schnappen nach ihm, kommen aber nicht ran, weil er am Altar steht, das ist eine antike Vorstellung [...], Wahnsinnsverstörung, Sinnesbetörung, Vorbereitung für die Klapsmühle. Franz Biberkopf hetzen sie nicht.[697]

---

[693]Max Horkheimer/Theodor W. Adorno, Dialektik der Aufklärung, Frankfurt/M. 1971, S. 44 f.; Hans Blumenberg, Arbeit am Mythos, Frankfurt/M. 1979, S. 18.

[694] Adorno/Horkheimer, Dialektik der Aufklärung, S. 54; das zyklische Schema des Mythos s. Blumenberg, Arbeit am Mythos, S. 97.

[695] Adorno/Horkheimer, Dialektik der Aufklärung, S. 54.

[696] Döblin hat sich fast gleichzeitig in dem Aufsatz „Der Bau des epischen Werks" zur Wichtigkeit des Mythos für das moderne Epos geäußert. Er besteht auf der Wahrheit des Mythos und meint, das der moderne Epiker „noch hinter Homer gehen" muss, also wohl bis zum Mythos zurück (In: Ders., Schriften zu Ästhetik, Poetik und Literatur. Olten/Freiburg 1989, S. 215-245, S. 220 u. S. 227).

[697] Döblin, Berlin Alexanderplatz, S. 84.

Der Kontrast zwischen Biberkopf und Orest entsteht einerseits durch den Gegensatz zwischen Schicksal und individueller Verantwortung, andererseits wird ein Gegensatz zwischen Mythos und Moderne aufgebaut. So erscheint Orest als „seinerzeit gottverfluchter" Mann: Er ist zwar durch den Fluch, unter dem er steht, persönlich entlastet, dieser Fluch ist aber nur in mythischer Zeit möglich. Biberkopf dagegen lebt in „veränderten Zeiten". Unter den Bedingungen der Moderne hat die Vorstellung von einem auf dem Individuum liegenden Fluch ebenso wenig Bestand wie der Glaube an die Erinnyen. Als modernes Subjekt hat Biberkopf keinerlei Schuldbewusstsein, weil die antiken Rachegöttinnen ihn nicht mehr verfolgen. Die mythische Welt ist nicht nur gekennzeichnet durch den Glauben an eine transzendente Macht, sondern auch durch die Vorstellung, dass diese sich in Göttern und in den Erinnyen verkörpert. Verliert die transzendente Ebene ihre Gültigkeit, sind natürlich auch ihre Verkörperungen ohne Legitimation.

Durch direkte Zitate aus der Orestie auf der einen, die Verwendung der heutigen Umgangssprache auf der anderen Seite wird auf die nur noch historische Bedeutung mythischer Geschichten hingewiesen.[698] Obwohl als der mythische Ablauf von Fluch, Verbrechen und Rache keine Gültigkeit mehr beanspruchen kann, setzt sich die Struktur der Wiederholung durch. Biberkopf wird nicht nur mit drei Herausforderungen konfrontiert, auch in der Begegnung mit dem Tod wiederholt er noch einmal seine Geschichte.

Diese drei Herausforderungen sind dadurch gekennzeichnet, dass Biberkopf „in einen regelrechten Kampf verwickelt [wird] mit etwas, das von außen kommt, das unberechenbar ist und wie ein Schicksal aussieht. Dreimal fährt dies gegen den Mann und stört ihn in seinem Lebensplan."[699] In der Dreizahl zeigt sich die Wiederholungsstruktur, die den Verlauf des Romans bestimmt. Zudem kann Biberkopf als mythische Figur gelesen werden, weil er entgegen seiner eigenen Absicht - er will anständig bleiben - durch Schicksalsschläge wieder ins Verbrechermilieu abrutscht. Auch die Anspielung auf das „Schicksal" als Ursache von Biberkopfs Scheitern kann als Hinweis auf die mythische Ananke, die der Verantwortung eines Einzelnen entzogene Naturnotwendigkeit, verstanden werden.[700] Genauso deutlich ist allerdings auch die Distanzierung von diesem Konzept, die gleichzeitig die ästhetische Inszenierung des Mythos anzeigt: „etwas, das […] wie ein Schicksal aussieht", begegnet Biberkopf. Das Eingreifen des Schicksals ist also keineswegs die endgültige Deutung für Biberkopfs dreifache Prüfung. Vielmehr besteht der Erzähler schon in der Vorrede darauf, dass Biberkopf die Schicksalsschläge herausfordert, weil sein „Lebensplan […] hochmütig und ahnungslos, frech, dabei feige und voller Schwäche"[701] ist. Die mythische Vorstellung vom Schicksal und das Konzept des individuellen Lebensplans sind also die beiden sich widersprechenden Interpretationen für Biberkopfs Geschichte. Die umschreibende Formulierung des Ich-Erzählers - „etwas das, wie ein Schicksal aussieht" - zeigt aber bereits an, dass die my-

---

[698] S. zusammenfassend zu den Parallelen zur Orestie: Barbara Baumann-Eisenack, Der Mythos als Brücke zur Wahrheit. Eine Analyse ausgewählter Texte Alfred Döblins. Idstein 1992, S. 179-189; Baum liest die Orestie-Passage als Travestie des Ursprungstextes, die die behauptete überzeitliche Gültigkeit des Mythos aufhebt und damit die Modernität von Döblins Text anzeigt: Baum, Kontingenz und Gewalt, S. 107-114.

[699] Döblin, Berlin Alexanderplatz, S. 7.

[700] Adorno/Horkheimer sprechen vom „Prinzip der schicksalhaften Notwendigkeit" (Dialektik der Aufklärung, S. 14).

[701] Döblin, Berlin Alexanderplatz, S. 7.

thische Bedeutung des Schicksals nicht uneingeschränkt gilt. Unter den Bedingungen der Moderne verliert das Schicksal seine Substanz: Es sieht nur noch so aus wie ein Schicksal, statt wirklich eines zu sein. Diese Umschreibung lässt also das „Gewollte" oder „Gemachte" des Schicksals von Franz Biberkopf in der Doppeldeutigkeit des von ihm verschuldeten und vom Erzähler inszenierten Ablaufs erkennen.

Auch in Biberkopfs Begegnung mit dem Tod am Ende des Romans sind die Übereinstimmungen mit dem mythischen Muster offensichtlich: Im Hungerdelirium begegnet Biberkopf anstatt den Erinnyen den Menschen aus seiner Vergangenheit, denen er Unrecht getan hat. Das mythische Geschehen, wie es in der Orestie dargestellt wird, wiederholt sich also innerweltlich, die Entsühnung findet nicht als Eingriff von höheren Mächten statt, sondern als Phantasma in Biberkopfs Bewusstsein und als Auftritt der konkreten Figuren. Mit dem Tod, der Hure Babylon und den Sturmgewaltigen erscheint aber auch mythisches Personal. Besonders die Rolle des Todes entspricht dabei durchaus der Funktion der Erinnyen. So wie sie Rache für vergangene Verbrechen fordern, verlangt er von Biberkopf, sich mit seiner Vergangenheit auseinander zu setzen.

Döblins Technik, den Tod zu personifizieren, nähert das Geschehen den mythischen Mustern wieder an. Die Personifizierung soll einerseits der Vorstellung entgegenwirken, es ginge bei Biberkopfs Begegnung mit dem Tod um einen rein innerpsychischen Konflikt. Andererseits rückt diese Szene durch die personifizierten überindividuellen Gewalten - z.B. auch des Sturmes - wieder in die Nähe des Mythos, zumindest in die Nähe des in der antiken Tragödie verarbeiteten Mythos. So wie die Erinnyen vor der Verinnerlichung des Gewissens die Funktion dieser Instanz ausüben, übernimmt diese Funktion nun der Tod, weil Biberkopf keine „Gewissensbedenken" hat. Orest und Biberkopf ähneln sich also darin, dass beide kein Gewissen haben und deswegen von außen mit ihrer Schuld konfrontiert werden müssen. Was bei Orest aber der mythischen Welt angemessen ist, lässt Biberkopf zum Spielball der Außenwelt und des Erzählers werden. Der Erzähler kann Schicksal spielen, weil Biberkopf keine inneren Ressourcen besitzt, um seine Schuld zu verarbeiten und daraus seine Lehre zu ziehen. Das Ausgeliefertsein an die Außenwelt ist Biberkopfs Variante des mythischen Fluchs. Durch diese Konstruktion ist die Grundlage für die Wiederkehr des Immergleichen gelegt, für die sich wiederholenden Herausforderungen und Biberkopfs immer gleiche Reaktion auf sie. So gewinnt die Geschichte Biberkopfs über die Wiederholung von Herausforderung und Reaktion ihre Struktur.

Die Aufnahme des mythischen Musters dient also bei Döblin zur Stabilisierung des erzählerischen Zusammenhanges. Durch die Verknüpfung mit dem Subjektkonzept des Romans wird die Modernisierung des Mythos inszeniert. Da diese Verknüpfung von Mythos und individueller Geschichte in der Freudschen Psychoanalyse bezogen auf den Ödipus-Komplex bereits vorformuliert ist, wird auch deutlich, weshalb der Tod personifiziert werden muss: Seine Personifizierung gibt der mythischen Struktur mehr Raum, weil er als Figur der Außenwelt erscheint und nicht als Teil von Biberkopfs Psyche. Andererseits muss der Mythos modernisiert werden und das heißt hier: subjektiviert. Nicht die überindividuellen Erinnyen tauchen auf, sondern konkrete Personen, die Biberkopf gekannt hat. Durch die Individualisierung rückt wiederum die psychoanalytische Erklärung näher. Skylla und Charybdis sind also für Döblins Roman die Psychoanalyse und die Archaik des Mythos, zwischen diesen Ungeheuern muss der Roman hindurch.

Wie bei Döblin spielt auch in Aragons *Le Paysan de Paris* bei der Verarbeitung von mythischen Elementen die psychische Struktur des modernen Menschen eine Rolle, darüber hinaus verbindet er die Modernisierung des Mythos mit der Architektur der modernen Großstadt.[702] Die Sphinx, die dem Passanten dort begegnet - als wäre er Ödipus -, ist aus unbeseeltem Stein und dient der Erkenntnis der subjektiven Abgründe.

[…] unsere Städte sind so von unerkannten Sphinxen bevölkert, die den nachdenklichen Passanten so lange nicht anhalten, als er seine schweifenden Gedanken nicht auf sie richtet. Sie geben ihm keine todbringenden Rätsel auf. Doch wenn er, dieser Weise, sie zu lösen versteht, so möge er sie ruhig befragen, es sind immer nur seine eigenen Abgründe, die er dank dieser ungestalten Ungeheuer neu auslotet.[703]

Die mythische Figur der Sphinx ist also soweit entmächtigt, dass sie dem Menschen keine „todbringenden Rätsel" mehr aufgeben kann. Seit der Mensch um seine eigenen Abgründe weiß, kann die Lösung ihrer Rätsel nichts Lebensbedrohendes mehr enthüllen. Hier ist mit der Aufklärung über die eigene Psyche der mythische Bann tatsächlich gebrochen. Andererseits wendet sich Aragons Projekt einer neuen Mythologie gerade gegen die Aufklärung als Verkürzung des Subjekts auf die Vernunft, denn Mythos bedeutet für ihn vor allem das Zulassen von alogischen Verknüpfungen, von Assoziativität, die in rationaler Logik nicht aufgeht.

Ich will mir Irrtümer meiner Finger und meiner Augen nicht länger untersagen. Ich weiß jetzt, daß sie nicht nur plumpe Fallen sind, sondern auch seltsame Wege zu einem Ziel, das außer ihnen nichts mir enthüllen kann […] Da nehmen unbekannte und wechselnde Götter Gestalt an. Ich will mir diese fahlen Gesichte, diese Hanfkörner der Phantasie einmal betrachten. Wie schön ihr seid, in euren Sandschlössern, Rauchsäulen! Neue Mythen entstehen auf Schritt und Tritt.[704]

Die Erfindung von neuen Mythen durch den umherstreifenden Großstädter bringt die Verknüpfung von Mythos und moderner Literatur auf den Punkt. Der Ich-Erzähler will durch seine Imagination mythische Gestalten schaffen, die neue Mythologie ist also Ausdruck des Subjekts, das sich die alogische Offenbarung wünscht. Dieser Wunsch nach dem Anderen der Vernunft - nach dem Mythos, der „vor allem eine Realität ist"[705] - strukturiert Aragons Text.[706]

---

[702] S. dazu Annette Tamuly, Le surréalisme et le mythe. New York/San Francisco/Bern [u.a.] 1995, S. 154-158.

[703] Louis Aragon, Pariser Landleben, S. 18; „Là où se poursuit l'activité la plus équivoque des vivants, l'inanimé prend parfois un reflet de leurs plus secrets mobiles: nos cités sont ainsi peuplées de sphinx méconnus qui n'arrêtent pas le passant rêveur, s'il ne tourne vers eux sa distraction méditative, qui ne lui posent pas de questions mortelles. Mais s'il sait les deviner, ce sage, alors, que lui les interroge, ce sont encore ses propres abîmes que grâce à ces monstres sans figure il va de nouveau sonder." (Le paysan de paris, S. 18).

[704] Aragon, Pariser Landleben, S. 13; „Je ne veux me retenir des erreurs des mes doigts, des erreurs des mes yeux. Je sais maintenant qu'elles ne sont pas que des pièges grossiers, mais de curieux chemins vers un but que ne peut me révéller, qu'elles. […] Là prennent figure des dieux inconnus et changeants. Je contemplerai ces visages de plomb, ces chènevis de l'imagination. Dans vos châteaux des sable que vous êtes belles, colonnes des fumées! Des mythes nouveaux naissant sous chacun de nos pas." (Le paysan de Paris, S. 13).

[705] Aragon, Pariser Landleben, S. 136; Le paysan de Paris, S. 138.

[706] S. dazu Johanna Malten, Obscure Objects of Desire, S. 72 ff.

Darüber hinaus betrachtet Aragons Ich-Erzähler die Passagen als „Asyle für mehrere moderne Mythen"[707]. Dort begegnet er einer Sirene im Schaufenster, der personifizierten Sinnlosigkeit und der personifizierten Phantasie, modernisierten antiken Göttern, er denkt über Paris und Aphrodite nach und huldigt schließlich dem Zufall als Gottheit. Schon an dieser mehr oder weniger beliebig erscheinenden Sammlung wird Aragons moderner Eklektizismus deutlich. Da zudem das Andere der Vernunft, auch der Zufall, nur durch die Wahrnehmung des Subjekts erkannt werden kann, durch die „Irrtümer" seiner Finger und Augen, wird der Text durch die Wahrnehmung des Ich-Erzählers strukturiert. Sie schwankt zwischen realistischem, „vernünftigem" Wiedererkennen der Gegenstände und der Imagination mythischer Figuren. Genauso bewegt sich auch die sprachliche Inszenierung zwischen realistischer Schilderung und surrealistischer Metaphorik.[708] Im Unterschied zu Döblins Roman liegt der Akzent also nicht so sehr auf der Wiederholungsstruktur des Mythos, sondern auf seiner als alogisch verstandenen Erzählform. Dadurch wird die Struktur des Textes ebenfalls lockerer: Aragon versucht, der „vernünftigen" Konstruktion zu entgehen und Sprunghaftigkeit zu inszenieren.[709] Damit zeigt sich sein Konzept von moderner Mythologie zwar in der Textstruktur, kann aber nicht als Kohärenzprinzip eingesetzt werden. Die Kohärenz des Textes ergibt sich vielmehr durch die Suche des Subjekts nach dem, was es als Erscheinung des modernen Mythos interpretieren kann. Dabei verknüpft Aragon ebenso wie Döblin sein spezifisches Subjektkonzept mit mythischen Elementen. Die Dynamik seines Textes ist allerdings durch den Wechsel von plötzlich auftauchendem, intensivem, als mythische Erscheinung interpretierbarem Erlebnis und realistischer Wahrnehmung bestimmt.[710] In dieser Bewegung ähnelt Le paysan de Paris der Prosa Benns aus den zehner Jahren: Beide Autoren arbeiten an dem Paradox moderner Literatur, Spontaneität und Transzendenz ästhetisch zu inszenieren. Während die Orientierung am Mythos Aragons Text von Woolfs und Prousts Romanen unterscheidet, entsprechen sich der zeitliche Modus, in dem sich der Mythos, die Erinnerung und der erfüllte Moment offenbaren. Alle drei Elemente führen die diskontinuierliche, für einen Augenblick die alltägliche Wahrnehmung von Zeit durchbrechende Erfahrung ein.

Der in Aragons Text entwickelte Umgang mit mythischen Figuren und Strukturen wird auch an Bretons Nadja deutlich. In Übereinstimmung mit Bretons Inszenierung von Subjektivität ist auch im Hinblick auf mythische Elemente die Geschlechterdifferenz entscheidend. So wie der Ich-Erzähler bei Aragon der Sirene und der Sphinx begegnet, so verkörpert für Bretons Ich-Erzähler Nadja die mythische Gestalt der Melusine.

> Oft hat sich Nadja auch als Melusine dargestellt, der sie sich von allen mythischen Gestalten wohl am nächsten gefühlt hat. Diese Ähnlichkeit suchte sie sogar, ich merkte es, so weit wie möglich ins wirkliche Leben zu übertragen und verlangte von ihrem Friseur um

---

[707] Aragon, Pariser Landleben, S. 19; Le paysan de Paris, S. 19.

[708] S. dazu Hans Freier, der auch auf die Wichtigkeit des deutschen Idealismus für Aragons Mythologie-Konzept aufmerksam macht: Odyssee eines Pariser Bauern: Aragons „mythologie moderne" und der Deutsche Idealismus. In: Mythos und Moderne. Hrsg. v. Karl Heinz Bohrer. Frankfurt/M. 1983, S. 157-193, S. 170.

[709] S. dazu Peter Bürger, Der französische Surrealismus, S. 102 f.

[710] S. dazu Nathalie Piégay-Gros, ‚Cristallisations poétiques', S. 59.

jeden Preis, daß er ihre Haare in fünf wohl zu unterscheidende Büschel teile und über der Stirnmitte einen Stern übriglasse.[711]

Nadja inszeniert sich nicht nur selbst als Melusine, durch ihre Nachahmung der mythischen Figur wird sie für den Ich-Erzähler auch zum Anderen der Vernunft. Dass sie schließlich in die Psychiatrie eingewiesen wird, kommt seiner Perspektive zusätzlich entgegen. Sie hat sich dadurch der alltäglichen Rationalität endgültig entzogen und kann für ihn als Verkörperung des Anderen dienen.[712]

Die Identifizierung von weiblichen Figuren mit mythischen ist nicht auf Nadja beschränkt, sondern wird von Breton auch im Zusammenhang mit anderen Episoden konstruiert.[713] So begegnet er etwa einer Frau, die auch Aragon getroffen hat und von der „dieser einzigartige mystische Ruf" ausgeht,

> [...] der es Aragon und mir notwendig erscheinen ließ, an dieselben Stellen wieder zurückzugehen, wo uns diese wirkliche Sphinx, in den Zügen einer bezaubernden Frau erschienen ist, die von einem Trottoir zum anderen ging und an die Passanten Fragen stellt, diese Sphinx, die uns einen nach dem anderen ausließ, so daß wir auf der Suche nach ihr die Linien entlang*liefen*, die diese Punkte ihrerseits sehr launenhaft verbanden[...].[714]

In der Suche nach der Sphinx zeigt sich derselbe Wunsch nach der Begegnung mit dem Anderen der Vernunft wie in Aragons *Le paysan de Paris*. So wie dort produziert die Suche die räumliche Bewegung, die zugleich die Textbewegung konstituiert. Sie verläuft nicht linear, sondern konzentriert sich auf Punkte, die nur „launenhaft" verbunden, also nicht stringent oder durchschaubar angeordnet sind. Dieselbe Sprunghaftigkeit kennzeichnet auch die Anordnung der Episoden in Bretons Text. Die Modernisierung des Mythos zeigt sich bei Breton also einerseits an der Stilisierung Nadjas zur Melusine und zum Anderen der Vernunft, andererseits - und parallel zu Aragons Text - an der Übertragung der Suche nach der mythischen Offenbarung auf die Textstruktur.[715] Gekoppelt an die Suche als Kohärenzprinzip ist die plötzliche Offenbarung, welche die Diskontinuität der Zeiterfahrung einschließt.

Die Prosa Aragons und Bretons unterscheidet sich dann wiederum dadurch, dass Aragons Text zwischen realistischer Schilderung und surrealistisch generierter Bildlichkeit schwankt, während Breton eher Reflexion und die surrealistische Begegnung nebeneinander stellt. Während dieser Begegnungen übernimmt Nadja zumeist die Produktion rätselhafter Bildlichkeit. Aragon und Breton inszenieren den Mythos als das

---

[711] André Breton, Nadja, S. 99 f.; „Nadja s'est aussi maintes fois représentée sous les traits de Mélusine qui, de toutes les personnalités mythiques, est celle dont elle paraît bien s'être sentie le plus près. Je l'ai même vue chercher à transporter autant que possible cette ressemblance dans la vie réelle, en obtenant à tout prix de son coiffeur qu'il distribuât ses cheveux en cinq touffes bien distinctes, de manière à laisser une étoile au sommet du front." (Nadja, S. 149 f.).

[712] Bürger, Der französische Surrealismus, S. 132; Ryan, Each One as She May, S. 107.

[713] S. dazu: Annette Tamuly, Le surréalisme et le mythe, S. 211-222, Paule Plouvier, Poétique de l'amour chez André Breton. Paris 1983, S. 171-190.

[714] Breton, Nadja, S. 62; „[...] l'irrésistible appel qui nous porta, Aragon et moi, à revenir aux points même où nous était apparu sous les traits d'une charmante jeune femme allant d'un trottoir à l'autre interroger les passants, ce sphinx qui nous avait épargnés l'un après l'autre et, à sa recherche, de *courir* le long de toutes lignes qui, même très capricieusement, peuvent relier ces points [...]." (Nadja, S. 89).

[715] S. dazu Bürger, der die Suche auch als Suche nach dem Selbst versteht: Der französische Surrealismus, S. 214.

Andere der Vernunft, das zwar auch im Zufall zum Ausdruck kommt, dessen wesentliche Eigenschaft aber die Abhängigkeit vom menschlichen Wahrnehmungsapparat ist. Durch seine Möglichkeiten und den Glauben des Subjekts an die Bedeutsamkeit von Zufällen entstehen die „neuen Mythen".[716] Ob ihre Offenbarung sich den eigenen Abgründen, also dem Aufsteigen von Bildern aus dem Unbewussten, verdankt oder dem assoziativen Umgang mit der Realität ist dabei für den Surrealismus nicht entscheidend, wichtig ist allein die neue Qualität der Erfahrung, deren Formulierung die Texte dominiert.

Die Verknüpfung von subjektiv generierter Bildlichkeit und Mythos, welche die neue Mythologie des Surrealismus kennzeichnet, ist auch in Djuna Barnes Roman *Nightwood* zu finden. Ebenso wie bei Breton entsteht diese Verknüpfung von psychischen und mythischen Elementen durch eine Liebesbeziehung, die dem Liebesobjekt die Rolle des Anderen der Vernunft zuweist. So beschreibt Doktor O'Connor Noras Verhältnis zu ihrer Geliebten Robin als Konstruktion eines Mythos:

> ‚[…] but what did she [Robin, S. K.] have? Only your faith in her - then you took that faith away! You should have kept it always, seeing that it was a myth; no myth is savely broken. Ah, the weakness of the strong! The trouble with you is you are not just a mythmaker, you are also a destroyer, you made a beautiful fable, then put Voltaire to bed with it […].'[717]

Der Doktor hält Noras Glauben an Robin - der für sie zerstört ist, weil Robin sie betrogen hat - für einen Mythos. Er interpretiert ihn damit einerseits als Religionsersatz, andererseits stellt er ihn - im Gegensatz zur surrealistischen Konzeption - als identitätsstabilisierend dar.[718] Robin hat innerhalb dieser Konzeption des Mythos eine ähnliche Funktion wie Nadja: Sie verkörpert das Andere der Vernunft. Robin wird nicht nur immer wieder mit einem Tier[719] verglichen, in der Schlussszene wird sie in der Kommunikation mit einem Hund sogar zu einem Hund. Diese Nähe zum Tier ist aber im Gegensatz zur surrealistischen Sphinx oder zur Melusine kein Bild, das den Wunsch des Betrachters nach der mythischen Offenbarung befriedigt. Robin ist kein Schauspiel für Felix oder für Nora, sondern existiert nach ihren eigenen Gesetzen.

> Robin was outside the ‚human type' - a wild thing caught in a woman's skin […]. Robin is not in your life, you are in her dream, you'll never get out of it. And why does Robin feel innocent? Every bed she leaves, without caring, fills her heart with happiness. She has made her ‚escape' again. That's why she can't ‚put herself in another's place', she herself is the only ‚position' […].[720]

Einerseits verkörpert sich das Andere der Vernunft im Tier und steckt auch in Robins Haut. Es ist deswegen „outside the human type", weil es keine gegenseitigen Beziehungen anerkennt. Das Begehren ihres Gegenübers läuft ins Leere, weil Robin nur ihren ei-

---

[716] In dieser Hinsicht glauben die Surrealisten ans Schicksal. Auf die Kategorie der Bedeutsamkeit als wichtigstes Element mythischer Sinngebung macht schon Blumenberg aufmerksam: Arbeit am Mythos, S. 68-126.

[717] Djuna Barnes, Nightwood, S. 342 f.

[718] Zur Bedeutung des Mythos bei Barnes: Edward Gunn, Myth and Style in Djuna Barnes' Nightwood. In: Modern Fiction Studies, Vol. 19, No. 4 (Winter 1973/74), S. 545-555.

[719] Barnes, Nightwood, S. 261; zur Bedeutung des „beast" in „Nigthwood" s. Bonnie Kime Scott, Refiguring Modernism. Vol. 2, S. 112-118.

[720] Barnes, Nightwood, S. 347.

genen Traum und ihm folgt. Andererseits entsteht durch das nicht erfüllbare Begehren der sie Liebenden deren Versuch, jenes wenigstens zu benennen, wenn dessen Objekt schon nicht erreichbar ist. Weil aber Robins Begehren nur seinen eigenen Gesetzen folgt, entzieht sich ihre Existenz der sprachlichen Benennung.[721] Auch in *Nightwood* geht es also um die Suche nach dem Anderen der Vernunft. Anders als in den surrealistischen Texten, in denen dieses sich plötzlich dem Subjekt offenbaren kann, ist es in *Nightwood* weder begreif- noch benennbar.

Gelänge Nora dagegen die Erfindung eines Mythos, dann wäre Robin ein passender Rahmen gegeben, in dem sie „a wild thing caught in a woman's skin" sein könnte. Der Mythos wäre als Erzählweise für ihre Form der Subjektivität angemessen. Nora schafft mit ihrer Liebe zu Robin dagegen nicht nur einen persönlichen Mythos, sondern zerstört ihn auch wieder. Einerseits ruft ihr Liebeskonzept die Vorgeschichte der erwachsenen Subjektivität wieder herauf, indem sie von Robin die Verschmelzung wie in der Mutter-Kind-Beziehung verlangt. Sie konstruiert also einen Mythos aus den archaischen Elementen der Subjektivität. Andererseits kann sie diesen selbst geschaffenen Mythos in der Gegenwart nicht verwirklichen, weil sie damit nicht nur ihre erwachsene, vernünftige Selbsterhaltung aufgeben würde, sondern auch den Wunsch nach dem Besitz des Liebesobjekts, wie er in ihrer Eifersucht zum Ausdruck kommt. Dieser Wunsch setzt die Subjekt-Objekt-Trennung voraus und damit den Beginn des Selbstbewusstseins, das wiederum der Verschmelzung entgegensteht. Wie der Doktor es beschreibt, ist Nora gleichzeitig mythengläubig und mythenkritisch wie „Voltaire". Ihr Denken erscheint also eingespannt in die Dialektik von Mythos und Aufklärung, die als Gegensätze genauso untrennbar miteinander verbunden sind, wie - nach Meinung des Doktors - Tag und Nacht. Nicht nur die mythische Sehnsucht nach Verschmelzung treibt den Text an, vielmehr ist auch die Möglichkeit der Selbstverständigung in der Rede - als Erbe der Aufklärung - entscheidend für seine Struktur. Auf dieser Ebene bleibt Robin dann Objekt, nämlich das Objekt der Rede: Es wird über sie und ihre Verkörperung des Anderen gesprochen, sie selbst spricht aber nicht. Sie kann die Verkörperung nur vorführen, so wie sie am Schluss in der mimetischen Nachahmung des Hundes ihre „Tierhaftigkeit" darstellt. Die diskursive Sprache hat also Teil an der Aufklärung, während sich die metaphorische Bewegung in *Nightwood* kommunikativer Transparenz entzieht.

Obwohl in Barnes' Roman die Verknüpfung von Subjektivität und Mythos entscheidend zur Textbewegung beiträgt, verhilft die Struktur des Mythos dem Roman nicht zur Kohärenz. Sie scheint eher durch die Variation ähnlicher Metaphern zu entstehen. Diese Radikalisierung von Leitmotiven bis hin zur strukturellen Metaphorik deutet eine ästhetische Entwicklung an, die über den surrealistischen Umgang mit Bildern hinausgeht. Die sprachliche Bewegung ähnelt eher der Dynamik in Joyces *Finnegans Wake*, ohne dass Barnes jedoch in die Schreibweise der Worte eingreift.[722] Dagegen hat Joyces Umgang mit mythischen Mustern ein ganz anderes Ergebnis, weil er zwar an

---

[721] In der Sekundärliteratur wird Robin deswegen häufig als Verkörperung des „Anderen" oder als „Abject" im Sinne von Julia Kristeva gelesen: Martina M. Grobbel, Enacting Past und Present. The Memory Theaters of Djuna Barnes, Ingeborg Bachmann and Marguerite Duras. Lanham [u.a.] 2004, S. 26-32; Avril Horner/Sue Zloschnik, Strolling in the Dark: Gothic Flânerie in Djuna Barnes's *Nightwood*. In: Andrew Smith/Jeff Wallace (Hrsg.), Gothic Modernism. Houndsmill [u.a.] 2001, S. 78-94.

[722] Zum Vergleich von *Nightwood* und *Finnegans Wake* s. Catherine Whitley, Nations and the Night: Excremental History in James Joyce's *Finnegans Wake* and Djuna Barnes' *Nightwood*. In: Journal of Modern Literature, 24/Jg. 2000, H. 1, S. 81-98.

der Verknüpfung von sprachlicher Bewegung und mythischen Elementen interessiert ist, nicht jedoch an einer durch die Metaphorik bestimmten Verarbeitung des Mythos. Er hat behauptet im *Ulysses* den Mythos „sub specie temporis nostri" zu transferieren.[723] In eine ähnliche Richtung weist auch eine Äußerung T.S. Eliots, der die Funktion des Mythos im *Ulysses* als „a way of controlling, of ordering, of giving a shape and a significance to the immense panorama of futility and anarchy which is contemporary history"[724] sieht. Nach Eliots Ansicht übernimmt der Mythos also - wie bei Döblin - die Aufgabe, den Text kohärenter zu machen. Eliots Beschreibung macht zudem deutlich, dass er die Funktion des Mythos bei Joyce im Sinne der hier bisher vorgetragenen Argumentation versteht. Der Mythos bietet eine Art Selektionsverfahren, das - wie etwa der juristische Diskurs bei Kafka - die Auswahlmöglichkeiten des Schriftstellers beschränkt und so das Erzählen erst erlaubt.

Mollys Aufgabe, die Verkörperung des Mythos Weiblichkeit mit der Darstellung eines individuellen weiblichen Bewusstseins zu verbinden, lässt sich dabei mit der Funktion der bereits beschriebenen Frauenrollen vergleichen. Als Verkörperung des Mythos ist sie die Imagination des Anderen der Vernunft: Sie ist „das Fleisch, das stets bejaht". Diese mythische Rolle lässt sich auch an der Stellung von Mollys innerem Monolog ablesen: Einerseits ist die Handlung mit Blooms Rückkehr abgeschlossen, die Odyssee also beendet, als sie zu sprechen beginnt. Zur Verarbeitung des Mythos, wie sie bis dahin stattgefunden hat, gehört Mollys Rede also nicht. Sie ist das Andere, sie ist aber auch das bis dahin fehlende Element. Nur gefiltert durch Blooms Perspektive ist sie bis zu diesem Punkt im Text präsent. Ihr Sprechen verhält sich also komplementär zur Handlung und zum bisherigen Umgang mit dem Mythos.[725] Die beiden letzten Episoden des *Ulysses* zeigen damit noch einmal die Problematik von Anfang und Ende für das moderne Erzählen. Der *Ulysses* hat mit dem Ende von „Ithaca" und mit Mollys Monolog zwei geschlechterdifferente Schlusskapitel, so wie er zwei generationsdifferente Anfangsszenen hat.[726]

Mollys „weibliche" Variante der Arbeit am Mythos nimmt die Kreisschlüssigkeit des Mythos und die Vortragsform des homerischen Epos wieder auf: Ihr innerer Monolog nähert sich der Verschriftung von Mündlichkeit. Besonders auffallend sind dabei

---

[723] The Letters of James Joyce. Vol. I. Hrsg. v. Stuart Gilbert 1957, S. 146 f.; zu Joyces Umgang mit dem Mythos s.a. Jörg Drews, The Meaning of the Meaning of „Finnegans Wake". Novels of the twentieth century - and where does „Finnegans Wake" fit in? In: Protokolle. Zeitschrift für Literatur und Kunst. Bd. 1, James Joyce betreffend. Materialien zur Vermessung seines Universums. Wien 1985. S. 74-84. Drews' Anmerkungen zu *Finnegans Wake* sind auf *Ulysses* übertragbar.

[724] T. S. Eliot, „Ulysses", Order and Myth. In: Robert H. Deming (Hrsg.), James Joyce: The critical heritage. London 1970, S. 268-271, S. 270.

[725] S. zum Umgang mit Homer generell: Arno Esch, James Joyce und Homer. Zur Frage der ‚Odyssee'- Korrespondenzen im ‚Ulysses'. In: Therese Fischer-Seidel (Hrsg.), James Joyces ‚Ulysses'. Neuere Deutsche Aufsätze. Frankfurt/M. 1977, S. 213-227; und bezogen auf das Verhältnis von Mollys Monolog zum Umgang mit dem Mythos: Christine van Boheemen, „The Language of Flow": Joyce's Dispossession of the Feminine in *Ulysses*. In: Joyce, Modernity, and its Mediation. Hrsg. v. Christine van Boheemen. Amsterdam 1989, S. 63-77, S. 64; zum dadurch etablierten sexuellen Zeichensystem: Dies., Molly's Heavenly Body and the Economy of Sign. The Invention of Gender in „Penelope". In: Kimberly J. Devlin/Marilyn Reizbaum (Hrsg.), Ulysses - En-Gendered Perspectives. Columbis/SC 1999, S. 267-281.

[726] S. dazu Diana E. Henderson, Joyce's Modernist Woman: Whose last word? In: Modern Fiction Studies, Vol. 35/Jg. 1989, No. 3, S. 517-528, S. 525.

extrem parataktische Satzverknüpfungen, die fast nur noch Dinge und Menschen auflisten.[727]

> [...] I was thinking of so many things he didnt know of Mulvey and Mr Stanhope and Hester and father and old captain Groves and the sailors playing all birds fly and I say stoop and washing up dishes they called it on the pier and the sentry in front of the governors house [...][728]

Diese Reduktion von syntaktischen Verknüpfungen macht den Eindruck, als wollte Joyce „noch hinter Homer gehen"[729], indem er einen Anfang allen Erzählens konstruiert. Denn einen solchen Ausgangspunkt könnte die Aufzählung als bloße Benennung der Welt bilden. Darüber hinaus ist sie auch ein Element des Mythos, der durch die Benennung der Welt diese bewohnbar macht, so dass sie ihre Schrecken verliert.[730] Im *Ulysses* ist die mythische Funktion - die Welt durch die Benennung bewohnbar zu machen - jedoch verknüpft mit Mollys subjektiver Erinnerung und verliert so nicht nur ihre Archaik, sondern jede Form objektiver „Ursprünglichkeit". Einerseits erscheint hier also durch die Erzählform eine Rückkehr zu den Anfängen des Erzählens inszeniert zu werden, die einer weiblichen Figur in den Mund gelegt wird, andererseits sind die einfachen Erzählstrukturen gebunden an die subjektive Erinnerung, also an die Rückwendung des Bewusstseins auf die eigene Vergangenheit.[731] Anstatt die Schrecken des Unbekannten zu bannen, benennen Mollys Aufzählungen das für sie nicht Gegenwärtige, Erinnerung und Phantasien, und verleihen ihm so Präsenz. Die Fähigkeit der Sprache, Abwesendes zu bezeichnen, wird also auf die einfachste, dem Mythos entsprechende, Formulierungsform reduziert und mit der Imagination des Subjekts gekoppelt. Auch in Mollys Monolog ist also die Struktur des Erzählens mit der Inszenierung von Subjektivität verwoben. Die Analogie der beiden Elemente entsteht dadurch, dass das Heraufrufen der Erinnerung als Entsprechung zur mythischen Aufzählung angesehen wird. So wie die subjektive Erinnerung eine Rückkehr zur eigenen Vergangenheit bedeutet, zeigt die mythische Aufzählung eine Rückkehr zur einfachen Form des Erzählens. Beide Elemente sind durch ihre Vergegenwärtigung der epischen oder subjektiven Vergangenheit zu charakterisieren. Außerdem ist die Präsenz von Erinnerungen und Phantasien und die Präsenz einer sich dem Mythischen nährenden Erzählform deutlich als Wiederholung gekennzeichnet. In der Vergegenwärtigung werden subjektive Erinnerungen wiederbelebt und Phantasien imaginiert, die als „typisch" weibliche ebenfalls nur Wiederholungen darstellen. Genauso wiederholt die sprachliche Bewegung Ele

---

[727] S. dazu Annette Shandler Levitt, die allerdings die Listen auf Mollys weiblichen Sinn für Metonymien bezieht: The Pattern Out of the Wallpaper: Luce Irigaray and Molly Bloom. In: Modern fiction Studies, Vol. 35/Jg. 1989, S. 507-516, S. 510-512.

[728] James Joyce, Ulysses, 18.1582-1585.

[729] Alfred Döblin, Der Bau des epischen Werks, S. 227.

[730] S. zu den Namenskatalogen in der „Ilias" und ihrer Funktion, Weltvertrauen zu schaffen: Hans Blumenberg, Arbeit am Mythos, S. 115.

[731] Die Aufzählungen in „Ithaca" sind dagegen aus „objektiver" Erzählerperspektive aufgezeichnet und ahmen nicht die einfache (weibliche) Erzählform, sondern den (männlichen) wissenschaftlichen, positivistischen Diskurs nach. Dass beide schließlich Aufzählungen produzieren, disqualifiziert diesen als letztgültige Weltanschauung ebenso wie die angebliche „Ursprünglichkeit" des mythischen Erzählens; zum Zusammenhang von Erinnerung und Erzählform s. Ewa Ziarek, The Female Body, Technology, and Memory in „Penelope", S. 113 f.

mente mythischen Benennens und mündet schließlich in eine Kreisbahn, in der das letzte Wort auch das erste ist.

Die Zirkularität, die Joyces wie Döblins Umgang mit dem Mythos kennzeichnet, ist auch in Thomas Manns Joseph-Romanen zu finden.[732] Dort taucht sie allerdings nicht innerhalb des linear erzählten Geschehens auf, sondern als Konzept des Erzählers im „Vorspiel".

> Denn es ist, ist immer, möge des Volkes Redeweise auch lauten: Es war. So spricht der Mythus, der nur das Kleid des Geheimnisses ist [...] Fest der Erzählung, du bist des Lebensgeheimnisses Feierkleid, denn du stellst Zeitlosigkeit her für des Volkes Sinne und beschwörst den Mythos, daß er sich abspiele in genauer Gegenwart![733]

Das Projekt des Erzählers zielt auf die Vergegenwärtigung der biblischen Geschichte, deren Ablauf in diesem Prozess wiederholt wird. Die Wiederholung, die bei Döblin als schicksalhafter Zwang auftaucht und zu der sich Joyces Verarbeitung eher neutral verhält, wird bei Mann als „Fest der Erzählung" verstanden. Im Fest aktualisiert sich nicht nur das Geheimnis, sondern das Geheimnis wird im Fest auch veranschaulicht. Die Zeitlosigkeit des „Geheimnisses" liegt aber sowohl dem Fest wie der Erzählung zugrunde: Es ist latent immer anwesend, wird im Fest und in der Erzählung nur sichtbar gemacht.[734]

Der Mythos wird vom Erzähler einerseits als Kleid des Geheimnisses bezeichnet und erscheint dadurch dem Fest und der Erzählung verwandt. Andererseits ist die Zeitform des Mythos die abgeschlossene Vergangenheit, er spricht von dem, was war. Beide Elemente sind für das Projekt des Erzählers strukturbildend: Als Kleid des Geheimnisses hat der Mythos die nötige Substanz für die Aktualisierung, als Geschichte im Imperfekt fehlt ihm ein Aspekt, der in der Nacherzählung hinzugefügt werden kann. Im Unterschied zu allen bisherigen Verarbeitungen von mythischen Strukturen hat Manns Umgang mit dem Mythos eine starke inhaltliche Komponente, die sich dem Mythos sozusagen gläubig nähert. Das Geheimnis, das der Mythos verhüllt, das „Rätselwesen" des Menschen, ist nur in der Verhüllung sichtbar zu machen, deswegen bleibt er gültig und dominiert auch inhaltlich den Roman.[735] Das Projekt der Vergegenwärtigung des Mythos verbindet dagegen Thomas Manns Roman-Tetralogie mit Joyces *Ulysses*. Die Erzählung soll den Mythos beschwören, „daß er sich abspiele in genauer Gegenwart", damit also das Vergangene zum Präsenten wird. Dagegen führt die unterschiedliche Subjektkonstitution zu den auffallenden Differenzen in der Struktur der Texte. Zwar will auch Mann die psychologische Komponente zum Mythos hinzufügen,[736] gleichzei-

---

[732] Zu den Parallelen und Unterschieden in der Auffassung des Mythos zwischen Th. Mann und Joyce s. Drews, The Meaning of the Meaning.

[733] Th. Mann, Joseph und seine Brüder Bd. 1, S. 54.

[734] Zum Verhältnis von Zeit und Mythos s. Dierk Wolters, Zwischen Metaphysik und Politik. Thomas Manns Roman „Joseph und seine Brüder" in seiner Zeit. Tübingen 1998, S. 80-103.

[735] Die mythologische und romantische Vorstellung des Bildnisses von Sais scheint mir hier zugrunde zu liegen. Nur besteht Th. Mann auf der Notwendigkeit des Schleiers, weil er einerseits keine substantielle Vorstellung von Subjektivität mehr konstruieren kann, ohne im Mythos oder in epigonaler Romantik zu enden, andererseits die Vorstellung, dass es ein Wesen des Menschen gibt, nicht aufgeben will. Der Kompromiss - man könnte es wahrscheinlich auch als Symptom bezeichnen - ist das „Rätselwesen" Mensch.

[736] Thomas Mann, Freud und die Zukunft, S. 490; s. dazu auch Manfred Dierks, Studien zu Mythos und Psychoanalyse bei Thomas Mann. Bern 1972, S. 90-113.

tig betont er aber, dass erst der Mythos „die Legitimation des Lebens" ist.[737] Auch an dieser Äußerung zeigt sich, dass sich subjektive und typische, psychische und mythische Elemente nicht wie bei Joyce in der Balance halten, sondern dass der Mythos ebenso die Sinngebung dominiert wie die Typik das Subjektkonzept.

Im Gegensatz zu allen anderen hier besprochenen Texten wird damit in Thomas Manns Tetralogie die Transzendenz des Mythos nicht angetastet. Mann arbeitet also nur mit dem Mythos und nicht auch gegen ihn. Bei den anderen analysierten Romanen ist besonders auffällig, dass mythische Elemente meist in Zusammenhang mit dem jeweiligen Subjektkonzept umformuliert werden. Durch dieses Verfahren verliert der Mythos seine überindividuelle Gültigkeit: An diesem Punkt arbeiten die Autorinnen und Autoren also alle gegen den Mythos. Durch die Arbeit mit dem Mythos gewinnen ihre Texte aber gleichzeitig eine neue Ebene. Diese Ebene ist nicht mehr als transzendente zu beschreiben, sondern als ästhetische. Während im Auftritt des Todes in Döblins Roman *Berlin Alexanderplatz* dessen dramatische Rolle betont wird, erscheinen in den surrealistischen Visionen und den mythisierten Frauenbildern nicht nur dramatische Elemente, sondern auch die surrealistische Vorstellung von Schönheit. Schließlich wird in Barnes' und Joyces Romanen der Mythos ganz an die ästhetische, sprachliche Inszenierung gekoppelt.

Die Analyse von chronologischen und logischen Elementen als Teil der Kohärenzstrukturen hat deutlich gemacht, dass beide Bereiche nicht von der Subjektvorstellung der Romane zu lösen sind. Diese Diagnose bedeutet aber auch, dass - mit Ausnahme von Thomas Manns Joseph-Romanen - keine der Formulierungen von Zeitvorstellung oder Handlungsablauf die Inszenierung von Subjektivität dominiert. Dieses Gleichgewicht kann deswegen zustande kommen, weil weder die Zeit- und Geschichtsvorstellung noch das Subjektkonzept als substantiell betrachtet werden. Damit brauchen sie einerseits die gegenseitige Stützung, um das Erzählen zu ermöglichen, andererseits halten sich die ihnen zuzuordnenden Elemente in der Balance. Besonders am Beispiel von Robert Musils Roman *Der Mann ohne Eigenschaften* ist jedoch bereits die Wichtigkeit eines weiteren und letzten Elementes, das der Sprache, erkennbar geworden. Auch die Metaphorik in Djuna Barnes' Roman *Nightwood* und die assoziativen Verknüpfungen in Joyces Penelope-Episode deuten darauf hin, dass die Selbständigkeit der sprachlichen Dimension in den Romanen der zwanziger und dreißiger Jahre ebenso gewahrt bleibt, wie in den Texten, die um 1910 entstanden sind.

III. Die Bedeutung der Sprache im modernen Roman

Im letzten Abschnitt soll die Frage der sprachlichen Inszenierung noch einmal in konzentrierter Form ins Blickfeld rücken. Nach der bisherigen Analyse ist klar, dass dieser Aspekt nur im Zusammenhang mit der Darstellung von Subjektivität sowie chronologischen und kausalen Strukturen erörtert werden kann. Da Sprache nicht länger als transparentes Medium der Wirklichkeitsdarstellung verstanden wird, kann sie um 1910 in der ästhetischen Figur als mimetische, das Motiv sprachlich nachzeichnende Bewegung präsent sein. In dieser Verknüpfung von Motiv und sprachlicher Bewegung ist sie nicht dem untergeordnet, was sie darstellt. Deswegen entsprechen sich die sprachliche Bewe-

---

[737] Th. Mann, Freud und die Zukunft, S. 496.

gung und die Bedeutung des jeweiligen Motivs. Nicht nur die eher punktuelle Qualität dieses Verfahrens ist für die Form des Romans problematisch, auch die gelegentliche hermetische Abschottung von der Realität lässt sich in einem längeren Text kaum durchhalten, ohne den Leser vollständig zu überfordern. Dennoch behalten alle im Folgenden besprochenen Romane die Selbständigkeit der sprachlichen Komponente bei. Sie tritt als drittes Element zu den Konstituenten des modernen Romans.

Darüber hinaus findet jedoch eine Ausweitung der sprachlichen Verfahrensweisen statt: Der Begriff des Stils wird wieder aufgenommen, Syntax und Metaphorik moderner Romane orientieren sich an der Möglichkeit, kohärente Strukturen nicht nur zu unterlaufen, sondern auch zu produzieren. Während die Stilform in der um 1910 entstandenen Prosa keine Rolle spielt oder der Begriff des Stils für das eigene Verfahren von den Autoren explizit abgelehnt wird, wird er in den zwanziger und dreißiger Jahren wieder aufgenommen. Aber auch hier zeigt sich, dass er nicht als Ausdruck der persönlichen Schreibweise verstanden und damit substantialisiert, sondern als ein modernes Verfahren interpretiert wird. Auch er stellt eine der Möglichkeiten dar, ästhetisch Kohärenz aufzubauen.

Zwei weitere Verfahren, die in diesem Zusammenhang von Interesse sind, betreffen die Syntax und die Metaphorik moderner Romane. Beide können zur strukturellen Basis für den Roman werden. Die Syntax moderner Romane verändert sich nicht nur bezogen auf den Satzbau, sondern auch im Hinblick auf die Konstruktion der einzelnen Romanteile. Während der Satzbau besonders durch die Aufnahme mündlicher Elemente zum ästhetischen Verfahren wird, spielt, bezogen auf die Komposition des Textes, die Montage eine wichtige Rolle. In beiden Varianten dient die Umformulierung der Syntax zur Herstellung einer Kohärenz, die nicht den konventionellen Vorstellungen von Kausalität und Chronologie folgt. Während die syntaktische Organisation also eher in Korrespondenz zu Zeiterfahrung und Geschichtsvorstellung zu sehen ist, erscheint die Metaphorik in Verknüpfung mit dem Subjektkonzept. Die Metapher dient dabei nicht der Produktion einer übergeordneten Bedeutung, sondern wird in die Bewegung des Textes integriert. Bestimmte Metaphern konstituieren in ihrer Wiederholung eine Struktur, die einerseits der Artikulation von Subjektivität nahe steht, andererseits auch als Kohärenzprinzip mit dem chronologischen Ablauf des Erzählens konkurrieren kann.

Alle drei sprachlichen Verfahren reagieren also auf die bereits diagnostizierte Gleichwertigkeit der Elemente, die in ihrem Zusammenspiel den modernen Text konstituieren. Sie nehmen Kohärenzmodelle auf - Stil, Syntax und Metaphorik - und unterlaufen sie gleichzeitig. Sie antworten aber auch auf die Kohärenzangebote aus den Bereichen Subjekt, Zeit- und Geschichtserfahrung, so dass sich Balanceakte zwischen Metaphorik und der Inszenierung von Subjektivität, zwischen Syntax und Kausalitätsvorstellung, zwischen Stil und subjektivem Sprechen ergeben.

1. Stil

Die Problematik eines homogenen Stils wurde schon in der Erörterung der um 1910 entstandenen Texte deutlich. Im Gegensatz zu modernen poetischen Verfahren tendiert der Stil dazu, mimetische Prozesse durch Distanzierung von literarischen Sujets zu unterbinden. In den zwanziger und dreißiger Jahren tauchen jedoch Stilkonzepte als mögliche Stabilisierungen von Erzählformen wieder auf, ohne dass sie sich allerdings den mimetischen Verfahren, die ihre Homogenität unterlaufen, entziehen können. Die Stilkonzepte, die dabei besonders deutlich erkennbar sind, sind die Ironie und der Naturalismus. Exemplarisch erscheint dabei Musils Modernisierung des Ironiekonzeptes, die sich ebenso zu Thomas Manns Verständnis der Ironie in Bezug setzen lässt wie zu Svevos Stil in *Zeno Cosini*. Dagegen arbeiten Serner, Céline, Döblin und Broch in ihren Romanen mit Konzepten, die sich mit dem Naturalismus auseinandersetzen. Während Serner seine eigene Stilform, den Sincèrismus, als Abgrenzung vom Naturalismus erfindet, sind die Texte Célines, Döblins und Brochs als Erweiterung des Naturalismus lesbar.

Musils Ausspruch, die Ironie im *Mann ohne Eigenschaften* sei „keine Geste der Überlegenheit, sondern eine Form des Kampfes", macht diese neue Interpretation des Stils deutlich.[738] Musil versteht die Ironie als Verfahren, um die außerästhetische Wirklichkeit und die eigenen ästhetischen Neigungen zum Essayismus in Schach zu halten. Die Distanz zu den Gegenständen als Effekt des traditionellen Ironie-Konzepts wird also zugunsten der Involviertheit aufgegeben, denn im ironischen Stil findet der Kampf mit den Materialien statt, der sie schließlich in Literatur verwandelt. Darüber hinaus lässt sich Musils Vorstellung von Ironie auch als Konzept produktiver Mimesis lesen. Die Ironie nähert sich dem Sujet und greift es an, um den Prozess der Sinngebung zu unterlaufen. Diese Bewegung entsteht jedoch nicht unreflektiert, weil die Ironie zur „*Form des Kampfes*" wird, also als poetisches Verfahren verstanden wird. Musils Verständnis der Ironie ist nicht nur beispielhaft für dieses Stilkonzept, sondern auch für den Umgang der Autoren mit dem Naturalismus. Alle Umformulierungen des Stilbegriffs verstehen den Stil als „Form des Kampfes", als Verfahren produktiver Mimesis.

Die Modernisierung des Mythos bei Thomas Mann - so die abschließende These des letzten Abschnitts - ist an die individualpsychologische Motivierung gebunden. Auch stilistisch kann man durch die ironische Nuancierung der Joseph-Romane von einem Reflex auf die Moderne sprechen. Allerdings ist Manns Verarbeitung des Mythos durchaus durch die ironische „Geste der Überlegenheit" bestimmt.[739] Mann selbst hat dem Erzähler seiner Joseph-Romane einen „ironisch überlegenen Blick"[740] zugeschrieben und die Tetralogie insgesamt als „humoristisch getönte, ironisch abgedämpfte, ich möchte fast sagen: verschämte Menschheitsdichtung" bezeichnet.[741] Der Stil erscheint hier als Ausdruck des Wunsches nach dem allgemein Gültigen: Der Schriftsteller kann aber unter den Bedingungen der Moderne diese Form von Totalität nicht mehr konstruieren, deswegen kann der Anspruch darauf nur noch ironisch „abgedämpft" formuliert werden. Diese Charakteristik heißt aber auch, dass nicht der Anspruch aufgegeben wird, sondern nur seine uneingeschränkte Formulierung. Die sprachliche Inszenierung hat dann keine selbständige Funktion, sondern dient allein der Nuancierung des mit der Moderne nicht zu vereinbarenden Wunsches nach Totalität. Ein Reflex auf die ästheti-

---

[738] Was arbeiten Sie? Gespräch mit Robert Musil. In: Robert Musil, Gesammelte Werke II, S. 939-942, S. 941.

[739] Zum Vergleich des ironischen Stils bei Th. Mann und Musil s. Peter-André Alt, Ironie und Krise. Ironisches Erzählen als Form ästhetischer Wahrnehmung in Thomas Mann „Der Zauberberg" und Robert Musils „Der Mann ohne Eigenschaften". Frankfurt/M./Bern/New York 1985, S. 391-417, bes. S. 413-415.

[740] Th. Mann, Freud und die Zukunft, S. 494.

[741] Th. Mann, Joseph und seine Brüder. Ein Vortrag. In: Ders., Gesammelte Werke Bd. XI, S. 654-669, S. 658.

sche Moderne ist dabei die Negativität von Manns Beschreibung. Der Stil wird nicht durch eine Vielfalt von Elementen konstituiert, sondern durch seine negative Wirkung auf die angestrebte Totalität. Während Manns Form der Ironie die Totalität selbst jedoch nicht in Frage stellt, hat Musils Konzept der Ironie genau diesen Effekt: Sie macht aus Entwürfen, die auf eine wie auch immer geartete Vollständigkeit und Ganzheit zielen, Fragmente.

Eine ironische Fragmentierung lässt sich auch in Beziehung auf die beiden Kategorien zeigen, die in Musils Roman *Der Mann ohne Eigenschaften* bereits analysiert wurden. So erscheint zunächst eine einheitliche Vorstellung vom Prozess der Geschichte:

> Das Verständnis der Wirklichkeit ist ausschließlich eine Sache für den historisch-politischen Denker. Für ihn folgt die Gegenwart auf die Schlacht bei Mohács oder bei Lietzen wie der Braten auf die Suppe, er kennt alle Protokolle und hat in jedem Augenblick das Gefühl einer prozessual begründeten Notwendigkeit; und ist er gar wie Graf Leinsdorf ein aristokratisch politisch-historisch geschulter Denker, dessen Großväter, Schwert- und Spindelmagen selbst an den Vorverhandlungen mitwirkten, so ist das Ergebnis für ihn glatt wie eine aufsteigende Linie zu überblicken.[742]

Die Vergleiche, die Häufung der Adjektive, die den historisch-politischen Denker charakterisieren, und die Namensgebung der Vorväter ironisiert Leinsdorfs Glauben an den linearen Geschichtsverlauf. Diese eher traditionelle Verwendung ironischen Sprechens wird ergänzt durch eine Form der Ironie, die Denkmöglichkeiten in der Schwebe lässt und die so den Charakter eines Formulierungsversuches, eines ästhetischen Experiments erhält.[743]

Im Gegensatz zur fast satirischen Entlarvung der Fortschrittsgläubigkeit wird in der experimentellen Ironie die Möglichkeit von Erkenntnis in der sprachlichen, mimetischen Bewegung angedeutet.

> Der Weg der Geschichte ist also nicht der eines Billardballs, der, einmal abgestoßen, eine bestimmte Bahn durchläuft, sondern er ähnelt dem Weg der Wolken, ähnelt dem Weg eines durch die Gassen Streichenden, der hier von einem Schatten, dort von einer Menschengruppe oder einer seltsamen Verschneidung von Häuserfronten abgelenkt wird und schließlich an eine Stelle gerät, die er weder gekannt hat, noch erreichen wollte. Es liegt im Verlauf der Weltgeschichte ein gewisses Sich-Verlaufen.[744]

Auch der letzte Satz ist als ironischer Kommentar zum nicht berechenbaren Prozess der Weltgeschichte lesbar. Er gewinnt aber die Balance einer möglichen Beschreibung des Prozesses durch die besondere Art der Bildlichkeit, die auf die spezifische Rolle des Ästhetischen in Musils Roman deutet: Sie lässt die poetische Genauigkeit als etwas erscheinen, dass den ideologischen Setzungen - wie sie Graf Leinsdorf Perspektive beein-

---

[742] Robert Musil, Der Mann ohne Eigenschaften, S. 170 f.

[743] Zur Diskussion um Ironie oder Satire: Bernhard Spies, „Da die erhabene Hohlheit die gewöhnliche nur vergrößert…". Satire und Ästhetik in Robert Musils „Mann ohne Eigenschaften". In: Bettina Gruber/Gerhard Plumpe (Hrsg.), Romantik und Ästhetizismus. Festschrift für Paul Gerhard Klussmann. Würzburg 1999, S. 199-211; Peter V. Zima macht dagegen darauf aufmerksam, daß Musils Ironie-Konzept gegen die satirische Schreibweisen verstößt: Peter V. Zima, Robert Musils Sprachkritik. Ambivalenz, Polyphonie und Dekonstruktion. In: Josef u. Johann Strutz (Hrsg.), Robert Musil - Theater, Bildung, Kritik. München 1985, S. 185-203; zur Ironie als „Form des Kampfes" s.a. Ingrid Berger, Musil mit Luhmann. Kontingenz - Roman - System. München 2004, S 178-186.

[744] Ebd., S. 361.

trächtigen - ebenso überlegen ist wie wissenschaftlichen Erörterungen über geschichtliche Vorgänge, weil hier der Blick für die Einzelheiten - z.b. der „seltsamen Verschneidung" - gewahrt bleibt. Dabei stellen weder die Vergleiche noch der abschließende Satz Eindeutigkeit her und so zeigt das „Verlaufen" des Sinns, den jede Ideologie der Geschichte unterschiebt, in der mimetischen Darstellung genau dieses „Verlaufens". Der Status der traditionellen ironischen Rede geht damit natürlich verloren, weil das eigentlich Gemeinte nicht mehr erschlossen werden kann.

Dieser Verlust des eindeutigen erzählerischen Standortes wird auch an den plötzlichen Perspektivwechseln zwischen der Darstellung des Erzählers und Ulrichs Reflexionen klar, die sogar das für die Formulierung von Subjektivität grundlegende Konzept der Eigenschaftslosigkeit ironisch in der Schwebe halten. Die Ironie als „Form des Kampfes" führt also einerseits zur Auflösung von Sinnsetzung, sie akzeptiert nichts, was sich selbst als endgültig oder als wahr inszeniert. Deswegen greift sie die Vorstellung eines linearen geschichtlichen Prozesses ebenso an wie den Glauben an subjektive Identität.[745] Sie macht aus geschlossenen Konzepten also Fragmente. Andererseits erscheinen in diesen Fragmenten wieder Einzelheiten, die in geschlossenen Konzepten verloren gehen, weil sie nicht in diese integriert werden können. Diesen Einzelheiten gilt die poetische Genauigkeit.

Das ironische Verfahren, das sich als „Form des Kampfes" versteht, charakterisiert auch Svevos Roman *Zeno Cosini*.[746] Es greift wie bei Musil die Vorstellung subjektiver Identität an und führt zur Standortlosigkeit des Ich-Erzählers.

> Im Halbtraum ist mir, als hätte ich in jener Abhandlung gelesen, daß man nach dieser Methode die früheste Kindheit, die Zeit der Windeln, in sich wieder wachrufen könne. Sofort sehe ich auch ein Wickelkind; aber warum soll ich das sein? Es sieht mir wahrlich nicht ähnlich. Es scheint mir eher das Kleine meiner Schwägerin zu sein [...].[747]

Zenos Formulierung von Subjektivität setzt die optische Oberfläche - das Kind, wie er es sieht - gegen die von seinem Psychoanalytiker erhobene Forderung nach psychischer Tiefe. Diese Polarisierung wiederholt sich in der Zeitdimension: Hier stehen sich Zenos reine Gegenwart und die von der Autobiographie geforderte Kontinuität von Vergangenheit und Gegenwart gegenüber. Gegen diese Vorgaben von Psychoanalyse und Autobiographie opponiert Zeno dadurch, dass er auf dem Augenschein und auf der Wichtigkeit der Gegenwart besteht. Gleichzeitig erlauben Zenos eigene Kategorien ihm keinen festen Standort: Die Gegenwart ist nur ein kurzer, sofort wieder vergangener Moment und die optische Wahrnehmung ändert sich je nach Position des Subjekts. Wie die Schreibweise Musils ist Svevos erzählerisches Verfahren deswegen durch plötzliche Perspektivwechsel gekennzeichnet, die ironisch den vorher probeweise eingenommenen Standort wieder aufheben, wobei der Moment der Aufhebung selbst nur wieder ein Durchgangsstadium bildet.

Das deutlichste Beispiel für dieses Verfahren sind die Vorsätze jeder Art, die Zenos subjektive Zeitvorstellung konstituieren.

---

[745] S. dazu Zima, Robert Musils Sprachkritik, S. 195 f.

[746] Zur Ironie bei Svevo: Michael Rössner, Svevos (mitteleuropäische?) Skepsis. In: R. Behrens/R. Schwaderer (Hrsg.), Italo Svevo, S. 89 f.; Brian Moloney, Psychoanalysis and Irony in ‚La coscienza di Zeno'. In: Modern Language Review, Vol. 67/Jg. 1972, S. 309-318; Zaiser, Zur Frage nach der Modernität, S. 22 f.

[747] Svevo, Zeno Cosini, S. 29.

Auch viele Ereignisse, genaugenommen alle seit dem Tod des Papstes Pius IX. bis zur Geburt meines Sohnes, erschienen mir wichtig genug, um durch den lang gewohnten, unabänderlichen Vorsatz zelebriert zu werden. Meine Verwandten staunen über mein unerhörtes Gedächtnis für die glücklichen und unglücklichen Jahrestage der Familie und halten mich deshalb für einen teilnehmenden und guten Menschen! Um vor mir selber nicht dumm zu erscheinen, versuchte ich meiner fixen Idee der letzten Zigarette einen philosophischen Sinn zu unterschieben. Man sagt mit großer Gebärde: ‚Nie, nie mehr!‘ Und was geschieht mit der Gebärde, wenn man sein Versprechen hält? Diese Gebärde bleibt eben nur dann in der Welt, wenn man den Vorsatz immer wieder erneuert.[748]

Zunächst haben Zenos sich wiederholende Vorsätze den Effekt, dass er aus einer anderen Perspektive selbstlos wirkt. Im nächsten Satz wird die Sichtweise von außen mit Zenos eigener Perspektive konfrontiert: „Um vor mir selber nicht dumm zu erscheinen [...]“. Die Perspektive der Familie ist - so muss man wohl folgern - eine dumme, weil sie auf den Anschein hereinfällt. Nach Zenos Interpretation kann die Philosophie eine klügere Form der Erklärung bieten: Sie kann angeblich den „Sinn“ von Zenos Verhalten formulieren. Um zu zeigen, dass die philosophische Logik „untergeschoben“ ist, landet Zenos Beschreibung im Paradox. Der „Sinn“ seines Vorsatzes besteht entgegen seiner konventionellen Bedeutung darin, dass er wiederholt werden *muss*. Einerseits wird also das konventionelle Verständnis von Vorsätzen ironisch unterlaufen, andererseits ist also die Wiederholung des Vorsatzes auf die „Gebärde“ begrenzt, auf eine Dramatisierung oder Inszenierung also, die inhaltlich nicht gefüllt ist. Zenos Gebärde bildet aber nicht nur einen Kontrast zur Sinnsetzung, sondern auch zu ihrer eigentlichen zeitlichen Begrenztheit: Als Gebärde ist sie an den Augenblick gebunden, Zeno will sich jedoch Dauer verleihen. Damit erscheint ein weiteres Paradox: Durch die Konstruktion dieser Paradoxien wird jeder Versuch endgültiger Sinngebung entlarvt, und die Bewegung des Textes entsteht durch das Spiel von Sinnsetzung und Negation dieser Setzung.[749] Somit greift die Ironie als „Form des Kampfes“ bei Svevo sehr grundlegend in die Struktur des Romans ein. Sie nimmt Positionen, eigene oder fremde auf, und verschiebt sie so, dass ihre perspektivischen Verkürzungen deutlich werden.

Obwohl der Stil Svevos, aber auch derjenige Musils, zunächst eher homogen wirken, führen beide Romane eine Verfahrensweise vor, die auf die Negation jeder Art von Sinnsetzung hinausläuft. Dabei bedingen sich die Homogenität des Stils und die Radikalität der Negation des Sinns. Um durch die Radikalität der Negation nicht den Verlust der Kohärenz des Textes zu riskieren, ist ein integrierendes Element nötig. Ohne die Radikalität der Negation wird wiederum aus der Ironie eine „Geste der Überlegenheit“. In dieser Verschränkung ist die Homogenität des Stils aber nicht mehr substantiell, sie verdeckt nur den Abgrund der Negation.[750] So entsteht eine Homogenität des Stils, die nur als „Gebärde“ und als Maskierung der Negation Bestand hat.

---

[748] Ebd., S. 39.

[749] Zur Negativität des Romans s. Peter V. Zima, Zeno zwischen Zeitbloom und Marcel. In: R. Behrens/R. Schwaderer (Hrsg.), Italo Svevo, S. 11-20, S. 19; s.a. Amberson, Italo Svevos La Coscienza di Zeno, S. 443; Amberson nennt Svevos Stil „a denunciation of the very concept of fixed form“ und beschreibt damit die oben analysierte Bewegung des Textes.

[750] Vermutlich sind wegen dieser Negativität auch die Romane Musils und Svevos komisch: Wie der ironische Stil bildet die Komik eine Art von Puffer, der die Negation des Sinn erzählbar, aber auch für den Leser erträglich macht.

Ein ähnliches ästhetisches Verfahren kennzeichnet auch Serners Roman *Die Tigerin* und Célines *Voyage au bout de la nuit*. Beide Romane benutzen die Homogenität des Stils als Maskierung für die Negation des Sinns. Serner entwickelt zunächst eine Vorstellung des Stils, die sich gegen den Naturalismus wendet und diesem eine eigene Stilform gegenüberstellt.

Und deshalb lehne ich für meine Bücher das Rubrum ‚Naturalismus' ab, der, mag er noch so getreu das Leben abschreiben, ja doch nur Gestaltung von allen Seiten her ist. [...] Wenn ich gezwungen wäre, ein Rubrum anzunehmen, so würde ich ‚Verismus' wählen, besser noch: Sincèrismus. Denn alle meine Bücher setzten sich lediglich aus Detailaufnahmen zusammen, durch die ein aufrichtiger Zustand erhellt wurde. Nebenbei: ein aufrichtiger Zustand ist noch lange kein wahrer. Er zeigt lediglich das Chaos oder den Menschen im Angriff dagegen und ist immer furchtbar und tragisch, auch wenn er grausam, zynisch oder witzig ist.[751]

Serner hat also ein eigenes Etikett für seinen Stil erfunden, auch um ihn vom Naturalismus abgrenzen zu können.[752] Seine Vorstellung vom aufrichtigen Zustand als Angriff des Menschen gegen das Chaos ist dabei durchaus auf Musils Überlegung zur Ironie als Form des Kampfes beziehbar. Obwohl Serner seinen Stil eher inhaltlich beschreibt, ist der Gestus derselbe. Auch für Serner besteht die Gefahr der Negation des Sinns und der Ordnung - das Chaos könnte übermächtig werden -, gegen diese Gefahr kämpfen ebenfalls die Figuren in Serners Geschichten. Dabei erfordert die Darstellung des „aufrichtigen Zustands" einerseits eine Ebene der Reflexion, um die Aufrichtigkeit der handelnden Figuren schildern zu können, andererseits einen Erzähler, der möglichst transparent erzählt, damit seine Sprache nicht den Zustand der Figuren verdeckt.

In Serners Roman *Die Tigerin* versuchen Bichette und Fec dem konventionellen Gefühl Liebe, einen „aufrichtigen Zustand" gegenüberzustellen. Fecs Neigung zur Selbstreflexion und zur Bewusstheit in jedem Moment der subjektiven Existenz ist als Versuch, in einem „aufrichtigen Zustand" zu leben, interpretierbar. Er ist für die Ebene der Reflexion zuständig, welche die Aufrichtigkeit beglaubigt. Dass seine Formulierungen logisch bis zum Paradox sind, kann als Zeichen dafür gelesen werden, dass Fes seine subjektive Aufrichtigkeit mit objektiver Wahrheit verwechselt. Im Gegensatz zu Fecs Sprachgebrauch ist Bichettes Redeweise von Neologismen - „Sie sprach nur Argot, den sie durch eine große Zahl höchst eigenwilliger Wortbildungen vermehrt hatte"[753] - und Expressivität geprägt:

Ich sage ja nicht, daß wir uns irgendwas vortrillern sollen, irgend so was wie diese zuckrigen Claqueweiber da mit ihren Marlous. Das ist von hinten herum ja doch wieder louche, diese alberne Räuberspielerei, dieses ekelhafte Liebesgetue und Blickgetürm und diese verlogenen Rohheiten, diese Gewebetreibenden mit Herz und Hintern und... Schlingue! Ich habe den ganzen Jus bis dorthinaus![754]

---

[751] Walter Serner über sein Leben und seine Bücher. In: Ders., Die tückische Straße. Neunzehn Kriminalgeschichten. München 1982, S. 141-144, S. 141.

[752] S. Bucher, Repräsentation als Performanz, S. 92.

[753] Walter Serner, Die Tigerin, S. 5.

[754] Ebd., S. 16; Punkte v. Serner.

Bichettes „eigenwillige Wortbildungen" lassen vor allem ihre Expressivität erkennen.[755] Dieser Eindruck entsteht nicht nur durch die französischen Einsprengsel aus dem Argot, sondern auch durch Ausrufezeichen, Auslassungen und durch eine Metapher wie „Blickgetürm", die stilistisch im deutschen Expressionismus anzusiedeln wäre. Einerseits ist die Stilmischung für Bichettes Redeweise charakteristisch, andererseits zeigt sich besonders in der Künstlichkeit der Metapher und Umschreibungen wie „Gewerbetreibende mit Herz und Hintern" die fingierte Mündlichkeit von Bichettes Sprechen. Es ist nicht „naturalistisch" abgeschrieben, sondern ästhetisch stilisiert.

> ‚[…] *Wir* werden uns nichts vormachen. Wir werden *alles* machen. Hart und klar machen, ja, machen, machen… machen, macheln, maffeln, maffeln, maffeln, maffeln…' Es war, als stopfte sie in dieses vergewaltigte Wort alles, was sie an Willen besaß. Fec völlig mitgerissen, roch mit unsäglichem Genuß ihren Atem. Er zitterte, als er ihren Namen aussprach: ‚Bichette… Ja, das, was die andern schwächt und schließlich doch gegen einander bringt und unter die Pfeifen, das soll uns eine ganz ungeahnte Kraft geben. Die größte Kraft. Den letzten Elan. Hart bis unter die Haare und klar wie das Nichts, auf das allein wir bauen, werden wir nie schwach werden, nie dumm. Und wenn wir untergehen sollten (denn die Natur, das Leben ist das Dümmste und Roheste, das existiert), werden wir nicht durch uns untergegangen sein.'[756]

Im Dialog zwischen Bichette und Fec wird ihr unterschiedlicher Umgang mit der Sprache ebenso deutlich wie die Haltung des Erzählers. Während Bichette wegen ihrer emotionalen Beteiligtheit in die Materialität der Sprache eingreift, also die Laute abändert, ist Fecs Erregtheit an der semantischen Steigerung zu erkennen. Er verändert nicht das Wortmaterial, sondern benutzt Superlative, um die Außerordentlichkeit ihres Projekts zu kennzeichnen. Bichette verwandelt ihre Emotionen direkt in sprachlichen Ausdruck, Fec formuliert dagegen immer allgemeiner und abstrakter: Von ihrem Projekt, die Liebe zu inszenieren, ausgehend, redet er schließlich über die „Natur", das „Leben". Als konkrete Störung der grammatischen Struktur durch den emotionalen Ausdruck sind am ehesten noch die elliptische Syntax und die Inversion zu interpretieren.

Die Redeweise der Figuren ist also im Hinblick auf die Darstellung ihrer Subjektivität lesbar: Bichettes materiale Sprachbehandlung entspricht ihrem Glauben an die materiellen Grundlagen des Lebens wie den Körper und das Geld, während Fecs Sprechen die Abstraktheit der Selbstreflexion in der rein semantischen Steigerung nachzeichnet. So wie er seinen Körper nicht als dem Bewusstsein vorgängige Form von Subjektivität akzeptiert, so kann er Sprache nicht material einsetzen. Hier zeigen sich Parallelen zwischen Fec und dem Erzähler, der Bichettes Verfahren zwar benennt - „Es war als stopfte sie in dieses vergewaltigte Wort alles, was sie an Willen besaß" -, aber in seinen Textpartien nicht anwendet. Auch er wahrt die Distanz zum materialen Aspekt der Sprache. In dieser Hinsicht ähnelt er traditionellen Erzählern, auch wenn man seinen Gestus mit dem eines Dandys vergleichen kann.[757] Durch seine Distanziertheit entsteht

---

[755] S. zur Künstlichkeit des Argot, der französischen Gaunersprache: Jürgen Ritte, Schnock, schlass et schlingue! Walter Serners Probleme mit den Apachen und anderen Franzosen. In: Puff-Trojan/Schmidt-Dengler (Hrsg.), Der Pfiff aufs Ganze, S. 49-63, bes. S. 57-61; zur Erklärung der Wörter s. Thomas Milch, Das fette Fluchen. Ein Walter Serner-Gaunerwörterbuch. München 1983.

[756] Walter Serner, Die Tigerin, S. 32 f.; Punkte v. Serner.

[757] S. Jürgen Ritte, Schnock, schlass et schlingue. In: Puff-Trojan/Schmidt-Dengler (Hrsg.), Der Pfiff auf Ganze, S. 59; zum Dandy allerdings hauptsächlich auf die biographische Person Serners bezogen: Ihrig, Literarische Avantgarde und Dandysmus; Backes-Haase, Über topographische Anatomie.

aber auch die Homogenität des Stils, die der Stilmischung, welche die Rede der Figuren kennzeichnet, gegenübersteht. Seine Unbeteiligtheit kommt nicht nur dadurch zum Ausdruck, dass er die Sprache konventionell handhabt, sondern auch durch die weitgehende Kommentarlosigkeit seines Erzählens. Die Darstellung des „aufrichtigen Zustands" ist also eher auf der Ebene der Figuren zu finden, denn dieser lässt sich auch an ihrem subjektiven Sprachgebrauch erkennen. Auch die Sprache wird so zu einem Element des Kampfes gegen das Chaos, der den aufrichtigen Zustand schließlich auszeichnet. Darüber hinaus lässt die Unbeteiligtheit des Erzählers ebenfalls die Vermutung zu, dass sie insofern der stilistische Ausdruck dieses Kampfes ist, als sie zur Homogenität des Stils führt.

Die fingierte Mündlichkeit, die die Figuren bei Serner kennzeichnet, kann ebenfalls als Stilform von Célines Roman *Voyage au bout de la nuit* und - punktuell - von Döblins *Berlin Alexanderplatz* gelten. Anders als bei Serner sind in diesen Romanen die Ebenen des Erzählers und die der Figuren jedoch nicht getrennt: Auch die Erzähler bedienen sich mündlicher Elemente.[758] Beide Romane sind nicht nur wegen ihrer besonderen Verwendung der mündlichen Rede, sondern auch wegen der Programmatik ihrer Autoren als Radikalisierung von naturalistischen Positionen lesbar. Céline wie Döblin sehen ihre Aufgabe darin, die Inszenierung von Wirklichkeit auch in der Sprache sichtbar werden zu lassen. Die Annäherung an die Wirklichkeit verlangt - anders als im Naturalismus - nicht nur, dass die Figuren ihren sozialen Rollen gemäß sprechen, sondern dass auch der Stil des Erzählers Mündlichkeit nachahmt. Céline rechtfertigt die weitgehende Verwendung gesprochener Sprache dadurch, dass nur in der gesprochenen Sprache Emotionalität ausdrückbar sei und sich die geschriebene, literarische Sprache deshalb der mündlichen annähern müsse.[759] Auch bei Céline bedeutet diese Programmatik nicht das Mitstenographieren mündlicher Rede, sondern deren Stilisierung im Hinblick auf die Subjektivität der Sprechenden.

Anders als bei Serner hat die Darstellung subjektiven Sprechens in *Voyage au bout de la nuit* aber zusätzlich entlarvenden Charakter. Denn der Sprecher wird als Ideologe seiner egoistischen Interessen geschildert. In dieser Hinsicht entspricht Célines Gestus Musils Ironie „als Form des Kampfes". So wie im *Mann ohne Eigenschaften* Leinsdorfs Blick auf die Geschichte als Ausdruck seiner adligen Herkunft dargestellt wird, ist bei Céline die Einschätzung des Krieges abhängig von den gesellschaftlich geprägten und gleichzeitig egoistischen Interessen der Figuren. Darüber hinaus führt der Gestus des Kampfes in Célines Roman ebenfalls zur Fragmentierung und zwar zur Fragmentierung der Sprache selber.

‚Wir fordern das grandiose Brausen des Epos!…Ich zumindest finde es herrlich, daß in der Klinik, die unter meiner Leitung steht, vor unsern Augen, eine unvergeßliche Erinnerung, einer unserer Helden und ein Dichter gemeinsam das erhabene Wunder schöpferischer Arbeit schaffen!'[760]

---

[758] Ian Noble macht darauf aufmerksam, daß gerade die Ausweitung der fingierten Mündlichkeit auf den Erzählerkommentar über den Naturalismus hinausgeht, der ebenfalls mit Mündlichkeit arbeitet, diese aber an die Figuren delegiert: Language and Narration in Céline's Writings, S. 4 f.

[759] Louis-Ferdinand Céline, Gespräche mit Professor Y. Frankfurt/M. 1989, S. 22. S. dazu Andreas Blank, der Célines Stil ebenfalls als fingierte Mündlichkeit fasst: Literarisierung von Mündlichkeit. Louis-Ferdinand Céline und Raymond Queneau. Tübingen 1991, S. 79-85.

[760] Céline, Die Reise ans Ende der Nacht, S. 112; „„[…] Nous exigeons le souffle grandiose du poème épique!… Pour ma part, je déclare admirable que dans cet hôpital que je dirige, il vienne à se

Versteckt in der pathetischen Rede erscheint in klarer Prosa das eigentliche Motiv für Bestombes patriotische Begeisterung: „in der Klinik, die unter meiner Leitung steht", entsteht das Epos und mehrt so auch seinen Ruhm. Er vertritt also nur seine eigenen Interessen, verschleiert diese Tatsache aber durch seinen angeblichen Idealismus. Einerseits entlarvt er sich durch seinen Schlusssatz selber, andererseits macht seine Rede deutlich, dass artikulierte Emotionalität - angezeigt durch die Ausrufezeichen und die Auslassungspunkte - nicht mit der Authentizität des Sprechens verwechselt werden darf. Nach Bardamus' Modell würde sich die Emotionalität der Rede aus den verdeckten egoistischen Interessen speisen, die Ebene der sprachlichen Bedeutung wäre aber als Ausdruck der gesellschaftlich bedingten und verlangten Heuchelei lesbar.

Auf der Ebene der Bedeutung wird der sozialen Rolle entsprechend formuliert und der Egoismus verschleiert, auf dieser Ebene wird die „Wahrheit" des Subjekts nicht artikuliert. Deswegen hält Bardamu sprachliche Bedeutung generell für eine Lüge. „Man muß sich entscheiden, ob man sterben oder lügen will. Ich habe nie den Mut zum Selbstmord aufgebracht."[761] Weil die Sprache nur Lügen produzieren kann, hat das Individuum nur die Wahl, zu lügen oder zu schweigen. Will es überleben, muss es sprechen und sich den gesellschaftlich verlangten Sprachregelungen fügen. Auch Bardamu kann sich deshalb als Erzähler nur bedingt von diesen Sprachregelungen distanzieren: So ahmt er die heuchlerischen, aber gesellschaftlich erwünschten Sprechweisen in den von ihm zu verantwortenden Textteilen nach.[762] „Unser großer Bestombes empfing auch die Besuche zahlreicher Fremder von Distinktion, gelehrter Herren aus den neutralen Ländern voller Skepsis und Neugier."[763] Das Individuum übernimmt also seine dramatischen Rollen nicht nur im Hinblick auf deren Inhalt, sondern sie sind ihm - ganz wörtlich verstanden - vorgeschrieben. Wenn es gegen die vorgeschriebenen Rollen verstößt, kann es in Gefahr geraten: Wer sich gegen den Krieg äußert, wird sofort an die Front zurückversetzt.

Nicht nur das Reden über die Angst vor dem Krieg bedeutet Lebensgefahr, weil es zur sofortigen Versetzung an die Front führt, auch im privaten Bereich ist ein Verstoß gegen gesellschaftlich akzeptierte Redeweisen tödlich. So erschießt Madelon zum Schluss Robinson, weil er den Liebesdiskurs nicht einhält. Durch Robinsons Hasstirade wird jedoch ebenfalls klar, dass es zu den gängigen Redensarten keine Alternative gibt. Die einzige Möglichkeit, nicht zu lügen, ist der vollständige Verzicht auf den sprachlichen Ausdruck des Gefühls.

,[...] Na also, alles widert mich an, nicht nur du!... Alles!... Besonders aber die Liebe...[...] Plapperst nach, was die Menschen sagen! Und meinst noch, das ist schön! [...] Spielst die Sentimentale und bist nichts als ein Stück rohes Fleisch zu deiner Zärtlichkeitssauce! [...]'.[764]

---

former sous nos yeux, inoubliablement, une de ces sublimes collaborations créatrices entre le Poète et l'un de nos héros!'" (Voyage, S. 107); Punkte v. Céline.

[761] Céline, Reise ans Ende der Nacht, S. 230; „Il faut choisir, mourir ou mentir. Je n'ai jamais pu me tuer moi." (Voyage, S. 208).

[762] S. dazu Sally Silk, Céline's Voyage au bout de la nuit, S. 399.

[763] Céline, Reise ans Ende der Nacht, S. 113; „Notre grand ami Bestombes recevait encore les visites de nombreux notables étrangers, messieurs scientifiques, neutres, sceptiques et curieux." (Voyage, S. 501); Punkte v. Céline.

[764] Céline, Reise ans Ende der Nacht, S. 526; „Ah bien, c'est tout, qui me répugne et qui me dégoûte à présent! Pas seulement toi!... Tout!... L'amour surtout!... [...] ça te suffit de répéter tout ce

„Authentisch" ist hier die Emotion, die in den Ausrufen, den Auslassungszeichen und in den drastischen Formulierungen zum Ausdruck kommt. Der Hass ist aber nicht nur gegen Madelon gerichtet, weil sie Robinson mit ihrer Liebe verfolgt, er wendet sich auch gegen die Sprache der Liebe, weil sie dem Subjekt keinen Raum für seine Individualität lässt. Es muss sich in ihr artikulieren und die bekannten Phrasen wiederholen, weil außerhalb des sprachlichen, aber konventionellen Ausdrucks nur das „Stück rohes Fleisch" existiert. Verlässt man die vorgeschriebene Sinnsetzung trifft man auf den Körper, dessen Artikulationsformen jedoch keine Bedeutung konstituieren können.

> Wenn man zum Beispiel bei der Art, wie die Worte geformt und vorgetragen werden, verweilt, halten unsere Sätze der Katastrophe ihrer geifernden Kulissen nicht stand. Dieser Ring wulstigen Fleisches, der sich zusammenkrampfende Mund, der pfeift, einatmet und sich abquält alle möglichen Arten von schleimigen Tönen über den stinkenden Damm der Zahnkaries zu stoßen, was ist das für eine Strafe! Und man beschwört uns, das ins Ideale zu transponieren![765]

Der Gegensatz zwischen reiner Körperlichkeit und der konventionellen Sprache in Robinsons Rede wiederholt sich hier als Verbindung von körperlicher Hervorbringung der Sprache und körperloser, „idealer" Bedeutung. Der „fleischliche" Anteil der Sprachproduktion wie das körperliche Element der Liebe werden in der konventionellen Bedeutungsgebung verleugnet, obwohl sie deren Grundlage bilden. Die körperliche Produktion der Sprache und die Materialität des Klanges dementieren nach Bardamus Ansicht die als metaphysisch verstandene Bedeutung. Schon mit dieser grundlegenden Verknüpfung von Materialität und Bedeutung beginnt die Lüge: Der Zusammenhang von Physis und Materialität der Sprache soll zugunsten des „Idealen" vergessen werden.

Mit dieser Perspektive auf die sprachliche Bedeutung ist unter stilistischen Gesichtspunkten eine Sprache des Ekels verbunden, welche die Emotionen des Subjekts artikuliert. Sowohl Robinsons Beschimpfung der Liebe wie Bardamus Beschreibung der körperlichen Hervorbringung von Worten führen eine abweichende Sprache ein, indem beide gegen eine konventionelle Ästhetik, eine Ästhetik des schönen Scheins verstoßen. „Warum sollte es nicht ebensogut Kunst der Häßlichkeit geben wie der Schönheit?" fragt sich Bardamu.[766] Die „hässliche" Sprache richtet sich gegen die „ideale" Bedeutung, die ihre materiellen Grundlagen verleugnet.[767] Auch sie ist eine Sprache des Kampfes. Sie fragmentiert die Idealität von Bedeutung, weil diese nur möglich ist, wenn ihr materieller Anteil verdeckt bleibt. Dagegen generiert die Sprache des Kampfes zwar auch Bedeutung, verstößt aber gegen deren Metaphysik, indem sie den körperlichen

---

que bavent les autres… Tu trouves ça régulier […] Tu fais la sentimentale pendant que t'es une brute comme pas une… tu veux en bouffer de la viande pourrie? Avec ta sauce à la tendresse? […]" (Voyage, S. 501); Punkte v. Céline.

[765] Céline, Reise ans Ende der Nacht, S. 382; „Quand on s'arrête à la façon par example dont sont formé et proférés les mots, elles ne résistent guère nos phrases au désastre de leur décor baveux. C'est plus compliqué et plus pénible que la défécation notre effort mécanique de la conversation. Cette corolle de chair bouffie, la bouche, qui se convulse à siffler, aspire et se démène, pousse toutes espèces de sons visqueux à travers le barrage puant de carie dentaire, quelle punition! Voilà pourtant ce qu'on nous adjure de transposer en idéal." (Voyage, S. 344 f.; der mittlere Satz fehlt in der deutschen Übersetzung)

[766] Céline, Reise ans Ende der Nacht, S. 88; „Après tout, pourquoi n'y aurait-il pas autant d'art possible dans la laideur que dans la beauté?" (Voyage, S. 86).

[767] Zur Ästhetik des Häßlichen bei Céline s. Günter Holtus, Untersuchungen zu Stil und Konzeption von Célines *Voyage au bout de la nuit*, S. 43-82.

Anteil nicht nur benennt, sondern versucht, den Ekel, also eine körperliche Reaktion, auch beim Leser zu provozieren.

Auch deswegen könnte man Célines *Voyage au bout de la nuit* zusammen mit den Romanen Döblins und Brochs einem weiter entwickelten Naturalismus zurechnen.

> Der Naturalismus ist kein historischer Ismus, sondern das Sturzbad, das immer wieder über die Kunst hereinbricht und hereinbrechen muß. Der Psychologismus, der Erotismus muß fortgeschwemmt werden [...] Tatsachenphantasie! Der Roman muß seine Wiedergeburt erleben als Kunstwerk und modernes Epos.[768]

Döblins frühe programmatische Aussage lässt sich nicht nur auf *Berlin Alexanderplatz* beziehen, sondern auch auf die beschriebenen Tendenzen bei Céline. Robinsons Rede macht durchaus mit dem „Erotismus" - dem konventionellen, in der Literatur immer von neuem wiederholten Sprechen von der Liebe - ein Ende, und Bardamus Reflexion über die Sprachproduktion kann als extremer Blick auf biologische und materielle Tatsachen gelesen werden, der weder psychologisch beschreibbare Motive noch traditionell als schön verstandene, künstlerische Ausdrucksformen mehr gelten lässt.

Die Darstellung der Wirklichkeit in *Berlin Alexanderplatz* greift wie Célines Roman den schönen Schein an. Nicht nur die Zerstörung der Homogenität der Textoberfläche durch montierte Textbruchstücke, schon die Wahl des Milieus verstößt gegen die Konventionen des traditionellen Romans. Insofern kommt auch Döblins Roman „wie ein Sturzbad über die Kunst". Dieser aggressiven Vorstellung vom Naturalismus fügt Döblin in den zwanziger Jahren eine weitere Komponente hinzu. Die möglichst authentische Inszenierung von Realität bleibt weiterhin sein Ziel, doch dahinter soll eine zweite Ebene sichtbar werden. „Der wirklich Produktive muß zwei Dinge tun: er muß ganz nahe an die Realität heran, an ihre Sachlichkeit, ihr Blut, ihren Geruch, und dann hat er die Sache zu durchstoßen, das ist seine spezifische Arbeit."[769] Der Schriftsteller nähert sich also zunächst mimetisch der Realität. Um das moderne Epos zu schaffen, muss er aber gleichzeitig einen Kampf gegen sie führen; er muss sie „durchstoßen", um ihr einen Sinn geben zu können. Die Ebene ästhetischer Sinngebung nennt Döblin, im Gegensatz zur Materialität des Realen, „überreal". Wie in Célines Roman erscheint die Bedeutung erst auf dieser Ebene, welche die materielle Realität, als „Blut" und „Geruch", transzendiert. Während Célines Ich-Erzähler Bardamu jedoch die Materialität als Negation des metaphysischen Sinns versteht, hält Döblin an einer positiv verstandenen Möglichkeit von Transzendenz fest.

Die „überreale Sphäre"[770] wird in *Berlin Alexanderplatz* durch die Aktualisierung des Mythos - durch die Verarbeitung der Orestie, der Geschichte Hiobs und die Personifizierung des Todes, der Hure Babylon und der Sturmgewaltigen - konstituiert. Sie entsteht durch die Konstruktion von überindividuellem Sinn, durch welchen die Möglichkeit zur Übertragung auf andere Fälle garantiert ist. Deswegen kann Biberkopfs Leben für alle zu einem Beispiel werden, die „in einer Menschenhaut wohnen". Der Erzähler von *Berlin Alexanderplatz* weist also schon zu Beginn, als er für Biberkopfs Leben

---

[768] Alfred Döblin, An Romanautoren und ihre Kritiker. In: Ders., Schriften zu Ästhetik, Poetik und Literatur, S. 119-123, S. 123.

[769] Alfred Döblin, Der Bau des epischen Werks. In: Ders., Schriften zu Ästhetik, Poetik und Literatur, S. 219.

[770] Ebd., S. 223.

einen Sinn verspricht, auf die überreale Sphäre hin, weil er Biberkopfs Leben als Beispiel für allgemein menschliche Schwierigkeiten versteht.

Für die Stilform eines erweiterten Naturalismus ist aber vor allem die Frage nach der Darstellungsart von Realität und überrealer Sphäre wichtig. Während zu Beginn die überreale Sphäre durch den Erzählerkommentar bestimmt scheint, ist die dargestellte Realität vielstimmig.

> In ihm schrie es entsetzt: Achtung, Achtung, es geht los. Seine Nasenspitze vereiste, über seine Backe schwirrte es. ‚Zwölf Uhr Mittagszeitung', ‚B.Z.', ‚Die neuste Illustrirte' ‚Die Funkstunde neu' ‚Noch jemand zugestiegen' Die Schupos haben jetzt blaue Uniformen. Er stieg unbeachtet wieder aus dem Wagen, war unter Menschen. Was war denn? Nichts. Haltung ausgehungertes Schwein, reiß dich zusammen, kriegst meine Faust zu riechen. Gewimmel, welch Gewimmel. Wie sich das bewegte.[771]

Der Erzähler spricht, Biberkopf denkt, die Zeitungsausrufer und der Straßenbahnkontrolleur sind zu hören. Dieses Stimmengewirr wird nicht vom Erzähler homogenisiert, sondern montiert.[772] Dabei ist die Weiterentwicklung der in den zehner Jahren gefundenen Ausdrucksformen besonders gut erkennbar: Wie in Döblins frühen Erzählungen werden die Sätze ohne kausale oder andere einordnende Konjunktion aneinander gereiht, sie sind hintereinander gesetzt, ohne dass eine Ordnung im „Gewimmel" entstünde. Während dieses Verfahren in Döblins früher Prosa „einstimmig" vom Erzähler inszeniert wird, dient es nun dazu, die Mehrstimmigkeit der Großstadt darzustellen.[773] Durch die Reihung der Sätze ist weder der Sprecherwechsel zu erkennen, noch entsteht eine Hierarchie innerhalb der zu hörenden Stimmen. Darüber hinaus führt die Aufnahme von mündlichen Sprechweisen zum Eindruck von unmittelbarer Wirklichkeit: So redet sich Franz seiner sozialen Herkunft und seinem gerade verbüßten Gefängnisaufenthalt entsprechend grob an.

Mündliche Sprache kennzeichnet aber auch die mythischen Figuren.

> Brüllen des Todes: ‚Nischt sag ick dir, quatsch mir nich an. Hast ja kein Kopp, hast keine Ohren. Bist ja nich geboren, Mensch bist ja garnich uff die Welt jekomm. [...] Die Welt braucht andere Kerle als dir, hellere und welche, die weniger frech sind, die sehen, wie alles ist, nicht aus Zucker, aber aus Zucker und Dreck und alles durcheinander.[774]

In der Auseinandersetzung zwischen Biberkopf und dem Tod spricht der Tod immer deutlicher Berliner Dialekt.[775] Einerseits zeigt sich in dieser Annäherung an Biberkopfs Redeweise, dass er Biberkopfs eigener Tod ist und nicht eine Allegorie. Andererseits

---

[771] Alfred Döblin, Berlin Alexanderplatz, S. 15.

[772] Zur Montage und ihrer Funktion in „Berlin Alexanderplatz" existiert eine Vielzahl von Arbeiten, grundlegend: Harald Jähner, Erzählter, montierter und soufflierter Text. Zur Konstruktion des Romans Berlin Alexanderplatz von Alfred Döblin. Frankfurt/M. [u.a.] 1984; vgl. Kap. II. 3. dieses Teils.

[773] Helmuth Kiesel, Michael Baum und Johannes Preschl verweisen dabei auf Bachtins Konzept der „Dialogizität" bzw. „Hybridisierung" des Romans, mit dem „Berlin Alexanderplatz" durch die Vielfalt der Sprachformen als polyphon verstanden werden kann : Johannes Preschl, Bilder der Wirklichkeit im Roman. Zur Funktion der Reportage in Döblins Berlin Alexanderplatz. In: Poetica, 31/Jg. 1999, H. 3/4, S. 519-543, S. 538 f.; Baum, Kontingenz und Gewalt, S. 124 f.; Kiesel, Die Geschichte der modernen Literatur, S. 323.

[774] Ebd., S. 434.

[775] S. zur Funktion des Dialekts und der fingierten Mündlichkeit: Baum, Kontingenz und Gewalt, S. 73-79.

verliert der Tod als Figur so an pathetischer Höhe. Wenn er seine Lehre für Biberkopf in Schriftsprache formuliert hätte, dann würde seine das Geschehen transzendierende Funktion das Übergewicht gewinnen. Der Tod würde eine letzte, allgemeine Wahrheit formulieren, welche durch die Verbindlichkeit und Allgemeinheit der Schriftsprache nicht nur für Biberkopf, sondern auch für den Leser als Lehre dienen könnte. In der fingierten Mündlichkeit kann der Tod ebenfalls allgemeine Wahrheiten formulieren - „wie alles ist, nicht aus Zucker, aber aus Zucker und Dreck" -, die jedoch seine Rede nicht transzendieren, weil sie an die Momentanität und die grammatische Unkorrektheit des mündlichen Ausdrucks gebunden sind. Die Anteile der Realität, an die auch der Tod gebunden bleibt, zeigen sich also als materielle Bestandteile der Sprache. Wenn sie überwunden würden, entstünde eine rein „ideelle" oder „überreale" Bedeutung. Entgegen Döblins eigener Programmatik transzendiert die Sprache seines Romans die Realität aber nicht, sondern lässt die Wirklichkeit in der Materialität der Sprache erscheinen, so dass die Bedeutungsebene an Allgemeinheit verliert.

Die moderne Einschränkung der Sinngebung zeigt sich auch in Célines Roman *Voyage au bout de la nuit* an Bardamus gelegentlichen Sentenzen, die ebenfalls in die fingierte Mündlichkeit eingebettet sind und dadurch relativiert werden.[776] Einerseits kann die Annäherung an den mündlichen Ausdruck als Versuch, die Realität, „ihr Blut, ihren Geruch", auch in ihrer sprachlichen Dimension zu erfassen, verstanden werden. Andererseits entsteht erst in der Mischung von mythischer Figur und sprachlicher Konkretheit die überreale Sphäre, die Döblin für die moderne Epik fordert. Die Darstellung dieses Bereichs gewinnt durch die Annäherung an die Mündlichkeit eine gewisse semantische Unschärfe, die das Äquivalent zur sprachlichen Konkretheit zu sein scheint.

Die Döblins Roman kennzeichnende Mischung von Mythos und Mündlichkeit lässt sich ebenfalls an der Verarbeitung der Orestie erkennen:

> Ein Verbrecher, seinerzeit gottverfluchter Mann [woher weißt du, mein Kind?] am Altar, Orestes, hat Klytämnestra totgeschlagen, kaum auszusprechen, der Name, immerhin seine Mutter. [An welchem Altar meinen Sie denn? Bei uns können sie ne Kirche suchen, die nachts auf ist.] [...] eine ganze unsympathische Menagerie, die schnappen nach ihm, kommen aber nicht ran, weil er am Altar steht, das ist eine antike Vorstellung, und dann tanzt das ganze Pack verärgert um ihn, Hunde immer mitten mang.[777]

Während der direkte Eingriff in das Wortmaterial nicht so bestimmend ist wie beim Berliner Dialekt sprechenden Tod, fällt hier die Veränderung der Syntax auf. Die nachträglich erklärenden Satzteile werden vom Erzähler einfach angehängt, ohne sie syntaktisch zu integrieren. Durch die fingierte Mündlichkeit der Syntax wird also die transzendente Ebene eingeschränkt, weil die Materialität der Sprache die Situationsgebundenheit sichtbar werden lässt. Das Sprachkonzept, das Döblins erweitertem Naturalismus zugrunde liegt, ordnet also anscheinend nicht nur Mündlichkeit, sondern auch die Ebene der syntaktischen Materialität von Sprache der Realität zu. Überreal hingegen ist, genauso wie in Célines Sprachverständnis, ihre Bedeutung. Dabei greift Döblins Naturalismus, seine mimetische Haltung zur Realität, vor allem die Homogenität des Stils an: Die dargestellte Realität wird als Stimmenvielfalt verstanden und inszeniert. Homogenität lässt sich dagegen eher in der überrealen Sphäre erreichen, wenn die Realität „durch-

---

[776] Die Sekundärliteratur beschreibt dieses Verfahren als Nähe zur Aphoristik s. Ian Noble, Language and Narration in Célines's Writings, S. 46.

[777] Döblin, Berlin Alexanderplatz, S. 98.

stoßen" worden ist. Da die überreale Sphäre jedoch ebenfalls von der sprachlichen Materialität abhängig ist, kann auch hier kein homogenes Konzept etabliert werden.

In der Annahme eines transzendenten Bereichs ähnelt das Konzept Döblins Hermann Brochs programmatischen Äußerungen zum modernen Roman. Auch Broch plädiert für den „erweiterten Naturalismus"[778], der ebenfalls die Aufgabe hat, in die „Sphäre der traumhaft erhöhten Realität"[779] vorzustoßen. Broch ist der einzige Schriftsteller, der sogar innerhalb seiner Romane einen Stilbegriff entwickelt und auf seiner Notwendigkeit besteht. Im Essay „Der Zerfall der Werte" wird im zweiten Abschnitt anhand der Architektur von der Wichtigkeit des Stils für den Ausdruck einer Epoche gesprochen.[780] Die Argumentation wiederholt im Wesentlichen die 1912 in den „Notizen zu einer systematischen Ästhetik" entwickelten Gedanken: Weil die moderne Architektur nicht mehr durch die Logik der Epoche mitorganisiert wird, herrschen in ihr Stil- und Ornamentlosigkeit. Durch die Verschiebung der Stildebatte von der Literatur auf die Architektur wird, wie in Brochs Argumentation von 1912, die Sprachreflexion verhindert.

Erst als im „Epilog" die Revolution reflektiert wird, taucht auch das Problem des Sprachverlustes auf. Hugenau wird in die Menge der Zeitungsleser eingeordnet, die

> täglich von neuem hoffen, daß die Masse der Fakten imstande sein werde, die Leere einer stummgewordenen Welt und einer stummgewordenen Seele auszufüllen. Sie lesen ihre Zeitungen und in ihnen ist die Angst des Menschen, der allmorgendlich zur Einsamkeit erwacht, denn die Sprache der alten Gemeinschaft ist ihnen erschwiegen und die neue ist ihnen unhörbar [...] sie stehen ohne Sprache zwischen dem Noch-nicht und dem Nicht-mehr, sie trauen keinem Worte, wollen es durch Bilder belegt sehen, sie können selbst an die Gemäßheit der eigenen Rede nicht mehr glauben [...].[781]

So wie Broch den Standort der Literatur „zwischen dem ‚Nicht mehr' und dem ‚Noch nicht' der Wissenschaft"[782] beschrieben hat, erschein hier ein ähnlicher Zwischenstatus als Kennzeichen für das Verhältnis der Zeitgenossen zur Sprache. Während die Literatur von den Erkenntnissen der Wissenschaft umgeben und beschränkt wird, sind die Menschen zwischen der vergangenen Sprache und der noch nicht hörbaren neuen gefangen. Die Literatur und auch die von Broch geschilderten Menschen befinden sich in einem Durchgangsstadium. Dieses beschädigt die alltägliche Sprache ebenso wie die literarischen Ausdrucksformen. Die Worte können die Realität nicht mehr adäquat erfassen, sondern müssen erst durch „Bilder belegt" werden, um als korrekte Bezeichnung für tatsächliche Dinge gelten zu können. Die Lösung des Wortes von dem, was es bezeichnet, führt zum Zweifel an der „Gemäßheit der eigenen Rede". Auch das sprechende Subjekt ist nicht in der Lage, die Verbindung von Wort und Ding zu garantieren, weil es in keinen funktionierenden kommunikativen Zusammenhang mehr eingebettet ist. Durch den Verlust des kommunikativen und kollektiven Rückhalts, der „Sprache der alten Gemeinschaft", kann auch kein Stil mehr geschaffen werden. Weil

---

[778] Hermann Broch, Das Weltbild des Romans. In: Ders., Schriften zur Literatur 2. Hrsg. v. Paul Michael Lützeler. Frankfurt/M. 1975, S. 89-118, S. 105; Ders., Der Roman *Die Schlafwandler*. In: Ders., Die Schlafwandler, S. 721; s. dazu Hartmut Reinhardt, Erweiterter Naturalismus, S. 39-46.
[779] Broch, Das Weltbild des Romans, S. 105 f.
[780] Broch, Die Schlafwandler, S. 436 f.
[781] Ebd., S. 706 f.
[782] Broch, Der Roman *Die Schlafwandler*, S. 719.

Broch Stil immer als Ausdruck einer Epoche und eines Kollektivs definiert, kann er ihn nicht als individuelles sprachliches Phänomen verstehen. Eine Weiterentwicklung des Naturalismus, die den Stil als Form des Kampfes interpretiert, ist bei Broch ebenfalls nicht denkbar, weil die Sprachformen und die Realität für ihn bereits fragmentiert sind. Diese Fragmentierung kann dann allenfalls als Verstummen oder als Wertverlust beschrieben werden.

Dagegen ist die überreale Sphäre in den *Schlafwandlern* dem Erzähler vorbehalten, der sich „über" dem Geschehen bewegt, weil seine Reflexionsfähigkeit der beschränkten Perspektive der Figuren überlegen ist. Er hat aber keine Deckung durch das Kollektiv und durch dessen kollektive Übereinkünfte, auch deswegen kann er die neue Sprache nicht benennen oder als literarischen Stil vorführen. Er bleibt als Einzelner an sein individuelles Sprechen gebunden und kann nur versuchen, den Sprachverlust diagnostisch am Beispiel seiner Figuren zu benennen. Denn ausgehend vom einzelnen Subjekt ist für Broch keine innovative Sprachform, kein neuer Stil möglich. Deswegen muss sein Erzähler auf der Schwelle zu einer neuen Sprache, die möglicherweise die Sprache der ästhetischen Moderne wäre, innehalten, um auf das Kollektiv - „die Stimme des Menschen und der Völker"[783] - zu warten. In der neuen Gemeinschaft könnte eine neue Sprache entstehen, welche „die Sprache der alten Gemeinschaft" ablösen würde. Über den Nullpunkt der Revolution hinaus kann in Brochs Trilogie also keine Modernisierung des Stilbegriffs stattfinden, weil dafür der kollektive Zusammenhang aller Sprecher notwendig wäre. Bis zu diesem Punkt trägt aber das Konzept des erweiterten Naturalismus, weil sich die Figuren und ihre Wahrnehmungsmuster in das kollektive Stil- und in das Epochenverständnis Brochs einordnen lassen. Der Brochsche Naturalismus stellt also Sprach- und Wahrnehmungsmuster dar und zeichnet das Schwinden ihrer Verbindlichkeit nach. Dieser mimetische Prozess zeigt sich aber vor allem in der Konstruktionsweise der Romantrilogie, deren Erzählweise zunehmend vielstimmig wird.

Brochs Verständnis des Stils macht noch einmal die Aporien deutlich, die den Stilbegriff in der Moderne kennzeichnen. Einerseits bietet er die Möglichkeit, eine das Erzählen stabilisierende Homogenität zu verwirklichen, andererseits darf die Homogenität nicht zur „Geste der Überlegenheit" gegenüber den erzählten Gegenständen werden, eine Gefahr, in der auch Brochs Erzähler schwebt, wenn er reflektierend und das Geschehen deutend wie ein traditioneller auktorialer Erzähler agiert. Deshalb verwenden alle bisher besprochenen Autoren neben der Homogenisierung durch den Stil destabilisierende Elemente wie fingierte Mündlichkeit, eine neue Form der Metaphorik oder montierte Textteile. Thomas Mann bildet in dieser Hinsicht die Ausnahme: Auch wenn die Joseph-Romane den modernen Schwierigkeiten bei der Konstruktion von Zeit und Kontinuität ebenso Rechnung tragen wie der Gefährdetheit des Subjekts, bleiben sie im Stilverständnis hinter der Moderne zurück.[784] Verglichen mit Manns Reaktion auf die Krise der zehner Jahre ändert sich also sein Umgang mit modernen ästhetischen Verfahren. Dennoch bleibt die Diagnose dieselbe. *Der Tod in Venedig* setzt

---

[783] Ebd., S. 716.

[784] T. J. Reed liefert einen weiteren Beleg für diese Diagnose, indem er darauf hinweist, daß Th. Mann die Lücken, die durch die biblische Parataxe entstehen, durch seine Psychologisierung des Mythos füllt. Im Gegensatz zur Verwendung der parataktischen Reihung in modernen Texten liest Th. Mann diese Parataxe also als Mangel, den er mit seiner Darstellung beheben kann: T. J. Reed, The Uses of Tradition, S. 344.

sich mit denselben Kategorien auseinander wie die beginnende Moderne: Die Zweifel-
haftigkeit von Geschichte, Subjekt und Sprache werden in ihrer desillusionierenden
Wirkung abgelehnt und durch das Festhalten an Kontinuität und Moral, am Charakter
und am apollinischen Stil ersetzt. In den Joseph-Romanen versucht Mann, zwei dieser
Kategorien umzuformulieren: Subjekt und Geschichte werden in der Verarbeitung des
Mythos aufeinander bezogen. Der einheitliche Stil, die Ironie als „Geste der Überlegenheit", wird dagegen unverändert beibehalten. Er hält das Chaotische, die Unübersichtlichkeit der Moderne auf Distanz und lässt keine mimetische Annäherung zu.

2. Syntax

Hermann Broch hält die überreale Sphäre, die in seiner Trilogie *Die Schlafwandler* die Realität ästhetisch transzendiert, für nicht mehr durch bestimmte Inhalte gekennzeichnet,
sondern für „in der Logik, in die Syntax, in der Architektur ihres Zusammenbaus"[785] integriert. Er spricht dabei eine der Möglichkeiten an, wie die Frage nach der Syntax eines
Textes verstanden werden kann. Einerseits geht es darum, wie moderne Texte „zu-
sammengebaut" werden, andererseits aber auch ganz konkret um den Umgang mit dem
Satz und der Satzfolge. So ermöglicht die inszenierte Mündlichkeit von Célines und
Döblins Romanen auch eine von der schriftsprachlichen Konvention abweichende
Konstruktion von Satzfolgen, denn sie führt auch zu neuen syntaktischen Verknüpfun-
gen. Darüber hinaus wird in mündlicher Rede Kausalität lockerer gehandhabt als in der
Schriftsprache und eine gewisse Unschärfe in der Verknüpfung von Haupt- und Ne-
bensätzen toleriert.

Als Beispiel für diese Tendenz kann die Rede des Todes in *Berlin Alexanderplatz*
dienen: Sie ist vor allem durch syntaktisch nachgestellte Ergänzungen zur Hauptaussage
und durch eine Tendenz zur Reihung gekennzeichnet. „Die Welt braucht andere Kerle
als dir, hellere und welche, die weniger frech sind, die sehen, wie alles ist, nicht aus Zucker, aber aus Zucker und Dreck und alles durcheinander. "[786] Die Reihung der Relativ-
sätze sowie die Verwendung der Konjunktion „und" zeigen die Entdifferenzierung von
syntaktischen Verknüpfungen durch die Verwendung von mündlicher Rede. Ähnliche
Elemente sind auch in der bereits zitierten Orestie-Nacherzählung zu finden. Sie zeigt
ebenfalls keine komplexen Satzstrukturen mehr: Neben Relativsätzen und der parataktischen Reihung taucht nur eine vereinzelte kausale Konjunktion auf. Diese Auflösung
komplexer Satzstrukturen gilt ebenso für Célines Inszenierung von Mündlichkeit. Wie
Döblin nähert er sich paratatischer Konstruktionen und praktiziert ein ähnliches Verfahren der nachgestellten Begründung.[787] Die mündliche Rede kommt also der Inszenierung von nicht kausal geordneten Aussagen entgegen. Hinter ihrem scheinbaren Re-
alismus und ihrer dem Subjekt zuzurechnenden Expressivität versteckt sich die Möglichkeit, schriftsprachliche Konventionen von Kausalität und hierarchisch geordnetem

---

[785] Broch, Das Weltbild des Romans, S. 106.
[786] Alfred Döblin, Berlin Alexanderplatz, S. 434.
[787] S. dazu ausführlich Andreas Blank, Literarisierung von Mündlichkeit, S. 128-145; zu Célines
Sprachgebrauch generell s.a. Henri Godard, Poétique de Céline. Paris 1985, S. 25-124.

Satzbau zu unterlaufen. Im Gegensatz zum Naturalismus wird also nicht der Versuch unternommen, die Wirklichkeit abzubilden. Zwar kann die Inszenierung von Wirklichkeit ein Grund für die Verwendung mündlicher Sprechweisen sein, gleichzeitig zeigen sie jedoch auch das Festhalten an den ästhetischen Innovationen der zehner Jahre: also an parataktischen Satzfolgen und Satzreihungen als Ausdruck des Fragwürdigwerdens von Kausalität.

Als Verfahren, die Kausalität und die Normierung durch die Schriftsprache zu umgehen, wird die mündliche Rede auch von Joyce im Penelope-Kapitel des *Ulysses* und von Gertrude Stein in der *Autobiography of Alice B. Toklas* genutzt. In Joyces Inszenierung von Mollys innerem Monolog werden zunächst durch die fehlende Interpunktion schriftsprachliche Konventionen unterlaufen. Denn damit werden nicht nur die jeweiligen Anfänge eines neuen Satzes verwischt, sondern einzelne Satzteile können auch zwei Syntagmen zugerechnet werden. Der Umgang mit Personalpronomen entspricht ebenfalls mündlichen Redeformen, so daß der Leser beispielsweise die kommentarlose Verwendung von „he" nicht eindeutig auf eine bestimmte Figur beziehen kann.[788] Darüber hinaus wird die syntaktische Komplexität zugunsten einfacherer Verknüpfungen, die, wenn überhaupt, Mollys Gedanken temporal ordnen, zurückgenommen. Deshalb wirkt das Penelope-Kapitel gemessen an den sprachlichen Experimenten der anderen Episoden beinahe konventionell erzählt: Es gewinnt eine gewisse Geläufigkeit durch die Annäherung an „wirklich" gesprochene Sprache.[789] Bis auf den Wegfall der Akzente greift Joyce in seiner Verarbeitung mündlicher Rede nicht in das Wortmaterial ein. Hier bleibt die schriftsprachliche Konvention - denkbar wäre ja auch eine eher phonetische Schreibweise gewesen - bestehen.

Der durch die fehlende Interpunktion entstehende Eindruck sprachlicher Bewegung wird von der Sekundärliteratur häufig als fließendes, weibliches Sprechen beschrieben, das mit seinen metonymischen Verschiebungen den kausal strukturierten männlichen Diskurs unterläuft.[790] Da die Satzgrenzen durch die fehlende Interpunktion nicht eindeutig sichtbar sind, entstehen metonymische Verknüpfungen zwischen nebeneinander stehenden Syntagmen.

> [...] I love the smell of a rich big shop [...] I love flowers Id love to have the whole place swimming in roses God of heaven theres nothing like nature the wild mountains then the sea and the waves rushing then the beautiful country with the fields of oats and wheat and all kinds of things and all the fine cattle about that would do your heart good to see rivers and lakes and flowers all sorts of shapes and smells and colours springing up even out of the ditches primroses and violets nature it is [...].[791]

---

[788] S. dazu inhaltlich Richard Ellmann, Ulysses on the Liffey. London 1972, S. 171 f.; generell zu mündlichen Elementen wie hier der Gebrauch der Personalpronomen: Max Nänny, Moderne Dichtung und Mündlichkeit. In: Zwischen Festtag und Alltag. Zehn Beiträge zum Thema „Mündlichkeit und Schriftlichkeit". Tübingen 1988, S. 215-229, S. 219 f.

[789] Hinweis auf den „non-literary character" der Episode schon bei Karen Lawrence, die daraus allerdings auf Formlosigkeit schließt: The Odyssey of Style in Ulysses. Princeton 1981, S. 206 f. Derek Attridge macht auf die syntaktische Konventionalität von Mollys Redeweise aufmerksam: Molly's Flow: The Writing of „Penelope" and the Question of Women's Language, S. 545-547.

[790] S. u.a. Suzette Henke, James Joyce and the politics of desire. London/New York 1990, S. 127; Annette Shandler Levitt, The pattern out of the wallpaper: Luce Irigaray and Molly Bloom, S. 507-516.

[791] James Joyce, Ulysses, 18.1554-1563.

Während sich zunächst die syntaktische Struktur wiederholt und - gelenkt durch assoziative Verknüpfung - die Objekte ausgetauscht werden, wechselt der Satzbau im zweiten Teil des Zitats. An die Stelle der assoziativen, metonymischen Verschiebung der Objekte tritt die Ersetzung der Rosen durch das Abstraktum Natur. Molly zählt die einzelnen Elemente der Natur auf, die sie schließlich erneut im Abstraktum zusammenfasst. Diese Art des Umgangs mit dem Begriff zeigt einerseits Mollys Nähe zum Konkreten: Sie muss die abstrakte Benennung wieder mit dem Einzelnen und Besonderen füllen. Durch diese Aufzählung von Einzelheiten entsteht die Neigung zu parataktischen Konstruktionen, die verschiedene Aspekte sammeln, welche zu einem bestimmten Bereich oder Wort dazugehören.[792]

Gleichzeitig bildet diese Sprachbewegung ein Gegengewicht zu den metonymischen Verschiebungen, weil sie die einzelnen Syntagmen um einen Knotenpunkt herum ordnet. Der Text gewinnt so eine bestimmte Rhythmik, ohne die er zu monoton vor sich hin gesprochen wirkte: Er fasst zusammen und löst diesen Zusammenhang wieder in Einzelheiten auf, wechselt also zwischen Abstraktion und konkreten Elementen. Diese Rhythmik nimmt Joyce am Ende wieder auf. Mollys „Ja" bildet hier den Knotenpunkt, von dem aus die erotischen Phantasien ausgebreitet und in dem sie wieder zusammengefasst werden, um schließlich im letzten „Ja" sprachlich und sexuell zu kulminieren. Dieser Höhe- und Endpunkt kann weder sprachlich allein durch metonymische Verschiebungen inszeniert werden, noch lässt er sich in ein Konzept von „fließender weiblicher Sexualität" integrieren. Zum Teil verändern sich die Knotenpunkte innerhalb von Mollys Assoziationen, zum Teil werden aber auch bestimmte Worte immer wieder verwendet. Am deutlichsten sind hier die verschiedenen Verwandlungen des Wortes „Blumen", das durchgängig als Ausgangspunkt für Mollys Assoziationen dient.[793]

Damit sind zwei Möglichkeiten benannt, sprachlich Zusammenhänge herzustellen: Zum einen strukturiert die Verwendung von Knotenpunkten, um die sich Assoziationen gruppieren, Mollys inneren Monolog, zum anderen garantiert die Wiederholung und die Variation einzelner Knotenpunkte eine gewisse Form von Kohärenz anstelle von Interpunktion und schriftsprachlicher Hypotaxe. Diese andere Form der sprachlichen Struktur bringt nun aber nicht die authentische, weibliche Sexualität zum Ausdruck. Vielmehr zeigt sie, dass durch die Aufgabe schriftsprachlicher Konventionen ein Zusammenhang von sprachlicher und sexueller Bewegung inszeniert werden kann. Joyce bindet also die mündliche Rede direkt an die Darstellung von subjektiven Begierden. Einerseits erzielt er damit einen ähnlich naturalistischen Effekt wie Céline oder Döblin: Der Leser hört Molly beinahe leibhaftig reden. Andererseits entsteht durch die Dialektik zwischen dem Mythos von Weiblichkeit und Mollys Individualität eine andere Art der Verknüpfung der sprachlichen Strukturen. So verwendet Döblin in mündlicher Rede keine mit der schriftsprachlichen Syntax konkurrierenden Ordnungsverfahren, weil das sprechende Subjekt nicht über die Ressourcen verfügt, aus sich heraus die sprachliche Ordnung zu ändern. Joyce leugnet zwar nicht die gesellschaftliche Konventionalität und die wichtige Rolle der Außenwelt für die Subjektkonstitution, findet aber doch durch die Balance zwischen Typologie und Subjektivität einen neuen Zugang zu sprachlichen Strukturen. Dieses Gleichgewicht zwischen typologischen und subjektiv bestimmten Bestandteilen gilt dann auch für seinen Umgang mit der mündlichen Rede-

---

[792] S. z.B. zu „vegetables" (18.1499) und zu „thinking of many things" (18.1582).
[793] S. dazu Attridge, Molly's Flow, S. 560; Shandler Lewitt, The Pattern out of the Wallpaper, S. 512.

form, auch hier entsteht ein Gleichgewicht zwischen Sprachnormen und subjektivem Ausdruck: Auf der einen Seite hält Joyce sich größtenteils an die schriftsprachliche Rechtschreibung, auf der anderen Seite fehlt die Interpunktion, und der Rhythmus des Textes folgt Mollys Assoziationsketten. Im Gegensatz zu Döblins Verfahren ist Joyces Umgang also konstitutiv für die Textstruktur, eine Diagnose, die das Penelope-Kapitel der *Ulysses* mit Gertrude Steins *Autobiographie of Alice B. Toklas* verbindet.

Auch in Steins Text ist die Darstellung von Subjektivität direkt mit einer spezifischen Form mündlicher Rede geknüpft: Alices Unfähigkeit, zwischen relevanten Erinnerungen und Unwichtigem zu unterscheiden, trägt nicht nur zur Assoziativität des Textes bei, sondern führt - wie in Mollys Monolog - zu Aufzählungen.

> It is very difficult now that everybody is accustomed to everything to give some idea of the kind of uneasiness one felt when one first looked at all these pictures on these walls. In those days there were pictures of all kinds there, the time had not yet come when there were only Cézannes, Renoirs, Matisses and Picassos, nor as it was even later only Cézannes and Picassos. At that time there was a great deal of Matisse, Picasso, Renoir, Cézanne but there were also a great many other things. There were two Gauguins, there were Manguins, there was a big nude by Valloton that felt like only it was not like the odalisque of Manet, there was a Toulouse-Lautrec.[794]

Neben der eben so repetitiven wie simplen Syntax fallen die Verallgemeinerungen in den grammatischen Subjekt- und Objektpositionen auf, die ebenso zur Unanschaulichkeit der Beschreibung beitragen wie die pure Namensnennung der Maler. Wenn Alice etwas Genaueres zu einem Bild sagt, dann vergleicht sie es mit einem anderen Bild, das ebenfalls nicht genauer beschrieben wird. Alices Redeweise ist also nicht anschaulicher oder konkreter als geschriebene Sprache. Die Nachahmung von bestimmten Elementen gesprochener Sprache - die starke Durchsetzung mit deiktischen Partikeln und Demonstrativa wie „there" und „these"[795] und die bloße Benennung der Bilder - führt im Gegenteil zu der in Alices Rede zu beobachtenden Ungenauigkeit. Da in mündlicher Rede für Sprecher und Hörer derselbe Kontext gilt, werden der gleiche Wahrnehmungsraum und damit das unmittelbare Verstehen, beispielsweise von deiktischen Partikeln, vorausgesetzt. Diese spezifische kommunikative Situation bestimmt auch Alices Sprechen und führt in der Niederschrift zu Unkonkretheit und Ungenauigkeit. Steins Verwendung der mündlichen Rede unterscheidet sich also dadurch von Joyces Technik, dass die Situationsgebundenheit von mündlicher Kommunikation übernommen und in der Schriftlichkeit des literarischen Textes beibehalten wird. Bei Joyce ist dieses Verfahren ausgeschlossen, weil Mollys Rede als Selbstgespräch von ihrer aktuellen Wahrnehmung der Außenwelt weitgehend entlastet ist. Für den Leser ergeben sich dadurch zwei entgegengesetzte Effekte: Während Molly an Präsenz gewinnt, gerade weil die präsentische Wahrnehmung ausgeschlossen wird, entsteht durch Alices Schilderung der Eindruck von Distanz zwischen ihrer Wahrnehmung und der nachträglichen Vorstellung des Lesers.

Die Unanschaulichkeit von Alices Rede wird verstärkt durch die Ungenauigkeit in der Benennung von subjektiven Zuständen. „Now I was confused und I looked and I looked and I was confused. "[796] Hier nähert sich die syntaktische Wiederholung der

---

[794] Gertrude Stein, The Autobiography of Alice B. Toklas, S. 10.
[795] S. dazu Max Nänny, Moderne Dichtung und Mündlichkeit, S. 219 f.
[796] Stein, The Autobiographie of Alice B. Toklas, S. 11.

Tautologie und führt zur Abnahme des Besonderen und Konkreten. Diese Reduktion von Bedeutung lässt sich wiederum mit der Substanzlosigkeit des Subjekts in Beziehung setzen. Nicht nur die Darstellung von Alices Subjektivität wird jedoch mit der Reduktion sprachlicher Bedeutung verknüpft, auch ihre Wiedergabe der Konversation in Gertrude Steins Salon ist durch die einfachste Form mündlicher Rede geprägt.

> It's funny, said Miss Stein, Pablo is always promptness itself, he is never early and he is never late, it is his pride that punctuality is the politeness of kings, he even makes Fernande punctual. Of course he often says yes when he has no intention of doing what he says yes to, he can't say no, no is not in his vocabulary and you have to know whether he means yes or means no, but when he says a yes that means yes and he did about tonight he is always punctual.[797]

Die von Alice berichtete Äußerung von Gertrude Stein unterscheidet sich nicht von ihrem eigenen Sprechen. Die Reduktion der Syntax reicht auch hier bis an die Tautologie heran.[798] Die Besonderheit, den Charakter der Anekdote, gewinnt der Ausspruch Steins nur über den Bezug zu Picasso: Stein erzählt von einer alltäglichen Charaktereigenschaft, die jedoch erst im vertrauten Umgang mit dem „Genie" bemerkt werden kann. Aus der die Bedeutung reduzierenden Syntax ragen die Eigennamen der berühmten Persönlichkeiten heraus, sie strukturieren den Text und verleihen ihm Bedeutung. Bei der Beschreibung von Steins Atelier erfüllen die Namen der Maler diese Funktion, in Steins Anekdote ist es der Name Picasso. In den Geschichten, die Alice über Gertrude Stein erzählt, tritt Stein an die Stelle der anderen „Genies". Im Kontext der Autobiographie sind die Eigennamen das Zeichen für die kulturelle Wichtigkeit des Niedergeschriebenen und damit auch für die des Schreibenden. Alice B. Toklas demonstriert also mit der Verwendung der Namen von berühmten Persönlichkeiten, dass sie den Normen der Autobiographie folgt, die sie andererseits mit der - auch sprachlichen - Banalität dessen, was über diese Berühmtheiten mitgeteilt wird, sofort wieder außer Kraft setzt.

Die Reduktion von konkreter Bedeutung ist als Verfahren auch in Kafkas Romanfragment *Der Proceß* zu beobachten, allerdings wird sie dort nicht nur durch die Aufnahme von mündlichen Elementen erreicht. Obwohl der Anteil von wörtlicher Rede im *Proceß* sehr hoch ist, fehlen mit einer Ausnahme die Kennzeichen inszenierter Mündlichkeit, die für die bereits besprochenen Texte charakteristisch sind. Die Reduktion der Bedeutung kommt jedoch wie bei Stein durch die Situationsgebundenheit mündlicher Rede zustande. Der Bezug zu einem Kontext wird vorausgesetzt, aber - obwohl er die Voraussetzung für das Verständnis der Äußerung bildet - nicht mitaktualisiert.

> ,[...] Ich hätte Ihnen auch noch manches zu sagen. Ich mußte mich ganz kurz fassen. Ich hoffe aber, verständlich gewesen zu sein.' ,O ja', sagte K., dem von der Anstrengung, mit der er sich zum Zuhören gezwungen hatte der Kopf schmerzte. Trotz dieser Bestätigung sagte der Maler alles noch einmal zusammenfassend, als wolle er K. auf den Heimweg einen Trost mitgeben: ,Beide Methoden haben das Gemeinsame, daß sie eine Verurteilung

---

[797] Ebd., S. 11 f.

[798] Wegen dieser durchgehenden stilistischen Elemente kann man *The Autobiographie of Alice B. Toklas* durchaus zu den modernen Variationen des Stils rechnen; Catharine R. Stimpson macht auf den den „lively, but plain and simple style" aufmerksam: Gertrude Stein and the Lesbian Lie, S. 161. Dabei kann die Einfachheit des Stils auch als Maskierung gelesen werden, mit der sich die „komplizierte" Autorin Stein hinter der Maske der simplen Toklas versteckt: Goer, Gertrice/Altrude, S. 111.

des Angeklagten verhindern.' ‚Sie verhindern aber auch die wirkliche Freisprechung', sagte K. leise, als schäme er sich, das erkannt zu haben. ‚Sie haben den Kern der Sache erfaßt', sagte der Maler schnell.[799]

Der Verzicht auf die Herstellung von kausalen Zusammenhängen ist an diesen Sätzen ebenso auffallend wie die parataktische Struktur vor allem der wörtlichen Rede. In dieser Hinsicht ähnelt Kafkas Roman Steins Inszenierung von Mündlichkeit. Eine weitere Parallele findet sich in der Verwendung von allgemeinen, nicht konkret beziehbaren Elementen: Der Maler hätte K. noch „manches zu sagen"; er „mußte" sich kurz fassen, ohne dass klar wird, weshalb er das musste. Damit werden in seiner Rede Kontexte vorausgesetzt, die der Text nicht ausformuliert. Die deiktische Funktion einzelner Partikel und Demonstrativa in gesprochener Sprache wird im *Proceß* also ausgeweitet und auf Elemente bezogen, die grammatisch keine deiktischen Partikel sind. Gleichzeitig deuten diese Elemente nicht mehr auf etwas, da weder K. noch der Leser sich innerhalb des Kontextes befinden, sondern verweisen auf etwas, das abwesend ist.

Während das Verfahren der Reduktion bei Stein zur Tautologie und zur Verwendung des Eigennamens als Bedeutungssignal führt, unterstützt es bei Kafka die Entdifferenzierung der Syntax[800]:

‚Sie haben sich wohl hinsichtlich meiner Vorschläge noch nicht entschieden. Ich billige das. Ich hätte Ihnen sogar davon abgeraten, sich sofort zu entscheiden. Die Vorteile und Nachteile sind haarfein. Man muß alles genau abschätzen. Allerdings darf man auch nicht zuviel Zeit verlieren.'[801]

In dieser Satzfolge setzt der Maler zum Schluss durch seine Mahnung die Billigung fast wieder außer Kraft. Seine Rede zeigt aber auch die Form, in der logische Folgen überhaupt im Text auftauchen: Sie werden nicht etwa in der syntaktischen Unterordnung als Konsekutiv-Satz formuliert, sondern erscheinen als Substantive - „Vorteile und Nachteile" - innerhalb eines Hauptsatzes. Dadurch werden nicht inhaltlich bestimmte Folgen benannt, sondern nur das konsekutive Prinzip an sich, während die parataktische Reihung nicht durchbrochen wird. In der Rede von Vor- und Nachteilen wird also innerhalb der Semantik etwas formuliert, das in der konventionellen Sprache auch syntaktisch strukturierend wirkt. So entsteht die für Kafka typische Form der syntaktischen Entdifferenzierung.

Einen deutlichen Unterschied zur Entdifferenzierung der Syntax bildet der Kommentar des Geistlichen zu „einleitenden Schriften zum Gesetz"[802]. Er spricht hypotaktisch gliedernd - gemessen an den anderen Texten, spricht er wie gedruckt -, wenn er das Gesetz auslegt. Außerdem zitiert er die Worte der „Erklärer" des Gesetzes und bewegt sich damit innerhalb der Schrift. Die zitierte Geschichte vom Türhüter und dem Mann vom Land, der den für ihn bestimmten Eingang zum Gesetz nicht erkennt, soll den Begriff der Täuschung erläutern. Nach Meinung des Geistlichen täuscht sich Josef K. im Gericht, deswegen leitet er die Geschichte mit den Worten ein: „„In dem Gericht

---

[799] Franz Kafka, Der Proceß, S. 170.

[800] S. dazu Gerhard Neumann, Umkehrung und Ablenkung: Franz Kafkas „Gleitendes Paradox". In: Franz Kafka. Hrsg. v. Heinz Politzer. Darmstadt 1973, S. 459-515.

[801] Kafka, Der Proceß, S. 184.

[802] Ebd., S. 241.

täuscht du dich [...] in den einleitenden Schriften zum Gesetz heißt es von dieser Täuschung [...]'."[803]

Nachdem er die Geschichte gehört hat, schlussfolgert K.: „‚Der Türhüter hat also den Mann getäuscht' [...] ‚Sei nicht übereilt', sagte der Geistliche, ‚übernimm nicht die fremde Meinung ungeprüft. Ich habe dir die Geschichte im Wortlaut der Schrift erzählt. Von Täuschung steht darin nichts.'"[804] Das Gericht und K.s Interpretation der Geschichte als Täuschung gehören in den Bereich der gesprochenen Sprache, während das Gesetz und der zitierende Geistliche dem Bereich der Schrift zuzuordnen sind. Weil die mündliche Rede auf Abwesendes zielt, wird sie als mehrdeutig lesbar. Sie benutzt grammatische Elemente und Redewendungen, die auf nicht aktualisierte Kontexte verweisen. Dagegen wird die Schrift als präsent und eindeutig verstanden, sie hat nur einen „Wortlaut", der verbindlich ist. Jenseits des Wortlauts ist jede angenommene Bedeutung eine Interpretation und jede dieser Interpretationen hat die gleiche Gültigkeit, so ist auch die Interpretation des Geistlichen, dass es um eine Täuschung geht, nur eine von unendlich vielen Möglichkeiten.[805] „‚Du mußt nicht zuviel auf Meinungen achten. Die Schrift ist unveränderlich und die Meinungen sind oft nur ein Ausdruck der Verzweiflung darüber.'"[806] Während die Schrift unveränderlich und präsent ist, kann keine mündliche Rede und keine Interpretation diesen Status der Präsenz je erreichen: das Sprechen nicht, weil es auf abwesende Gegenstände und Kontexte bezogen und flüchtig ist, die Interpretationen nicht, weil sie auf den Sinn der Schrift bezogen und also sekundär und veränderlich sind. Der Sinn des Gesetzes ist damit für Josef K. und das Gericht gleichermaßen unerreichbar, er lässt sich nur abschreibend oder zitierend aktualisieren, hat aber keine Bedeutung über seine Präsenz, seinen Wortlaut, hinaus. Hier zeigt sich ein grundlegendes Paradox: Wenn die hauptsächlichen Eigenschaften der Schrift Unveränderlichkeit und Präsenz sind, dann muss sie interpretiert werden, um Bedeutung zu erlangen. Erlangt sie aber nur durch die Interpretation Bedeutung, bedeutet ihre Präsenz und Unveränderlichkeit letztendlich nichts. Entweder ist die Schrift präsent, dann vermittelt sie keinen Sinn oder es gibt einen Sinn der Schrift, der ist dann aber nicht mehr unveränderlich und nur also auch nur bedingt präsent.

Der Geistliche behauptet aber, dass die Interpretationen „oft nur ein Ausdruck der Verzweiflung" über die Unveränderlichkeit des Gesetzes sind. Die Gültigkeit der Deutung wird also durch das Gesetz weder bestätigt, noch dementiert. Wegen der Bedeutungslosigkeit der Schrift könnten die Interpretationen alle auch gleichermaßen zutreffend sein. Dieser nicht endgültig zu klärende Zusammenhang zwischen Interpretation und Gesetz zeigt jedoch, dass es, entgegen dem Wunsch der Ausleger, keine Möglichkeit zur Rekonstruktion der Bedeutung des Gesetzes gibt. Auf der einen Seite steht das Gesetz mit seinem Wortlaut und mit seiner Präsenz. Ihm gegenüber befinden sich die Interpreten: Sie müssen sich auf den Wortlaut der Schrift beziehen, können ihn aber mit ihrer Deutung nicht erreichen, weil ihre Interpretation auf etwas Abwesendes, die Bedeutung der Schrift, zielt. Deswegen kann die Interpretation nie den Präsenzcharakter des Gesetzes erreichen. Ebenso wenig lässt sich die Schriftlichkeit des Gesetzes und

---

[803] Ebd., S. 225 f.

[804] Ebd., S. 227.

[805] Deswegen spricht Neumann von einem „hermeneutische[n] Gespräch": Neumann, ‚Blinde Parabel' oder Bildungsroman, S. 415.

[806] Ebd., S. 230.

seiner Auslegungen mit dem mündlichen Sprechen vereinbaren, weil sie verschiedenen Formen der Syntax folgen.

Mündliches Sprechen ist in Kafkas Roman parataktisch organisiert, die Hypotaxe erscheint nur als zitierte, als Zeichen für die Schriftlichkeit des Gesetzes. Zwar können logische Zusammenhänge in mündlicher Rede allgemein benannt werden, diese Benennung führt aber nicht zur logischen Verknüpfung des Textes, die syntaktisch erfolgen müsste. In der Darstellung des Gesetzes kann hypotaktisch formuliert werden, als zitierte, unveränderliche Form von Schrift ist diese Struktur aber auf mündliche Rede nicht übertragbar - auch das ein Paradox, weil Kafkas Text schließlich schriftlich fixiert ist, schriftliche Syntax aber nur als zitierte zulässt.

Die Aufnahme mündlicher Elemente bildet eine Möglichkeit, einerseits die konventionelle Syntax anzuerkennen, sie andererseits aber gezielt und punktuell zu unterlaufen. Dabei nutzen die bisher beschriebenen Verfahren, welche die schriftsprachliche Syntax durch Anleihen bei mündlichen Redeformen umformulieren, alle das arbiträre Verhältnis zwischen dem sprachlichen Zeichen und seiner Referenz. Während Steins Roman durch die Aufnahme mündlicher Elemente gerade die Mittelbarkeit jeder sprachlichen Äußerung betont, wird in Joyces Ulysses-Episode die Referenzfunktion der Sprache zurückgenommen, so dass sie nur noch Mollys innere Bewegung nachzeichnet. In Kafkas Roman wird schließlich die Fähigkeit der Sprache, auf Abwesendes zu verweisen, als Abwesenheit von verbindlicher Bedeutung betrachtet. Durch die Verarbeitung mündlicher Elemente wird jedoch gleichzeitig eine andere, ästhetische Referenzebene eingeführt: Die Veränderung der Syntax wird entweder als Ausdruck ästhetischer Subjektivität oder als Zeichen für das generelle Funktionieren von Sprache inszeniert.

Die bisher besprochenen Beispiele von syntaktischer Konstruktion unterscheiden sich von der Syntaxvorstellung, die Broch in seinem anfangs zitierten Aufsatz beschreibt. Denn er versteht den Begriff der Syntax auch als Metapher für ihre Gesamtkonstruktion. Diese neue „Architektur" des Romans wird bevorzugt durch Formen der Montage erreicht und verstößt damit vor allem gegen traditionelle Kohärenzprinzipien.[807] Die Montageformen können sich nach dem Status des Materials unterscheiden, das für die Textbruchstücke verwendet wird. Broch benutzt in seiner Romantrilogie *Die Schlafwandler* für seine ineinander montierten Textausschnitte nur fiktives Material: Pasenow schreibt zum Beispiel einen Artikel in Eschs Zeitung, der dann in der Form des Zeitungsartikels im Text erscheint.[808] Auch die gegeneinander geschnittenen Bruchstücke der Geschichten haben alle denselben fiktiven Status. In Döblins und Aragons Texten treten dagegen Textelemente auf, die als authentische erkennbar bleiben: Beide Autoren zitieren und montieren Zeitungsartikel.[809] Aber nicht nur durch den Status des Materials unterscheidet sich Döblins und Aragons Verfahren von Brochs Schnitt-Technik: Bei ihnen stören die montierten Elemente auch die Integrität ihrer eigenen Texte. Beide unterbrechen nicht nur durch montierte Passagen den eigenen Text, sondern sie verwenden auch graphische Elemente, die die Schriftlichkeit zugunsten von Bildlichkeit aufgeben. Döblin lässt Biberkopf ein Berlin betreten, das durch den Berli-

---

[807] Zum Begriff der Montage: Volker Klotz, Zitat und Montage in neuerer Literatur und Kunst. In: Sprache im technischen Zeitalter, Jg. 1976, S. 259-277.

[808] Broch, Die Schlafwandler, S. 466-469; Vollhardt hält diese Montageformen für den Beleg von Brochs Modernität s.: Hermann Brochs Literaturtheorie, S. 283.

[809] Alfred Döblin, Berlin Alexanderplatz, S. 272 f.; Louis Aragon, Pariser Landleben, S. 37-39; Le Paysan de Paris, S. 37-39.

ner Bären und graphische Symbolisierung der Behörden der Stadt dargestellt wird. Bei Aragon werden die Ladenschilder der Passagengeschäfte, Reklameschilder, eine Tafel mit Getränkepreisen und die Inschrift eines Denkmals abgebildet.[810] Die Aufgabe dieser graphischen Elemente ist eine quasi dokumentarische, sie sollen der Inszenierung großstädtischer Wirklichkeit dienen. Der Abbildungsmodus ist wiederum mimetisch, d.h. die Authentizität dieser Elemente wird besonders bei Aragon hervorgehoben. Die montierten Textteile bilden damit in *Le Paysan de Paris* das Gegengewicht zur poetischen, surrealistischen Bildlichkeit. In Döblins Text ist dagegen der Status der graphischen Elemente, auch der zitierten und montierten Textbruchstücke weniger leicht einzuschätzen. Während Aragon zwischen poetischer Bildlichkeit und dokumentarischer Inszenierung von Wirklichkeit hin und her wechselt, ist die Schreibweise Döblins durch das Ineinanderblenden von eigener Syntax und fremden Bruchstücken zu charakterisieren. Dabei entsteht ein nuanciertes System von Formulierungen des Erzählers, von Nacherzählungen auf der Grundlage von fremden Texten und von direkten Zitaten. So ist die Unterscheidung von bloß dokumentierten und fiktiven Textteilen kaum mehr zu treffen.

> Am Dienstag, den 14. August 1928, hat so von Arnim der Pussi Uhl eine Kugel in den Leib praktiziert, warum und wie, darüber hält das Gelichter dicht, die plaudern nicht aus der Schule und wenn sie vorm Henker stehen […] wer ein Menschenkenner sein will, der vermütet irrtümlicherweise: das war ein Eifersuchtsdrama. Ich persönlich nehme Gift darauf, daß da keine Eifersucht bei ist. […] Die Hochflut der Berlin besuchenden Amerikaner hält an. Unter den vielen Tausenden, die die deutsche Metropole besuchen, befinden sich auch zahlreiche prominente Persönlichkeiten, die aus dienstlichen oder privaten Gründen Berlin aufgesucht haben.[811]

So wie der Erzähler die Orestie umgangssprachlich nacherzählt, berichtet er hier gegenwärtige Nachrichten, kommentiert sie und zitiert schließlich aus der Zeitung.[812] Der Wechsel vom eigenen zum montierten Text ist durch den Übergang von der fingierten mündlichen Rede zur Schriftsprachlichkeit und durch das Fehlen des Kommentars gekennzeichnet. An die Stelle der subjektiven Äußerung tritt der Gestus objektiver Berichterstattung. Einerseits versucht Döblin, durch die Montage die Vielstimmigkeit großstädtischen Lebens zu inszenieren. Andererseits zerlegt er dafür den Textkorpus des Romans in Einzelteile und nimmt fremde Bestandteile auf. Durch die Fragmentierung, die Auflösung des homogen erzählten Romans, soll also die Großstadt als Ganze vor den Augen und Ohren des Lesers erscheinen: Dieses Paradox von Fragmentierung und dem Wunsch nach Ganzheit konstituiert die Syntax, die Architektur von Döblins Roman. Es ist aber wohl auch hinter Brochs gemäßigterer, mit rein fiktiven Elementen arbeitender Schnitt-Technik zu vermuten: Das Epochenpanorama kann nicht mehr im Überblick, sondern nur durch die nebeneinander gestellten Mosaikteilchen entstehen. Diese Konstruktion moderner Romane verstößt wohl am deutlichsten gegen die Homogenität von Stilkonzepten, sie führt damit zugleich zur Brüchigkeit der Texte. Die

---

810 S. zur Montage bei Aragon: Anne-Élisabeth Halpern, Le dadaïsme, ‚j'en sors‘. In: Dies./Trouvé, Une tournade d'énigmes, S. 75-93, bes. 76-80; zu der Heterogenität des Textes, die dadurch entsteht: Nathalie Piégay-Gros, ‚Cristallisations poétiques‘, S. 54 f.;

811 Döblin, Berlin Alexanderplatz, S. 304.

812 S. zu den Materialien: Jürgen Stenzel, Mit Kleister und Schere. In: Text & Kritik, Nr. 13/14 Juni 1966, S. 39-44, S. 41 f.

Romane Aragons, Brochs und Döblins sind deswegen an der Großstadt oder an der Darstellung der Epoche orientiert, um diese Disparatheit durch ein wieder erkennbares Sujet aufzufangen. Auch die weit reichenden Kompetenzen des Erzählers dienen hier als Gegengewicht, um die Kohärenz dennoch wahren zu können.

3. Bildlichkeit

Während die Montage das ästhetische Verfahren ist, das Aspekte moderner Wirklichkeit anschaulich werden lässt, ist die moderne Metaphorik entgegen ihrer traditionellen Funktion durch Unanschaulichkeit gekennzeichnet. Sie illustriert nicht, sondern stellt (sich) dar. Benns und Musils Umgang mit der Metapher in den zehner Jahren lässt sich auf alle nun folgenden Texte beziehen: Musils Annäherung von abstrakten und bildlichen Elementen im Vergleich und Benns Konzept der „primären Setzung" betonen beide gleichermaßen den Eigenwert der Bilder.

In der surrealistischen Programmatik spielen die aus dem Unbewussten aufsteigenden Bilder eine entscheidende Rolle bei der Textproduktion. Aragons Umgang mit der Montage-Technik muss deswegen im Zusammenhang mit der Verwendung bildlicher Elemente gesehen werden. Ein Beispiel für die Verknüpfung von Metaphern und montierten graphischen Elementen ist die Darstellung des Cafés Certâ, des Hauptsitzes der „Dada-Tagungen".[813] Das Café wird nicht nur beschrieben, sondern die Schilderung wird auch zusätzlich mit einem gezeichneten Schild der Getränkepreise und mehreren kleineren Schildern, die sowohl im Café wie im Buch „kaskadenförmig"[814] angeordnet sind, illustriert. An diesem Ort produziert der Ich-Erzähler surrealistische Bilder.

> Und wie leicht gerät man hier, in diesem beneidenswerten Frieden ins Träumen. Es entsteht ganz von selbst. Hier kommt der Surrealismus zu seinem vollen Recht. Man bringt dir ein gläsernes Tintenfaß, das mit einem Champagnerkorken verstöpselt ist, und schon bist du in vollem Zuge. Bilder, rieselt herab wie Konfetti. Bilder, Bilder, überall Bilder. An der Decke. Im Korbgeflecht der Sessel. In den Strohhalmen der Getränke. Im öffentlichen Fernsprechverzeichnis. In der flimmernden Luft. In den schmiedeeisernen Lampen, die den Raum erhellen. Schneit Bilder, es ist Weihnachten. Schneit auf die Fässer und auf die leichtgläubigen Herzen. Schneit den Leuten auf Haar und Hände.[815]

Im Gegensatz zu den im vorigen Abschnitt besprochenen Texten ist die Situation nicht durch die mündliche Rede, sondern durch den Zusammenhang von Schriftlichkeit und Bildlichkeit geprägt. Durch ihre Verknüpfung entsteht der poetologische Aspekt: Die Darstellung des Schreibprozesses generiert neue metaphorische Elemente. Sie sind jedoch nicht allein durch Konkretheit, sondern auch durch einen abstrakten Anteil ge-

---

[813] Louis Aragon, Pariser Landleben, S. 88; Le Paysan de Paris, S. 90.

[814] Aragon, Pariser Landleben, S. 94; Le Paysan de Paris, S. 96.

[815] Aragon, Pariser Landleben, S. 96 f.; „Et dans cette paix enviable, que la rêverie est facile. Qu'elle se pouse d'elle même. C'est ici que le surréalisme reprend tous se droits. On vous donne un encrier de verre qui se ferme avec un bouchon de champagne, et vous voilà en train. Images, descendez comme des confetti. Images, images, partout des images. Au plafond. Dans la paille des fauteuils. Dans les pailles des boissons. Dans le tableau du standard téléphonique. Dans l'air brillant. Dans les lanternes de fer qui éclairent la pièce. Neigez, images, c'est Noël. Neigez sur les tonneau et sur les coeur crédules. Neigez dans les cheveux et sur les mains de gens." (Le Paysan de Paris, S. 99).

kennzeichnet, weil sie sich auf die surrealistische Konzeption von Bildlichkeit beziehen. Gleichzeitig löst das Aufsteigen der Bilder die vollständigen Sätze auf und ersetzt die syntaktischen Regeln durch den assoziativen Zusammenhang. Die assoziative Passage wird in die Beschreibung des Café Certâ eingebaut, so dass sie ein Element unter anderen bildet. Innerhalb der Darstellung erscheint die Metaphorik als assoziative Verdichtung in einer ansonten syntaktisch korrekten Schreibweise.

Die zweite Variante von Bildlichkeit entsteht nicht durch die Häufung von Metaphern, sondern durch die Verfremdung der Wirklichkeit. Als der Ich-Erzähler das Schaufenster eines Stockhändlers betrachtet, verwandelt es sich plötzlich in ein Aquarium.

> Die Stöcke bewegten sich sanft wie Seegras. Ich war noch ganz im Banne dieses Zaubers, als ich bemerkte, daß eine schwimmende Gestalt zwischen die verschiedenen Reihen der Auslage schlüpfte. [...] Ich glaubte, es im wahrsten Sinne des Wortes mit einer Sirene zu tun zu haben, denn mir schien, daß diese bezaubernde Erscheinung, die nackt war bis zum Gürtel, den sie übrigens recht tief trug, nach unten hin in ein metallisches oder schuppiges oder vielleicht rosenblättriges Kleid zulief [...].[816]

Natürlich ist die Sirene eine Figur, welche als Verkörperung der neuen surrealistischen Mythologie gelesen werden kann. Sie bringt ein mythologisches Element in der Banalität des Alltags, weil ihr plötzliches Auftauchen die konventionelle Vorstellung von Kausalität und Wirklichkeit verletzt. Die surrealistische Wahrnehmung des Ich-Erzählers, begünstigt durch das Zwielicht der Passage, generiert hier optisch vorstellbare Bilder, während im ersten Zitat die begriffliche Ebene zur Unanschaulichkeit geführt hat. Als surrealistische Vision wird dem Leser das Bild der Sirene vor Augen geführt und nicht seine Entstehung im Prozess des Schreibens dargestellt. Hier wird also ein phantastisches Geschehen realistisch erzählt. Da die Durchbrechung der Wirklichkeit schon auf der Ebene der Wahrnehmung stattfindet, muss der Ich-Erzähler diese nur noch möglichst anschaulich beschreiben.[817]

Deswegen muss seine Sprache möglichst transparent im Hinblick auf ihre Gegenstände sein. Dieser Form der Sprachverwendung stellt sich die surrealistische Bildlichkeit entgegen, die den Bereich der Bedeutung wie der Syntax angreift.

> [...] euer Schlafgemach ist entschleiert, euer Herz entlarvt! Euer Herz als ein Sphinx-Schmetterling in der Sonne, euer Herz als ein Schiff auf einem Korallenriff, euer Herz als eine durch ein Klümpchen Blei verrücktgewordene Kompaßnadel, als Wäsche, die im Winde flattert, als das Wiehern der Pferde, als Vögeln gestreute Hirse, als ein Abendblatt, das man durchgelesen hat![818]

---

[816] Aragon, Pariser Landleben, S. 28 f.; „Les cannes se balançaient doucement comme de varechs. Je ne revenais pas encore de cet enchantement quand je m'aperçus qu'une forme nageuse se glissait entre les divets étages de la devanture [...] J'aurais cru avoir affaire à une sirène au sens le plus conventionnel de ce mot, car il me semblait bien que charmant spectre nu jusqu'à la ceinture qu'elle portrait fort basse se terminait par une robe d'acier ou d'ecaille, ou peut-être de pétales de roses [...]." (Le Paysan de Paris, S. 29)

[817] Bürger spricht sowohl für Aragon wie für Breton von einem Stil, der sich dem Bericht nähert: Der französische Surrealismus, S. 100 u. S. 120.

[818] Aragon, Le Paysan de Paris, S. 102; „[...] votre alcôve est dévoilée, et votre coeur! Votre coeur comme un papillon-sphinx au soleil, votre coeur comme un navire sur un atoll, votre coeur comme une boussole affolée par un petit marceau de plomb, comme la lessive qui sèche au vent,

Die Bilder tendieren zur Hermetik oder zu Beliebigkeit, weil sie nicht auf das Herz, das sie veranschaulichen könnten, beziehbar sind. In Aragons *Le Paysan de Paris* stört diese Form der Metaphorik die Syntax ebenso wie die Bedeutungsebene der Sprache. Die Kohärenz des Textes entsteht dagegen über die als transparent verstandene Sprache. Die Transparenz der Sprache und die Hermetik der Bildlichkeit führen in ihrem Wechsel aber zu einer Rhythmik des Textes, die sich den Bewegungen des Ich-Erzählers anpasst. Hält er, wie im Café Certâ, inne, können die surrealistischen Bilder aufsteigen, geht er durch die Passage tauchen eher realistisch beschriebene Visionen auf.

Der Wechsel zwischen als transparent verstandener Sprache und surrealistischer Bildlichkeit gilt auch für Bretons Roman *Nadja*. Dort ist die rätselhafte, die konventionelle Sprachordnung störende Bildlichkeit - nach den Ergebnissen der letzten beiden Abschnitte war das zu erwarten - Nadja vorbehalten.

> ,[...] Und dieser große Gedanke. Eben habe ich so gut begonnen, ihn zu sehen. Das war wirklich ein Stern, ein Stern, auf den Sie zugingen. Sie können nicht anders, unfehlbar werden Sie auf diesem Stern ankommen. Als ich Sie sprechen hörte, fühlte ich, daß Sie nichts aufhalten kann; nichts, nicht einmal ich. Sie werden den Stern nie so sehen können, wie ich ihn sah. Sie verstehen nicht: er ist wie das Herz einer Blume ohne Herz.'[819]

Nadjas Schilderung verbindet die surrealistische Vision, die realistisch beschrieben wird, mit surrealistischer Bildlichkeit. Die Bedeutungsebene des Bildes ist durch das Paradox blockiert, das keine optische Vorstellung zulässt.[820]

Nadjas Metaphern sind alle durch diese Unanschaulichkeit gekennzeichnet, während sie einen Teil ihrer Visionen auch zeichnet. Um deren Authentizität zu belegen, bildet Breton sie in seinem Text ab. Er erweckt aber auch den Eindruck, dass er Nadjas Aussprüche so wiedergibt, wie sie von ihr formuliert wurden.[821]

> Im Laufe der Zeit will ich mich nur mehr an ein paar Sätze erinnern, die sie vor mir ausgesprochen oder unter meinen Augen in einem Zug niedergeschrieben hat, Sätze, in denen ich am besten den Ton ihrer Stimme vernehme und deren Widerhall in mir so stark bleibt: ,Wo mein Atem zu Ende ist, beginnt der Ihre.'[822]

Nadjas nur metaphorisch zu verstehende Rede kann auch - das macht Bretons „Zitat" deutlich - den konventionellen Liebesdiskurs aufnehmen, ohne dass sie diese Konventionalität diskreditiert. Nadjas Bilder müssen deswegen keine poetische Qualität haben, weil sie lediglich ein Zeichen für ihre surrealistische Existenz sind. Als Parallele zu ihren Metaphern, ihren Zeichnungen und ihren unberechenbaren Handlungen schildert Bre-

---

comme l'appel des chevaux, comme le millet jeté aux oiseaux, comme un journal du soir qu'on a fini de lire!" (Paysan de Paris, S 104 f.).

[819] André Breton, Nadja, S. 56; „,[...] et cette grande idée? J'avais si bien commencé tout à l'heure à la voir. C'était vraiment une étoile, une étoile vers laquelle vous alliez. Vous ne pouviez manquer d'arriver à cette étoile. A vous prendre parler, je sentais que rien ne vous en empêcherait: rien, pas même moi...vous ne pourrez jamais voir cette étoile comme je voyais. Vous ne comprenez pas: elle est comme le coeur d'une fleur sans coeur.'" (Nadja, S. 81; Punkte v. Breton).

[820] Zur Metapher bei Breton s. Paule Plouvier, Poétique de l' Amour chez Breton, S. 79-133.

[821] Clej spricht sogar vom klinischen Ton, der sich der psychiatrischen Fallgeschichte nähert: Nadja, S. 829 f.

[822] Breton, Nadja, S. 95; „Je ne veux plus me souvenir, au courant des jours, que de quelques phrases, prononcées devant moi ou écrites d'un trait sous mes yeux par elle, phrases, qui sont celles où je retrouve le mieux le ton de sa voix et dont la résonance en moi demeure grande. ,Avec la fin de mon souffle, qui est le commencement du vôtre.'" (Nadja, S. 137)

ton seine Traumbilder. Im Gegensatz zu Nadjas Umgang mit ihren Bildern reflektiert Breton allerdings deren Elemente. Es geht ihm dabei nicht um die inhaltliche Deutung, sondern um die Erläuterung ihrer Genese: Tagesreste, Verdichtung und Überdeterminierung werden gut freudianisch für die Rätselhaftigkeit der Traumbilder verantwortlich gemacht.[823] Vor dem theoretischen Hintergrund der Psychoanalyse ist der naive Umgang mit Assoziationen, Visionen und automatisch niedergeschriebenen Sätzen nicht mehr möglich. Breton weicht also einerseits auf die Darstellung von Nadjas Naivität und die ihrer Bilder aus, andererseits verwendet er anstelle naiver Bildlichkeit das symbolistische Verfahren der Personifizierung. Er beschreibt nicht nur Nadjas Selbstinszenierung als Verkörperung einer Melusine, sondern sieht auch - wie bereits zitiert - eine Passantin als Sphinx. In der Verdichtung von Passantin und Sphinx, von Nadja und Melusine werden mythologische und subjektive empirische Elemente so verwoben, dass die Verdichtung nicht mehr auf das mythische Vorbild zu beziehen ist und deswegen auch nicht wie die symbolistische Verkörperung Eindeutigkeit herstellt. Diese Umformulierung des symbolistischen Konzepts zeigt eine Möglichkeit die (von Freud beschriebene) Verdichtung mit poetischer Bildlichkeit zu vereinbaren, ohne dass der Schreibende sich naiv stellen muss. Gleichwohl besteht die Gefahr, dass die Verdichtung, besonders im Hinblick auf Nadja, wieder eindeutig lesbar wird. Die ihr zugeschriebenen Elemente lassen sie zwar nicht als Melusine, aber doch als die symbolische Verkörperung, als die Personifizierung surrealistischer Existenz erscheinen.

Die Verbindung von Rausch und Reflexion, die das Subjektkonzept von Aragon und Breton auszeichnet, lässt sich auf der Ebene der Sprache als Wechsel zwischen bildlichem Sprechen und realistischer Schilderung wieder finden. Auch in diesem Bereich ist die bezogen auf das Subjektkonzept bereits beschriebene Nähe zu Benns *Roman des Phänotyp* zu beobachten. Benns Text bewegt sich allerdings zwischen bildlichem Sprechen und Reflexion, ein Aspekt, der bei Breton als Wechsel zwischen Traumbildern und der Reflexion ihrer Genese auftaucht.

> Schon summarisches Überblicken, Überblättern schafft manchmal einen leichten Rausch, Venusse, Ariadnen, Galatheen erheben sich von ihren Pfühlen, unter Bögen, sammeln Früchte, verschleiern ihre Trauer, lassen Veilchen fallen, senden einen Traum. [...] Das unmittelbare Erleben tritt zurück. Es brennen die Bilder, ihr unerschöpflicher beschirmter Traum. Sie entführen. Der körperliche Blick reicht nur über den Platz bis an die Burgen - aber die Trauer reicht weiter [...], diese aber entführen, führen weit und führen heim.[824]

Im Gegensatz zur Verbindung von Schreiben und Imagination in Aragons *Le Paysan de Paris* führt hier eine Szene flüchtigen Lesens und Ansehens zur Bildproduktion. Benns Bildlichkeit ist also eine zweite Ordnung, weil sie schon auf der Rezeption von Bildern beruht und die mythologischen Figuren nur als Ausgangspunkt für die eigenen Assoziationen benutzt. Die Bilder entführen das Ich, sie lassen es seine Trauer vergessen und bieten ihm eine Zuflucht im „leichten Rausch". Diese eskapistische Funktion der Bilder korrespondiert einerseits mit der Regungslosigkeit des sprechenden Subjekts: Seine Bewegung findet bei einem „Roman im Sitzen" allein in der Imagination statt. Andererseits deutet sie die Befriedigung des Sprechers an, weil sie den egozentrischen Zug der Bildproduktion, die Nähe zur Wunscherfüllung des Traumes, erkennbar werden lässt.

---

[823] Breton, Nadja, S. 37-39; Nadja, S. 55-59.
[824] Gottfried Benn, Roman des Phänotyp, S. 165 f.

Während in Bretons Reflexion seiner Traumbilder gerade dieser Punkt bestritten wird,[825] erscheint bei Benn die Wunscherfüllung, die die Bildproduktion leistet, auch innerhalb seiner Reflexion des poetischen Ausdrucks. Er nennt diese „Selbstentzündung, autarkische Monologie".[826]

Benns *Roman des Phänotyp* zeigt aber noch ein weiteres Verfahren, Reflexion und Bildlichkeit zu verknüpfen. Während diese Ebenen in den surrealistischen Texten zumeist getrennt werden, weil ihnen jeweils unterschiedliche Sprachauffassungen zugrunde liegen, vermischt Benn Metapher und Reflexion.[827] Dieser Vermischung im Bereich der Sprache entspricht die Verknüpfung von Romanform und Reflexion innerhalb der Erzählstruktur: So wie dort Reflexion und erzählte Episoden ineinander greifen, so sind sprachliche Bildlichkeit und argumentierende Passagen nicht mehr zu trennen. Benn beginnt beispielsweise diskursiv und reflektierend mit der Beschreibung der Ambivalenzen, die den Phänotyp konstituieren, nähert sich aber zunehmend einer bildlichen Redeweise:

> *Einerseits* dem Geist und seinen Maßstäben verpflichtet bis in die letzte Faser des Gebeins,- *andererseits* diesem Geist als regionaler, geographisch-historischer Ausgeburt der Rasse skeptisch gegenüber. Einerseits um Ausdruck kämpfend bis zu qualgezeichneten Sonderbarkeiten, Formzerstörungen bis zum bizarren Spiel mit Worten,- andererseits diesen Ausdruck schon bei der Prägung mit seinen Zügen des Zufalls und des Übergangs bitter belächelnd. […] Einerseits gläsern,- andererseits blutig. Einerseits müde,- andererseits Sprungschanzen.[828]

Im Prozess der Argumentation wird die Satzstruktur zunehmend elliptisch, nur das syntaktische Gerüst und die Satzzeichen für die Darstellung von Ambivalenz werden aufrechterhalten. Innerhalb dieses Gerüsts werden die Argumente fortlaufend durch Metaphern ersetzt. Daran zeigt sich Benns Modell der „verdichteten Erkenntnis"[829]: In der elliptischen Satzstruktur erscheint die syntaktische Verknüpfung als Vertreterin von Diskursivität und Reflexion, während die Metaphern Ausdruck des „bizarren Spiel[s] mit Worten" sind. In der Verdichtung von Reflexion und Metaphorik entsteht auf diese Weise eine poetische Figur, die beides, Erkenntnis und Ästhetik, vermittelt. Benns Verfahren ist also dadurch zu kennzeichnen, dass die syntaktische Struktur wiederholt wird, während die Bilder variieren. An diesem Verhältnis von Variation und Wiederholung zeigt sich die Ambivalenz des einzelnen Sprechakts. Er steht immer zwischen grammatisch korrekter Diskursivität und damit Regelhaftigkeit auf der einen und individueller, ästhetischer Ausdrucksmöglichkeit auf der anderen Seite.

Diese Ambivalenz wird von Benn nicht nur sehr genau erkannt, sondern ebenfalls mimetisch durch die Metaphorik unterlaufen. Es bleibt zwar die syntaktische Struktur bestehen, die ihr anscheinend untergeordneten, bildlichen Elemente setzen ihre Eindeutigkeit jedoch außer Kraft: „Einerseits gläsern,- andererseits blutig. Einerseits müde,- andererseits Sprungschanzen." In welcher Hinsicht „müde" und „Sprungschanzen" Gegensätze sind, ist nicht eindeutig zu klären. Vielmehr entsteht der Eindruck des ironischen Umgangs mit der gewählten Struktur. Die Charakteristik des Phänotyps, der

---

[825] Breton, Nadja, S. 38; Nadja, 57.
[826] Benn, Roman des Phänotyp, S. 173.
[827] S. dazu Frank Winkler, Die Herrichtung des Ich, S. 104-109.
[828] Ebd., S. 152 f.
[829] Ebd., S. 152.

seinen ästhetischen „Ausdruck schon bei der Prägung mit seinen Zügen des Zufalls und des Übergangs bitter belächel[t]", kann damit auch als Leseanweisung verstanden werden und führt so die Selbstreflexivität des Textes weiter.

Benns Verständnis von „verdichteter Erkenntnis", seine Vermischung von Reflexivität und Metaphorik strukturiert alle Episoden des Textes. Der *Roman des Phänotyp* hat also keine kohärente, lineare Struktur mit einzelnen Knotenpunkten der bildlichen Verdichtung wie die Texte von Aragon und Breton. Vielmehr zeigen die surrealistische Verdichtung und Benns verdichtete Erkenntnis zwei unterschiedliche Varianten moderner Metaphorik. Obwohl alle drei Autoren mit einer Form der Verdichtung arbeiten, hat diese strukturell jeweils eine andere Aufgabe. So dienen in den surrealistischen Texten die Metaphern zur sprachlichen Inszenierung der Imagination: Sie bezeugen die Kreativität des Subjekts und verweigern sich dem kohärenten Ablauf der Erzählung. Benns Konzept geht dagegen von der Erkenntnisfähigkeit des Subjekts und von sprachlicher Diskursivität aus. Im Nachschreiben der diskursiven Struktur verdichtet er Argument und Bild. Durch das mimetische Verfahren entsteht die Bewegung des Textes. Dieser ist dadurch einerseits homogener, weil die Bildlichkeit in seinen Ablauf integriert ist, andererseits relativiert er dadurch Benns Vorstellung „primärer Setzung". In der primären Setzung soll die Vision des kreativen Individuums unmittelbar erscheinen. Diesem Konzept sind die surrealistischen Texte viel näher als Benns eigenem Verfahren, das die Metaphorik aus den diskursiven Vorgaben erst hervortreibt. Insgesamt gesehen bilden aber Benns Umgang mit der Bildlichkeit und die surrealistische Praxis zwei der grundlegenden Möglichkeiten bei der Konzeption moderner Metaphorik.

Eine Variante der Metaphorik, die dem Konzept der Surrealisten nahe steht, verwendet Virginia Woolf in ihrem Roman *Mrs. Dalloway*. Denn sie nutzt Metaphern als Knotenpunkte, um den Text zu strukturieren. Einerseits arbeitet sie mit punktueller Verdichtung, wie es auch für das Verfahren der Surrealisten kennzeichnend ist, und unterbricht dadurch den linearen Ablauf des Textes. Andererseits schafft sie eine gewisse Kohärenz dadurch, dass die metaphorischen Knotenpunkte ähnliche Bilder aufnehmen. So treten auch die Momente verdichteter Metaphorik in einen Zusammenhang, der über die Inszenierung subjektiver Imagination hinausweist. „[…] as if to catch the falling drop, Clarissa (crossing to the dressing table) plunged into the very heart of the moment […]."[830] Die heftige Bewegung, mit der sich Clarissa Dalloway in den Moment hineinstürzt, zeigt die Emphase der Entgrenzungserfahrung. In der Metapher des Sprungs zeichnet der Text die subjektive Emphase ebenso nach wie die zeitliche Struktur. Dabei verknüpft das sprachliche Bild Anschaulichkeit und Abstraktion miteinander: Der Sprung als anschauliches Element wird mit dem zeitlichen Moment verbunden, der nur abstrakt denkbar ist, so aber an Unmittelbarkeit gewinnt. In Woolfs Text entsteht die Bildlichkeit also durch eine Verdichtung, die ein unanschauliches, abstraktes Element in die Metapher integriert und sich so vom traditionellen, bildlichen Sprechen, das durch Anschaulichkeit gekennzeichnet ist, absetzt.

Die Metapher des Sprungs nimmt ein Bild wieder auf, das schon zu Beginn des Romans erscheint.

What a lark! What a plunge! For so it had always seemed to her when […] she had burst open the French windows and plunged at Bourton into the open air. How fresh, how

---

[830] Virginia Woolf, Mrs. Dalloway, S. 41 f.

> calm, stiller than this of course, the air was in the early morning; like the flap of a wave; the kiss of a wave [...].[831]

Hier hat die Metapher noch die Funktion, die Empfindung des Subjekts bildlich darzustellen. Clarissas Jugendlichkeit entspricht die rein sinnliche Bildlichkeit, in welcher der abstrakte Aspekt der Zeit keine Rolle spielt. Das Bild führt dabei zwei Richtungen zusammen, die den Text insgesamt strukturieren: Es zeigt den erfüllten Moment als Bewegung der Erhebung einerseits und als Bewegung nach unten, als Sturz oder Sprung, andererseits.[832] Die beiden Bewegungen von Aufstieg und Fall, von Erhebung und Depression lösen sich nicht nur ab, sondern sind durch die Verbindung des Bildes vom Sturz mit der Erfahrung der Erleuchtung auch als Widersprüche innerhalb desselben Moments präsent.

Diese widersprüchliche Verknüpfung von Erleuchtung und Sturz dient auch dazu, den Selbstmord von Septimus Smith zu schildern.

> Death was an attempt to communicate, people feeling the impossibility of reaching the centre which, mystically, evaded them; closeness drew apart; rapture faded; one was alone. There was an embrace in death. But this young man who had killed himself - had he plunged holding his treasure?[833]

So wie Clarissa die Erleuchtung als Sturz erlebt, so imaginiert sie hier den Sturz von Septimus Smith' als erfüllten Moment. Die Vereinigung mit dem Tod ersetzt nicht nur die Erleuchtung, sondern scheint ihr sogar überlegen, weil die Erleuchtung immer nur einen Moment dauert und das Subjekt ernüchtert zurücklässt. Das Wortmaterial, das die Erzählerin benutzt, um Clarissas Entgrenzungserfahrung zu schildern, wiederholt sich hier und unterstreicht die Analogie zwischen Entgrenzung und Tod: „It was a sudden revelation [...], some pressure of *rapture* [...]. Then, for that moment, she had seen an illumination; a match burning in a crocus; an inner meaning almost expressed. But *the close withdrew*, the hard softened. It was over - the moment."[834] Das „Zentrum, das sich dem Menschen entzieht", der „innere Sinn, der nur fast ausgedrückt wird", sind Formulierungen, welche die Unerreichbarkeit einer letzten Offenbarung zeigen. Durch diese Unerreichbarkeit erklärt sich nicht nur der Wunsch nach immer neuen Momenten der „Erleuchtung", sondern sie führt auch zu den Varianten innerhalb der Metaphorik. Sie versuchen den Sturz in den Augenblick in unterschiedlichen Formulierungen zu erfassen, ohne dass jedoch eine endgültige Bedeutung zustande käme.[835] Clarissas Überlegungen zu Smith' Selbstmord bringen diese Unabschließbarkeit schon durch die Frage zum Ausdruck. Der erfüllte Moment kann weder andauern, noch ist zu entscheiden, ob der Tod wirklich als erfüllter Moment gelten kann. Clarissas Frage kann ebenso wenig beantwortet werden, wie die unerklärliche Sinnhaftigkeit eines Augenblicks endgültig formuliert werden kann. Deswegen kann die metaphorische Bewegung des Textes einerseits als ein Zeichen des Mangels gelesen werden, da der innere Sinn nicht endgültig gefunden werden kann -, andererseits erscheint sie als unaufhaltsam, weil nur der Tod sie zum Stillstand bringt. Der Tod kann als ein letzter Versuch gesehen werden, das Zentrum zu erreichen, aber er ist eben auch das Ende aller Versuche. Die Metaphorik

---

[831] Ebd., S. 5.

[832] Harvena Richter, The Inward Voyage, S. 216 f.; J. Hillis Miller, Mrs. Dalloway, S. 185 f.

[833] Woolf, Mrs. Dalloway, S. 202.

[834] Ebd., S. 36; Herv. v. S. K.

[835] Harvena Richter spricht von einer Leitmotiv-Technik: The Invard Voyage, S. 217.

in *Mrs. Dalloway* verdichtet also den zeitlichen Moment und die subjektive Erfahrung des sich entziehenden Sinns mit dem sprachlichen Nichtbenennbaren. In der Verknüpfung von Sturz und Erhebung, Anschaulichkeit und Abstraktion verweigert sie sich nicht nur der bloßen Illustration des erfüllten Augenblicks, sondern führt in den verschiedenen Formulierungsversuchen auch gerade die Unbeschreiblichkeit dieses Moments vor.

Das Konzept des emphatischen Augenblicks scheint diese Struktur der Metaphorik zu begünstigen, weil er der Kontinuität des Erzählflusses zuwiderläuft. Der Störung der Kontinuität entspricht die Störung des Sinnzusammenhangs durch die Woolfsche Form der Metaphorik. Dieselbe Konstruktion des emphatischen Augenblicks bestimmt auch Prousts Inszenierung der „mémoire involontaire" im ersten Teil von *A la recherche du temps perdu*. Das Aufsteigen der Erinnerung ist ebenfalls nur metaphorisch darstellbar, und die Vergleiche, die diesen Vorgang anschaulich machen sollen, bestehen aus sich widersprechenden Elementen.

> Und so ist denn, sobald ich den Geschmack jenes Madeleine-Stücks wiedererkannt hatte, das meine Tante mir, in Lindenblütentee getaucht, zu geben pflegte [...], das graue Haus mit seiner Straßenfront [...] wie ein Stück Theaterdekoration zu dem kleinen Pavillon an der Gartenseite hinzugetreten, der für meine Eltern nach hintenheraus angebaut worden war (also zu jenem begrenzten Ausschnitt, den ich bislang allein vor mir gesehen hatte) [...].[836]

Einerseits veranschaulicht der Vergleich das Auftauchen des grauen Hauses aus der Erinnerung, andererseits verbindet er ein angeblich authentisches Erinnerungsbild und eine „Theaterdekoration". So wird auch die Kategorie der Inszenierung eingeführt, obwohl der Vergleich gerade die Authentizität der Erinnerung vermitteln müsste. Im Gegensatz zur Unmittelbarkeit des Geschmacks der Madeleine liegt aber in der optischen Vergegenwärtigung bereits ein Moment der Fremdheit, der den Vergleich mit der Theaterdekoration herausfordert.

Zwar hat der Ich-Erzähler nun eine vollständigere Sicht auf seine Vergangenheit, er entkommt jedoch nicht der Trennung zwischen Sehendem und Angesehenem. Diese Trennung zwischen Subjekt und Objekt ist allerdings für die Imagination der Erinnerungsbilder auch konstitutiv, denn nur im Geschmack der Madeleine entsteht ein undifferenziertes, der Zeit enthobenes Glücksgefühl, weil in der Einverleibung und im Geschmackssinn die Grenzen zwischen Subjekt und Objekt durchlässig werden. In der Verschiebung vom Geschmackssinn auf die imaginierte optische Wahrnehmung erscheinen dagegen die Erinnerungsbilder, dabei geht das Glücksgefühl der Entgrenzung allerdings verloren. Gleichzeitig lässt sich durch diese Verschiebung auf die optische Wahrnehmung der Anfang des Erzählens inszenieren.

> Und wie in jenem Spiel, bei dem die Japaner in eine mit Wasser gefüllte Porzellanschale kleine Papierstückchen werfen, die sich zunächst nicht voneinander unterscheiden, dann aber sobald sie sich vollgesogen haben, auseinandergehen, Umriß gewinnen, Farbe annehmen und deutliche Einzelheiten aufweisen, zu Blumen, Häusern, echten, erkennbaren

---

[836] Marcel Proust, Auf der Suche nach der verlorenen Zeit 1, S. 71; „Et dès que j'eus reconnu le goût du morceau de madeleine trempé dans le tilleul que me donnait ma tante [...], aussitôt la vieille maison grise sur la rue [...] vint comme un décor de théâtre s'appliquer au petit pavillon, donnant sur le jardin, qu'on avait construit pour mes parents sur ses derrières (ce pan tronqué que seul j'avais revu jusque-là) [...]." (Recherche, S. 70).

Personen werden, ebenso stiegen jetzt alle Blumen unseres Gartens und die aus dem
Park von Swann und die Seerosen auf der Vivonne und all die Leute aus dem Dorf und
ihre kleinen Häuser und die Kirche und ganz Combray und seine Umgebung, all das, was
nun Form und Festigkeit annahm, Stadt und Gärten, stieg auf aus meiner Tasse Tee.[837]

Der Ich-Erzähler inszeniert einerseits den Anfang seines Erzählens, indem er Combray
als Szenerie seiner Kindheit aus dem Tee aufsteigen lässt. Dabei zeigen sich erstaunliche
Parallelen zu Joyces Darstellung des erzählerischen Beginns in Mollys innerem Monolog. Der Anfang allen Erzählens wird im *Ulysses* wie bei Proust als Aufzählung von einzelnen Dingen und Menschen konstruiert. Der mythische Anfang im *Ulysses* und der
subjektive Beginn des Erzählens in der *Recherche* zeigen also dieselbe sprachliche Struktur. Andererseits deutet Prousts Ich-Erzähler durch den Vergleich auch den inszenierten Charakter seines Anfangs an, denn er vergleicht die aufsteigende Erinnerung mit einem Spiel, in dem bewusst und vorhersehbar agiert wird. Damit wird der Vergleich a-
ber sofort wieder unterlaufen, denn die Erinnerung soll ja als authentisch aus dem Unbewussten aufsteigend verstanden werden. Ähnlich wie die Metaphorik abstrakte Elemente aufnehmen kann und dadurch unanschaulich wird, hat also auch Prousts Vergleich ein uneindeutiges Element.[838] Es führt dazu, dass trotz aller anschaulichen Einzelheiten das Bild als Ganzes nicht konsistent konstruierbar ist. Anders als bei Woolf
beglaubigt diese Inkonsistenz des Vergleichs aber nicht die Authentizität der Erinnerung, sondern weist gerade auf ihren imaginierten und sprachlich inszenierten Charakter hin.

Während Prousts und Woolfs Metaphorik um den herausgehobenen Augenblick
kreist und die surrealistischen Texte Metaphern ebenfalls punktuell einsetzen, kann die
Struktur von Djuna Barnes' Roman *Nightwood* nur über die Metaphorik erschlossen
werden.[839] Barnes radikalisiert die Verwendung von Metaphern dadurch, dass sie variie-
rende Formulierungen als strukturelle Knotenpunkte einsetzt. Sie setzt also ein ähnliches Verfahren wie Woolf in *Mrs. Dalloway* ein. Die Radikalisierung entsteht, ähnlich
wie bei Benn, durch die Aufnahme von diskursiven Elementen. Während die Figuren
versuchen, diskursiv die Welt zu erklären, treiben sie diese diskursive Argumentation
über sich hinaus, und es entstehen anstelle diskursiver Eindeutigkeit mehrdeutige Bilder. Die Metaphorik ist wiederum verknüpft mit Barnes' Konzept von Subjektivität: Ihre Figuren haben vielfältige Möglichkeiten, eine sexuelle Identität zu bilden, leiden jedoch gleichzeitig an einem Mangel subjektiver Einheit. Dieses Verhältnis von Vielfalt
und Einheit lässt sich auf Barnes' Umgang mit Bildlichkeit übertragen. Die Metaphorik
neigt nicht zur Verdichtung wie bei Benn, sondern zu einer Vervielfältigung, die nicht
mehr als Einheit zu fassen ist. Viel deutlicher als in allen bisher besprochenen Romanen
kollidieren dadurch die metaphorische Ebene und erzählerische Kohärenzstrukturen.

Besonders auffällig innerhalb der von Barnes entfalteten Metaphorik ist das Bild
des „beast", das vor allem in Verbindung mit Robin auftaucht.

---

[837] Proust, Auf der Suche nach der verlorenen Zeit 1, S. 71; „Et comme dans ce jeu où les Japonais s'amusent." (Recherche, S. 70 f.).

[838] Zu Prousts uneindeutiger Metaphorik s. Paul de Man, Lesen (Proust). In: Ders., Allegorien
des Lesens. Frankfurt/M. 1988, S. 91-117; bezogen auf die Madeleine-Episode s. Julia Kristeva, Le
temps sensible, S. 13-36.

[839] Zur Textbewegung s. Victoria L. Smith, A Story beside(s) Itself, S. 195; Martina Stange,
„Modernism and the Individual Talent". Djuna Barnes' Romane *Ryder* und *Nightwood*. Essen 1999, S.
162-167.

Sometimes one meets a woman who is beast turning human. Such a person's every movement will reduce to an image of forgotten experience, a mirage of an eternal wedding cast on the racial memory; as insupportable a joy as would be the vision of an eland coming down an aisle of trees, chapleted with orange blossoms and bridal veil, a hoof raised in the economy of fear, stepping in the trepidation of flesh that will become myth; as the unicorn is neither man nor beast deprived, but human hunger pressing its breast to its prey.[840]

Die Erzählerin verallgemeinert hier Felix Volkbeins und Dr. O'Connors ersten Eindruck von Robin. Das Bild des Tieres nimmt dabei Robins Charakteristik als mythische Figur wieder auf. Sie erscheint als „image of forgotten experience", ihre Erscheinung wird verglichen mit der Antilope, deren „trepidation of flesh" „will become myth", und mit dem mythischen Einhorn. Sie verkörpert also auch hier das Andere, das Archaische, das sonst im kollektiven Unbewussten, in einer „racial memory", verborgen ist.

Die Art, wie Barnes die Bildlichkeit konstruiert, macht jedoch deutlich, dass die mythische Verkörperung ein Konzept ist, das von der metaphorischen Rede abhängig bleibt. Barnes zeigt die Verkörperung als sprachliches Verfahren, das nicht zu einem geschlossenen Bild der beschriebenen Figur, sondern nur zu einer unendlichen Annäherung führt.[841] Die Verdichtung von individueller weiblicher Figur und mythischen Elementen produziert also nicht - wie in den surrealistischen Texten - eine Sinneinheit, sie bildet vielmehr einen Knotenpunkt, von dem aus immer neue Variationen gefunden werden können. Da die syntaktischen Anschlüsse keine kausalen Bezüge herstellen - zum Teil zeigen sie nicht einmal genau an, auf welchen Teil des Satzes sich das nächste Bild bezieht -, trägt ihre Ungenauigkeit zur Uneindeutigkeit der metaphorischen Rede bei.

Die Metaphern sind jedoch auch in sich nicht konsistent. Je mehr Einzelheiten sie mitteilen, desto weniger anschaulich werden sie: Ist die Erscheinung der Antilope zunächst noch optisch vorstellbar, wird sie im nächsten Schritt durch die Einführung von Abstrakta - „economy of fear", „trepidation of flesh that will become myth" - als Bild aufgelöst. Genauso werden die syntaktischen Strukturen im letzten Satz des Zitats durch zu viele Einzelheiten unterlaufen: „the unicorn is neither… nor…, but…" gibt eine klare Argumentationsform vor. Diese wird schon durch die Ergänzung „deprived" verletzt, in der angeblich zutreffenden Beschreibung wird das Einhorn schließlich metaphorisch mit einem Abstraktum (human hunger) gleichgesetzt, das wiederum personifiziert wird. Der Wechsel vom Konkreten zum Abstrakten setzt die Funktion des Einhorns - nämlich selbst nur ein Vergleich zu sein, der etwas anschaulich machen soll - endgültig außer Kraft.[842] Ähnlich wie in der surrealistischen Metaphorik und in Benns „verdichteter Erkenntnis" unterläuft Barnes' Metaphorik die syntaktische Struktur und verhindert damit die bloß veranschaulichende Funktion von sprachlichen Bildern. Dabei führt der Eingriff in die syntaktische Logik des Textes ebenso zu einem Verlust von

---

[840] Djuna Barnes, Nigthwood, S. 261 f.

[841] Dadurch unterscheidet sich ihr Vorgehen vom Symbolismus, den sie sehr wohl rezipiert hat und den sie in ähnlicher Weise modernisiert wie die deutschsprachigen Autoren um 1910; zur Verarbeitung des Symbolismus bei Barnes s. Martina Stange, „Modernism and the Individual Talent", S. 148-152.

[842] S. dazu Singers Beschreibung von Barnes' Metaphorik als „strategy of elaborate imagistic digression": Alan Singer, The Horse Who Knew Too Much: Metaphor And The Narrative Of Discontinuity In Nightwood. In: Contemporary Literature, Vol. 25/Jg. 1984, No. 1, S. 66-87, S. 69.

Kohärenz wie die Vervielfältigung der metaphorischen Elemente. Beide Verfahren generieren jedoch durch sich wiederholende Bilder neue Strukturen. Da sich die Tiermetaphorik im gesamten Text in unterschiedlichen Varianten finden lässt, entsteht eine neue Bezugsmöglichkeit, welche eine Formulierung der Metapher mit einer späteren verknüpft und so einen für den Roman individuellen Kosmos von Bedeutungen entstehen lässt.[843] Damit wiederholt sich in Barnes' Roman eine Schreibweise, die in Joyces *Ulysses* als rein syntaktische Technik zu beobachten war.[844] In Mollys Monolog tauchen spezielle Worte als Knotenpunkte für die sie umgebenden Assoziationen auf, durch ihre Wiederholung strukturieren sie den Text anstelle von Interpunktion und Hypotaxe. Mollys Verwendung des Worts „Blumen" hat also keinen metaphorischen Charakter, sondern konkurriert vielmehr durch seine Wiederholung mit syntaktischen Strukturierungsmöglichkeiten. Dieselbe Funktion erfüllen die Metaphern in *Nightwood*. Ihre Variationen bieten eine andere Struktur als die der grammatischen oder logischen Ordnung an. Anders als konventionelle, sprachliche Ordnungsformen bleiben die unterschiedlichen Formulierungen von Metaphern aber semantisch uneindeutig, ihre Wiedererkennbarkeit garantiert dem Roman aber einen strukturellen Rahmen.

Betrachtet man in Barnes' Roman nur die Vervielfältigung der metaphorischen Elemente, die die optische Anschaulichkeit des Vergleichs oder der Metapher verhindert, so zeigen sich Parallelen zu Musils Konzept des Gleichnisses und zu seinem Umgang mit dem Vergleich in *Der Mann ohne Eigenschaften*.[845] Die Metaphorik im *Mann ohne Eigenschaften* nimmt die Unanschaulichkeit des Vergleiches wieder auf, die Musil in seinen frühen Novellen entwickelt hat. Auch bei seiner Darstellung moderner Subjektivität arbeitet Musil mit der Mischung von Anschaulichkeit und Abstraktion, um sie ironisch in der Schwebe zu halten. Ein moderner Mensch hat nicht nur neun verschiedene Charaktere, sondern noch einen zehnten, der nur bildlich beschrieben werden kann:

> Deshalb hat jeder Erdbewohner auch noch einen zehnten Charakter, und dieser ist nichts als die passive Phantasie unausgefüllter Räume […] eben ein leerer, unsichtbarer Raum, in dem die Wirklichkeit darinsteht wie eine von der Phantasie verlassene kleine Steinbaukastenstadt.[846]

Die Metapher des Raumes ist ein Beispiel für die Verdichtung einer vorstellbaren Elements mit einem abstrakten - durchaus vergleichbar mit Benns metaphorischem Verfahren, aber auch mit Woolfs Verdichtung von Bild und Zeit. Während der unausgefüllte Raum optisch vorstellbar ist, befindet sich die Beschreibung der „passiven Phantasie" auf einer anderen Ebene. Die Formulierung „passive Phantasie" stellt sowohl formal eine Abstraktion dar wie inhaltlich die Reflexion der Imagination. Sie nähert sich zudem dem Paradox, weil die Entwicklung einer Phantasie wohl als Aktivität der Imagination verstanden werden muss, während das Adjektiv diesen Aspekt negiert.

Die Metaphorik, welche die spezifische Form der Subjektivität verdeutlichen soll, führt also neue Differenzen ein: das Gegeneinander von Aktivität und Passivität, von Reflexion und Anschaulichkeit sowie von Fülle (der Phantasie) und Negation (des un-

---

[843] S. dazu Alan Singer, The Horse Who Knew Too Much, S. 75 f.

[844] Zum Einfluss von Joyce auf Barnes, allerdings bezogen auf Finnegans Wake: Catherine Whitley, Nations and the Night: Excremental History in James Joyce's *Finnegans Wake* and Djuna Barnes' *Nightwood*. In: Journal of Modern Literature, 24/Jg. 2000, H. 1, S. 81-98.

[845] Zum Vergleich s. Glander, ‚Leben wie man liest', S. 124-137.

[846] Robert Musil, Der Mann ohne Eigenschaften, S. 34.

ausgefüllten Raumes). Sie veranschaulicht nicht die subjektive Verfasstheit, sondern treibt im bildlichen Bereich ihre Entfaltung voran. Damit inszeniert sie die Eigenart des Subjekts als nicht erfassbar. Zwar variiert der Vergleich, der ebenfalls den „leeren Raum" erläutern soll, die Elemente der Metapher, ändert jedoch nichts an der grundlegenden Diagnose. Stattdessen macht die Ausdrücklichkeit des Vergleichspartikels „wie" die Verweigerung von Anschaulichkeit nur noch deutlicher. Auf der Suche nach einem tertium comparationes könnte man vom ersten Element des Vergleiches, „das im leeren Raum Stehen der Wirklichkeit", ausgehen: Wenn sich Wirklichkeit und Steinbaukastenstadt entsprechen - im Hinblick auf ihre Sichtbarkeit, Materialität und Festigkeit könnte man sich vorstellen -, müsste eine Vergleichbarkeit zwischen dem Zustand, im leeren Raum zu stehen, und dem, von der Phantasie verlassen zu sein, angenommen werden. Zwischen diesen beiden Elementen ist keine gemeinsame Ebene erkennbar, ihnen fehlt gerade das tertium comparationis. An die Stelle der Vergleichbarkeit tritt die semantische Verschiebung vom leeren Raum zum von der Phantasie verlassenen Zustand, eine Verschiebung, welche die Sinndifferenzen weiter treibt, statt Eindeutigkeit herzustellen.

Diese Ausfaltung von Differenzen strukturiert nicht nur die Ebene der Bildlichkeit, sondern wird auch in der Reflexion über das Gleichnis weitergeführt.

> Ein Gleichnis enthält eine Wahrheit und eine Unwahrheit, für das Gefühl unlöslich miteinander verbunden. Nimmt man es, wie es ist, und gestaltet es mit den Sinnen, nach Art der Wirklichkeit aus, so entstehen Traum und Kunst, aber zwischen diesen und dem wirklichen, vollen Leben steht eine Glaswand. Nimmt man es mit dem Verstand und trennt das nicht Stimmende vom genau Übereinstimmenden ab, so entsteht Wahrheit und Wissen, aber man zerstört das Gefühl. Nach Art jener Bakterienstämme, die etwas Organisches in zwei Teile spalten, zerlebt der Menschenstamm den ursprünglichen Lebenszustand des Gleichnisses in die feste Materie der Wirklichkeit und Wahrheit und in die glasige Atmosphäre von Ahnung, Glaube und Künstlichkeit. Es scheint, daß es dazwischen keine dritte Möglichkeit gibt [...].[847]

Einerseits wird hier die Differenzierung sogar als für das Gleichnis charakteristisch beschrieben, andererseits wird ein Bild organischer Einheit imaginiert, indem von einem „ursprünglichen Lebenszustand" des Gleichnisses gesprochen wird.[848]

Die Einheit des Gleichnisses ist nur für das Gefühl oder im ursprünglichen Lebenszustand erkennbar, sie ist also vergangen oder diskursiv nicht zugänglich. Wenn das Gleichnis in der Moderne dargestellt wird, kann es keine Einheit mehr artikulieren. Seine Darstellungsformen werden also zu Fiktionen - Traum und Kunst - und zerstören damit die Einheit von Wirklichkeit und Unwirklichem. Wird dagegen sein Element der Erkenntnis betont, zerfällt die Einheit des Gleichnisses in Wissen und Wahrheit. Es sind jedoch nicht nur die jeweiligen Zerfallsprodukte interessant, sondern auch die Bewegung des Zerfalls, die unaufhaltsame Differenzierung, die das Verhältnis der Moderne zum Gleichnis kennzeichnet. Dieser Differenzierung trägt Musils metaphorisches Verfahren Rechnung. Seine Gleichnisse führen die Differenzierung, die es unmöglich macht, sich ein einheitliches Bild vorzustellen, konkret vor. Anstelle der im letzten Zitat verwendeten Abstrakta erscheinen innerhalb der Bildlichkeit dann die Mischungen aus

---

[847] Ebd., S. 581 f.

[848] S. dazu Jörg Kühne, Das Gleichnis. Studien zur inneren Form von Robert Musils Roman „Der Mann ohne Eigenschaften". Tübingen 1968.

anschaulichen, am jeweiligen Gegenstand orientierten Elementen und (selbst)reflexiven Anteilen.

Trotz der Komplexität des Verfahrens und seiner Selbstreflexivität wird das Gleichnis von Ulrich dazu benutzt, die Entgrenzungserfahrung des anderen Zustands zu kennzeichnen.

> Ulrich sagte: ‚Du bist zum Mond geflogen und mir von ihm wiedergeschenkt worden-‘ Agathe schwieg: Mondgespräche sind so von ganzem Herzen verbraucht. Ulrich sagte: ‚Es ist ein Gleichnis, ‚Wir waren außer uns‘, ‚Wir hatten unsere Körper vertauscht, ohne uns zur berühren‘, sind auch Gleichnisse! Aber was bedeutet ein Gleichnis? Ein wenig Wirkliches mit sehr viel Übertreibung. Und doch wollte ich schwören, so wahr es unmöglich ist, daß die Übertreibung sehr klein und die Wirklichkeit fast schon ganz groß gewesen ist!‘[849]

Der Moment der Entgrenzung ist nur bildlich beschreibbar, weil das Gleichnis zwar nicht die Ungeschiedenheit von Subjekt und Welt ausdrücken kann, aber doch auf sie hinweist. Es kann also eine Analogie herstellen, zu der die diskursive Sprache nicht in der Lage ist. Gleichzeitig kann auch das Gleichnis die Erfahrung des anderen Zustandes nicht erfassen. Einerseits hat es als konkrete sprachliche Figur eine Geschichte hinter sich, die dazu führt, dass „Mondgespräche so von ganzem Herzen verbraucht" sind, also schon konventionell geworden sind und der subjektiven Einzigartigkeit des anderen Zustandes nicht gerecht werden. Andererseits führt das Gleichnis die Ebene sprachlicher Bedeutung ein und entfernt sich damit von der unmittelbar erlebten „Wirklichkeit".

Musils Konzept des Gleichnisses führt durch die Vielzahl der beteiligten Elemente sehr deutlich die Komplexität der Metaphorik in modernen Texten vor. In der Konzeption des Gleichnisses zeigen sich sowohl der Anspruch moderner Autoren, einen bildlichen Ausdruck zu schaffen, welcher die diskursive Sprache hinter sich lässt, wie die Schwierigkeiten, mit denen dieser Anspruch in der konkreten Arbeit zu kämpfen hat. Die moderne Bildlichkeit muss sich nicht nur gegen die gesamte Tradition bildlichen Sprechens behaupten, um nicht als bereits „verbraucht" zu erscheinen, sie hat außerdem häufig die Funktion gegen das Konzept der Anschaulichkeit als solches zu verstoßen. An der Aufnahme von abstrakten Elementen als unmittelbarem Ausdruck der dichterischen Imagination und an fehlenden Elementen des Vergleichs lassen sich die Rebellion gegen das traditionelle Konzept bildlicher Rede erkennen. Auch die moderne Metaphorik arbeitet also mit dem Rekurs auf ein vorgängiges Konzept und zugleich gegen es. Sie führt in der Umformulierung traditioneller Bildlichkeit noch einmal das Verfahren vor, das ebenfalls der Verarbeitung des Stilbegriffs und der syntaktischen Verknüpfungen zugrunde liegt. Da die Gültigkeit und die Substantialität dieser Grundmuster von den Autorinnen und Autoren nicht mehr anerkannt werden, sie aber gleichzeitig eine gewisse Homogenität anstreben, bedienen sie sich ihrer, um aus ihnen die moderne Vorstellung von Sprache und von sprachlichen Figuren hervorzutreiben.

Diese moderne Vorstellung ist nicht von den Kategorien der Subjektivität, der Geschichte und der Zeit zu trennen. Einerseits zeigen sich enge Verbindungen zur Relativierung chronologischer und logischer Verknüpfungsformen, andererseits hat auch die Subjektvorstellung Einfluss auf die sprachliche Form, die für einen Roman charakteris-

---

[849] Musil, Der Mann ohne Eigenschaften, Bd. 2, S. 1084.

tisch ist. Am deutlichsten ist dieser Zusammenhang im letzten Abschnitt zu beobachten: Alle Autorinnen und Autoren gehen nicht nur von Ressourcen des Subjekts aus und entwickeln ein dialektisches Subjektkonzept, sondern formulieren auch die Metaphorik modern um. Die Metaphorik entspricht dabei der Verfasstheit des Subjekts, auch sie wird dialektisch verstanden: Entweder ist sie wie die moderne Subjektvorstellung aus disparaten Elementen zusammengesetzt oder metaphorisch verdichtete Passagen wechseln mit nüchtern erzählten. Die Entsprechung zwischen Metaphorik und Subjektvorstellung führt damit die Parallele zwischen sprachlicher Bewegung und Sujet, welche die ästhetischen Figuren der Moderne konstituiert, fort. Die spezifische moderne Nähe von sprachlicher Dynamik und Sujet gilt in diesem etwas weiter gefassten Rahmen auch für die Romane der zwanziger und dreißiger Jahre.

Nachwort

Die vorliegende Studie hat versucht, eine Poetik der Moderne zu entwerfen, die von der letztendlichen Substanzlosigkeit kultureller Ordnungsmuster und Wahrnehmungskategorien ausgeht. Um 1910 setzte sich bei den Autoren der Moderne die Erkenntnis durch, dass nach dem Verlust grundlegender Ordnungs- und Wahrnehmungsmodelle eine neue Poetik entworfen werden muss. Gegen die „Landschaftsbeträumer" und „Blümchenverdufter"[850] konstruiert der moderne Künstler seine kombinatorischen und gegen das konventionelle Sinnsystem rebellierenden Texte.

> Da ging ich, in. mich gekehrt, durch das gewölbte Tor, sinnend zurück in die Stadt Warum, dachte ich, sinkt wohl das Gewölbe nicht ein, da es doch keine Stütze hat? Es steht, antwortete ich, weil alle Steine auf einmal einstürzen wollen [...].[851]

Im Jahr 1800 betrachtet Heinrich von Kleist einen Torbogen und sieht in seinem Konstruktionsprinzip Strukturen, die auf die Verfahren einer modernen Poetik übertragen werden können. Denn Kleists Vision lässt sich als Bild für die Poetik der klassischen Moderne, soweit sie hier skizziert worden ist, lesen. Auch ihre Texte entstehen, obwohl sie keine sinnstiftende Stütze haben, und sie können deshalb zu ästhetischer Kohärenz finden, weil alle strukturgebenden Elemente „auf einmal einstürzen wollen".

Die Prosa der Moderne hat deswegen keine Stütze mehr, weil die Kategorien, die im 19. Jahrhundert noch erzählerischen Zusammenhang stiften konnten, als nicht mehr gültig angesehen werden. Moderne Prosa kann nur innerhalb des einzelnen Textes und nur für diesen einen ästhetisch legitimierten Zusammenhang bilden, wenn sie Zeit und Geschichte, Subjektivität und Sprache inszenieren will. Diese ästhetische Kombinatorik arbeitet nicht mit neuen Sinnsetzungen für diese Bereiche, sondern mit „Bausteinen", von denen jedoch keiner die verlorene Substantialität wiederherstellt. Darüber hinaus kann keiner der Bausteine alleine das Gebäude des Textes tragen, schon deshalb nicht, weil er, ebenso wenig wie jeder andere, eine absolute Gültigkeit beanspruchen kann. Insofern sind zwar alle strukturellen Elemente einer modernen Poetik prinzipiell gleichwertig, sie bleiben dadurch aber auch disparat, weil sie nicht unter einer bestimmten Kategorie homogenisiert werden können. Obwohl sie also - ohne homogenisierendes Konzept - auseinanderbrechen müssten, erschaffen sie gerade aus dem Verlust gültiger Ordnungsmuster einen neuen Zusammenhalt, der wesentlich durch die moderne Kombinatorik und ihre mimetischen Verfahren gekennzeichnet ist.

Die Bausteine dieser Kombinatorik sind einerseits die dargestellten Konzepte aus der Literatur- und Philosophiegeschichte, andererseits die verschiedenen Elemente aus literarischen Gattungszuordnungen und Diskursformen. Alle Bestandteile werden entweder als substanzlos interpretiert oder verstehen sich selbst schon als Ausdruck der Auflösung kultureller Ordnungsmuster. In den modernen Texten werden diese Elemente im mimetischen Verfahren nachgezeichnet und zugleich umformuliert. Diese produktive Mimesis moderner Texte kann nicht nur als Auflösung der vorgegebenen subjektiven, geschichtlichen und sprachlichen Formen gelesen werden, sondern auch

---

850 Gottfried Benn, Einleitung zu Lyrik des Expressionistischen Jahrzehnts, S. 422.
851 Heinrich von Kleist, Brief an Wilhelmine von Zenge v. 16./18. 11. (und Zusatz vom 30.12.) 1800. In: Ders., Sämtliche Werke und Briefe. Bd. 2, S. 593.

als gleichzeitig den Text konstituierender, dynamischer Prozess. Retrospektiv aus der Perspektive moderner Textkomposition betrachtet, erweist sich Kleists Bild damit an einem Punkt als unzutreffend, denn der Gewölbebogen dient ihm zur Reflexion über dessen prekäre Statik und im Anschluss daran über seine eigene prekäre Situation – „[...] daß auch ich mich halten würde, wenn alles mich sinken läßt."[852] Zwar ist die romantische Subjektvorstellung, die hier zum Ausdruck kommt, ein Ausgangspunkt für die Poetik der Moderne, im Gegensatz zu Kleists subjektiver Zustandsbeschreibung ist diese aber zusätzlich durch einen dynamischen Aspekt gekennzeichnet. Er zeigt sich im Bereich der Subjektivität, lässt sich aber auch an Elementen der anderen behandelten Kategorien beobachten.

Die Dynamik des mimetischen Verfahrens hält die Konzepte, die sie unterläuft, in Bewegung, weil sie - wie Nietzsche es programmatisch formuliert hat - den Stachel auch gegen sich selbst wendet. Deswegen kann die Poetik der Moderne durch ihre Selbstreflexivität und ihre Negativität, ihr Infragestellen aller Varianten von Sinngebung, beschrieben werden. Beides sind jedoch Charakteristika, deren Wichtigkeit für die moderne Kunst schon häufiger betont worden ist. Dagegen legen die Analysen der vorliegenden Studie den Akzent auf den Produktionsprozess dieser bereits bekannten Merkmale moderner Literatur. Die Konstruktion von ästhetischen Figuren bildet in der Prosa der frühen Moderne das zentrale Verfahren, mit dem poetische Selbstreflexion und die Negation von Sinnsystemen verbunden werden können. Durch die mimetische Nachzeichnung der Sujets entsteht einerseits ein selbstreflexiver Effekt, weil das Sujet aufgenommen, gleichzeitig aber auch durch die produktive Mimesis verschoben wird. So entsteht der Eindruck einer am Inhalt orientierten Selbstreflexivität des Textes oder des Künstlers. Andererseits bietet die ästhetische Figur keinen Gegenentwurf zu den von ihr nachgezeichneten Sujets, sondern sie unterläuft ihre Homogenität. In diesem Sinn ist sie Ausdruck von Negativität, man könnte auch behaupten, sie sei dekonstruierend.

In den Romanen der zwanziger und dreißiger Jahre verändert sich das ästhetische Verfahren, die grundlegende Diagnose bleibt aber dieselbe. Bei der Verwendung von kohärenten Strukturen wird sowohl die Verschiebung durch die produktive Mimesis sichtbar wie auch die Künstlichkeit jedes Zusammenhangs durchschaubar. Während jedoch die ästhetische Figur Elemente von Nietzsches Denken, von romantischer und symbolistischer Literatur kombiniert, zeigt sich die Kombinatorik des modernen Romans an der Verknüpfung von subjektiven, sprachlichen und geschichtlichen Elementen, die bereits als ästhetische Figuren verstanden werden können. Die Kombination entsteht dann einerseits durch die Balance von ästhetischer Figur und nachgezeichnetem Kohärenzprinzip, andererseits durch die Verknüpfung der Ebenen von Chronologie, Kohärenz und Geschichte sowie Subjektivität und Sprache.

Noch ein weiterer Aspekt moderner Prosa bleibt zu erwähnen, ihre Neigung zur Abstraktion, die von den Autoren ebenfalls bereits reflektiert wurde. So schildert Musil einen Besuch in seinem Produktionsbereich in folgender Weise:

> Gehirn dieses Dichters: Ich rutschte eilig die fünfte Windung in der Gegend des dritten Hügels hinunter. Die Zeit drängte. Die Großhirnmassen wölbten sich grau und unergründlich wie fremde Gebirge am Abend [...] Ein verspäteter Literaturgeologe gesellte

---

[852] Kleist, Brief an Wilhelmine von Zenge vom 16./18. 11. 1800, S. 593.

sich da zu mir […] ‚Oh‘, meinte der Literaturgeologe, während er mit seinem Hämmerchen ein Stück Gehirn ausbrach und dann wegblies, ‚dieser Dichter hat manchmal zu wenig Schilderungskraft.‘ ‚Nein‘, lächelte ich erzürnt, ‚wenig Schilderungsabsicht!‘[853]

Im Gehirn des Dichters streiten sich ein Vertreter der Moderne und ein Vertreter konservativer ästhetischer Positionen darüber, was Musils Prosa kennzeichnet. Sie ist nicht anschaulich, nicht konkret, nicht realistisch genug, meint der Literaturgeologe. Aber sie will es auch gar nicht sein, entgegnet das Alter Ego Musils. Am deutlichsten wird diese Tendenz zur Abstraktion an der Form moderner Bildlichkeit, welche die Anschaulichkeit verweigert. Insgesamt werden aber in der mimetischen Nachzeichnung traditioneller literarischer Konzepte vor allem Formen realistischen Erzählens unterlaufen. Die Folge sind Texte ohne „Schilderungsabsicht“. In der Verweigerung psychologischer Motivierung, in der Auflösung der Chronologie und in ihrer unanschaulichen Bildlichkeit zeigen sie auch die Künstlichkeit sogenannten realistischen Erzählens. In dieser Hinsicht lässt sich mit Musil und einem späten Nachfolger modernen Erzählens, mit Arno Schmidt, auf den Einwand es sei „[…] das Ganze doch verdammt=ä -‚abstrakt‘“, nur erwidern: „„Kann man denn anders sein, als abstrakt?‘.“[854]

---

[853] Robert Musil, Über Robert Musil's Bücher (1913). In: Ders., Gesammelte Werke Bd. II, S. 995-1001, S. 995-997.

[854] Arno Schmidt, Windmühlen. In: Ders., Ländliche Erzählungen. Bargfelder Ausgabe. Bd.I/3. 2. Zürich 1987, S. 279-292, S. 290.

Literaturverzeichnis

Primärliteratur

Aragon, Louis: Pariser Landleben. Le paysan de Paris (1926). München 1969.

Barnes, Djuna: Selected Works of Djuna Barnes. New York/London 1980.

Benn, Gottfried: Briefe an F. W. Oelze. 2 Bde. Wiesbaden und München 1977.

Ders.: Prosa und Autobiographie in der Fassung der Erstdrucke. Hrsg. v. Bruno Hillebrand. Frankfurt/M. 1984.

Ders.: Essays und Reden in der Fassung der Erstdrucke. Hrsg. v. Bruno Hillebrand. Frankfurt/M. 1989.

Ders.: Szenen und Schriften in der Fassung der Erstdrucke. Hrsg. v. Bruno Hillebrand. Frankfurt/M. 1990.

Breton, André: Nadja (1928). Frankfurt/M. 1981.

Ders.: Nadja. Paris 1964.

Broch, Hermann: Dichten und Erkennen. Essays Bd. 1. Zürich 1955.

Ders.: Kommentierte Werkausgabe. Hrsg. v. Paul Michael Lützeler. Frankfurt/M. 1975.

Céline, Louis-Ferdinand: Voyage au bout de la nuit. Paris 1952.

Ders.: Gespräche mit Professor Y. Frankfurt/M. 1989.

Ders.: Reise ans Ende der Nacht (1932), Reinbek b. Hamburg 1992.

D'Annunzio, Gabriele: Lust. Berlin 1898.

Döblin, Alfred: Berlin Alexanderplatz (1929). Hrsg. v. Werner Stauffacher. Zürich/Düsseldorf 1996.

Ders.: Berlin Alexanderplatz. München 1965.

Ders.: Erzählungen aus fünf Jahrzehnten. Olten 1979.

Ders.: Autobiographische Schriften und letzte Aufzeichnungen. Hrsg. v. Edgar Pässler, Olten/Freiburg i.Br. 1980.

Ders.: Schriften zu Leben und Werk. Hrsg. v. Erich Kleinschmidt. Olten 1981.

Ders.: Drama. Hörspiel. Film. Hrsg. v. Erich Kleinschmidt. Olten/Freiburg i.Br. 1983.

Ders.: Jagende Rosse. Der Schwarze Vorhang und andere frühe Erzählwerke. München 1987.

Ders.: Schriften zu Ästhetik, Poetik und Literatur. Hrsg. v. Erich Kleinschmidt. Olten/Freiburg i.Br. 1989.

Ders.: Schicksalsreise. Bericht und Bekenntnis. Hrsg. v. Anthony Riley. Solothurn/Düsseldorf 1993.

Eichendorff, Joseph von: Werke Bd. II. Romane und Erzählungen. München 1970.

Einstein, Carl: Bebuquin. Hrsg. v. Erich Kleinschmidt. Stuttgart 1985.

Ders.: Werke Bd. 4. Texte aus dem Nachlaß I. Hrsg. v. Hermann Haarmann und Klaus Siebenhaar. Berlin 1992.

Ders.: Werke Band 1. 1907-1918. Hrsg. v. Hermann Haarmann/Klaus Siebenhaar. Berlin 1994.

George, Stefan: Hymnen. Pilgerfahrten. Algabal. Düsseldorf/München 1966.

Grillparzer, Franz: Sämtliche Schriften. Bd. 1. München 1963.

Heym, Georg: Dichtungen und Schriften. 3 Bde. Hrsg. v. Karl Ludwig Schneider. Hamburg/München 1962, 1964 u. München 1960.

Hölderlin, Friedrich: Sämtliche Werke und Briefe. 3 Bde. Hrsg. v. Jochen Schmidt. Frankfurt/M. 1992-1994.

Hoffmann, E. T. A.: Sämtliche Werke Bd. 2/1. Hrsg. v. Hartmut Steinecke. Frankfurt/M. 1993.

Hofmannsthal, Hugo von: Sämtliche Werke XXXI. Hrsg. v. Ellen Ritter. Frankfurt/M. 1991.

Huysmans, Joris-Karl: Tief unten. Zürich 1987.

Ders.: Gegen den Strich (1884; dt. Übers. 1897). Stuttgart 1992.

Joyce, James: Ulysses (1922). Ed. by Hans Walter Gabler. London 1986.

Jung, Franz: Gott verschläft die Zeit. 2. Aufl. München 1980.

Ders.: Feinde Ringsum. Prosa und Aufsätze 1912 bis 1963, Werke 1/1, Hamburg 1981.

Ders.: Der Weg nach unten. Hamburg 2. Aufl. 1988.

Kafka, Franz: Der Proceß. Hrsg. v. Malcolm Pasley. New York, Frankfurt/M. 1990, Apparatband.

Ders.: Tagebücher in der Fassung der Handschrift. Hrsg. v. H. G. Koch, M. Müller u. M. Pasley. Frankfurt/M. 1990.

Ders.: Der Proceß in der Fassung der Handschrift. Nach der kritischen Ausgabe hrsg. v. Hans-Gerd Koch. Frankfurt/M. 1994.

Ders.: Gesammelte Werke in zwölf Bänden nach der kritischen Ausgabe v. Hans Gerd Koch. Frankfurt/M. 1994.

Kleist, Heinrich von: Sämtliche Werke und Briefe. 2 Bde. Hrsg. v. Helmut Sembdner. München 1964.

Maeterlinck, Maurice: Der Schatz der Armen. Jena 1925.

Ders.: Die frühen Stücke. 2 Bde. München 1983.

Mann, Heinrich: Stockholmer Gesamtausgabe. Frankfurt/M. 1956.

Ders.: Gesammelte Werke in 13 Bänden. 2. durchgesehene Auflage. Frankfurt/M. 1974.

Ders.: Die Göttinnen. Die drei Romane der Herzogin von Assy. Studienausgabe in Einzelbänden. Frankfurt/M. 1987.

Mereschkowski, Dmitri: Leonarda da Vinci. Leipzig 1903, Neuauflage München 1950.

Musil, Robert: Briefe 1901-1942. Hrsg. v. Adolf Frisé. Reinbek b. Hamburg 1981.

Ders.: Gesammelte Werke. 2 Bde. Hrsg. v. Adolf Frisé, Reinbek b. Hamburg 1978.

Ders.: Tagebücher, 2 Bde. Hrsg. v. Adolf Frisé. Neu durchgesehene u. ergänzte Aufl., Reinbek bei Hamburg 1983.

Novalis: Werke. Hrsg. u. kommentiert v. Gerhard Schulz. 2. neu bearb. Aufl. München 1981.

Ovid: Metamorphosen. Stuttgart 1988.

Proust, Marcel: OEvres Complètes. Bd I, 1. A la recherche du temps perdu. Du côte de chez Swann. Paris 1933.

Ders.: Auf der Suche nach der verlorenen Zeit (1913-27) Bd. 1. Unterwegs zu Swann. Frankfurt/M. 1994.

Schmidt, Arno: Ländliche Erzählungen. Bargfelder Ausgabe. Bd.I/3. 2. Zürich 1987.

Serner, Walter: Die Tigerin. Eine absonderliche Liebesgeschichte (1925). München 1982.

Ders.: Die tückische Straße. Neunzehn Kriminalgeschichten. München 1982.

Stein, Gertrude: The Autobiography of Alice B. Toklas (1933), New York o. J. [1961].

Dies.: Everybody's Autobiography. New York 1971.

Stramm, August: Das Werk. Hrsg. v. René Radrizzani. Wiesbaden 1963.

Ders.: Die Dichtungen. Sämtliche Gedichte, Dramen, Prosa. Hrsg. v. Jeremy Adler. München/Zürich 1990.

Ders.: Alles ist Gedicht. Briefe. Gedichte. Bilder. Dokumente. Hrsg. v. Jeremy Adler. Zürich 1990.

Ders.: Beiträge zu Leben, Werk und Wirkung. Hrsg. v. Lothar Jordan, Bielefeld 1995.

Svevo, Italo: Zeno Cosini (1923). Reinbek b. Hamburg 1987.

Woolf, Virginia: Mrs. Dalloway (1925). London 1963.

Dies.: Diary Bd. 2, Ed. by Anne Olivier Bell. London 1978.

298

Sekundärliteratur

Abraham, Ulf: Der verhörte Held. Recht und Schuld im Werk Franz Kafkas. München 1985.

Ders.: Rechtsspruch und Machtwort. Zum Verhältnis von Rechtsordnung und Ordnungsmacht bei Kafka. In: W. Kittler/G. Neumann (Hrsg.), Franz Kafka: Schriftverkehr. Freiburg 1990, S. 248-278.

Adler, J. D./J. J. White (Hrsg.): August Stramm. Kritische Essays und unveröffentlichtes Quellenmaterial aus dem Nachlaß des Dichters. Berlin 1979.

Adorno, Theodor W.: Ästhetische Theorie. Frankfurt/M. 1970.

Ders.: Noten zur Literatur. Frankfurt/M. 1974.

Allen, Carolyn: The Erotics of Nora's Narrative in Djuna Barnes's *Nightwood*. In: Signs: Journal of Women in Culture and Society 19/Jg. 1993, H. 1, S. 177-200.

Alt, Peter-André: Ironie und Krise. Ironisches Erzählen als Form ästhetischer Wahrnehmung in Thomas Mann „Der Zauberberg" und Robert Musils „Der Mann ohne Eigenschaften". Frankfurt/M./Bern/New York 1985.

Amberson, Deborah: An Ethics of Nicotine: Writing a Subjectivity of Process in Italo Svevo's ‚La Coscienza di Zeno'. In: Forum Italicum Bd. 39/2005, H. 2, S. 441-460.

Anderson, Mark M.: Kafka's Clothes. Ornament and Aestheticism in the Habsburg Fin de Siècle, Oxford 1992.

Anz, Thomas: Literatur der Existenz. Literarische Psychopathographie und ihre soziale Bedeutung im Frühexpressionismus. Stuttgart 1974.

Ders./Michael Stark (Hrsg.): Die Modernität des Expressionismus. Stuttgart 1994.

Ders.: Gesellschaftliche Modernisierung, literarische Moderne und philosophische Postmoderne. In: Ders./M. Stark (Hrsg.), Die Modernität des Expressionismus. Stuttgart 1994, S. 1-8.

Ders: Der Sturm ist da. Die Modernität des literarischen Expressionismus. In: R. Grimminger/J. Murasov/J. Stückrath (Hrsg.), Literarische Moderne. Europäische Literatur im 19. und 20. Jahrhundert. Reinbek b. Hamburg 1995, S. 257-283.

Attridge, Derek: Molly's Flow: The Writing of „Penelope" and the question of Women's Language. In: Modern fiction Studies Vol. 35/Jg. 1989, No. 3, S. 543-565.

Ders. (Hrsg.): James Joyce's Ulysses. A Casebook. Oxford 2004.

Bachmaier, Helmut (Hrsg.): Paradigmen der Moderne. Amsterdam/Philadelphia 1990.

Backes-Haase, Alfons: „Über topographische Anatomie, psychischen Luftwechsel und Verwandtes". Walter Serner - Autor der „Letzten Lockerung". Bielefeld 1989.

Balakian, Anna: André Breton. Magus of Surrealism. New York 1971.

Barner, Wilfried: Über das Negieren von Tradition. Zur Typologie literaturprogrammatischer Epochenwenden in Deutschland. In: Reinhart Herzog/Reinhart Koselleck (Hrsg.), Epochenschwelle und Epochenbewußtsein, Poetik und Hermeneutik XII, München 1987, S. 3-51.

Barnett, Claudia: Mrs. Dalloway and Performance Theory. In: English Language Notes 40/Jg. 2002, H. 2, S. 57-68.

Bartsch, Kurt: Die Hölderlin-Rezeption im deutschen Expressionismus. Frankfurt/M. 1974.

Baßler, Moritz: Die Entdeckung der Textur. Unverständlichkeit in der Kurzprosa der emphatischen Moderne 1910-1916. Tübingen 1994.

Ders.: Absolute Prosa. In: Walter Fähnders (Hg.), Expressionistische Prosa. Bielefeld 2001, S. 59-78.

Baum, Michael: Kontingenz und Gewalt. Semiotische Strukturen und erzählte Welt in Alfred Döblins Roman „Berlin Alexanderplatz". Würzburg 2003.

Baumann-Eisenack, Barbara: Der Mythos als Brücke zur Wahrheit. Eine Analyse ausgewählter Texte Alfred Döblins. Idstein 1992.

Behrens, Rudolf/Richard Schwaderer (Hrsg.): Italo Svevo. Ein Paradigma europäischer Moderne. Würzburg 1990.

Ders.: Metaphern des Ich. Romaneske Entgrenzung des Subjekts bei D'Annunzio, Svevo und Pirandello. In: H. J. Piechotta/S. Rothmann/R.-R. Wuthenow (Hrsg.), Literarische Moderne in Europa, Bd. 1: Erscheinungsformen literarischer Prosa um die Jahrhundertwende, Opladen 1994, S. 334-356.

Bensch, Gisela: Träumerische Ungenauigkeiten. Traum und Traumbewusstsein im Romanwerk Thomas Manns Buddenbrock - Der Zauberberg - Joseph und seine Brüder. Göttingen 2004.

Berger, Ingrid: Musil mit Luhmann. Kontingenz - Roman - System. München 2004.

Berger, Willy R.: Die mythologischen Motive in Thomas Manns Roman „Joseph und seine Brüder". Köln/Wien 1971.

Binder, Hartmut (Hrsg.): Motiv und Gestaltung bei Kafka. Bonn 1966.

Ders.: Kafka-Handbuch in zwei Bänden. Stuttgart 1979.

Blanchot, Maurice: Der Gesang der Sirenen. Frankfurt/M. 1988 (Paris 1959).

Blank, Andreas: Literarisierung von Mündlichkeit. Louis-Ferdinand Céline und Raymond Queneau. Tübingen 1991.

Bleinagel, Bodo: Absolute Prosa. Ihre Konzeption und Realisierung bei Gottfried Benn. Bonn 1969.

Blumenberg, Hans: Arbeit am Mythos. Frankfurt/M. 1979.

Boheemen, Christine van: „The Language of Flow": Joyce's Dispossession of the Feminine in *Ulysses*. In: Joyce, Modernity, and its Mediation. Hrsg. v. Christine van Boheemen. Amsterdam 1989, S. 63-77.

Dies. (Hrsg.): Joyce, Modernity, and its Mediation. Amsterdam 1989.

Dies.: Molly's Heavenly Body and the Economy of Sign. The Invention of Gender in „Penelope". In: Kimberly J. Devlin/Marilyn Reizbaum (Hrsg.), Ulysses - En-Gendered Perspectives. Columbis/SC 1999, S. 267-281.

Bohrer, Karl Heinz: Plötzlichkeit. Zum Augenblick des ästhetischen Scheins. Frankfurt/M. 1981.

Ders. (Hrsg.): Mythos und Moderne. Frankfurt/M. 1983.

Ders.: Der romantische Brief. Die Entstehung ästhetischer Subjektivität. Frankfurt/M. 1989.

Ders.: Das absolute Präsens. Die Semantik ästhetischer Zeit. Frankfurt/M. 1994.

Ders.: Zeit und Imagination. Das absolute Präsens der Literatur. In: Ders., Das absolute Präsens. Die Semantik ästhetischer Zeit. Frankfurt/M. 1994, S. 143-183.

Bowlby, Rachel: Virgina Woolf. Feminist Destination. Oxford/New York 1988.

Dies.: Thinking Forward Through Mrs. Dalloway's Daughter. In: Dies., Virgina Woolf. Feminist Destination. Oxford/New York 1988, S. 80-98.

Bradbury, M./J. McFarlane (Hrsg.): Modernism. 1890-1930. 2. Aufl. London 1991.

Braun, Christoph: Carl Einstein. Zwischen Ästhetik und Anarchismus: Zu Leben und Werk eines expressionistischen Schriftstellers. München 1987.

Braungart, Georg: Leibhafter Sinn. Der andere Diskurs der Moderne. Tübingen 1995.

Breslin, James E.: Gertrude Stein and the Problems of Autobiography. In: Michael J. Hoffman (Hrsg.), Critical Essays on Gertrude Stein, Boston 1986, S. 149-159.

Bridgwater, Patrick: Kafka and Nietzsche, Bonn 1974.

Ders.: The sources of Stramm's Originality. In: J. D. Adler/J. J. White (Hrsg.), August Stramm. Kritische Essays und unveröffentlichtes Quellenmaterial aus dem Nachlaß des Dichters. Berlin 1979, S. 31-46.

Ders.: Poet of Expressionist Berlin. The Life and Work of Georg Heym. London 1991.

Brod, Max: *Franz Kafka. Eine Biographie* Frankfurt/M. 1962.

Broe, Mary Lynn (Hrsg.): Silence and Power. A Reevaluation of Djuna Barnes. Carbondale u. Edwardville 1991.

Brunner, O./W. Conze/R. Koselleck (Hrsg.): Geschichtliche Grundbegriffe. Stuttgart 1978.

Bürger, Peter: Der französische Surrealismus. Studien zur avantgardistischen Literatur. Um neue Studien erweiterte Ausgabe. Frankfurt/M. 1996.

Bucher, André: Repräsentation als Performanz. Studien zur Darstellungspraxis der literarischen Moderne (Walter Serner, Robert Müller, Hermann Ungar, Joseph Roth und Ernst Weiss). München 2004.

Butler, Judith: Das Unbehagen der Geschlechter. Frankfurt/M. 1991.

Caramello, Charles: Henry James, Gertrude Stein, and the Biographical Act. Chapel Hill [u.a.] 1996.

Castein, H./A. Stillmark (Hrsg.): Deutsche Romantik und das 20. Jahrhundert. Stuttgart 1986.

Clej, Alina: Phantoms of the *opera*: Notes Toward a Theory of Surrealist Confession - The Case of Breton. In: Modern Language Notes, Vol. 104/Jg. 1989, S. 819-844.

Clements, P./I. Grundy (Hrsg.): Virginia Woolf. New Critical Essays. London 1983.

Clerico, Mona: Welt - Ich- Sprache. Philosophische und psychoanalytische Motive in Thomas Manns Romantetralogie „Joseph und seine Brüder". Würzburg 2004.

Corino, Karl: Robert Musils *Vereinigungen*. Studien zu einer historisch-kritischen Ausgabe. München/Salzburg 1974.

Culley, Margo (Hrsg.): American Women's Autobiography. Fea(s)ts of Memory. Madison/Wis. 1992.

Deleuze, Gilles/Félix Guattari: Kafka. Für eine kleine Literatur. Frankfurt/M. 1976.

Ders.: Proust und die Zeichen. Berlin 1993.

de Man, Paul: Blindness and Insight. Minneapolis 1988.

Ders.: Allegorien des Lesens. Frankfurt/M. 1988.

Deming, Robert H. (Hrsg.): James Joyce: The critical heritage. London 1970.

Derrida, Jacques: Préjugés. Vor dem Gesetz. Wien 1992.

Detering, Heinrich: Das offene Geheimnis. Zur literarischen Produktivität eines Tabus von Winckelmann bis Thomas Mann. Göttingen 1994.

Devlin, Kimberly J./Marilyn Reizbaum (Hrsg.): Ulysses - En-Gendered Perspectives. Columbis/SC 1999.

Dick, Susan: The Tunnelling Process: Some Aspects of Virginia Woolf's Use of Memory and the Past. In: P. Clements/I. Grundy (Hrsg.), Virginia Woolf. New Critical Essays. London 1983, S. 176-199.

Dierks, Manfred: Studien zu Mythos und Psychoanalyse bei Thomas Mann. Bern 1972.

Ders.: Thomas Mann und die Mythologie. In: Helmut Koopmann (Hrsg.): Thomas-Mann-Handbuch, Stuttgart 1990, S. 301-306.

Dresler-Brumme, Charlotte: Nietzsches Philosophie in Musils Roman *Der Mann ohne Eigenschaften*. Eine vergleichende Betrachtung als Beitrag zum Verständnis. Frankfurt/M. 1987.

Drews, Jörg (Hrsg.): Das Tempo dieser Zeit ist keine Kleinigkeit: zur Literatur um 1918, München 1981.

Ders.: The Meaning of the Meaning of „Finnegans Wake". Novels of the twentieth century - and where does „Finnegans Wake" fit in? In: Protokolle. Zeitschrift für Literatur und Kunst. Bd. 1, James Joyce betreffend. Materialien zur Vermessung seines Universums. Wien 1985. S. 74-84.

Ders.: Vis-á-vis du rien. Zur Situation Walter Serners und einiger seiner Zeitgenossen zwischen 1918 und 1936. In: Protokolle. Zeitschrift für Literatur und Kunst. Bd.1-2/Jg.1997, S. 7-22.

Ders.: „Der Schluck um die Axe: Der Pfiff aufs Ganze". Fragmente eines Kommentars zu Walter Serners *Letzte Lockerung manifest dada*. In: A. Puff-Trojan/W. Schmidt-Dengler (Hrsg.), Der Pfiff aufs Ganze. Studien zu Walter Serner. Wien 1998, S. 10-20.

Durrani, Osman/Julian Preece (Hrsg.): Travellers in Time and Space. The German Historical Novel. Amsterdam 2001.

Durzak, Manfred: Hermann Broch. Der Dichter und seine Zeit. Stuttgart [u.a.] 1968.

Eliot, T. S.: „Ulysses", Order and Myth. In: Robert H. Deming (Hrsg.), James Joyce: The critical heritage. London 1970, S. 268-271.

Ellmann, Richard: Ulysses on the Liffey. London 1972.

Enklaar, Jattie/ Hans Ester (Hrsg.): Das Jahrhundert Berlins: Eine Stadt in der Literatur. Amsterdam 2000.

Esch, Arno: James Joyce und Homer. Zur Frage der ‚Odyssee'- Korrespondenzen im ‚Ulysses'. In: Therese Fischer-Seidel (Hrsg.), James Joyces ‚Ulysses'. Neuere Deutsche Aufsätze. Frankfurt/M. 1977, S. 213-227.

Fähnders, Walter (Hrsg.): Expressionistische Prosa. Bielefeld 2001.

Fischer-Seidel, Therese: James Joyces ‚Ulysses'. Neuere deutsche Aufsätze. Frankfurt/M. 1977.

Dies.: Charakter als Mimesis und Rhetorik. Bewußtseinsdarstellung in Joyces ‚Ulysses'. In: Dies.: James Joyces ‚Ulysses'. Neuere deutsche Aufsätze. Frankfurt/M. 1977, S. 309-343.

Foucault, Michel: Von der Subversion des Wissens. Frankfurt/M. 1987.

Ders.: Nietzsche, die Genealogie, die Historie. In: Ders., Von der Subversion des Wissens. Frankfurt/M. 1987, S. 69-90.

Frank, Manfred: Auf der Suche nach einem Grund. Über den Umschlag von Erkenntniskritik in Mythologie bei Musil. In: Karl Heinz Bohrer (Hrsg.), Mythos und Moderne. Frankfurt/M. 1983, S. 318-362.

Ders.: Selbstbewußtsein und Selbsterkenntnis. Stuttgart 1991.

Freier, Hans: Odyssee eines Pariser Bauern: Aragons „mythologie moderne" und der Deutsche Idealismus. In: Mythos und Moderne. Hrsg. v. Karl Heinz Bohrer. Frankfurt/M. 1983, S. 157-193.

Freud, Sigmund: Studienausgabe. Frankfurt/M. 1982.

Gallistl, Maria Fortunata: Die Narzißmusproblematik im Werk Italo Svevos. Hildesheim/Zürich/New York 1993.

Gatt-Ruther, John: Italo Svevo. A double Life. Oxford 1988.

Gerhardt, Volker: Pathos und Distanz. Studien zur Philosophie Friedrich Nietzsches. Stuttgart 1988.

Ders.: Leben und Geschichte. Menschliches Handeln und historischer Sinn in Nietzsches zweiter „Unzeitgemäßer Betrachtung". In: Ders., Pathos und Distanz. Studien zur Philosophie Friedrich Nietzsches. Stuttgart 1988. S. 133-162.

Gies, Annette: Musils Konzeption des ‚Sentimentalen Denkens'. Der Mann ohne Eigenschaften als literarische Erkenntnistheorie. Würzburg 2003.

Gilbert, Stuart (Hrsg.): Letters of James Joyce. Vol. I. London 1957.

Glander, Kordula: ‚Leben wie man liest'. Strukturen der Erfahrung erzählter Wirklichkeit in Robert Musils Roman „Der Mann ohne Eigenschaften". St. Ingbert 2005.

Glaser, Horst Albert: Gottfried Benn 1886-1956. Frankfurt/M./Bern [u.a.] 1989.

Godard, Henri: Poétique de Céline. Paris 1985.

Goer, Charis: Gertrice/Altrude oder: Ich ist eine andere. (Auto-)Biographik in Gertrude Steins *Autobiographie of Alice B. Toklas*. In: Orbis Litterarum 58/Jg. 2003, S. 101-115.

Görner, Rüdiger/Duncan Large: Ecce Opus. Nietzsche-Revisionen im 20. Jahrhundert. Göttingen 2003.

Grandin, John M.: Kafkas Prussian advocate. A Study of the influence of Heinrich von Kleist on Franz Kafka. Columbia/SC 1987.

Grimminger, R./J. Murasov/J. Stückrath (Hrsg.): Literarische Moderne. Europäische Literatur im 19. und 20. Jahrhundert. Reinbek b. Hamburg 1995.

Grobbel, Martina M.: Enacting Past und Present. The Memory Theaters of Djuna Barnes, Ingeborg Bachmann and Marguerite Duras. Lanham [u.a.] 2004.

Groß, Otto: Zur Überwindung der kulturellen Krise. In: Die Aktion Jg. 1913, Sp. 384-387.

Ders.: Die Einwirkung der Allgemeinheit auf das Individuum. In: Die Aktion Jg. 1913, Sp. 1091-1095.

Gross, Stefan (Hrsg.): Maurice Maeterlinck und die deutschsprachige Literatur. Eine Dokumentation. München 1985.

Gruber, Bettina/Gerhard Plumpe (Hrsg.): Romantik und Ästhetizismus. Festschrift für Paul Gerhard Klussmann. Würzburg 1999.

Gumbrecht, Hans Ulrich: Artikel „Moderne, Modernismus". In: Geschichtliche Grundbegriffe. Hrsg. v. O. Brunner, W. Conze, R. Koselleck. Stuttgart 1978, S. 93-131.

Gunn, Edward: Myth and Style in Djuna Barnes' Nightwood. In: Modern Fiction Studies, Vol. 19, No. 4 (Winter 1973/74), S. 545-555.

Hackenbruch, Ulrich: Sachliche Intensitäten. Walter Serners „erotische Kriminalgeschichten" in ihrer Epoche. Frankfurt/M./Berlin/Bern [u.a.] 1996.

Hainge, Greg: Impossible Narratives: Colonial Spaces of Dissolution in *Voyage au bout de la nuit* and *To Have and to Hold*. In: Australien Journal of French Studies Bd. 38/2001, S. 253-271.

Hajduk, Stefan: Die Figur des Erhabenen. Robert Musils ästhetische Transgression der Moderne. Würzburg 2000.

Halpern, Anne-Élisabeth/Alain Trouvé: Une tournade d'énigmes. *Le Paysan de Paris* de Louis Aragon. Paris 2003.

Dies.: Le dadaïsme, „j'en sors'. In: Dies./Trouvé, Une tournade d'énigmes. *Le Paysan de Paris* de Louis Aragon. Paris 2003. S. 75-93.

Halsall, Robert: The Individual and the Epoch: Hermann Broch's *Die Schlafwandler* as a Historical Novel. In: Osman Durrani/Julian Preece (Hrsg.), Travellers in Time and Space. The German Historical Novel. Amsterdam 2001, S. 227-241.

Harzer, Friedemann: Erzählte Verwandlung. Eine Poetik epischer Metamorphosen (Ovid - Kafka - Ransmayr). Tübingen 2000.

Hebell, Claus: Rechtstheoretische und geistesgeschichtliche Voraussetzungen für das Werk Franz Kafkas. Analysiert an seinem Roman *Der Prozeß*. Frankfurt/M. 1993.

Hecker, Axel: An den Rändern des Lesbaren. Dekonstruktive Lektüren zu Franz Kafka. Wien 1998.

Heftrich, Eckhard: Joseph und seine Brüder. In: Thomas-Mann-Handbuch. Hrsg. v. Helmut Koopmann, Stuttgart 1990, S. 447-474.

Ders./H. Koopmann (Hrsg.): Thomas Mann und seine Quellen. Festschrift für Hans Wyseling. Frankfurt/M. 1991.

Ders.: Geträumte Taten. „Joseph und seine Brüder". Über Thomas Mann. Bd. III. Frankfurt/M. 1993.

Hehn, Victor: Kulturpflanzen und Hausthiere in ihrem Übergang aus Asien nach Griechenland und Italien sowie in das übrige Europa. Historisch-Linguistische Skizzen. Berlin 1870, 8. Aufl. 1911.

Henke, Suzette A.: James Joyce and the politics of desire. London/New York 1990.

Heller, Paul: Franz Kafka. Wissenschaft und Wissenschaftskritik. Tübingen 1989.

Heißerer, Dirk: Negative Dichtung. Zum Verfahren der literarischen Dekomposition bei Carl Einstein. München 1992.

Henderson, Diana E.: Joyce's modernist Woman: whose last word? In: Modern Fiction Studies, Vol. 35/Jg. 1989, No. 3, S. 517-528.

Herzog, Reinhart/Reinhart Koselleck (Hrsg.): Epochenschwelle und Epochenbewußtsein, Poetik und Hermeneutik XII, München 1987.

Hewitt, Nicholas: The golden Age of Louis-Ferdinand Céline. Leamington/Hamburg/New York 1987.

Hillebrand, Bruno (Hrsg.): Nietzsche und die deutsche Literatur. Bd. I: Texte zur Nietzsche-Rezeption 1873 bis 1963, Bd. II: Forschungsergebnisse. München/Tübingen 1978.

Ders.: Gottfried Benn und Friedrich Nietzsche. In: Ders. (Hrsg.), Nietzsche und die deutsche Literatur. II. Forschungsergebnisse. München/Tübingen 1978, S. 185-210.

Ders.: Ästhetik des Augenblicks. Der Dichter als Überwinder der Zeit - von Goethe bis heute. Göttingen 1999.

Hilmes, Carola: Das inventarische und das inventorische Ich. Grenzfälle des Autobiographischen. Heidelberg 2000.

Hölz, Karl: Das Thema der Erinnerung bei Marcel Proust. München 1972.

Ders.: Die *Recherche* im Spiegel einer Ästhetik der Moderne. In: Mass, E./ V. Roloff (Hrsg.), Marcel Proust. Motiv und Verfahren. Frankfurt/M. 1983. S. 116-132.

Hoffmann, Martina: Von Venedig nach Weimar. Eine Entwicklungsgeschichte paradigmatischen Künstlertums. Frankfurt/M [u.a.] 1999.

Hoffmann, Monika: Gertrude Steins Autobiographien The autobiography of Alice B. Toklas und Everybody's Autobiography. Frankfurt/M./Bern [u.a.] 1992.

Hoffman, Michael J. (Hrsg.): Critical Essays on Gertrude Stein, Boston 1986.

Hogen, Hildegard: Die Modernisierung des Ich. Individualitätskonzepte bei Siegfried Kracauer, Robert Musil und Elias Canetti. Würzburg 2000.

Holtus, Günter: Untersuchungen zu Stil und Konzeption von Célines „Voyage au bout de la nuit". Frankfurt/M./Bern 1972.

Horkheimer, Max/Theodor W. Adorno: Die Dialektik der Aufklärung. Frankfurt/M. 1971.

Horner, Avril/Sue Zloschnik: Strolling in the Dark: Gothic Flânerie in Djuna Barnes's *Nightwood*. In: Andrew Smith/Jeff Wallace (Hrsg.), Gothic Modernism. Houndsmill [u.a.] 2001, S. 78-94.

Huber-Thoma, E./G. Adler (Hrsg.): Romantik und Moderne. Festschrift für Helmut Motekat. Frankfurt/M./Bern/New York 1986.

Hurwitz, Emanuel: Otto Gross. Paradies-Sucher zwischen Freud und Jung. Frankfurt/M. 1988.

Huyssen, A./D. Bathrick (Hrsg.): Modernity and the Text. Revisions of German Modernism. New York 1989.

Ihrig, Wilfried: Literarische Avantgarde und Dandysmus. Frankfurt/M. 1988.

Imhof, Arnold: Franz Jung. Leben - Werk - Wirkung. Bonn 1974.

Irigaray, Luce: Speculum. Spiegel des anderen Geschlechts. Frankfurt/M. 1980.

Irle, Gerhard: Rausch und Wahnsinn bei Gottfried Benn und Georg Heym. Zum psychiatrischen Roman. In: Literatur und Schizophrenie. Hrsg. v. Winfried Kudszus, München und Tübingen 1977, S. 104-112.

Jähner, Harald: Erzählter, montierter und soufflierter Text. Zur Konstruktion des Romans Berlin Alexanderplatz von Alfred Döblin. Frankfurt/M. [u.a.] 1984.

Jander, Simon: Die Ästhetik des essayistischen Romans. Zum Verhältnis von Reflexion und Narration in Musils „Der Mann ohne Eigenschaften" und Brochs „Hugenau oder die Sachlichkeit". In: Zeitschrift für deutsche Philologie 123/Jg. 2004, S. 527-548.

Jauß, Hans Robert: Literaturgeschichte als Provokation, Frankfurt/M. 1970.

Ders.: Zeit und Erinnerung in Marcel Prousts „A la recherche du temps perdu". 2. durchgesehene Aufl., Heidelberg 1970.

Ders.: Die Epochenschwelle von 1912: Guillaume Apollinaire: *Zone* und *Lundi Rue Christine*. Heidelberg 1986.

Jelinek, Estelle C.: The Tradition of Women's Autobiography: From Antiquity to the Present. Boston 1986.

Johnston, Georgia: Narratologies of Pleasure: Gertrude Stein's *The Autobiography of Alice B. Toklas*. In: Modern fiction Studies Vol. 42 No. 3 (Fall 1996), S. 590-606.

Jordan, Lothar (Hrsg.): August Stramm. Beiträge zu Leben, Werk und Wirkung. Bielefeld 1995.

Jung, Christina/Thomas Anz: Der Fall Otto Gross. Eine Pressekampagne deutscher Intellektueller im Winter 1913/14. Marburg/L. 2002.

Jurt, Joseph: Céline - Ideologieverdacht oder literarischer Rang? Überlebungen zu ‚Voyage au bout de la nuit'. In: In Memoriam Erich Köhler. Romanistische Zeitschrift für Literaturgeschichte. Heidelberg 1984, S. 261-288.

Kasper, Judith: Sprachen des Vergessens. Proust, Perec und Barthes zwischen Verlust und Eingedenken. München 2003.

Keck, Annette: Avantgarde der Lust. Autorschaft und sexuelle Relation in Döblins früher Prosa. München 1998.

Kemper, Dirk: Ästhetische Moderne als Makroepoche. In: Silvio Vietta/Dirk Kemper (Hrsg.), Ästhetische Moderne in Europa: Grundzüge und Problemzusammenhänge seit der Romantik. München 1998, S. 97-126.

Keith, Thomas: „Die Welt als ästhetisches Phänomen". Gottfried Benns Nietzsche-Rezeption. In: Zeitschrift für Germanistik, Jg. 10/2000, Heft 1, S. 116 – 126.

Kiefer, Klaus H.: Diskurswandel im Werk Carl Einsteins. Ein Beitrag zur Theorie und Geschichte der europäischen Avantgarde. Tübingen 1994.

Kiesel, Helmuth: Geschichte der literarischen Moderne. Sprache. Ästhetik. Dichtung im zwanzigsten Jahrhundert. München 2004.

Kittler, W./G. Neumann (Hrsg.): Franz Kafka: Schriftverkehr. Freiburg 1990.

Klier, Melanie: *Kunstsehen* - Literarische Konstruktion und Reflexion von Gemälden in E. T. A. Hoffmanns *Serapions*-Brüdern mit Blick auf die Prosa Georg Heyms. Frankfurt/M. 2002.

Klotz, Volker: Zitat und Montage in neuerer Literatur und Kunst. In: Sprache im technischen Zeitalter, Jg. 1976, S. 259-277.

Kobel, Erwin: Alfred Döblin. Erzählkunst im Umbruch. Berlin/New York 1985.

Koopmann, Helmut: Der klassisch-moderne Roman in Deutschland: Thomas Mann, Alfred Döblin, Hermann Broch. Stuttgart/Berlin [u.a.] 1983.

Kramer, Andreas: Die „verfluchte Heredität loswerden": Studie zu Carl Einsteins Bebuquin. Münster 1990.

Kremer, Detlef: Parallelaktion. Robert Musils „Der Mann ohne Eigenschaften". In: Hans-Georg Pott (Hrsg.), Robert Musil - Dichter, Essayist, Wissenschaftler. München 1993, S. 22-44.

Krispyn, E.: Sources and subject matter in two short stories by Georg Heym. In: Journal of the Australasian Universities Language and Litertaur Association, 12/Nov. 1959, S. 52-57.

Kristeva, Julia: Die Revolution der poetischen Sprache. Frankfurt/M. 1978.

Dies.: Pouvoir de l'horreur. Essai sur l'abjection. Paris 1980.

Dies.: Le Temps sensible. Proust et l'expérience littéraire. Paris 1994.

Kudszus, Winfried (Hrsg.): Literatur und Schizophrenie. München und Tübingen 1977.

Kühne, Jörg: Das Gleichnis. Studien zur inneren Form von Robert Musils Roman „Der Mann ohne Eigenschaften". Tübingen 1968.

Kupka, Anne: Der ungeliebte d'Annunzio. D'Annunzio in der zeitgenössischen und der gegenwärtigen deutschsprachigen Literatur. Frankfurt/M./Bern [u.a.] 1992.

Kuttnig, Beat: Die Nietzsche-Aufsätze des jungen Alfred Döblin. Eine Auseinandersetzung über die Grundlagen von Erkenntnis und Ethik. Bern, Berlin [u.a.] 1995.

308

Kyora, Sabine: Psychoanalyse und Prosa im 20. Jahrhundert. Stuttgart 1992.

Dies.: Freud, Lacan und Gottfried Benn. Einführende Überlegungen zu einer methodischen Annäherung. In: Jahrbuch für internationale Germanistik, JG. XXVII/1995, Heft 2, S. 142-174.

Dies.: Liebe machen oder der Liebhaber als Autor. In: Puff-Trojan, A./W. Schmidt-Dengler (Hrsg.), Der Pfiff aufs Ganze. Studien zu Walter Serner. Wien 1998. S. 64-74.

Dies.: Carl Einsteins *Bebuquin.* In: Walter Fähnders (Hrsg.), Expressionistische Prosa. Bielefeld 2001, S. 79-91.

Lacan, Jacques: Schriften II. Berlin 3. korr. Aufl., 1991.

Ders.: Das Drängen des Buchstabens im Unbewußten oder die Vernunft seit Freund. In: Ders., Schriften II. Berlin 3. korr. Aufl., 1991, S. 15-59.

Lämmert, Eberhard: Bauformen des Erzählens. Stuttgart 1955.

Laermann, Klaus: Eigenchaftslosigkeit. Reflexionen zu Musils „Mann ohne Eigenschaften". Stuttgart 1970.

Landy, Joshua: Philosophy as Fiction. Self, Deception, and Knowledge in Proust. Oxford 2004.

Lange, Wolfgang: Im Zeichen der Dekadenz. Hofmannsthal und die Wiener Moderne. In: Grimminger/Murasov/Stückrath (Hrsg.), Literarische Moderne. Europäische Literatur im 19. und 20. Jahrhundert. Reinbek b. Hamburg 1995, S. 201-229.

Large, Duncan: *Zerfall der Werke:* Broch, Nietzsche, Nihilism. In: Görner, Rüdiger/Duncan Large: Ecce Opus. Nietzsche-Revisionen im 20. Jahrhundert. Göttingen 2003. S. 65-82.

Lawrence, Karen: The Odyssey of Style in Ulysses. Princeton 1981.

Ledanff, Susanne: Bildungsroman versus Großstadtroman. In: Sprache im technischen Zeitalter, H. 77/März 1981, S. 85-114.

Lee, Judith: Nightwood: „The sweetest Lie". In: Mary Lynn Broe (Hrsg.), Silence and Power. A Reevaluation of Djuna Barnes. Carbondale u. Edwardville 1991, S. 207-218.

Lejeune, Philippe: Der autobiographische Pakt. Frankfurt/M. 1994.

Lethen, Helmuth: Verhaltenslehren der Kälte. Lebensversuche zwischen den Kriegen. Frankfurt/M. 1994.

Levitt, Annette Shandler: The Pattern Out of the Wallpaper: Luce Irigaray and Molly Bloom. In: Modern fiction Studies, Vol. 35/Jg. 1989, No. 3, S. 507-516.

Liebrand, Claudia: Theater im *Proceß.* In: Germanisch-Romanische Monatsschrift, Jg. 48/1998, H. 2, S. 201-217.

Dies./Franziska Schößler (Hrsg.): Textverkehr. Kafka und die Tradition. Würzburg 2004.

Limat-Letellier, Nathalie: Hypothèses sur ‚le goût intensé de la mystification et du désespoir'. In: Anne-Élisabeth Halpern/Alain Trouvé, Une tournade d'énigmes. *Le Paysan de Paris* de Louis Aragon. Paris 2003, S. 97-119.

Lloyd, Genevieve: Being in Time. Selves and narrators in philosophy and literature. London/New York 1993.

Lönker, Fred: Poetische Anthropologie. Robert Musils Erzählungen *Vereinigungen.* München 2002.

Lorenz, Kuno: Brochs erkenntnistheoretisches Programm. In: Paul Michael Lützeler (Hrsg.), Hermann Broch. Frankfurt/M 1986, S. 246-259.

Lubkoll, Christine: ‚Man muß nicht alles für wahr halten, man muß es nur für notwendig halten'. Die Theorie der Macht in Franz Kafkas Roman „Der Prozeß". In: W. Kittler/G. Neumann (Hrsg.), Franz Kafka: Schriftverkehr. Freiburg 1990, S. 279-294.

Dies.: Das ist kein Pfeifen. Musik und Negation in Franz Kafkas Erzählung „Josefine, die Sängerin oder Das Volk der Mäuse". In: Deutsche Vierteljahresschrift für Literaturwissenschaft und Geistesgeschichte, 66. Jg./1992, S. 748-764.

Lützeler, Paul Michael (Hrsg.): Hermann Broch. Frankfurt/M 1986.

Ders.: Die Schlafwandler. In: Romane des 20. Jahrhunderts. Stuttgart 1993, S. 259-297.

Luhmann, Niklas: Liebe als Passion. Zur Codierung von Intimität. Frankfurt/M. 1982.

Ders: Legitimation durch Verfahren. Frankfurt/M. 1983.

Maier, Ulrich: Proust und die Avantgarde. In: E. Mass/ V. Roloff (Hrsg.), Marcel Proust. Motiv und Verfahren. Frankfurt/M. 1983, S. 26-35.

Maier-Solgk, Frank: Sinn für Geschichte. Ästhetische Subjektivität und historiologische Reflexion bei Robert Musil. München 1992.

Malt, Johanna: Obscure Objects of Desire. Surrealism, Fetishism, and Politics. Oxford 2004.

Manthey, Jürgen: Disiecti membra poetae und der wieder zusammengesetzte Schriftkörper. Gottfried Benn - Der dionysische Lettrist. In: Horst Albert Glaser, Gottfried Benn 1886-1956. Frankfurt/M./Bern [u.a.] 1989, S. 51-74.

Marcus, Jane: Laughing at Leviticus: *Nightwood* As Women's Circus Epic. In: Cultural Critique, 9/Jg. 1989/90, S. 143-190.

Marini, Loredana: Der Dichter als Fragmentist. Geschichte und Geschichten in Robert Musils Roman *Der Mann ohne Eigenschaften.* Bern/Berlin [u.a.] 2001.

Mass, E./ V. Roloff (Hrsg.): Marcel Proust. Motiv und Verfahren. Frankfurt/M. 1983.

Mautz, Kurt: Georg Heym. Mythologie und Gesellschaft im Expressionismus. 2. Aufl. Frankfurt/M. 1972.

Mereschkowski, Dmitri: Leonarda da Vinci. Leipzig 1903, Neuauflage. München 1950.

Meyer, Semi: Probleme der Entwicklung des Geistes. Erster Band: Die Geistesformen. Leipzig 1913.

Meyer, Theo: Nietzsche und die Kunst. Tübingen und Basel 1993.

Michel, Gabriele: „Die Verwandlung" von Franz Kafka - psychopathologisch gelesen. Aspekte eines schizophren-psychotischen Zusammenbruchs. In: Jahrbuch für internationale Germanistik, 23. Jg./1991, Heft 1, S. 69-92.

Milch, Thomas: Das fette Fluchen. Ein Walter Serner-Gaunerwörterbuch. München 1983.

Miller, J. Hillis: Fiction and Repetition. Seven English Novels. Cambridge (Mass.)/Oxford 1982.

Ders.: ‚Mrs. Dalloway': Repetition as Raising of the Dead. In: Ders., Fiction and Repetition. Seven English Novels. Cambridge (Mass.)/Oxford 1982, S. 176-187.

Minghelli, Giulina: In the Shadow of the Mammoth: Narratives of Symbiosis in *La Coscienza di Zeno*. In: Modern Language Notes, 109/Jg. 1994, S. 49-72.

Modick, Klaus: Formenpräger der weißen Spur. Benns Konzeption des produktiven Rausches. In: Text + Kritik, Heft 44, 2. Aufl. 1985, S. 47-53.

Mölk, Ulrich (Hrsg.): Literatur und Recht. Literarische Rechtsfälle von der Antike bis in die Gegenwart. Göttingen 1996.

Moloney, Brian: Psychoanalysis and Irony in ‚La coscienza di Zeno'. In: Modern Language Review, Vol. 67/Jg. 1972, S. 309-318.

Müller-Seidel, Walter: Wissenschaftskritik und literarische Moderne. Zur Problemlage im frühen Expressionismus. In: Thomas Anz/Michael Stark (Hrsg.), Die Modernität des Expressionismus. Stuttgart 1994, S. 21-43.

Murphy, Richard: Semiotic Excess, Semantic Vacuity and the Photograph of the Imaginary. The Interplay of Realism and the Fantastic in Kafka's „Die Verwandlung". In: Deutsche Vierteljahresschrift für Literaturwissenschaft und Geistesgeschichte, 65. Jg./1991, S. 304-317.

Nänny, Max: Moderne Dichtung und Mündlichkeit. In: Wolfgang Raible (Hrsg.), Zwischen Festtag und Alltag. Zehn Beiträge zum Thema „Mündlichkeit und Schriftlichkeit". Tübingen 1988, S. 215-229.

Nagel, Bernd: Kafka und die Weltliteratur. Zusammenhänge und Wechselwirkungen. München 1983.

Neukirchen, Gunilla: Aktive Spiegelungen. Die Konstituierung des Subjekts im Werk Virginia Woolfs. Frankfurt/M./Berlin [u.a.] 1999.

Neumann, Gerhard: Umkehrung und Ablenkung: Franz Kafkas „Gleitendes Paradox". In: Franz Kafka. Hrsg. v. Heinz Politzer. Darmstadt 1973, S. 459-515.

Ders.: Hungerkünstler und Menschenfresser. Zum Verhältnis von Kunst und kulturellem Ritual im Werk Franz Kafkas. In: W. Kittler/G. Neumann (Hrsg.), Franz Kafka: Schriftverkehr. Freiburg 1990, S. 399-432.

Ders.: ‚Blinde Parabel‘ oder Bildungsroman? Zur Struktur von Franz Kafkas *Proceß*-Fragment. In: Jahrbuch der deutschen Schillergesellschaft, Jg. 41/1997, S. 399-427.

Niehaus, Michael: Das Verhör. Geschichte - Theorie - Fiktion. München 2003.

Nietzsche, Friedrich: Kritische Studienausgabe. Hrsg. v. G. Colli und M. Montinari. München 1988.

Noble, Ian: Language and Narration in Céline's Writings: the challenge of disorder. Houndsmill/London 1987.

Oehm, Heide: Die Kunsttheorie Carl Einsteins. München 1976.

Pauler, Thomas: Schönheit & Abstraktion. Gottfried Benns ‚absolute Prosa‘. Würzburg 1992.

Peake, C. H.: James Joyce. The Citizen and the Artist. Stanford 1977.

Pearce, Richard (Hrsg.): Molly Blooms: A Polylogue on „Penelope“ and Cultural Studies. Madison 1994.

Pegatzky, Stefan: Das poröse Ich. Leiblichkeit und Ästhetik von Arthur Schopenhauer bis Thomas Mann. Würzburg 2002.

Peters, Fred G.: Kafka and Kleist: A Literary Relationship. In: Oxford German Studies, 1, 1966, S. 114-162.

Peters, Jonas: „Dem Kosmos einen Tritt!“ Die Entwicklung des Werks von Walter Serner und die Konzeption seiner dadaistischen Kulturkritik. Frankfurt/M./Berlin/Bern [u.a.] 1995.

Piechotta, H. J./S. Rothmann/R.-R. Wuthenow (Hrsg.): Literarische Moderne in Europa, Bd. 1: Erscheinungsformen literarischer Prosa um die Jahrhundertwende, Opladen 1994.

Piégay-Gros, Nathalie: ‚Cristallisations poétiques‘ et ‚chateaux en Espagne‘: Poésie et instabilité. In: Anne-Élisabeth Halpern/Alain Trouvé, Une tournade d'énigmes. *Le Paysan de Paris* de Louis Aragon. Paris 2003, S. 53-74.

Pieper, Hans-Joachim: Musils Philosophie. Essayismus und Dichtung im Spannungsfeld der Theorien Nietzsches und Machs. Würzburg 2002.

Plouvier, Paule: Poétique de l'amour chez André Breton. Paris 1983.

Pott, Hans-Georg (Hrsg.): Robert Musil. Dichter, Essayist, Wissenschaftler. München 1993.

Politzer, Heinz (Hrsg.): Franz Kafka. Darmstadt 1973.

Prangel, Matthias: Vom dreifachen Umgang mit der Komplexität der Großstadt: Alfred Döblins *Berlin Alexanderplatz*. In: Jattie Enklaar/ Hans Ester (Hrsg.), Das Jahrhundert Berlins: Eine Stadt in der Literatur. Amsterdam 2000, S. 51-68.

Preiß, Martin: „ ... daß es diese Wirklichkeit nicht gäbe". Gottfried Benns Rönne-Novellen als Autonomieprogramm. St. Ingbert 1999.

Preschl, Johannes: Bilder der Wirklichkeit im Roman. Zur Funktion der Reportage in Döblins Berlin Alexanderplatz. In: Poetica, 31/Jg. 1999, H. 3/4, S. 519-543.

Puff-Trojan, A./W. Schmidt-Dengler (Hrsg.): Der Pfiff aufs Ganze. Studien zu Walter Serner. Wien 1998.

Ders.: Von Glücksrittern, Liebeslust und Weinkrämpfen. Serners Konzept einer existentiellen Logik des Scheiterns. In: Ders./ W. Schmidt-Dengler (Hrsg.), Der Pfiff aufs Ganze. Studien zu Walter Serner. Wien 1998. S. 75-92.

Radrizzani, René: Nachwort. In: August Stramm, Das Werk. Hrsg. von René Radrizzani. Wiesbaden 1963.

Raible, Wolfgang (Hrsg.): Zwischen Festtag und Alltag. Zehn Beiträge zum Thema „Mündlichkeit und Schriftlichkeit". Tübingen 1988.

Ramm, Klaus: Reduktion als Erzählprinzip bei Kafka. Frankfurt/M. 1971.

Ders.: Kein wirklicher Kampf gegen die Wirklichkeit. Ein paar zur Einführung referierte Überlegungen zum ‚Aufbruch um 1918 in der Literatur'. In: Jörg Drews (Hrsg.), Das Tempo dieser Zeit ist keine Kleinigkeit: zur Literatur um 1918, München 1981, S. 7-21.

Rankl, Maximillian: Rönne als Nihilist der Schwäche. Gottfried Benns frühe Prosa im Lichte der Philosophie Nietzsches. In: E. Huber-Thoma/G. Adler (Hrsg.), Romantik und Moderne. Festschrift für Helmut Motekat. Frankfurt/M./Bern/New York 1986, S. 375-397.

Ravis, Suzanne: L'instantané et le temps. In: Halpern, Anne-Élisabeth/Alain Trouvé, Une tournade d'énigmes. *Le Paysan de Paris* de Louis Aragon. Paris 2003. S. 15-28.

Reed, T. J.: Thomas Mann. The Uses of Tradition. Oxford 1974.

Ders.: Thomas Mann. The Uses of Tradition. 2. Aufl. Oxford 1996.

Rehage, Georg Philipp: *Wo sind Worte für das Erleben.* Die lyrische Darstellung des Ersten Weltkriegs in der französischen und deutschen Avantgarde. Heidelberg 2003.

Reid, James H.: Proust, Beckett, and narration. Cambridge 2003.

Reinhardt, Hartmut: Erweiterter Naturalismus. Untersuchungen zum Konstruktionsverfahren in Hermann Brochs Romantrilogie „Die Schlafwandler". Köln/Wien 1972.

Rentsch, Thomas: Wie ist ein Mann ohne Eigenschaften überhaupt möglich? Philosophische Bemerkungen zu Musil. In: Helmut Bachmaier (Hrsg.), Paradigmen der Moderne. Amsterdam/Philadelphia 1990, S. 49-76.

Reuchlein, Georg: *Man lerne von der Psychiatrie.* Literatur, Psychologie und Psychopathologie in Alfred Döblins *Berliner Programm* und *Die Ermordung einer Butterblume.* In: Jahrbuch für internationale Germanistik, Jg. XXIII/1991 Heft 1, S. 10-68.

Ribbat, Ernst: *Ein roher Hund ist der Mensch, wenn er dichtet.* Zur Kleist-Rezeption im Werk Alfred Döblins. In: Internationale Alfred Döblin-Kolloquien Marbach/Berlin. Hrsg. v. Werner Stauffacher. Bern/Frankfurt/M [u.a.] 1988, S. 185-195.

Richter, Harvena: Virginia Woolf. The Invard Voyage, Princeton 1970.

Ricoeur, Paul: Zeit und Erzählung. Bd. II: Zeit und literarische Erzählung. München 1989.

Riemenschneider, Hartmut: Der Einfluß Maurice Maeterlincks auf die deutsche Literatur bis zum Expressionismus. (Diss.) Aachen 1969.

Ritte, Jürgen: Schnock, schlass et schlingue! Walter Serners Probleme mit den Apachen und anderen Franzosen. In: A. Puff-Trojan/W. Schmidt-Dengler (Hrsg.), Der Pfiff aufs Ganze. Studien zu Walter Serner. Wien 1998, S. 49-63.

Rössner, Michael: Svevos (mitteleuropäische?) Skepsis. In: Behrens, Rudolf/Richard Schwaderer (Hrsg.), Italo Svevo. Ein Paradigma europäischer Moderne. Würzburg 1990. S. 89 f..

Rogers, Brian G.: The Narrative Techniques of *À La Recherche du Temps Perdu.* Paris 2004.

Romane des 20. Jahrhunderts. Stuttgart 1993.

Rumold, Rainer: Gottfried Benn und der Expressionismus. Königstein/Ts. 1982.

Rußegger, Arno: Kinema mundi. Studien zur Theorie des „Bildes" bei Robert Musil. Wien/Köln/Weimar 1996.

Ryan, Judith: Each One as She May: Melanctha, Tonka, Nadja. In: A. Huyssen/D. Bathrick (Hrsg.), Modernity and the Text. Revisions of German Modernism. New York 1989, S. 95-109.

Sandberg, Hans-Joachim: *Der fremde Gott* und die Cholera. Nachlese zum *Tod in Venedig.* In: Thomas Mann und seine Quellen. Festschrift für Hans Wyseling. Hrsg. v. E. Heftrich u. H. Koopmann. Frankfurt/M. 1991, S. 66-110.

Sauer, Paul Ludwig: Gottesvernunft. Mensch und Geschichte im Blick auf Thomas Manns „Joseph und seine Brüder". Frankfurt/M./Berlin/Bern [u.a.] 1996.

Schäffner, Wolfgang: Norm und Abweichung. Zur Poetologie psychiatrischen Wissens bei Alfred Döblin. München 1995.

Scherpe, Klaus (Hrsg.): Die Unwirklichkeit der Städte. Großstadtdarstellungen zwischen Moderne und Postmoderne. Reinbek b. Hamburg 1988.

Ders.: Stadt, Krieg, Fremde: Literatur und Kultur nach den Katastrophen. Tübingen/Basel 2002.

Schmidthäuser, Eberhard: Kafkas „Der Prozeß". Ein Versuch aus der Sicht des Juristen. In: Ulrich Mölk (Hrsg.), Literatur und Recht. Literarische Rechtsfälle von der Antike bis in die Gegenwart. Göttingen 1996, S. 341-355.

Smith, Andrew/Jeff Wallace (Hrsg.): Gothic Modernism. Houndsmill [u.a.] 2001.

Schmitz-Emanz, Monika: Das Doppelleben der Wörter. Zur Sprachreflexion in Robert Musils „Vereinigungen". In: Hans-Georg Pott (Hrsg.), Robert Musil. Dichter, Essayist, Wissenschaftler. München 1993, S. 70-125.

Schöll, Julia: Joseph im Exil. Zur Identitätskonstruktion in Thomas Manns Exil-Tagebüchern und -Briefen sowie im Roman *Joseph und seine Brüder*. Würzburg 2004.

Schönert, Jörg: Gesellschaftliche Modernisierung und Literatur der Moderne. In: Christian Wagenknecht (Hrsg.), Zur Terminologie der Literaturwissenschaft. Stuttgart 1989, S. 393-413.

Ders.: ‚Der Irre' von Georg Heym. Verbrechen und Wahnsinn in der Literatur des Expressionismus. In: Der Deutschunterricht, Jg. 1990, Nr. 2, S. 84-94.

Schößler, Franziska: Kafkas Roman *Der Proceß* und die Erfindungen des Juristen Hans Groß. In: Claudia Liebrand/dies., Textverkehr. Kafka und die Tradition. Würzburg 2004, S. 335-360.

Schreber, Daniel Paul: *Denkwürdigkeiten eines Nervenkranken* (1903). Frankfurt/M. 1985.

Schulenburg, Lutz (Hrsg.): Der Torpedokäfer. Hommage à Franz Jung. Hamburg 1988.

Schulz, Kerstin: Identitätsfindung und Rollenspiel in Thomas Manns Romanen *Joseph und seine Brüder* und *Bekenntnisse des Hochstaplers Felix Krull*. Frankf./M./Berlin [u.a.] 2000.

Scott, Bonnie Kime: Refiguring Modernism. Vol. 2. Bloomington/Indianapolis 1995.

Seidler, Ingo: Das Nietzschebild Robert Musils. In: Nietzsche und die deutsche Literatur. Hrsg. v. Bruno Hillebrand. München/Tübingen 1978, S. 160-185.

Siefken, Hinrich: Thomas Mann. Novalis und die Folgen. In: H. Castein/A. Stillmark (Hrsg.), Deutsche Romantik und das 20. Jahrhundert. Stuttgart 1986, S. 121-140.

Silk, Sally: Céline's *Voyage au bout de la nuit*: The nation constructed through storytelling. In: Romanic Review, Vol. 87/1996. Nr. 3, S. 391-403.

Singer, Alan: The Horse Who Knew Too Much: Metaphor And The Narrative Of Discontinuity In Nightwood. In: Contemporary Literature, Vol. 25/Jg. 1984, No. 1, S. 66-87.

Smith, Victoria L.: A Story beside(s) Itself: The Language of Loss in Djuna Barnes's *Nightwood*. In: Publications of the Modern Language Association of America, 114/Jg. 1999, S. 194-206.

Sorg, Reto: Aus den „Gärten der Zeichen". Zu Carl Einsteins *Bebuquin*. München 1998.

Souhani, Diana: Gertrude und Alice. Zwei Leben eine Geschichte. Frankfurt/M. 1998.

Spies, Bernhard: „Da die erhabene Hohlheit die gewöhnliche nur vergrößert…". Satire und Ästhetik in Robert Musils „Mann ohne Eigenschaften". In: Bettina Gruber/Gerhard Plumpe (Hrsg.), Romantik und Ästhetizismus. Festschrift für Paul Gerhard Klussmann. Würzburg 1999, S. 199-211.

Stange, Martina: „Modernism and the Individual Talent". Djuna Barnes' Romane *Ryder* und *Nightwood*. Essen 1999.

Stauffacher, Werner (Hrsg.): Internationale Alfred Döblin-Kolloquien Marbach/Berlin. Bern/Frankfurt/M [u.a.] 1988.

Stegemann, Helga: Studien zu Alfred Döblins Bildlichkeit. Die Ermordung einer Butterblume und andere Erzählungen. Bern/Frankfurt/M./Las Vegas 1978.

Stenzel, Jürgen: Mit Kleister und Schere. In: Text & Kritik, Nr. 13/14 Juni 1966, S. 39-44.

Stimpson, Catherine R.: Gertrude Stein and the Lesbian Lie. In: American Women's Autobiography. Fea(s)ts of Memory. Ed. by Margo Culley. Madison/Wis. 1992, S. 152-166.

Stone-Richards, Michael: Encirclements: Silence in the Construction of *Nadja*. In: Modernism/Modernity, 8/Jg. 2001, H. 1, S. 127-159.

Strutz, Josef (Hrsg.): Robert Musil und die kulturellen Tendenzen seiner Zeit. München/Salzburg 1983.

Ders./Johann Strutz (Hrsg.): Robert Musil - Theater, Bildung, Kritik. München 1985.

Vaihinger, Hans: Die Philosophie des Als Ob. Leipzig 1920.

Tamuly, Annette: Le surréalisme et le mythe. New York/San Francisco/Bern [u.a.] 1995.

Tatar, Maria: ,Wie süß ist es, sich zu opfern'. Gender, Violence, and Agency in Döblin's *Berlin Alexanderplatz*. In: Deutsche Vierteljahresschrift für Literaturwissenschaft und Geistesgeschichte, Jg. 66/1992, S. 491-518.

Uecker, Matthias: Vorbild, Repräsentant und Warnung. Der Schriftsteller und sein Publikum in Thomas Manns *Der Tod in Venedig*. In: Literatur für Leser, Jg. 25/2002 Nr. 4, S. 227-244.

Vietta, Silvio/Dirk Kemper (Hrsg.): Ästhetische Moderne in Europa: Grundzüge und Problemzusammenhänge seit der Romantik. München 1998.

Vogl, Joseph: Vierte Person. Kafkas Erzählstimme. In: Deutsche Vierteljahresschrift für Literaturwissenschaft und Geistesgeschichte, 68. Jg./1994, S. 745-756.

Vollhardt, Friedrich: Hermann Brochs geschichtliche Stellung. Studien zum philosophischen Frühwerk und zur Romantrilogie „Die Schlafwandler" (1914-1932). München 1986.

Ders.: Hermann Brochs Literaturtheorie. In: Hermann Broch. Hrsg. v. Paul Michael Lützeler. Frankfurt/M. 1986, S. 272-288.

Voss, Dietmar: Die Rückseite der Flanerie. Versuch über ein Schlüsselphänomen der Moderne. In: Klaus R. Scherpe (Hrsg.), Die Unwirklichkeit der Städte. Großstadtdarstellungen zwischen Moderne und Postmoderne. Reinbek b. Hamburg 1988, S. 37-60.

Wagenknecht, Christian (Hrsg.): Zur Terminologie der Literaturwissenschaft. Stuttgart 1989.

Waltz, Matthias: Die Ordnung der Namen. Die Entstehung der Moderne: Rousseau, Proust, Sartre. Frankurt/M. 1993.

Wellershoff, Dieter: Der Phänotyp dieser Stunde, Köln/Berlin 1958.

Werner, Renate: Skeptizismus, Ästhetizismus, Aktivismus. Der frühe Heinrich Mann. Düsseldorf 1972.

Whitley, Catherine: Nations and the Night: Excremental History in James Joyce's *Finnegans Wake* and Djuna Barnes' *Nightwood*. In: Journal of Modern Literature, 24/Jg. 2000, H. 1, S. 81-98.

Willemsen, Roger: Claudine und Gilles - Die Latenz des Verbrechens in Robert Musils Novelle *Die Vollendung der Liebe*. In: Josef Strutz (Hrsg.), Robert Musil und die kulturellen Tendenzen seiner Zeit. München/Salzburg 1983, S. 29-58.

Wilson, Deborah S.: Dora, Nora and Their Professor: The „Talking Cure", *Nightwood* and Feminist Pedagogy. In: Literature and Psychology, Jg. 1996, No. 3, S. 48-71.

Winkler, Frank: Die Herrichtung des Ich. Literaturbegriff und Darstellungsstil in Gottfried Benns „Der Roman des Phänotyps". Rüsselsheim 1999.

Wolters, Dierk: Zwischen Metaphysik und Politik. Thomas Manns Roman „Joseph und seine Brüder" in seiner Zeit. Tübingen 1998.

Wuthenow, Ralph-Rainer: Muse, Maske und Meduse. Europäischer Ästhetizismus. Frankfurt/M. 1978.

Ders.: Wiener Fin de Siècle in Triest? Zur Position Italo Svevos. In: Rudolf Behrens/Richard Schwaderer (Hrsg.), Italo Svevo. Ein Paradigma europäischer Moderne. Würzburg 1990, S. 71-80.

Zaiser, Rainer: Die Epiphanie in der französischen Literatur. Zur Mystifizierung eines religiösen Erlebnismusters. Tübingen 1995.

Ders.: Zur Frage nach der Modernität von Italo Svevo La coscienza di Zeno. In: Italienisch: Zeitschrift für italienische Sprache und Literatur, Bd. 22/2000, H. 2, S. 16-33.

Ziarek, Ewa: The Female Body, Technology, and Memory in „Penelope". In: James Joyce's Ulysses. A Casebook. Ed. by Derek Attridge. Oxford 2004, S. 103-128.

Zima, Peter V.: Robert Musils Sprachkritik. Ambivalenz, Polyphonie und Dekonstruktion. In: Josef u. Johann Strutz (Hrsg.), Robert Musil - Theater, Bildung, Kritik. München 1985, S. 185-203.

Ders.: Zeno zwischen Zeitbloom und Marcel. In: Behrens, Rudolf/Richard Schwaderer (Hrsg.), Italo Svevo. Ein Paradigma europäischer Moderne. Würzburg 1990. S. 11-20.

Ziolkowski, Theodore: Kafkas „Der Prozeß" und die Krise des modernen Rechts. In: Ulrich Mölk (Hrsg.), Literatur und Recht. Literarische Rechtsfälle von der Antike bis in die Gegenwart. Göttingen 1996, S. 325-340.